U0673871

李君明 著

第四冊

南方出版傳媒
廣東人民出版社
·廣州·

圖書在版編目（CIP）數據

廣東文人年表／李君明著. —廣州：廣東人民出版社，2020. 8
ISBN 978-7-218-09092-4

Ⅰ. ①廣…　Ⅱ. ①李…　Ⅲ. ①文人—年表—廣東省—古代 ②文人—年表—廣東省—近代　Ⅳ. ①K825. 4—62

中國版本圖書館 CIP 數據核字（2013）第 263251 號

ISBN 978-7-218-09092-4

9 787218 090924 >

GUANGDONG WENREN NIANBIAO

廣東文人年表

李君明　著

出 版 人：肖風華

封面題簽：陳永正
責任編輯：張賢明
裝幀設計：瀚文文化
責任技編：吴彦斌　周星奎

出版發行：廣東人民出版社
地　　址：廣州市海珠區新港西路 204 號 2 號樓（郵政編碼：510300）
電　　話：（020）85716809（總編室）
傳　　真：（020）85716872
网　　址：http://www.gdpph.com
印　　刷：廣州市浩誠印刷有限公司
開　　本：889mm × 1194mm　1/32
印　　張：111.5　　字　　數：3000 千
版　　次：2020 年 8 月第 1 版
印　　次：2020 年 8 月第 1 次印刷
定　　價：980.00 元（全四册）

如發現印裝質量問題，影響閱讀，請與出版社（020—85716849）聯繫調换。
售書熱綫：（020）85716826

清德宗光緒十一年　乙酉　一八八五年

正月，法軍炮火毀壞鎮南關，幫辦軍務提督馮子材於鎮南關立長牆三里許，築壘扼守。二月八日，子材親自督戰與法軍大戰，王德榜率部於甫谷布伏兵，大勝法軍。十三日，收復邊界。是爲鎮南關大捷，亦爲近代與外軍作戰中幾乎唯一之大勝。

二月十三日，法軍大隊來攻，鄭膺傑隨福建通判梁嶽英扼守媽宫。

鄭膺傑，清遠人。屢試不第，遂充縣吏。同治初，三水鄭紹忠提督禮聘入幕，運籌决策，多建奇功，奉旨即用知府。後充基隆煤礦局總辦，借補澎湖通判，署理同知。光緒十年（一八八四）六月，法軍毁約攻臺灣，軍艦遊弋澎湖間。翌年二月十三日，法軍大隊來攻，隨福建通判梁嶽英扼守媽宫。血戰兩日，殲敵數十。相持五閱月，法軍乃退。次年復職，調奉天，以母老辭歸。（《清遠縣志》）

七月初二日，姚協贊邀文廷式、梁鼎芬往北京南河泡看荷花，各得《臺城路》詞一首。（陳永正《嶺南歷代詞選》二七三頁）

八月十二日，黄遵憲由舊金山總領事任假歸，十五日夜行舟太平洋，賦《八月十五夜太平洋舟中望月作歌》七古詩。（陳永正《嶺南歷代詩選》五四九頁）又賦《舟中驟雨》五律。（鍾賢培、管林、謝華、汪松濤《黄遵憲詩選》四〇五頁）

九月，黄遵憲至香港，賦《到香港》七絶。（陳永正《嶺南歷代詩選》五五二頁）抵穗，登越王臺，賦《到廣州》七律。（鍾賢培、管林、謝華、汪松濤《黄遵憲詩選》四〇六頁）

冬，梁鼎芬上疏彈劾李鴻章，被降五級調用，作《蝶戀花》詞題荷花畫幅。返粤，康有爲和之。（陳永正《嶺南歷代詞選》二六四頁）

十一月，黄遵憲由梧州返嘉應，途經肇慶，曾遊七星巖，賦《遊七星巖》七律。遵憲回至嘉應，至十四年十月北上經滬入都。期間閉門編纂《日本國志》。嘗乘船由梅江入韓江，順流下抵潮州，賦《下水船歌》七古。（鍾賢培、管林、謝華、汪松濤《黄遵憲詩選》四〇八、四一〇頁）

本年清法和議成，屈肇基署陽春營千總。

屈肇基，字俊夫。番禺人。父應丁，字建生，著有《易外探微》四卷、《環水村農詩存》二卷。光緒越南拒法之役，肇基曾隸王孝祺軍，出關殺敵。余祖明《廣東歷代詩鈔》卷五有傳。

本年鎮南關大捷，葉良率勤字營參加。

葉良，字鏡波。東莞人。以守備率勤字營參加鎮南關戰役，因公升參將。（宣統《東莞縣志》卷七三）

本年葉華泉參加鎮南關戰役，以功官都司。

葉華泉，東莞人。參加鎮南關戰役，以功官都司。後迫於生活走南洋，不知所終。（宣統《東莞縣志》卷七三）

本年《蓮鬚閣楹帖》付梓，黎素心自爲之記。

黎素心，字容城。順德人。同知麥鳳華室。年二十于歸。鳳華嗜楹聯，閨中唱隨之餘，輒將夫婿所録匯爲《蓮鬚閣楹帖》。余祖明《廣東歷代詩鈔》卷五有傳。

本年黄遵憲賦《馮將軍歌》，詠贊抗法英雄馮子材。（陳永正《嶺南歷代詩選》五四五頁）又賦《題黄佐廷贈尉遺像》絶句三首，紀念抗法殉難之黄季良。（鍾賢培、管林、謝華、汪松濤《黄遵憲詩選》一三四頁）

黄佐廷（？～一八八四），名季良。番禺人。光緒十年（一八八四）七月初三日，在福建閩江揚武船中殉難，詔以雲騎尉承襲。方法船圍困馬江，以照像寄其父道平，言能爲忠臣，即爲孝子。卒踐其言。年僅二十五。

本年康有爲賦《聞鄧鐵香鴻臚安南畫界撤還卻寄》七律，有

感於清屈從法國，撤回據理力争之鄧承修而作。（陳永正《嶺南歷代詩選》五六八頁）

淩彭年於本年中舉人。

淩彭年，字菁臣。番禺人。端從子。光緒十一年（一八八五）進士，改翰林院庶吉士，散館授編修。主講鳳岡書院。（《淩氏家傳》）

黄紹昌於本年中舉人。

黄紹昌（一八三六～一八九五），字艺香，號屺薌、懿傳，室名秋琴館、帶花倚劍堂。香山人。問學於陳澧，工詩及駢體文。光緒十一年（一八八五）乙酉舉人。同縣何璟督閩，延爲記室。張之洞辟廣雅書院，聘分校詞章。旋主講豐山書院，歿於院中。能寫梅花，喜收藏書畫、古錢。著有《秋琴館詩文集》、《秋琴館詩話》、《帶花荷劍詞》、《藤花書屋詞鈔》、《佩三言齋駢體文》、《三國志音釋》等，與劉嘯（熽）芬合輯《香山詩略》。（《香山縣志續編》、《香山詩略》、《中山詩詞選》第一卷）

梁起於本年中舉人。

梁起，原名以瑭，字庚生。南海人。光緒十一年（一八八五）乙酉舉人，大挑廣西知縣，假歸，卒。有文采，尤工詞賦，嘗舉爲菊坡精舍學長。吴道鎔《廣東文徵作者考》卷十二有傳。

徐鑄於本年中舉人。（民國《番禺縣志》卷十六）

徐鑄，字巨卿。番禺人。光緒十一年（一八八五）舉人，先後監院端溪、廣雅。著有《香雪堂稿》，多與梁節庵唱酬，歿後數十年，始由孫婿黄宇亭訪刻之。余祖明《廣東歷代詩鈔》卷五有傳。

陸應暄於本年中舉人。

陸應暄，字石孫。番禺人。光緒十一年（一八八五）舉人。著有《素心蘭室詩鈔》。

許之琎於本年中舉人。

許之斑，號介珊。番禺人。光緒十一年（一八八五）舉人，初於廣州授徒，後講學潮州。門人陳步墀搜其遺詩付刊，署曰《淵源集》。（《番禺縣續志》卷二三）

何萬摶於本年中舉人。

何萬摶，字墨池，號海翼。始興人。十六歲應童子試，以優等拔取。光緒十一年（一八八五）舉人，次年奔父喪。服滿應會試，以大挑二等委署龍門學正，後選翁源教諭，以母喪乞歸。二十二年（一八九六）聘爲本縣文明書院主講。宣統三年（一九一一）倡續修《始興縣志》。民國初軍閥混戰，縣知事逃遁，邑人推爲臨時縣長。（新編《始興縣志》）

陳慶修於本年中舉人。

陳慶修，番禺人。澧從孫。光緒十一年（一八八五）舉人。（《番禺縣續志》卷二十）

黃澤森於本年中舉人。

黃澤森，番禺人。廷彪子。光緒十一年（一八八五）舉人，以通判分發安徽補用。（《番禺縣續志》）

商廷修於本年成貢生。

商廷修，字梅生。廣州駐防漢軍正白旗人。光緒十一年（一八八五）拔貢，七品京官。十五年中舉人，二十四年（一八九八）成進士，官户部主事。工詩，善畫梅。汪兆鏞《嶺南畫徵略》卷九有傳。

陳祥泮於本年成貢生。

陳祥泮，字香泉，號蕓池、雲癡、幻癡、鼉山樵隱。陽江人。光緒十一年（一八八五）拔貢，主講台山、廣海、潯海書院。年五十九卒。著有《息園剩稿》四卷。楊柳風《陽江詩鈔》有傳。

陳永祺於本年成貢生。

陳永祺，號定甫。東莞塹頭人。善同子。光緒十一年（一八八五）拔貢，署蒼梧知縣。五年（一八七九）己卯鄉試，與張其淦、陳伯陶中秋夕登明遠樓望月。是科伯陶得元，其淦亦獲售，永琪失意，然其尊人碧湖名善同者，得中副車。永琪有肆應才，在會城設帳，奔走甚忙。得拔貢後，欲以資爲内閣中書，其淦在京，談詩至夜深不倦。張其淦《東莞詩録》卷六一有傳。

周易於本年成貢生。

周易，字子元。揭陽人。光緒十一年（一八八五）乙酉拔貢，廣西知縣。嘗分纂《揭陽縣續志》。與同邑曾習經善，著有詩文集。吴道鎔《廣東文徵作者考》卷十二有傳。

羅獻修於本年成貢生。

羅獻修（一八五六～一九四二），字黼月，一字孝博。興寧人。光緒十一年（一八八五）乙酉膺選拔，歷任廣州味經書院山長、本邑師范及中學監督、廣東諮議局議員，旋受京師大學堂聘授三《禮》。中山大學成立，聘任教授。後返里主修縣志。卒年八十六。著述《三禮講義》、《尚書大義述》、《周禮學》、《修身學》三十餘卷，吟草曰《螺莊詩稿》。余祖明《廣東歷代詩鈔》卷五有傳。

李旭升於本年成貢生。

李旭升，字曜初。海陽（今潮安）人。光緒十一年（一八八五）拔貢。能詩。著有《衡星精舍詩鈔》。（民國《潮州志·藝文志》）

吴其瀚於本年成貢生。

吴其瀚，字仲瑜，號海帆。豐順人。光緒十一年（一八八五）拔貢，連捷舉人，挑選知縣。主講鵬湖書院歷十年。著有《養源堂詩文集》。（民國《豐順縣志》）

林樹熙於本年成貢生。

林樹熙，字棠封，號建侯。東莞人。光緒十一年（一八八五）貢生，以賑捐陝西，賞廣西候補直隸州判官。不樂仕進，隱居佛山。晚年尤精繪畫，有米芾筆意。（《茶山鄉志》卷四）

駱本釗於本年成貢生。

駱本釗，號文卿，又號迂叟。花縣（今花都）人。弱冠已名鄉里。光緒十一年（一八八五）拔貢，後講學於廣府學宫十餘年。光緒二十一年（一八九五），朝廷罷科舉設學堂，遂舍館入官，分發山西，尋改四川，不及月奉委解賑款赴南充縣散放，並赴西充縣查案。差竣，接委武備學堂收支差，丁内艱回粵。葬畢，上官電催四川供差，總辦委以鐵路工兵營收支。總督奏建新軍營舍，委兼辦采買。兩年間，經手不下百數十萬，不染分文，且省費，深得嘉許。服闋，奉檄署珙縣知縣，去苛斂，絶陋規，務使政簡易從，去時百姓遠送數十里。宣統三年（一九一一）委管灌縣榷務。晚年閉户著書，刊有《宋明兩大忠集》、《歷朝忠節吉光集》、《抗風軒詩鈔》，又著有《尊聞齋四書講義》、《珙縣集》、《淇竹齋駢體文存》、《誦芬堂詩草》、《漱潤山房書牘》、《見聞雜俎隨筆》、《養芝軒楹聯》等十餘種。（民國《重修花縣志》）

劉耿光於本年成副貢生。

劉耿光，字壯藩。增城人。光緒十一年（一八八五）恩賜副貢，授吴川訓導，旋調任高州府學教授。年八十五卒於家。（《增城縣志》卷二〇）

梁剛中於本年成副貢生。

梁剛中，字伯赤。順德人。光緒十一年（一八八五）順天鄉試副貢，在鄉辦理新良十四鄉局務。李鴻章任粵督，開放賭禁，剛中力持禁賭。（《順德縣續志》）

方宗鰲生。

方宗鰲（一八八五～?），字少峰。普寧人。年青時赴日本留學，就讀於日本山口縣商業學校，後畢業於明治大學商科，歸國後歷任北平大學法學院教授，朝陽大學、中國大學教授及教務長。“七七”事變起，進入僞華北政務委員會，任僞北大法學院院長、教育總署署長、議政委員會秘書長，其妻爲日人，名古賀政子，中文名爲方政英，畢業於東京府立女子第三高等學校，一九一五年來到北京，後在中國大學任教。宗龞、方政英夫婦育有五男二女，分別是念慈、孝慈、則慈、紹慈、鴻慈及秀卿、文卿。

丘哲生。

丘哲（一八八五～一九五九），字映芙。梅縣人。早年入同盟會。參加黃崗起義、黃花崗之役、辛亥革命。一九一八年畢業於日本早稻田大學政治經濟科，回國後任廣東省立銀行行長。一九三〇年參與建立中國國民黨臨時行動委員會，任中央委員兼秘書長。一九三三年參加福建事變，任中華共和國人民革命政府經濟委員會委員。抗戰開始後，任國民黨軍事委員會總政治部設計委員。一九四一年參與建立中國民主政團同盟，後任民盟南方總支部副主任委員、香港達德學院董事。一九四九年出席政協第一屆全體會議。中華人民共和國成立後，歷任廣東省農林廳廳長、民盟中央常委兼南方總支部副主任委員、農工黨中央委員、中南軍政委員會委員、廣州市副市長、廣東省副省長。（《中國近現代人物名號大辭典》一七三頁）

丘昭文生。

丘昭文（一八八五～約一九七五），字少海。清遠人。北京大學畢業後被派往美國留學，後獲迪保羅大學授予法學博士學位。一九三四年任全國律師協會冤獄賠償運動委員會常任幹事會委員。一九四六年十一月當選“制憲國民大會”自由職業代表，翌年被聘爲憲政實施促進委員會宣傳委員會委員。後去臺灣，一九五四年遞補爲首屆“國民大會”代表。編著《國際法概論》。（《廣東近現代人物詞典》六七頁）

古直生。

古直（一八八五～一九五九），字公愚，號層冰。梅縣人。光緒三十二年（一九〇六）入同盟會。三十四年，與鍾動、李季子、曾伯諤、曾晚節等組織冷圃詩社。後奉派任汕頭《中華新報》編輯，一九一三年創辦汕頭《大風日報》並任社長。著有《層冰堂文集》、《曹子建詩箋》、《鍾記室詩品箋》等。編纂《客

人叢書》三種。（《中國近現代人物名號大辭典》一三二頁）

古紹堯生。

古紹堯（一八八五～一九四四），別名昭典、贊韶。五華人。幼隨父學醫，就讀私塾兼自學，以儒通醫，後在順德且沙窖行醫。一九三五年至穗在西關表紫坊（今龍津東路）開設醫館。醫道精湛，醫德高尚，聲名日盛，被廣東中醫藥專門學校及廣東中醫院聘爲教師，講授兒科疳積、麻痘學，黃耀火、羅元愷、胡肇基、杜蔚文、杜明昭、蔣均堂、區金浦等一批名老中醫，均爲其學生。抗戰爆發，遷香港中環荷里活道二十四號開業，一九四〇年四月返穗繼續開業，出診時常坐有叮當鈴聲的自備人力車，衆稱之爲“叮當先生”。專門收購人指甲，煅成灰配藥治白喉甚爲靈驗。且對疳積、麻痘有較深研究，配製成中成藥有“喉症散”、“疳積散”，“透毒散”，療效甚佳。三十年代廣州天花肆虐，著重研究醫治小兒天花，亦有良好效果。著有《喉科學講義》、《兒科學講義》、《痘疹學講義》等。（《廣州西關風華》三）

朱少穆生。

朱少穆（一八八五～一九三六），南海人。幼隨父赴安南（越南）營商，後回國讀書。光緒二十九年（一九〇三）東渡日本求學，與廖仲愷、何香凝等朝夕相處。時俄國侵東北，率先參加拒俄學生軍義勇隊。入橫濱洪門三合會、中國同盟會，先後多次資助革命黨人起義經費，三十四年（一九〇八），河口之役失敗後回九江攜帶其父珍藏名畫一箱至港出售充革命軍費。宣統三年（一九一一）武漢革命軍興，適畢業於橫濱法律學校，乃向橫濱僑商募款數萬元攜帶回國獻滬軍都督府。民國元年（一九一二）南京臨時政府成立後，與孫壽屏等發起恢復興中會於穗，次年八月二次革命失敗，龍濟光入粵，因黨案株連入獄，經營救始獲保釋。五年（一九一六）參加討袁驅龍之役，九年參加討莫（莫榮新）之役。十一年參加討陳（陳炯明）之役，次年任澄海地方審判廳廳長，旋改業律師。二十五年因感故舊凋零，與老友

創建革命老人墳場，爲粤當局所忌遇害。（《廣東近現代人物詞典》八九頁）

朱執信生。

朱執信（一八八五～一九二〇），原名大符，以字行，筆名蟄伸、去非。番禺人。光緒三十年（一九〇四）以官費留學日本，次年同盟會成立，被選爲評議部議員兼書記，先後任《民報》、《建設》等刊物編輯。黄花崗之役，爲敢死隊員。武昌起義後，在粤發動民軍光復廣東，後任廣東軍政府總參議。一九一七年七月，任孫中山大元帥府軍事聯絡及掌管機要文書職務。後在東莞虎門被桂系軍閥殺害。著有《朱執信集》。（《廣東近現代人物詞典》九〇頁）

伍若泉生。

伍若泉（一八八五～一九五三），台山人。二十歲赴加拿大半工半讀，後入渥太華商務專門學校。入國民黨，歷任多職，一九三三年被選爲國民黨加拿大總支部第六次代表大會濕比厘分部代表。（《民國人物大辭典》二一三頁）

伍炳麟生。

伍炳麟（一八八五～一九三三），字若泉，號時寧。新寧（今台山）人。二十歲時赴加拿大半工半讀，入同盟會。一九一四年在都城（今多倫多）入中華革命黨，尋任評議部議長。一九一六年回國參加反袁討龍，翌年返加拿大，任中華革命黨濕比釐分部部長等。一九二二年後多次回國，任廣東省長公署諮議等。一九三二年在加首倡籌款支持上海抗戰。（《廣東近現代人物詞典》九八頁）

岑仲勉生。

岑仲勉（一八八五～一九六一），學名銘恕，以字行，别名汝懋。順德人。青年時入兩廣大學堂（清廣雅書院，後改兩廣高等學堂），就讀兩年半，考入兩廣遊學預備科（清粤秀書院）。光緒三十四年（一九〇八）入北京高等專門税務學校，一九一二年十二月畢業，後在上海江海關及廣東財政廳等處任職，業餘從事植物名實考訂及中外史地考證。一九三四年七月至次年六月，任滬暨南大學秘書兼文書主任，業餘撰著《佛遊天竺記考釋》，引起史學界注意。抗戰勝利後任中山大學歷史系教授至逝世。著有《隋唐史》、《黄河變遷史》、《府兵制度研究》、《西周社會制度問題》、《兩周文史論叢》、《墨子城守各篇簡注》、《西突厥史料補闕及考證》、《突厥集史》、《中外史地考證》等，全部史學著作約一千萬字。（《中國近現代人物名號大辭典》五〇七頁）

吴嶽鵬生。

吴嶽鵬（一八八五～一九六三），又名祝富貴，藝名蛇仔利。恩平人。粤劇演員。幼家貧。十二歲時背妹妹沿街行乞。後經人介紹至某木魚班學藝，改名祝富貴，四年後該班改爲粤劇班，由小武轉演丑生。刻苦用功，演技長進，成爲紅極一時名丑，人稱“詼諧大王”。後入省港祝康年大班當正式演員，與當時名丑蛇仔秋、新珠、曾三多、靚雪秋等同臺演出多年，後至泰國、新加坡演出。新中國成立後，任戲曲改革委員會委員、文史館研究員。代表劇碼有《林則徐禁煙》、《偷雞得米》、《賣花得美》、《怕老婆》等。（《廣東近現代人物詞典》四七〇頁）

林脩明生。

林脩明（一八八五、一八八六～一九一一），原名華嵩，字德昭。蕉嶺人。南洋華僑。因受外侮刺激，慨然歸國，受業於同鄉林嶽東。東渡日本留學。歸國後，積極從事革命活動，嗣任蕉嶺中學及松口公學教習。得知黄興等人在穗密謀起事，立即辭教職參與策劃。廣州起義發動，隨興進攻兩廣督署，力戰犧牲。爲黄花崗七十二烈士之一。（《中國近現代人物名號大辭典》七五八頁）

周醒南生。

周醒南（一八八五～一九六八、一九六三），字惺南，號煋卿。惠州（今惠州）人。宣統三年（一九一一）任廣東公路處處長，參與廣東省惠州、廣州、汕頭市政工程建設，任廈門市政會、廈門市堤工辦事處、廈門市工務局總工程師、委員長、會辦、局長和顧問，負責制定廈門新區建設、規劃及施工，開闢馬路，興建市場，建設中山公園，圍築鷺江道堤岸。一九三四年離任回粵，任廣州市税務局局長。抗戰前夕至香港，在九龍創辦環山小學，自任校監、校長。後病逝澳門。（《廣東近現代人物詞典》三五四頁）

姚萬瑜生。

姚萬瑜（一八八五～一九〇九），字碧樓。平遠人。早年於穗求學，結識趙聲、朱執信、姚雨平等。光緒三十四年（一九〇八）光緒皇帝與慈禧太后相繼卒，與鄒魯、趙聲等擬策動粵清兵巡防營起義，並由譚馥散發“保亞票”以籌集資金作爲聯絡經費。後因事洩露，隨魯赴港。後因勞累過度致病卒。（《廣東近現代人物詞典》三九五頁）

連聲海生。

連聲海（一八八五、一八八四～一九四七），順德人。上海法政學校畢業後赴日就讀早稻田大學政法科，入同盟會。宣統元年（一九〇九）奉派至滬聯絡工作。一九一三年起在孫中山身邊供職，歷任辦公室、大元帥府、總統府秘書，軍政府大理院書記長，總檢察院書記長及鑄印局局長。一九二五年後歷任廣東省政府秘書長、國民黨中央黨部政治會議秘書長、國民政府秘書長、海外部部長。一九三二年任鐵道部部長兼行政院秘書長，翌年任立法院立法委員。一九三五年因病移居澳門。一九四二年任立法委員。工書法、篆刻。著有《鐵道概論》、《金石粹言》。（孫科《連君聲海事略》）

袁苞生。

袁苞（一八八五～一九四一），東莞茶山人。幼讀書於鄉。一九一六年至穗，考入廣東省立高等師范學堂。畢業後留學日本，歸國在廣州第二十四國民學校當校長。一九二〇年任廣州市第一高等小學校長，任内成績卓著，因而被派赴日本考察教育。歸國傾力辦學，改原三年制高等小學爲含初小、高小六年制完全小學，學校規模擴大，學生人數達千五百餘人，所聘教師多爲高等師范學堂畢業生。教學内容重視英語、圖、工、音、體等科目，不惜出資聘請專家任教。治校極嚴，常以“智仁勇”教育學生，該校被譽爲“模范小學”。抗戰爆發，小學停辦，帶領部分師生至港創辦靈峰中學。一九四一年十二月，日軍攻港期間病逝。（《廣州西關風華》三）

莫紀彭生。

莫紀彭（一八八五、一八八六～一九七二），字宇非，曾用名俠仁。東莞高埗人。嶺南首位狀元宣卿八世孫。十七歲入東莞師范學堂，課業常居冠。曾創辦《東莞旬刊》，爲縣令查禁。又設織染傳習所，開辦振武神社，後與黄俠毅等組織“醒天夢劇社”，在莞城、省城等地演出《熊飛起義》、《袁崇焕督師》、《張家玉會師》、《拿破侖血戰歐洲》等歷史劇，深受歡迎，孫中山特派黄魯逸來莞邀往香港演出。宣統元年（一九〇九）經馮自由、譚民三入同盟會，翌年與倪映典、方楚囚、朱執信等在穗發動庚戌新軍起義，因事泄敗。黄花崗之役，任先鋒隊第三隊隊長，攻打兩廣總督衙門，占領觀音山陣地，巷戰達旦。武昌起義後與任鶴年、何振於香山縣前山鎮舉義旗，策動新軍響應。起義成功後，克石岐，改編爲香軍，任參謀長，旋率軍光復穗。民國建立後功成身退，下帷讀書，與劉師復等創辦“心社”。後任海軍秘書、省長公署秘書等職。陳炯明叛變，非之，去港辦《大同報》並任主筆。抗戰時轉赴重慶，任國民黨中央黨史史料編纂委員會編修。勝利後回穗，重建粤東女子職業學校於穗，並創辦靄文中學。解放前夕去臺灣。一九七二年夏病逝。著有《中國國民黨史》、《秀園詩稿》、《同盟會南方支部之幹部及庚戌新軍起義之回顧》、《辛亥三月二十九日廣州血戰軍記》等。書法純熟，亦嶺南大家。（《東莞市志》一四八五頁）

翁輝東生。

翁輝東（一八八五～一九六五），字子光，又字梓關，別號止觀居士。潮安金石人。早年畢業於同文師範。光緒三十三年（一九〇七）後任教於潮安東鳳、育材、龍溪、肇敏等學堂，次年秘密參加同盟會。宣統二年（一九一〇）到廣州高等農林講習所深造，次年出任粵東革命軍司令部參議，旋任潮州農林試驗場場長兼蠶桑所長。一九一三年起任惠潮梅師範學校（今韓師）教師、學監、代理校長。一九二二年任省立第四中學（今潮州金中）教員，旋又出任汕頭漢英中學校長、潮州紅十字會醫院附設醫專教員。一九二四年初被粵軍總指揮部委派爲大埔縣縣長。一九二七年赴江蘇海州（今連雲港）任職鹽務。一九二九年任上海醫學院生物學教授。一九四七年任潮州文獻館主任。中華人民共和國成立後被聘爲廣東文史館研究員。輝東爲潮汕方言專家，其博學好古、篤學力行，備受學人讚譽。宣統元年（一九〇九）與黄人雄合編潮州鄉土歷史、地理教科書，經清政府核准發行，爲各學堂通用。一九二九年後在上海潛心著述及整理出版舊作。著作尚有《海陽縣鄉土志》、《得閒居士年譜》、《翁氏家譜》、《燕魯紀遊》、《潮州風俗志》、《潮汕方言》、《潮州茶經》、《潮州文物圖志》及校編輯録之《唐明二翁詩集》、《稽愆集》、《潮州文概》等。書法師法二王、虞世南、顔真卿、李建中，故其書風多變。書擅各體，以行書爲長，筆致遒勁，端莊穩健，豐肌秀骨，氣宇軒朗，頗具晋唐遺風。（《廣東近現代人物詞典》四一一頁）

陳永安生。

陳永安（一八八五～一九三七），香山楊梅斜村（今屬珠海）人。早年留學日本，加入同盟會，辛亥革命前夕，受香港同盟會總部與澳門同盟會分會派遣，回鄉與同盟會員劉希明（前山人）、蘇墨齋（曼殊堂兄）、陳自覺（景華弟）等發動前山新軍二千人起義，勝利後進軍石岐，光復香山縣城。民國建立後，任香山縣首任知事（縣長）兼警察局長，民國二年（一九一三）二次革命失敗後被免職。十一年（一九二二）再任香山縣長。二十年（一九三一）唐紹儀主政中山縣，聘爲縣公安局長，爲岐關車路公司創辦人兼董事長，曾斥資在前山興辦女子義學，開本邑農村女校之先河。(《廣東近現代人物詞典》二七五頁)

陳同紀生。

陳同紀（一八八五～?），字彝仲。新會人。早年赴日本明治大學留學，回國任學部主事等。一九一四年任四川夔關監督，次年調重慶關監督。一九二六年任財政部公債司司長。(《民國人物大辭典》一〇二一頁)

陳章甫生。

陳章甫（一八八五～一九三七），字鐸亞。陽江人。畢業於保定陸軍速成學堂首期，任粵軍第三師師長。一九二八年任廣東地方警衛隊編練委員會籌備處籌備委員。一九三一年參與陳濟棠等四十三位將領《兩廣將領促蔣下野電》，次年七月設立瓊崖綏靖公署時任綏靖委員，又任南路綏靖委員、東西北區綏靖委員，後任國民革命軍第十三師師長、第二十五師師長、討逆軍第八路軍第一師第三旅旅長。一九三六年升中將，次年春病逝於穗。曾建兩陽中學。

陳暉成生。

陳暉成（一八八五～一九七三），字譽禮。三水人。光緒二十五年（一八九九）往日本横濱僑辦大同學校讀書至畢業。三十年留校教書，翌年在日本大森體育會體操學校學習。三十四年（一九〇八）在日本醫則補習學校實習，經考試獲得清朝官費在東北帝國大學醫學專門部留學，畢業後爲該校宫城病婦産科學研究生，被收入《日本産科學史人名録》。一九一五年回國在穗開設慈惠醫局。一九一六年至一九三八年兼任廣州婦孺助産學校、廣東公立醫藥專門學校、廣東光華醫學專門學校教師。一九三八年至一九四二年在港開業，後返穗復業，兼任國民助産學校教師。一九五八年參加醫療機構大聯合，在逢源衛生院任醫師。擅

長婦産科、兒科，並熱心醫學教育工作。著有《簡明婦科學》、《實用兒科學》、《現代産科學》等。（《廣州西關風華》三）

陳瑞祺生。

陳瑞祺（一八八五～一九五〇），名禎祥，字文典。新會人。早年在香港求學。十八歲時輟學從商，先後在香港、澳門、越南等地經營米業，遂成巨富。商餘從事科學研究，曾研製出人造絲、人造棉、人造麻等一批人造纖維，以及風熱油、風寒油、霍亂散等藥品。曾多次捐資内地救灾恤鄰，在澳門出任同善堂值理，熱心社會公益事業，並在新會、江門、香港、澳門等地創辦多所小學，還在香港設道字總社，創造拼音“道字”以改良文字，普及教育。在香港病逝。著有《瑞祺學説》等。（《廣東近現代人物詞典》三〇六頁）

陳蘭芳生。

陳蘭芳（一八八五～一九六九），東莞萬江水角坊人。初在莞城萬益炮竹莊做夥計，後赴港謀生，後回莞城創建陳泰記。光緒三十四年（一九〇八）在九龍旺角首創廣萬隆炮竹行之葉蘭泉，因年事已高，將廣萬隆全盤轉讓，其炮竹遠銷北美、澳洲、印度、南非及東南亞一帶。由於供不應求，再設廠於九龍馬頭角北帝街，規模宏大，工人多達千餘。派長子均回莞萬江開設廣怡昌炮竹莊，次子明在澳門路環及仔開設廣興泰、廣興隆、禎祥公司三廠，後又在佛山開謙隆泰記一廠。一九二九年中秋節，請准港府，在太白酒家廣場大放煙花。英女王加冕大典，也重金禮聘蘭芳派師傅至倫敦大放煙花，並演出“貂蟬拜月”、“三英戰呂布”等煙花戲，博得各國觀衆喝彩。其煙花炮竹生産全盛時，男女工人達四千多，直接間接賴煙花炮竹爲生之從業人員多達數萬。抗戰前已執全國煙花炮竹生産及出口牛耳，被譽爲“炮竹大王”。爲開辟珠江三角洲航線，撥巨資購汽船經營航運，往來澳門、石岐等地。熱心公益，除任香港東華三院社團總理、保良局紳董、樂善堂董事、華商總會經理外，還任澳門商會值理、東莞

工商總會副主席等。又在九龍創辦義學，專收同邑失學兒童。《香港名人録》載其名。（《東莞市志》一四八二頁）

黄元白生。

黄元白（一八八五～一九六一），原名增耆，號遇春、如春、裕春、自元。羅定人。十八歲留學日本東京慶應大學，專攻政治學。留日期間與孫中山、胡漢民、汪精衛等共同組織同盟會，主編《民聲》、《天聲》各報，極力主張排滿主憲，推動革命發展。光緒三十一年（一九〇一），與多名同學回國，準備在高州、雷州、羅定、陽江、欽州、海南各地發展同盟會組織，策動起義。一九一二年奉命回羅定組織同盟分會，有千餘人加入，曾爲《瀧江學報》題寫封面。辛亥革命成功後，以革命元老被推舉爲廣東省議會議員，次年又被廣東推舉爲眾議院議員，四月參加在北京召開的中華民國第一届國會大會。一九一六年任國會軍政委員會委員，次年被聘任爲孫中山大元帥府參議。一九二三年與國會議員章士釗、胡漢民等四八三人聯名通電，反對曹琨賄選總統。十月在上海舉行臨時會議，遵照孫中山指示組織懲戒委員會，專事懲罰賄選總統官員，被選爲七個懲戒委員之一。一九二七年離開政壇。抗日戰爭後期回羅定恒修堂長住，支持羅定抗日救國宣傳工作。一九五一年夏受李濟深邀請進京，作爲特邀代表，列席參加中國人民政治協商會議第一届全國委員會第三次會議。一九五四年被廣州文史館聘任爲館員。後病逝於穗。（《廣東近現代人物詞典》四六七頁）

黄佛頤生。

黄佛頤（一八八五～一九四六），字慈博，號慈溪、頑艷生，室名種福草堂。香山人。南社社友。宣統拔貢。歷任廣州《七十二行商報》編輯、廣東通志局分纂、香山縣修志局分纂、廣州時中學校校長。著有《紹武實録》、《廣州城坊志》、《廣東金石目》、《廣東方志目考證》、《廣州先賢傳》、《嶺南藏書家考略》等多種。（余祖明《廣東歷代詩鈔》卷七）

黄俠毅生。

黄俠毅（一八八五～一九四三），原名焰輝，號燮侯。東莞石龍黄家山人。東莞師范學堂畢業，與李文甫、林直勉、莫紀彭等投身革命。曾在莞城創辦《東莞旬刊》。後又在石龍辦織染傳習所，招收藝徒，同時在莞城開辦“振武神社”。籌辦“醒天夢新劇社”，先後在莞城、石龍、廣州等地演出有關熊飛、張家玉之歷史劇。宣統元年（一九〇九）三月，由馮自由介紹入同盟會，次年正月廣州新軍發動起義，奉同盟會南方支部委派，在廣州高第街宜安里設置機關，貯備手槍、炸彈。黄花崗之役，負責選鋒隊第五隊，攻警署兼守大南門。同年秋打入駐香山前山新軍内部，策動其反正，進軍廣州。穗光復後，率新軍兩連回莞，被選爲民國首任東莞縣長，簡政愛民，革舊制，興共和。後爲陳炯明所妒，借端把其拘禁於穗經略總署。一九一二年四月，孫中山返穗，以儀仗兵護送出獄。民初廉讓之風甚盛，辭職協助林直勉整理東莞明倫堂沙田事務，後協助鄧仲元調查民國前後廣東同志勳績並列入表册。翌年秋，參與莫紀彭所辦《討袁日報》，二次革命失敗後逃港。後與李章達、蔣光鼐長期共事，先後任廣東省税務局長、福建省煙酒税局長、十九路軍少將參謀等職。抗戰軍興，在港經理東莞明倫堂財務。香港淪陷，回莞住馬坑、鳳凰崗。一九四三年九月在韶關遭日機空襲而亡。（《中國近現代人物名號大辭典》一一〇五頁）

馮爾和生。

馮爾和（一八八五～一九六七），文昌（今屬海南）人。十三歲隨鄉居旅星洲後轉居暹京謀生，曾入匯豐銀行，後參加同盟會，任泰國支部交際員。辛亥革命前後，先後創立會文社、瓊島工商講習所。民國成立後，先後擔任中央僑務委員會顧問及參議、中央歸僑輔導委員會專員。在泰曾歷任暹羅中華總商會執行委員、常務委員、代主席，且一度曾被選爲主席、天華醫院董事長等。對海南會館及育民學校之創立、扶持，尤具殊勳。抗日戰爭爆發後，積極組織華僑抗日救亡活動，帶頭捐獻，支援祖國抗日，被捕入獄監禁兩個月後遭驅逐出境，毅然回國參加抗戰，被僑胞譽爲“真人傑”。抗戰勝利後返泰，歷任中華總商會主席、暹羅區國大制憲代表、中泰混合保安隊委員、泰華救濟祖國糧荒委員會副理事長、糧食部募糧救濟祖國委員、中泰協會副理事長、泰國海南會館副理事長。（《廣東近現代人物詞典》七三頁）

曾其光生。

曾其光（一八八五～一九六〇），惠東人。光緒二十四年（一八九八）加入興中會，曾參加惠州三洲田起義。二十八年（一九〇二）赴南洋宣傳革命。宣統三年（一九一一）參加黄花崗之役，失敗後再赴南洋。民國成立後因功獲二級嘉禾勳章，曾奉命赴惠州肅清清軍殘餘勢力。一九一三年任廣東安緝處處長，整治西江航道。二次革命失敗後棄政從商。後潛心醫學。（《廣東近現代人物詞典》五一五頁）

温雄飛生。

温雄飛（一八八五、一八八八～一九七四），字定甫，筆名死灰。台山人，出生於美國。宣統元年（一九〇九）入同盟會，與李是男等組織少年中國學會，出版《少年中國晨報》。辛亥革命勝利後，與馮自由等至寧，任譯電處秘書，後辭職在穗任同盟會機關報《中國日報》總編輯。從事史學研究，先後在輔仁大學、暨南大學、復旦大學就中西交通史、南亞史及明清史教席。著有《華僑通史》。（《中國近現代人物名號大辭典》一二三九頁）

鄒魯生。

鄒魯（一八八五～一九五四），幼名澄生，以“天資魯鈍”，自改名爲魯，號海濱。大埔人。入讀潮州韓山書院。光緒三十一年（一九〇五）入興中會，東遊日本，入同盟會，回穗後考入法政學堂。宣統三年（一九一一）參與創辦《可報》，參加黄花崗之役。南北議和後返穗，任廣東省官錢局總辦，翌年國會成立時爲廣東代表之一。一九一四年任《民國雜志》編輯。孫中山派其北上策劃國會南遷，兩百多議員至穗出席非常會議，建立護法軍政府。護法戰争中任潮梅軍總司令，擊敗莫擎宇部。國會重開，在國會揭露段祺瑞政府失職、違法。議會遭暴徒襲擊，魯等被毆傷。返粤參加孫中山第二次護法，動員援閩粤軍陳炯明回師穗，亦聯絡民軍，成立國民政府，任兩廣鹽運使。一九二二年奉孫中山命策動桂系討伐陳炯明，次年任財政廳長。年底，孫中山計劃將廣東高師、政法大學、廣東農業專科學校合並成立廣東大學，被委任爲高師校長、廣東大學籌委主任。一九二四年國民黨一大當選爲中央執委委員、青年部長、常委。一九二六年國民黨二大永遠開除魯等黨籍。後爲避“黨閥”嫌，出遊歐美各國，撰寫《中國國民黨史稿》。“九一八”事變後，回穗宣傳抗日反蔣，與馮玉祥、閻錫山聯合，成立中國國民黨中央非常會議及國民政府，當選國民黨中央黨部委員、國府委員。一九三三年接任中山大學校長。一九三五年當選爲國民黨中央常委。一九四六年當選爲監察院委員，一九四九年先去港，移居臺北，任中央評議委員。另著有《回顧録》、《鄒魯文存》等。（《廣東近現代人物詞典》二二四頁）

許偉余生。

許偉余（一八八五～一九七四），一作偉予，原名挹芬。澄海人。青年時期至廣州、上海等地求學。學成後回澄海，從事教育工作，先後任澄海縣立中學、汕頭女子中學、汕頭聿懷中學、廣東省立韓山師范、澄海一中等校國文教員。一九五三年與翌年被評爲澄海優秀教師、汕頭專區優秀教師，被選爲澄海第二届人民代表大會代表、汕頭市第二、三届人民代表、廣東省第二、三届人民代表，汕頭市第二、三届政協副主席。壯年刊印《慧觀道人詩集》，晚年完成《庶築秋軒詩集》稿本。一九九八年其親屬、弟子將其存世詩文稿輯爲《庶築秋軒文稿》出版，内附其女心影《臘梅餘芬別裁集》詞一卷。偉余與同縣詩人侯節、東北大學教

授吴貫因被譽爲澄海三才子。（《廣東近現代人物詞典》一二六頁）

馬超俊生。

馬超俊（一八八五、一八八六～一九七七），字星樵。台山人。畢業於日本明治大學，曾入同盟會，後投蔣介石，發起組織孫文主義學會，曾參加國際勞工大會，歷任廣州特別市國民黨黨部執行委員會委員兼工人部長、國民政府勞工局長、廣東農工廳廳長兼建設廳長、南京市長、廣東省黨部整理委員、廣州市黨部指導委員兼宣傳部長、民運部長、中央訓練部民衆訓練處處長、華北黨務特派員、中央訓練部長、中央社會部、組織部副部長、農工部部長、第六屆國民黨中央執行委員及第一屆“國大代表”。卒於臺北。（《廣東近現代人物詞典》八頁）

徐茂燎生。

徐茂燎（一八八五～一九一一），花縣人。宣統三年（一九一一）“三·二九”之役，攻兩廣總督署轉戰至二牌樓華慶里，被敵圍困，被流彈擊中犧牲。爲黄花崗七十二烈士、花縣籍十八烈士之一。（《廣東近現代人物詞典》四〇七頁）

郭唯滅生。

郭唯滅（一八八五～一九二五），廣州人。宣統三年（一九一一），與李孟哲等在穗創辦《天民報》，任主筆，因言論激烈，出版兩天被查封。另創《中原報》，自任發行人兼編輯，一九一三年被龍濟光查封。一九二二年與林真甫辦廣州《現象報》，自任總編輯，一九二四年該報被廣州商團焚毁，北伐戰争開始後復刊。（《民國人物大辭典》八五四頁）

張珠生。

張珠（一八八五～一九五六），又名振亨，字漢廣。新興人。二十歲隨鄉人到新加坡做藥材工。十多年後在當地購買十多畝山地從事橡膠種植業，後與同鄉僑胞合股在新加坡督亞冷開設公益號米油雜貨商店。一九二七年從荷蘭籍人手中購買了一所錫礦，集資進行開採，名爲廣益錫礦股份有限公司，一年便獲厚利，尋被選爲馬來亞賑濟委員會副主席、怡保埠商會會長、中華抗日救濟總會怡保分會主席，次年在新興縣城東街開設吉祥泰號商店，裝配發電機發電碾米及店内照明，另開設廣祥號布匹雜貨店。一九三四年在縣城模範路（今解放路）興建兩層樓店鋪十餘間及珠光戲院，又在城南門口（今中山路口）建茶樓，在廣州開設廣益號米店。先是一九三二年，十九路軍在上海英勇抗擊日軍時，在馬來亞發動當地僑胞組織抗日後援會、賑災會，並捐助十多萬元（坡幣）支援抗戰。一九三九年後日機多次轟炸新興縣城，捐資兩萬元（坡幣）匯寄回縣，併發動新加坡華僑、港澳同胞捐獻器械藥物回國，在縣内組織新興縣非常時期救濟委員會。一九四二年春，日軍進犯新加坡，戰禍迫近馬來亞怡保埠，把礦區器械設備深埋坑道，灌水淹没封閉。先是一九三八年被推舉爲國民參政會參政員，一九四二年年兼任廣東省政府參議員、國民黨中央賑濟委員會委員。抗戰勝利後回新加坡重操舊業，曾任叱叻新興會館會長。在馬來亞怡保埠病逝。（《廣東近現代人物詞典》二三五頁）

張民達生。

張民達（一八八五、一八八八～一九二五），嘉應（今梅縣）人。馬來西亞歸國華僑。辛亥革命前經鄧澤如介紹結識孫中山，後入同盟會。一九二〇年後在粤軍中歷任營長、團長、旅長、師長等。一九二五年四月二十五日從蕉嶺返汕頭商議平亂，不幸在潮州湘子橋下覆舟遇難。翌年八月，國民政府追贈陸軍上將。（《梅州人物傳》）

張步青生。

張步青（一八八五～?），梅縣人。附貢生，歷任兵部主事、潮汕鐵路總理等職。一九一五年派署駐棉蘭領事。一九二二年任領事。一九三〇年去職。（《民國人物大辭典》九二〇頁）

張漢齋生。

張漢齋（一八八五～一九六九），海陽（今潮安）人。十四歲開始學潮州音樂，因彈得一手好月弦，人稱月弦張。二十五歲時隨潮州樂師洪沛臣學三弦、琵琶、箏，後又向外江班頭手容貞師傅學外江樂，執奏頭弦。一九二六年與琵琶王王澤如應香港潮州同鄉會邀請在港演奏，轟動一時。一九二八年應新加坡清詠樂社特邀，與名鼓師魏松庵等合作，在星洲録製了六十張外江戲曲及音樂唱片。一九三五至一九三七年再次爲百代公司録製近百張外江樂、潮州音樂唱片，流播海内外。潮樂中第一張《寒鴉戲水》與《出水蓮》唱片就爲本期録製。中華人民共和國建立後，任汕頭市潮樂改進會主任，整理《胡笳十八拍》等一批古典樂曲，整理出版《新潮樂》及《潮州民間樂曲選》等專集。曾任廣東省文史館館員、汕頭地區文聯副主席。（《廣東近現代人物詞典》二四〇頁）

夏重民生。

夏重民（一八八五、一八八七～一九二二），番禺（今花都）赤坭西邊村人。光緒三十年（一九〇四）在穗參加反美華工禁約運動，被捕入獄，激起公憤，迫使粵督暗行釋放。後東渡日本，專攻經濟、政治，入同盟會。宣統三年（一九一一）回國任滬《天鋒報》撰述。民國元年（一九一二）入總統府任職，尋被派爲中國同盟會廣東支部長，因不忍目睹陳炯明跋扈專横而慨然離粵。五年討伐袁世凱時，爲中華革命黨加拿大聯絡委員、《新國民報》主筆，尋組織並率領華僑義勇團及航空隊回國，率隊進取山東，次年離穗赴港創辦《香港晨報》。七年（一九一八）一月，孫中山指揮同安、豫章兩艦炮轟觀音山（今廣州越秀山）廣東督軍署，參與决策，翌年，赴滬組辦《上海晨報》。九年（一九二〇）粵軍回粵，任第二軍别動隊司令，參加討伐桂軍，没收桂系所辦《中華新報》改《廣州晨報》，主持報社社務。粵局勢安定，胡漢民薦任廣三鐵路局長，後識破陳炯明暗害孫中山陰謀，遭暗殺被沉屍河中。一九二四年追贈陸軍中將。（新編《花縣志》油

印本）

黄元蔚生。

黄元蔚（一八八五～?），南海人。早年赴日本早稻田大學留學，回國後歷任吉林公署三等、二等秘書兼公署副提調，財政部薦任僉事、司長、財政善後委員會委員、駐外財政助理員等。一九二五年任財政部次長，次年任參議。（《廣東近現代人物詞典》四四一頁）

黄際遇生。

黄際遇（一八八五～一九四五），字任初，號疇庵。澄海人。程裔孫。十四歲中秀才，十七歲留學日本東京高等師范學校數理科。光緒三十二年（一九〇六）畢業回國任天津工學堂教授。宣統二年（一九一〇）參加京試，中格致科舉人。一九一四年後轉任武昌師范大學教授。一九二〇年由教育部派赴歐美考察，入美國芝加哥大學研究數學，一九二二年獲碩士學位，歸國後仍回武昌師大任教。一九二四年任河南中州大學教授。一九二六年應聘爲廣州中山大學教授。一九二八年又北上任河南中山大學校長，一度出任河南省教育廳長。一九三〇年至一九三六年，歷任青島大學教授兼理學院長、山東大學教授兼文理學院院長。一九三六年返粤，仍任教中山大學。一九三八年日寇佔廣州，隨校輾轉播遷。日寇投降，中大復校返穗，與同事乘木船從北江南下，經清遠峽時不幸墜水身亡。曾翻譯《幾何學》、《續初等代數學》、《微積分》、《群底下之微分方程式》、《近世代數》、《班書學説》、《潮州八聲誤讀表》等，其主要論著還有《論一》、《定積分一定理》、《Spiderman 函數之研究》等。（《中國近現代人物名號大辭典》一一〇三頁）

黄曾考生。

黄曾考（一八八五～?），字元白。羅定人。光緒二十九年（一九〇三）赴日本慶應大學，爲《民聲》、《天聲》等報主稿，後返國從事教育、實業、水利，任籌辦地方自治所所長。一九一二年被選爲廣東省議會議員，辭未就，次年被選爲眾議員。國會解散，與馮自由、葉夏聲發刊《民國雜志》。一九一六年首次恢復國會，仍任眾議員，次年任大元帥府參議。（《民國人物大辭典》一一三〇頁）

黄霄九生。

黄霄九（一八八五～?），新會人。早年留學日本，光緒三十二年（一九〇六）在東京入同盟會，後回邑發展組織。廣東光復後，中國同盟會南方支部委任爲新會支部專員。旋赴北京，在袁世凱政府及國務院當諮議。民國元年（一九一二）任新會縣署民政科長（一説科員），二年被選爲衆議院議員。

勞培生。

勞培（一八八五～一九一一），原名泮光，字肇明。開平人。早年入天主教，後隨劉音鑒神甫先往穗，後至潮州、揭陽等地進行傳教活動。後往新加坡謀生，入中國同盟會，任《晨報》記者。參加黄花崗之役，子彈擊中其胸部，壯烈成仁。（《中國近現代人物名號大辭典》三九八頁）

楊頌旭生。

楊頌旭（一八八五～一九二〇），新會人。畢業於日本明治大學法科、同盟會員。辛亥革命後任廣東省議會議員，後任廣東審判廳推事，并執業律師，爲當時廣東司法界"四大天王"之一。（《廣東近現代人物詞典》一四八頁）

温和生。

温和（一八八五～一九一五），字森堯。清遠人。早年入同盟會。黄花崗之役，與清軍巡防營戰於西門。廣州光復，不入仕途，往來香港南洋經營工業。一九一三年二次革命，參加討袁，入鐵血團製造炸彈，次年在港制炸藥受傷。一九一五年入中華革命黨，入廣州謀起義，因運輸炸彈，被炸遇難。（《民國人物大辭典》一二九八頁）

鄭坤生。

鄭坤（一八八五、一八八六～一九一四），字復權。嘉應（今梅縣）人。早年奔走南洋宣傳革命，後抵緬甸，適遇汪精衛等創立閲書報社，被舉爲庶務員，任職六七年，盡心盡力。宣統二年（一九一〇）十月，隨黄興等人回國，參加次年黄花崗起義，任“先鋒”，隨隊進攻督署，勇敢頑强。終因寡不敵衆，身負重傷，幸被同志救護脱險，至香港醫院醫治半年傷愈。武昌起義勝利，南京光復，即赴寧組織炸彈隊，自任隊長。尋南北議和，解甲歸粤。一九一三年召集鄉人欲在順德縣開辦蠔殼礦，因當地人阻止未果。次年五月，被龍濟光以“莫須有”罪名逮捕殺害。（《廣東近現代人物詞典》三五七頁）

鄭賢生。

鄭賢（一八八五～一九一三），番禺人。畢業於德國工業學校。辛亥革命時，與何卓非投初字營，二次革命失敗後居家。旋隸卓非部，在芳村設立機關，製作炸彈。一九一三年十二月卓非事敗，與其在穗同時被捕遇害。（《民國人物大辭典》一四七五至一四七六頁）

歐陽俊生。

歐陽俊（一八八五～一九一三），字鐵城。河源人。出身書香門第，父爲禀生，善詩文，工書法。俊天資聰明，五歲始讀書，過目成誦。十三赴童子試，應鄉會課，常列前茅。後入惠州中學，畢業後考入兩廣高等學堂，尋潛往香港，入興中會。後被同學告發而被捕入獄，幸得校長及日本教員擔保而獲釋。參加黄花崗起義，激戰中受傷，因被救助而出城。起義失敗後受孫中山派遣回河源組織革命軍，任東江民軍總司令。武昌起義後，東江民軍發展壯大，先後光復河源、紫金、龍川、和平、連平等縣。後因肺病不治而逝。（《河源縣人物志》）

蔡鶴明生。

蔡鶴明（一八八五～一九五八），台山人。青年投身革命，歷任新興縣長、佛山市長、大元帥府軍事委員、廣寧縣長。一九三九年赴美定居，任紐約甯陽會館主席、紐約致柔學社、三藩市致柔學社等社團太極拳師。一九四七年回香港設社授徒，並於澳門興辦慈善學校。撰有《太極拳彙編》。（《台山文史》第八輯）

潘植成生。

潘植成（一八八五～一九五三），梅縣人。早年畢業嘉屬中學堂。光緒三十三年（一九〇七）經考試選派日本學習。一九一三年獲宗親支持在神户開"得人和"公司，數年後爲華僑首富，被選爲神户中華總商會會長等。辛亥革命前熱心捐資支持革命，勝利後被聘爲廣東都督府顧問，捐鉅資爲黄花崗烈士營造墓地，被選爲國會議員。一九二一年回國任豐順縣長。日本侵華時，險遭拘捕，出逃印尼，被荷蘭殖民政府拘禁，經營救獲釋。病逝香港。（《僑聲》第二六期）

劉參生。

劉參（一八八五～一九一四），號醒吾。台山人。少年隨父赴美國，後經商，在三藩市入同盟會。一九一二年轉習航空，次年龍濟光入粤，棄所學歸國，參與張洛川在香江組織討袁機關，徵集義軍。一九一四年九月二十三日，與陳芳功、顧忠玉等潛入台山公益以圖舉義，事泄被捕，旋解送廣州，三人同時遇害。（《民國人物大辭典》一三九五頁）

劉達潮生。

劉達潮（一八八五～一九七四），又名大超、耐。東莞人。宣統三年（一九一一）在香港昌興公司之"日本皇后"號輪當學徒。一九一九年在"加拿大皇后"號船工作時，組織餘閑樂社，發動海員與包工頭鬥争並取得勝利。中華海員工業聯合總會（簡稱海總）成立後，任"俄國皇后"號工會支部主持人，領導工人參加了香港海員大罷工。省港大罷工期間，任罷工委員會會計部副主任兼糾察隊軍需長。一九二七年由陳鬱介紹入共産黨，至港海總工作，秘密在各船組織赤色工會。一九三〇年隨海總遷滬，恢復怡安俱樂部，負責對外國輪船海員聯系工作。後因暴露，返港海員息影俱樂部。港海員工會成立後，積極領導會員開展抗日救亡。一九三八年春與丘金、陳亞農前往延安出席陝甘寗工會代表大會，並留延安黨校學習。一九四一年初，離延安奉命至新加坡。解放戰爭時期又奉調香港任海員工會副主席。一九四八年任港九工會聯合會副理事長。中華人民共和國成立後，任中國海員工會全國委員會主席；在中國工會"七大"、"八大"上，均當選全國總工會執行委員兼經費審查委員會主任。著有《中國海員革命鬥争回憶録》。（《東莞市志》一四八八頁）

蕭奕先生。

蕭奕先（一八八五～一九一二），字竹漪。潮安人。幼年隨父赴南洋群島，在新加坡入同盟會。光緒三十三年（一九〇七）奉孫中山命偕姐夫陳蕓生發動黄岡起義，任參謀。失敗後走南洋。（《民國人物大辭典》一五九〇頁）

盧信生。

盧信（一八八五、一八七二、一八七三～一九三三），字信公，筆名梭公。順德人。早年赴日本、美國學法律。後任香港《中國日報》記者、同盟會廣東支部長、廣東臨時參議院副議長、南京臨時政府參議員，一九一三年任國會參議院參議員，曾與唐紹儀創立金星人壽保險公司。一九二二年八月被任命爲農商部總長，未就。一九二六年任賈德耀内閣司法部總長。著有《美國憲法史》、《不徹底原理》、《黨争救國論》等。（《簡明廣東史》、《廣東近現代人物詞典》五九頁）

盧興原生。

盧興原（一八八五～?），澳門人。宣統二年（一九一〇）畢業於牛津大學，獲碩士學位，回國任蘇州大學講師。一九一九年任廣東政府外交部司長，任陳炯明顧問。一九二一年任廣州軍政府大理院庭長。一九二三年任大元帥府總檢察廳檢察長。一九二六年爲廣州國民政府廖案審判委員會委員，二月任廣東省務會議高等審判廳廳長，次年任上海租界臨時法院院長。（《民國人物大

辭典》一五二〇頁）

謝大目生。

謝大目（一八八五～一九七八），潮安人。自幼家貧，十三歲賣身於潮劇八順班爲童伶，先後在八順香、中一天香、杏花天、老正順潮劇班社當丑角演員，在潮汕、閩南、東南亞等地演出，蜚聲海内外。一九二五年參加梨園工會，帶頭罷工，曾被捕。一九四〇年在香港與潮劇名師林如烈受聘於江南船務公司，組成香港第一個潮劇團，翌年香港淪陷，罷演回鄉，做小販糊口。一九五二年復出參加潮劇改革，翌年至潮劇演員學習班（汕頭戲曲學校前身）任教，一九六五年退休。曾任中國戲劇家協會會員、劇協廣東分會理事、廣東省人大代表、廣東省政協委員。初習老生，後改丑行，師承名丑方溜，博取衆家之長，融化吸收自成一格，以項衫丑、官袍丑、踢鞋丑見長，扇工、腰工、念白均有絶招。（《廣東近現代人物詞典》五一九頁）

聶益之生。

聶益之（一八八五～一九一一），原名滿，字衍鈞。新會人。出身富商家庭，早年攻讀四書五經。每逢縣試皆不願應試，唯好音樂，勤練武藝，有膽略，善技擊。光緒三十一年（一九〇五）赴日本留學，入日本士官學校騎兵科學習，次年加入同盟會。每届假期，奔走於東京、長崎、横濱等地，聯絡革命黨人。後多次回國，奔走於大江南北聯絡。宣統元年（一九〇九）曾回新會吸收義士多名加入同盟會。次年冬孫中山在南洋開會籌備廣州起義，聞訊從日本東京回國，途經香港與黄興等洽商。回穗通過友人介紹，謁見廣東水師提督李准，被口頭委爲省河魚雷艇統帶，準備在廣州起義時作内應，以期水陸夾攻清軍。然准已從其侄李田處獲悉其密謀，於二月十六日以設宴接待爲名，置毒於酒中勸飲，酒後回至西關新勝街廣隆昌衣店寓所時毒發身亡。（《廣東近現代人物詞典》四〇三頁）

蘇兆徵生。

蘇兆徵（一八八五～一九二九），香山人。早年入私塾就讀。光緒二十九年（一九〇三）至港謀生，在英國輪船“樂生”號做工。三十四年（一九〇八）入同盟會。宣統三年（一九一一）參加孫中山在海員中組織之聯義社、群益社等。辛亥革命中協助運送軍火，傳遞情報等。同盟會改組爲國民黨，轉爲國民黨員。一九二一年三月與林偉民等積極發動組織成立中華海員工業聯合總會，翌年參與領導香港海員大罷工。一九二五年入共產黨，五月全國第二次勞動大會在穗召開，成立中華全國總工會，與林偉民、劉少奇、鄧中夏等二十五人當選執行委員，六月參與領導省港大罷工。次年當選全國海員工會執委會委員長，五月一日第三次全國勞動大會於穗舉行，當選執委會委員長；六月中華全國總工會召開首次執委會會議，當選委員長。一九二七年廣州起義爆發後，當選廣州工農民主政府主席（未到職）。一九二八年六月中國共產黨六大在莫斯科舉行，以廣東代表團負責人參加，當選大會主席團成員之一，被選舉爲中共中央政治局常委，次年離蘇聯回國，二月在上海積勞成疾逝世。（《廣東近現代人物詞典》一五三頁）

譚昌朝生。

譚昌朝（一八八五～一九四四），徐聞人。十多歲時入雷州府學習。戊戌變法後，雷陽書院改雷陽中學，爲陳喬森得意門生。赴省府考拔貢，名列全省第五，被選爲雷州三縣“拔元”，故稱爲“三縣拔”。民國初廣東省政府選派與何犖去保定軍校深造，旋憤軍閥割據殘民，言“文人不宜當武將”而毅然返回，自此終生從事教育，先後在下洋、邁陳、塘西、木棉及海康縣調風、後降等地教書達三十四年之久，弟子逾數千。（新編《徐聞縣志·人物編》）

羅遇坤生。

羅遇坤（一八八五～一九一一），南海人。膽力過人。曾僑居安南（今越南）海防，在廣隆昌機器廠做工。光緒三十三年

（一九〇七）參加鎮南關起義，任運輸之職。又參加廣州起義，隨黄興進攻督署，轉戰各處，擊斃清兵數名，後彈盡被捕。五月六日，與饒廷輔、羅聯同時就義。（《中國近現代人物名號大辭典》七八七頁）

清德宗光緒十二年　丙戌　一八八六年

本年居廉爲其弟子梁禧作《鵪鶉》扇面（廣東省博物館藏）。

梁禧，字梅泉（一作梅村）。東莞人。張嘉謨婿。善畫花鳥、草蟲，爲居氏兄弟得意門徒之一，家富有，藏古書畫甚豐。光緒十二年（一八八六），居廉爲作《鵪鶉》扇面（廣東省博物館藏），卒於宣統末年。子景新亦能畫，曾受聘於東莞中學教席。

劉安科於本年中進士。

劉安科，字少希，號蔭堂，室名筠雪堂。廣州駐防漢軍鑲黄旗人。光緒十二年（一八八六）進士，官陝西知縣。工詩，善畫竹。一生抑鬱，常寄於醉墨中。（《中國近現代人物名號大辭典》二六五頁）

伍觀淇生。

伍觀淇（一八八六～一九五二），又名冠球，字庸伯。番禺人。早歲時考入兩廣高等學堂、廣州將弁學堂、保定軍官學校，畢業應陸軍大學聘請，留校任教官，執教三載有餘。一九一六年辭職用五年時間專心讀書，接觸了佛、道學、洋教、馬列主義等，後專攻儒學。一九二一年回粤任軍警督察處總參議。尋回番禺，幫助平息械鬥及肅清匪盗、興辦教育。一九二六年任國民革命軍總司令部辦公廳主任兼少將總參議，翌年任廣東省政府委員、廣東地方警衛隊編練委員會主任委員及地方武裝團體訓練員養成所所長。一九三六年任廣東農村合作委員會主任委員。廣州淪陷之前，又受命爲廣東民衆抗日自衛團統率委員會委員、第四戰區第一遊擊縱隊司令、第七戰區挺進第四縱隊司令。抗戰結束，任番禺縣臨時議會參議長及番禺縣建設委員會主任。中華人

民共和國成立後寓居北京。（《廣東近現代人物詞典》九六頁）

杜純生。

杜純（一八八六～?），字梅叔。番禺人。早歲任淞滬護軍使署秘書長。一九二〇年任杭州關監督，後一度任浙江省財政廳廳長。一九二二年任兩浙鹽運使，後任兩淮鹽運使等職。（《民國人物大辭典》二三六頁）

李公劍生。

李公劍（一八八六～一九二五），字鏢隆，號大癡。梅縣人。曾入潮梅同盟會。光緒三十三年（一九〇七）参加饒平黄岡起義。宣統三年（一九一一）参加光復梅州。一九一六年任封川縣長，後北上参加討袁護法，奉命赴日本爲革命奔走。一九二四年任葉劍英團参謀長，翌年爲平息兵變而犧牲。（《梅縣市文史資料》第九輯）

李文鍇生。

李文鍇（一八八六～一九一一），字國芳。清遠人。初執印刷業於汕頭，繼供職新加坡《中興報》、《南僑日報》。自幼喜讀小説野史，欽慕義士英雄。辛亥春歸國，三月二十九日捐軀於廣州圍攻兩廣總督府之役。（《廣州近百年大事記》）

李錦綸生。

李錦綸（一八八六～一九五六），原籍新寧（今台山），生於美國紐約。畢業於美國芝加哥大學，獲法律學士學位。又畢業於紐約大學，獲碩士學位。宣統三年（一九一一）回國，任廣東交涉署政務科科長。一九一七年廣東軍政府成立後，任孫中山秘書，翌年四月任廣東軍政府外交部政務司司長。一九二〇年任粤海關監督兼廣東交涉員。一九二二年爲上海滬江大學副校長兼政治學教授。一九二七年十一月任國民政府外交部參事，次年任國際仲裁裁判所代表、駐墨西哥公使。一九二九年任國民政府外交部政務次長。一九三一年代理部長，同年底辭職。一九三三年五月任駐波蘭兼捷克公使，翌年調任駐葡萄牙公使。一九四三年辭

職改任外交部顧問，並留駐美國擔任宣傳工作。病逝於美國紐約。（《廣東近現代人物詞典》一八七頁）

李易標生。

李易標（一八八六～一九二六），字錦文。防城（今屬廣西）人。行伍出身。歷任桂軍林虎部連營長、統領。一九二〇年所部編入粵軍楊坤如部，仍任統領，後轉投桂軍沈鴻英部，任第一軍第一旅旅長。一九二二年任沈軍第一軍軍長，翌年曾被孫中山任命爲大元帥府中央直轄第五軍軍長。後投靠陳炯明，任陳軍第四軍軍長。一九二五年任陳軍右路前敵總指揮，同年冬所部在紫金被國民革命軍東征軍擊敗，後逃往香港，翌年二月在上海病逝。（《廣東近現代人物詞典》一七五頁）

岑國華生。

岑國華（一八八六～一九四二），名汝鎏。顺德人。一九一九年率先采用日本新式缫机，变四角车丝为六角丝，产量、质量均显著提高，及时集股扩大生产，属下丝厂发展至十八家，股份总额二百多万银元，年产生丝四万担。同时，在广州创办永泰隆丝庄及洋行，直接与各国丝商交易，常年营业额在一千万银元以上，居全市同行之冠。二十世纪二十年代末当选为广州商会会长。廣州淪陷後，至香港開辦永泰隆新行、永祥銀號。太平洋戰争爆發後事業慘遭打擊。（《廣東近現代人物詞典》二〇四頁）

何渭生生。

何渭生（一八八六～一九七五），三水人。生於鎮江。光緒二十三年（一八九七）入南京匯文書院。二十八年（一九〇二）入上海電報學堂，兩年後畢業派赴海籌軍艦任正電官。三十二年（一九〇六）入同盟會。宣統三年（一九一一）任九江電報局局長。一九二五年赴哈爾濱電報局從事報務工作。一九二八年調至上海電報局。（《民國人物大辭典》三九二頁）

林烈生。

林烈（一八八六～一九四四），字捷之。原籍高要，建有

“韜園”。青年時在肇慶入同盟會。宣統三年（一九一一）隨廣東新軍二團統帶隆世儲部參加北伐，翌年隆世儲團在寧改編爲第四軍獨立旅，與隨軍北伐之陳子忠、馮祝萬、黄范一、吕鑒周等被委派爲該旅軍事委員，旋調張我權旅參謀。廣東北伐軍解散，入保定陸軍軍官學校深造，與李濟深、伍觀淇等同期。畢業後，留校任助教，後爲教官。民國五年（一九一六）返粤，在陳炯明部任營、團長。九年兩廣軍閥混戰，率所部西上，驅逐沈鴻英、林虎、馬濟等，直指百色、剝隘等腹地。十一年回師粤，授中將銜，十二月任高要縣長。次年奉陳炯明命任熊略之第五軍第十一師師長，指揮羅獻祥獨立旅守惠州飛鵝嶺。陳炯明被東征軍擊潰後，寄居香島。二十五年（一九三六）出任南澳縣長。（《廣東近現代人物詞典》三一三頁）

官文森生。

官文森（一八八六～一九五七），祖籍惠州，生於馬來西亞雪蘭莪州。早年參加同盟會，被委派主持雪蘭莪州同盟會日常工作。後入中華革命黨，長期在馬來亞經營采礦、橡膠等。一九四〇年任馬來亞抗日總動員會主席，曾參與組織東江華僑服務團回國抗戰。一九四六年任民盟馬來亞總支部委員兼民盟雪蘭莪分部主任委員，翌年當選爲致公黨第三届中央委員。一九四九年出席政協首届全體會議。中華人民共和國成立後，歷任國務院華僑事務委員會委員、全國僑聯常委、廣東省僑聯副主席、致公黨第四届中央主席團成員及第五、六届中央副主席、首届全國人大代表、第二届全國政協委員。（《廣東近現代人物詞典》三六七頁）

姚德生。

姚德（一八八六～一九一四），别名湛、懋貞。羅定人。早年加入新軍，投身革命。宣統二年（一九一〇）參加廣州新軍起義，次年參加惠州光復之役。一九一四年與陳雨廷奉鄧鏗、朱執信命回邑組織反袁武裝起義，事泄後倉猝起事，旋敗，十二月被捕犧牲。（《廣東近現代人物詞典》三九五頁）

連可覺生。

連可覺（一八八六～一九五五），字伯倫。順德人。曾在兩廣大學堂肄業，後得名師授以針炙穴一書並傳授針炙醫術。清未民初在今龍津西路五十四號設醫館，一九四五年又在長壽西路寶仁南十二號開醫館，擅長中醫針灸、內外全科，精醫手足全身癰腫痹痛等症。著有醫案及《針灸實驗》等教材。（《廣州西關風華》三）

徐統雄生。

徐統雄（一八八六～一九四七），名港宜，字洞雲。大埔人。光緒二十七年（一九〇二）南渡新加坡，獨立經營“富華”、“國華”等公司，沉毅通達。三十一年（一九〇六）經孫中山介紹入旅星同盟會，自此十餘年間任星洲“同德書社”社長、茶陽會館客屬總會董事及中華革命黨、國民黨星加坡支部長等職，在僑胞中籌款、聯絡，貢獻殊多。民國四年（一九一五）參加討袁鬥争，並在星洲與陳嘉庚等倡設華僑中學，籌辦南華女校。一九三五年回國定居後，曾任四川禁煙督查處處長等職。抗日戰争後，告老居家。（一九九二年《大埔縣志・人物》）

郭順生。

郭順（一八八六～?），香山人。一九二〇年在上海創辦永安紡織公司，任經理，後任永安百貨公司監督等。一九三三年任國民政府棉業統制委員會委員。一九四三年任汪偽棉業統制委員會委員。一九四六年爲國民政府最高經濟委員會委員。（《民國人物大辭典》八四五頁）

容伯挺生。

容伯挺（一八八六～一九二二），名寶韶。新會（一説香山）人。父體正，舉人，以教學育人爲業，歷任荷塘容氏兩等小學堂、江門景賢高等學堂堂長。伯挺自少受家庭薰陶，學業大進，早年赴日本求學，入同盟會日本分會。一九一二年返粤，次年五月中華民國各省議會聯合會在津成立，以粤代表開會，袁世凱派爪牙將其拘捕，旋經國民黨機關報《民誼》揭露抨擊、廣東都督府及滬國民黨交通部交涉，才獲釋，參加遷至滬之各省議會聯合會會議。一九一五年袁世凱謀復帝制，政學系谷鍾秀、楊永泰創辦機關報《中華新報》，聘任主筆，極力攻擊袁世凱倒行逆施。伯挺"人直、口直、筆直"，被稱爲"敢言敢寫的記者"。冬，蔡鍔在雲南起義後，《中華新報》特辟專欄"護國軍紀事"。護國軍在肇慶成立軍務院，任軍務院秘書廳秘書，翌年六月袁世凱死後軍務院撤銷，被選爲廣東省參議會議員，後任廣東省長公署公報所所長、省財政廳參議、印刷局局長，仍兼任《中華新報》社長、主筆。一九二二年陳炯明在粵有謀叛跡象，伯挺著文抨擊，遭人暗殺。（《廣東近現代人物詞典》四二五頁）

陸光宇生。

陸光宇（一八八六～一九五九），名嗣曾，字光宇，號定庵。信宜人。初入高州中學堂，旋赴廣州，肄業兩廣方言高等學堂。武昌起義後返高州，與林雲陔策動響應，高州軍政府成立後任參議。後入北京大學，畢業赴穗任航政局長。一九二〇年轉任廣州地方檢察廳檢察長。一九二八年任國民政府行政院參事，旋任廣東高等法院院長。勷勤大學成立，任副校長、校長。抗戰爆發，隨遷西南。抗戰勝利，大學奉命改組，仍任法商學院院長、國民黨廣東黨部監察委員。一九四六年任制憲國民大會代表。一九四九年去澳門，後去臺灣。（《民國人物大辭典》九八八頁）

陳宗南生。

陳宗南（一八八六～一九六二），字伯熙。增城人。光緒三十年（一九〇四）學使按臨考試，被録取爲秀才，翌年考入兩廣留學預備館，適該館改組，於是轉入唐山礦學堂就讀。宣統元年（一九〇九）選派赴美留學。一九一三年考入美國伊利諾斯州斯普林菲爾德大學，獲化學學士及化學工程碩士學位。一九一六年回國在廣東省高等師範學校、廣東大學（今中山大學）任教，曾任中山大學化學系教授兼系主任、學校教務主任及理科主任、理工學院院長、工學院院長。一九三三年被聘爲廣東省建設廳技正及肥田料廠廠長。日本投降後，中山大學遷回廣州，仍任教務長兼工業試驗所所長，又任中國工程師學會廣東成立分會、廣東省政府顧問。共和國成立後，去香港定居，後受聘爲新加坡南洋大學理學院院長兼代校長職務。一九六〇年退休回香港休養。（《廣東近現代人物詞典》二九〇頁）

葉汝壽生。

葉汝壽（一八八六～一九四八），又名壽，字比南。東莞大朗大井頭村人。十五歲隨父至穗搞建築。光緒三十二年（一九〇六）在佛山入同盟會，次年初去越南以賣菜爲生，發動僑胞捐款支援革命。宣統三年（一九一一）十二月孫中山從海外回穗，將所有積蓄獻作革命經費，次年回國後，在廣、佛以建築業爲掩護進行革命活動。一九一七年任大元帥府軍需。一九二一年任總統府金庫長，掌管財政收支，翌年陳炯明叛變圍攻總統府，奉命趕至南堤中央銀行，協助行長程天斗將幾十箱鈔票轉移，隨即回總統府，協助宋慶齡等把各種印章、現金裝入手提箱，在衛戍隊、警衛營掩護下，輾轉登永豐艦，後隨乘輪赴滬。一九二三年炯明敗退惠州，孫中山回穗重建大元帥府，三月回鄉招募青年編入元帥府衛戍隊。一九二五年三月十二日孫中山不幸在京病逝，悲痛欲絶，辭金庫長職，隨隊北上守靈。一九二九年六月一日孫中山遺體移葬南京紫金山中山陵，偕妻子守陵。一九三一年底憤然辭職，返鄉以拾牛屎度日。（《東莞市志》一四五三頁）

黄經生。

黄經（一八八六～一九四二），字史庭，又稱史騰，號談空子、遊真室主等。潮安人。十八歲期間與人創辦《韓江畫報》。一九二九年有畫作《法聰和尚》入選全國美展。著有《史騰畫剩》二册。

黄少海生。

黄少海（一八八六～一九四〇），字阿彌。東莞人。一生以寫畫賣畫爲生。善山水、花鳥、人物，尤精於仕女，别具匠心，清麗明秀。曾參加柏林萬國美術展覽會，亦擅書畫鑒賞。穗淪陷時隻身逃港，尋病逝。（《廣東近現代人物詞典》四四二頁）

黄開文生。

黄開文（一八八六～一九三六），字錫臣。蕉嶺人。民國初年任湖北江漢關監督，越兩年卸任。（《中國近現代人物名號大辭典》一〇九三頁）

黄緒虞生。

黄緒虞（一八八六～一九六〇），原名搥，號舜琴，書名樂書。普寧人。光緒三十二年（一九〇六）留學日本東京同文書院。三十四年赴日本入海軍士官學校第二届駕駛班。一九一二年畢業回國，任民國北京政府海軍部軍需司稽核科科員，次年授海軍上尉。一九一六年升任海軍部軍需司稽核科科長。一九一八年任駐日本使館海軍副武官，獲二等銀色獎章。一九二〇年任吉黑江防艦隊“江平”艦艦長。一九二二年任海軍總司令公署副官，晋升海軍中校。一九二四年任葫蘆島航警學校航海教官，次年冬任東北江防艦隊利捷炮艦艦長。一九二七年調任東北海軍青島辦事處處長，晋升海軍上校，翌年任東北江海防總司令部海防第一艦隊總教練官，一九二九年任國民政府海軍編譴區辦事處委員，次年任東北海軍司令部少將高參。一九三二年任青島海軍學校校長，翌年任第三艦隊北京辦事處處長，後任海軍第三艦隊參謀長。一九三四年脱離東北海軍，次年任國民黨南昌行營少將參議。一九三六年任交通部上海航政局船舶碰撞委員會委員兼第二科科長。西安事變後因與張學良關係密切，受蔣介石排斥，一九四三年回鄉。日本投降後倡辦省立汕頭商船學校。一九四八年授海軍少將，後脱離海軍回汕頭定居。中華人民共和國成立後歷任汕頭市、普寧縣人民代表、省政協委員、民革汕頭市委員等職。後在汕頭病逝。（《廣東近現代人物詞典》四六三頁）

許崇智生。

許崇智（一八八六～一九六五），字汝爲。番禺人。宣統三年（一九一一）十一月參與福州起義，翌年南京臨時政府成立後，任陸軍第十四師師長及福建北伐軍總司令，揮師北伐。一九一七年八月任護法軍政府大元帥府參軍長，協助孫中山主持軍事，同年十月粵軍光復廣州，結束了桂系軍閥在粵統治。一九二四年一月被推爲中央監察委員，兼國民黨中央軍事部長，三月任建國粵軍總司令，次年六月平息滇、桂、直系軍閥叛亂。七月一日國民政府在廣州成立，被任命爲軍事部長兼廣東省政府主席。一九三九年遷居香港。（《中國近現代人物名號大辭典》三二一頁）

馮寶森生。

馮寶森（一八八六～一九二六），字竹賢。德慶人。畢業於廣東陸軍小學、保定軍校。任龍濟光部標統軍需及參謀。袁世凱稱帝，憤然辭職。一九二三年任廣州大本營軍政部科長，次年任粵軍第一軍少將參謀長。一九二五年任國民革命軍總司令部兵站總監部參謀長，次年因病卒。（《廣東近現代人物詞典》七六頁）

梁菊東生。

梁菊東（一八八六～一九六四），恩平人。早年至美國紐約謀生，後得華文《大同日報》聘用，後任該報總編輯。孫中山來美與會晤，入同盟會。一九二五年回鄉，籌辦學校、圖書館，並編修縣志。（《海外恩平人》）

張我權生。

張我權（一八八六～一九二五），字自操。五華人。庠生，後投筆從軍，考入廣東陸軍速成學堂第二期，並入同盟會，畢業後任廣東新軍左營校尉，隨趙聲、姚雨來等在新軍中進行反清活動。辛亥武昌起義爆發後，同盟會南方支部在廣東組織起義，參加廣東新軍起義。十二月粵省組建姚雨平爲總司令之廣東北伐軍，北上南京，我權任步隊第一協第一標統帶。次年清帝退位，南北議和，廣東北伐軍改稱廣東討虜軍，我權改任第二師師長。

三月廣東討虜軍又改編爲南京臨時政府第四軍，我權任第二十二師第四十四旅旅長，次年春返粵，歷任廣東省防軍獨立旅旅長、循軍第五路統領、廣東陸軍混成旅旅長、廣東都督府護軍副使，明年授陸軍中將。二次革命爆發，廣東都督陳炯明舉兵反袁，宣佈廣東獨立，廣東第二師師長蘇慎初率軍將炯明逐出穗，被舉爲臨時都督兼民政長，與鍾鼎基、蘇慎初、饒景華、姚雨平等聯銜通電，宣佈取消廣東獨立，我權帶兵將慎初趕下臺，接任臨時都督兼民政長，龍濟光率軍入穗，我權下臺。袁世凱通令褫革軍職，調入北京，任陸軍部諮議、顧問等閑職。一九二五年回鄉省親，病亡家鄉。（《五華縣志》卷八）

張醁村生。

張醁村（一八八六～一九七六），字杏芬。興甯人。秀才。光緒三十一年（一九〇五）考入廣州陸軍速成學校，次年秘密入同盟會，參加黄岡之役，後赴松口協助創辦體育傳習所及體育會。宣統三年（一九一一）參加了由黄興、趙聲等策劃之廣州“三二九”之役。武昌新軍起義成功後，得吴偉康從印尼帶華僑捐款二萬元，在潮陽募集兵員，成立廣東光復軍第四軍，親任軍長，將潮州知府陳兆棠就地槍决，清鎮守使趙國賢則自縊身亡。革命軍勢如破竹，潮、嘉各縣相繼光復。旋奉命率部赴穗整編，任廣東第五旅旅長。一九一七年孫中山南下穗組織護法軍政府，次年組織援閩粵軍，任陳炯明爲總司令，醁村爲總部經理局長。駐閩西南兩年間，充總部上校參謀。一九二〇年援閩粵軍回粵驅逐桂系軍閥，被委爲兵站總監。一九三三年參加李濟深、蔣光鼐、蔡廷鍇等領導之反蔣抗日，任福建人民革命政府總務處長。抗戰期間，曾參加抗日戰爭。一九四九年九月以無黨派身份被特邀參加政協會議，後任第四届全國政協委員、政協廣東省第三届委員會副主席等職。（《廣東近現代人物詞典》二五五頁）

舒炳榮生。

舒炳榮（一八八六～?），名民氣。番禺人。曾在新加坡入同盟會。光緒三十四年（一九〇八）回粵，任新軍軍醫局軍需長。宣統三年（一九一一）在港與李煜堂等密謀起事。又招撫清兵輪二十餘艘，旋任海軍統領。（《民國人物大辭典》一一六六頁）

曾金誠生。

曾金誠（一八八六～一九五二），番禺人。汪源子。早年助其父開創海南島橡膠種植業，其父逝世後繼父業。宣統三年（一九一一）攜眷至海南島，居住於僑興公司茅舍内。一九二〇年與崔樸池等創辦“開瓊植橡公司”。幾經艱辛挫折，矢志於發展海南島橡膠事業。一九四九年因年老體衰回鄉。後病逝。（《番禺縣人物志》）

楊幼敏生。

楊幼敏（一八八六～一九七六），號楊剛。梅縣人。梅州中學畢業後考入廣東將弁學校，參加辛亥革命。一九一二年獲少將軍銜，歷任潮梅鎮守使署參謀長、虎門要塞司令等職。抗戰時任梅縣參議會議長，後任梅縣縣長兼梅縣銀行董事長。（《梅縣文史》第二十輯）

鄧鏗生。

鄧鏗（一八八六、一八八五～一九二二），名士元，字仲元。惠州人。光緒三十三年（一九〇七）任廣東學兵營排長。武昌起義廣東光復後，任廣東府陵軍司長兼稽勳局長、都督府參謀長。一九一四年入中華革命黨，任軍務副部長、東江總司令。一九一七年任廣州軍政府參謀長兼一師師長。一九二二年三月由港回粵，於車站遭阻擊身亡，孫中山追贈陸軍上將。（陳玉堂《中國近現代人物名號大辭典》一二七頁）

鄧世增生。

鄧世增（一八八六～一九五四），號益能。合浦（今屬廣西）人。廣東陸軍速成學校炮科畢業。一九二三年任粵軍第一師炮兵營營長。一九二五年任粵軍第一師二旅四團團長，次年任國民革命軍第四軍十一師副師長，兼欽廉警備司令，明年任廣州警備司令、第四軍參謀長。一九二八年任第八路軍參謀長兼任廣州衛戍司令、廣州市公安局長，明年春反蔣失敗逃港。一九三一年任京滬衛戍司令長官公署參謀長，次年任福建綏靖公署參謀長。一九三三年十一月任福建人民政府第十九路軍副總指揮，失敗後逃港。一九三七年升中將，次年春任欽廉地區遊擊隊中將司令，九月任廣東省第八區行政督察專員兼保安司令，一九四二年被免職。次年任軍事委員會桂林辦公廳高等顧問，明年回鄉，一九四八年任立法院立法委員，在北海協助民革組織起義，八月因事泄逃港。後任民革中央團結委員。

鄧碩甫生。

鄧碩甫（一八八六～一九五二），又名石甫、蔭華。梅縣人。宣統元年（一九〇九）入雲南陸軍講武堂，後入同盟會，任體育會教練。三年（一九一一）參與光復梅州，任總指揮部參事。一九一六年任汕頭討袁護國軍團長。一九二三年任梅縣縣長。一九二五年後閒居香港，後回鄉任梅北中學、東山中學董事會董事長，創辦梅縣國醫專科學校、軍民醫院。一九四六年任梅縣參議長。一九五二年被錯殺。（賴紹祥《客籍志士與辛亥革命》）

趙士覲生。

趙士覲（一八八六、一八八〇～一九三五），字公璧，自號哀崖狂士，法名德圓，亦稱德圓和尚。新會人。少隨父居美國紐約經商。弱冠，與香山黄溪記、新會吴朝晋、開平周超、鶴山李鐵夫等志同道合，傾向革命，醖釀成立團體。宣統元年（一九〇九）除夕，成立紐約中國同盟會，負責財務，積極籌款勸捐，支持孫中山歷次起義活動。三年（一九一一）初，程壁光率海圻艦抵紐約，登艦宣傳革命。武昌起義成功，胡漢民從香港致電，聞訊即發動募捐活動。民國成立後，美國紐約同盟會已發展有會員二百人。一九一二年同盟會改組爲國民黨。一九一四年建立中華革命黨，負責紐約支部工作，次年與謝英伯、鍾榮光創辦《民氣報》，作爲紐約支部機關報。除處理黨務，兼顧報社，還撰寫以紐約同盟會開展革命活動爲内容之《同盟演義》在報紙發表。一九一七年春回國，在滬謁見孫中山，呈上《同盟演義》書稿。九月孫中山在廣州成立軍政府，即委任爲大元帥府軍務處處長。一九二二年任大本營軍糧局局長。平定陳炯明之亂時，任中國國民黨廣州市第五區分部秘書、大本營糧食管理處處長。一九二四年任大本營財政委員會委員兼兩廣鹽運使。後被人冒名誣告，於四月間辭官，在家參禪拜佛。曾替某高級將領畫符“驅鬼”，人稱“趙法師”。孫中山逝世後，對政途更不問津，往返寺廟更密。廖仲愷被刺後，因政見與當道不合，被當局下令通緝。幸得友人相救，才脱險離穗赴港。時適值東密阿闍黎乙真組織香港佛教真言宗居士林，建立密祖神壇，傳授密宗佛法，與十名佛教徒參與其事。一九二七年削髮爲僧。次年撤銷通緝，乃遷穗安居，創設道場，宣揚佛法。一九二九年呈請粤省政府將白雲山麓彌勒寺與廣化善院，合並爲廣州佛教解行學社，次年又以解行學社名義在六榕寺内設解行精舍。未幾圓寂。（《中國近現代人物名號大辭典》八五六頁）

鄭洪年生。

鄭洪年（一八八六、一八七六～一九五八），字韶覺，號槖園、群庵。番禺人。光緒舉人。清兩江總督端方奉命於光緒三十二年（一九〇六）在寧創立暨南學堂，被任命爲首任堂長。一九二一年任交通部次長兼鐵路督辦，後任廣東軍政府財政廳長、軍需副監及高等顧問，國民政府交通部、財政部、工商部次長及全國建設委員會、華僑事務委員會、教育部大學院理事、庚款委員會委員及立法委員會委員等職。一九二七年改爲國立暨南大學，再次出任校長，廣羅人才，鋭意改革。非常重視對南洋、華僑問題研究，除專門機構進行研究外，規定《南洋概況》爲必修課。一九三四年離任赴南洋考察華僑教育。一九三七年上海“八·一三”事變發生後，旅居香港，創辦華夏學院、漢華中學。一九四二年香港淪陷被俘，關押集中營達百零五天，後又押送至滬，被迫任汪僞華中鐵路有限公司總裁。一九四九年春再次旅居香港。一九五二年回滬定居。一九五六年八月被任命爲上海市人民政府參事室參事。共有十七個子女。主要著作有《鄭洪年華僑教育言論集》、《橐園詩稿》等。（《中國近現代人物名號大辭典》八四〇頁）

黎海如生。

黎海如（一八八六、一八八五～一九三三），平遠人。保定北洋陸軍武備學堂畢業。民國成立後歷任新疆督軍楊增新部營長、統領、元湖邊防總指揮。一九二八年後任新疆省政府軍務廳中將廳長、哈密行政區警備司令、塔城都統兼行政長。一九三一年後任新疆邊防督辦公署軍需處長、金樹仁部第一軍中將軍長兼東疆警備司令。盛世才發動政變後被殺（一説下落不明）。（《廣東近現代人物詞典》五五五頁）

謝棋生。

謝棋（一八八六～一九三七），字作楷。新會人。早歲赴美國麻省理工大學，獲碩士學位，歷任北京交通傳習所教員等。一九二八年任國民政府財政部捲煙煤油税處處長。一九三一年任財政部統税署署長。（《民國人物大辭典》一五六三頁）

謝心準生。

謝心準（一八八六～一九五二），字展平。南海人。光緒三十一年（一九〇五）入同盟會，歷任新加坡同盟會書記、香港《中國日報》總編輯等。民國成立後，歷任孫中山秘書、大元帥府參議、大總統府咨議、大本營秘書兼特務委員。孫中山逝世後，繼任國民政府秘書、廣州南路各屬行政視察專員、行政院參事、國民黨中央黨部黨史史料編纂委員會名譽編纂。抗日戰爭時期，任史料編纂委員會纂修等。解放前夕去香港、澳門。後病故。（《廣東近現代人物詞典》五二〇頁）

譚平山生。

譚平山（一八八六～一九五六），又名彦祥、鳴謙、聘三。

高明人。宣統元年（一九〇九）在兩廣優級師范學校學習期間入同盟會，翌年畢業至雷州中學任數學教員。民國成立，被推選爲粤省臨時議會代議士，尋任雷州中學校長。一九一六年調陽江中學任教，次年考入北京大學文科哲學系，參加李大釗等發起之馬克思主義研究會、新聞學研究會等。一九一九年參加“五四”運動，爲主要領導人之一，曾被逮捕關押，後被釋放。次年畢業後回廣東高等師范學校任教，並發起組織廣州共産主義小組。一九二一年共産黨成立後任中共廣東支部書記。一九二三年以中共廣東區委書記、中共中央駐粤代表、老同盟會會員及老國民黨員身份，協助孫中山改組國民黨。次年一月國民黨在穗舉行一大，當選國民黨中央執行委員會委員及組織部部長。一九二七年八月與周恩來等領導發動南昌起義，失敗後流亡港澳，被武漢國民黨中央開除其國民黨黨籍。十一月在中共臨時中央政治局擴大會議上也被開除黨籍。抗戰爆發後回武漢。一九四七年冬，在港出席李濟深、何香凝等人組織召開的國民黨民主派第一次代表大會，成立中國國民黨革命委員會，次年初任中央常委。一九四九年九月參加政協首屆全體會議，當選全國政協委員，參加開國大典。建國後，歷任中央人民政府委員、政務院政務委員、政務院人民監察委員會（監察部前身）主任等職。一九五四年當選爲首屆全國人大常委、第二屆全國政協委員。一九五六年當選民革第三屆中央副主席。在北京逝世。主要著作編成《譚平山文集》。（《中國近現代人物名號大辭典》一二九九頁）

譚瑞霖生。

譚瑞霖（一八八六、一八八五～約一九三八），字滌夏，别名雨三。新會人，後徙居穗。光緒三十四年（一九〇八）畢業於新會官立師范學堂。宣統二年（一九一〇）畢業於廣東師范完全科，回縣任新會官立中學附屬小學教員。後得鄉里歸僑幫助，赴安南（今越南）海防創辦時習華僑兩等小學堂，自任教員。宣統三年（一九一一）九月十九日，廣東省城宣佈獨立，黄明堂率民軍進軍江門，以新會學界代表歡迎民軍進城。十一月新會縣臨時議會成立，被推舉爲臨時議會正議長，次年至新（會）順（德）鶴（山）綏撫使龍輯民之綱軍任第二營副營長，是年十二月選舉國會議員，任新會縣籌備選舉事務所委員長。一九一三年元月被選爲首届衆議院衆議員，翌年曾任北京高等專門税務學校學監，尋因南歸奔喪，遂離職。一九一五年袁世凱稱帝，組織反袁武裝配合中華護國軍討袁。世凱死後，任第一、二届恢復國會衆議院議員。（《廣東近現代人物詞典》五五〇頁）

譚澤昌生。

譚澤昌（一八八六～一九七二），又名漢，字惠泉。茂名人。青年時與同郡熊英、林雲陔等密組新高同志社反清，後考入廣東高等員警學堂，交朱執信，入同盟會。武昌起義時協助雲陔等克復高州，旋出任新寧縣知事。討袁之役，主持雷州軍事兼海康縣長。抗戰時曾於茂名創辦麗澤等兩所中學。終老臺灣。（《高雷文獻專輯》）

靚榮生。

靚榮（一八八六、一八八七～一九四八、一九四七），原名桂榮，字華泉。東莞篁村亨美人。與金山炳、朱次伯（靚次伯）、千里駒、白駒榮等人齊名，將粵劇演唱語言從官話改爲粵語。約在光緒後期，與金山炳、周瑜利[①]等受聘乘“總結”號輪船赴美演出。回穗入“漢同春”戲班，次年轉投“漢天樂”班。爲當時首屈一指之武生名角，工架老到，擅長飾演岳飛、文天祥、關羽、楚霸王等英雄人物，首本戲有《霸王別姬》、《岳武穆班師》、《沙陀班兵》、《關張戰古城》等劇目。擅演白須、黑須、武生及丑生。在《華容道》劇中，先飾魯肅，後飾關羽。文武皆能，唱

① 周瑜利，原名鄒敬和，南海人。清末民初粵劇小武演員，以擅演“三國戲”之周瑜堪稱。唱腔極佳，發口嚴謹，咬字清晰，聲音明亮。演《周瑜歸天》時所創的“變徽腔”頗有特色，成爲粵劇唱腔音樂瑰寶，首本戲有《平貴別窯》、《山東響馬》、《好逑傳》等。（《廣東近現代人物詞典》三五四頁）

做俱佳，中氣充足，嗓音洪亮，唱工精煉，運腔自然，手脚功架、關目身型，紥實有勁，被尊爲“武生王”。光緒三十年（一九〇四）與陳少白、程子儀、李紀堂在穗河南海幢寺創辦“採南歌”戲班。時採南歌爲新式粵劇學校，宣傳民主革命，表演新戲，如《地府鬧革命》、《文天祥殉國》、《兒女英雄》、《俠男兒》等。上世紀二十年代，其首本戲《楚霸王別姬》、《沙陀班兵》演唱段落被録製成唱片。三十年代曾任八和會館理事。抗日戰争前，在港應邀至秘魯演出。穗淪陷後，再赴美國舊金山演出謀生。一九四六年才返穗。一九四八年在穗平安大戲院演出時於臺上突患中風，搶救不治。（《東莞市志》一四五一頁）

謝樞泗生。

謝樞泗（一八八六～一九七二），梅縣人。十九歲往暹邏（今泰國）首都曼谷做工、經商。宣統元年（一九〇九）投身鐵路工程，如期完成考冲通隧道工程。工餘即往合艾探尋礦藏開採錫礦，創立宜發父子有限公司。一九一五年在距塢達車站長滿灌木三公里處，開闢街道三十四條，建築房屋、開設雜貨店與旅社。對社會慈善公益尤爲熱忱，捐出土地甚多。一九二九年泰王封其爲男爵，並御賜勳章。（《僑聲》第二四期）

清德宗光緒十三年　丁亥　一八八七年

本年兩廣總督張之洞在廣州城西北創辦廣雅書院。

春，黄遵憲賦《拜曾祖母李太夫人墓》長篇敘事詩。

五月，遵憲編成《日本國志》四十卷，分十二類，計五十二萬餘言。並賦《〈日本國志〉書成志感》詩。（鍾賢培、管林、謝華、汪松濤《黄遵憲詩選》四二〇、四二四頁）

秋，康有爲遊香港，歸途經虎門，賦《過虎門》七絶，書其深深感慨。

本年簡朝亮遊歷香港，感觸很大，賦詩多首，描述旅途見聞，抒發個人强烈感憤。《有感》七絶二首，其一寫其登太平山

所感。（陳永正《嶺南歷代詩選》五六九、五六四頁）

本年魏禄爲虎門守備，右營遊擊。

魏禄，五華人。（《五華縣志》）

王昌生。

王昌（一八八七～一九一八），香山人。少讀書時即好打抱不平。十六歲即隨鄉人至香港做工，欽敬孫中山，後旅加華僑李翰屏介紹參加革命組織。一九一八年五月，段祺瑞政府派湯化龍赴美向六國銀行團借款購軍火，企圖消滅孫中山護法軍政府。九月一日，化龍至域多利，即冲上前拔槍射擊，化龍應聲倒地，恐其不死，向其頭部轟擊立斃。回至店與工友告别，以另一支手槍自殺。一九二一年歸葬黄花崗。（《廣東近現代人物詞典》一一頁）

王福三生。

王福三（一八八七～一九二五），原籍花縣花東鎮九湖村，生於馬來亞。九歲回國，十四歲至一家中藥店當雇工。民國九年（一九二〇），結識阮嘯仙。同年底，回鄉組織九湖鄉自治會、自衛農團，被選爲自治會會長。一九二四年加入中共，任花縣農民協會副執行委員長兼第二區農民協會執行委員長。廣州商團叛亂時，粉碎花縣地主企圖破壞粤漢鐵路陰謀。十四年偕黄學增、何友逖帶領幾十名農軍在九湖鄉執行任務，江耀中、劉壽明等糾集民團百餘人包圍福三，中彈身受重傷被殺。（《廣東近現代人物詞典》二一頁）

方次石生。

方次石（一八八七～一九一五），字南岡。普寧人。光緒三十一年（一九〇五）留學日本入警監學校肄業，次年入同盟會，主張起義與暗殺並舉，特重學習製造炸彈方法。同年冬奉孫中山命與謝逸橋、謝良牧等歸國，協助許雪秋在潮州起義，因製造炸彈受傷，未能與戰。遂至甘肅其伯父知府官署，擬秘密運動回民革命，未果，再赴日本，旋至新加坡，爲《中興日報》撰文，縱論時政。宣統二年（一九一〇）冬至檳榔嶼，任《光華日報》編輯。武昌起義後歸國，在家鄉起兵響應。聞臨時參議院推舉袁世凱爲臨時大總統，憤然再渡南洋。一九一三年三月，率先在《光華日報》揭露世凱爲刺殺宋教仁幕後主謀。一九一五年世凱改洪憲帝制時，與李烈鈞密赴港組織討袁。後在澳門被龍濟光所派暗探殺害。(《廣東近現代人物詞典》三〇頁)

伍大光生。

伍大光（一八八七～一九三六），字韜若。新會人。黄埔軍校教授部少將高級教官。後任司法院秘書長、勷勤大學教授。

伍朝樞生。

伍朝樞（一八八七、一八八六～一九三四），字梯雲。新會人，生於天津。廷芳子。光緒二十三年（一八九七）隨父赴美國入西方高等小學。十七歲升大西洋城之高等學校。光緒三十一年（一九〇五）畢業返國，任廣東勞工局及農工實業局委員。三十四年（一九〇八）以官費派送英國入倫敦大學研究法律，宣統三年（一九一一）畢業，獲法學士學位，旋入林肯法律研究院，獲大律師資格，次年返國任湖北都督府外交司司長、外交部條約委員會會長。一九一三年被選爲首屆國會衆議院議員。國會解散後，任憲法起草委員會委員兼外交部條約審查委員會委員。一九一五年任政事堂參議兼外交部參事。一九一七年赴粤參加護法運動，翌年任廣東軍政府外交部次長兼總務廳廳長。一九一九年春代表廣州政府赴法國參加巴黎和會。一九二一年五月孫中山就任非常大總統時被任爲外交部次長。一九二三年六月任廣東大元帥府外交部部長，次年二月國民黨改組，任中央黨部商務部部長。一九二五年三月任廣州國民政府委員、司法委員會主席兼廣州市政委員長；十一月任司法調查委員會主席，翌年被選爲國民黨第二屆中央執行委員。一九二七年五月任南京國民政府外交部部長兼中央政治會議委員，次年辭職赴歐美各國考察。一九二九年任駐美公使。一九三一年回國任廣東國民政府委員；十一月任廣東

省政府主席。一九三二年三月就任瓊崖特區長官。病逝於香港。（《中國近現代人物名號大辭典》二三三頁）

佃介眉生。

佃介眉（一八八七～一九六九），又名頤、壽年，號雁門退士、荻江居士、丁亥人，晚年自號老眉。潮州人。幼承家學。天資聰穎，從小喜詩書畫印，遍臨百帖名畫。青年時就學並畢業於金山中學堂。學博藝精，擅長書、畫、詩、文，工篆刻，得力於傳統而不爲所囿，成就卓然。其書法藝術造詣很高，隸書尤卓著，曾得郭沫若贊賞。書畫作品多次在國内外展出，部分佳作爲汕頭、潮州博物館收藏，遺作甚豐。處事經曰“人好剛，我以柔勝之；人用術，我以誠感之；人使氣，我以理屈之”。曾被選爲潮安縣政協委員、汕頭地區文聯委員。著有《亦是集》、《曼痕》、《佃介眉書畫篆刻選》等。（《廣東近現代人物詞典》二一八頁）

沈光漢生。

沈光漢（一八八七～一九七二），字無畏。羅定人。廣東陸軍講武堂畢業。歷任粤軍軍職。一九二七年任國民革命軍團長、第二獨立旅旅長、第六十師一一九旅旅長、第六十師師長等。一九三三年參加福建人民革命政府，任人民革命軍第一軍軍長；失敗後退出軍界。抗戰時期，曾在邑籌劃羅定民衆抗日自衛統率委員會，創辦泗水中學，并任軍事參議院中將參議。抗戰勝利後，任國大代表。一九四九年後定居香港。後病故。（《廣東近現代人物詞典》二二八頁）

李芬生。

李芬（一八八七～一九一一），字文楷。清遠人。星洲晨報館印刷工人。辛亥參加廣州起義殉難。爲黄花崗七十二烈士之一。（《中國近現代人物名號大辭典》四一九頁）

李德軒生。

李德軒（一八八七～?），鶴山人。早年卒業於機械工程學校等，歷任國民黨廣州特別黨部監察委員、廣東省政府參議、省臨時參議會參議員、廣東省機器總工會主席等。一九四七年參加競選“國大”代表。任内多次破壞工人運動。中華人民共和國成立後被捕獲。(《廣東近現代人物詞典》一八九頁)

李樹芬生。

李樹芬（一八八七～一九六六），祖籍台山，出生於香港。光緒三十四年（一九〇八）畢業於香港西醫書院，入英國愛丁堡大學深造，獲醫學士、衛生學碩士學位。宣統三年（一九一一）返港，先後任廣東衛生部長、廣東省衛生司長。一九一三年辭職返港開設醫務所。一九二二年再赴英國愛丁堡憲立外科學院攻讀，獲外科博士銜，翌年應聘爲廣東公醫學院院長兼外科教授。一九二六年任香港養和醫院董事局主席兼院長，並曾任中華醫學總會副會長、中華醫學會香港分會會長、遠東熱帶病學會、香港大學醫學會副會長、香港大學董事、衛生局、定例局（即立法局）議員、華商總會名譽幹事、東華醫院顧問等職務。晚年在香港創設“李樹芬醫學基金會”。(《廣東近現代人物詞典》一七八頁)

吕鑒周生。

吕鑒周（一八八七～一九八二），原名其彬。肇慶人。幼就讀肇慶中學，辛亥革命前參加同盟會。辛亥年十一月，同盟會高要支部在肇慶舉行慶祝光復成功群衆大會，積極參加工作。隆世儲反正後在肇慶組織肇羅軍政分府、廣東新軍二團，參加二團。民國元年（一九一二）十二月，隨隆世儲部北上與清軍作戰。次年隆世儲團在甯改編爲第四軍獨立旅，與在肇隨軍北伐之同盟會員均被委爲該旅軍事委員。隆旅解散後，入南京陸軍入伍生隊爲入伍生。七月轉入湖北武昌陸軍第二預備學校，期滿升讀保定陸軍軍官學校步兵科。八年（一九一九）畢業後回粵參加粵軍第一師任排長、連長，後負責軍需工作。二十九年（一九四〇）爲軍事委員會西南統監部統監。三十一年八月國民政府授予中將軍銜，後出任第七總監部中將副監、聯合勤務總司令部供應局中將副局長。三十四年抗戰勝利，被授予幹城及忠勤勳章。三十六年（一九四七）任國防部中將部員。中華人民共和國成立後任廣東省人民政府參事室參事。

林永之生。

林永之（一八八七～一九二八），原名祖澤。揭陽人。著名古箏演奏家。二十年代就讀於北京中國大學，積極傳授潮州古箏藝術。所傳箏曲有《昭君怨》、《寒鴉戲水》、《粉紅蓮》、《平沙落雁》、《小梁州》、《登樓》、《錦上添花》等，對南箏北傳頗多貢獻。所用手抄本《箏譜》（工尺譜）亦流傳北方。（《廣東近現代人物詞典》三一九頁）

林偉民生。

林偉民（一八八七～一九二七），原名興。香山人。早年至港謀生，在外輪當苦力。一九二〇年起與蘇兆徵發起成立海員工會籌備組，爲籌備委員，次年中華海員工業聯合總會在港成立，當選幹事會幹事。一九二二年與蘇兆徵等領導了香港海員大罷工，任中華海員工業聯合總會上海支部主任，八月發動領導上海海員工人罷工。一九二四年春，代表香港海員工會去蘇聯參加國際運輸工人代表大會，入中國共産黨。回國後任中華海員工業聯合總會廣州辦事處主任，十二月領導廣州鹽船工人罷工，翌年五月在第二次全國勞動大會上當選中華全國總工會委員長。一九二五年上海五卅慘案後，在穗發動沙面洋務工人與香港工人聯合舉行反帝政治大罷工；六月主持中華全國總工會省港罷工委員會臨時辦事處工作；十九日省港大罷工爆發後，代表中華全國總工會參加了省港罷工委員會領導工作。腿部骨結核病惡性發作，於一九二七年春卒於穗。（《中國近現代人物名號大辭典》七五〇頁）

林翼中生。

林翼中（一八八七、一八九二～一九八四），名家相，字翼中，以字行。合浦（今屬廣西）人。畢業於廉州中學。宣統二年（一九一〇）入同盟會。民國四年（一九一五）畢業於廣東高等師范學校，回廉州中學任教，兼任學監，十年轉赴廣州廣雅中學任教。十四年（一九二五）陳濟棠任粵軍第十一師師長，任該師政治部主任。十六年隨濟棠赴蘇聯考察，回國後著《蘇俄現狀一瞥》。後受聘黄埔軍校任政治總教官，旋任國民黨廣州政治分會建設委員。十七年任陳濟棠第四軍政治部主任兼四區善後公署政務處長，次年任廣東省政府委員。二十年（一九三一）六月任廣東省民政廳長，在任期間貫徹執行濟棠所頒布《廣東三年施政計劃》，編有《廣東省地方紀要》。曾出使暹羅聯絡貿易，創辦隸屬於廣東軍事政治學校之政治深造班，培養中、上層官員。次年被選爲國民黨廣東省黨部執行委員，後出席國民黨四大，被選爲中央執行委員。二十五年（一九三六）兩廣事變後離職赴港，後隨濟棠遊歷歐洲。翌年十月回國，任國民黨中央訓練團黨政訓練班訓育幹事、内政部禁煙委員會常委。二十九年任陳濟棠爲部長的重慶國民政府農林部政務次長。三十一年任監察院監察委員。次年中國三民主義青年團成立後，任中央幹事會幹事兼海外團務計劃委員會主任委員。抗戰勝利後，返穗任廣東省參議長。解放前夕移居香港。著有《廣東省地方自治概要》等。(《中國近現代人物名號大辭典》七六四頁)

冼瑛生。

冼瑛（一八八七～?），字燕穆，室名恕行堂。南海人。畢業於高等員警學堂，任民政部警政司郎中。民國後任交通部僉事、粵軍總司令部少將參議、雲南航空處秘書，後任旅滇兩廣中學校長。抗戰前後任雲南彌勒縣修志局編纂。著有《朝議》、《史概》、《恕行堂詩文集》等。（《中國近現代人物名號大辭典》八四六頁）

冼冠生生。

冼冠生（一八八七～一九五二），原名炳生。南海佛山人。一九一六年與人合辦冠生園，生産糖果、糕點、罐頭食品、果汁牛肉、桔味牛肉、陳皮梅、各種獨特香味月餅等，部份著名産品遠銷東南亞，此外附設飲食部，兼營粵菜、粵菜點與廣東臘味。一九一八年與薛壽齡將冠生園改組爲股份有限公司，自任總經理。一九三一年分別在寧、杭、廬山、天津等地建分支機構，後在北京等地設立不少代銷店，在各分店所在地設食品廠，在滬辟有農場，在杭種大片梅林，成爲我國食品行業中産銷結合、工商一體大型企業。一九三七年抗戰爆發後，將妻子留滬，親至渝設分店、罐頭廠，成爲冠生園發展黄金時期。又分别於一九三九年建昆明分店，一九四一年建貴陽分店、瀘州分店，一九四三年建成都分店。抗戰勝利後回滬，繼續主持生産。（《中國近現代人物名號大辭典》八四六頁）

姚觀順生。

姚觀順（一八八七～一九五二），字頤庵，室名隱廬。香山（今中山）人。宣統三年（一九一一）在美國軍事學院畢業，成爲該學院畢業的首位中國人。一九一七年任護法軍政府陸軍上校。一九二一年孫中山當選非常大總統，任北伐軍大本營參軍兼衛士大隊長，次年陳炯明叛變時，負責保衛總統府外圍北伐軍大本營，後被授予陸軍少將軍銜，外籍人與外文報刊稱鮑將軍。一九二三年奉命與胡漢民、汪精衛共同籌建陸軍軍官學校。一九二五年在故鄉小隱村建屋與父保居住，宋慶齡送匾書顔“隱廬”。孫中山逝世後，任國民革命軍總司令部少將參軍兼交通處副處長、交通教導營營長。一九三一年後進財政部所屬鹽務局工作，後在兼任税警總團顧問時，協助十九路軍抗日。一九四六年任税警總團團長。一九四九年五月被廣東行轅主任余漢謀免職，並被監視。十月，攜眷赴港謀生，曾經營食用蛙養殖失敗。一九五二年去葡萄牙屬帝汶島籌建墾殖業，同年因病逝世。（《中國近現代人物名號大辭典》九五二頁）

馬小進生。

馬小進（一八八七～?），名駿聲，號退之，别署不進、夢寄。台山人。宣統元年（一九〇九）赴美留學哥倫比亞大學，入同盟會，次年回國在滬結識柳亞子，參加南社，七月重赴美入紐約大學。一九一三年被選爲衆議院議員，爲憲法起草委員會委員。二次革命失敗後，任袁世凱大總統府秘書兼財政部秘書。世凱死後重入國會。一九一七年南下粵，任大元帥府參事、廣東督軍府參謀、香港華僑學院中文系主任、廣州大學教授。一九三二年與友人合辦南方電影製片廠，未幾倒閉。自此以教學賣文爲生，曾任廣州大學文學院長。

徐昭良生。

徐昭良（一八八七～一九一一），花縣人。安南華工。宣統元年（一九〇九）入同盟會番花分會。三年“三·二九”之役，隨徐維揚攻總督署，轉戰飛來廟，不克，負傷至高塘大東橋遇敵遭殺害。爲黄花崗七十二烈士、花縣籍十八烈士之一。

徐維揚生。

徐維揚（一八八七～一九五二），字瑞甫。花縣（今花都）人。祖俊賢曾參加太平天國，自幼習聞洪天王故事。青年時入廣州培英學校學習。畢業後，入廣東陸軍將弁學堂習炮科，結識黄興、趙聲等，入同盟會，爲陸軍分會主盟人。光緒三十四年（一九〇八）冬，與朱執信、趙聲等策劃發動廣州起義未果。次年秋，復謀以穗新軍爲主力再度發動武裝起義，又失敗。辛亥“三二九”之役，任北路總指揮，率花縣敢死隊百餘人與黄興等合力攻打兩廣總督署。失敗走越南，在華僑中籌集資金。武昌起義爆發，奉命回國組織北江農民義軍，協調友軍光復廣州。民國元年（一九一二）孫中山就任臨時大總統，任命爲陸軍第七團團長，授炮兵上校軍銜，兼任雷廉綏靖總辦。二次革命失敗後旅居港。袁世凱稱帝，親赴湘、桂、鄂、贛、閩諸省活動倒袁。十年（一九二一）孫中山就任非常大總統，被任命爲總統府中將參軍。十二年任大本營參議。擁護孫中山三大政策。新中國成立後，家居賦閑。病逝於穗。（新編《花縣志》）

陳永善生。

陳永善（一八八七～一九二四），原籍香山前山（今屬珠海），生於澳門。檀香山富商芳孫、席儒子。早年留學美國，畢業於耶魯大學物理系，後入哥倫比亞大學攻讀博士學位。一九一五年回國，任津浦鐵路局局長，參與護國倒袁運動。翌年後與陳炯明相善，在粵先後任廣東江防司令、石井兵工廠廠長，授陸軍少將銜，炯明叛變後隨父赴港。一九二三年四月十日在香港被人狙擊負重傷，次年二月下旬，因傷重不治在澳門逝世。（《廣東近現代人物詞典》二七六頁）

陳其瑗生。

陳其瑗（一八八七～一九六八），字伯玉。廣州人。北京大學畢業。早年追隨孫中山，擁護三大政策。一九二六年當選中國國民黨中央執行委員，任廣東省政府財政廳廳長、漢口市黨部書記長。大革命失敗後赴澳門，後參加中國國民黨特別行動委員會。抗戰勝利後，參與民革創建工作。一九四九年九月，出席全國政協首屆會議，並被選爲首屆全國政協委員。中華人民共和國成立後歷任政務院政治法律委員會委員、内務部副部長、華僑事務委員會委員。當選爲首屆全國人大代表，第二、三屆全國人大常委會委員，民革中央常委，全國僑聯副主席。在北京病逝。著有《斐島採風録》、《冶金學初階》等。（《中國近現代人物名號大辭典》六九〇頁）

陳景棻生。

陳景棻（一八八七～一九四一），字楚翹，號守梅。海康人。廩貢。畢業於雷州中學堂、廣東法政學堂，曾任防城縣專審員。二十年代起先後在海康縣中學、廣東省立第十中學任國文教員。一九三三年兼任雷州《民國日報》副刊《鯤鵬鄉》主編，翌年接任《海康縣續志》總編。（宋鋭《舊人新志》）

陳輔臣生。

陳輔臣（一八八七、一八八五～一九一五、一九一三），又名益年，字菊蕙。蕉嶺人。廣東虎門陸軍學堂畢業，任廣東水師提督府新軍中營哨官。宣統二年（一九一〇）入同盟會，次年參加廣州黄花崗之役，事敗後避居南洋。武昌起義後回國，參與光復惠州府之役，任廣東陸軍遊擊營第三營管帶。廣東北伐軍組成後，任第二旅三營營長、北伐軍總司令部參謀兼軍械課長。一九一二年任黄埔要塞炮臺總台長，翌年任虎門要塞司令官。一九一五年夏參加反袁被龍濟光殺害。（《客籍志士與辛亥革命》）

陳静濤生。

陳静濤（一八八七～一九六七），法號慧濤。南海人。宣統二年（一九一〇）在穗白雲山雙溪寺皈依佛門。南京臨時政府成立後，曾經營西藥文具店，後又設電器行。一九二八年入國民黨。一九三〇年與高浩文組織佛教會。一九三二年滬“一·二八”抗戰爆發，在港組織後援會籌備軍餉，次年參加南華體育會，任執行副主席。一九三七年兼任香港電業總會主席、華商總會及廣商會理事，發動籌集軍餉支援抗戰。一九四五年創辦佛教義學、正覺蓮社，翌年任香港華商總會代表。一九四八年當選國民黨港澳總支部監察委員。一九五二年以香港代表團長身份參加臺灣舉行之全球性華僑會議，任主席團主席。一九五七年十月、一九六三年十一月分别被聘任爲國民黨第八、九届中央評議委員會委員。病故於香港。有《太虚大師年譜序》等。（《中國近現代人物名號大辭典》七二〇頁）

陳耀垣生。

陳耀垣（一八八七、一八八四～一九四九、一九六二），香山人。幼年喪父，隨兄嫂度日，晝營小買賣，夜入夜學。光緒三十二年（一九〇六）應堂兄錦象邀赴美經商，接替堂兄經營德和商店。結識孫中山後，結成摯友，又入基督教。宣統二年（一九一〇）入同盟會，次年，以兩個月籌集軍餉五十萬，並出賣德和商店，變賣全部家産，將所得款悉數支持反清革命。同盟會改組爲國民黨後，於民國元年（一九一二）任士得頓黨部代表、中華民國臨時總統府秘書長、國民黨中央委員。二次革命後再赴美，在華僑中開展反袁宣傳。後受國民黨美洲總部支部長林森委託，負責籌辦召開懇親會，共商討袁大計，會後參與籌建航空學校。十年後任非常大總統府秘書長、國民黨中央僑務委員。十一年（一九二二）被任命爲國民黨駐三藩市總支部總幹事。十四年（一九二五）九月主持召開全美洲國民黨第一次代表大會，悼唁孫中山，改訂總支部章程。十六年（一九二七）任南京國民政府執委、國民黨中央委員。十八年（一九二九）歸國。二十年（一九三一）任西南政務委員會常委。廣州淪陷後移居香港。抗戰勝利後回穗。三十八年（一九四九）再赴香港寓居。（《廣東近現代人物詞典》三〇九頁）

麥造周生。

麥造周（一八八七～一九七一），名廣就，號裘深。新寧（今台山）人。早年入讀北京師范大學、香港聖士提反書院等校，後赴加拿大。一九一五年在都城（今多倫多）加入中華革命黨，次年任安省（今安大略）華僑討袁救國會宣傳員，並在都城組織華僑童子軍。一九二〇年任安省華僑救粵後援會會長，支持援閩粵軍回師。一九二三年任安省駁例局局長，竭力維護華僑權益。一九二五年任安省華崐僑救國會會長，籌募鉅款，支援省港大罷工。一九二八年濟南慘案後，組織華僑抗日總會，募款購機以抗日軍，旋被選爲國民黨加東支部常委。一九三〇年回國參加國民會議。抗日戰爭時期，任廣東建設廳工業試驗所文書主任、僑務委員崐會廣東僑務處秘書兼科長、《醒華報》駐香港記者。抗戰後任廣東省府粵僑事業輔導委員會專門委員等。一九四九年赴香港，旋移居加拿大。後病故。（《廣東近現代人物詞典》一三七頁）

麥鼎華生。

麥鼎華（一八八七～?），字公立。番禺人。畢業於日本早稻田大學，歷任北京政府司法部僉事、河北保定地方法院院長等職。（《民國人物大辭典》八一七頁）

黄强生。

黄强（一八八七～一九七四），字莫京。龍川人。畢業於京師陸軍速成學堂，後留學法國里昂大學，習農業。一九一三年任廣東都督府副官長。一九二〇年任廣東潮州關監督兼汕頭交涉員。一九二八年任海南島警備司令，次年任廣東省政府最高顧問。一九三〇年任廣東保安隊籌備主任，翌年任廣州“非常會議”國民政府軍事委員會委員。甯粤合作後，任駐粤綏靖公署主任、第十九路軍參謀長。一九三二年任交通部總務司司長，次年底參加福建事變，失敗後去九龍經商。一九三六年奉派爲廣東省第九區行政督察專員。一九四六年升中將、廣東省敵産管理局局長、制憲國民大會廣東區域代表。後去臺灣，任職於臺灣省政府，兼高雄市市長。著有《五指山問黎記》。（《廣東近現代人物詞典》四三六頁）

黄騷生。

黄騷（一八八七～一九四二），字深微。香山（今中山）人。幼年赴檀香山半工半讀，獲哈佛大學碩士學位。光緒三十一年（一九〇五）入同盟會。一九一九年應孫中山電召回國返粤。一九二一年任廣州非常大總統技正，旋奉命赴澳門辦火藥局，次年，陳炯明反，孫中山移駐永豐艦，輸送糧食彈藥接濟，事變後任大本營財政顧問。一九二三年任廣東造幣廠廠長，翌任代理廣東兵工廠少將廠長。晚年在桂林經營實業。（《民國人物大辭典》一一〇一頁）

黄志桓生。

黄志桓（一八八七～一九三八），字植生。欽州（今屬廣西）人。早年入伍，任龍濟光部連文書、幫帶、標統。一九一五年九月授陸軍少將。一九一七年五月授陸軍少將加中將銜。一九一八年四月粤督莫榮新發兵進攻瓊崖，龍濟光軍棄械逃散，志桓改投榮新。十一月榮新任命志桓爲瓊崖鎮守使，黄明堂爲瓊崖道道尹。次年六月榮新任命沈鴻英爲瓊崖鎮守使，志桓調任欽廉鎮守使。一九二〇年秋應陳炯明回省驅桂，任粤軍第七路司令。一九二二年初任欽廉善後處長，同年八月所部改爲粤軍第一軍獨立第二旅，任旅長兼雷州善後處長，次年四月赴瓊州海口，極力遊説鄧本般出兵佔領高、雷、欽、廉各屬作炯明應援。密商後，即與本般分别電召申葆藩、馮銘楷以及熊略所部旅長蘇廷有等至海口開會，商討組建高、雷、欽、廉、瓊、崖、羅、陽八屬聯軍，搞八屬自治事宜。本般組織南路八屬聯軍後，任中將總參謀兼第三軍軍長。一九二四年四月北京政府宣佈廣東南路八屬爲特區，任命鄧本般爲八屬善後督辦，與申葆藩爲會辦。翌年冬被國民革命軍南路討逆軍擊敗，逃往香港潛居。後病逝。（《廣東近現代人物詞典》四四七頁）

黄作湛生。

黄作湛（一八八七～一九七二），開平人。僑居古巴四十餘年，獨資經營雜貨鋪，曾任古巴灣城黄江夏堂執行委員、主席、古巴黄江夏堂慈善會會長、古巴中國致公黨主席等職。又先後擔任中國致公黨中央委員、廣東省政協委員會常務委員、廣州市僑聯會常務委員、開平縣副縣長等職。（《廣東近現代人物詞典》四四八頁）

黄茂權生。

黄茂權（一八八七～一九四九），茂名人。早年在國民革命軍第十九路軍中任團長，參加過“一・二八”淞滬戰役。一九三三年參加閩變。後任茂名縣遊擊指揮部、茂電遊擊指揮部指揮官、南路第七遊擊指揮部副司令等，積極支持張炎開展抗日救亡活動。一九四九年任解放軍粤桂邊縱隊教育科副科長，同年十月在湛江策反時犧牲。（《廣東近現代人物詞典》四五二頁）

黄爲材生。

黄爲材（一八八七、一八八八～一九四七），字天民。大埔人。大埔籍百八將軍之一。北洋陸軍測量學校畢業。宣統元年（一九〇九）加入同盟會。一九一二年任廣東都督府陸軍司上尉軍事調查員、陸軍測量局上尉審查員。一九一六年任護國軍第一師少校測量隊長、援閩粵軍第二支隊少校副官。一九二三年任廣東陸軍測量局上校局長兼廣東測量學校校長，次年參加創設黄埔軍校，任該校駐廣州辦事處主任。一九二五年七月任黄埔軍校經理處少將處長、陸海空軍總司令部營房設計處主任、第二次東征總指揮部經理處處長，隨軍籌措軍餉，勞績甚著。至汕頭後，出任潮陽縣長。一九二七年隨黄埔軍校遷至南京，先後任中央軍校軍官團經理處處長、軍委會營房設計處處長、武昌行轅七處少將副處長。一九三〇年十月任軍政部軍需署工程處長、陸海空軍總司令部經理處長、鄂豫皖三省“剿匪”總司令部湖北省特税處總稽核、會計長。一九三四年八月任軍事委員會南昌行營少將組長，翌年調任全國禁煙督察第七處代處長兼會計長。一九三八年奉命將機關搬到重慶至裁銷，轉任内政部禁煙委員會常務委員。一九四二年起任内政部禁煙委員會常委、副主任委員，軍事委員會成都行營禁煙監理處中將處長，西康省禁煙善後督理處處長、副主任委員。一九四六年秋隨機關遷返南京，旋患腦溢血，次年在南京逝世。（《廣東近現代人物詞典》四四九頁）

葉匡生。

葉匡（一八八七、一八八六～一九一六），惠州人。早年留學日本入同盟會。武昌起義時，赴滬、漢、九江等地參戰。南京臨時政府成立後，任海軍部參謀。二次革命時至滬，任吴淞要塞司令，失敗後去新加坡。護國戰争爆發後，在惠州起兵，與龍濟光戰於淡水，失敗後赴港在香港病逝。（《中國近現代人物名號大辭典》一五〇頁）

區國著生。

區國著（一八八七～一九四二），南海人。宣統元年（一九〇九）己酉優貢。一九一三年畢業於北京大學工科土木系，歷任漢粵川鐵路漢宜段工程局工程師等。一九二九年任總理陵園管理委員會工程師，陵園竣工，以委員名義駐守。一九三七年十二

月，南京陷落前夕離開。因貧病無力西行，潦倒滬濱。（《民國人物大辭典》八二一頁）

許濟生。

許濟（一八八七～一九六二），原名崇濟，號佛航。番禺人，生於濟南。應鑅孫。早年考入南京弁目養成所。畢業後派赴新軍爲騎兵見習士官、中哨長。參加辛亥革命，任騎兵隊隊長、營副。二次革命爆發至滬尋堂兄崇智，一九一四年入中華革命黨。一九一六年任東北革命軍總司令部參謀，翌年任參軍處科長、第二支隊司令部副官長兼衛隊督帶。一九一八年參加援閩戰爭，同安之役負重傷，傷愈後升第十五團團長，次年擢粵軍第二軍第八旅旅長。一九二〇年粵桂戰爭爆發，率第八旅奉孫中山命隨粵軍回師驅逐桂系。一九二二年任第七旅旅長，聞陳炯明叛變，任第二軍第五旅旅長。一九二三年二月率五旅經上杭入粵，收復蕉嶺、梅縣、興甯、五華，直攻惠州。次年九月孫中山下令北伐各軍改稱建國軍，仍任旅長。一九二五年參加東征，升第四師師長，五月粵軍回師穗，平定楊希閔、劉震寰叛軍，爲平叛主力。九月蔣介石利用廖仲愷被刺案，逼粵軍總司令許崇智避居滬，並派兵包圍濟師，繳械遣散，遂離粵隱居杭州。未退役前仍爲軍事委員會少將參議。一九三二年欲招集舊部支援十九路軍在滬抗日，因軍閥間妒忌排擠而未果。從此閉門不出，研究哲學、心理學。（《廣東近現代人物詞典》一二四頁）

馮鏡予生。

馮鏡予（一八八七～一九五二），原名予煥，號舜明，筆名白崗。恩平人。早年畢業於廣東陸軍學堂。曾任兩廣兵站總監、南韶連十三屬財政處處長、北街海關關長、中山大學軍事總教官等。抗戰時曾幫助中共地下工作者，組織進步團體“覺社”。後在土改時被錯殺。（《廣東近現代人物詞典》八〇頁）

梁君覺生。

梁君覺（一八八七～一九五〇），順德人。自幼隨父燊林習醫，善治小兒疳積，以“金公仔”聞名，曾於光復中路一七三號設館行醫。有《起死回生》、《專傳獨部》等治疳積、眼病著述。（《廣州西關風華》三）

梁鴻楷生。

梁鴻楷（一八八七～一九五九、一九五四），字景雲。新興天堂蓮塘村人。早年往廣州適遇招募新軍，應招入伍，歷任班、排、連長等職。尋入粵軍教導團訓練班及陸軍小學，後加入同盟會。一九一七年奉命至桂軍林虎部任營長，駐防燕塘，進攻莫榮新督署，未克。次年升任新編粵軍徐宗知部團長，駐防龍門，後在陳炯明部第一軍任統領，參加援閩戰爭。旋回師廣東，參加驅逐莫榮新之戰。一九二〇年十一月粵軍第一師司令部在廣州成立，任第一旅旅長，參加討桂戰爭。一九二二年任粵軍第一師師長，嗣兼廣州衛戍副司令。十一月孫中山令許崇智、黄大偉、李福林等率兵討陳炯明，鴻楷避居沙面德商某洋行，全師由參謀長李濟深指揮，次年任中央直轄廣東討賊軍第四軍軍長，旋兼陽江、陽春、三羅等處安撫使、高雷欽廉各軍總指揮。一九二四年任粵軍第一軍軍長，翌年九月涉嫌刺殺廖仲愷，被捕入獄。旋獲釋。後往香港，隱居於九龍自置農場。抗日戰爭期間，任國民黨政府軍委會中將參議。勝利後曾任廣東省政府顧問，並在穗主持管理粵軍第一師墳場，承辦捐稅。一九四七年參加國民黨新興縣國大代表競選，一九四九年往香港。一九五三年轉赴臺灣，在臺灣遞補爲國大代表。後病故於臺北。（《廣東近現代人物詞典》四九一頁）

梁澤甘生。

梁澤甘（一八八七～一九二七），又名澤庵。茂名人。清朝末科秀才。辛亥革命前夕鄉民蜂起結社拜會，組織武裝，遭搜捕，會黨中人張五初及參加拜會農民多得其掩護。民國十五年（一九二六），中共廣東南路特派員、省農民協會南路辦事處負責人黄學增、朱也赤來高州領導農民革命運動，時澤甘旅居高城，與之來往密切。五月，以朱也赤爲書記的中共茂名縣支部成立，爲首批黨員之一。七月下旬，以黄學增爲主任的廣東農民協會南路辦事處從梅録遷至高州，澤甘受命返大井宣傳發動，設立鄉農民協會籌備處，旋於容氏宗祠召開成立農協大會。次年四月被捕殺。

張賢金生。

張賢金（一八八七～一九六五），字碧良，號鑒初。豐順人。十二歲輟學牧牛，未幾往黄金市爲店員。二十歲赴泰國入同盟會。光緒三十三年（一九〇七）回國，參加黄岡、鎮南關之役。武昌起義參加炸彈敢死隊。民國成立後，考入廣州同盟模范軍校，畢業後被選爲孫中山隨從侍衛。嗣再赴泰，仍爲店員，並與僑胞創辦醒民學校。抗戰爆發後返國，旋奉命赴泰開展救亡運動。一九三九年被驅逐返國，被聘爲國民政府僑務委員會顧問。一九四三年創辦良鄉中學，任董事會董事長。抗戰勝利復僑居泰國。一九四九年後任華僑救國聯合總會理事。（《民國人物大辭典》九七〇頁）

張學齡生。

張學齡（一八八七、一八八八～一九一一），興甯人。少時聰敏，稍長習經史。後棄文習武，入同盟會。廣州起義時隸張醁村部，有友人勸不要冒險，慨然曰："吾既以身許國，義無他顧。"起義之日，手持短槍，首先攻入兩廣督署，旋中彈犧牲。爲黄花崗七十二烈士之一。（《廣東近現代人物詞典》二四七頁）

雲振中生。

雲振中（一八八七～一九六九），原名茂材，字篤生。文昌（今屬海南）人。幼在村小學、文昌中學讀書，後考入廣東虎門陸軍學校第五期，畢業入湖北陸軍第二預備學校第二期學習，又入河北保定陸軍軍官學校第六期步兵科學習，一九一七年畢業後任山西省軍隊見習官，升少尉排長、上尉連長，後調穗任永安庫長。一九二三年調海南島，任廣東省獨立團團長雲日東部少校營長。一九二六年升廣東第五軍徐景唐部中校副官處長。一九二八年調任廣東省禁煙局局長，因與陳維周（陳濟棠弟）鬧矛盾，辭官赴港半年。翌年返穗，入余漢謀部任第一師上校副官處長。一九三三年奉派武漢中央軍事委員會幹部訓練團政訓班高級組第一期受訓，次年升葉肇部六十六軍少將高級參謀。一九三六年調回海南任瓊山縣縣長。一九三八年調韶關，任第四戰區兵站獨立分監中將分監，數月後升第七戰區兵站總監部中將副總監，又調任中央軍事委員會中將參議。一九四〇年至一九四五年秋，奉余漢謀命任南雄縣縣長。抗日戰爭勝利後，閒居穗年餘。一九四七年派回海南島，任陳濟棠高級軍事顧問兼瓊崖統率委員會主任、瓊崖特區遊擊司令等職。一九四九年因瓊崖軍糧缺乏，奉陳濟棠命赴暹羅籌集軍餉。旋海南島解放，留居暹羅。後病故泰京曼谷。（《廣東近現代人物詞典》十頁）

鄒敏夫生。

鄒敏夫（一八八七～一九四五），字福敏。石城（今廉江）人。畢業於雲南陸軍講武學堂，歷任排、連、副團長，參加護國、護法、北伐。一九三二隨張炎在十九路軍六十一師教導團任上校團長，率隊參加了震驚中外的“一二八”松滬抗戰，次年參加福建事變，失敗後回鄉賦閑。一九三八年張炎出任高州專員兼第十一區遊擊司令時，委任敏夫爲廉江縣抗日遊擊統率委員會主任。同情中共抗日救國，支持廉江青抗會展開工作，主張全民族抗戰，喚起民衆在地方組織自衛武裝，編練抗日隊伍維持治安秩序。一九四五年協助張炎發動起義，八月被當局槍殺。（《廣東近現代人物詞典》二二五頁）

温翀遠生。

温翀遠（一八八七～一九六八），一名盛官，又名鈞、宗鵬。嘉應（今梅縣）人。光緒三十二年（一九〇六）春入松口初級師范傳習所，爲同盟會會員，翌年參與策劃潮州、黄岡之役，後任教松口公學。宣統元年（一九〇九）赴南洋籌募經費。武昌起義後，組織籌畫嘉應州光復。一九一二年春公費留學日本，參與中華革命黨活動。一九一九年返國在廣東大學任教，歷任省議會議員、第八軍總部上校秘書、福建上杭、廣東潮陽縣長等職。抗戰時舉家遷澳門。廣州解放前夕，協助策劃珠江海軍及駐海南島軍長李鐵軍反正。一九五六年入廣州市政府參事室工作。（《客籍志士與辛亥革命》）

温應星生。

温應星（一八八七～一九六八），新甯（今台山）人。光緒三十一年（一九〇五）入美國西點軍校，爲我國首批入學二人之一。宣統元年（一九〇九）以全級一〇三人中第八十二名畢業。回國後先後任廣東講武堂教官、孫中山英文秘書、第三課課長、廣州大元帥府第二科科長、鐵路工程師、中東鐵路警務處長、東三省税務處長、保定軍警執法處長。一九二八年曾被奉系派北京任第五任清華校長，兩月後因奉系撤離而離職。一九三一年後歷任國民政府憲兵副司令、上海保安處處長、上海公安局局長、財政部税警總團總團長、全國傷兵管理委員會主任、全國戰地政務委員會主任委員、行憲立法委員等職。抗戰勝利後定居美國，一九四九年定居香港。病逝於華盛頓。

温德堯生。

温德堯（一八八七～一九一八、一九一九），原名松金，又名金記。恩平人。青年時赴香港當機器工人。辛亥革命時期，德堯任中華民國軍事委員會成員，組織了恩平辛亥起義，參加討伐袁世凱及驅逐桂系軍閥陸榮廷、莫榮新的鬥争。一九一九孫中山密令德堯爲高（州）、雷（州）、廉（州）總指揮，兼兩陽（陽江、陽春）粵軍總司令，指揮上述地區粵軍驅逐桂系軍閥陸榮廷。德堯至陽江赴任後，在江城開設一間修造廠爲掩護，組織民眾，開展工作。旋一夥伴被陸榮廷部屬收買，背叛革命，以提取機械零件及武器彈藥爲餌，誘至廣州，在廣州河南酒樓吃完飯下樓時，被叛徒認出而被捕，後慘遭殺害。（《廣東近現代人物詞

典》五一一頁）

蔣光鼐生。

蔣光鼐（一八八七～一九六七），字憬然。東莞虎門南柵村人。保定陸軍軍官學校畢業。一九二三年入粵軍任連長，遞升至副師長。一九二六年北伐戰争期間任國民革命軍第十一軍副軍長、第十師師長。一九三〇年任第十九路軍總指揮兼淞滬警備司令。一九三二年一月二十八日，率十九路軍抗擊日軍。後任福建省政府主席兼駐閩綏靖公署主任。一九三三年十一月，在福建地區與李濟深、陳銘樞、蔡廷鍇等人發動福建事變，成立中華共和國人民革命政府，失敗後去港。一九三五年又聯合原十九路軍將領通電反蔣，主張聯共抗日。抗戰勝利後，任第七戰區副司令長官。一九四六年參與發起組織中國國民黨民主促進會。一九四九年九月出席政協首届全體會議。共和國建立後歷任紡織工業部部長、政協全國委員會常委、國革中央常委等職。卒於北京。（《東莞市志》一四七七頁）

鄭占南生。

鄭占南（一八八七～一九三七），香山（今中山）人。少年隨父遊學美洲。宣統元年（一九〇九）與人組織少年學社，並創辦《少年報》。美洲同盟會成立，先後奉派爲三藩市同盟會主盟人等。一九二二年參加討伐陳炯明。一九二九年任國民政府僑務委員會委員等。一九三五年當選國民黨第五届中央執行委員等，次年奉派赴美國，爲國民大會美洲華僑代表選舉指導員。（《民國人物大辭典》一四七九頁）

鄭道實生。

鄭道實（一八八七～一九五七），香山（今中山）沙溪龐头村人。幼年隨祖父移居鐵城（今石岐）。光緒二十九年（一九〇三）赴廣州，就讀於两廣方言學堂。三十四年（一九〇八）參加同盟會，與鄭彼岸等人創辦《香山旬報》，一九一七年任廣東軍东军政府外交部中文秘书，一九二五年任增城縣縣长，次年至一九二七年调任中山縣縣长，后任行政院咨議、平漢鐵路局副局长等职。一九三八年遷居香港。抗戰勝利後曾任中山縣参議長等。中華人民共和國成立後被聘爲廣東文史館館員。病逝於穗。(《廣東近現代人物詞典》三六六頁)

劉中悟生。

劉中悟（一八八七～一九二六），又名子琨。陵水（今海南萬寧）人。光緒三十三年（一九〇七）考入瓊州府中學堂，宣統元年（一九〇九）加入同盟會，回鄉秘密成立萬寧、陵水同盟會組織。辛亥革命爆發後，率萬、陵地區革命黨人参加府城之戰。一九一三年春，集合萬、陵地區四五百人發動武裝義，攻佔陵水縣城，宣告成立陵水縣革命政府。二次革命爆發，所率義軍改稱“人民起義討袁護國軍”，旋其同學陳繼虞也率起義軍一部南來加盟。又聯絡活躍在萬寧、興隆、禮紀、七甲之黎族首領鍾啟曾、孟君兄弟率領黎民武裝四千多人参加討袁鬥争。一九一四年朱執信奉孫中山命組織廣東民軍討伐龍濟光，與陳繼虞受命組織瓊崖民軍，堅持苦戰近一年，終因敵强而被迫解散。一九一七年春經孫中山幫助進入南京法政大學專修，後赴日本早稻田大學就讀政治經濟科，一九二〇年初學成歸國。一九二五年任廣東省黨部執行委員會商民部秘書、省執行委員兼商民部長、商民運動委員會主席。次年因病去世。(《廣東近現代人物詞典》一〇五頁)

劉志軒生。

劉志軒（一八八七～一九五六），字佩疇。南海人。歷任國民黨駐古巴總支部監察委員、書記長、古巴中國總會館總理。當選立法院立法委員。(《民國人物大辭典》一四五二頁)

劉經畫生。

劉經畫（一八八七～一九五二），號豫州。陽春人。在廣東法政學堂参加同盟會，任鄒魯秘書。一九二〇年奉命返陽春組織民軍第二支隊，任司令，進攻徐東海匪部盤據之陽春縣城。後去廣州，任省参議會駐會議員。一九四七年因反對省長宋子文增加田賦爲剿共軍費議案，被國民黨中央通令開除黨籍，參加農工民主黨，出走香港發表反對蔣、宋聲明。一九四九年返穗，在廣東省人民政府參事室工作。一九五二年春在下班途中被陽春縣三甲區農會民兵綁架押回三甲圩錯殺。一九八三年平反恢復名譽。（《廣東近現代人物詞典》一一二頁）

劉滌平生。

劉滌平（一八八七～一九一五），字炳森。興寧人。宣統三年（一九一一）任陸軍營長，參與光復山東之役，後入滬督陳英士部任職。一九一三年二次革命，駐師湖口，起兵反袁。事敗，孫中山委爲革命軍贛州司令，南昌起兵反袁失敗後赴滬。一九一五年爲配合夏之驎及余奮等謀蘇浙獨立，與友人製造炸彈，不慎爆炸身亡。（《民國人物大辭典》一四四九頁）

歐陽鐵庵生。

歐陽鐵庵（一八八七～一九一四），又名光璿。河源人。俊胞弟。民國三年（一九一四）袁世凱竊國稱帝，繼其兄志，賣祖田籌錢購買槍彈於藍口舉旗起義，與龍川等縣嚴德明、廖容、張鴻等起義軍會師於河源，率軍直下惠陽，師至橫瀝，遭龍濟光軍截擊，激戰整天，後因彈盡糧絶而敗退，龍軍窮追不捨，前爲大河所阻，率數百人强行渡江，因河深水急，與叔品湘、親屬歐陽光瑶、歐陽光奎犧牲，大部分士兵壯烈成仁。龍濟光派其爪牙曹鼎鐘率軍至其家鄉，掠家財，焚屋舍，將其伯父熏閣押至東莞槍殺。（《河源縣人物志》）

顔任光生。

顔任光（一八八七、一八八八～一九六八），又名嘉禄，字耀秋。崖州（今屬海南樂東）人。早年入讀嶺南大學，畢業後赴美公費留學。一九一五年獲康奈爾大學碩士學位。一九一八年獲芝加哥大學哲學博士學位。旋返國任北京大學物理系主任、教授，從事氣體離子運動研究，主要研究儀器、儀表，尤其多種電表之設計製造。一九二六年至滬，歷任商務印書館工廠儀器製造顧問、國民政府建設委員會專門委員、上海光華大學理學院院長兼物理學教授及副校長、上海資源委員會專門委員、技術顧問、代總經理等。一九三二年任交通部電政司司長、國民黨中央政治委員會交通專門委員會委員、中國物理學會董事。一九三八年任首屆國民參政會參政員。一九四八年任海南大學校長。共和國成立後歷任上海電表廠副廠長兼總工程師、全國物理學會名譽理事、上海市物理學會及電子學會理事、上海市政協委員等。曾研製成功“電子自動控制記録儀表”、“開關板漲絲式電表”等産品。文革中被迫害而死。著有《離子在空氣、氫氣和氮氣中的遷移率》、《氣態離子的遷移率》、《米達值測定法》（英文）。（《中國近現代人物名號大辭典》一三一八頁）

嚴確廷生。

嚴確廷（一八八七～一九一一），歸善（今惠州）人。早年入同盟會。光緒三十三年（一九〇七）參加七女湖起義，事敗後奉命由港返惠州，協助兄德明主持東江革命黨黨務。宣統二年（一九一〇）初在惠城開壽康西藥房，以行醫爲名，聯絡革命黨人，搜購貯運槍枝彈藥。次年初與香港同盟會籌劃起義事宜，往返省港間，後爲清廷察覺，被官府誘捕，受盡酷刑，甯死不屈，於次年廣州起義（黄花崗之役）發動後被殺。葬黄花崗，爲七十二烈士之一。（《廣東近現代人物詞典》一九一頁）

譚啟秀生。

譚啟秀（一八八七、一八九二～一九四九），羅定人。一九三一年夏升任十九路軍七十八師少將副師長。次年“一·二八”淞滬抗戰爆發。二月七日日本陸、海、空三軍聯合進攻吴淞要塞，擊毁炮臺。吴淞要塞司令鄧振銓棄職潛逃，蔡廷鍇令啟秀兼任要塞司令，即日上任，竭力整頓炮臺防務。二月中旬以後，日本軍艦十餘艘、飛機十餘架向吴淞炮臺輪番轟炸，以掩護步兵登陸，均被擊退。至三月三日停戰，吴淞炮臺始終屹立不動，四月啟秀升師長。福建人民政府建立時，蔡廷鍇把所部五師十旅擴編成五軍十師，啟秀所部第五軍兩個師防守閩北。蔣介石爲瓦解十九路軍，曾指使宋子文勸降啟秀而不爲所動，迅即遣張治中第四路軍攻擊，駐守延平師長司徒非，被宋希濂一日逼降，駐古田守軍師長趙一肩，接受張治中勸降，啟秀只剩一個團駐守水口，被敵大軍擊破，啟秀隻身乘木筏逃出重圍。由於閩北失利之快超乎想像，十九路軍來不及轉移就被迫接收改編而自此消亡。一九三八年三月任國民黨中央軍事參議院少將參議官。一九四〇年始先後任第四戰區廣東南路第一區遊擊指揮官、第八遊擊區司令、第七戰區高級參謀、兩陽守備區指揮等職。一九四四年日軍實施“打通大陸交通線”戰略，自珠江三角洲舉兵向粵西地區進犯。八月啟秀任三羅抗日民衆武力指揮部指揮官，參與組建三羅抗日民衆集結隊三個大隊，總兵力三千餘人。九月被委任爲西江南岸團隊指揮官，統一指揮當地部隊對日作戰。一九四八年初由蔡廷鍇推薦爲民革廣東籌委會召集人。一九四九年任羅定縣縣長。病故於穗。（《廣東近現代人物詞典》五四九頁）

譚惠泉生。

譚惠泉（一八八七、一八八六～一九七二），原名漢，字澤昌。高州人。十七歲在高州城讀書時，與同學熊英、林雲陔等人組“新高同志社”，秘密閱讀《黄帝魂》、《革命軍》、《浙江潮》等進步刊物。二十一歲考入廣東高等員警學堂，識朱執信，入同盟會。宣統二年（一九一〇）元旦，與林雲陔、熊英等人在高州、信宜策動響應新軍起義未遂。次年三月二十九日黄興率革命軍發動辛亥廣州黄花崗起義，參預其事，未入戰鬥行列。同年十月武昌起義成功後，深入吴川新軍團隊進行策反活動，協助雲陔光復高州，組高州軍政分府，後任新甯縣（今台山）知軍。在一九一五年至一九一六年在討袁驅龍運動中，任高雷討逆軍司令部參謀長兼第三梯隊司令，率部光復高州。一九二六年解除軍職，任中國國民黨廣州特別市黨部常務執行委員。一九三六年夏離職賦閑。一九三八年日軍佔廣州，攜眷離穗避港，旋移居廣州灣

（今湛江市），次年十二月任廣東省政府南路行署秘書處處長。一九四〇年在茂名縣南塘、頓梭兩地倡辦麗澤中學、𤇊然中學。抗戰勝利後，出任國民黨廣東省委黨部監察委員。一九四八年當選立法院立法委員。翌年隨遷臺灣，仍任“立法委員”。後在臺北病故。（《廣東近現代人物詞典》五五〇頁）

鍾玉池生。

鍾玉池（一八八七～一九八三），字水榮。花縣人。原廣州荔灣區金花衛生院中醫師，師承其父仁珊，從醫七十餘年。擅長内婦兒科，撰有《肺癰》、《黄疸積聚》、《濕疹》、《熱痹》、《産後風癱》、《眉棱瘵》、《小青武湯治療小兒發熱的經驗介紹》、《疳積分型與治療》、《麻疹的診治要領及中草藥的運用》、《夏季熱驗方》、《急驚風的急治法》、《民間單方的治療疸病》等十六篇論文。被廣東省人民政府授予“廣東省名老中醫”稱號。（《廣州西關風華》三）

羅侃廷生。

羅侃廷（一八八七～一九一六），原名人炎，字綽雙、侃廷（本爲其妻名），以字行。合浦（今屬廣西）人。周歲喪父，由母鄧氏撫養長大。先後在黨江螺江小學、廣州光華醫科學校讀書。早年投身革命。辛亥革命前與同縣蘇乾初回合浦，以廉州城内學前街攀龍書室爲秘密據點，發展革命組織，多方刺探府縣及軍營内情，在清軍中策反。又與同縣丁守臣、卜漢池組織策劃農民起義。宣統三年（一九一一）十一月二十七日宣告廉州起義，任起義軍司令，成立廉州都督分府。又率武裝人員至北海，促使清駐軍響應反正。民國元年（一九一二）二月，陳炯明代理廣東都督，爲廣東陸軍第二師師二等委員，並帶職進北京軍需學校學習。次年夏，畢業南歸，任某團軍需長。年底辭軍職，與一些革命人士東渡日本，在革命黨人創辦的學校大森浩然廬學習。四年（一九一五），回香港組織討袁活動。是年冬，與數十人從港回汕頭。五年六月英勇就義。（《中國近現代人物名號大辭典》七八一

頁）

陳子廉卒。

陳子廉（？～一八八七），字簡卿。吴川人。歷知廣西南寧、新寧、永康、左州、思州、柳城、寧明等府縣。光緒十二年（一八八六）因應酬中越外交事務及勘查邊界，歷時半載，染瘴而歿。（《吴川縣志》）

清德宗光緒十四年　戊子　一八八八年

春，葉璧華夫李蓉舫病逝週年，璧華賦七絶十首，淒惻感人。（羅可群《廣東客家文學史》二七九頁）

八月，康有爲單騎出居庸關，登長城，過八達嶺，一日而還，成詩數十首，其中《過昌平城望居庸關》七律，著重描寫居庸關附近險要形勢。（陳永正《嶺南歷代詩選》五七二頁）

本年學使汪鳴鑾以劉昌齡與舉人金錫齡砥行通經，奏請獎勵，賞翰林院待詔銜。

劉昌齡，字星南。番禺人。增貢生。學海堂學長陳澧弟子。光緒十四年（一八八八）學使汪鳴鑾以昌齡與舉人金錫齡砥行通經，奏請獎勵，賞翰林院待詔銜。吴道鎔《廣東文徵作者考》卷十一有傳。

本年姚翰作《六賊鬧彌院圖》

姚翰，字元白。廣東人。清代畫家。畫法近似漫畫。

本年梁啟超入學海堂爲正班生，與曾習經同學，爾後過從不絶，填《六丑》詞爲書簡。（陳永正《嶺南歷代詞選》三四八頁）

本年何秉鈞合資創設養蠶局。

何秉鈞，號衡石。大埔人。年十四失學就賈。光緒十四年（一八八八）合資創設養蠶局，所得絲精良逾順德。著有《醫學精要》。（民國《大埔縣志》）

本年臺灣開設行省，宋維釗被委署爲臺灣恒春縣篆。

宋維釗，字鑒秋。花縣人。萱謙子。由監生援例授通判，分發福建。光緒十四年（一八八八）臺灣開設行省，被委署爲臺灣恒春縣篆，調署台東直隸州知州，委署南雅同知。二十年（一八九四）甲午戰起，赴粵購辦軍械，越二月差竣。二十六年（一九〇〇）以臺灣割讓日本，仍回福建供職。年五十九卒於建陽差次。（民國《重修花縣志》卷九）

本年水灾，張家齊捐千金賑濟。

張家齊，字汝南。東莞人。嘉謨弟。以軍功任廣西貴縣知縣，捕殺惡霸梁修己，替前任鹿傳霖償還虧空。傳霖官廣東巡撫，派人慰問，以老病不回拜。倡辦羊城愛善堂山門及飛鵝接嬰所。著有《守忍山農詩草》。（宣統《東莞縣志》卷七三）

鍾之英於本年中武進士。

鍾之英，字殿臣。蕉嶺人。光緒十四年（一八八九）武進士，官香山縣守備。（《蕉嶺文史》第四輯）

鄭權於本年中舉人。

鄭權，字玉山。番禺人。陳澧弟子。府學廩生。光緒十四年（一八八八）戊子舉人，菊坡精舍學長。爲文才藻富贍。著有《玉山草堂駢體文》二卷。吴道鎔《廣東文徵作者考》卷十二有傳。

陳寶瑜於本年中舉人。

陳寶瑜（一八六四～一九〇二），字瓊瑩，號艮山居士。海陽（今潮安）人。少即喜古泉布，廣搜博考，自三代至今，旁及外夷島國，爲《度古閣泉拓》。年二十五舉光緒十四年（一八八八）戊子鄉薦，援例捐江蘇知縣。以疾卒，年三十九，光緒二十八年也。著有《改二十四史草稿》、《粳齋集》、《粳齋雙鉤碑帖》、《度古閣篆刻》、《古詩史》等。鄒魯《廣東通志稿》有傳。

梁紹熙於本年中舉人。

梁紹熙，字緝嘏，一字興伯。南海人。光緒十四年（一八八八）戊子舉人。設帳郡學，生徒甚眾，性嗜書畫，古泉收藏甚富。喜種菖蒲，水石蒼翠。汪兆鏞《嶺南畫徵略》卷十有傳。

蘇逢聖於本年中舉人。

蘇逢聖，字琴孫，號俟園，室名老香書屋。順德人。六朋孫，子鴻子。光緒十四年（一八八八）戊子舉人。畫山水有蒼茫之氣，又工詩。汪兆鏞《嶺南畫徵略》卷十有傳。

林國賡於本年中舉人。

林國賡，字颺伯。番禺人。同治十一年（一八七二）肄業學海堂，精於史學。光緒十一年（一八八五）舉爲學海堂堂長，十四年（一八八八）戊子舉人，十八年壬辰進士，選庶吉士，散館，改吏部主事。以父病乞假歸，丁艱後不出。主講端溪書院，尋卒。與弟國贊並出陳澧門，其學以史證經。爲南海孔氏校理《北堂書鈔》，因輯佚史得八百餘種。尤好陶詩，以爲微情遠旨。著有《讀陶集劄記》三卷、《元史地理今釋》、《近鑒齋經説》、《軥録庵讀書偶記》。吴道鎔《廣東文徵作者考》卷十二有傳。

朱文格於本年中舉人。（宣統《南海縣志》卷十）

朱文格，字治庵。南海人。光緒十四年（一八八八）戊子舉人。創辦本邑中學，自任校長。廣東諮議局議員。佘祖明《廣東歷代詩鈔》卷五有傳。

葉文興於本年中舉人。

葉文興，新興人。光緒十四年（一八八八）舉人。歷任山東巡鹽大使、開建等五縣知事。（《新興縣志》）

葉佩瑲於本年中舉人。

葉佩瑲，字仲鸞。番禺人。衍蘭子，恭綽父。通算術。光緒十四年（一八八八）舉人，授江西候補知府。（《番禺縣續志》卷二〇）

史悠履於本年中舉人。

史悠履，番禺人。澄子。拔貢生。光緒十四年（一八八八）舉人，官河南淇縣知縣。（《番禺縣續志》卷二〇）

江慎中於本年中舉人。

江慎中，字孔德，號蟫盦。石城（今廉江）人。光緒十四年（一八八八）舉人，主講松明、同文兩書院十餘年，曾任高州府高文書院院長。專於《穀梁傳》。著有《春秋穀梁傳條例》等著作多種。（民國《石城縣志》卷二〇）

陳慶榮於本年中舉人。

陳慶榮，番禺人。昌潮子。光緒十四年（一八八八）舉人，官江西知縣。（吴道鎔《陳昌潮墓表》卷二〇）

陳宗穎於本年成貢生。

陳宗穎，字孝堅。番禺人。澧子。光緒十四年（一八八八）戊子優貢，授陽山縣學訓導。學有淵源，通深樸雅，尤工小篆。既遘國變，以明經終。著有《達神恉齋詞》。（《番禺縣續志》卷二〇）

江熙和於本年成副貢生。

江熙和，石城（今廉江）人。光緒十四年（一八八八）恩賜副貢生，署遂溪縣訓導。編有《聖朝通考》。（民國《石城縣志》）

丁穎生。

丁穎（一八八八、一八八七～一九六四），高州人。一九二四年在日本東京帝國大學（今東京大學）農學部畢業，回國後任國立廣東大學（後改國立中山大學）農學院教授、院長。新中國成立後，歷任華南農學院院長，中國科學技術協會副主席，第一、二、三届全國人民代表大會代表。一生撰寫了百四十多篇水稻研究論文，合編爲《丁穎稻作論文選集》。此外還主編《中國水稻栽培學》，著有《中國稻作之起源》等。（《廣東近現代人物詞典》一頁）

刁敏謙生。

刁敏謙（一八八八～?），字德仁。興甯人。畢業於上海聖約翰大學，旋去英國留學，獲博士學位，回國歷任北京論壇主編、清華學校教授、外交部條約委員會會員、外交部顧問、關税會議

起草委員會副主任及大會秘書等職。（《興寧縣志》）

千里駒生。

千里駒（一八八八～一九三六），原名區家駒，字仲吾。番禺人。十一二歲時投舅父所開設木器店當小夥計，旋經人介紹改行學戲，隨當時著名男花旦（刀馬旦）紮腳勝學藝，後又拜惠州班小架架慶爲師。正式登臺演出時，充當小武，取藝名“大牛駒”。後偶到廣州演出，被寶昌公司班主何萼樓發現，另取藝名“千里駒”，旋萼樓又將其擢升至有“省港第一班”之稱的“人壽年班”，演二幫花旦。後獲“雙王”（花旦王與滾花王）之稱。灌制過很多唱片，欣賞時不但可聽到動人腔調，還似看到人物表情，尤擅長演唱“滾花”。演出劇目不少，有《可憐女》、《夜送京娘》、《蕩舟》以及與白駒榮合演之《再生緣》、《泣荆花》等。

王金石生。

王金石（一八八八～一九七一），名鑰門。南海鹽步虎榜人。祖爲清太醫。後就教滬曹洲滄、鄂劉仲邁等名醫，通曉南北醫理。二十二歲懸壺問世，以“龍膽瀉肝湯”治癒垂危肝疾患者而聲名鵲起。二十年代被選爲廣東中醫公會常務委員，任廣州市中醫師公會主席。四十年代後期出任中央國醫館廣東分館館長，被推爲“國大代表”。新中國成立後，任廣州中醫學院教授、廣東省中醫研究所研究員。一九五九年在廣東省中醫院特診室專門治療研究肝硬化與癌瘤病，求診者絡繹不絶。著有《金石叢書》。

王金職生。

王金職（一八八八～?），字兢之。台山人。畢業於美國密西根大學土木工程系，任中美技術者協會會長。一九一三年後歷任川漢鐵路局技師等。一九二七年辭職，於青島從事土木建築業，次年任國民政府技正。

王雲五生。

王雲五（一八八八～一九七九），名鴻楨，字日祥，號岫廬，筆名出岫、之瑞、龍倦飛、龍一江等。香山（今中山）人。光緒三十二年（一九〇六）起先後在上海同文館、中國公學等校教授英文。宣統元年（一九〇九）任閘北留美預備學堂教務長。一九一二年任南京臨時大總統府秘書，後在北洋政府教育部任事。同年底任北京英文《民主報》主編及北京大學、國民大學、中國公學大學部等英語教授。一九二一年後歷任商務印書館總經理、國民參政會參政員、經濟部部長、制憲國大代表、行政院副院長、行政院政務委員兼財政部部長等。一九四九年去臺灣。編輯《百科小叢書》，主編《萬有文庫》；創立了《四角號碼檢字法》，編著《王雲五大詞典》、《王雲五小詞典》等。

王若周生。

王若周（一八八八～一九五七），原名昌廷，又名鳳基。東莞虎門南柵村人。早年畢業於保定陸軍軍官學校。辛亥革命時，曾任光復軍團長，隨陳其美、蔣介石等在滬發動起義。歷任中華革命軍東路討逆軍第二路司令、粵軍第四支隊副官長、參謀長、總統府邊防督辦署諮議。一九二二年任粵軍第一師第二旅旅長，參加東征之役，後任第十六師副師長。一九二六年升國民革命軍獨立第六師中將師長，隨蔣介石北伐。後在南京兼兩淮鹽務緝私局局長。陳濟棠主粵時回粵任陳之第一集團軍中將高級參謀，奉命視察汕頭、北江一帶防禦工事。一九三六年余漢謀接任廣東綏靖主任時，仍任中將高級參謀。抗日戰爭期間，對"東縱"活動不大幹涉。任"蓮溪局"董事長時，曾拔經費施醫、施藥、施衣、施粥以賑濟災民。解放前夕定居香港。（《東莞市志》一五〇七頁）

司徒朝生。

司徒朝（一八八八～一九七五），開平人。美國紐約些路喬士大學畢業。一九二三、一九二五年兩度出任廣州市衛生局局長。從事醫療工作五十餘年，對消化道出血、呼吸系統及小兒科疾病深有研究。

司徒夢岩生。

司徒夢岩（一八八八～一九五四），開平人。少時在徐家匯教堂習小提琴。光緒三十四年（一九〇八）赴美學工程造船，後習製琴。一九一四年回國任上海江南造船廠工程師，同時致力於廣東音樂研究改良。次子海城、三子興城、四子華城、三女志文均爲著名提琴家。（《開平文史》）

朱江生。

朱江（一八八八～一九七一），字憲民，號衣首。西寧（今鬱南）人。早年就讀廣東陸軍測量學校，畢業奉派測繪廣東省詳細地圖。一九一六年主廣州嶺嶠通訊社兼《嶺嶠日報》主筆等。一九二五年參加東征，次年參加北伐，先後在第四軍軍部、獨立團任參謀、副官，又任咸寧縣長。一九二七年隨張發奎返粵，在獨立師、廣東西北區、東區綏靖公署供職。抗戰爆發，隨六十四軍北上，任秘書。一九四四年任廣東省政府西江辦事處處長兼羅定縣長，翌年從商。一九五〇年赴香港，後去臺灣。（《廣東近現代人物詞典》八七頁）

李仁蓀生。

李仁蓀（一八八八～一九五四），又名璿樞，號滄桑過客。東莞莞城人。諸生。光緒三十四年（一九〇八）肄業於廣東法政學堂，尋入同盟會。民國建立後，在廣州《珠江日報》主筆政。袁世凱稱帝，響應討袁，遭迫害，乃逃香港。一九二〇年任虎門要塞司令何振秘書。要塞爲陳炯明部占領，回莞致力於教育事業，歷任東莞中學、明生中學、東莞師范學校等校國文、地理教員，晚年兼任翰香小學校長、香港知行中學教員。抗戰勝利後，由明倫堂撥款籌設縣修志局，力主其事。解放初曾任莞城鎮人民代表大會代表。著有《國際地理學》、《中國文明史評》、《羅浮遊記》等。（《東莞市志》一四六一頁）

李禄超生。

李禄超（一八八八～一九八四），字家駒。香山人。父君勤旅美經商。禄超自幼識孫中山，在美國大學畢業後便入同盟會，任孫中山英文秘書。一九一七年任大元帥府秘書。一九二二年任軍政府駐港軍事委員，次年任大本營秘書。一九二五年任廣州國民政府國營實業管理委員會委員、國民黨中央委員、中山市財政局局長。一九二七年任廣東省政府委員兼實業廳廳長。一九二九年任中山模范縣縣長，次年任駐墨西哥公使。一九三六年任廣九鐵路局局長。一九三八年移居香港，後在中美洲特立尼達等地僑居。一九八四年返穗定居。(《廣東近現代人物詞典》一八六頁)

李海雲生。

李海雲（一八八八～一九三六），字蕓生。新寧（今台山）人。宣統元年（一九〇九）入同盟會，翌年參與廣州新軍起義籌款。三年（一九一一）任黄花崗之役統籌部出納課課長。武昌起義後在邑舉事響應，嗣任廣東官銀錢局局長。二次革命失敗後追隨孫中山東渡日本，加入中華革命黨。一九一四年偕朱執信、鄧仲元回香港，謀逐龍濟光。一九一五年後歷任廣東中華革命軍南路司令、總統府會計司司長、江門警察廳廳長、桂軍第七師師長。一九二六年任增城縣長，旋改任廣東禁煙處處長。一九二九年任廣東治河委員會委員。一九三〇年任台山縣長。一九三二年轉任南海縣長。一九三六年任國民黨中央黨部革命債務調查委員會委員，同年十一月病卒於台山。(《廣東近現代人物詞典》一八二頁)

李梨英生。

李梨英（一八八八～一九六一），海陽（今潮安）人。一九二六年送兩子和一女婿參軍。一九三三年出色完成偵察任務，使部隊取得了對敵作戰勝利，旋加入中國共産黨。部隊轉移，將十五歲女托養遠親，帶著十二歲子與部隊開赴福建烏山，長期作掩護部隊傷患工作。一九四一年後在中共領導機關作掩護工作，一直至潮汕解放。一九五一年十月一日隨南方老區根據地代表團上京參加國慶觀禮，被授予“革命母親”稱號，吴南生曾將其一生寫成《革命母親李梨英》一書。(《廣東近現代人物詞典》一八

三頁）

吴鐵城生。

吴鐵城（一八八八～一九五三），香山人。生於江西九江。早年在贛九江同文書院讀書，宣統元年（一九〇九）在九江入同盟會。武昌起義後，任九江軍政府總参議官兼交涉使，被推爲江西省代表出席南京各省都督府代表會議，組織臨時政府，制定憲法。一九一三年参加二次革命，失敗後走日本，入明治法政大學攻讀法律，次年入中華革命黨。一九一五年奉孫中山命往檀香山主持黨務，並任華僑《自由新報》主筆。一九一七年回國任廣東大元帥府参議。一九二〇年任討賊軍總指揮，次年五月任大本營参軍。一九二二年任民選香山縣縣長，次年任東路討賊軍第一路軍司令、廣東省警衛軍司令、廣州市公安局局長兼警務處處長、國民黨臨時中央執行委員。一九二四年任廣東全省警衛軍司令、大本營参軍長，回師参加平定商團叛亂。一九二六年任國民革命軍獨立一師師長、第六軍十七師師長兼廣州衛戍司令。一九二八年任廣東省政府委員兼建設廳廳長，翌年遊説張學良易幟，後當選國民黨第三届中央執委、國民政府立法委員、南京總理陵管理委員會委員。一九三一年任國民政府委員、員警總監、僑務委員會委員長，次年任上海市市長兼淞滬警備司令、外交委員會委員。一九三七年調任廣東省政府主席兼民政廳廳長，旋又兼廣東全省保安司令。一九三九年主持國民黨港澳黨務，次年任國民黨中央海外部長，明年春任國民黨中央秘書長。抗日戰争勝利後，任最高國防委員。一九四七年任國民政府立法院副院長，次年調任行政院副院長兼外交部部長，明年赴港，後轉去臺灣，任“總統府”資政。（《廣東近現代人物詞典》二〇〇頁）

何振生。

何振（一八八八～一九七五），字仲達。其祖輩原居東莞大汾鄉，後遷莞城河唇坊。幼年入學塾讀書，與陳鐵軍等爲書友。光緒三十四年（一九〇八）任虎門要塞水師營教練官，與同鄉莫紀彭、黄俠毅等入同盟會。宣統三年（一九一一）秋，香港同盟會决定策動香山縣前山（今屬珠海）新軍起義，與黄俠毅、莫紀彭負責組織，設機關於香港黄泥涌、澳門南環兩地，與黄顯庭、張志林從澳潛入前山，匿於新軍某哨所内，當晚率哨兵數十人進攻標本部，前山新軍全部反正。新軍改編後，任鶴軍爲司令，振爲副司令，莫紀彭爲參謀長。一九一三年以率虎門守備隊驅逐龍濟光有功，升粵軍第一軍獨立團上校團長。一九二二年任虎門要塞司令。陳炯明叛孫中山，誘擒振，接管虎門各炮臺。叛變平息後才獲釋，隱居澳門。一九三〇年曾出任增城縣長。中華人民共和國成立後移居香港。一九六七年應莫紀彭邀請，遷居臺北。（《東莞市志》一四八九頁）

何犖生。

何犖（一八八八～一九五八、一九五九），字映南，號公卓。徐聞人。少年時期赴外地求學，先後於黄埔陸軍小學、南京陸軍中學就讀。一九一六年畢業於保定陸軍軍官學校。一九三一年任國民黨第四集團軍總部中將參謀長、國防部石井兵工廠廠長兼廣東省會公安局局長。一九三三年任廣州第一次商業展覽會常務副會長，負責會務籌建工作，爲廣交會前身。一九四九年初任湛江市第四任市長。同年七月，出走香港，後移居臺灣，因病逝世。從政期間，興建雷州東西洋大型水利工程，創建徐聞齊康醫院。任職後期，多次暗中營救被捕關押於廣州監獄的中共地下黨員，尤其雷州半島湛江籍者幾乎都釋放。（《廣東近現代人物詞典》二〇七頁）

何傑生。

何傑（一八八八～一九七九），字孟綽。番禺人。早年入唐山路礦學堂，後留學美國，在科羅拉多礦業學院學習煤礦開采工程，獲采礦工程師學位，繼又獲理海大學研究院理科碩士學位。一九一四年回國，創建北京大學地質系。歷任中國礦冶工程學會理事、北洋大學礦冶系主任及教務長、中山大學理學院地質系主

任兼兩廣地質調查所所長等。病逝於廣州。（《廣東近現代人物詞典》二〇七頁）

林直勉生。

林直勉（一八八八～一九三四），原名培光（一作長），字紹軒，晚號魯直。祖籍增城，後遷居東莞石龍。宣統二年（一九一〇）春離家赴港入同盟會。秋，同盟會南方支部成立，地點設林家，負責宣傳事務。時同盟會辦有《中國日報》、《時事畫報》，常傾囊相助。廣東新軍起義時，變賣家產資助。宣統三年（一九一一）籌備並參與廣州黃花崗起義。武昌起義後，赴香山縣前山策劃新軍反正。一九一三年組織討龍之役，後往日本，協助孫中山組織中華革命黨。次年赴越南，准備率兵回粵起義，龍濟光電告越南當局，誣爲土匪，被捕入獄，經孫中山營救獲釋，後與鄧澤如等往馬來西亞籌款。一九一七年任孫中山大元帥秘書。一九一九年奉命至美洲整頓國民黨黨務，當選美洲總支部部長，組建國民黨美洲分部百餘，籌得鉅款支援國内革命。一九二一年任孫中山非常大總統秘書兼兩廣電政監督，次年陳炯明炮轟總統府，護送孫中山登永豐艦，後任粵漢鐵路督辦。一九二四年與鄧澤如等十一人聯名上書孫中山，反對國共合作與改組國民黨，遭批駁，次年國民政府特别委員會决定逮捕刺殺廖仲愷案各犯，涉嫌被捕。蔣介石發動政變，始得出獄。擅長書法，尤精隸書，爲近百年來隸書傑出書家，稱近代嶺南第一，有《林直勉先生墨蹟》刊行。（《東莞市志》一四三一頁）

林承芬生。

林承芬（一八八八～?），東莞人，生於香港。少時就讀皇仁書院。畢業應考官費生，以冠軍成績入北洋醫學校肄業。旋返粤，歷充廣州多間書院、學校教席。一九一五年任香港聖保羅書院首席教員。一九一九年赴美，被三藩市中國郵船公司聘爲秘書，半工半讀，入加利福尼亞大學研究書院，選修經濟、銀行、商法等科。一九二二年受鶯古路信託銀行之聘爲華務主任，升分行副司庫。工作之餘進美利堅銀行專科學院修業數年，再入林肯大學研究銀行管理，榮獲該校哲學博士學位。鶯古路信託銀行升其爲該行副總裁。一九三〇年中國銀行董事兼滬行經理貝祖貽遊美時深儀其人，親訪敦聘，毅然辭職應聘回國，翌年至港任職。在美國時歷任三藩市青年會智育部、林西河堂、東莞寶安公所主席、研究華僑苛例委員會委員長、華僑駁例會執行主席、中華總商會董事兼秘書、商業研究會會長等職。（《東莞市志》一四七六頁）

林訪秋生。

林訪秋（一八八八～一九六二），號維公，又名殿芳。梅縣人。十四歲隨戚友至印尼蘇門答臘謀生。孫中山在南洋募集軍餉時，將積蓄及變賣店業所得款項全部捐獻，並入中國同盟會。辛亥武昌舉義成功後，投身陳炯明、鄧仲元廣東民軍循軍，參與攻克惠州之戰，炯明向其頒發嘉禾勳章。一九二七年重返印尼經商，並出資創辦中文小學。（林萬里《萬里行影蹤》）

胡章生。

胡章（一八八八～一九七三），原名佐，字樂濤。東莞石排人。七歲始讀私塾，後進廣東師范學校，畢業後到美國深造，考入衣阿華大學化工系，學成回國。一九一五年在廣州市立醫院負責化驗室工作。一九二〇年任職於廣東省造幣廠化驗室，後任廣西大學、湖南大學教授。一九五二年爲華南工學院教授。（《東莞市志》一四八六頁）

韋卓民生。

韋卓民（一八八八～一九七六），字作民。香山人。光緒二十九年（一九〇三）就讀美國基督教聖公會主辦之文華書院。宣統三年（一九一一）畢業，獲學士學位。一九一八年入美國哈佛大學研究院進修哲學，翌年獲碩士學位，歸國後歷任文華大學訓育主任、文華大學教授、私立華中大學教務長、副校長。一九二七年任教區理事會教育部長、校長，入英國倫敦大學研究院研究哲學，兼至巴黎大學、柏林大學進修，獲哲學博士學位。抗戰爆發時，正在英國參加世界各國教會代表大會，聞訊即電華中大學南遷桂林。一九三八年回國後，在桂林主持校務，並被選爲國民參政會參政員。當桂林受日軍威脅時，又率師生員工遷雲南。抗戰勝利後，學校遷回武漢。中華人民共和國成立後歷任華中大學校長、政制委員會副主任委員、湖北省基督教聯合會主席、華中師范學院外語系、政治系教授、湖北省對外文化協會副會長等職。著有《中國古籍中的上帝觀》、《祭祀的研究》、《孟子理論思想》，譯著有《康德純粹理性批判》等。（《廣東近現代人物詞典》二三頁）

徐禮明生。

徐禮明（一八八八～一九一一），花縣人。安南西貢（今越南胡志明市）華工。參加辛亥革命廣州黄花崗起義時，在進攻督署衙門戰鬥中，冲鋒在前，中彈犧牲。爲黄花崗七十二烈士之一。

翁鼎新生。

翁鼎新（一八八八～?），字漢三。文昌（今屬海南）人。一九一二年入廣東高等師範學校，繼入公立法科學校，畢業返邑執教。一九二〇年後歷任海口商埠警察局局長、瓊崖地方檢察廳廳長等。一九二四年任汕頭廣東第一高等分廳監督檢察官。一九二七年任廣州特别法庭審判長，後任樂會縣長。卸任在穗執律師業。著有《最新中華注音字母課本》、《人道主義綱要》等。（《廣東近現代人物詞典》四一一頁）

陸嗣曾生。

陸嗣曾（一八八八～一九五六），字光宇，號定庵、定盦。信宜人。早年入廣東兩廣方言高等學堂，師事朱執信，入同盟會。宣統三年（一九一一）參加廣州黄花崗起義，同年回高州參加起義。民國成立後入北京大學法律系學習，畢業後任廣州航政局局長、廣州地方檢察廳檢察長。一九二三年任廣東省地方審判廳廳長兼孫中山大本營法制委員會委員。南京國民政府成立後，出任行政院參事、廣東高等法院院長等。一九三三年任勷勤大學（爲紀念民國元老古應芬，字勷勤而設）校長，兼任廣東省參議員等。一九四五年勷勤大學遷回穗退休，僅任國大代表。一九四九年移居澳門。（《中國近現代人物名號大辭典》六五九頁）

陳培生。

陳培（一八八八～一九七五），又名茂生。東莞黄江梅塘人。家貧失學。年輕時喜打獵，常夜宿寶山芙蓉寺。寺中道士道生亦喜打獵，遂爲好友。道生跌打醫術高明，教培學醫，後因兩家獵狗相鬥而成冤家，培被逐。道生改收陳壽發爲徒，將醫書、製藥丸處方授之，壽發一年後得重病，死前將藥書、製藥丸處方交給培。一九一四年培出外尋師，先後至南華寺、觀音觀隨師五位，博取衆長，醫術大進。一九一九年回鄉開陳茂生醫舍，抗戰時期治癒不少遊擊隊傷病員。東縱北撤，國軍大舉掃蕩，遊擊隊將傷員安置梅塘大山中，培每日往山中替傷員治病。新中國初期縣長楊培贈培“爲人民服務”光榮匾。被選爲東莞縣人民代表、政協委員，任黄江衛生院副院長及梅塘分院院長。一九五二年被錯劃爲惡霸富農成分（土改復查改爲中農）。（《東莞市志》一四八九頁）

陳大勷生。

陳大勷（一八八八～一九五二），始興人。讀書時讀藥書，並爲師治癒眼疾。後赴穗讀中醫科，畢業於家開中藥鋪並刻苦自學。一九一二年於邑城開光復堂，尤精眼科。大革命時期被推爲始興商會會長。抗戰時期光復堂爲中共地下黨秘密據點及交通站，其二子亦參與革命活動。一九四〇年中共廣東省委電臺曾藏於店内，同年東江縱隊抵始興，又捐贈藥品。一九四三年邑内流行霍亂，潛心配製萬靈散，施藥救人。一九五二年土改時卒。（新編《始興縣志》）

陳小豪生。

陳小豪（一八八八～一九五一），潮安人。一九一八年在汕頭創辦《民聲日報》，聘龍思鶴、蔡潤卿、王佐時等爲撰述員，報辟副刊《暮鼓晨鐘》以針砭時弊。一九三五年創辦“致用文藝研究社”之“無爲書屋”。著有《南村存稿》。

陳友雲生。

陳友雲（一八八八～一九七三），原名樹森。潮州人。早年留學日本入同盟會，辛亥革命時奉令回國策應。潮汕光復，嗣與謝安臣、王雨若、盧浩川等創辦《漢潮報》。後赴南洋，先後與廖正興、高暉石等創辦《天聲報》、《振南報》。尋又回汕頭復辦《漢潮報》鼓吹共和，反對袁世凱專制。一九二一年後任潮安縣（今潮州）縣長兼庵埠警察所所長、汕頭市市政廳長。一九四三年再任揭陽縣長。解放前夕去香港。（《廣東近現代人物詞典》二七〇頁）

陳季博生。

陳季博（一八八八～一九五三），名汝濟，別號任楨。梅縣人。日本明治大學政治經濟科畢業。早年入同盟會，參加黄岡起義及梅縣光復之役，歷任梅縣松口公學學監、梅州學務處司理、汕頭《大風報》編輯、國民黨日本東京支部長及東京特派員。一九二三年秋返穗，受孫中山委託襄贊國民黨一大籌備事宜，負責接洽南洋代表。會後返東京任國民黨日本總支部常務委員兼組織部長。一九二六年回國出席國民黨二大，後任廣東“清黨”委員會委員及監察委員、國民黨廣東省黨部秘書長、惠來縣長、中央軍校第四分校（廣州分校）政治教官、廣東第一集團軍總部上校秘書、廣東省政府秘書。一九四五年秋赴臺灣協助遣返日僑，任臺灣省政府參議、臺灣省文獻委員會編纂委員。（《廣東近現代人物詞典》二八八頁）

陳漢光生。

陳漢光（一八八八～一九四三），字計達。防城（今屬廣西）人。濟棠堂侄。廣東護國軍第二軍講武堂畢業。一九一八年入肇軍，任排長、副連長。一九二三年任粵軍第一師一旅上尉副官、參謀，西江督辦公署警衛連長。一九二六年任國民革命軍第四軍十一師三十二團營長、團副，次年任廣東西區綏靖公署副官長、第八路軍總部教導團長、廣東憲兵司令部上校大隊長。一九三一年任第一集團軍警衛旅少將旅長兼瓊崖綏靖委員、南路綏靖司令。一九三四年任“圍剿”軍南路軍第一縱隊警備旅長。一九三六年任第六十六軍一六〇師師長，同年因病辭職返鄉。

陳肇基生。

陳肇基（一八八八～一九二四），又名常。化州人。早年就讀廣東高等法政學校，參加革命黨。辛亥後奉派回邑聯絡馬英等舉事，擒獲知縣等，光復後被推爲化州縣知事，後任欽廉邊防軍標統。張錦芳任省長時任省府官長；孫中山組織大元帥府時任兩廣水陸遊擊少將司令，後奉命潛入廣西策動桂軍反正及收編會黨武裝，被敵發覺，於梧州被殺。（陳士富《化州人物志》）

唐悦良生。

唐悦良（一八八八～一九五六），香山人，生於上海。畢業於滬聖約翰大學。宣統元年（一九〇九）作爲清華首屆學生赴美國入耶魯大學，獲學士學位，旋復入普林斯頓大學研究院獲碩士學位。一九一五年歸國後任清華大學講師。一九一九年在北京政府外交部任職，後任駐古巴公使館三等秘書。一九二一年任中國出席華盛頓會議代表團編纂、研究遠東問題專員，返國後任北京政府農商部、内政部秘書。一九二七年入馮玉祥部，任國民革命軍第二集團軍總司令部外交處處長、國民政府外交部特派河南省交涉員，次年任外交部常任次長、代理外交部部長。一九三六年任行政院冀察政務委員會外交委員會委員。一九四五年任北平市外事處處長。一九四九年後入九三學社，並受聘爲中央文史館館員。夫人李淑誠爲馮玉祥夫人李德全堂姐。一九二四年淑誠介紹德全與玉祥相識，促成其婚姻。有子女六人，長子統一曾任清華大學教授、圖書館副館長。（《廣東近現代人物詞典》四二一頁）

梅光培生。

梅光培（一八八八～一九四〇），新寧（今台山）人。早年赴美國。宣統元年（一九〇九）加入同盟會，任芝加哥同盟分會書記。一九一七年返國，任護法軍政府財政處處長。一九二三年任廣東全省官産清理處處長、財政廳廳長、大本營籌餉總局會辦等、洪門五聖山義衡堂堂長。一九二五年曾被蔣介石指爲廖仲愷案幕後主謀之一而被捕。一九三四年任復興社特務處（後稱軍統）上海站站長及上海區區長，尋奉命赴香港協助收買陳濟棠部空軍。一九三八年廣州淪陷前遷居香港，後病故。（《廣東近現代人物詞典》四二九頁）

黄伯度生。

黄伯度（一八八八～一九五八），新寧（今台山）白沙人。宣統元年（一九〇九）移居加拿大，三年（一九一一）加入中國同盟會，任維多利亞支部會長，同年創辦《新民國日報》。一九一五年組織華僑敢死隊（次年改稱華僑義勇團），回國參加反袁鬥争。一九一七年任孫中山大元帥府内府部參事。護法運動失敗後，先後任粤軍第二路第七支隊第四統領、廣三鐵路購料科主任、材料所主管、新會縣遊擊大隊長、五邑討賊軍第一支隊司令等職。北伐戰争後任平漢鐵路第二段警務總段長、廣九鐵路局警務科長。抗戰爆發後先後兼任廣九鐵路沿線地區司令、警衛處長、台山縣第六區襲擊隊指揮官、國税局連平税務局長等職。一九四〇年轉而從商。後任臺灣“行政院”參議。在臺北病逝。（《廣東近現代人物詞典》四四八頁）

黄松軒生。

黄松軒（一八八八～一九三八），名永高、永謙，以字行。南海人。滿族。下象棋先走善用中炮盤頭馬佈局，攻殺兇悍。一九二三年擊敗香港棋王郭乃明。一九三一年在廣東全省象棋大賽中以最高積分獲冠軍。與盧輝、馮敬如①、李慶全合稱廣東四大棋王。曾與周德裕對弈二十局，功力悉敵。一九三五年獲華南、華東、華中棋賽冠軍。抗戰初期遷居澳門。（《中國象棋史話》）

黄憲昭生。

黄憲昭（一八八八～?），廣東人。光緒三十三年（一九〇七）畢業於夏威夷大學，後入哥倫比亞大學，再入米蘇里大學，獲新聞學學士。歸國任《廣東時報》編輯長，後任廣東《海口新聞》編輯長。一九一七年任廣東軍政府情報局局長。一九二一年任夏威夷世界報界大會副會長。一九二五年爲第一次太平洋問題調查會代表。一九二八年任中山大學新聞學教授，次年任燕京大學教授。後任英文平西報社社長。（《民國人物大辭典》一一三三頁）

葉季俊生。

葉季俊（一八八八～一九四二），原名卓南。東莞道滘永慶坊人。光緒三十一年（一九〇五）考入廣州黄埔陸軍小學，後進北京大學，旋又考進保定陸軍軍官學校，入同盟會。宣統三年（一九一一）隨黄興參加廣州黄花崗之役，敗後至鄂參加武昌起義。一九一五年受孫中山派遣參與至滇遊説蔡鍔討袁，又至桂遊説陸榮廷起兵，次年初回粵，遊説龍濟光，隨岑春煊協調陸、龍進軍衡陽討袁。後於粵軍先後任大隊長、團參謀長。一九二〇年底，粵桂戰爭再起，隨粵軍入桂討伐陸榮廷，夜急行軍從馬背墜落，竟半身不遂，退伍回鄉，數年後才可柱杖行走。一九三〇年任東莞中學校長。一九三九年任濟川鄉第一小學校長。一九四一

---

① 馮敬如，原名澤。南海佛山鎮（今佛山）人。原爲皮鞋匠。後拜師學弈，棋藝漸進，繼名於時。棋藝最工殘局，著法神化莫測，獨創“單提馬棄炮陷車局”。一九三一年參加廣東全省象棋比賽，獲季軍，與黄松軒、盧輝、李慶全合稱廣東四大天王。廣州淪陷後避居香港，以棋藝謀生。太平洋戰爭爆發後，窮困而終，時六十多歲。（《廣東近現代人物詞典》七九頁）

年日軍於道滘第二次大屠殺，悲歎身殘報國無力，遂於次年春留遺書憤然剖腹自殺。（《東莞市志》一四三八頁）

淩道揚生。

淩道揚（一八八八、一八九〇～一九九三），新安（今寶安）人。早年赴美求學，入讀麻省農學院，後讀耶魯大學林學院，獲碩士學位，又赴德國、瑞典考察林、農業。歸國後參與制訂《森林法》，又與韓安等林學家上書北洋政府，倡議以清明節爲中國植樹節，獲批。一九一六年商務印書館出版其首部著作《森林學大意》中英文版，次年在南京發起成立中華森林會，任理事長。一九一九年參與孫中山《建國方略》一書《實業計劃》部分章節寫作。一九二五年商務又出版其著作《中國農業之經濟觀》。一九三六年當選中華林學會第四屆理事長，任廣東省建設廳農林局代局長、局長。一九三九年任黄河水利委員會執行委員，從事黄河上遊水土保持暨西北建設規劃。一九四八年由聯合國糧食農業總署職上退休，定居香港。一九五五年任崇基學院院長，次年與錢穆、姚傳法等組織中文專上學校協會，吁請政府成立中文大學。一九八〇年移居美國。（《廣東近現代人物詞典》四二三頁）

許崇清生。

許崇清（一八八八～一九六九），別號志澄。番禺人。崇智堂弟。三次出任國立中山大學校長，曾任廣東省副省長。“文化大革命”中，受到冲擊，數次被批鬥，一九六九年去世。著有《蘇俄之教育》、《哲學之改造》、《許崇清教育論文集》等。妻廖六薇，仲愷侄女。仲愷赴日本與蘇俄代表秘密接觸，崇清同行以結婚爲掩護。長女慧君，原中科院研究員。女婿朱光亞，原全國政協副主席、中國科協名譽主席，曾任中國科協主席、中國工程院院長。次女哲君，現居美國；長子錫振，上海交通大學電機系畢業，先後任中國航空工業設計院副院長、總設計師、總工程師；三女智君，退休前爲暨南大學華僑醫院小兒科主任；次子錫揮，北京大學歷史系研究生畢業，後留中山大學任教，退休前爲中山大學港澳珠江三角洲研究所主任、教授。（《中國近現代人物名號大辭典》三二一頁）

張文生。

張文（一八八八、一八八七～一九六〇），字香池，又名芹元。嘉應（今梅縣）人。早年畢業於保定軍校。入同盟會，參加了辛亥革命、討袁運動，曾任粤軍參謀長、國民革命軍總司令部參事、石井兵工廠廠長。一九三三年參加福建事變，任中華共和國人民革命政府參謀團參謀長、副主任。抗日戰爭開始後，任國民黨政府第四戰區東江遊擊指揮所參謀長。一九四二年入中國民主政團同盟，後任民盟南方總支部副主任委員兼廣東省支部主任委員。一九四八年任民革中央常委，次年出席政協第一届全體會議。中華人民共和國成立後歷任廣東省人民政府副主席、中南軍政委員會委員、廣東省第一、二届政協副主席、首届全國人大代表、首届全國政協委員。與劉光合著《軍事學》。（《梅州人物志》）

張謙生。

張謙（一八八八～?），字公撝。新會人。早年赴美國留學，入賓夕法尼亞大學法律系，獲法學士學位。畢業回國，應清廷學部考試，授舉人，歷任駐美國公使館名譽參贊、駐美留學生監督處、中國赴美教育調查團秘書長、東方儲蓄銀行經理、直隸省長公署顧問、財政部參事、中國實業公司總經理、天津英租界工部局董事、駐舊金山、紐約總領事、國民政府外交部美洲司司長、駐葡萄牙公使、駐荷蘭國全權大使。一九四八年任湖南湘鄉地方法院推事兼院長。

張可廷生。

張可廷（一八八八～一九八二），惠州人。有“神童”之譽。在惠州豐湖書院攻讀六年，十四歲應試中秀才，連應縣試、府試第一，後選送北平大學，爲該校首届畢業生。光緒三十三年（一九〇七）追隨孫中山參加同盟會，並參加惠州起義，歷任總統府警備軍、大總統秘書處秘書、國民革命軍第六軍秘書長。孫中山逝世後歷任香港僑風中學、僑英中學校長、杭州存雅學會主講、廣西教育廳廳長、廣西大學教授等職。抗日戰争爆發後從軍參戰，歷任吴奇偉部秘書長、國民黨軍事委員會政治部少將部屬等職。抗戰勝利後從事文化教育工作，先後任重慶大學校長、中央大學教授、國學週刊社總編輯、國立第二僑民中學校長。新中國成立後任廣州市文史館館員。著有《歷史講義》、《春秋經傳筆記》、《左傳兵摘要》、《海國春秋》、《海嶽集》等。（《廣東近現代人物詞典》二四〇頁）

張國元生。

張國元（一八八八～一九五二），別名孟新、孟華、孟煊。合浦（今屬廣西）人。光緒三十三年（一九〇七）廣東陸軍中學畢業，留校任教官。宣統二年（一九一〇）考入北京陸軍大學，畢業後留校任教官。一九二三年曹錕賄選當總統，下令陸大復校，並派師景雲爲校長，國元爲教育長。同年回粤軍政府任秘書，後任宣傳委員。一九二六年重返北京陸軍大學任教育長半年，後任國民革命軍總司令部軍務處處長，次年轉任國民政府軍事委員會廣州分會參謀處處長、第八路軍總指揮部中將高級參謀兼黄埔軍校高級班主任教官、第八路軍西路軍代理總指揮、南京國民政府參謀本部總務廳廳長，後因反蔣被開除國民黨黨籍。一九三一年任陳濟棠第一集團軍總司令部辦公廳主任，次年任軍事委員會第一廳二處處長。一九三六年授陸軍中將銜，任軍事參議院中將參議、第四路軍總司令辦公廳主任、第十二集團軍總司令辦公廳主任、廣東省第八區行政督察專員兼保安司令，一九四五年兼任合浦縣長，後因病辭職。

張競生生。

張競生（一八八八～一九七〇），字公室。饒平人。光緒三十三年（一九〇七）於新加坡遇孫中山，奉命返北京參加同盟會。一九一九年獲里昂大學哲學博士學位，次年回國後任潮州金山中學校長、北京大學哲學教授。一九二七年任開明書店總編輯。主編《廣東經濟建設》等雜志。中華人民共和國成立後任廣東省農林廳技正、省文史館館員。著有《性史》、《哲學系統》、《新饒平》、《浮生漫談》、《愛情定則》，譯作有《懺悔録》、《情感的邏輯》等。（《中國近現代人物名號大辭典》六二九頁）

雲振飛生。

雲振飛（一八八八、一八八九～一九一二），文昌（今屬海南）人。同盟會成員，反清烈士。

鄒琳生。

鄒琳（一八八八～一九八四），字玉林，筆名達公。大埔人。畢業於北京法政專門學校法律科。一九一四年任四川屏山縣知事，嗣署内江縣知事。一九一九年回粤任廣州軍政府司法部部長。一九二六年任廣東鹽務總處處長。一九二八年任國民政府財政部秘書長、鹽務署署長。一九四〇年任廣東省政府委員兼財政廳廳長。一九四七年任廣東省政府秘書長。一九四九年去香港從商，病逝於港。（《民國人物大辭典》一二九〇頁）

雷通群生。

雷通群（一八八八～?），字振夫。台山人。早年赴日本東京高等師范學校，畢業後赴美國斯坦福大學，獲教育碩士。回國歷任中國教育會會員、中山大學教育系教授等。譯著有《教育社會學》、《西洋教育通史》等。（《民國人物大辭典》一二八二頁）

蔡如平生。

蔡如平（一八八八～一九四八），原名祖蔭，字錫蕃，號葛民。東莞長安霄邊村人。早年至穗當工人。一九二四年初任國民黨中央農民部特派員，同年秋由社會主義青年團員轉爲中共黨員，次年任東莞縣農民協會執行委員長。一九二六年任中共廣東區委農委委員、廣東省第二屆農民協會常務委員、中共北江地委委員兼廣東省農民協會北江辦事處主任。蔣介石在滬發動政變後，返莞重組中共東莞縣委，任縣委負責人，當選中共廣東省委候補委員，任東寶工農革命軍總指揮部總指揮。一九二八年轉移香港。一九四一年雙十二香港淪陷後，回鄉組織“青年抗日大同盟”。一九四三年當選霄邊鄉鄉長，次年夏任東寶行政督導處東莞縣新五區區長。一九四五年任東（莞）寶（安）農會主席，次年初在港治病期間組織召開惠東寶人民反對内戰大會。後病逝。（《東莞抗日實録》，中共黨史出版社二〇〇六年版）

鄧植儀生。

鄧植儀（一八八八、一八八七~一九五七），字槐庭。東莞橋頭鄧屋人。宣統元年（一九〇九）自費赴美學習農業科學，初入加利福尼亞大學，半年後轉入威斯康星大學攻讀土壤學，一九一四年獲碩士學位，在威斯康星州農事試驗場從事短期土壤研究工作後，同年返國。自此工作在教育及農業部門達四十多個春秋。著有《土壤學教材》、《廣東土壤概況與農業利用分區》等。（《廣東近現代人物詞典》四一頁）

鄧演存生。

鄧演存（一八八八~一九六六），字兢生。惠州人。演達兄。保定北洋軍官學堂及保定陸軍軍官學校畢業。一九二〇年任廣東炮兵學校副校長，後歷任廣東石井兵工廠少將副廠長、國民革命軍第四軍參謀長、武昌攻城總指揮部炮兵指揮、漢陽兵工廠廠長兼陸軍部漢陽兵工專門學校校長、武漢國民政府軍事委員會兵工局副局長。一九三〇年返粵，任第一集團軍總司令部參議，一九三二年任廣東琶江兵工廠建廠辦事處主任。一九三五年任國民政府軍事委員會兵工署中將專職委員。抗戰時期任軍事參議院參議。共和國成立後，任廣東省政協委員、常委。著有《民國兵工紀略》、《琶江兵工廠建立始末》。

熊英生。

熊英（一八八八～一九四三），字卓然，號卓演。高州人。光緒三十年（一九〇四）隨父在高州城讀書，與譚惠泉、林雲陔、丁穎等人組織“新高同志社”。三十二年考入廣東高等員警學校正科，結識朱執信，入同盟會。宣統元年（一九〇九）奉執信命回高州與李達田、林雲陔、譚惠泉、陸光宇等策劃支持新軍起義。民國元年（一九一二）赴港晤執信，商量策動高雷、兩陽、四邑討龍濟光事宜。三年與譚惠泉、陸志雲等聯絡討龍，總機關設廣州灣。十月總機關被法國員警搜查，林樹巍等人被捕，英轉移澳門，入中華革命黨。六年（一九一七）孫中山在廣州設立大元帥府，任秘書，參加護法，後歷任廣東省長公署秘書、廣東省高等審判廳書記長、廣東省民政廳、國民政府財政部秘書、國民政府西南政務委員會專職委員、國民黨廣東省候補監察委員。“七七”事變後回鄉養病。著有《水鑒樓書稿》。（《高雷文獻專輯》）

鄭子彬生。

鄭子彬（一八八八～一九四四），潮陽人。早年赴暹羅（今泰國）入同盟會並創辦《中原報》。爲著名僑領。日軍占領暹羅後，輾轉返國。痛感愛國無從，憂憤而亡。（《廣東近現代人物詞典》三五八頁）

鄭正秋生。

鄭正秋（一八八八～一九三五），原名伯常，號藥風。潮陽人。辛亥革命後曾任上海《民言報》戲劇編輯，旋自創辦《圖畫劇報》提倡新戲。一九一三年與張石川等創辦新民影戲公司，組成“新民新劇社”。一九一五年另組“大中華新劇社”。一九一八年組織“藥風劇團”。一九二二年與張石川等組織“明星影片公司”，編導《孤兒救祖記》、《玉梨魂》、《最後良心》等。一九三二年編《自由之花》、《姐妹花》、《再生花》名劇，轟動全國。

病逝於滬。(《中國近現代人物名號辭典》八三三頁)

黎照寰生。

黎照寰（一八八八、一八九八～一九六八），字曜生。南海人。早年留學美國，獲哥倫比亞大學經濟科、賓夕法尼亞大學政治科碩士學位。宣統二年（一九一〇）入同盟會，回國後曾任香港工商銀行、華商銀行經理，廣九鐵路管理局局長，交通大學校長，滬江大學、上海聖約翰大學、立信會計專科學校教授、國民政府財政部參事、鐵道部次長等。中華人民共和國成立後曾任之江大學①教授、校長，上海市第一至四屆政協副主席、第三、四屆全國政協委員。著有《中國國民黨政策》等。(《中國近現代人物名號大辭典》一三一六頁)

劉栽甫生。

劉栽甫（一八八八～一九六六），又名希蘆。台山人。畢業於兩廣師范學堂。一九一二年當選國會議員。一九一七年於穗主辦《新民國報》。一九二二年至一九二七年三任台山縣長，勵精圖治，後任廣東省民政廳長，旋退居香港。中華人民共和國成立後返穗，任廣東省政協委員。(《台山文史》第五輯)

劉展超生。

劉展超（一八八八～?），字鐵誠。中山人。早歲赴日本留學，畢業於東京帝國大學法學部。畢業後回國，歷任北京參議院

---

① 之江大學是基督教北美長老會與美南長老會在中國杭州聯合所辦教會大學，也是中國十三所基督教大學之一。解放前，中國有十三所基督教教會大學，分别爲燕京大學（Yenching University）、齊魯大學（Shantung Christian University (cheeloo)）、東吴大學（Soochow University）、聖約翰大學（St. John's University）、之江大學（Hangchou Christian College）、華西協和大學（West China Union University）、華中大學（Huachung University）、金陵大學（University of Nanking）、福建協和大學（Fukien Christian University）、華南女子文理學院（Hwa Nan College）、金陵女子文理學院（Ginling College）、滬江大學（Shanghai University）與嶺南大學（Lingnan University）。

秘書等。一九二四年隨梁士詒赴歐美考察，回國任北京政府交通部參事。一九三一年任國民政府鐵道部常務次長。（《民國人物大辭典》一四三七頁）

賴成己生。

賴成己（一八八八～一九五五），合浦（今屬廣西）人。自幼習家傳南拳，後拜張茂廷專學李家拳、雙刀、棍、鈀，兼習骨科，曾在廣州倉邊路設醫務所，業餘練武不輟。後又在李濟深之第八路軍總指揮部任醫官及國術教師。時廣州薈萃了不少南北武林名師，如“北方五虎將”、“南方五虎將”等，常與南北名拳師相互切磋，博采眾家精華，創編出“南蛇過洞”象形拳傳世。民國二十七年（一九三八）廣州淪陷前，回鄉在合浦縣廉州鎮設診所行醫，並成立了珠光國術社，開辦南拳、太極拳等多種國術班，均免費傳藝。三十四年（一九四五）珠光國術社受有關部門委託，連續六年舉辦戴手套技擊、徒手搏擊及套路表演賽。成己強調未學功夫先學德，德重於藝。醫術高超，曾爲陳銘樞治傷。與番禺黄嘯俠、東莞林蔭堂、惠陽林耀桂、惠州張禮泉並稱爲民國“南方五虎將”。（《廣東近現代人物詞典》五二九頁）

釋融熙生。

釋融熙（一八八八～一九五九），俗姓湯，字雪筠，又號九指頭陀。番禺人，原籍浙江。畢業於廣東高等師范學校，以能文善辯著稱。未出家前曾任番禺小學校長、教育廳視學官、中央法幣基金委員會要職、西南政府政務委員會高等顧問、廣東省銀行秘書處秘書等職。又組織廣州佛教閱經社、六一佛學研究會，創立《圓音》月刊社，並致力於習禪探義、護法及保護廟産等。民國十三年（一九二四）病瀕死，其母代爲許願出家三載，病果愈，故信佛益堅。三十六年（一九四七）於粵北南華寺親炙虛雲老和尚，皈依爲門下弟子，法號寬筠。後突受不識之瘋，漢棒擊其踣，昏厥間恍見觀音救之，醒來竟無毫髮受損，遂詣荃灣竹林禪院依融秋法師[①]剃度，號融熙，翌年依大嶼山靈隱寺靈溪法師受具足戒。後因虛雲和尚手書“佛道移南”以示之，遂於四十三年（一九五四）自港赴新加坡，常往返新加坡與吉隆坡間弘法，並於吉隆坡創辦馬來西亞佛學研究社。後示寂吉隆坡，世壽七十二。著有《佛教與禪宗》、《葛藤集》、《無相頌講話》、《百喻經選講》等。

衛梓松生。

衛梓松（一八八八～一九四五），字筱赤。台山人。北京大學土木工學系畢業，在林克明後、夏昌世前任國立中山大學建築系主任。一九四五年中山大學爲避日寇來犯緊急轉移，爲敵所圍被執不屈，自殺殉難。著有《實用測繪法》，蔡元培爲序。

龍榮軒生。

龍榮軒（一八八八、一八八六～一九四一），字霞舉。連縣人。光緒三十一年（一九〇五）廣東高等學堂肄業後赴日求學，先後畢業於成城學校、東京高等商船學校、横須賀海軍炮術學校、海軍水雷學校等，於巡洋艦實習半年。宣統三年（一九一

---

① 融秋法師（？～一九七六），廣西博白人。幼年於縣中周華寺出家爲僧，辯才甚佳。曾於金山江天寺、高旻寺學禪，後在南京寶華山隆昌寺受戒，屬臨濟宗黄龍派。一九二四年參學畢返粵，於廣州華林寺協辦南華佛學院，請寶静、茂峰二法師分任講席。時值因緣，夜夢地藏菩薩啟示，指引尋找福地興建道場，弘揚佛法。一九二八年自内地來港，初到大埔梅修精舍打佛七，後因與筏可、茂峰時相往來，時茂峰法師正興辦位於荃灣老圍東普陀講寺，因緣覓得荃灣芙蓉山現址福地興建寺院，並得弟子茂清、茂常協助。建寺時親率弟子，胼手胝足，開山擘石，三年不倒單。初時僅築茅屋二三，後經各方助力，興建浮屠寶殿及兩廂。一九三二年浮屠殿落成，定名竹林禪院，即作首次開戒，特禮請博白縣周華寺住持勝林老和尚涖臨傳授戒法名，虛位讓師公勝林任首任住持，後傳建良老和尚，再由其出任第三代住持。香港淪陷，率弟子辟土耕種，自給自足，勉渡時艱。重光後，先後兩次爲陣亡將士舉行水陸法會超薦。一九四九年僧侶避亂南下，法師乃大開方便門，來者不拒，招待食宿。一九七〇年港府土地政策改變，法師乃補地價購入今大殿所在之地，並於一九七五年奠基興建。惟法師爲法忘身，勞瘁過甚，於翌年舍報西歸。其徒眾恪遵遺命，經六載完成各項工程，一九八二年落成開光，爲香港當時最大寺院。

一）回國後，任海軍部訓練營上尉隊長兼教官、廣東海軍學校少校教官兼學監。一九一八年任護國軍第五軍總司令部中校參謀。一九二〇年任廣東聯軍總司令部少將處長，升廣東省水上員警廳中將廳長、廣東聯軍總司令部總務處長、廣東兩江總指揮部高級參謀。一九二五年任江蘇省水産學校航海術教員。一九二七年任國民政府財政部揚子巡緝局局長，次年任招商總局船務科科長。一九三六年任訓練總監部陸軍印刷所所長，翌年任駐英大使館海軍武官，病逝於任。

簡經綸生。

簡經綸（一八八八、一八九〇～一九五〇），字琴石，號琴齋，别署千石，室名千石樓、萬石樓、在山樓等。番禺人。任職上海僑務機構，公餘工詩文、書法、篆刻。篆書雄邁古樸，尤精於甲骨文。篆刻也善用甲骨文入印。曾叩書藝於康有爲，與易大庵、葉恭綽、張大千、吴湖帆、馬公愚交往密切。著有《琴齋壬戌印存》、《琴齋書畫印集》二輯、《甲骨集古詩聯》、《琴齋印留》初集、《千石齋印識》等行世。（《中國近現代人物名號大辭典》一二七一頁）

譚沃心生。

譚沃心（一八八八～一九八六），台山人。早年就讀於美國加州大學教育系、芝加哥大學神學院，獲社會學碩士、神學學士學位。一九二一年受聘爲廣州協和神學院教授，並兼任中華綱紀慎自理傳道會總幹事。一九二六年起，先後任中華基督教會廣東協會部幹事、會長，中華基督教會全國總會會長，廣州協和神學院院長等職。主張改良教會，提倡教堂社會化、現實化，主張中國基督教應獨立自主自辦，並身體力行，親自籌款興建教堂。新中國成立後，積極投身三自愛國運動，分别擔任廣東省與廣州市基督教三自愛國運動委員會副主席及中國基督教三自愛國運動委員會委員。還熱心社會教育事業，推廣鄉村教育，先後兼任培英中學及美華中學校長以及培英、真光、美華、協和等中學校董。

曾被選爲廣東省第一、二、三屆人大代表，廣東省及全國政協委員。（《廣東近現代人物詞典》五四九頁）

羅文幹生。

羅文幹（一八八八～一九四一），字鈞任。番禺人。早年赴英國牛津大學專攻法律，獲法律碩士學位。宣統元年（一九〇九）歸國，歷任廣東審判廳廳長、廣東都督府司法司司長、廣東高等檢察廳廳長、北京政府總檢察廳檢察長、修訂法律館副總裁、北京大學法官講習所法律教授、中國出席華盛頓會議代表團顧問、司法部次長、大理院院長、鹽務署署長兼幣制局總裁、財政部總長、俄國退還庚子賠款委員會中國委員、司法部總長。一九二八年任廣東高等法院院長、東北邊防軍司令長官公署顧問。一九三一年任接收東北各地事宜委員會委員、國民政府司法行政部部長、行政院北平政務委員會委員，翌年兼外交部長。一九三八年任國防參政會議員、國民參政會參政員、西南聯合大學教授。病卒於樂昌。（《中國近現代人物名號大辭典》七七七頁）

羅侃亭生。

羅侃亭（一八八八～一九一六），原名群。合浦（今屬廣西）人。早年遊學日本，加入同盟會，回國後被派回合浦從事反清革命活動。宣統三年（一九一一）十一月二十七日領導廉州起義，任起義軍司令。廣東光復後，任陸軍第二師軍需，嗣肄業於北京軍需學校。二次革命失敗後，赴香港與鄒魯等再謀起義，事泄失敗，東渡日本，肄業於中華革命黨組織之軍事機關浩然廬。一九一五年與鄒魯返香港，策劃組織反袁討龍（濟光）起義。次年一月四日赴汕頭聯絡起義部隊時，因洩露風聲被捕，六日在汕頭就義。（《廣東近現代人物詞典》三四一頁）

清德宗光緒十五年　己丑　一八八九年

八月十七日，康有爲首次上書清光緒帝，受頑固派阻撓，未能呈達，懷著失望心情離京南返廣州，賦《出都留別諸公》七律

五首，詩中飽含政治熱情，想像奇特，詞語瑰麗，筆勢豪縱。（陳永正《嶺南歷代詩選》五七二頁）

本年鄔寶珍考取謄録。

鄔寶珍，字道源，一字宏根。番禺人。少遊陳澧門，重義疏財，有父啟祚風，善吹洞簫。光緒十五年（一八八九）考取謄録，籤分國史館，議敘鹽大使。年三十五卒。著有《智因閣詩集》。鄔慶時《南村草堂筆記》有傳。

本年頃至十九年（一八九三）楊毓輝、楊史彬在上海格致書院。

楊毓輝（煇），潮州大埔人。約光緒十五年（一八八九）至十九年（一八九三）在滬格致書院。其作品被王韜收編於《格致書院課藝》叢刊中。稍後《皇朝經世文新編》、《皇朝經濟文編》也收入其部分著述。毓輝還編校《盛世危言》，又著有《壽椿廬治平芻議》、《壽椿廬時務叢談》十卷。毓煇於維新運動時入京，撰《富强芻議》，名噪京津。後劉坤一保薦經特科，任交通部主事。光緒末年入北洋洋務局，纂輯《約章成案匯覽》。另撰著有《大洋海大西洋海印度海北冰海南冰海考》、《中西權度合數考》等。（《中國近現代人物名號大辭典》三八九頁）

本年湯國楨在鄉建五和圩。

湯國楨，號兩溪。花縣人。同治間賞五品銜、光禄寺署正。事繼母至孝。長習商業於廣西梧州，規模日盛，樂善好施，在鄉捐設義塾，數十年不倦。光緒二十年（一八九四）獨資建石湖東達五和之石路。生平好讀書，教育子侄成長，侄藻芳於宣統元年（一九〇九）被選爲省諮議局議員。（民國《重修花縣志》卷九）

温仲和於本年中進士。

温仲和（一八四九～一九〇四），字慕柳、介柳。嘉應州松口人。光緒十五年（一八八九）己丑進士，官翰林院檢討。學於東塾，經史之學有淵源。以貢入太學，爲翁同龢、盛昱所賞鑒。通籍後閉門讀書，尋丁艱歸，不復出。主講潮州金山書院兼嶺東同文學堂總理，於西學亦深有研究，嘗撰《爲學通議》。與黄遵憲、丘逢甲並稱嶺東三傑。著有《讀春秋公羊劄記》、《求在我齋經説》、《求我齋詩文集》、《求我齋集》、《三禮匯纂》等。吴道鎔《廣東文徵作者考》卷十二有傳。

林國贊於本年中進士。

林國贊，字明仲。嘉應州人。國賡弟。學海堂專課生。光緒十五年（一八八九）己丑進士，官刑部主事。以足疾假歸，卒。深乙部之學，生平尤精《三國志》。著有《三國志裴注述》、《三國疆域志補正》等。吴道鎔《廣東文徵作者考》卷十二有傳。

羅傳瑞於本年中進士。

羅傳瑞，字西林。南海人。光緒十五年（一八八九）己丑進士，官兵部主事。出朱次琦門，頗志經世之學。甲午之變，朝野争議改革，條陳變法事宜，折中中西，不爲偏激之論。輯有《范文正公奏議》二卷、《李忠定公奏議》六卷、《張江陵書牘》十二卷。又有《小湖山堂文集》四卷。吴道鎔《廣東文徵作者考》卷十二有傳。

區宗初於本年中進士。

區宗初，號蓉生。番禺人。光緒十五年（一八八九）進士，官山西平魯知縣，在官九年卒。（《番禺縣續志》卷二二）

張資溥於本年中舉人。

張資溥，字元博，號稚威。鳳曹太守曾孫、稼孫大令文孫。受制府張之洞知，調入廣雅書院肄業，院長梁星海太史極器重之。弱冠中光緒十五年（一八八九）己丑恩科舉人，三上春官不售，竟不永年而卒。著有《滃泉山館詩草》。張煜南、張鴻南《梅水詩傳》卷八有傳。

謝錫勳於本年中舉人。

謝錫勳，字安臣。光緒十五年（一八八九）己丑舉人，福建將樂縣知縣。著有《小草堂詩集》及《荔枝詞》百首。翁耀東《潮州文概》卷四有傳。

莫登蟾於本年中舉人。

莫登蟾，號桂樵。東莞麻涌人。光緒十五年（一八八九）己丑舉人。古樸置直，好作遊戲之文。著有《裒掇山房文稿》，無論八股、經義、贊頌、書序各體，均集《四書》句。南海黄增榮序之。張其淦《東莞詩録》卷六〇有傳。

張祖詒於本年中舉人。

張祖詒，開平人。光緒十五年（一八八九）己丑舉人，官南海縣學教諭，保升知縣不就，改授瓊州府學教授。辛亥後歸里杜門不出。纂修邑志未成，病卒。文見《學海堂四集》。吴道鎔《廣東文徵作者考》卷十二有傳。

曾習經於本年中舉人。

曾習經（一八六七～一九二六），字剛甫，晚號蟄庵居士。揭西人。光緒十五年（一八八九）己丑舉人，十六年進士，户部主事，歷官至度支部左丞，兼任法律館協修、大清銀行監督、税務處提調、印製局總辦。清帝遜位前一日辭官。辛亥後，袁世凱請出任財政部長、廣東省長，堅辭不就。工詩，與梁鼎芬、羅癭公、黄晦聞齊名，稱“嶺南近代四家”。著有《蟄庵詩存》、《蟄庵文存》、《秋翠齋詞》、《蟄庵詞》。汪兆鏞《嶺南畫徵略》卷十有傳。

江逢辰於本年中舉人。

江逢辰（一八五九、一八六〇～一九一〇、一九〇〇），字孝通，號（字）雨人，號（字）密盦、孤桐。歸善人。早年入廣雅書院，從梁鼎芬遊，學益進，鼎芬贈以“行盡江山見此才”。工詩文辭，尤能畫。光緒十五年（一八八九）舉人，十八年進士，官吏部主事，以母老乞歸，曾主講赤溪書院。母歿哀毁，卒年僅三十餘。工詩詞，詞近白石、碧山，號所居曰“追白揖碧之居。”著有《密庵詩文集》、《孤桐詞》、《華鬘詞》、《密庵詞》各一卷、《江孝通遺集》十九卷。汪兆鏞《嶺南畫徵略》卷十有傳。

淩鶴書於本年中舉人。

淩鶴書，字孟徵。番禺人。朱九江弟子。光緒十五年（一八八九）舉人。番禺中學監督。余祖明《廣東歷代詩鈔》卷五有傳。

黄心齡於本年中舉人。

黄心齡，字伯梅。南海人。光緒十五年（一八八九）己丑科舉人。曾列名“公車上書”。(《中國近現代人物名號大辭典》一〇九五頁)

許焜於本年中舉人。

許焜，號望庵。花縣人。光緒十五年（一八八九）己丑科舉人。久侍南海朱九江講席，留心史學。駢文、詩録入《學海堂集》。晚年主講香山書院。(民國《重修花縣志》卷九)

何國澄本年中舉人。

何國澄，字清伯。順德人。光緒十五年（一八八九）己丑科舉人，翌年連捷進士，授内閣中書。因淡於仕進，與邑辦理鄉族事，息争訟，築橋修路，修訂族法。光緒二十七八年（一九〇一、一九〇二)，珠三角賭風甚盛，人出三千金欲於其鄉開賭，竣拒之。(《順德縣續志》)

温灝本年中舉人。

温灝，號佐才。梅縣人。光緒十五年（一八八九）己丑科舉人，歷江蘇即補道、誥封榮禄大夫，後任香港電報局長。開辦香港廣嘉興客棧，接待來往香港之客籍革命志士。三十一年（一九〇五）捐銀洋千元予梅縣丙村三堡學堂建校。一九一七年孫中山領導護法，程壁光南下廣州，灝於滬設宴餞行。(《客籍志士與辛亥革命》)

王吉民生。

王吉民（一八八九～一九七二），又名嘉祥，號芸心。東莞虎門人。宣統二年（一九一〇）於香港西醫大學堂畢業後曾在外輪公司任船醫，又任滬杭甬鐵路管理局總醫官。民國二十年（一九三一）轉任浙江郵政管理局醫官，又在杭州開業，二十六年

（一九三七）在滬協助籌建中華醫學會新會址，被選任中華醫學會副會長。抗戰期間，會務主要由其與富文壽負責，先後任國立中央大學醫學講師、上海醫學院醫學史教授、教育部醫學名詞審查委員會委員、中央國醫館名譽理事、《中華醫學雜志》副總編輯、《中國醫界指南》編輯、中華醫學出版社社長、《中華健康雜志》總編輯等職。著有《中國歷代醫學之發明》，又與伍連德合著英文版《中國醫史》。（《東莞市志》一四八六頁）

申少儀生。

申少儀（一八八九～一九三七），欽州龍門（今屬廣西）人。欽廉講武堂畢業。早年隨兄葆藩參加南路民軍，任第一路遊擊營長。一九二三年春任廣東南路八屬聯軍第一師三團團長，同年秋任第一師一旅旅長。一九二五年秋被國民革命軍南路討逆軍擊敗，後至香港經商。

伍澄宇生。

伍澄宇（一八八九～?），廣東人。清末留學日本，入同盟會。後赴美，任同盟會美國支部長。宣統二年（一九一〇）在舊金山發行《少年中國週刊》，次年在美任孫中山秘書。一九一七年回國，任全國總工會會長等。並營律師業務。（《民國人物大辭典》二一五頁）

杜益謙生。

杜益謙（一八八九～一九五八），號道瑩。南海人。早年就讀於香港皇仁書院、保定軍官學校，畢業後返粵，曾任粵軍第一師參謀、第八路軍參謀處處長兼軍士教導隊主任。一九三一年擢第一集團軍少將副參謀長，旋升中將銜。後任廣州燕塘軍校副校長。一九三六年調任廣東省防空司令。兩廣事變失敗後，隱居香港。一九四二年投靠汪精衛漢奸政權，任偽上海警備司令。抗戰勝利後，隱居北平。後返香港作寓公。（《廣東近現代人物詞典》一四〇頁）

杜國庠生。

杜國庠（一八八九～一九六一），曾用杜守素、林伯修等筆名。澄海人。早年留學日本，回國後曾執教北京大學等校，參加發起組織中國社會科學家聯盟，曾任左翼刊物《中國文化》主編。一九三五年被捕，西安事變後出獄。後主要研究中國思想史。共和國建立後，任中國科學院哲學社會科學部學部委員、中國科學院廣州分院院長。主要著作有《杜國庠文集》、《中國思想通史》（與侯外廬等合編）。兄國瑋，字英三，號珊儔。南社社友。（《中國近現代人物名號大辭典》三五一頁）

李傑夫生。

李傑夫（一八八九～一九五七），字偉雄。三水人。十三歲就讀廣州培英學校，後入陸軍學校，參加同盟會，任新軍排長，參加辛亥廣州起義。民國成立，歷任連、團長，參加二次革命。任孫中山警衛營長，歷任營、團、旅長。陳炯明反，護送孫中山登永豐艦。中山逝世後經商。抗日時任三水民眾抗日自衛團統率委員會主任、國民兵團副團長。勝利後任縣參議員、自衛總隊長。中華人民共和國成立後任縣防洪復堤築路委員會主任等。（《三水縣概況》）

李鈺琳生。

李鈺琳（一八八九～一九八〇），開平人。少從羅浮山道士等習醫，後在台山、廣州、香港等地開業行醫，擅長婦科、兒科。中華人民共和國成立後任職廣東人民醫院。著有《國醫内科學講義》等。（《廣東近現代人物詞典》一八一頁）

李建南生。

李建南（一八八九～?），新安（今寶安）人。畢業於美國哥倫比亞大學，歷任北京政府外交部秘書、江海關監督。抗戰時任汪僞財政部江海關監督。（《民國人物大辭典》二八七頁）

李朗如生。

李朗如（一八八九、一八八八～一九六三），字澄秋。南海人。早年參加同盟會，曾任廣東都督府副官長、總統府參軍兼衛士隊隊長、國民革命軍第五軍副黨代表、廣州市公安局局長、廣九鐵路局局長、廣東銀行駐行監察、香港陳李濟藥房總經理、陳李濟成藥廠經理。一九四九年參加中國民主促進會。中華人民共和國成立後歷任廣東省人民政府委員、廣州市副市長、全國工商聯委員、廣東省工商聯副主任委員、廣東省第一、二屆政協副主席。（《廣東近現代人物詞典》一八二頁）

何家瑞生。

何家瑞（一八八九～一九六八），東莞莞城新沙坊人。保定軍官學校畢業，與蔣介石同學。參與張勳復辟，曾任北洋政府親軍統領。後投奔民國廣州政府，任護國軍第一團副團長、粵軍第一團團長。一九二四年被孫中山委任爲鄂軍總指揮。一九二六年任北伐軍第五軍第十五師師參謀長，後任十九路軍上校參謀處長、廣東省建設廳公路處長、第四戰區第四遊擊縱隊上校參謀長等職。“文革”中受到衝擊，在家鄉池塘中系石自沉。（《東莞市志》一四七二頁）

汪宗準生。

汪宗準（一八八九～一九七六），字君直，號蟄庵。番禺人。兆鏞子。早年畢業於廣東高等學堂，朝考賜舉人，派爲農工商部主事。民國初任廣東軍政府海軍司科長等，參與討袁驅龍。一九二四年胡漢民主粵政，聘爲秘書。後歷任南海、番禺、順德、新會、高要、陽江等縣縣長，曾監修《佛山忠義鄉志》等。著有《孟子研究》。（《廣東近現代人物詞典》二二六頁）

宋靄齡生。

宋靄齡（一八八九～一九七三），原籍文昌（今屬海南），生於上海。孔祥熙夫人。曾爲孫中山英文秘書，一九一四年與孔祥熙結婚。抗日戰爭時期與慶齡、美齡共同參加抗日救亡活動，支持中國工業合作社，參與組織新生活運動促進總會婦女指導委員會，創辦全國兒童福利會，任香港傷兵之友協會會長。一九四七年移居美國紐約。（《中國近現代人物名號大辭典》五七七頁）

林彪生。

林彪（一八八九～?），字禮源。香山人。早年赴歐美留學，獲德國威爾士堡大學法學博士學位。一九二三年回國入廣東軍政府，任大元帥府秘書，後歷任駐德公使館館員等。一九二九年署江蘇高等法院院長。一九四〇年任汪僞行政法院院長。（《民國人物大辭典》四五七頁）

林伯岐生。

林伯岐（一八八九～一九六八），學名誠才。澄海人。光緒二十二年（一八九六）别母出洋，在南洋從事生意及華僑社會活動中，爲人剛直公道，頗有國家民族觀念，甚得當地華僑敬重。曾歷任中華總商會執委、監委，開華醫院、潮州義山亭、新民董事，酒商公會主席，潮州會館二、三、四、七、八、九届監委、執委，華僑報德善堂八、九、十、十一届監事長、監察主任。一九四六年曾一度出任中華總商會主席。一九四八年至一九四九年任暹羅澄海同鄉會首届理事長，二、三届監事長。又任泰國新民、振坤、培英學校總理等。（《廣東近現代人物詞典》三二一頁）

林超南生。

林超南（一八八九、一八九三～?），字梅生。瓊山（今屬海南）人。畢業於廣州法政學堂，任澄海地方檢察廳長。一九三〇年任廣西高等法院院長。（《民國人物大辭典》四七二頁）

林樹巍生。

林樹巍（一八八九～一九四九），信宜人。清末考入廣東虎門軍校，加入同盟會。宣統二年（一九一〇）參加庚戌廣州新軍起義，次年參加廣州黄花崗起義，同年十月參加高雷起義。一九一三年後在南路地區參與討袁驅龍戰争。一九一六年後任總統府參軍。一九二二年陳炯明叛變時，掩護孫中山脱險，後出任高雷討賊軍總司令、西路討賊軍第五師師長等。一九二五年孫中山逝世後，辭去所有職務至香港居住。一九三一年曾出任中山縣公安局長。抗戰時期，居住香港，拒絶漢奸林柏生拉攏，秘密回鄉。

抗戰勝利後，出任信宜縣參議會議長。（《廣東近現代人物詞典》三二四頁）

林礪儒生。

林礪儒（一八八九～一九七七），原名繩直。信宜人。錢學森之中學老師。歷任北京高師附中主任（即校長）、中山大學教授兼教務長、廣州師范學校校長、勷勤大學教務長兼教育學院院長、廣東省立教育學院院長、廣東省立文理學院院長、國立桂林師范學院教授兼教務長。中華人民共和國成立後歷任北京師范大學校長、中央教育部中等教育司司長、副部長。著有《文化教育學》、《倫理學要領》等。（《中國近現代人物名號大辭典》七五八頁）

馬湘生。

馬湘（一八八九～一九七三），字吉堂。台山人。十五歲赴墨西哥、加拿大、美國謀生，參加洪門致公堂練武。一九一五年入華僑討袁敢死先鋒隊。後爲孫中山衛士，升侍衛長。一九二二年與黄湘護衛宋慶齡衝出被陳炯明軍所圍總統府。一九二四年孫中山赴北京時，與黄湘隨侍，任少將副官。一九二七年任國民政府高級副官。一九三一年任國民政府總理陵園管理委員會警衛處處長。日軍侵入南京，赴港隱居。一九四三年任國民政府僑務委員會常務委員。一九四五年授陸軍中將。共和國成立，宋慶齡電邀其回國定居穗，任廣東省政協委員。一九七三年病逝香港。（《民國人物大辭典》六七〇頁）

馬駿聲生。

馬駿聲（一八八九～?），字小進、小晋，號退之，别署夢寄、不進、台山少年，室名夢寄樓、孟晋居、冰天躍馬盧。台山人。南社社友。抗戰時任教於廣州大學。晚年旅居香港。著有《知神隨筆》、《世界文學論》等。（陳玉堂《中國近現代人物名號大辭典》二八頁）

徐保生生。

徐保生（一八八九～一九一一），花縣人。黄花崗七十二烈士，花縣籍十八烈士之一。

徐思達生。

徐思達（一八八九～一九六九），字子植，又名直公。東莞莞城人。畢業於兩廣優級師范，並獲國立北京大學法學士學位，曾任國立中山大學附中教員、江門市政府秘書兼教育科長、廣東省政府教育廳督學、增城縣立中學兩任校長、廣東北區專員公署科長、湖南省民生物品購銷處專員，曾在莞城振華路掛牌做律師。一九三八年春，押運葉挺在粵爲新四軍籌得服裝、醫藥等物資至黄山新四軍軍部。一九四五年任東莞縣長，曾因釋放一批被扣押進步青年，於次年被解職。廣州中華人民共和國成立後，入南方大學學習。一九五三年廣州文史館成立，任館員。（《東莞市志》一四八一頁）

陳經生。

陳經（一八八九～一九一一），字孝述。歸善（今惠州）人。早年入同盟會。就讀惠州府學堂時，與同學秘密組織革命機關，又於惠州集合同志響應黄花崗之役。宣統三年（一九一一）十一月一日，從陳炯明、鄧鏗參加惠州起義，歷淡水、馬鞍之戰。饅頭嶺之役，率十餘人衝鋒過鋭，被清兵俘殺。（民國《惠州西湖志》卷八）

陳子岐生。

陳子岐（一八八九～一九三八），海豐人。一九二五年加入中國共産黨。一九二七年後歷任海豐縣蘇维埃政府委員、經濟委員會主席、中共海（豐）、陆（豐）、惠（来）、紫（金）特委委員、中共東江特委委員。一九三三年任中共東江特委常委兼東江政治保衛局局长，家破人亡，仍堅持鬥争。一九三五年因患嚴重肺病，經組織批准到越南朱篤市治病。後病情惡化逝世。（《廣東近現代人物詞典》二六九頁）

陳安仁生。

陳安仁（一八八九～一九六四），字任甫。東莞人。畢業於廣東高等師范學校，入同盟會。辛亥革命後，任廣東新軍軍部秘書。一九一八年任南洋英屬華僑教育總會議長。一九二三年赴南洋視察國民黨黨務，後主持《天聲日報》，回國後歷任嶺南大學秘書及政治訓育主任兼教授、國民革命軍總政治部編審委員、國民政府僑務委員、中山大學教授，在東莞創辦多所學校。著有《文明家庭教育法》、《中國政治思想史大綱》、《中國近世文化史》等數十種著作。（《東莞市志》一四七二頁）

陳銘樞生。

陳銘樞（一八八九～一九六五），字真如。合浦（今屬廣西）人。早年入同盟會。一九一五年畢業於保定軍官學校，回粵謀炸龍濟光，事泄被捕入獄，後越獄逃日本。一九二〇年任粵軍第一師第四團團長、旅長、國民革命軍第四軍第十師師長。一九二六年參加北伐戰爭，於汀泗橋、賀勝橋擊敗吴佩孚守軍，所部擴編爲第十一軍，任軍長兼武漢衛戍司令，次年任國民革命軍總司令部政治部副主任，復任第十一軍軍長，率部由閩回粵對張發奎開戰。一九二八年任廣東省政府主席。一九三〇年所部改編爲第十九路軍，次年因在省外作戰，辭省主席職，任江西“剿共”軍右翼集團軍總司令，參加對中央革命根據地第三次“圍剿”。“九一八”事變後任京滬衛戍總司令官兼代淞滬警備司令、行政院副院長兼交通部部長。一·二八事變時，命令第十九路路軍抗擊日本軍隊。一九三三年與李濟琛等發動福建事變。年底去香港，繼續從事反蔣。抗戰期間，任國民政府軍事委員會高級參議等職。一九四七年被授爲陸軍上將，次年在港與李濟琛等建立中國國民黨革命委員會。一九四九年出席政協會議。共和國成立後，歷任中央人民政府委員、中南行政委員會副主席、全國人大常務委員、政協全國委員會常委、民革中央常委等職。（《中國近現代人物名號大辭典》七一二頁）

陸領生。

陸領（一八八九～一九四〇），南海人。綠林出身。宣統元年（一九〇九）入同盟會。三年（一九一一）響應黄花崗起義在順德起事，爲清軍所敗，逃往澳門暫避。辛亥革命爆發後，再次在順德起義，所部編爲“領字營”，自任統領。一九一四年與朱執信在南海、順德起兵討袁，因寡不敵衆敗退。次年孫中山委任執信爲中華革命軍廣東司令長官，鄧鏗爲副，執信委任其廣肇區司令。一九一六年任廣東護國軍第六軍軍長、第十路司令，次年任大元帥府軍委委員，明年任粵軍第十統領。一九二〇年任廣東討莫軍南順區指揮官。一九二二年粵軍回粵，任第二路司令。一九二六年因病回鄉。抗戰爆發後，任廣東民衆抗日自衛團統率委員會委員、第四戰區第一路遊擊副司令。後被漢奸吕春榮收買，任僞廣東和平救國軍第二師師長。卒，被汪僞政府追贈爲陸軍中將。

高奇峰生。

高奇峰（一八八九～一九三三），名嵡，以字行。番禺人。劍父胞弟。幼年因家境貧寒，曾寄食他人家爲小役，至其兄劍父振興家道方挈之歸。十七歲時隨兄赴日本留學，二十一歲學成歸粵。民國初年由廣東省政府資助，與兄劍父同至滬創辦《真相畫報》及審美書館。後劍父隨孫中山奔走國事，審美書館館務由奇峰承任。一九一八年受廣東工業學校之聘任職該校美術製版科，自設美學館於穗，開館課徒。後因染肺疾，遷居珠江之濱天風樓，杜門作畫自娱。一九三三年被中央政府任命爲赴德國柏林中國美術展覽會專使，在滬病逝。與劍父、陳樹人合稱“二高一陳”，被稱爲“嶺南畫派”。出版有《二高遺作合集》、《奇峰畫集》、《美感與教化》等。（《中國近現代人物名號大辭典》一〇五七頁）

葉卓生。

葉卓（一八八九～一九三〇），原名卓慶。龍川人。五四運動後投身工人運動。一九二二年參加廣州石行工會。一九二五年入共産黨，翌年參加省港大罷工，後任石行工會主席。一九二七

年參與武裝暴動，後參加葉劍英梅城起義，任中共五（華）興（寧）龍（川）臨委書記。後遇害。（《廣東近現代人物詞典》五二頁）

黄範一生。

黄範一（一八八九～一九七五），號敏夫。高要人。早年入同盟會。武昌起義後策動駐肇清軍起義，被選送廣東北伐軍軍官學校受訓，結業被委爲肇陽羅北伐軍督導官，隨隆世儲旅北上。民國五年（一九一六）任中華革命軍西路司令，討伐龍濟光。次年任大元帥府少將參議，後出走澳門。十年（一九二一）任石龍厘金税廠總辦，負責籌措軍餉。陳炯明叛，隨軍回穗靖難。十三年（一九二四）任建國粤軍第一獨立旅長、廣東省禁煙幫辦。二十年任第一集團軍新兵訓練主任，次年隨軍赴贛。二十五年（一九三六）奉余漢謀命在穗創辦《民族日報》、“統一通訊社”，任社長。二十九年（一九四〇）當選第二届國民參政會參政員。羅卓英主粤，爲省政府委員。三十七年（一九四八）春參加南京“第一届國民大會”。穗解放赴港，兩年後轉往臺灣。（《廣東近現代人物詞典》四五二頁）

黄典元生。

黄典元（一八八九～一九六〇），字伯謨。石城（今廉江）人。幼年從廣西博白黄壽達就讀於蓬山書院，先後畢業於高郡中學及兩廣優級師範，考取了公費留學日本。抵日後在早稻田大學及東京第一高等學校就讀，與郭沫若、許崇清、林儒、丁穎、杜國庫等人交往甚密。後又考入日本京都帝國大學經濟系就讀，對亞當斯密、李嘉圖之古典經濟學深有研究，受日本著名學者河上肇氏影響甚大。畢業回國，先後任廣州甲種商業學校校長及廣州法科學院、廣東大學、中山大學、勷勤大學教授，又任民國政府財政部統計處處長、國庫主任、廣東省金庫長兼廣州市銀行副行長等。抗日戰争爆發，舉家避居廣州灣（今湛江市），應臨時遷設於廣州灣寸金橋廣東省立勷勤商學院院長陸嗣曾聘請，任教授兼銀行系主任。二十九年（一九四〇）隨學院遷往信宜，後又遷往曲江。三十二年（一九四三）秋接任勷勤商學院院長，次年秋日軍進攻粵北，學院又疏散至信宜。三十四年（一九四五）冬學院遷回廣州，改名廣東省立法商學院，仍留任教授兼銀行系主任，直至廣州解放。一九五二年全國高等院校進行院系調整，法商學校部分科系併入中山大學，轉任中山大學教授兼財經系主任至一九五四年退休。一生著作頗豐，主要著有《經濟學》、《經濟原論》、《社會政策》、《社會學》、《論黃金國有及外匯國營》等專著；譯著有《貨幣學》、《帝國主義殖民政策》等。（《廣東近現代人物詞典》四五三頁）

黃體濂生。

黃體濂（一八八九～？），字憲澄。台山人。畢業於北京清華學堂，歷任廣東提學使署科員等職。一九二二年八月任山東東海關監督，九月署北京政府財政部庫藏司司長。（《民國人物大辭典》一一三六頁）

康同璧生。

康同璧（一八八九、一八八〇、一八八一～一九六九），字文佩，號華鬘。南海人。有爲次女。早年移居香港，隨父赴美國留學。先後入哈佛大學及加林甫大學。光緒二十九年（一九〇三）畢業於美國哥倫比亞大學，畢業後回國，歷任萬國婦女會副會長、山東道德會長、中國婦女會會長。曾在傅作義將軍召開的華北七省參議會上被推爲代表，與人民解放軍商談和平解放北平事宜。一九五一年七月被聘任爲中央文史館館員。是第二、三、四屆全國政協委員。擅長詩詞書畫，精研史籍，精通英文。晚年致力於整理康有爲遺著。後病逝。編有《南海康先生年譜續編》、《萬木草堂遺稿》等。（《廣東近現代人物詞典》四七五頁）

許克生生。

許克生（一八八九～一九三三），又名國禎。海康人。辛亥革命前至日本留學，入同盟會。宣統三年（一九一一）畢業回國。民國肇建，任海康縣警察局長。二十年代末主持縣教育會、商會等，曾兼任職業學校校長，對興建、改造舊城區均不遺餘力。（宋銳《舊人新志》）

馮次淇生。

馮次淇（一八八九～一九五四），字少田。東莞萬江人。保定軍官學校畢業，入同盟會，曾參加粵民軍北伐、討龍、驅陸、一九二一年北伐、討陳（炯明）、平定劉楊叛亂等役，疊充營長、參謀、建國粵軍總司令部上校副官、少將副官長兼軍法處處長、大本營參謀團少將副主任兼交通處處長等職。一九二七年後先後任廣東軍事廳少將參謀、廣東政治分委會中將參謀長。一九三一年後任國民政府中將參軍、國民黨軍委會中將參議，繼調任閩浙贛皖邊區"清剿"總指揮部、蘇浙邊區綏靖主任公署中將參議。抗日戰爭爆發後任第三戰區右翼軍總司令部、第八集團軍總司令部中將總參議。一九四〇年後歷任粵漢鐵路中將警備司令、軍事參議院中將參議兼第四戰區司令部中將總參議。抗戰勝利後，任第二方面軍南甯辦事處主任、廣東省府委員、軍委會委員長、廣州行營中將總參議兼參議室主任等。（《東莞市志》一四六二頁）

梁式恒生。

梁式恒（一八八九～一九六八），字達常。番禺人。畢業於香港育才學院、兩廣電報學堂，曾任廣西柳州、潯州、梧州電報局局長。一九二四年後歷任廣西電政監察兼南寧電報局長、廣西、廣東電政管理局局長等。一九四四年轉抵貴陽，任交通部第三區電信管理局副局長等。（《廣東近現代人物詞典》四三〇頁）

梁秉樞生。

梁秉樞（一八八九～一九七七），原名安洲（州），又名拱漢，字鏡清。原籍瓊山（今屬海南），生於泰國。六歲隨父返里，宣統二年（一九一〇）由馮千里介紹入同盟會，與馮千里、吴佩三、徐天柄、徐成章等人秘密組織勵志社。民國成立後，袁世凱復辟帝制，被迫走海外，在泰國得國民黨駐暹邏支部負責人肖偉成幫助，被派走新加坡、麻六甲及泰國向華僑宣傳反袁救國及籌款。一九一四年春返瓊，參加瓊崖討袁軍總司令陳侠農領導之討袁運動。一九一七年考入雲南陸軍講武堂，一九二一年冬畢業於第十五期步兵科，回粵於次年在穗被粵軍第一路第二統領陳得平派任中尉排長，後任東路討賊軍第二旅三團二連上尉連長、建國粵軍第十一旅第二十一團少校團副。一九二五年加入建國粵軍第一師，任教導營三連連長。該師改國民革命軍第四軍，調任十二師三十六團偵探隊長。次年參加北伐，在汀泗橋戰鬥中衝鋒陷陣，升二營少校營長，冬在武漢加入中國共産黨。尋奉命再次北伐，率部進攻河南東横橋得勝，升中校。一九二七年汪精衛叛變革命被迫離職返穗，調廣州市公安局保安第二大隊隊長，十月調任第四軍警衛團上校團長，十二月參加廣州起義，身負重傷，赴港就醫。傷癒於次年奉派回瓊，先後任中共瓊崖特委委員、瓊崖工農紅軍東路總指揮、瓊崖蘇維埃政府常務委員、瓊崖軍事委員會主席。次年夏蔡廷鍇率第十師過瓊“剿共”，隨特委書記王文明等向母瑞山轉移。一九二九年紅軍擴爲獨立團，任團長。翌年八月，中國工農紅軍瓊崖第一獨立師（後定名爲第二獨立師）在母瑞山成立，任師長，旋被撤職調離瓊崖，一九三一年秋任中共東江軍委參謀長，次年冬被派往香港，後轉往上海。一九三六年至南京得王俊幫助，派入南京步兵學校任中校教官，後任練習隊副隊長、隊長。一九三八年任廣東省國民軍訓處學生訓練班副主任。廣州淪陷後回瓊任廣東保安第五旅副旅長。一九四〇年任萬、陵、保三縣督導主任，夏初兼任萬寧縣長，次年被吴道南以通共罪名撤縣長職，調任瓊崖守備司令參議。一九四二年攜家眷離瓊赴韶關，經瓊州海峽時被日軍逮捕，押回海口禁閉年餘，遭嚴刑拷打，爲保妻女生命，被迫於次年出任日僞瓊崖臨時政府參議，一九四四年任文昌縣縣長。抗日結束後離瓊赴穗，一九四七年張發奎保送入韶關第九軍官總隊，辦理退役手續返穗閒居。次年任英德縣警察局長，後回穗任廣東保安司令部附員。穗中華人民共和國成立後，上書葉劍英，分配參加瓊崖旅穗同鄉會組織工作。海南中華人民共和國成立後，告老回鄉。一九五一年以反革命罪被捕，次年九月釋放回家，十月又被捕入獄，判無期徒刑。後經葉劍英過問於一九五四年無罪釋放。一九五六年病癒後回家務農，十二月往廣東省參事室工作。一九五九年任廣東省文史館館員，曾發表二十多篇十萬餘字文史資料。在穗病逝。（《廣東近現代人物詞典》四八六頁）

程天固生。

程天固（一八八九～一九七四），幼名天顧。香山人。早年往新加坡入同盟會，後赴美國留學，獲碩士學位，曾任中國學生會、萬國學生會、憲法研究會會長、同盟會旅美支部交際部部長，又與馮自由、謝英伯等創辦《民呼》月報等。一九一五年返國在港任南洋兄弟煙草公司顧問，後與友人合設鎢產公司、大生銅廠，任總經理。一九二一年任廣州市工務局局長兼廣東教育總會幹事、廣東省經界委員會委員。一九二四年任國立廣東大學法科教授，次年任法學院院長。一九二八年秋任中山大學教授。一九三一年任廣州市市長。一九三七年任實業部政務次長、代理部長兼商標委員會主席。一九四一年任駐墨西哥公使。一九四三年升任大使，次年調任駐巴西大使。著有《程天固回憶録》、《聯俄討論》等。（《廣東近現代人物詞典》五〇五頁）

趙超生。

趙超（一八八九～?），字勇超。台山人。保定陸軍軍官學校第三期輜重科、廬山軍官訓練團高級班畢業。一九一二年起任五邑民軍連長、隊長、肇軍第一旅第四統領部統領、粵軍第二軍第五獨立旅副官長、旅長、護國軍第五師代師長。一九一八年任廣東大元帥府參軍處少將參議。一九二一年任粵軍第一軍第三師師長。一九二四年七月任大元帥府參軍處中將參軍，次年秋任國民革命軍總司令部軍務廳廳長。一九二七年任國民革命軍總司令部高參室參事。一九二九年任軍委編遣委員會直轄第二組中將主任，翌年七月任軍委中將參議。抗戰爆發任第七戰區高參。一九

四六年任廣東省第一區行政督察專員兼保安司令。一九四九年移居香港。(《廣東近現代人物詞典》三七七頁)

鄧惠芳生。

鄧惠（一作蕙）芳（一八八九、一八九一～一九七六、一九七七），別號愛明。東莞石排福隆鄉人。光緒三十四年（一九〇八）初，就讀於廣州美術學校，入同盟會。廣東光復後，參加廣東北伐軍女子炸彈隊。民國成立後任廣東臨時議會代議士，旋留學日本東京女子音樂學校。一九一三年回粵討龍（濟光），翌年入中華革命黨。一九一七年從日本回國參加護法，協助十人暗殺團自製炸彈。一九一九年任東莞縣長，後歷任廣州市參議員、國民政府秘書處一等書記官、廣東婦女界聯合會常務委員、國民黨廣東省黨部幹事、國民黨廣東省黨部婦運會主任委員及省黨部執行委員。一九四七年任廣東省國民黨執行委員兼婦女會主任及監察委員，次年任國民政府監察委員。解放前夕赴香港寓居，後定居臺灣。(《東莞市志》一四九一頁)

熊理生。

熊理（一八八九～?），字衡三，號恒心。梅縣人。畢業於兩廣方言學堂。一九一五年被教育部派往南洋爲視學，受排斥歸國。後任華僑聯合會常董、僑務委員會、廣東財政廳秘書、廣東經濟設計委員會委員、學海書院導師等職。著有《華僑教育鑒》、《廣東財政紀實》等，又編輯《華僑教育報》、《自强雜志》。(《中國近現代人物名號大辭典》一三〇七頁)

熊略生。

熊略（一八八九～一九五六），字公績。嘉應（今梅縣）人。廣東將弁學堂、廣東陸軍速成學堂第二期畢業，歷任廣東陸軍小學堂學兵營隊長、廣東新軍第一標隊官。宣統二年（一九一〇）入同盟會。一九一二年任廣東陸軍混成協上校團長、瓊崖鎮守使署參謀長。一九一四年任廣東警衛軍統領，一九一六年任粵軍第八路統領，次年十一月孫中山命陳炯明組建援閩粵軍，任預備隊司令。一九一八年五月援閩粵軍進軍福建，年底基本控制以漳州爲中心的閩西南二十五縣，炯明任命略兼任福建汀漳道尹。一九二〇年八月援閩粵軍回粵，十月驅逐桂系，孫中山回粵重組軍政府，重編粵軍，略任粵軍第一軍第二獨立旅少將旅長兼東（莞）寶（安）增（城）龍（門）善後處處長。一九二二年六月陳炯明叛變，任陳部第四師師長兼梧州陸海軍總指揮。一九二五年任陳部第五軍軍長，年底國民革命軍東征，所部被殲，寓居香港。抗戰爆發後任國民政府軍事委員會兵站總監部中將參議、江南兵站分監。一九四六年退役經商，移居香港。（《廣東近現代人物詞典》五五二頁）

劉士木生。

劉士木（一八八九～一九五二），又名志權，字更生。興寧人。印尼華僑。十四歲至穗就讀黄埔陸軍小學，後赴南洋於華僑學校任教，再轉雅加達辦《華鋒報》。辛亥革命前入同盟會，籌辦《光華日報》，繼而留學日本大學經濟系。一九二七年應聘爲暨南大學南洋文化教育事業部主任，創辦《南洋研究》。一九四〇年發起成立新加坡南洋學會，被選爲理事。畢生致力於南洋史及華僑史研究。編著有《南洋華僑教育論文集》等。（一九八九年《興寧縣志》）

潘玉書生。

潘玉書（一八八九、一八八二～一九三六、一九三八），名麟。南海人。十二歲即師事黄炳，又師陳渭岩等習鳥獸人物雕塑，後往景德鎮專攻人物。歐戰時，曾赴法國研究歐洲雕塑藝術。回國後以善制故事人物馳名於粵，間作裸體像，饒歐化作風，歐人亦頗重其作品。代表作有《貴妃醉酒》、《王昭君》。弟鐵逵，易善製作。（《廣東近現代人物詞典》五五八頁）

盧振寰生。

盧振寰（一八八九、一八八六～一九七九），名國儁，一字鎮寰，别號浮山人、浮山居士、浮山老人。博羅人。擅長中國畫。廣東省國畫研究院創辦人之一，歷任廣東美術專科學校教師、廣東省文聯副主席、中國美術家協會廣東分會副主席、廣州文史館館員、廣州美術學院教授。作品有《長江萬里圖》、《唐人仕女圖》等，著有《北宋畫法》。（《中國近現代人物名號大辭典》一四四頁）

鍾珍生。

鍾珍（一八八九～一九四六），字靈寶。番禺人。爲以棋謀生，又用過弈禪、重源等名。由於行棋頗多警著、仙著，早期人們亦稱其爲“棋仙”，又因擅長排局“七星聚會”而稱“七星王”。與黄松軒、曾展鴻三人並稱“粵東三鳳”。珍爲江湖棋人，一生飄泊江湖，行蹤不定，且其棋路、棋事頗爲譎詭神秘，使人難以捉摸。二十年代曾轉戰安南。後病逝於汕頭。（《廣東近現代人物詞典》三八〇頁）

鍾興生。

鍾興（一八八九～一九五八），字競生。長樂（今五華）人。早年畢業於廣東醫科學堂，在張發奎部任軍醫，參加北伐。後一直在張發奎、余漢謀等部歷任軍醫處處長、軍醫院院長等。一九三〇年入日本東京帝國大學深造。一九三六年返國，復在余漢謀屬下任軍醫處處長。一九四二年改任第七戰區兵站總監衛生處少將處長。抗戰勝利後返鄉。著有《第四性病研究》等。（《廣東近現代人物詞典》三七九頁）

龐成生。

龐成（一八八九～一九四五），字宇平。化州人。行伍出身。畢業於國民黨第四戰區幹部訓練團陸軍步兵科，歷任十九路軍連、營、團、旅、師長，第四路軍少將參議、廣東省參議。一九三九年後隨張炎回粵，任海康、化州縣長等。在職期間起用共産黨人及進步人士，受到頑固派忌恨。後在家遭槍殺（一說病故）。（《廣東近現代人物詞典》三五四頁）

羅翼群生。

羅翼群（一八八九～一九六七），原名道賢，字逸塵。興甯人。光緒三十三年（一九〇七）在穗入同盟會。民國元年（一九一二）任廣東都督府軍事委員。五年任中華革命軍第七路軍副司令，翌年廣州成立護法軍政府，任孫中山大元帥少將參軍。九年任粵軍總部及省長公署參議。十一年（一九二二）任東路討賊軍第二軍參謀長兼第九師師長。十四年任東征軍總指揮部總參議，隨蔣介石、許崇智東征。第一次國共合作期間，擁護孫中山三大政策，協助廖仲愷發展工農運動及籌辦黄埔軍校，並代表仲愷赴港協同蘇兆徵等發動省港大罷工。十五年秋，在潮汕任東江公路處長兼韓江治河處長，旋東渡日本，至二十年（一九三一）返國，任西南政務委員會委員等職。"七七"事變後，任廣東民衆抗日自衛軍統率委員會委員，曾赴第六行政區各縣號召民衆組織抗日自衛隊。二十八年（一九三九）冬，再任廣東省政府委員兼南路行署主任。三十四年（一九四五）國民黨六大被選爲候補中央委員。三十八年（一九四九）初，支持國共和談，被開除國民黨黨籍。中華人民共和國成立後任民革中央委員、廣東省文史館館員、省人民委員會參事室副主任、全國政協委員、省政協常委、民革廣東省委社會人士聯絡委員會主任等職。著有《羅翼群詩集》。（《中國近現代人物名號大辭典》七八九頁）

清德宗光緒十六年　庚寅　一八九〇年

春，梁鼎芬沿湘江而下，途中賦《湘舟雜詩》五律十首、《讀韓致堯詩感題二律》。（陳永正《嶺南歷代詩選》五八四、五八五頁）

正月，黄遵憲隨出使英、法、意、比四國大臣薛福成赴英任駐英使館二等參贊，沿途所見，感觸頗深。

十六日，遵憲由香港登輪船，隨福成赴任。

二十七日，抵錫蘭島（今斯里蘭卡），登岸遊開來南廟，廟内有如來臥佛一尊，賦《錫蘭島臥佛》五古長詩二千餘言，爲其詩最長者。

三月下旬，遵憲賦《感事三首》古詩，爲表現詩人愛國思想及社會改革思想重要作品，文字質樸，結構上表現出散文化傾向。

本年遵憲在英國倫敦任駐英公使館二等參贊，賦《今別離》五古四首，分詠輪船、火車、電報、攝影、東西半球晝夜相背。（陳永正《嶺南歷代詩選》五五二頁）

本年遵憲對其《日本雜事詩》重加删訂，合爲二百首，是爲定稿。（鍾賢培、管林、謝華、汪松濤《黄遵憲詩選》二六八、八六、三三〇頁）

本年潘飛聲漫遊德國各邦，結交當地文士，填《滿江紅》詞，意境漸趨深厚。（陳永正《嶺南歷代詞選》二六六頁）

本年梁氏家塾刊梁生所著《四聲韻譜》。

梁生，字僧寶，號寒白退士。廣東人。（《中國近現代人物名號大辭典》一一六四頁）

張學華於本年中進士。（民國《番禺縣志》卷十六）

張學華（一八六三～一九五一），初名鴻傑，字漢三，晚號闇齋。番禺人。光緒十六年（一八九〇）進士，官江西提法使。民國後杜門著述，輯明代遺民行誼爲《採薇百詠》及《家乘》十二卷。自著《闇齋稿》三卷。余祖明《廣東歷代詩鈔》卷五有傳。

李綺青於本年中進士。

李綺青（一八五九、一八六〇～一九二五、一九二八），字漢珍、漢父，號倦齋老人。歸善（今惠州）人。光緒十六年（一八九〇）進士，官吉林綏安知府（一説寧安府知府）。宣統二年（一九一〇）庚戌守寧古塔。工詞。民國後寓居京師。著有《倦齋詩（吟）稿》、《聽風聽水詞》、《草間詞》。余祖明《廣東歷代詩鈔》卷五有傳。

又智羅融生。

又智羅融（一八九〇～一九五二），潮州開元寺僧。

王大鵬生。

王大鵬（一八九〇、一八八五～一九二九），字雲程。會同（今屬海南瓊海）人。早年考取瓊崖中學，畢業後考入廣東書院。一九一七年考取官費生留學日本，一九一九年秋學成回瓊崖，與王文明、楊善集等結識，參加抵制日貨活動，翌年參加陳繼虞民軍，任總軍需官。一九二一年被選爲瓊東縣縣長。一九二二年由吴明介紹加入中國共産黨。一九二八年任瓊崖蘇維埃政府副主席兼經濟委員會主任。後壯烈犧牲。（《廣東近現代人物詞典》一二頁）

王孫仔生。

王孫仔（一八九〇～一九三八），又名澤如。潮州人。童年爲潮城千大金鋪雜工，時洪沛臣常至千大爲老闆少爺傳習琵琶，耳濡目染，背人刻苦自學，後被沛臣發現，視爲良才，加以指點。宣統二年（一九一〇）左右，首次至廈門公開演奏，獲好評，翌年被邀至香港演出，評價甚高，有“潮州琵琶王”之譽。後到臺灣及南洋各地演奏，聲譽日高。一九二七年香港百代唱片公司慕名而至，爲録製琵琶曲數張。被聘加入汕頭公益社，收徒教習琵琶。（《潮州市民間音樂志》）

王應榆生。

王應榆（一八九〇、一八九二～一九八二），字燧材，號芬庭。東莞虎門南柵人。幼年在家父執教之塾館就讀，長成後入中國同盟會。得同鄉王莊持介紹考入廣東陸軍小學，畢業後，又先後考入南京陸軍中學、保定軍官學校。畢業後歷任雲南講武堂教官、梧州警備司令、安徽省保安司令、新疆省最高軍政長官、北伐軍第七軍參謀長、第三路軍參謀長、甘肅省、廣東省民政廳長、治黄（黄河）委員會副委員長、蒙藏委員會委員（國府特派員）、韶關北區善後委員等職。在任期間建樹良多。雖出身軍界，並被授予陸軍中將，然在戎馬倥傯之餘悉心研究民政事務，一生

貢獻主要在水利事業上，撰寫《黄河視察日記》、《治河方略》。（《東莞市志》一四九九頁）

李月恒生。

李月恒（一八九〇～一九四九），又名悦行，别字高欣。吴川人。早年從軍，一九二四年轉到國民革命第四軍任軍需、副官。一九二九年後任廣東南路公路管理處專員、瓊崖公路管理處主任。一九三八年年底任南路糧食調節處主任。一九四一年解職賦閒。一九四五年任吴川縣長、湛江市政籌備處主任。旋離任，或寓廣州，或居湛江，時亦曾與一些老朋友經商。後因交通事故遇難。（《廣東近現代人物詞典》一六一頁）

李文甫生。

李文甫（一八九〇～一九一一），字熾，號夷丘。東莞蘭鄉李屋村（今屬博羅）人。早年與莫紀彭、林直勉、黄俠毅等秘密組織革命活動小組，旋於莞城創辦《東莞旬刊》，並組織"醒天夢劇社"，在莞城、石龍、廣州等地演出《熊飛起義》、《張家玉會師》等歷史劇。後應孫中山之邀，至香港演出，尋入同盟會。光緒三十四年（一九〇八）春離家赴港，與胡漢民、馮自由等組織同盟會南方支部，次年初任《中國日報》協理，後任經理兼主《時事畫報》筆政。宣統二年（一九一〇）從回穗參加廣州新軍起義，失敗後潛回港。黄花崗之役率敢死隊隨黄興攻打總督衙門，轉戰飛來廟、北較場等地，戰鬥中不幸足部中彈被俘，翌日被押赴刑場壯烈殉國，後被合葬於黄花崗。無子，林直勉以次子漢陽嗣之。（《廣東近現代人物詞典》一六二頁）

李文泰生。

李文泰（一八九〇、一八四〇～一九一三），字叔寬，號小巖。吴川人。玉茗子。同治舉人。吴地名勝、紅白大典，人多用其聯，善外交，凡官民良賤及盜賊諸事，經其過問，皆迎刃而解。又善借民財解民困。曾掌教廣州書院，又創邑之意園延師講學。（《吴川縣志》）

李民欣生。

李民欣（一八九〇～一九五六），字澤霖，番禺人。早年畢業於陸軍速成學校，在北京第一陸軍學校任排長，宣統三年（一九一一）任廣東革命軍陸軍第二師參謀長。後任廣東西江善後督辦署參謀長、廣東四會縣縣長。一九二六年任廣州財政部緝私總處處長，後任國民革命軍第八路軍總指揮部副官長、廣州財政部稅務總處處長。一九三三年參加福建人民政府。抗戰爆發後隨李濟深到南京任軍委會中將高級參謀，一九四一年任軍委會桂林辦公廳顧問。抗戰勝利後先後參加中國國民黨民主促進會、民革，任常委。一九四九年參加第一屆全國政協會議。中華人民共和國成立後任中央人民政府政務院財經委員會委員、廣東省人民政府委員、廣東省人民政府政治法律委員會委員、廣州市副市長、市政協副主席、民革廣東省第一屆委員會常委、民革華南臨時工委組織部長、第二屆全國政協委員。病逝於廣州。（《廣東近現代人物詞典》一六六頁）

李亞夾生。

李亞夾（一八九〇～一九五一），又名榮。龍川人。原爲船工。一九二二年陳炯明叛變時曾營救孫中山脱險，翌年後任孫中山侍從衛士。中山逝世，在北京悉心護靈。一九二九年任南京中山陵陵園管理處少將副處長。抗戰爆發後返粤。（《廣東近現代人物詞典》一六六頁）

李翼農生。

李翼農（一八九〇～一九八四），字國贊。東莞莞城縣後坊人。早年師從袁仰山，精於時疫、溫熱病、内科雜癥等。中華人民共和國成立後兩次被省衛生廳授予省名老中醫稱號。一九八〇年被評定爲主任中醫師，並擔任惠陽地區中醫學會名譽理事長、東莞縣中醫學會名譽會長。遇重症、頑症，看准就用大劑量，有時一張處方多至三十味藥，一味藥用二、三兩，多至一斤半，因此“李大劑”之名不脛而走。不但以内科兒科見長，婦科也有豐

富經驗。著有《外感温熱篇淺釋》、《麻疹條辨》等。（《東莞市志》一五〇四頁）

李奇生。

李奇（一八九〇～一九三九），字輝南。新寧（今台山）人。早年入保定軍校第一期步科，畢業後歷任參謀長、軍務處處長、韶州市政局局長、海康寶安等縣縣長等職。曾赴英美考察軍事。一九三六年任英德縣長。一九三九年在英德南山率隊抗日，中彈陣亡。著有《南昌半盧國難吟》等。（《民國人物大辭典》二四三頁）

李章達生。

李章達（一八九〇～一九五三），字南溟。東莞縣城後街人。早年入同盟會，參加武昌起義、護國討袁，曾任孫中山警衛團團長、大元帥府參軍。一九二四年國民黨改組後隨廖仲愷從事黨務工作。一九二六年任廣州市公安局局長。一九三三年任中華共和國人民革命政府中央委員、國府秘書長兼政治保衛局局長。一九三五年在香港與李濟深、陳銘樞、蔣光鼐、蔡廷鍇等發起組織“中華民族革命大同盟”，又與何思敬、陳汝棠等在香港成立“全國各界救國會華南區總部”（簡稱南總或華南救國會），任主任委員。一九三八年廣州淪陷後，任廣東第四戰區遊擊司令、第四戰區軍法執行監部中將軍法執行總監。一九四八年任中國國民黨革命委員會中央執行委員會常務委員兼秘書長。中華人民共和國成立後歷任政治協商會議籌備委員會委員、民革中央委員、廣東省人民政府副主席、廣州市人民政府副市長、廣州市軍管會委員、廣東省各界人民代表會議協商委員會副主席、中共華南分局文教、民族事務委員會主任等。病逝於穗。（《廣東近現代人物詞典》一八四頁）

吴子祥生。

吴子祥（一八九〇～?），香山（今中山）人。畢業於湖北武昌大學，歷任中山縣政府財政局會計主任、財政局長、上海市政府金庫庫長、廣東省政府駐港辦事處主任等。（《廣東近現代人物

詞典》一九四頁）

李權秀生。

李權秀（一八九〇～一九四四），字百呈，又名章權。梅縣人。一九二九年任毛里求斯華商總會會長。一九三四年任毛里求斯新華小學校長，集資創立華僑書報社、國樂社。爲及時傳達祖國資訊，捐資、集資創辦了首家中文報紙《華商日報》。

吴奇偉生。

吴奇偉（一八九〇～一九五三），字晴雲，號悟生。大埔人。早年得人資助，先後在廣州黄埔陸軍小學、武昌陸軍小學學習，再入保定陸軍軍官學校，後在陳炯明部任見習排長，歷任排長、連長、副營長等職。國民革命時期參加了統一廣東諸役及北伐戰争。十年内戰中參加過第四、五次圍剿。紅軍長征後，率部追擊至四川。“九一八”事變後，第四師擴編爲第四軍，升軍長。“八一三”上海抗戰爆發，奉命率第四軍抵上海嘉定、羅店前線，戰果顯著，獲“鐵軍”稱號，旋升任第九集團軍總司令。一九三八年九江告急，率部抗敵，使日軍傷亡二萬餘人，堅持五月之久。穗淪陷，任第四戰區副司令長官兼第九集團軍總司令，後又改任副司令長官兼粤、閩、贛三省邊區總司令及三省邊區綏靖主任，駐興甯。又調第六戰區（湖北）任副司令長官兼長江上遊江防司令，駐鄂西秭歸縣三斗坪。陳誠棄守宜昌後，指揮所部在湘北安鄉、澧縣經鄂西一帶屢挫日軍，後駐防柳州。抗日戰争勝利後任湖南省主席。一九四九年與李潔之、曾天節等人參與策劃粤東起義，通電宣佈投奔中共。（《中國近現代人物名號大辭典》四八四頁）

沙世祥生。

沙世祥（一八九〇～？），字雲卿。陽江人。早年從戎，曾參加討袁護國、護法諸役。一九一八年後任援閩粤軍營長、粤軍第一師團長，繼任國民革命軍第一軍軍部處長。一九二九年任討逆軍第八路軍總司令部科長。一九三一年任第一集團軍總司令部處長，嗣任第四路軍總司令部參議。抗戰時期任第四戰區司令部少將參議，曾捐款在邑辦校興學。抗戰勝利後任陽江縣參議會議長。（《廣東近現代人物詞典》二二七頁）

林福元生。

林福元（一八九〇～一九六二），祖籍開平，出生於美國加州。一九一三年畢業於美國寇蒂萊斯特航空學校，曾在美國西部舉行多次飛行表演，因飛行技術高超而蜚聲美國。一九一七年回國，跟隨孫中山革命，任廣東航空隊副隊長。一九二〇年任討伐桂系軍閥聯軍總司令部航空主任。後因在飛行事故中受傷轉行修造兵器，一九二八年後歷任廣東航空學校機務處長、國民革命軍總司令部航空署機務處長、航空署第一飛機修理廠廠長。一九三一年後歷任廣東航空學校教育長、廣東空軍參謀長、廣州東山飛機製造廠廠長、廣東韶關飛機製造廠廠長。期間製成“羊城”型輕轟炸機九架，批量生產“復興”型飛機，並裝配了波音281、霍克一2等型號戰鬥機。一九四五年復員回廣州，一九四九年移居香港，在大公洋行任香港新界馬鞍鐵礦礦長。後病逝。（《廣東近現代人物詞典》三二九頁）

卓仁機生。

卓仁機（一八九〇～一九七二），字西齋。香山唐家官塘鄉（今屬珠海）人。早年就讀上海英文學校，宣統三年（一九一一）參加武昌起義，後到九江任贛軍敢死隊隊長，跟隨江西都督李烈鈞反袁，任機關炮大隊長，同年八月赴英國伯明翰飛機學校學習。一九一五年回國參加討袁護國戰爭。一九二〇年隨李烈鈞入粵驅逐軍閥莫榮新。一九二二年隨孫中山北伐，先後任粵軍第一師第二團團長及第一旅旅長。陳炯明叛變時，與營長張發奎、陳濟棠等一道反陳擁孫，任孫中山大本營直轄部旅長，一九二三年率部在博羅營救被陳炯明叛軍包圍之鄧演達。粵軍整編後卸軍職，任台山縣縣長，後離職在廣州、上海做古董生意。抗戰時期任廣東驛運處處長。新中國成立後任廣東省文史館員、廣州海關

及廣東省博物館文物鑒定顧問。（《廣東近現代人物詞典》三三五頁）

卓國華生。

卓國華（一八九〇～一九八〇），香山人。早年在同盟會機關實踐女校學習，入同盟會，後參與辛亥三·二九廣州起義籌備工作。宣統三年（一九一一）三月（公曆四月），喬裝新娘運送武器進廣州，被譽爲“革命新娘”。民國二年（一九一三），由黄興、徐宗漢介紹，與革命黨人劉梅卿結婚。十年梅卿於粵軍第六獨立旅任團長，參加援桂戰役，攻克廣西岑溪後，旅長翁式亮以通敵罪扣留梅卿，陳炯明下令槍决。國華時正懷孕，聞訊流産，旋三歲幼女亦夭折。遂去香港寓居，終身不再嫁。一九六一年去臺灣。在臺北逝世。（《廣東近現代人物詞典》三三五頁）

周址生。

周址（一八九〇～一九五三），字之礎。開平人。黄埔陸軍小學畢業後考入保定陸軍軍官學校第一期步科，因成績優異被選送入北京陸軍大學第三期。一九二五年南下廣州投奔革命政府，任黨軍第一旅三團八營中校營長，後充任國民革命軍東征軍第二縱隊獨立團上校團長。第二次東征中因功先後升任獨立第四師副師長、少將師長。一九二七年任國民革命軍總司令部辦公廳中將主任。一九二九年起任南京中央軍校及陸軍大學軍官研究班中將主任。一九三二年任第一集團軍第三軍參謀長。一九三六年授陸軍少將。一九三八年任廣東軍管區司令部兵役處長。一九四〇年起任第七戰區司令部參謀處長、第十二集團軍參謀長。一九四五年任陸軍總司令部第十二兵站分監，在對日軍多次會戰中出力甚大。一九四七年七月授陸軍中將，同年秋退役，在南京經商。一九四九年一度出任廣東省政府顧問，旋回鄉定居。後在鎮反運動中被錯殺。一九八五年平反。（《廣東近現代人物詞典》三四七頁）

殷仲銘生。

殷仲銘（一八九〇～一九五一），東莞茶山殷屋圍人。少時受業袁厚常，參加中國同盟會。黄花崗之役，隨起義隊伍攻打兩廣總督府，失敗後遁入羅浮山冲虛觀，以道士身份隱居，後轉赴香港。民國肇建，從港返回，追隨孫中山參加東征討伐陳炯明。後於黄埔軍校受訓，隨軍北伐。兵至陽江時其母去世，返鄉奔喪。經親友勸留，棄軍從商。一九三八年廣州淪陷，任東莞縣民衆抗日統率委員會委員兼大隊長。抗戰勝利後仍經營工商業。（《東莞市志》一四五七頁）

香翰屏生。

香翰屏（一八九〇～一九七八），欽州合浦（今屬廣西）人。陳銘樞表兄弟。一九一二年至穗入法政學校攻讀，入國民黨。一九一六年在廣東海防司令部任文職。一九一九年入廣東護國軍第五軍軍官講武堂，畢業後漸升至團長。一九二七年奉命參加阻擊賀龍、葉挺率領的南昌起義失敗後南下部隊之湯坑之役，次年升第十二師師長。一九三一年任第一集團軍第二軍軍長、廣州市公安局局長兼戒嚴司令、國民黨中央監察委員、西南政務委員會委員，次年春任廣東中區綏靖委員。一九三四年辭職還鄉。一九三六年陳濟棠下野，蔣介石旋任命余漢謀、香翰屏爲廣東綏靖主任、副主任及第四路軍總司令、副總司令，授予翰屏中將（後加上將軍銜）。抗戰爆發後任第三戰區中央軍第九集團軍代總司令、副總司令，率部參加淞滬會戰。一九三九年返粤改任第九集團軍副總司令兼第四戰區挺進縱隊東江指揮所主任、香港廣東文物展覽會籌備委員。抗戰勝利後，任廣州行轅副主任、廣州綏靖公署副主任。一九四八年國民政府召開首次國民大會選舉總統、副總統，爲粤代表出席大會。國民政府南遷廣州後，任廣東省政府委員。解放在即，舉家移居香港，後經商。愛讀書練字，一生究心筆硯，故有儒將及半個書生之稱。著有《香翰屏將軍草書初集》。（《中國近現代人物名號大辭典》九一四頁）

徐希元生。

徐希元（一八九〇～一九六三），别名承度。廣東人。曾任廣西南寧關監督、廣東大本營内政部第二局局長兼代理總務廳廳長。一九六二年任上海文史館館員。（《民國人物大辭典》七一一頁）

陸任宇生。

陸任宇（一八九〇～一九二二），信宜人。早年加入同盟會。宣統三年（一九一一）參加高州起義。民國成立後被選派日本留學，後回國參加反袁討龍。一九一五年十二月任中華革命黨港澳支部總務科副主任，次年任廣東高雷司令官。一九二二年六月陳炯明叛變後，奉命至陳部做策反工作，事泄遇害。（《廣東近現代人物詞典》二五八頁）

陳彦生。

陳彦（一八九〇～一九八一），南海人。光緒三十二年（一九〇六）在廣州南武學堂讀書。民國二年（一九一三）參加首屆遠東運動會，奪得跳遠冠軍，成爲我國體育運動健兒在國際體育競賽中首面金牌獲得者。翌年東渡日本，入東京帝國大學東洋肛門病院專攻痔科。畢業回國後先在廣州西關開業，後任廣東省公立醫院院長及省立醫藥專門學校校長，曾任廣東省教育會體育部部長。中華人民共和國成立後廣州市網球協會成立，被推舉爲首任主席，又任中山大學校醫。（《廣東近現代人物詞典》二六四頁）

陳公哲生。

陳公哲（一八九〇～一九六一），號哲公、哲齋、公吉等。祖籍香山（今中山），在上海出生。其父至滬經營粤瑞祥五金行。公哲十五歲參加健身球社，二十歲參加精武體操學校，爲首批學員，一直爲精武領導核心，與盧煒昌、姚蟾伯有“精武三傑、精武三公”之稱，加上陳鐵生就成了早期“精武四傑”。曾就讀於復旦大學，精攝影技術，拍攝了初期精武書籍照片，並與程子培拍攝了精武體育會電影記録片。民國五年（一九一六）前後，曾兩度捐出宅址、家産及房屋，以致家道逐漸敗落。精武會於抗日戰争前發展迅速，從滬到穗、港澳乃至東南亞、美國、加拿大等地都建起分會。九年（一九二〇）精武會慶祝建會十週年，孫中山應邀題寫了“尚武精神”横匾，還給特刊《精武本紀》寫序。先是於民國七年編有《測光捷徑》一書，在精武書刊中發表過數十篇文章。十六年（一九二五）去南京政府任職。抗日戰争爆發後，遷居香港，潛心著書。一九五三年在香港自任精武總裁，訪南洋各地。一九五七年著有《精武五十年武術發展史》，並應邀回國參加了全國武術觀摩大會。逝於香港。另著有《古今文析》、《科學書法》、《香港考古發掘》等。（《廣東近現代人物詞典》二七一頁）

陳可鈞生。

陳可鈞（一八九〇～一九一五），香山（今中山）人。光緒三十一年（一九〇五）考入黄埔水師工業學堂第十三期駕駛班，畢業後赴肇和巡洋艦服役。一九一五年在上海結識陳其美，加入中華革命黨，參加十二月反對袁世凱稱帝之肇和艦起義，因起事倉猝失敗，被捕犧牲。一九三〇年追贈海軍少將。（《廣東近現代人物詞典》二七四頁）

陈修爵生。

陳修爵（一八九〇～一九四四），陽江人。廣東講武堂肄業。一九一七年十一月，陳炯明組建援閩粵軍，加入陳部，歷任連長、營長、第六支隊統領。一九二〇年八月，援閩粵軍回師廣東，驅逐桂系，十月，孫中山重返廣東，整編粵軍，任粵軍第一師第三團團長。一九二二年六月，陳炯明叛孫中山，中山電令北伐各軍回師討逆，北伐各軍同叛軍在韶關激戰十餘天，叛軍漸不支時，於七月向陳炯明請纓至韶關馬壩攻擊北伐軍，致其失敗，轉入贛東及湘贛邊境，中山亦於八月離粵。十月，陳炯明整編粵一師，升第二旅旅長。一九二五年升陳軍第十一師師長，年底國民革命軍東征，與劉志陸率三千殘兵出逃福建投孫傳芳，任孫軍第一方面軍第二軍副司令官。傳芳被北伐軍擊潰後，與劉志陸等人赴山東投張宗昌，任安國軍第二方面軍團第十三軍第六十二師師長、第十八軍軍長。一九二七年七月北京政府授陸軍中將，冬被北伐軍李宗仁部擊敗，回鄉潛居。抗戰爆發後，在家鄉組織民衆武裝抗日，任兩陽抗日救國自衛團統率委員會副主任、兩陽遊擊司令。一九三九年兼任陽江縣長，次年任廣東省第四區保安副司令、第七戰區少將高參。後病亡於連縣。（《廣東近現代人物詞典》二九五頁）

陳煥鏞生。

陳煥鏞（一八九〇～一九七一），曾用名文農、韶鐘。新會人，生於香港。一九一九年畢業於美國哈佛大學森林系，獲碩士學位。中華人民共和國成立後任中國科學院華南植物研究所研究員、所長、中國科學院院士（學部委員）。著有《中國經濟樹志》、《中國植物圖譜》等。（《中國近現代人物名號大辭典》七一三頁）

陳寅恪生。

陳寅恪（一八九〇～一九六九），江西義寧（今修水）人，生於湖南長沙，晚年居穗而卒。父三立爲"清末四公子"之一、著名詩人，祖寶箴曾任湖南巡撫。少時在南京家塾就讀，從小就能背誦四書五經，廣泛閱讀歷史、哲學典籍。早年留學日本、歐洲、美國等，學習梵文、巴利文等古文字，並瞭解西方文化。回國後，曾任教於清華大學、西南聯大、廣西大學、燕京大學、牛津大學，中華人民共和國成立後長期任教於嶺南大學及中山大學。著有《隋唐制度淵源略論稿》、《唐代政治史述論稿》、《元白詩箋證稿》、《柳如是別傳》、《金明館叢稿初編》、《金明館叢稿二編》、《寒柳堂集》等。（《廣東近現代人物詞典》三〇二頁）

陳繼虞生。

陳繼虞（一八九〇～一九二五），字昭堯。瓊山（今屬海南）人。中學時期就接觸進步青年學生，閱讀孫中山著作及演講詞。宣統三年（一九一一）加入同盟會。十一月九日廣東宣佈獨立，返瓊崖準備起義。時值瓊崖清觀察使劉水滇反正，委任繼虞爲瓊崖東路宣慰員，領兵巡察瓊山、定安、樂會、萬寧、崖縣等地，懲辦土匪。一九一二年八月同盟會改組爲國民黨，被選爲粵支部瓊崖分部部長。同年底至次年初，被選爲首届國會議員、粵省府議員。一九一四年一月，奉孫中山命潛回瓊崖組織民軍，任統領，後又回省會任職。一九一八年一月，再次奉命返瓊任瓊崖討龍（濟光）軍第五軍第一統領兼廣東省討龍軍第二隊司令、粵軍義勇軍第五路司令。一九二二年任瓊崖討逆軍總司令。一九二五年五月試驗炸彈時受傷，因傷重不治。（《廣東近現代人物詞典》二九九頁）

陳濟棠生。

陳濟棠（一八九〇～一九五四），字伯南，室名繼園，綽號哈將軍。防城（今屬廣西）人。早年入同盟會。一九一三年畢業於廣東陸軍速成學校，參加護國、護法戰爭及討伐陳炯明諸役，追隨孫中山任粵軍李濟深部第二旅旅長。一九二五年任李濟深部國民革命軍第四軍十一師師長兼欽（州）廉（州）警備司令。北伐期間率部留守粵。一九二八年後任第四軍軍長兼西區綏靖委員、廣東編遣特派員、討逆軍第八路軍總指揮，曾率部鎮壓工農武裝，次年選爲國民黨中央執行委員。蔣桂戰争起，李濟深被蔣介石扣押於湯山，支持介石，後升第四軍軍長兼廣東綏靖委員，駐穗任第八集團軍總司令。一九三一年乘胡漢民被蔣介石軟禁，通電反蔣並驅走廣東省長陳銘樞，五月汪精衛等於廣州另立國民政府，任第一集團軍司令。後數年，集廣東黨政軍大權於一身。一九三二年任國民黨西南執行部及國民政府西南政務委員會常委。蔣介石爲對付共産黨，任命濟棠爲贛粵閩湘邊區“剿匪”總司令兼江西“剿共”南路總司令。一九三六年聯合桂系發動反蔣抗日之“六一事變”，失敗後經港赴歐洲，次年回國後，被任命爲國民政府委員會、最高國防委員會委員。一九四〇年任農林部長。一九四六年任海南特區行政長官兼警備司令。一九四九年任海南行政長官兼海南警備司令，次年往臺灣，後任臺灣“總統府”資政、戰略顧問。主粵期間（一九二九～一九三六）對廣東發展頗有建樹，稱爲老廣州之黃金時代。（《中國近現代人物名號大辭典》七〇五頁）

葉家俊生。

葉家俊（一八九〇～一九六二），又名俊。南海人。早年赴美國留學，獲康乃爾大學、密西根大學工科碩士，曾任廣九鐵路局局長、江蘇公路總工程師。一九三二年任國民政府鐵道部技正、中山大學、交通大學教授。一九六〇年任上海文史館館員。（《民國人物大辭典》一二五七頁）

黃元彬生。

黃元彬（一八九〇～?），字質中。新寧（今台山）人。早年留學日本，獲東京帝國大學經濟系法學士。一九三〇年曾被廣東政府派往歐美各國調查經濟情況。後任中山大學經濟系主任、教授。著有《白銀國有論》、《國際金融》等。（《中國近現代人物名號大辭典》一〇九三頁）

黃澤光生。

黃澤光（一八九〇～一九八四），從化人。早年留學法國巴黎大學、美國哥倫比亞大學。一九一二年獲碩士學位。一九一五至一九四五年先後任駐墨西哥、金斯敦兩國公使。一九四六年回國任外交部美洲司司長。解放前夕辭職，舉家前往美國定居。（《廣東近現代人物詞典》四五七頁）

黃懺華生。

黃懺華（一八九〇～一九七七），字璨華，號鳳兮。順德人。自幼客居南京，曾從江西桂伯華學佛。民國三年（一九一四）宜黃歐陽竟無（漸）在南京金陵刻經處設立研究部，曾列門牆，從學唯識。五四時期曾由宗白華介紹入少年中國學會。留學日本，畢業於日本帝國大學，由柳亞子介紹在立法院就職，爲南社社員。十五年（一九二六）夏結識太虛大師，自此追隨。十七年（一九二八）太虛大師組織中國佛學會爲會長，與謝健（鑄陳）、釋仁山、釋臺源等均當選執行委員，翌年與謝健等以中國佛學會名義，會同江浙佛教諸山長老，召集十七省代表於上海舉行全國佛教代表會議，決定成立中國佛教會，擬定章程，呈請國民黨中央黨部及内政部備案，十九年（一九三〇）三月獲内政部批准。曾任上海《新時報》與《學術週刊》編輯。次年中國佛教會改組，仍當選常務理事。所著《佛教各宗大意》脱稿，考試院長戴傳賢及太虚大師均爲序。二十一年（一九三二）太虚大師在廈門大學講“法相唯識學概論”，事後出版，與梅光義、王恩洋、唐大圓等均作序文。抗日戰争期間，任教於廈門大學，課餘從事佛學著述。新中國成立後曾參加錫蘭（今斯里蘭卡）英文《佛教百科全書》部分條目編寫。後被周建人聘爲浙江省文史館館員，參與《中國佛教百科全書》及《辭海》有關佛教部分編輯工作。著有《中國佛教史》、《佛教各宗大意》、《佛學概論》、《唯識學輪廓》、《華嚴根本教義》、《金剛頂菩提心論淺釋》等書。介紹哲學著述有《近代美術思潮》、《西方哲學史》、《美學略史》、《近代文學思潮》、《哲學綱要》、《美術概論》、《西洋哲學史綱》、《弱水》、《政治學萃要》、《近代美學思潮》、《現代哲學概觀》、《印度哲學史綱》等。（《中國近現代人物名號大辭典》一一〇一頁）

崔廣秀生。

崔廣秀（一八九〇～一九七五?），又名光福。清遠人。辛亥革命前在馬來西亞加入同盟會，後歸國。一九三一年任國民黨中央候補執委、海外黨務委員會委員，次年春赴滬慰問十九路軍，任國民黨中央政治會議列席委員、廣州市立銀行監事等。一九三五年當選國民黨中央監委會候補委員，次年任花縣縣長。一九四五年後任國民黨中央監委會候補委員、委員。一九四八年任國大代表，次年離粤赴港。後轉赴臺灣定居。（《廣東近現代人物詞典》四七〇頁）

許民輝生。

許民輝（一八九〇～一九六一），開平人。童年入私塾，後進南武學堂，酷愛體育活動，擅長田徑、足球，爲南武學堂兩次奪取省運會團體冠軍立下汗馬功勞。宣統二年（一九一〇）被選爲華南區田徑選手，參加第一屆全國運動會嶄露頭角。一九一三年入選國家隊，參加了在菲律賓馬尼拉舉行的第一屆遠東運動會，並獲四四〇碼跑第三名與一英里接力跑第二名，同時參加足球賽及排球表演。後在廣州市基督教青年會工作，協助美國人鍾氏開展體育活動，被保送進上海基督教青年會主辦的體育幹事訓練班（後改爲中華基督教青年會體育專門學校），畢業後回廣州基督教青年會任體育幹事，兼任廣東高等師范學校（中山大學前身）體育專修班球類、體操課程教師。後赴美留學，獲美國芝加哥青年會大學體育學士與春田體育學院體育碩士學位，回國後歷任東吴大學體育科主任、北平師大、清華大學和東南大學體育教授。一九三三年任廣東省教育廳體育督學，創辦廣東體育專科學校，任校長。一九三六年柏林奥運會時，作爲中國體育考察團成員前往參觀學習，並考察丹麥、奥地利、匈牙利、意大利等國體育。一九四四年赴重慶，任教育部國民體育委員會專任委員兼教育部體育行政人員講習所教導主任。一九四八年以中國游泳隊教練身份參加了第十四屆倫敦奥運會。一九五四年後連續當選第一、二、三屆全國人大代表。病逝於香港。（《廣東近現代人物詞典》一二七頁）

許贊元生。

許贊元（一八九〇～一九四九），祖籍揭陽，寄籍福建龍溪。生於臺灣台南。六歲隨父回大陸。後入廣州陸軍小學，未畢業，參加黄花崗起義，事敗被捕，後由清軍副將黄菊三私釋。民國成立後曾參加國民革命軍，任漳碼公安局督察長等。晚年種花養鳥。（《民國人物大辭典》八四三頁）

張景芬生。

張景芬（一八九〇～?），字仁農。大埔人。早年赴美國里海

大學留學，獲礦業工程師學位，歷任潮州輕便鐵道局工程測量師等。（《民國人物大辭典》九五三頁）

蔡俊三生。

蔡俊三（一八九〇～一九七九），順德人。幼好繪畫。一九二七年任廣州芳村孤兒院美術教員，開始接觸攝影藝術，次年創作處女作《春江水暖》，參加英國倫敦攝影沙龍，並刊於同年英國攝影年鑒。一九二九年作品《青春》又入選倫敦攝影沙龍，再刊於同年攝影年鑒。一九三四年任上海《良友畫報》專欄攝影作者，後在各地從事攝影活動。四十年代初又在廣州開設影館、攝影院，創作了大量攝影佳作，名噪一時，並積極參與創立廣東攝影學會。一九四八年與薛子江被英國皇家攝影學會吸收爲高級會員。中華人民共和國成立後任中國攝影學會常務理事、全國影展評選委員、中國攝影學會廣東分會副主席、廣東文聯委員，曾兩次舉辦個人影展，擅長風光、人像、静物及花鳥攝影。作品在國際影展屢獲獎。一九七九年夏在港逝世。出版有《蔡俊三攝影藝術》。（《廣東近現代人物詞典》五三九頁）

廖公圃生。

廖公圃（一八九〇、一八九二～一九八〇），祖籍澄海，生於泰國。十五歲起協助其父經商。盧溝橋事變後，全力支持國内抗戰，任全國勸募公債暹邏分會副會長，與愛國僑領蟻光炎、蕭佛成、鄭子彬、陳景川等人—起，發動僑胞，支持抗日救國。繼又與勸募公債同仁三十餘人發起組織潮州會館，任副主席，並與蟻光炎、陳景川等人創辦《中國日報》及《中原日報》，爲正義、自由、抗日吶喊。抗戰期間與各僑領發起組織潮州米業平糶公司，購運米糧至潮汕平賣解救灾荒。一九四一年十二月八日日軍在暹登陸，偕患難諸友十三人被日軍拘捕。在獄中，大義凛然，賦詩明志。日本投降後始得恢復自由。新中國成立後對祖國建設、中泰友好極爲關心，熱心公益事業，曾獲泰皇御賜五等白象勳章及三等皇冠勳章。熱愛祖國文化，對古詩文尤有造詣。其

《獄中雜詩》六首，歌頌了民族正氣，在泰國有愛國詩人之稱。在泰病逝。（《廣東近現代人物詞典》五四〇頁）

鄭乃炎生。

鄭乃炎（一八九〇～一九八四），字君晃。香山（今中山）人。早年在廣東陸軍小學就讀時與同學張雲逸、鄧演達秘密參加同盟會。一九一九年在保定軍官學校畢業後任廣州衛戍司令部中校團副。一九二一年任粵軍總司令部副官長，次年陳炯明叛變，保衛孫中山脱險移駐永豐艦。一九二六年參加北伐戰爭，在南昌任第三軍指揮部人事科長，並奉命組建軍官教導團，兼任教官，特邀朱德任團長。一九二七年任江西三湖統税局局長。一九三二年一月二十八日參加上海抗戰，任第十九路軍獨立旅參謀長。一九三三年參加福建事變，失敗後去港澳。抗日戰爭爆發後參加“八·一三”淞滬抗戰，繼在廣東任粵海師管區（羅定區）司令、第七戰區第三挺進縱隊參謀長。一九四六年退役，定居香港。一九七四年以後多次回大陸參觀訪問撰寫過《國共第三次合作的展望》等文章。（《廣東近現代人物詞典》三五八頁）

鄭軍凱生。

鄭軍凱（一八九〇～一九八八），字季海。順德人。彦棻叔。早年參加中國同盟會及廣東民軍北伐、討袁、驅龍諸役，後爲粵軍第二師第六旅副官、國民革命軍第四軍葉挺獨立團某連連長，先後參加討陳（炯明）、平楊（希閔）劉（震寰）之亂及北伐等役，一九二九年春任中校營長。北伐後任番禺縣公安局局長兼憲兵營長。一九三五年任廣東第一集團軍上校團長。抗日戰爭時期任四六三旅副旅長，率部北上抗日。一九四〇年任少將旅長，次年任陸軍第一五五師副師長兼廣東高（州）雷（州）守備區副指揮官，多次狙擊入侵日軍。一九四二年兼任第一五五師政治部主任，翌年升師長。後改調第四區司令部，任少將附員。一九四六年轉任廣州行轅少將參議。以陸軍少將銜退役，轉任廣東省參議及順德參議會議長。廣州中華人民共和國成立後，經人民政府批

准，於一九五一年移居香港，一九五五年後到臺灣定居，逝世於臺北，人稱百齡宿將。《廣東近現代人物詞典》三六〇頁）

劉琦生。

劉琦（一八九〇～一九一二），原名春和，字仲敏，又字希元。番禺人。（《中國近現代人物名號大辭典》二八四頁）

劉志陸生。

劉志陸（一八九〇～一九四一），梅縣人。畢業於廣東陸軍小學，在莫榮新部任排長、連長、營長、團長、旅長等職。一九一六年莫榮新趕走廣東督軍陳炳焜，坐上督軍寶座，志陸就任廣東省潮梅鎮守使，人稱“少年將軍”。一九二〇年粵桂戰爭中任桂軍中路司令，戰敗逃亡香港。一九二三年投陳炯明，任第二軍軍長，據東江上流。一九二五年進攻許崇智部，任總指揮，後被擊潰。率部北上投張宗昌，任直魯聯軍第三路軍總司令兼第十三軍軍長等。一九二七年與馮玉祥激戰河南。失敗投國民黨，拜陸軍上將，號遠威將軍。“九一八”事變後曾奉命勸閻錫山重回中央，不辱使命。抗戰時期任廣東民眾抗日自衛團統率委員會第九區主任等職。（《廣東近現代人物詞典》一〇八頁）

劉佐潮生。

劉佐潮（一八九〇～一九三三），順德人。石灣陶塑名家輝勝子，當代陶藝大師澤棉叔公。佐潮少時即隨父學藝，後掌管其父之“劉勝記”，善於塑造社會市井小民。陶泥、釉、火全能，作品以半尺許人物爲主，題材擅長漁樵耕讀、詩酒琴棋、仕女仙佛，兼喜塑造社會下層人物，刻畫神態入木三分。人物造型整體上高度概括，線條收放自有分寸，細微處較爲緊密，行家們把這一造型特點稱爲“擒縮”。代表作《拍蚊公》曾轟動一時。施釉善用乳绿、乳藍、乳黄、灰黑珐瑯釉顯現紋理，並首創高温胎中温釉冰裂紋製作方法，作品表層質感明顯、豐富耐觀。（《廣東近現代人物詞典》一〇九頁）

劉紀文生。

劉紀文（一八九〇～一九五七），原名兆鎔，字兆銘。祖籍順德，生於東莞縣橫瀝鎮下車崗村。經宋子文介紹，曾與宋美齡訂婚，然從未見面。宣統二年（一九一〇）入同盟會。一九一二年留學日本，卒業於日本志成學校及法政大學。一九一七年回國任職廣東軍政府審計局局長。一九二三年入英國倫敦大學、劍橋大學學習，同時任廣東省政府歐美市政考察專員。一九二六年回國，被任命爲廣東省農工廳廳長。後因北伐戰事緊急，赴前方任國民革命軍總司令行營軍需處處長。一九二七年國民政府定都南京，南京被定爲特別市，任首任市長，首都鼎建，多所規劃。一九三〇年任財政部江海關監督。陳濟棠控制兩廣期間，任廣州市長，在廣州市政建設方面頗多作爲。一九三六年濟棠失敗，被迫離穗。一九四八年任審計部部長，次年去日本，後居臺灣，被聘爲“總統府”國策顧問。一九五七年病逝於美國洛杉磯。（《東莞市志》一四六四頁）

劉學真生。

劉學真（一八九〇～一九四一），字遠鴻。五華人。上海同濟大學醫學院畢業，留學德國漢堡大學，獲醫學博士學位，回國於武漢行醫，抗戰時回鄉病亡。（《五華縣志》卷八）

鍾鍔生。

鍾鍔（一八九〇、一八八九～?），字秉峰。梅縣人。畢業於上海南洋大學。後赴美國威斯康辛大學，獲碩士學位。歷任北京政府交通部技正、北京大學及北京工業大學教授等。一九三一年任國民政府交通部電政司司長，後任天津交通銀行經理等。（《民國人物大辭典》一五五七頁）

鍾芳峻生。

鍾芳峻（一八九〇～一九三八），又名秀峰。河源人。早年投身軍旅，後在粵軍服役，歷任連長、營長、團長等職。抗日戰爭爆發後，奉命率部參加抗日作戰。一九三八年任陸軍第一五三師第四五九旅少將旅長，同年十月中旬，奉命率部在福田、增城

一帶狙擊北犯日軍，激戰中因寡不敵衆而陣地失守，憤而舉槍自戕殉國。（《廣東近現代人物詞典》三八三頁）

顔綸澤生。

顔綸澤（一八九〇～?），連平人。畢業於北京農政學校，後赴日本留學，入東京帝國大學，獲農學士學位。曾入中華農學會、中國藝術研究會。歷任北京政府農商、農工、實業部技正、僉事，棉業試驗場場長、主任、技師，編輯處編輯，政報社、砭報社編輯，中南海整理設計委員，河北建設廳技正，河套荒地墾殖設計主任，徐水、永年等縣縣長，官產局局長，民生銀行籌備委員，鄉村經濟研究會委員，河北農學院教授等。後任國立浙江大學教授兼農場副主任。著有《蔬菜大全》、《四十五大作物論》。

關菁麟生。

關菁麟（一八九〇～?），字頌華。南海人。早歲赴美國華盛頓大學，獲碩士。歷任北京政府外交部學務處主任等。一九二六年署駐倫敦總領事。後任中央防疫處處長、北京交通大學教授等。（《民國人物大辭典》一六五三頁）

譚根生。

譚根（一八九〇、一八八九～?），原名德根。原籍開平，生於美國三藩市。宣統二年（一九一〇）畢業於美國希敦飛機實驗學校，獲加利福尼亞飛行會萬國飛行協會證書。在華僑資助下試製水上飛機，制船身式水上飛機一架，參加芝加哥萬國飛機製造比賽會獲冠軍。後在檀香山華僑創建之中華飛行器公司任設計師，並培訓飛行員。三年（一九一一）參與謀殺清將軍孚崎。一九一四年被孫中山委任爲中華革命飛機隊隊長，多次在國內外表演飛行。又籌建廣東航空學校，參加護國討袁，後被廣東都督龍濟光利誘，以暴病亡。（《新青年》一九一六年一卷六期）

羅海空生。

羅海空（一八九〇～一九四三），名品葵，字玄同，筆名落花生。封川（今封開）人。出身於小康之家，少年聰穎，其父悉心撫育，送往廣東廣亞樹園就讀，學業頗有進步。又入廣雅書院，習畫，與陳樹人、鄒魯等人相好，課外拜潘達微（冷殘）大師學國畫，由於勤奮好學，成爲頗具嶺南畫派之風之國畫家。山水花鳥均有所長，且善書法。民國成立後任首任封開縣長。著有《落花文集》。(《廣東近現代人物詞典》三四三頁)

范澐卒。

范澐（一八三一～一八九〇），號玉墀。大埔滸梓村人。祖引頤，官三水教諭。澐生於官署，幼聰穎，經祖父指引，能得其門徑。引頤晚年遷居上杭連城之梅花十八洞，經營未竟，家道中落，澐時貧甚，自誓發憤讀書，得爲諸生。旋食餼，授徒自給。善屬對，爲林達泉、何如璋激賞。十赴棘闈，五薦不售，自是灰心功名，援例出貢。年逾五旬，就西席五載，課餘多暇，撰《園居志異》五卷。光緒十六年卒，年六十。詩類袁枚、趙翼，兼嗜繪事，習草書。范元《松山叢集》有傳。

清德宗光緒十七年　辛卯　一八九一年

六月，黄遵憲於倫敦使署爲其《人境廬詩草》作序。

秋，遵憲由駐英二等參贊調任駐新加坡總領事。

七月，遵憲於英倫使館爲其《日本雜事詩》作序。（黄遵憲《日本雜事詩》自序）

八月末，遵憲離倫敦抵巴黎，登埃菲爾鐵塔，賦《登巴黎鐵塔》五古。

九月十日左右，遵憲從法國抵達埃及塞得港，欲經蘇伊士運河前往新加坡，賦《蘇彝士運河》七律。

三十日，遵憲抵達新加坡任所，旋賦《夜登近海樓》七律。（鍾賢培、管林、謝華、汪松濤《黄遵憲詩選》二九二、二九五頁）

冬，王覺任入長興學舍從康有爲讀書。

王覺任（一八六〇～一九二九），字公裕，一字（號）鏡如。

東莞人。光緒十七年（一八九一）冬入長興學舍從康有爲讀書，並協助有爲編著《新學僞經考》、《孔子改制考》等書。二十二年（一八九六）與徐勤被有爲任爲學長，代有爲主持萬木草堂講學領衆等事宜，爲長興里十大弟子之一。曾任澳門《知新報》撰述。二十六年（一九〇〇）參加自立軍起義。戊戌變法失敗後，避難香港、澳門。旋隨有爲活動於南洋。後被有爲召至日本，編輯《今文經義》。民國初年任東莞縣縣長。（《廣東近現代人物詞典》十九頁）

本年黄遵憲任新加坡總領事，抵任不久即深入各島瞭解華僑情況，並採取一些保護華僑正當權益措施，賦《番客篇》五古長詩，述寫新加坡華僑狀況。

本年遵憲曾從英國倫敦寄函胡曦，信中有云："《山歌》十餘首，如兄意謂可，即乞兄鈔一通，改正評點而擲還之。"（鍾賢培、管林、謝華、汪松濤《黄遵憲詩選》三四六、三六八頁）

張德瀛於本年中舉人。

張德瀛（一八六一～一九一四），字採珊，號山陰道上人，室名清音堂。番禺人。立鏞子。光緒十七年（一八九一）舉人。善倚聲。著有《耕煙詞》五卷、《詞徵》六卷。偶作墨梅，秀潤不俗。汪兆鏞《嶺南畫徵略》卷九有傳。

黄紹憲於本年中舉人。

黄紹憲（一八六二～一八九七），字季度，室名在山草堂。南海人。光緒十七年（一八九一）舉人。工詩畫，梁鼎芬題其墨荷花。著有《在山草堂燼餘稿》。汪兆鏞《嶺南畫徵略》卷十有傳。

陳維湘於本年中舉人。

陳維湘，字楚卿。番禺人。父泰裕，縣志有傳。幼隨父宦遊粤西，攬山水之勝。工畫，宗石谷，間寫士女，兼善篆隸刻石。光緒十七年（一八九一）應順天鄉試，中舉人。嘗客浙藩幕中，登臨多題詠。晚遊京師，卒年五十七。著有《聽香池館詩鈔》及

《印譜》。汪兆鏞《嶺南畫徵略》卷補有傳。

趙天錫於本年中舉人。

趙天錫（一八五五～一九〇五），字（號）魯庵。新寧（今台山）人。光緒十七年（一八九一）辛卯舉人。二十六年（一九〇〇）參修《新寧縣志》。歷主寧陽、和風、廣海書院講席。卒年五十一。著有《魯庵集》八卷、詩一卷。吴道鎔《廣東文徵作者考》卷十二有傳。

黎佩蘭於本年中舉人。

黎佩蘭，字詠陔。高要人。光緒十七年（一八九一）辛卯舉人，肄業端溪、廣雅書院，爲義烏朱侍御一新高第弟子。一新修《德慶州志》，初纂、覆纂多出佩蘭手，尤精天算。著有《算書》等自然科學著作多種。甫獲一第，中道殂謝。吴道鎔《廣東文徵作者考》卷十二有傳。

淩步芳於本年中舉人。

淩步芳，字仲孺。番禺人。光緒十七年（一八九二）辛卯舉人，兩試禮闈不第，授徒爲業，課餘治算學，久之，大通其術，成《百研齋算稿八種》。百年來研精算理不由師授，有海寧李善蘭、金匱華蘅芳、南海鄒伯奇，若步芳，亦其亞也。另著有《割圜通義》、《粟布衍草》、《算學答問》、《火器説略》、《指數變法》、《微積分詳説》等。吴道鎔《廣東文徵作者考》卷十二有傳。

陳慶森於本年中舉人。（民國《番禺縣志》卷十六）

陳慶森，字苯喈。番禺人。光緒十七年（一八九一）辛卯舉人，大挑分發湖南，歷署耒陽、巴陵、湘陰、茶陵各縣，民二（一九一三）歸粤，曾佐省府幕。著有《百尺樓詩詞稿》。陳融《讀嶺南人詩絶句》卷十四有傳。

馮元鼎於本年中舉人。

馮元鼎，字次臺。肇慶人。譽驄子。光緒十七年（一八九一）順天科舉人，曾任津浦鐵路督辦，升鐵路總局總文案、郵傳部丞參。民國元年（一九一二）四月，任北京政府交通部次長、次年任漢粵川鐵路督辦。

黄恩榮於本年中舉人。

黄恩榮（一八五九～一九四三），字幹南。三水人。光緒十七年（一八九一）辛卯科舉人，曾列名“公車上書”。後官法曹、民政部醫職。宣統三年（一九一一）後返穗，創辦黄幹南藥行，又與順德何翽高襄辦廣東醫學求益社及醫藥實習館。著有《幹南盧叢書》、《迴溪醫案唐人法》、《徐靈胎外科》、《唐千金類方》等。（《中國近現代人物名號大辭典》一一一三頁）

陳崇鼎於本年中舉人。

陳崇鼎，番禺人。希獻孫。光緒十七年（一八九一）辛卯科舉人，三十三年以主事用，籤分大理院民科二庭行走，調法部京師内城地方檢察官，賞花翎四品銜。（《陳氏家傳》）

韓日華於本年中舉人。

韓日華，番禺人。廷傑孫。光緒十七年（一八九一）辛卯科舉人，官内閣中書。（《番禺縣續志》卷二四）

湛書於本年中舉人。

湛書，亦名大受，字簡之、簡叔，號力齋。連平人。光緒十七年（一八九一）辛卯科舉人，官江西武寧、南豐、萬縣知縣。（《連平州歷科文物科甲》）

談亮於本年中舉人。

談亮，字鳴虞。順德人。父兄務農，亮獨向學。光緒十七年（一八九一）舉人。（《順德縣續志》）

謝庭玉於本年成貢生。

謝庭玉，字壽皆。光緒十七年（一八九一）辛卯優貢。張煜南、張鴻南《梅水詩傳》卷八有傳。

范公詒於本年成貢生。

范公詒，字伯元，一字潔庵。番禺人。光緒十七年（一八九一）辛卯優貢生，河源訓導。少學於中表陶孝廉福祥，福祥爲東塾入室弟子，尤邃於金石學，文多散佚，其門人黄任恒得其論金石文一卷，刊行之，名曰《潔庵金石言》。吴道鎔《廣東文徵作者考》卷十二有傳。

高名虞於本年成副貢生。

高名虞，字仲淩。番禺人。學燿子。光緒十七年（一八九一）辛卯副榜貢生。工設色花卉。汪兆鏞《嶺南畫徵略》卷補有傳。

陳慶秋於本年成副榜貢生。

陳慶秋，番禺人。澧孫。光緒十七年（一八九一）辛卯副榜貢生，授直隸候補道員、安徽候補知府。（《番禺縣續志》卷二十）

王光海生。

王光海（一八九一～一九七〇），東莞虎門南柵人。進士樹忠哲嗣。由朱執信介紹於宣統二年（一九一〇）入中國同盟會，畢業於兩廣高等工業學堂及國立中山大學。一九一二年起任從化縣縣長、廣東護國第五軍少校參謀、桂林大本營參軍處參軍。一九一九年起先後任化州、新會縣縣長。一九二七年後追隨薛嶽助理軍機，任秘書處長、第十一軍司令部秘書長等職，協助薛部“圍剿”紅軍。一九二九年任第十九路軍總指揮部參議兼東莞中學校長、第四軍咨議。一九三二年任第二路軍總指揮部秘書長。一九三五年擢滇黔綏靖公署中將辦公廳主任。一九三七年任第九戰區長官司令部秘書長。一九三九年十一月任湖南省政府委員。一九四一年至一九四二年，在“湘米濟粵”中曾作不懈努力，獲政府三次授勳。一九四三年七月兼任湖南省政府秘書長，曾任省政府代理主席兼國民黨湖南省黨部執行委員。抗戰勝利後，任徐州綏靖公署中將辦公廳主任。一九四六年任廣東省議會參議員。一九四八年被選爲國民政府立法院立法委員，次年被選爲廣東省政府委員，任廣東省民政廳長。解放前夕，隨薛嶽去臺灣。著有《孔子哲學簡要》、《滇黔行役記》、《湖南從政録》等。（《東莞市

志》一五〇九頁）

孔可權生。

孔可權（一八九一～一九五〇），名憲立，以字行。番禺人。抗戰期間歷任一五五師、一八七師師長、五十六軍中將副軍長、韶關警備司令等職，參與指揮了著名的豫東會戰、武漢保衛戰、粵北保衛戰、韶關保衛戰等大規模抗戰正面戰場戰役，給侵華日軍以沉重打擊。（《廣東近現代人物詞典》四四頁）

李權亨生。

李權亨（一八九一～?），名巽行。南海人。早年赴美國留學。回國任廣州公醫大學物理教授。一九二九年任廣西省政府委員兼建設廳廳長。（《民國人物大辭典》三二七頁）

吕鴻基生。

吕鴻基（一八九一～一九七三），字秋雲。茂名人。年青時往法租界廣州灣攻習法文。後入陽江教會辦真光中學，旋考入嶺南大學，畢業後任茂名中學英文教師。一九二〇年留學美國，獲博士學位，後於洛杉磯等地任教授四十餘年。（《高雷文獻專輯》）

沈慧蓮生。

沈慧蓮（一八九一～一九七四），番禺人。先後畢業於廣東南華醫院及上海亞東醫科大學。宣統二年（一九一〇）入同盟會，次年黄花崗之役，化裝潛運槍械，傳遞消息。一九一三年東渡日本。一九二八年當選廣州女界聯合討赤同志會貿易部主任。一九三五年任中國紅十字會南京分會會長。一九三七年後任中國國民黨婦女運動委員會主任委員等。抗戰勝利後，被推選爲制憲國民大會代表。共和國成立前夕赴臺灣，任中華婦聯總會常務委員等職。（《民國人物大辭典》四三五頁）

宋仕台生。

宋仕台（一八九一～一九五三），花縣人。保定軍官學校第六期畢業，歷任排長、連長、營長。一九三〇年任陸軍第一軍第二師第六團團長，參加"圍剿"江西蘇區，後繼任第一五二師少將旅長。抗日戰争爆發後隨葉肇北上抗日，歷任陸軍第一六〇師師長、惠陽守備指揮官、第七戰區少將參謀等，參加淞滬會戰、南京突圍戰、江西南潯線諸役。抗日戰争勝利後，離職從商。後被錯殺。（《廣東近現代人物詞典》二三〇頁）

周增生。

周增（一八九一、一八九二～一九一一），字能益。嘉應州（今梅縣）人。光緒三十二年（一九〇六）棄學從商，隨父經營木材，常因采辦木材往返閩粤汀、漳、潮、嘉之間，結識會黨中人甚多。三十四年（一九〇八）梁鳴九、謝良牧、姚雨平等在梅縣松口設立同盟會機關部，遂入中國同盟會，負責聯絡工作。宣統三年（一九一一）四月二十七日參加廣州起義時，爲先鋒隊（敢死隊）隊員，參加攻打兩廣督署，次晨爲守護彈藥被捕，直供不諱，遂被殺害。葬於廣州黄花崗，爲七十二烈士之一。（《中國近現代人物名號大辭典》八二七頁）

胡繼賢生。

胡繼賢（一八九一～?），字志道。番禺人。早年赴美國密執安大學留學，畢業回國任嶺南大學教員等職。一九二九年任國民政府鐵道部理財司司長。一九三一年任廣東省政府委員兼建設廳廳長。一九三七年任廣東省政府委員。一九四七年任審計部駐外審計。（《民國人物大辭典》五八四頁）

温桂清生。

温桂清（一八九一～?），字静秋。萬州（今海南萬寧）人。早年就讀日本明治大學。一九一九年任駐閩粤軍總司令部政務處代理處長，後疊任南靖、龍岩縣長。一九二六年任海豐縣長及第十一軍經理處處長，嗣任福建漳泉財政整理處處長。一九三二年任十九路軍駐粤辦事處主任。一九三四年任粤海關監督。一九三六年任南京中央軍事政治學院經理。抗戰時期歷任黄埔開埠督辦公署處長、財政處處長、滇緬鐵路督辦公署總務處處長等。抗戰勝利後任汕頭市市長等。（《廣東近現代人物詞典》四一〇頁）

陳璧君生。

陳璧君（一八九一～一九五九），字冰如。原籍新會。南洋巨富耕基女，汪精衛妻。出生於馬來西亞檳榔嶼喬治市。一九一二年與汪精衛結婚。一九一七年回國。一九二四年與精衛隨孫中山北上。第一次國共合作時兩人一度加入共産黨。一九三二年汪精衛出任行政院長，遂被選爲國民黨中央監察委員。抗戰爆發後，隨精衛公開投敵，一九四〇年被任命爲僞廣東省政務長，權超省長。日本投降後被判終身監禁。一九四九年由蘇州監獄遣送上海服刑，卒於獄中。（《中國近現代人物名號大辭典》七二九頁）

孫科生。

孫科（一八九一～一九七三），字哲生。香山人。孫中山獨子。宣統二年（一九一〇）入同盟會，一九一七年任首任廣州市長，一九二三年、一九二六年又兩次任廣州市長。一九三一年任南京政府行政院長，次年任立法院長，主張速行憲政、聯共抗日。一九四七年任南京政府副主席，一九四九年辭職旅居香港、法國、美國等地，一九六四年任“考試院”院長，次年任“總統府”高級咨議。一九七三年病逝於臺北。夫人陳淑英，廣東人。早年畢業於美國加州大學，一九八九年九十八歲時仍爲國民黨中央評議委員。另有遺孀孫蘭妮，已從美國回滬多年。女穗芬曾任美國駐法大使館參贊。次子治强。（《中國近現代人物名號大辭典》三三五頁）

孫裴谷生。

孫裴谷（一八九一～一九四四），原名熙、熾君，字谷園，號裴谷山人、閑閑草堂主人、嶺東畫癡、黄岐山樵。揭陽人。昔年隨同邑畫家林亦華、林伯虔學畫。光緒三十三年（一九〇七）進汕頭嶺東同文學堂讀書。一九一二年赴新加坡端蒙華僑學校美術科執教。一九一八年回國，先後任教於揭陽、潮陽、汕頭各學校。一九三二年在汕頭設谷園畫室，廣收學生，傳播國畫藝術。

又主持汕頭藝濤畫社，出版有《嶺東名家畫集》。一九四四年日軍入侵潮汕腹地，聞訊失聲慟哭，口湧鮮血，病逝於小西村。擅長國畫，尤以人物爲佳，也擅篆刻。出版有《抗日宣傳畫集》二册，又有《裴谷山人鐵筆》鈐印本傳世。（《廣東近現代人物詞典》一三五頁）

袁以宏生。

袁以宏（一八九一～一九六二），字毅士。東莞麻涌人。東莞中學畢業後，入黄埔軍校學習，爲該校首屆海軍軍官畢業生，歷任江鞏、廣虎、廣貞艦長及護漁二號巡洋艦長、虎門威遠炮臺臺長及廣州市禁煙局局長等職。三十年代末，廣東海盗經常出没，打家劫舍，帶領江鞏艦駐守涌海口以巡邏防范。任禁煙局長時，爲政頗清廉。抗日戰争勝利後解甲歸田，在鄉里常爲人排難解憂。一九四七年在麻涌創辦知行小學，被推爲名譽校長。辭世故居，身後僅遺舊泥磚屋一間。（《東莞市志》一四七〇頁）

莫雄生。

莫雄（一八九一～一九八〇），字志昂，又名寅。英德人。十六歲入同盟會，後入新軍。民國期間轉戰甯、滬、贛、閩、滇、黔、粤各地，驍勇善戰，屢建戰功，参加過黄花崗起義、護國討袁、討伐陳炯明、北伐戰争、淞滬抗戰等，歷任連、營、團、旅、保安司令、師長等職，有“莫大哥”之稱。廣州解放前夕赴香港。後返粤，歷任廣東省人民政府委員、省参事室副主任、省政協副主席等。（《中國近現代人物名號大辭典》九八〇頁）

翁俊明生。

翁俊明（一八九一～一九四三），字寅清。祖籍澄海，生於臺灣台南。早年入同盟會。一九一五年於臺北醫學校畢業後，至廈門開設俊民醫院，因密謀刺殺袁世凱被捕，次年遷居廈門。一九二一年任浙江樟腦總局局長，後在廈門創辦醫學專科學校及開放醫院。精心研究化學，提出“天地生物法則”，引證中華古代理學。入中國國民黨，一九四二年在江西開辦國民黨中央組織部臺灣黨務工作人員訓練班，任班主任，翌年春任國民黨首任臺灣黨部主任委員，同年十一月在福建漳州遇刺身亡。孫女倩玉爲著名藝人，爲泰國正大版《愛的奉獻》、《祈禱》演唱者。《祈禱》歌詞作者爲倩玉父炳榮。

區芳浦生。

區芳浦（一八九一～一九五一），名普春。南海人。兩廣高等工業學堂畢業，初供職德慶、東莞、五華諸縣府，旋任教省立第一中學等校。一九二六年後入陳濟棠幕，轉任師旅團政訓人員，累升至第八路軍部總指揮部政治部主任兼梧州市市長，辦民聲通訊社，自任社長。一九二二年任廣東省政府財政廳廳長兼財政部廣東財政特派員。一九二四年任西南政務委員會政務委員，次年任國民黨中央執委。抗日戰爭時期，任農林部高等顧問兼總務司司長。一九四九年春，再任廣東財政廳廳長。旋因病辭職，赴美求醫。著有《讀書劄記》、《見聞雜録》、《澹園吟草》、《澹園文集》。（《廣東近現代人物詞典》二五頁）

黄燕清生。

黄燕清（一八九一～一九七四），原名熊彪，字俊英，筆名燕清、言情。高要人。居香港。一九二一年冬創辦港首家晚報《香港晚報》。編報之餘自撰小説，有《胭脂虎》、《鴛鴦夢》等。（《中國近現代人物名號大辭典》一一二二頁）

崔諱生。

崔諱（一八九一～一九七一），名焕秋，字傑南。南海人。少時至緬甸。宣統元年（一九〇九）返國，次年參加廣州新軍起義，敗後流亡海外，後在緬甸仰光經商。“一·二八”事變後奔走籌餉支持十九路軍抗日。抗戰爆發後發動華僑支持抗戰，歷任全緬華僑救灾總會、中國紅十字總會仰光分會常委等。一九四二年返國，歷任重慶國民政府僑務委員會參議等。一九四六年返緬。（《廣東近現代人物詞典》四七〇頁）

馮軼裴生。

馮軼裴（一八九一～一九三一），名寶楨。新會人。一九一二年入保定陸軍軍官學校首期步兵科，一九一四年畢業。一九一七年入陸軍大學第五期，一九一九年畢業。一九二二年任粵軍第四師參謀長，後任江門警備隊所屬第一獨立團團長。一九二四年任粵軍總司令部參謀處處長，次年任獨立第二師師長。一九二六年任東路軍第二路指揮官。一九二八年任中央軍校軍官團副團長，明年任國民黨中央軍校特別黨部第一屆監察委員。一九三〇年升教導第一師師長，十二月任國民政府警衛師師長，次年擢國民政府警衛軍軍長。（《民國人物大辭典》一一八一頁）

梁扶初生。

梁扶初（一八九一～一九六八），又名澄樹。香山（今中山）人。幼時隨父僑居日本横濱。光緒三十一年（一九〇五）在横濱組成中華棒球隊，以醒獅爲隊徽。民國十一年（一九二二）獲横濱棒球聯賽冠軍。二十一年回滬推廣棒球運動，次年入上海棒球隊，參加第五、六届全運會，獲第六届全運會冠軍。二十六年（一九三七）後至廣州、中山、香港等地開展棒球運動，被香港報界譽爲“神州棒球之父”。抗戰勝利後回滬，任熊貓棒球隊教練，曾兩獲駐滬美軍舉辦的小世界盃冠軍，並在南京三勝美軍顧問團壘球隊任職。中華人民共和國成立後，曾多次組織全市性比賽，參賽隊達四十支之多。一九五三年任青島海軍棒球教練，翌年任西南軍區棒球教練。一九五五年起任上海棒球隊教練，並自籌經費出版《棒壘球指南》。（《廣東近現代人物詞典》四八二頁）

梁敦嫻生。

梁敦嫻（一八九一～?），骨傷科醫師。蔡忠妻。忠爲海康人，清末民初著名骨科醫生，隨師遠涉新加坡，創製跌打刀傷萬花油。子榮（一九二一～一九八〇），亦爲著名老中醫、廣州中醫學院副教授，無私獻出祖傳秘方。（《廣州西關風華》三）

梁國一生。

梁國一（一八九一～一九二三），字翰卿，號高者。文昌（今屬海南）人。生於柬埔寨金邊。幼年回國求學，肄業中小學後考入廣東陸軍小學及陸軍速成學校。一九一五年袁世凱稱帝，奉委爲中華革命軍瓊崖總指揮，隨總司令陳俠農在瓊崖起義，旋援閩軍起，被鄧仲元委爲衛隊長兼教練官，後任護國第二軍總司令部副官等，又被吴鐵城委爲第一支隊隊長。粵局平定後，被改編爲粵軍，任第一路第二統領第四營營長。一九一八年隨許崇智援閩克福州，升團長，駐兵福州。一九二三年奉命返粵討陳炯明，吴鐵城委爲前敵指揮，十一月在增城一役中殉職。後葬黄花崗。（《民國人物大辭典》八七九頁）

張瑞貴生。

張瑞貴（一八九一～一九七七），字玉麟，名園亞。欽州（今屬廣西）人。宣統元年（一九〇九）入同盟會，次年棄工從軍，參加討伐袁世凱、龍濟光及護法諸役。一九二二年參與討伐陳炯明，旋升第二旅旅長。後被陳濟棠改編，任第十一師補充團少將團長。一九二七年升第四軍十二師副師長。一九三五年擢第四路軍第三師師長，次年任第六十三軍一五三師師長，陸軍中將。一九三七年八月起任第六十三軍軍長。一九四六年四月任廣東第八區行政督察專員兼保安司令，同年十月退役。一九五〇年初奉令率部分兵力駐守圍洲島，尋登艦逃海南島。海南島解放時，隨陳濟棠飛往香港，後轉臺灣，任“光復大陸設計研究委員會”委員。著有《戎間集》。（《中國近現代人物名號大辭典》六四二頁）

張遠峰生。

張遠峰（一八九一～?），開平人。早年赴日本東京農業大學，畢業歸國，歷任奉天農業學校校長、東北大學、北平大學及中山大學農學教授、徐聞、茂名縣縣長、廣州市政府秘書長等。一九四一年任國民政府農事司司長。（《民國人物大辭典》九六四頁）

彭中英生。

彭中英（一八九一～一九六四），化州人。早年入同盟會。辛亥武昌起義後，參加光復化州戰役。一九一七年參加護法運動。一九二〇年留學歐洲。一九二五年去蘇聯學習軍事、政治，次年回國任廣東農民軍總部主任。一九二七年任南路特派員、南路農民自衛軍總指揮，南路特委成立後任特委書記。抗日戰争開始後入張炎部爲政治教官。一九四九年五月爲争取駐湛江六十二軍軍長張光瓊率部起義，奉命回粤桂邊區縱隊督導處任督導員，是年底回化縣任支前司令部司令。新中國成立後，調湛江市工作。先後任高雷區人民法院副院長、民主同盟湛江市委員會主任委員、副市長、湛江專員公署副專員及廣東省人委參事室參事等。在穗病逝。（《廣東近現代人物詞典》四九九頁）

楊仙逸生。

楊仙逸（一八九一～一九二三），字學華，號鐵庵。香山北臺鄉人。宣統二年（一九一〇）入同盟會，先後就讀夏威夷大學、加利福尼亞哈里大學。一九一三年入紐約某航空學校學習飛機製造及駕駛技術。一九一八年，與人在舊金山創辦“圖强飛機公司”，次年回國任“援閩粤軍飛機隊”總指揮，率機轟炸莫榮新部。後去日本、美國等地向華僑募捐，購回飛機十二架，組建了我國首支空軍。一九二三年任航空局局長，又創辦廣東飛機製造廠，任廠長。九月，陳炯明在惠州發動叛亂，孫中山派大軍討伐，仙逸亦參與作戰。在博羅梅湖白沙堆前線，建議從水路進攻。檢查水雷時，突然暴炸而犧牲。（《中國近現代人物名號大辭典》三六一頁）

趙冰生。

趙冰（一八九一、一八九二～一九六四），字蔚文。新會人，生於香港。九歲入香港拔萃書室習英文。光緒三十二年（一九〇六）考入北京交通傳習所讀書，實爲替同盟會做偵探工作。宣統二年（一九一〇）謀刺清監國攝政王載灃未遂，南下香港繼續攻讀。後赴美國留學，獲芝加哥大學哲學學士學位，改入哥倫比亞大學讀國際法。先後參加國民黨及中華革命黨，任《民氣週報》英文版主筆、中華革命黨美洲支部部長。一九一六年獲哥倫比亞大學外交碩士學位，又獲哈佛大學法學學士學位並赴英國倫敦大學深造，一九二一年獲哲學博士學位，次年取得大律師資格，在倫敦執律師業。一九二三年又獲牛津大學民律博士學位，次年返國，歷任南昌、廈門、中山等地地方法院院長、湖北省高等法院院長，有“再世包公”美譽 。在廈門任內曾與英國交涉，收回鼓浪嶼租界。一九二六年任廣州國民政府高級顧問兼外交部法律顧問，次年一月，國民政府遷武漢，協助外交部長推行革命外交，向英國强硬交涉，收回漢口、九江兩地英租界，歷任財政部機要秘書、鐵道部顧問、外交部次長、代理部長等職，後轉任湖南大學、中央政治大學、廣西大學、廣東華僑大學教授。抗日戰爭期間，在廣西率領三千抗日學生軍開展遊擊戰打擊敵人。一九四九年秋，赴香港執律師業，任港督顧問。與友人創辦新亞書院，後組成香港中文大學，任董事長兼講師、蔚文中醫學院籌委會主任委員、輔仁書院董事長。受聘爲中國文化協會、僑港新會商會等團體法律顧問。在港病逝。著有《中國外交史》、《中國繼承法》等書。(《廣東近現代人物詞典》三七五頁)

趙連城生。

趙連城（一八九一、一八九二～一九六二），又名壁如，别名冰雪。香山大赤坎（今屬珠海）人。生於澳門。十六歲時進培基小學念書。宣統三年（一九一一）初加入同盟會，同年夏，奉派到香港實踐女校工作，負責港澳交通。民國元年（一九一二），與馮秋雪在澳門結婚，夫婦一起創辦佩文學校，三年（一九一四）又一起參加討袁。十六年（一九二七）四月，蔣介石背叛革命後擴大佩文學校，以安置流亡革命者。後至梧州、廣州等地謀職，繼續參加革命活動。抗戰爆發後，曾參加中山大學戰地服務團，先後在港澳地區宣傳抗戰及籌款。中華人民共和國成立後在廣州長期任居委會主任。一九五二年被選爲廣州婦女代表，次年被評爲軍屬模範。還是廣州越秀區人民代表、民革成員。後於穗病逝。（《廣東近現代人物詞典》三七八頁）

鄧剛生。

鄧剛（一八九一～一九八四），原名紹雄，字君毅。南海人。光緒三十年（一九〇四）入廣州新少年學堂，後轉啟明學堂，翌年秋考入廣東陸軍小學堂第二期。三十四年（一九〇八）加入中國同盟會，翌年入南京陸軍第四中學堂。宣統三年（一九一一）夏畢業後升入保定陸軍兵官學堂入伍生隊首期，隸騎兵隊。武昌起義後，應朱執信召返粵，隸南韶連軍政分府。民國元年（一九一二）秋，入保定陸軍軍官學校首期，一九一四年冬畢業。一九一七年八月任大元帥警衛副官兼華僑義勇軍編練，次年參與粵軍援閩之役，援閩粵軍擴成兩軍，隸第二軍，從蔣介石戎幕，任第二支隊中校副官長。一九二〇年返粵，任第十二統領，率部克河源，任河源縣長。一九二三年調任大本營駐江門警備隊司令，入海外交通聯義社，翌年至一九二五年，歷任四會、順德縣長。一九二六年領師北上，負責北洋軍被俘編管事宜，旋調國民革命軍總司令部北洋軍官管理特務處副處長。一九二八年任南京市公安局副局長，翌年升社會局局長兼國民黨南京市黨部監察委員。抗日戰爭爆發後，任第四路軍及第七戰區長官部中將高參。一九四五年任國民政府軍事委員會中將參議，次年退役。一九四七年任廣東省政府及廣州綏靖公署顧問。一九四九年任海南特區行政長官公署駐廣州辦事處主任，遷居香港。一九六七年去臺灣定居。（《廣東近現代人物詞典》三二頁）

鄧慕周生。

鄧慕周（一八九一、一八九三～一九二〇），字廉熙。高要人。自小隨父往澳洲經商。光緒三十四年（一九〇八）追隨孫中山，帶頭捐款，並發動澳洲華僑多次籌款支持革命，孫中山題贈“見義勇爲”匾額。辛亥革命初期，被委爲國民黨澳洲全權代表，旋回國，深爲孫中山器重。病逝於杭州。

鄭錦生。

鄭錦（一八九一、一八八三～一九五九），又名瑞錦，字褧裳。香山（今中山）人。早年留學日本，後任北京師大、女師大教授，北京美專校長。工畫人物，尤喜畫古裝仕女，精雅秀逸，合日法與中法於一爐。以所畫費時，不能多作，故流傳極少。晚年寓居香港。廣州美術館藏其代表作《湖上滌梳圖》。（《廣東近現代人物詞典》三五七頁）

鄭毓秀生。

鄭毓秀（一八九一～一九五九），新安（今深圳）人。早年入天津崇實女塾教會學校。光緒三十三年（一九〇七）隨姊東渡扶桑，參加同盟會。宣統三年（一九一一）回國參加辛亥革命，次年留學法國。一九一九年任巴黎和會中國代表圖隨員。一九二四年獲巴黎大學法學博士學位。一九二六年與同學魏道明博士在上海法租界開律師所，執律師業務，成爲中國首位女律師，同年與道明結爲伉儷。一九二七年歷任上海審判廳廳長、國民黨上海市黨部委員、江蘇政治委員會委員、江蘇地方檢察廳廳長、上海臨時法院院長兼上海發行院院長、立法委員、建設委員會委員。一九二九年與傅秉常、焦易堂、史尚寬、林彬五人組成民法起草委員會。抗戰期間曾任教育部次長。一九四二年其夫魏道明接替胡適任駐美大使，翌年陪同宋美齡訪美。一九四七年道明改任臺灣省主席，隨夫赴臺北。一九四八年移居美國。著有《童年和革命的回憶》、《我的革命年代》等。（《中國近現代人物名號大辭典》八四五頁）

劉頤康生。

劉頤康（一八九一～?），一名如康，字醴平，號海月山人。東莞劉家坑人。長從名師陳竹亭習畫，擅傳神之術，恒以古法爲基本，參諸陰陽透視共冶一爐，熔舊生新。所繪花鳥蟲魚人物，曾參加民國二十六年（一九三七）上海現代書畫展覽會、二十八年中蘇文化協會蘇聯展覽會、美國金門博覽會、二十九年重慶中國文藝社及中法比瑞文化協會所辦美術界勞軍美術展覽會，均獲美評及獎狀。抗日戰爭爆發後徙港，設醴平畫室於九龍深水。一九五九年美國總統艾森豪威爾聞其畫名，重金求寫肖像。後仍在香港以畫爲生。（《東莞市志》一四七六頁）

談月色生。

談月色（一八九一～一九七六），原名郯，字古溶，又名（號）溶溶，字月色，以字行，晚號珠江老人。因行十，又稱談十娘。齋名梨花院落、茶四妙亭、舊時月色樓、漢玉鴛鴦池館。順德人。工詩善書畫，其篆刻、瘦金書、畫梅馳譽海內外。弱齡出家入穗檀度庵爲尼，法名悟定，爲畫尼文信弟子，有現代第一女印人之稱。聰慧得師歡，除課佛典外，兼以書畫授之，尤耽畫梅。民國初穗部份名士喜涉禪門雅集揮毫，聊吟暢詠，繼以齋宴，順德蔡守少有才名，暇時常與趙藩、李根源等作庵寺之遊，月色見而慕其學，頻以文藝請益，久之有結鴛盟想。守有妻張傾城亦能印，名載《廣印人傳》，毅然還俗，甘屈副室。時守年四十三，月色三十一歲。宿願既償，遂致力藝術，除續攻墨梅外，習瘦金書，守又授以全形墨拓之技，並師從程大璋、李鐵夫。治印婚後始爲之。著有《印林閑話》、《梨花院落吟》、《茶四妙亭稿》、《談月色詩鈔》等。（《中國近現代人物名號大辭典》一〇八三頁）

謝仲仁生。

謝仲仁（一八九一～一九六八），字篤君。揭陽人。弱冠後赴汕頭，就讀同濟學校。武昌起義後入汕頭革命軍，復參加學生軍光復揭陽、普寧、潮州。一九一二年赴穗，就讀廣東高等師范學校，畢業響應反袁。一九一六年赴南洋宣傳革命。一九二一年任國民黨揭陽縣黨部委員，並創辦高級小學任校長，嗣任揭陽縣黨部清黨委員、縣第一屆參議員。抗戰爆發後，任廣東省第八區統率委員會政工隊長。一九三九年任揭陽縣民眾教育館館長。一九四一年任國民黨廣九鐵路特別黨部秘書。抗戰勝利後，調任國民黨廣東省第三區公路特別黨部執行委員等。一九四七年當選行憲候補國民大會代表。一九四九年去香港，一九五一年去臺灣。一九六七年補選爲國大代表。著有《抗戰詩集》等。（《民國人物大辭典》一五六七頁）

謝秋濤生。

謝秋濤（一八九一～?），蕉嶺人。一九一二年畢業於臺灣總督府醫學校，曾任第二十九師二等軍醫兼洮南衛戍醫院院長。一九二〇年任黑龍江省官立醫院總醫官。一九二二年任吉林陸軍醫院院長。一九三〇年任山海關鐵路醫院院長。一九三二年任僞滿奉天省總務廳衛生科長。（《民國人物大辭典》一五七〇頁）

謝嬰白生。

謝嬰白（一八九一～一九六四），又名膺白，號臥子。博羅人。日本早稻田大學政治經濟科、日本陸軍步兵學校畢業。一九一二年入保定陸軍軍官學校。一九一四年赴日本學習，一九二〇年回國，曾任粵軍獨立第十二旅旅長。一九二五年離職回廣州，次年七月任國民革命軍第四軍十師參謀，參加北伐。十月任第十一軍交通處長，十二月任第十一軍參謀長。一九二七年五月在武漢任國民革命軍第二方面軍中將參謀長兼軍官教導團團長，九月任廣東省政府委員兼農工廳廳長，十月任國民黨西南政務委員會軍事委員會參謀長兼廣州市黨部改組委員，十一月兼任南路指揮官，十二月參與鎮壓中共領導的廣州起義，月底任第四軍參謀長。次年春兼任第四軍二十五師師長，參加二次北伐，八月任第四師十旅旅長。一九二九年九月任中央軍校高級班主任。一九三一年秋任中央軍校第八期學生第二總隊總隊長。一九三三年任中央軍校教育處副處長，次年任廣東第一集團軍總部中將高參。一九三六年任中央軍校廣州分校教育處長。一九三八年夏任中央軍校第四分校副主任，次年任第四戰區司令長官部中將高參兼遊擊幹部訓練班教育長。一九四二年五月任第四戰區司令長官部辦公廳主任，次年一月任軍事參議院中將參議，後任廣東省政府參議。一九四九年三月任江西省政府委員兼秘書長，同年夏被俘。後在撫順戰犯管理所病故。（《廣東近現代人物詞典》五二三頁）

羅原覺生。

羅原覺（一八九一～一九六五），原名澤堂，字韜庵、惲廬、韜元，號道在瓦齋、菜園病叟。南海人。出生西關官宦書香之家。十多歲在廣東公學堂讀書，後在廣東高等師范學堂攻讀文史，師從韓文舉、康有爲、梁啟超。二十三歲畢業後，專門從事鑒别研究碑帖字畫、古銅器、古陶瓷、古文字等，被譽爲嶺南碑帖第一人。一九二八年爲廣州博物院主要籌委之一。康、梁及羅振玉父子亦常請其鑒别古董，尤以藏古籍、拓本、碑帖著名，名其室爲聆梵書舍。一九三四年遷居東山，改名敦復書室。兩次東渡日本，後將日本漢學家贈送之清水銅鑼贈廣東省博物館。抗戰時穗淪陷期間，將大批藏品運往香港存放馮平山圖書館。抗戰勝利後寓居香港，仍常往返粵港，從事鑒古、古物經紀等活動，並從事研究著述。（《廣州西關風華》三）

饒鍔生。

饒鍔（一八九一～一九三二），字純鈎，自號純庵，别號蓴園居士。潮州人。世代經商，富甲全城，父曾任潮州商會會長。少篤志於學，稍長遊學四方，跋涉三千餘里。畢業於上海法政學校，主編《粵南報》，與高吹萬創立國學會。癖愛書，常百方搜購，家藏典籍達十萬餘卷，藏書樓名天嘯樓，整理所藏，輯有《天嘯樓書目》二册。藏書之富，爲粵東之冠。居處辟有占地不及畝園圃名蓴園，常與友朋博覽豪吟其間。壬申（一九三二）元月，與石銘吾等觴集唱酬於該園盟鷗榭，成立“壬社”詩社，被推爲社長。是年六月竟沈屙不起。述作已成書者有《王右軍年譜》、《潮州西湖山志》、《佛國記疏證》、《饒氏家譜》、《慈喜宮詞》等。唯晚年輯《潮州藝文志》未完稿而卒，長子宗頤時年十六，爲完成父志，遂旁搜博採，訂訛補遺，殫心綴録，歷數載而

裒然成帙，刊行問世。另鍔所作詩古文辭，亦經宗頤編定梓行，名爲《天嘯樓集》。（《中國近現代人物名號大辭典》九二五頁）

龐雄生。

龐雄（一八九一～一九一一），字蘇漢。吴川人。早年投新軍，隸炮兵。宣統元年（一九〇九）冬，與倪映典等策劃廣州新軍起義，失敗走港，又東渡日本，歷經南洋各島，與黨人聯絡准備再舉。三年（一九一一）初由日本歸國，參與籌備廣州起義，起義發動後，隨攻督署，搜兩廣總督張鳴岐不得，又復冲出轉戰達旦，且戰且走，被俘就義。葬黄花崗，爲七十二烈士之一。（《中國近現代人物名號大辭典》八三一頁）

清德宗光緒十八年　壬辰　一八九二年

本年汪兆銓與門人讀書廣州六榕寺，作《記六榕寺塔》。（汪兆銓《記六榕寺塔》）

本年黄遵憲在新加坡總領事任内，賦《新加坡雜詩十二首》五律。（鍾賢培、管林、謝華、汪松濤《黄遵憲詩選》二九九頁）

本年何廷光資助孫中山在澳門開業行醫。

何廷光，字穗田。香山（今中山）人。光緒十八年（一八九二）資助孫中山在澳門開業行醫。二十二年（一八九六）受康有爲變法維新思想影響，於澳門投資創辦《知新報》，並幫助康門弟子陳子褒等在澳門創設學校，興辦教育。戊戌政變後任保皇會澳門分會會長兼總會財政部長，並設立東文學校，爲保皇派培養人才。二十六年（一九〇〇）自立軍起義失敗，康黨侵吞華僑捐款内幕暴露，遂與康黨疏遠。（《廣東近現代人物詞典》二一二頁）

饒軫於本年中進士。

饒軫，字輔星。嘉應人。父應坤爲道光十五年（一八三五）進士，官至户部主事。兄軒中咸豐進士，官至内閣中書。軫登光緒十八年（一八九二）進士，官吏部主事。早歲知名，肄業學海堂。同治間廣州重刊《十三經注疏》，曾任分校。晚始通籍，尋卒。編《學海堂鞠坡精舍課卷》。吴道鎔《廣東文徵作者考》卷十二有傳。

伍銓萃於本年中進士。

伍銓萃，字選青，號叔葆，室名萬松山房。新會人。光緒十八年（一八九二）進士，散館授編修。二十七年（一九〇一）充廣西副考官，官至湖北鄖陽知府。精通醫學，創辦廣東廣漢中醫專門學校，任校長，後由賴際熙繼任。（《中國近現代人物名號大辭典》二三三頁）

上手材生。

上手材（一八九二～一九五一），原名葉棣材。東莞道滘永慶坊人。少時家道清貧，十二、三歲輟學，跟本鄉男巫佬肥明學習八音，下幾年功夫，彈、打、吹多樣樂器都能表演，人稱鬼才。十九歲至穗當樂手，拜上手玉爲師（上手即吹嗩吶），在戲班中伴奏，很快成名，人稱上手材。薛覺先主持組成覺先聲劇團，特聘其與喉管洪當樂手。陳濟堂執政時期，上手材五兄弟包攬當時廣州大新公司酒樓音樂，與著名粤劇演員廖俠懷、白駒榮結爲兄弟。在穗還教徒弟數百名，自成一音樂組織，名曰“五兄弟堂”。由於其三十多年吹横簫、嗩吶，傷了中氣，時有吐血，一九四六年患肺病回鄉養傷。曾在大嶺丫、北丫、金牛坊等地教鄉人學習粤曲，過年時表演麒麟引鳳，並唱粤曲助慶。後在九曲村當廟祝，病死道滘。（《廣東近現代人物詞典》五頁）

王器民生。

王器民（一八九二～一九二七），又名連齋。會同（今屬海南瓊海）人。早年去馬來亞（今屬新加坡）謀生。一九一六年回國考入上海水産專科學校。一九一九年回鄉參加瓊崖五四運動。一九二一年參與創辦《瓊崖旬報》。一九二三年赴廣州入瓊崖革命同志會，與徐成章、楊善集、周士第等積極籌備出版會刊《新瓊崖評論》。次年加入中共，被派往馬來亞、新加坡等地開展對華僑的工作。一九二五年回國至國民革命軍第四軍第十三師任政治部主任。穗四一五政變後在江門被捕遇害。（《廣東近現代人物詞典》二二頁）

白駒榮生。

白駒榮（一八九二～一九七四），原名陳榮，號少波。順德大良人。著名花旦白雪仙父。父爲粵劇演員。十九歲時才跟男花旦鄭君可學戲。藝人吴有山見其聰明勤奮，收爲徒，又親自編寫首本戲《金生桃盒》，上演時又爲起藝名“白駒榮”。擅演小生，對古老排場也頗爲熟悉，先後入“民壽年”、“國豐年”、“漢天樂”、“華天樂”、“周豐年”、“人壽年”等戲班。後搭班演出，成爲省港名班國豐年台柱，與小生聰、千里駒齊名。一九二五年曾赴美演出。與金山炳、靚榮、千里駒、靚次伯等人同爲把戲臺演唱語言從官話改爲粵語之前軀，又發展了“二黄”腔調與板式，自創“白派”演唱方式，嗓音清越明亮，行腔婉轉圓潤。二十年代初期已有“小生王”之稱。一九四六年離開舞臺。一九四八年靠唱曲藝度日。一九五四年出任廣州粵劇工作團團長，重登舞臺，繼續演出達十年之久。一九五八年起任廣東粵劇院藝術總指導兼廣東粵劇學校校長。（《廣州西關風華》三）

朱克勤生。

朱克勤（一八九二～?），字自勉。香山人。早年入同盟會。曾任討龍（濟光）軍特務隊長、非常總統府軍事委員、大本營拱衛軍總司令部軍事委員。抗戰時曾任廣東第一遊擊區江防少將司令等。抗戰後任國民黨廣州特別市黨部執委等。著有《廣東航運業史》等。（《中山修志通訊》）

李駿生。

李駿（一八九二～一九四八），字顯章。梅縣人。早年入中國公學、南洋公學、北京稅務學堂。一九一二年任北京臨時大總統府秘書。南北統一後赴英國留學，入利物浦大學，獲碩士。一九一九年後始任駐歐外交官。一九二八年任駐新加坡總領事，旋

調加拿大。病逝於丹麥。（《民國人物大辭典》二五〇頁）

李一諤生。

李一諤（一八九二～一九七四），原名愷章，後名靄章。鶴山人。少年隨父赴美，就讀於芝加哥工程學校研習機械專業。一九一五年在鶴山縠埠開設輾米廠、榨油廠，後又到廣州開辦廣東珠江電船公司。一九一七年在廣州支持孫中山開展護法運動，次年初任孫中山大元帥府首任航空處處長，在廣州大沙頭建設航空基地，同年運載兩架飛機到海南島，配合陸軍討伐龍濟光。一九二一年任鶴山縣民選縣長、鶴山縣聯團總局局長、粵軍第一軍新編一旅旅長等職，頗有政聲。一九二四年旅居香港，經營樂古印務公司。抗日戰爭時期，組織鶴邑籌賑兵災難民會，施粥、贈醫施藥，賑濟災民。一九四五年後任旅港鶴山同鄉會主席，又任香港印刷業理事長，復刊《鶴僑報》，興學濟貧。於香港逝世。（《廣東近現代人物詞典》一五八頁）

李日如生。

李日如（一八九二～一九九五），台山人。十四年輟學經商。宣統三年（一九一一）赴加拿大，三年後歸國。一九一六年重返加拿大，曾任全加拿大李氏宗親會理事長等多種職務。享年一百〇三。（《民國人物大辭典》二五七頁）

李煕斌生。

李熙斌（一八九二～一九六〇），廣州人。早年入同盟會，宣統二年（一九一〇）參與廣州新軍起義。辛亥後參加研製炸彈，入北伐軍，任炸彈營營長。民國成立，就讀蘇州東吳大學。返粵歷任開平縣立中學校長、嶺南大學教職等。《民國人物大辭典》三一〇頁）

李應林生。

李應林（一八九二～一八五四），又名瓊禮，號笑庵。南海人。畢業於廣州嶺南學堂，任廣州基督教青年會學生部助理幹事。民國六年（一九一七）赴美國留學，獲奥柏林大學文學士學位，回國後仍任青年會學生部幹事，十四年（一九二五），升總幹事，曾參加於檀香山召開的“太平洋國交討論會”，支持省港大罷工。十六年夏，任嶺南大學副校長。十九年夏，再赴美入哥倫比亞大學進修。二十年（一九三一）歸國後，重任青年會總幹事，再度出席“太平洋國交討論會”。二十三年（一九三四），任上海市平民福利會總幹事。二十六年返粵，仍任穗青年會總幹事。抗日戰争爆發，被嶺南大學校董會聘爲第八任校長，值日軍南侵，將校先遷香港，後遷粵北，勝利後才在穗復校。二十八年（一九三九）冬，第三次赴美國。三十五年（一九四六）嶺南大學復校期間，兼任國民政府行政院善後救濟總署廣州分署副署長、署長。三十七年八月，辭嶺南大學校長職，任中華基督教青年會全國協會華南區幹事，翌年春兼廣州基督教青年會會長、粵港水災救濟會主席。穗中華人民共和國成立後赴港，仍任青年會全國協會華南區幹事。一九五一年在港籌建崇基學院（香港中文大學前身）。著有《日本與中國》、《第一次世界大戰戰利品》、《廣州勞工狀況》、《遊俄觀感》及《琪蘭博士名著》等。(《中國近現代人物名號大辭典》四二三頁)

李佩弦生。

李佩弦（一八九二～一九八五），新會人。自幼習南拳、客家拳。一九一六年（亦説一九一九年、一九二〇年）參加上海精武會，先後從趙連和、羅光玉、陳子正、吴鑒泉、諾那和圖克圖、熊長卿等分習潭腿、少林拳、螳螂拳、鷹爪拳、太極拳、行拳十路、連拳五路、羅漢拳一零八手、易筋經以及刀、槍、劍、棍及大杆子等。苦學六年，獲精武會高級畢業證書，後任中央精武會攝影部長、舞蹈部主任、教務主任，曾參加精武馬戲團赴東南亞諸國表演。能編，能導，能演，當年流行於社會之共和舞即其創編。精武會出版的大批書籍與拍攝的電影，皆有其心血。多才多藝，人稱“文武秀才”。一九二三年起受總會指派赴佛山籌創精武分會，任主任，半年内會務大振，籌建佛山精武大禮堂，開闢運動場，創辦元甲學校、陶潔女子學校。後至廣西梧州創廣西精武分會，任會務主任。又至港任香港精武會國術主任，又到南洋創建暹羅精武分會、東南亞星洲女會及羅坤德、明德學校。回粤任廣州精武分會會長。一九三七年日寇入侵，立即主辦了抗日殺敵大刀隊。共和國成立後，提倡尚武健身，致力於醫學事業，兼在沙面傳授吴式太極拳。一九五八年任廣州中醫學院體育教研室主任，後爲中華醫學會廣東分會顧問，翌年任廣州市武術協會副主席，一九八二年任廣東省武術協會副主席。專著有《八式保健操》、《易筋經》、《八段錦》、《少林合戰拳一至四路》、《少林大戰一至二路》、《氣功概論》、《鷹爪十路行拳》、《少林五戰拳》、《功力拳》，發表專文數十篇。（《廣東近現代人物詞典》一七七頁）

李淑卿生。

李淑卿（一八九二～一九五一），原名運寶、淑貞，字文華，號清真子，曾從夫姓劉，改名劉一。回族。祖籍廣東，其父曾在湖北爲官。幼時聰明，容貌超群，辛亥年入共進會，協掌軍機要務。首義後任軍政府總監察處監印官。曾與在京湖北人士合組丙辰俱樂部並出版刊物。討袁時，隨劉赴滬。一九一七年隨劉至襄陽組織護法軍，被吴佩孚打敗，退至鄂西。一九二〇年劉歿於上海，乃孀居襄陽。無子女，靠侄輩供養。（《中國近現代人物名號大辭典》四四九頁）

李景康生。

李景康（一八九二～一九六〇），字（號）鳳坡，齋曰百壺山館。南海人。一九一五年香港大學文科畢業，一九二六至一九四二年任香港官立漢文中學（後更名金文泰中學）校長，致力宣導中文教育。舊學深醇，戰後主持學海書樓及碩果社，活躍粤港文壇四十年。著有《披雲樓詩草》、《七言律法舉隅》等。（《廣東近現代人物詞典》一八五頁）

李慶全生。

李慶全（一八九二？～一九三三），一名萬。順德人，遷居廣州。因業梳篦，因此亦稱“梳篦萬”。約二十三歲時，始棄業從弈，起初擺街頭棋檔。一九二四年廣州翩翩茶室開張，一些棋藝較高棋手如黄松軒、馮敬如等常在此落脚，於是移師於“翩翩”，被廣州棋界稱爲“三寶佛”。擅用屏風馬開局，有“銅牆鐵壁”之譽，還得“洪鈞老祖”等稱號。曾得到“七省棋王”周德裕、“三鳳”之首黄松軒高度坪價。佈陣穩固，著法嚴謹。一九三〇年在華東、華南埠際大賽中未負一局，被稱爲“無敵將軍”，次年參加廣東全省象棋比賽，以保持不敗戰績躋於四大天王。後病故。(《廣東近現代人物詞典》一六九頁)

吴尚鷹生。

吴尚鷹（一八九二～一九八〇），號一飛。開平人。童年留學美國、加拿大。光緒三十四年（一九〇八）入同盟會。宣統二年（一九一〇）入美洲致公堂。民國成立後，返國任廣東童子軍會長、廣東高等師范教授、廣東公立法政專門學校教務長，參加護法靖國諸役，奔馳南北。孫科任廣州市長，尚鷹爲秘書長、財政局長。後受孫中山指派，與德國土地問題專家研究平均地權實施方案，旋即遍遊歐美南洋各國，著有《中國土地問題與土地法》、《平均地權》等書，旋被任命爲地政部長。贊成聯俄容共政策及國共合作。一九二二年奉、直軍閥爆發内戰，奉孫中山命與皖系、奉系、直系訂立策略性三角聯盟，銜命奔馳南北斡旋。一九二八年與胡漢民、孫科、王寵惠等訪問英、美、法、德、土耳其諸國，吁請建立邦交，並向全世界公訴日本暴行，回國後五院成立，胡漢民任立法院院長，尚鷹任秘書長兼經濟委員長。一九三一年蔣介石擅囚漢民於湯山，隨國府遷粤，任財政部長。抗日戰爭爆發，與孫科訪蘇聯，呼吁合作抗日。一九四六年率領立法院友誼訪問團赴英、美、加諸國，回國後任行政院政務委員兼内政部長。共和國成立，再遍遊歐、美、南洋諸國考察。後定居美國，歷任翰陽、金門諸大學教授。著有《美國華僑百年紀實》、

《吴尚鷹詩選》、《中國革命史話》等。（《廣東近現代人物詞典》一九八頁）

何彤生。

何彤（一八九二～一九七二），字葵明。順德人。保定陸軍官學校畢業，曾任粤軍第三師中將参謀長、兩廣緝私局局長，汕頭、廣州市長。一九四九年任内政部常務次長、政務次長。旋至臺灣，任制憲國民大會代表。後在臺北病卒。（《廣東近現代人物詞典》二〇六頁）

何家弁生。

何家弁（一八九二～一九四一），號勉仲。香山（今中山）人。一九一五年畢業於香港聖士提反學校，曾考入英國牛津大學，以丁父憂未往。所繪山水以四王爲宗，書法擅行書，各體皆善。一九二八年任廣東戲劇研究所音樂系教師，可演奏中西樂器，技藝精湛。自度粤曲，行腔新穎。門人楊耐梅等皆爲一時之秀。（《小欖鎮初志》）

何啟澧生。

何啟澧（一八九二～?），又名蘭生。順德人。國立北京大學畢業。曾任福建思明地方廳推事、大本營法制委員會委員。又在北京大學、中山大學、法官學校、法科學院任教。後歷任廣東司法廳科長、廣州市政廳總務科長、廣州市政府土地局、財政局局長等。一九三一年任廣東省政府秘書長、省政府委員兼建設廳廳長等。（《廣東近現代人物詞典》二一三頁）

余文燦生。

余文燦（一八九二～?），字育三。台山人。畢業於清華學校，後赴美國芝加哥大學，獲哲學博士學位。歸國任北京大學教授等。一九二八年任國民政府教育部總務廳長。一九三〇年任北平税務學校校長。（《民國人物大辭典》三九九頁）

沈鵬飛生。

沈鵬飛（一八九二、一八九三～一九八三），字雲程，又字卓寰。番禺人。畢生從事林業教育及林業科學事業，除講授多種林學課程外，還考察過西沙群島、海南、廣東等地森林。曾參與創辦中山大學農林植物研究室、稻作試驗場、白雲山第一模范林場、南京總理陵園紀念植物園及華南農學院森林經理研究室等。還參加了我國橡膠業開拓工作。著有《森林手册》、《森林管理》、《廣東樹木生長及木材量度的研究》等。(《中國近現代人物名號大辭典》五六八頁)

林子豐生。

林子豐（一八九二～一九七一），揭陽人。一九二二年在廣州創辦嘉華銀號（中信嘉華銀行前身），後又分別在一九五六年、一九六三年成立香港浸會學院、浸會醫院，浸會學院於一九九四年十一月獲政府批准，正式升格爲大學。

范其務生。

范其務（一八九二～一九三七），字志陸。大埔人。廣東陸軍小學畢業後升入南京陸軍中學。辛亥武昌起義，與同學九十餘人組成敢死隊隨黄興攻漢口。漢陽失守後，轉入廣東北伐軍，參加迎擊清軍張勳部固宿之役。民國成立，因勞績以公費送日本留學，獲政治學士學位。一九一四年參與討伐龍濟光。事敗，再赴日本。一九二〇年應兩廣鹽運使鄒魯電召，回國任鹽運署緝私科長。次年夏，桂軍叛變扼守梧州，隻身潛入遊説桂軍師長劉震寰反正。一九二二年六月陳炯明叛變，被囚禁，佯作聽從，伺機赴港。時鄒魯奉孫中山命爲特派員，傳檄東路及滇、桂各軍會師進討，命其務爲聯絡參謀，闖關千里，涉險入桂。討陳役畢，升大元帥府參謀兼粤海關監督。一九二六年任汕頭市政廳長，次年任財政部鹽務處處長，旋改任汕頭潮梅財政處處長。一九二九年調任財政部廣東財政特派員、粤海關監督、廣東省財政廳長。一九三一年任“剿匪”軍右翼軍總司令部南昌辦事處少將處長，參與“圍剿”中央紅軍，次年“一·二八”事變，受命組織十九路軍駐上海辦事處，通電海内外，是年冬調任福建省財政廳長。後辭職回鄉，致力實業建設。一九三四年冬出任大埔縣長。一九三六年當選國民大會廣東省第十三區大埔縣代表候選人，又任廣東第一區行政督察專員兼區保安司令、南海縣縣長。後病逝。（《廣東近現代人物詞典》三三二頁）

胡根天生。

胡根天（一八九二～一九八五），原名毓桂、持秋、老抒，號抒秋、志抒，别署王山一叟。開平人。先後就讀廣東高等師范附中、廣東高等師范圖工專修科。一九一四年底東渡日本入東京美術學校西洋畫科學習，次年入留日學生組織之中華美術協會。一九二一年與陳丘山、馮鋼百、容有璣、徐守義、梅雨天等人組織廣州首個研究西洋美術團體赤社，在赤社美術學校任教多年，次年任廣州市立美術學校教務主任並代行校長職務，兼任西洋畫、美術史、藝術理論課導師。一九二六年底任該校校長。一九二九年抵滬與關良、譚華牧等創辦人文、新華藝專，任繪畫教授、上海神州國光社編輯。抗戰勝利回穗，任教於省立廣州女子師范學校。一九五〇年後出席廣州市第二、三、四、五届各界人民代表會議，被推舉爲大會協商委員會委員。又任廣州博物館館長、華南文學藝術届聯合會籌備委員會常務委員會副主任。一九七九年任廣州文史研究館館長。作品有《難民圖》、《一個守衛兵》、《黄山蓮花峰》、《裸體少女》等。出版有《胡根天作品集》。（《中國近現代人物名號大辭典》八九〇頁）

胡傑民生。

胡傑民（一八九二～一九八三），開平人。早年赴美國經商，加入同盟會，協助孫中山籌募經費。民國成立後歷任國民黨駐羅省分部部長、駐美黨務特派員、《少年中國晨報》董事。一九二七年歸國，歷任廣州市政府金庫長、廣州市銀行行長等。抗戰時赴美，任加州農産商會顧問，創建國泰銀行。病逝於美國。（《廣東近現代人物詞典》三七三頁）

華振中生。

華振中（一八九二～一九七九），字强素。始興人。少勤奮好學。宣統二年（一九一〇）入廣東陸軍小學。一九一二年升保定軍校，參加直皖戰争。一九二七年留學日本，次年入國民黨，於十九路軍歷任教導隊主任、參謀處長、旅長等。後又任一六零師及六十六軍參謀長、第七戰區司令長官部中將參謀、十二集團軍及第九戰區參謀長等。抗戰勝利後，歷任廣州行營副參謀長、廣東民政廳長。解放前夕去香港，後定居馬來西亞。（新編《始興縣志》）

葉肇生。

葉肇（一八九二、一八九六～一九五三），原名賡泮，號伯芹。新興人。一九一九年畢業於保定軍官學校第六期，後任職粤軍。一九二七年任陸軍第十一師第三十三團代理團長，是年底率部駐防羅定，任第三十三團團長，次年調駐新興縣，後升任第五十九師第一一八旅旅長。一九三二年任陸軍第一軍第二師師長，次年兼任第二師政訓處主任。一九三六年，任第一五二師第一六〇師師長，擢陸軍中將，次年七月任第六十六軍軍長兼一六〇師師長。“八·一二”淞滬抗戰爆發後任第一二三軍團長，後退守南京，參加南京保衛戰。南京失陷，經滬轉回粤、湘。一九三八年夏任第九集團軍副總司令兼第二十八軍團軍團長，率第一六〇師、一五九師在贛南潯線作戰。穗失守，改任第十二集團軍副總司令，駐防粤北、從化。次年任第三十七集團軍總司令，率第六十六軍及其所屬第一五九師、一六〇師，參加桂南會戰。一九四二年任第九戰區幹部訓練團教育長。一九四七年秋，任制憲國大代表、粤北“清剿”司令，翌年二月，任粤贛湘邊區“剿共”總指揮部總指揮。一九四九年任廣州市警備司令部司令，八月，任廣州綏靖公署副主任兼該署西江辦事處主任，率伍繼南等殘部六百多人從肇慶回新興。十月被圍困，逃往雲浮縣西山。十二月底所屬殘部被殲滅，逃往香港，後赴臺灣。（《廣東近現代人物詞典》五三頁）

徐成章生。

徐成章（一八九二～一九二八），原名天宗，字惠如。瓊山（今屬海南）人。宣統元年（一九〇九）入“勵志社”。瓊崖同盟會支部成立，爲早期會員。一九一四年參與討袁運動。一九一七年入雲南陸軍講武堂學習。一九二〇年初畢業後回瓊崖，次年春任加積警察局局長，在海口創辦《瓊崖旬報》。一九二二年秋與吴明、羅漢、魯易等人成立社會主義青年團瓊崖地方組織，翌年至穗，任湘粵桂聯軍某支隊參謀長，並入中國共産黨。一九二四年在穗組織瓊崖革命同志會，與楊善集等人創辦《新瓊崖評論》，先後任黄埔軍校特别官佐、建國陸軍大元帥府鐵甲車隊隊長、中共廣東區委軍委委員等職，次年率部支援廣甯農民運動與平定劉揚叛亂。省港大罷工期間調任罷工工人糾察隊總教練、糾察委員會委員。大革命失敗後至海陸豐農軍工作，配合南昌起義南下部隊進占潮汕。十月調海南島工作，任中共瓊崖軍委委員、瓊崖工農革命軍東路總指揮。次年犧牲。（《中國近現代人物名號大辭典》一〇二二頁）

徐淑希生。

徐淑希（一八九二～一九八二），饒平人。宣統二年（一九一〇）自汕頭英華書院畢業後，就讀香港大學，後赴美國哥倫比亞大學留學，獲博士學位。回國後任教於燕京大學，曾任政治學系主任、社會科學院院長、法學院院長。一九四〇年起，任聯合國安理會中國副代表、外交部西亞司司長等。赴臺灣後，一九五六年起任“駐秘魯大使兼駐玻利維亞大使、出席聯合國代表團全權代表、駐加拿大大使”等。後在美國定居。在新澤西州逝世。

徐景唐生。

徐景唐（一八九二、一八九五～一九六七），原名協和，字庚陶、賡陶。東莞附城（今東城）鼇峙塘村人。幼讀私塾，繼入東莞中學，曾在廣東將弁學堂學習，畢業於黄埔陸軍小學，繼入湖北陸軍預備學校，畢業後升入保定陸軍軍官學校十二期，旋以成績優異，被選送日本士官學校第十二期輜重科學習。一九一九年學成回國，任北京陸軍部編譯局少校譯述員，旋調陸軍部軍務司少校科員。一九二一年回粵，任粵軍第一師司令部少校參謀、中校參謀、上校師參謀長等。一九二四年八月兼任第一師第三團上校團長，曾奉命率三團參加平定廣州商團陳廉伯叛亂及平定劉震寰、楊希閔叛軍。翌年八月，國民革命軍成立，任第四軍第十一師少將副師長，率部隨軍東征陳炯明、南征鄧本殷。北伐開始，留守粵，兼任肇陽羅五邑警備司令。任內致力剿匪，頗受稱道。一九二七年廣州"清黨"時，將軍中共黨員、革命青年送走。同年省政府改組，兼任省府委員及軍事廳長。後任第四軍軍官學校校長、第四軍第十三師中將師長，曾奉命率部"圍剿"南昌起義後入粵部隊。十二月，任南路軍總指揮，參與鎮壓廣州起義，旋任國民黨廣東省黨務指導委員、粵省府委員兼軍事廳長等職。次年，第八路軍成立，李濟深任總指揮，景唐任第五軍中將軍長、陸軍第二師師長兼東區善後委員，駐節汕頭，又任第四路軍總參謀長。後景唐在南京任職期間，曾與李濟深等秘密組織國民黨抗日軍事委員會。事發後被蔣介石拘禁，後釋放削去兵權。一九二九年三月，李濟深被蔣介石囚禁於南京湯山，景唐憤而去職，赴港閑居。一九三二年四月，任國民政府訓練總監部副監，翌年十一月，任福建"中華共和國人民革命政府"軍事委員會參謀團副主任。一九三六年十月授陸軍中將，次年任廣東省建設廳廳長。一九三八年十月發動軍民於西江聯防抗日。一九四〇年五月任第十二集團軍副總司令。一九四五年五月任國民黨第六屆候補中央執行委員。秋，日軍投降，九月任潮汕受降長官，奉命赴汕頭代表第七戰區主持接受日軍投降，次年春調任廣州綏靖公署中將副主任，後又兼任國府主席廣州行轅中將副主任，一九四七年十一月免職，改任廣東省政府委員兼民政廳廳長，曾代表中方與港英劃定香港邊界線，翌年六月因夫人王群英去世，遂辭職赴港閑居。一九四九年四月被聘爲"總統府"戰略顧問。（《東莞市

志》一四七八頁）

翁照垣生。

翁照垣（一八九二～一九七二），原名騰輝，又名嘉添、輝脂，以字行。潮州人。民國成立後投粵軍陳炯明轄下陳銘樞部。一九一七年隨軍出征，晋升連長、營長。一九二六年赴日本士官學校深造。一九二九年秋轉法國慕漠尼航空學校學習。一九三一年回國，在陳銘樞部任保安團長。秋，任第十九路軍第七十八師第一五六旅旅長，駐防上海。次年一月二十八日，日軍進攻閘北，第十九路軍奮起抵抗，照垣率本旅三千餘官兵堅守陣地，並組織敢死隊、大刀隊，重創日軍。是年夏，第十九路軍奉令調閩“剿共”，辭職至南洋。一九三三年初受張學良之邀，出任東北軍第一一七師中將師長，後擢升副軍長，率部與日軍鏖戰於長城古北口及灤河以東一帶。十一月福建“中華共和國人民革命政府”成立，被任命爲福州城防司令、第六軍軍長。翌年春出國。一九三六年應李宗仁電邀，就任抗日救國軍新編第一師師長，後任第六十師師長，駐防北海、合浦一帶。“七七”事變後北上抗日前線，在第一戰區程潛部任前敵總指揮、津浦線督戰司令。後被日機炸傷，轉香港治療。一九三八年春傷愈回潮汕，任廣東省第八區民衆抗日自衛團統率委員會主任委員。一九四四年任潮陽普甯惠來抗日自衛隊指揮官，與日軍周旋於大南山一帶。抗戰勝利後解甲歸田，在家鄉經營西嶺礦場、葵峰農場、興紀行等實業。一九四九年移居香港。著有《一·二八淞滬血戰史》、《翁照垣血戰回憶録》。（《中國近現代人物名號大辭典》一〇四七頁）

陸匡文生。

陸匡文（一八九二～一九六四），名焕，號曾陶、陶庵。信宜人。北京大學哲學系畢業。光緒三十四年（一九〇八）加入同盟會，爲同盟會信宜會長，參加討袁（世凱）驅龍（濟光）護法諸役。一九二三年起任廣州大元帥府法律委員會秘書，廣東南路財政處長、禁煙處長，南京國民政府文官處簡任參事，廣東省立勷勤大學教授、秘書長。一九四五年起任軍事委員會廣州行營政務處中將處長、廣州行轅民事處中將處長、廣州綏靖公署中將秘書長兼廣州省政府委員及國民黨廣東省黨部執行委員。一九四七年當選第一屆國民大會代表。一九四九年至臺灣，續任“國大”代表，任“光復大陸設計研究委員會”委員。（《中國近現代人物名號大辭典》六五七頁）

陸幼剛生。

陸幼剛（一八九二～一九八三），號厲庵。信宜人。北京大學文科畢業。宣統二年（一九一〇）入同盟會，次年參加高州起義。一九二二年冬任大元帥府秘書、法制委員會委員。一九二五年後任鶴山縣長、江門市長。一九三〇年起任廣州市政府教育局長、市政府秘書長兼土地局長。一九三五年後任廣東省政府秘書長、代理省政府主席及國民黨中央監察委員。抗日戰爭爆發後，任軍事委員會軍風紀巡察團中將委員。一九四六年當選廣州市參議會議長、國民大會代表。一九四九年移居香港，創辦培知中學並任董事長。後赴美國講學，曾任羅省中學校長。在美國病逝。著有《國父史略》、《中國大學制度考》、《幼剛書畫集》、《梅園詩稿》等。（《廣東近現代人物詞典》二五七頁）

陳公博生。

陳公博（一八九二、一八九〇～一九四六），原籍乳源，生於南海。早年加入中國共産黨，爲中共一大代表，爾後脱黨躋身國民黨行列，以“左派”自詡。逐步演變爲反蔣介石改組派代表人物，旋又與蔣合流。後追隨汪精衛叛國投敵，淪爲二號漢奸。一九四四年冬汪精衛卒，任南京僞國民政府主席兼行政院長。抗戰勝利後以漢奸罪在蘇州被處決。著有《寒風集》、《苦笑録》及文集等。（《中國近現代人物名號大辭典》六七一頁）

陳其尤生。

陳其尤（一八九二～一九七〇），别名定思、麗江。海豐人。生於望族。宣統元年（一九〇九）在穗博濟醫學堂讀書，三年

(一九一一）入同盟會，參加廣州黃花崗起義及光復惠州諸役。一九一三年政府資送赴日本東京中央大學政治經濟系學習。一九一六年學成回國，在北京政府財政部任職，次年冬在陳炯明統率的粵軍總司令部任機要秘書，出任東山、雲霄縣長、駐香港中央特派員，並秉承炯明意圖，在漳州創辦《閩星日刊》、《閩星》半月刊。一九二〇年調任海關監督。一九三一年在港加入中國致公黨並參加致公黨第二次代表大會，被選爲致公黨中央幹事委員會負責人之一。抗戰初期，以蔣介石私人代表派駐香港，一九三八年因揭露財政部長孔祥熙做軍火生意被撤職囚禁於貴州息烽集中營，一九四一年獲釋後移居重慶。一九四六年回香港，與黄鼎臣、伍覺天等致力恢復致公黨，次年在港參加致公黨改組，當選致公黨第三屆中央副主席。一九四九年九月，參加全國政協籌備會議。後歷任廣東省人民政府委員、致公黨第四屆中央主席團成員。一九五二年後當選致公黨第五、六屆中央主席等。(《中國近現代人物名號大辭典》六八八頁）

陳卓林生。

陳卓林（一八九二～一九六五)，台山人。少年赴美國留學。一九二三年回國任廣東軍政府航空局飛機師，次年任廣東軍事飛行學校教官。一九二六年派赴蘇聯考察航空並選購飛機，回國任北伐軍總司令部飛機隊隊長。一九三二年任廣州國民政府空軍司令部參謀處處長。一九三六年編入南京國民政府中央空軍部隊。一九四〇年任駐香港辦事處主任。一九四三年任中央航空運輸股份有限公司總經理。一九四九年與中國航空公司劉敬宜總經理率兩航十二架飛機起義。(《民國人物大辭典》一〇三二頁）

陳孚木生。

陳孚木（一八九二～一九五九)，字公謨。東莞人。早年畢業於雲南講武學堂，曾任《民國日報》記者。一九二六年起歷任廣州國民政府監察院監察委員、黃埔商埠股份有限公司執行委員會委員、廣東省政務委員會委員兼農工廳廳長、浙江省政務委員會委員兼農工廳廳長、廣東特别委員會委員、廣東省政治分會委員、中國國民黨第四届候補中央執行委員、國民黨中央宣傳委員會委員、國民政府交通部政務次長、僑務委員會常務委員等職。抗戰期間附汪投敵，任汪僞興亞建國運動本部負責人。一九四〇年十二月，任汪僞國民黨中央執行委員，次年五月，任汪僞東亞聯盟中國總會上海分會常務理事兼書記長。一九四二年十二月，任汪僞新國民促進會上海分會委員。（《中國近現代人物名號大辭典》六八七頁）

陳楚興生。

陳楚興（一八九二～一九一八），海陽人。潮劇藝人。少隨父學唱。光緒三十一年（一九〇五）賣身老正天香潮戲班，所扮花旦甚爲傳神，善糅外江曲調於潮調中，人稱楚興曲。勞累卒。代表劇目有《烈女報夫仇》等。（《潮州市戲劇志·人物篇》）

陳耀祖生。

陳耀祖（一八九二～一九四四），新會人。汪精衛妻陳璧君弟。廣東高等師范畢業後留學日本。宣統二年（一九一〇）入中國同盟會。一九二六年後歷任廣東省政務委員會委員、代理建設廳廳長、廣州市工務局局長、國民政府鐵道部代理常務次長、財務司司長、廣東省政府委員等職。一九三八年底隨汪精衛、陳璧君叛國投敵，歷任汪僞國民黨廣東省黨部主任委員、中央政治委員會指定委員、廣東省政府委員、代理廣東省省長兼建設廳長、廣東省保安司令、廣東省省長、中央政治委員會副主任委員、廣州綏靖公署主任、中央軍事委員會委員兼廣州市長等。一九四四年四月四日，在穗文德路被愛國志士擊斃。

郭繼枚生。

郭繼枚（一八九二、一八九三～一九一一），增城人。生於霹靂務邊埠（在今馬來西亞）。自幼學習英文，早年入填羅育才學堂，中英文字，均明大略。稍長返故里，傾心革命，立志反清。宣統二年（一九一〇）夏復遊南洋，入中國同盟會，次年初回增城。二月二十七日，與余東雄至穗。四月二十七日參加廣州起義，奉黄興之命隨何克夫炸兩廣督署，冒險争先。事敗後與何克夫退至大南門内，彈藥盡絶，慘遭殺害。爲黄花崗七十二烈士之一。（《廣東近現代人物詞典》四一四頁）

高承元生。

高承元（一八九二～一九八〇），原名元。廣州人。早年就讀北京法政專門學校、北京大學，畢業留北大任教。一九一九年回粤，任廣東法政專門學校教授、《新民國報》記者等。復赴奥地利留學，獲維也納大學法學博士學位，歷任國民政府外交部秘書長、次長等，又先後任中山、暨南、復旦、四川、重慶大學及廣州法學院教授。中華人民共和國成立後任職於華南積案委員會、廣州市政協文史辦。在穗病故。著有《正負法論》、《孫文主義之惟物的哲學基礎》、《國音學》等。（《廣東近現代人物詞典》四一六頁）

區聲白生。

區聲白（一八九二～？），南海佛山鎮人。早年入廣州世界語夜校，後就讀廣東高等師范學校及北京大學。五四運動期間，在北大學生中宣傳無政府主義。一九二〇年畢業後至嶺南大學講授中國文學史，並利用《民聲》等雜志進行無政府主義和世界語宣傳。次年赴法國里昂大學留學，加入國際性世界語組織“全世界無民族協會”。一九二五年畢業回國，致力於世界語推廣，翌年在穗與黄尊生等創辦世界語師范講習所、廣東大學世界語學會。一九二九年參與創辦廣州世界語學會，任交際部主任。一九三八年廣州淪陷後，曾任僞廣州市社會局課長。尋至澳門，任職濠江中學。後病逝澳門。（《廣東近現代人物詞典》二五頁）

曹石泉生。

曹石泉（一八九二～一九二五），原名家鈺，筆名淵泉。樂會（今海南瓊海）人。少年時代赴新加坡做工，後出資創辦夜校，招收華工入學。一九一九年回國入雲南講武學堂第十五期工兵科。一九二二年返粤投奔孫中山，任陸海軍大元帥府參謀部副官，曾參加征討軍閥。一九二四年國共合作，擁護孫中山新三民主義三大政策，參與籌建黄埔軍校，任第一期區隊長，同年加入中國共産黨，年底任黄埔軍校教導團連長，率部參加東征，於棉湖之役及攻克興寧等戰役、戰鬥中屢建功勳，擢營長。一九二五年春駐防梅縣，支持工農革命運動。後回師廣州，平定軍閥劉震寰、楊希閔叛亂。同年六月二十三日帶領黄埔軍校參加廣州各界援助五卅慘案集會遊行，被推選爲軍界總領隊率遊行隊伍行進至沙基路時，遭英、法海軍陸戰隊掃射，身中數彈犧牲。（《廣東近現代人物詞典》四六九頁）

馮平生。

馮平（一八九二～一九六九），字秋雪。南海人。宣統三年（一九一一）在澳門入同盟會，從事文化出版，與友合辦南華印字館，出版《詩聲》期刊，主辦佩文小學並任校長，又組織澳門中華教育會，任會長。一九二七年受楊匏安委託，改佩文小學爲中學，爲掩護而安排一批人，並在印字館爲中共秘密印刷《紅旗》週刊、《工農小報》等地下刊物。後被捕，經謝英伯等營救得釋。抗戰初期任中山大學戰地服務團駐香港辦事處主任。港淪陷，避居桂林、昭平。中華人民共和國成立後任廣州文史館館員。著有《宋詞緒》、《金英館詞》等。（《廣東近現代人物詞典》六九頁）

馮偉生。

馮偉（一八九二～?），原名偉龍。南海人。早年入同盟會。宣統三年（一九一一）畢業於香港皇仁書院，後入郵傳部京奉鐵路唐山機車廠實習。武昌起義後回粵，被委爲工務司測量員。一九一四年入美國烏氏打工科大學習機械專科，後轉入詩那喬士大學。一九一八年畢業獲機械工程師學位。一九二〇年回國，與劉錫祺等籌辦益中機器公司，次年任廣州市公用局副局長兼技正。一九二二年任大本營無線電報總局局長。一九二六年任廣東建設廳技士。一九二八年任廣州口内地税局局長兼市公用局局長。一九三一年任廣東省政府參議。（《民國人物大辭典》一一七二頁）

梁麟生。

梁麟（一八九二～一九五五），高州人。民國七年（一九一八）畢業於廣東省高等師范英語部，受聘入茂名中學任英語教員。十三年（一九二四）奉派創建茂名模范小學（茂名第一小學前身），爲首任校長，次年任茂名中學校長。十五年辭職赴省，由邱炳椿介紹入國民黨，同年考入國民黨中央黨部學術院教育組，後隨中央黨部遷至武昌，旋任東路軍前敵總指揮部政治部宣傳教育股長。十七年（一九二八）任廣東省財政廳南路財政處禁煙股長，翌年任國民黨廣州市黨部教育科幹事。二十年（一九三一）任省民政廳第七區巡察員，在連縣、英德、翁源等地巡迴視察，次年（一九三二）赴滬時逢"一·二八"抗戰，在十九路軍駐滬辦事處義務協理接受華僑及後方民衆慰勞事宜。戰事結束後隨十九路軍團長黄茂權赴閩漳州，次年返粵應聘任廣東省第一中學高中班主任兼教員。二十三至二十六年，由省教育廳派任高州中學校長。二十七年（一九三八）任廉江縣縣長。抗日戰爭後期，曾任羅定縣長、三十五集團軍參謀。三十六年（一九四七）充任茂名縣清鄉委員會副主任及戡亂建國委員會副主任。解放初，受中共委派赴香港做國軍將領策反工作。一九五三年，因被指控而扣押。一九五五年四月被處决。

梁守一生。

梁守一（一八九二～一九八〇），乳名華就。香山唐家三角坊（今属珠海）人。幼由族親攜赴美國求學，畢業於美國航空學校，在校時與同學香山人張惠長相善，後肄業於哥倫比亞大學。一九一七年歸國，歷任交通部技士、財政部科長、局長、鐵道部專員、平鐵鐵路會計處處長等職。一九二八年惠長出任國民革命軍總指揮部航空處處長，聘守一爲該處財務科科長。一九三〇年參加粵桂戰爭，翌年春不滿蔣介石囚禁胡漢民，隨惠長南返粵並簽名發表反蔣通電，先後任該署少將軍需處長與作戰訓練處處長，尋與程天固創辦華南汽車駕駛訓練學校。次年夏中山港（唐家港）第一期工程完工，應唐紹儀之邀，在中山港開幕典禮上，與張惠長等率領戰機十三架，由廣州直飛唐家流屍山簡易機場，進行起飛、降落、編隊、花式等專案表演，轟動全縣。同年在其倡議下創辦了華南汽車駕駛學校中山分校，兼任分校長。一九三二年兼任廣東省礦務委員。一九三四年十月，陳濟棠發動兵變趕走唐紹儀，乃辭軍職去香港經商。一九三六年兩廣事變平息後出任軍委會汽車動力技術委員會委員、華南汽車工程學校校長。抗戰爆發後，離粤去港，尋轉赴美國定居。抗戰勝利後返港隱居。後病逝。著有《汽車講義》、《汽車駕駛保養及修理法》等。（《廣東近現代人物詞典》四八一頁）

梁若谷生。

梁若谷（一八九二～一九七八），信宜人。宣統元年（一九〇九）入廣州新軍，次年參與新軍起義。三年（一九一一）參與廣州黄花崗起義及光復廣州之役。民國成立後，歷任討袁軍第一支隊司令、討龍軍第四隊司令、援閩粤軍炮兵團長。一九二〇年回廣州，負責大本營警衛任務，歷任北伐軍炮兵團長、中央直轄第一路司令、第十三旅旅長等。一九二七年任國民革命軍第五軍獨立團團長、第十七師第四十七團團長等，次年後離開軍界，先後出任河源、大埔、陽山、新豐等縣縣長。一九四八年曾任廣東省第二專區保安中將副司令，次年去臺灣。後在臺北病逝。（《廣東近現代人物詞典》四八四頁）

梁鴻標生。

梁鴻標（一八九二～一九一四），開平人。早年入同盟會。一九一四年加入中華鐵血團，由李天德派爲屠龍暗殺隊，於廣州南關東官旅館被捕遭搶殺。（《民國人物大辭典》八八四頁）

張炯生。

張炯（一八九二～一九六六），字公略。平遠人。畢業於嶺東同文學堂及廣東商業專門學校。入同盟會，參加辛亥潮汕光復之役。民國建立後，歷任汕頭正始學校校長、廣東省立商業學校訓育主任、汕頭市立圖書館館長。一九二六年供職於惠潮梅財政整理處，歷任國民政府審計部協審、上海審計處第一組主任。退休定居臺灣從事撰述。著有《滄海一粟樓詩集》等。（《廣東近現代人物詞典》二三五頁）

張巨伯生。

張巨伯（一八九二～一九五一），字歸農。鶴山人。光緒三十年（一九〇四）入日本橫濱大同學校學習。三十四年（一九〇八）在美國俄亥俄市立東方中學學習至畢業。一九一二至一九一六年在美國俄亥俄州立大學農學院學習，初學農業化學，後轉經濟昆蟲學，獲農學士學位。一九一七年攻讀研究生，獲昆蟲學碩士學位，次年初在穗嶺南大學研究殺蟲藥劑。一九一八至一九二七年任南京高等師范學堂（後更名東南大學）教授兼病蟲害系主任。一九二七至一九二八年任中山大學農學院教授。一九二八至一九三二年任江蘇省昆蟲局局長、主任技師，兼中央大學、金陵大學農學院教授、昆蟲學組主任。一九三二至一九三六年任浙江省昆蟲局局長、主任技師兼浙江省治蟲人員養成所所長。一九三六至一九五一年，任中山大學教授、病蟲害學組主任。

張雲逸生。

張雲逸（一八九二～一九七四），原名運鎰，又名勝之。文昌（今屬海南）人。光緒三十四年（一九〇八）入廣東陸軍小學堂，次年入中國同盟會。參加黄花崗起義，攻打兩廣總督府。後入廣東陸軍速成學校，一九一四年畢業後，被同盟會南方支部派入軍閥部隊從事秘密反袁世凱鬥争，歷任粤軍排長、連長、營長，參加護國戰争。一九二三年任揭陽縣縣長，翌年至粤軍許崇智部任旅長。一九二六年參加北伐戰争，任國民革命軍第四軍二十五師參謀長，十月在武漢加入中國共産黨。參加北伐戰争、南昌起義、百色起義、反圍剿、抗日戰争、解放戰争，歷任紅七軍軍長、中央軍委副參謀長、軍區司令員等職。一九五五年被授予大將軍銜。（《廣東近現代人物詞典》二三七頁）

彭漢垣生。

彭漢垣（一八九二、一八九三～一九二八），曾用名長庚。海豐人。湃胞兄。出身於地主家庭。海豐中學畢業後參加社會活動。早期曾任海豐縣參議員、參議會副議長。一九二三年積極投身其弟彭湃領導的農民運動，被選爲廣東省農會執行委員，又任省農會交際部部長，參與組織進步組織十人團。一九二五年至次年任海豐縣長、粤東公署第三科科長及梅縣縣長等職。在任期間，能革新政治、興利除弊、支持農工組織及減租減租，注意廉潔奉公、開源節流、發展公益事業，頗受群衆擁護，得到周恩來讚揚。一九二五年五月所主持縣署發表《政府對於農民運動第二次宣言》。一九二七年十二月參加廣州起義，失敗後至上海找到周恩來，受命在澳門以開小食店爲掩護而設置交通站。次年三月在澳門與其二哥達伍被捕，旋被引渡至穗，兄弟從容就義。（《廣東近現代人物詞典》四九九頁）

傅保光生。

傅保光（一八九二～一九三一），香山（今中山）人。早年留學美國密執安州立大學，獲碩士學位。一九一八年返國，任廣州嶺南大學教授，後兼農藝系、蠶桑系主任，主編《農事月刊》及英文版《嶺南科學》雜志，繼任嶺南蠶桑學院院長。一九二七年受聘兼任廣東蠶絲改良局局長。病逝葬於今仍存之原嶺南大學墓園。（《廣東近現代人物詞典》五〇七頁）

鄒殿邦生。

鄒殿邦（一八九二、一八九五～?），番禺人。早年棄學經商。初在廣州創辦廣振興號，專售國貨，後又設立廣信銀號，曾任廣信銀號經理、廣東省議會議員。一九二八年任廣州總商會會長。一九三〇年改任廣州市商會主席，後任國華銀行福安股份有限公司董事。（《民國人物大辭典》一二九三頁）

楊殷生。

楊殷（一八九二、一八九三～一九二九），香山人。宣統二年（一九一〇）考入廣州聖心書院讀書，次年肄業入同盟會。一九一七年起在穗任孫中山軍政府衛隊副官兼大元帥府參軍處參謀。一九二二年秋加入共產黨，年底被派往蘇聯參觀、學習，回國後在粵從事工人運動，任國民黨廣州市第四區分部執委兼秘書。一九二四年受中共廣東區委派遣至粵漢、廣九、廣三鐵路從事工人運動。上海“五卅”慘案發生後，奉命與鄧中夏、楊匏安、蘇兆徵等組成黨團組織領導穗、港工人大罷工。一九二六年起任中共兩廣區委委員、區委監察委員會書記。八七會議後任中共廣東省委常委兼省革命軍事委員會主任、中共中央南方局委員，十二月參與領導廣州起義，成立廣州蘇維埃政府，任政府肅反人民委員。一九二八年當選中共中央政治局候補委員、候補常委，任中共中央軍事部部長，十一月起任中央政治局委員、常委，次年任中共中央軍事部部長、中共中央軍委委員、中共中央軍委主任兼中共江蘇省委軍事部長。八月由於叛徒告密，與彭湃等在滬被捕，被秘密殺害於龍華。（《中國近現代人物名號大辭典》三八一頁）

詹天眼生。

詹天眼（一八九二～?），潮陽人。畢業於汕頭東山中學。一九二三年任汕頭《天聲日報》社社長。一九三〇年起任匯兑公所顧問、存心善堂總理等。（《民國人物大辭典》一二九五頁）

温泰華生。

温泰華（一八九二～一九七七），家名榮蘭，字嶷立、雲樵。梅縣人。一九一四年東渡日本京都帝國大學醫學部留學，獲醫學博士學位。一九二五年學成回國後應聘任廣東大學醫學部教授、學長兼第一附屬醫院院長。曾主編出版醫學期刊《大衆醫刊》。

蔡廷鍇生。

蔡廷鍇（一八九二～一九六八），字賢初。羅定人。保定陸軍軍官學校畢業，早年參加同盟會。一九三二年任十九路軍總指揮，率領十九路軍在“一・二八事變”中奮起抗擊日軍，致使日軍侵佔上海陰謀終不能得逞。後領導福建事變，任政府委員兼人民革命軍第一方面軍總司令，與中華蘇維埃共和國臨時中央政府及紅軍簽訂了《反蔣抗日的初步協定》，一九三四年一月失敗。抗日戰爭爆發後回南京任國民政府上將參議。一九三九年任第十六集團軍副總司令、總司令等。新中國成立後，任全國政協第四屆委員會副主席、民革中央副主席等。後在北京病逝。著有《蔡廷鍇自傳》。女紹芝。（《中國近現代人物名號大辭典》一二八二頁）

靚元亨生。

靚元亨（一八九二、一八八八～一九六四、一九六六），原名李雁秋。鶴山人。出身於采南哥童子班，從蛇王蘇①、周瑜利等學藝，民國初年以《海盜名流》一劇而名燥一時，後自組永壽年班，馳譽省港澳及東南亞，在舞臺上動作分寸、角度掌握精確適度，故有“寸度亨”之稱。首本戲有《海盜名流》、《蝴蝶杯》、《沙三少》等。弟子有馬師曾、廖俠懷、陳非儂等。（《廣東近現代人物詞典》四九六頁）

歐日章生。

歐日章（一八九二～一九二九），曲江人。一九一二年到香港、新加坡謀生。一九二四年回國，參加農民運動，次年春任曲江縣十三區農民協會執行委員，組建農民自衛軍中隊，任中隊長，參加中國共産黨。一九二七年初調任廣東省農民協會北江辦事處主任，四月下旬任廣東北江工農自衛軍北上總指揮部參謀，

---

① 蛇王蘇，原名文（梁）垣三。香山（今中山）人。中過科舉，因愛演戲，放棄功名，投身梨園，成爲唱做精細之男花旦。辛亥革命前夕，粵劇改良風氣興起，召集戲行武打演員，創組模範劇團，抵制班主克扣工資，並自排新戲，主演《梅花簪》、《閨留學廣》曾哄動一時。後受宏順公司之聘爲專職編劇，演員演出都要穿紅布長褲襯底，戲班言其爲穿紅褲的開戲師爺。由於演戲二十多年，積累了豐富經驗，又精通音律，因而所編新戲，情節生動，詞曲順暢。著名花旦王千里駒，也曾求教。後日寇轟炸廣州時死於戰火，享年六十七歲。（《廣東近現代人物詞典》四七〇頁）

七月率部分曲江農軍隨總部到南昌，編入葉挺教導團，任營長。南昌起義軍南下後，先後參加廣昌、會昌等戰鬥。十月當選中共廣東省委委員，旋回鄉帶領西水農軍舉行西水暴動，次年再次當選爲廣東省委委員兼中共曲江縣委常委。後遇敵殉難。（《廣東近現代人物詞典》三三三頁）

歐陽磊生。

歐陽磊（一八九二～一九六七），字克難，號佐邦。從化人。保定軍官學校畢業後參加了北伐戰爭。民國十一年（一九二二）任薛嶽屬下四十六團參謀，時陳炯明謀炮轟總統府，趕到總統府向孫中山報告。二十八年（一九三九）任清遠縣縣長，次年任從化縣縣長。三十三年參予創辦良口中學，並連續六年兼任該校校長，曾發動群衆捐款擴建温泉中學，使該校增設了高中部，並在温泉籌辦了崇文小學。後任增城、花縣、瓊東、瓊山等縣縣長。三十七年（一九四八）任廣東省參議員、廣東省第一區行政公署專員兼保安司令，次年移居香港。（《廣東近現代人物詞典》三三四頁）

劉濤生。

劉濤（一八九二～?），字一庵，别署覺道士、荼蘼庵主。順德人。工詩善畫，受佛道習染，畫面多寂然，擅畫菊。著有《覺廬詩草》。（《廣東畫人録》）

劉光福生。

劉光福（一八九二～一九八三），祖籍新寧（今台山），生於澳大利亞悉尼，母爲英國移民，幼時曾返鄉就讀私塾。光緒三十四年（一九〇八）返澳任職當地中文報館，加入中國同盟會。宣統三年（一九一一）至墨爾本任中國駐澳大利亞總領事館秘書。一九一四 年入股永生公司。一九一七年與友集資千萬組織中澳輪船公司。一九二一年曾返國謁見孫中山，回澳後任國民黨部英文秘書及悉尼華人商會副會長。一九三一年再返國結識蔡廷鍇，任十九路軍秘書。一九三四年任上海大新公司秘書。一九三六年在澳經商，任職永生公司。一九四七年與友人合營香港樓菜館，又與僑青社發起組織保衛華人正當權益委員會及保衛被解出境華人妻子聯合會。新中國成立後，力主澳中建交。一九八二年，英國女王伊莉莎白二世授予 O. B. E 勳銜。被尊稱爲澳大利亞“華人社會之父”。（《廣東近現代人物詞典》一〇七頁）

劉維熾生。

劉維熾（一八九二～一九五五），字季生。台山人。早年赴檀香山，曾就學於夏威夷大學，入中國同盟會，並任《檀香山自由報》記者。回國後曾任廣州市政廳總務科長、廣東省長公署秘書長、廣州市電話局局長。一九二六年任廣州市財政局局長，次年任財政部鹽務署署長兼鹽務稽查所所長。一九二九年任鐵道部參事、平漢鐵路管理局局長、鐵道部業務司司長。一九三三年任實業部常務次長，翌年任實業部政務次長。一九三五年當選爲國民黨第五屆中央委員，次年任廣東省政府委員兼建設廳廳長。一九四一年任國民黨中央黨部海外部部長。一九四五年當選爲國民黨第六屆中央執行委員，次年當選制憲國民大會代表。一九四七年任行政院政務委員兼僑務委員會委員長，翌年當選第一屆國民大會代表，十二月調任工商部部長兼行政院政務委員。一九四九年三月免工商部部長職務。至臺灣後仍任僑務委員會委員長。（《廣東近現代人物詞典》一一五頁）

劉澤榮生。

劉澤榮（一八九二～一九七〇），又名紹周。肇慶人。幼年隨父峻周赴俄，畢業於彼得堡大學。十月革命後獲聘爲彼得格勒蘇維埃委員，創辦《旅俄華工大同報》，曾代表中國工人階級出席一九一九年三月召開的共産國際第一次大會及次年七月召開的第二次大會，三次見過列甯。列甯在其身份證上寫下了“請蘇維埃各機關團體給劉澤榮各種協助”親筆。回國後，曾任北平大學法商學院、西南聯大教授。一九四七年出任總統府駐新疆特派員。一九四九年九月協助陶峙嶽起義，實現新疆和平解放。中華人民共和國成立後任外交部條約委員會委員、商務印書館副總編輯、全國政協委員。一九五六年加入中國共産黨。著有《俄漢大辭典》、《俄文文法》等。（《中國近現代人物名號大辭典》二七二頁）

鮑少遊生。

鮑少遊（一八九二～一九八五），初名紹顯，字丕文，又字堯常，藝名石濤，以字行。香山（今中山）人，生於日本横濱。光緒二十年（一八九四）隨母返鄉。七歲入塾讀書，酷愛繪畫，以《芥子園畫集》自學繪畫。父在日本神户業茶，十三歲隨兄赴日，並隨母學詩文書法。十五歲以頭名畢業於華僑國文中學，畢業後留校任教。十八歲與兄遊江南。宣統三年（一九一一）考入東京美術專門學校，與鄭錦、陳樹人同學。民國四年（一九一五）以成績第一畢業，繼入西京美術大學攻讀，畫藝益精，畢業時作品《花下吉羊》爲母校選藏，又以巨作《夾竹桃鸚鵡》獲日本文部省獎，被譽爲“中國少年畫伯”。六年與香山才女曾麗卿結婚。八年（一九一九）夏大學畢業後，悉心研究中國歷朝古畫、壁畫，同年復入母校研究院深造，專研唐宋畫法，十年畢業，後曾任明石大學講師，先後在上海、神户、大阪、香港等地舉辦畫展，以詩、書、畫三絶享譽書壇。十六年（一九二七）高劍父赴日本迎歸，就職佛山美專等校，次年因動亂移居香港，與夫人在港設立麗精畫院，任院長兼主任教授。三十年（一九四一）冬日軍佔港後畫院暫停，閉門謝客，寄情藝事。抗戰勝利後復校，先後任香港中國美術會名譽顧問、中國書院教授、中國文化協會理事等職。每年回鄉，均經澳門，多次寄居澳門進行美術創作，抗戰後期有《豪鏡春曉長卷》。精研筆墨技法，擅繪花鳥、山水畫及畫論。其畫作敷色精妙明净。病逝香港。夫人曾麗卿，工刺繡。傳略編入《廣東省當代名人録》。主要畫作有《長恨歌詩意圖》、《錦鄉河山百景》、《百鳥畫集》等，著有《麗精畫苑題畫詩集》、《鮑少遊畫論集》、《石濤與張大千》、《中國畫六法論》、《中國畫鑒賞法》、《鮑少遊詩詞集》、《三十年藝苑經驗談》、《水滸人物畫》、《故宫名畫三百種》、《故宫博物院名畫欣賞》、《百鳥詩集》、《麗精畫苑隨筆》等。（《中國近現代人物名號大辭典》一二七一頁）

韓槐準生。

韓槐準（一八九二～一九七〇），文昌（今屬海南）人。早年先後在當地寶敦學堂、蔚文學堂讀書。開過染坊，終因入不敷出，於一九一五年隨族人至新加坡謀生，當過割膠工人、書記員，從事過配藥及制藥。白日工作，夜晚讀書，又自學英語，先後閱讀了大量研究中國與南洋關係的著作，對我國古代陶瓷貿易書籍尤感興趣。由於在家鄉文昌有過開染坊的經驗及對有機化學染料和無機化學染料的認識，使其從彩料加熱後所起的化學變化和風化程度，以及從外國釉料傳入中國年代的先後，便能準確鑒定陶瓷古董製造的年代。一九五二年經推薦加入倫敦東方陶瓷學會，先後寫了許多有關中國陶瓷研究的論文，其中僅發表在《南洋學報》的就有十六篇之多。著有《南洋遺留的中國古外銷陶瓷》，成爲南洋公認的陶瓷研究權威。凡至東方研究中國陶瓷的歐美考古家、收藏家，都會先去拜訪槐準。從一九五六年至一九六二年間將一生所搜集的文物裝箱寄送北京，凡七次向故宫博物院無償捐贈了三百二十五件文物，其中瓷器三一五件。所捐贈瓷器中最具特色的是我國古代銷往東南亞的外銷瓷，均爲盤、碗、罐等日常生活用品，在國内極其少見。後因患胃癌病逝在北京腫瘤醫院。（《廣東近現代人物詞典》四九八頁）

謝弼孫生。

謝弼孫（一八九二～一九八〇），原名中玉，號尺園，晚年又號老逸。高要人。父晋勳，光緒十五年（一八八九）舉人，署始興、長樂教諭，工書法。弼孫幼承父教，稍長就學嶺南畫家居廉弟子陳鑒，擅寫畫眉、梅花。成年任教聖德小學、高要女子師范、高要縣立第一中學，教授圖畫、國文課程達三十餘年。民國三十年（一九四一）任高要縣第四區（轄今廣利、永安）區長。一九五〇年後在廣州美術社、肇慶電影院從事美術工作，並爲廣州畫院寫出口畫。其工筆國畫，深受日本南洋客商喜愛。一九六一年加入中國美術家協會廣東分會，晚年供職肇慶書畫廠。一九八〇年當選肇慶市第二屆政協委員。作品《星岩雞蛋花》、《東風第一枝》入選一九五九年國慶十週年全國畫展。

熊少豪生。

熊少豪（一八九二～?），台山人。畢業於香港皇仁學院、北京商業專門學校。一九一四年任北京路透社通信員。第一次世界大戰爆發後，轉任路透社天津分社翻譯通信員，並任《中國周報》、《天津報》編輯兼技師。一九一七年設立京津《漢字報》，任編輯主任。一九二一年任北京大總統府顧問，一九二四年任北京政府直隸省特派交涉員。一九二六年任段祺瑞顧問，次年任天津市政府高等顧問。一九三六年任行政院冀察政務委員會參議兼外交委員會委員，次年任國民政府駐歐美外交專員。（《民國人物大辭典》一三五二頁）

熊越山生。

熊越山（一八九二～一九一三），梅縣人。曾入兩廣陸軍軍醫學校，因宣傳革命被開除。旋赴汕頭，任《潮報》館編輯，又以宣傳革命、參加黄崗之役被通緝，赴日本入同盟會，往來粤港間從事革命活動。宣統三年（一九一一）冬參與光復梅縣，次年被委爲江西民政長，未就。一九一三年二次革命，與寧調元密謀襲擊武漢，事泄被執，與調元同時遇害。（《民國人物大辭典》一三五五頁）

鄭長和生。

鄭長和（一八九二～一九六七），原名家福（富），字壽卿。

樂會（今屬海南瓊海）人。民國初主演《廣東開科》，以聲取勝，轟動海南劇壇。常向譚岐彩、陳俊彩等名伶請教，博取衆長，鋭意創新。一九二二年參加土戲改良社、瓊崖優伶界工會，演出時裝新戲，參加並領銜組班三赴南洋等地演出，蜚聲海外。一九五〇年後同韓文華、三升半（王秀明）、林道修、吴桂喜等組織新星群瓊劇團，在島内巡迴演出。從藝五十三年，創造了“長和腔”（即“三接板”），其特點是唱高聲，句與句之間無斷歇。因其技藝戲德皆佳，被推爲“台柱”，掌小生正印。一九五六年當選中國戲劇家協會廣東分會副主席，次年當選全國文聯委員。一九五九年任廣東瓊劇院副院長，翌年赴京參加全國文聯會議。一九五九至一九六二年爲廣東瓊劇院演員學習班小生組、道美瓊劇演員訓練班小生組授課。（《海南史志綱・人物志》）

鄺煦堃生。

鄺煦堃（一八九二～?），字伯和。番禺人。光緒三十三年（一九〇七）入上海聖約翰大學，宣統元年（一九〇九）獲政府庚子賠款獎學金赴美，在美國安德孚學校過渡教育一年後入普林斯頓大學，一九一四年畢業獲文學士。一九一二至一九一四年任《普林斯頓人日報》編輯。一九一四至一九一五年入哥倫比亞大學研究院，專攻經濟學，爲北美中國學生主辦《中國學生月刊》主編。一九一五年代表中國參加巴拿馬展覽會國際記者招待會，秋入哥倫比亞大學新聞系，次年畢業並獲得學位，時任中國學生聯合會主席，八月回國，任北京政府公報副編輯，兼任紐約晚報通訊員，後任清華學校國際法講師。一九一八年任上海江南造船所秘書。一九二二年任職北京交通部鐵路局資産科副科長，三月被任命爲交通問題委員會專家，次年任職哈爾濱華東鐵路局。一九二三至一九二六年任職財政部、外交部，並參加中俄關税會議。一九二六年任隴海鐵路主管及馮玉祥顧問。一九二八年六月任外交部情報與宣傳局局長。一九二八年後任中國駐馬尼拉總領

事、外交部參事。（《中國近現代人物名號大辭典》一七八頁）

關頌聲生。

關頌聲（一八九二～一九六〇），字校聲，號肇聲。番禺人，生於天津。曾就讀於上海聖約翰大學，一九一四年去美國麻省理工學院學習，一九一七年獲建築學學士學位。一九一九年回國後先後任天津員警廳工程顧問、北甯路常年建築工程師，並助理監造北平協和醫院，次年創辦天津基泰工程公司，負責組織及對外聯系業務，曾任南京首都建設委員會工程組委員。一九二八年曾參加全國大學工學院分系科目表起草審查工作，曾爲中國營造學社社員。“九一八”事變後，因拒絶任僞滿洲國工程部長而遭監禁，後經營救脱險回滬。一九四九年後去臺灣。在台建築設計作品有香港萬宣大樓、邵氏大樓、臺灣人造纖維公司、臺北綜合運動場、台中省立體育場等。曾擔任臺灣建築師公會理事長。

清德宗光緒十九年　癸巳　一八九三年

秋，王仁堪卒於蘇州，梁鼎芬自湖北赴喪，途經鎮江，感而賦《夜抵鎮江》七律。（陳永正《嶺南歷代詩選》五八七頁）

年底，黄遵憲於新加坡養痾佘山樓，賦《以蓮桃菊雜供一瓶作歌》七古，表達其大同理想。（鍾賢培、管林、謝華、汪松濤《黄遵憲詩選》三〇四頁）

方士華於本年中舉人。

方士華，字儁翹。東莞河田人。光緒十九年（一八九三）癸巳舉人。與兄拱垣學博從遊朱九江門，亦均入剛子良中丞幕。張其淦與拱垣光緒五年（一八七九）己卯同年，十五年（一八八九）己丑寓閶門，子良撫吴，得晤士華，偕遊虎丘，復吊五人墓。張其淦《東莞詩録》卷六一有傳。

許秉琦於本年中舉人。

許秉琦，字稚筠，一字稚衡。番禺人。應騤子。光緒十九年（一八九三）癸巳舉人，三十三年（一九〇七）任陸軍部左丞，

宣統二年（一九一〇）署右丞。（《中國近現代人物名號大辭典》三一六頁）

譚冠英於本年中舉人。

譚冠英，字讓之，號孔修。龍門人。光緒四年（一八七八）饑，首捐數百金，倡辦平糶。與鄧氏聚福堂等籌集三千餘金築白沙水橋，送錢充義學經費。十九年（一八九三）癸巳舉人，官翰林院檢討。卒年九十三。（民國《龍門縣志》卷九）

鄧爾瑱於本年補諸生。

鄧爾瑱，號玉仙。大埔人。光緒十九年（一八九三）癸巳補諸生，二十九年（一九〇三）癸卯舉孝廉，與同邑溫丹銘、張陸士、丘少白相友善。饒鼎華《匯山遺雅》有傳。

黃立權於本年中舉人。

黃立權，字夔甫。順德人。光緒十九年（一八九三）舉人。“公車上書”列名。（《中國近現代人物名號大辭典》一〇九八頁）

楊應麟於本年中舉人。

楊應麟，字訓强。香山（今珠海）人。出身於書香之家。光緒十九年（一八九三）中舉人，不願爲官，返居鄉里。鴉片戰争後，葡人在澳門擅擴疆界，覬覦前山、灣仔、南屏，甚至派兵進駐北山村，應麟組織民衆抗擊保衛家園。（《廣東近現代人物詞典》一四六頁）

文鴻思生。

文鴻思（一八九三～一九三四），字對庭。文昌（今屬海南）人。畢業於雲南講武堂，歷任廣東省討賊軍總指揮部參謀、粤軍第一路第二統領、廣東省警衛軍第二團團長。一九二五年任國民革命軍第十七師第五十團團長。後隨蔣介石北伐，攻克南昌，晋升少將團長。一九二七年任第十七師師長，後派赴法國考察軍事。一九三一年回國，任國民政府軍事參議院參議等，次年任上海市公安局局長。（《民國人物大辭典》一二四頁）

司徒非生。

司徒非（一八九三～一九三七），字嚴克，乳名榮。開平人。早年在廣州販報爲生，後入印刷廠，半工半讀。一九一七年入保定軍校第六期，一九一九年畢業。一九二二年任遊擊總司令，協助孫中山討伐陳炯明，後歷任江門市市長、廣州市公安局局長、廣東省政府參議員。一九三二年一月任十九路軍獨立團團長參加淞滬抗戰，作戰英勇，被報章讚譽爲“大膽將軍”。戰後爲陣亡將士撰寫挽聯：“揮戈比魯陽，及爾皆亡，淚落吴江悼猛士；掣挺擊倭奴，爲民效死，傷哉血浦招英魂。”一九三三年十一月，隨十九路軍在福建省組織中華共和國人民革命政府。失敗後，在香港經營禮香酒莊。抗日戰爭爆發前夕，任第四路軍少將高級參謀。一六〇師參加淞滬會戰時，在該師協助指揮。十一月上海淪陷後，隨軍退守南京，任一六〇師少將參謀長。十二月六日至八日在湯山阻敵。十日所部剛撤至大水關，又奉命調入南京城内準備巷戰。十二月十二日隨部經太平門突圍至句容，身中數彈殉國。因其骸骨無存，抗戰勝利後曾於廣州白雲山山麓建衣冠塚，追授陸軍中將。（《廣東近現代人物詞典》八二頁）

朱暉日生。

朱暉日（一八九三～一九六八），字步雲。台山人。早年入廣東黄埔陸軍小學、武昌陸軍第二預備學校，宣統三年（一九一一）入同盟會。一九一四年考入保定陸軍軍官學校第六期。畢業後返粤，入粤軍第一師，歷任見習官、排、連、營長。一九二五年任第四軍獨立旅團長，翌年七月北伐戰爭開始，任國民革命軍第四軍第十二師副師長兼第三十六團團長，參加汀泗橋戰役、武昌戰役。一九二七年任第二十五師師長、第四軍副軍長、第十一軍軍長，十月任廣州市公安局長，參與鎮壓廣州起義，次年八月第四軍編爲第四師，任副師長後辭職赴歐洲考察。一九三三年任南京國民政府鐵道部路警管理局局長。一九三五年任國民政府軍委會武昌行營陸軍整理處研究會會員，翌年任閩浙皖贛邊區清剿總指揮部參謀長。一九三七年任國民政府軍委會中將高級參議，次年任廣東省政府委員兼建設廳長。一九四〇年冬任第三十五集團軍副總司令，參加桂南、粤北、西江諸役。一九四四年任第四戰區廣東南路指揮所主任，翌年夏並入粤桂南總指揮部，任副總指揮。秋，任海南島指揮所主任，主持日軍投降受降儀式。一九四六年秋返穗，任軍委會廣州行轅辦公廳中將主任，兼財政部華南輸出入委員會委員，次年夏與張發奎等二十七人組成第四軍編纂委員會，編印《第四軍紀實》。一九四九年任廣州市警察局長，尋赴香港。一九五二年至臺北。（《廣東近現代人物詞典》九三頁）

伍伯良生。

伍伯良（一八九三～?），新寧（今台山）人。畢業於北洋海軍醫學校，後赴法、德國留學，分别獲里昂醫科大學、柏林醫科大學醫學博士學位，任該大學醫院婦産科醫生。回國歷任中央陸軍軍醫學校廣東分校、國立中山大學醫學院教授等。（《廣東近現代人物詞典》九七頁）

李明生。

李明（一八九三～一九三三），興寧人，生於廣西貴縣。護國軍講武堂畢業，歷任團長、旅長、第五十二師副師長及師長。後在第四次“圍剿”江西紅軍時被擊斃。追贈陸軍上將。

李援生。

李援（一八九三～一九三二），又名沛基。番禺人。早年從事反清活動。宣統三年（一九一一）十月中旬，荆州將軍鳳山調廣州將軍，抵任行至穗南門外，援拋擲炸彈將其炸死，促成廣東光復。又參加廣東北伐炸彈隊。病逝於滬。（《中國近現代人物名號大辭典》四五二頁）

李子俊生。

李子俊（一八九三～一九三二），又名之梁。海陽（今潮安）人。早年從事教育工作。一九二五年被選爲縣農會常委，翌年加入中共。一九二七年任中共潮安縣委委員，次年任潮安縣軍事委員會主任。一九三〇年當選東江蘇維埃政府常委，越年任潮（安）澄（海）（南）澳縣委書記。後在澄海犧牲。（《廣東近現代人物詞典》一六〇頁）

李仙根生。

李仙根（一八九三～一九四三），名蟠。香山（今中山）石岐人。早年入廣東陸軍小學，參加同盟會，曾參與辛亥武裝起義準備工作。一九一四年赴日本。一九一七年回國追隨孫中山任其機要秘書。一九二四年任香山縣縣長、江門市長、粵漢鐵路局長。一九四三年在重慶逝世。著作有《小容安堂詩抄》及《嶺南書風》。擅隸書。（《中山文史》第十輯）

李務滋生。

李務滋（一八九三～一九七四），別字（號）伯濳。從化人。早年加入同盟會，廣東黄埔陸軍小學第四期、武昌陸軍第二預備學校、保定陸軍軍官學校第六期輜重科畢業。一九一九年起任北京政府中央陸軍第十二師輜重營排長、山西太原督軍署中尉副官。一九二一年返粵，任粵軍第一師上尉副官兼第一團軍士教育連連長、第一團中校團副。一九二四年任粵軍第一師第一旅上校參謀長，翌年任國民革命軍第四軍第十三師少將參謀長兼第三十八團團長，並任第四軍軍官學校教務主任。一九二六年廣東各軍校學員均併入黄埔軍校第四期後兼任黄埔軍校上校兵學教官。一九二八年任第五軍第六旅旅長、第十八師中將師長兼惠州綏靖公署主任，次年辭職。一九三二年任軍事參議院參議、從化縣長。一九三六年改任新會縣長。抗日戰爭爆發後任第四戰區第五挺進縱隊司令。一九三八年任第四戰區五邑民衆武裝組訓處中將主任、廣陽守備區中將指揮官。一九四七年當選從化縣參議會議長，翌年授陸軍中將，再任新會縣長。一九四九年移居香港，一九五八年遷居臺北。著有《新會抗日戰爭第一年憶述》等。其子鑄靈曾任臺灣陸軍中將軍長，爲其父出版《李務滋將軍紀念集》

等。（《廣東近現代人物詞典》一六五頁）

何春帆生。

何春帆（一八九三～一九五四），原名開湘。連州三江城（今屬連南）人。日本京都帝國大學畢業。一九二四年起任廣州衛戍司令部軍法處處長、廣東省財政廳、教育廳秘書。一九二四年孫中山先生下大元帥令，將國立高等師範、廣東法科大學、廣東農業專門學校合併改爲國立廣東大學（後改中山大學），與胡漢民、汪精衛等三十五人爲籌備委員，次年起任瓊山縣縣長。“四一二”政變後到清遠縣搜捕共産黨員。一九二八年起任第十一軍司令部秘書長、副官長、新編第六師少將師長。一九三〇年兩度出任瓊海關監督，後赴中山大學任職。一九三二年“一·二八”抗戰爆發，中山大學成立學生義勇軍辦事處，任主任。一九三六年任廣東省軍管區徵募處處長兼中山大學軍訓處主任。一九三八年任連縣縣長，曾主持重修著名古跡流杯亭，次年任廣東省第五區行政督察專員兼區保安司令。一九四〇年調任廣東省第二區行政督察專員兼區保安司令，七月卸職回中山大學任總務長。一九四五年日軍進犯粤北，中大遷徙，與教務長鄧植儀各率領部分師生至連縣三江鎮，組成中大連縣分教處，後任第四屆國民參政會參政員。一九四七年當選國大代表、立法委員。共和國成立後任全國政協委員，後在北京逝世。（《廣東近現代人物詞典》二一四頁）

吴耀宗生。

吴耀宗（一八九三～一九七九），順德人。生於穗木材商家庭。一九一三年入北京税務學堂，畢業後在海關供職。一九一八年受洗入北京公理會，一九二〇年任北京基督教青年會學校部幹事，組織唯愛社。一九二四年去美國紐約協和神學院及哥倫比亞大學攻讀神學、哲學，獲哲學碩士學位。一九二七年返國，任職基督教青年會全國協會出版部。抗戰期間常與周恩來有往還，傾向反蔣、反美。一九四九年九月代表宗教界參加政協會議，次年九月參與起草、發表題爲《中國基督教在新中國建設中努力的途徑》宣言，要求實現自治、自養、自傳。一九五一年在基督教内開展控訴運動，批判親美人士。一九五四年基督教三自愛國運動委員會正式成立，任主席。著有《黑暗與光明》、《基督教與新中國》、《尼赫魯傳記》等。（《中國近現代人物名號大辭典》五〇七頁）

余東雄生。

余東雄（一八九三、一八九四～一九一一），南海人，出生於馬來亞霹靂埠。十五歲入同盟會，入會後曾多次策劃暗殺清吏，然均未成功。宣統三年（一九一一）初得知革命黨人欲於穗起義，便回國待命，四月二十七日參加廣州黄花崗起義，入敢死隊，與羅仲霍、阿克夫等攻擊兩廣總督署，激戰中奮勇直前，進至督署内堂，欲捉兩廣總督張鳴岐不獲，撤出時被敵包圍，在彈雨中壯烈犧牲。後葬黄花崗，爲黄花崗七十二烈士之一。（《廣東近現代人物詞典》二二〇頁）

沈忠生。

沈忠（一八九三～一九七四），字仲强。原籍浙江山陰（今紹興），生於番禺。少學繪畫。一九二二年任教於番禺師範學校，翌年與趙浩公等組織癸亥合作畫社，嗣加入廣州國畫研究會。一九三一年赴南京任職鐵道部，後定居澳門。中華人民共和國成立後回穗，受聘廣州文史館員。善畫山水、花鳥，尤善菊花，有“沈菊花”之稱。（《廣東近現代人物詞典》二二七頁）

宋慶齡生。

宋慶齡（一八九三～一九八一），祖籍文昌（今屬海南），生於上海。少時即負笈美國接受“歐洲式的教育”。一九一五年與孫中山結婚。一九二五年孫中山在京逝世。一九二七年出訪蘇聯，後旅居歐洲四年。抗戰時爲國共兩黨實現再次合作搭橋鋪路。一九四九年全國政協首届全體會議在北京召開，當選中華人民共和國中央人民政府副主席、全國政協首届常委。共和國成立後，任中華全國民主婦女聯合會名譽主席、全國婦聯名譽主席、中國人民保衛兒童全國委員會主席等。一九五九年第二届全國人大第一次會議召開，當選中華人民共和國副主席。一九六五年三届人大召開，再任國家副主席。一九七五年四届人大再次當選人大常委會副委員長。一九八一年五月病情惡化，十五日中共中央政治局宣佈接收爲中共正式黨員，翌日人大常委會授予國家名譽主席榮譽稱號，二十九日病逝北京。著有《爲新中國奮鬥》等。出版有《宋慶齡選集》等。（《廣東近現代人物詞典》二三一頁）

林毓琳生。

林毓琳（一八九三～一九六〇），字清揚，號璞庵、璞山。揭陽人。北京中國大學畢業，久任教職。工書擅文章。著有《璞山集》、《璞山續集》。

周其鑒生。

周其鑒（一八九三～一九二八），廣甯人。早年考入廣東省甲種工業學校紡織科讀書。受五四運動影響，參與領導學生愛國運動，被選爲廣東省學生聯合會副主席。一九二一年加入共産黨，次年秋任中國勞動組合書記部廣東分部廣州油業工會秘書，積極從事工人運動。一九二四年初任中共廣東區委農委委員，旋兼任廣甯農民協會委員長，建立農民自衛軍，並在鐵甲車隊支援下摧毁反動民團據點，翌年當選廣東省農民協會執行委員兼省農協駐西江辦事處主任。一九二六年當選廣東省農民協會常務委員兼駐北江辦事處主任。“四一二”政變後，回廣甯擴大農民自衛軍，任廣東工農討逆軍副總指揮，率千餘人北上支援武漢地區工農運動，參加南昌起義，編入起義軍第二十軍三師六團，南下受挫後，率餘部轉入海陸豐，被選爲中共廣東省委候補委員，十一月去北江組織農民武裝，成立清遠紅軍獨立團，十二月參加廣州起義。次年初再赴北江領導發動武裝暴動時，在清遠被捕就義。（《廣東近現代人物詞典》三五二頁）

胡文燦生。

胡文燦（一八九三～?），開平人。日本早稻田大學政治經濟學士。早年追隨孫中山。民國元年（一九一二）任廣東北伐軍敢死隊隊長，四年至五年（一九一五、一九一六），奉孫中山及中華革命軍總司令朱執信命討伐袁世凱、龍濟光，迭任東江、北江、西江司令及廣州攻防司令等職。六年（一九一七）任大元帥府陸軍部第五獨立旅長。七至八年（一九一八、一九一九）奉命在廣東召開國民大會，主張北伐及粵人治粵，舉伍廷芳爲省長，並向省議會請願及罷工罷市，旋被粵督莫榮新扣捕。孫中山自上海派人來粵營救，始獲釋放。九年（一九二〇）奉孫中山命討伐陸榮廷、莫榮新，任粵軍義勇軍中路總司令。十一年（一九二二）六月十六日陳炯明叛亂，孫中山蒙難，奉中山命任廣州討逆軍第三軍司令兼白鵝潭巡衛司令，後任廣州市參議會議長。廿五年（一九三六）任第四戰區廣東第六區遊擊司令，策動人民抗日。三十年（一九四一）辭職，留居香港。適日本發動太平洋戰爭，即與陳策等發動港僑助港抗日。後奉派爲粵閩區戰時監察，被選爲國民黨第六屆中央監察委員。抗戰勝利後，奉派爲粵桂敵僞物資接收清查團委員。後任國民大會代表、國民黨中央財務稽核委員、廣東省糧救協會監察委員會主任委員。中華人民共和國成立後旅居香港。（《廣東近現代人物詞典》三七二頁）

莊偉剛生。

莊偉剛（一八九三～一九五八），梅縣人。北京陸軍軍需學校畢業。一九一九年加入粵軍，任大元帥府警衛團二營軍需官、粵軍第一軍二師軍需長。一九二五年任國民革命軍第四軍十師軍需處長。一九二七年任第十一軍軍需處長、第二方面軍總指揮部少將軍需處長。一九三〇年任第十九路軍六十一師軍需處長。一九三二年任第十九路軍後方辦事處主任。後任國民政府財政部汕頭海關監督、廈門海關監督。抗日戰爭勝利後移居泰國。

徐良生。

徐良（一八九三～?），字善伯。廣州人。早歲赴日本入横濱大同學校，後赴美入哥倫比亞大學、華盛頓大學，畢業回國歷任北京政府司法部、外交部秘書等職。一九四〇年任汪僞外交部政務次長。一九四二年任汪僞中央政治委員會第三屆委員會列席委員等職。（《民國人物大辭典》六九九頁）

徐天深生。

徐天深（一八九三～？），字穆和。瓊山（今屬海南）人。早年赴日留學，入同盟會，回國後任廣州大本營官員。一九二七年曾在《民國日報》發表《痛心與決心》，次年赴歐洲考察，一九三三年出任實業部青島商檢局局長。後出任汪精衛南京僞國民政府文官長。

唐圖强生。

唐圖强（一八九三～一九七五），名釗，字錦强。東安（今雲浮）人。早年在邑參加辛亥革命。先後畢業於廣東公立法政學校、粵軍第一軍官講習所，歷任大元帥直轄討賊軍司令部副官長、粵軍第一軍獨立團團長、雲浮縣縣長。抗戰時期任廣東戰事糧食委員會副主任、廣東抗敵後援會委員等。勝利後從商，嗣移居香港繼續從商。在港去世。（《廣東近現代人物詞典》四二〇頁）

陳素生。

陳素（一八九三～一九八一），字予齡，號無那、慎五，室名雙膝吟樹。潮安人。十八歲在學時入同盟會，辛亥革命時參加學生軍光復潮汕。先後主編《大風》、《民蘇》、《汕頭星報》，並入南社。一九二三年孫中山回穗，被委接編《香江晨報》。一九二六年七月在武漢創辦《中山日報》。一九四一年太平洋戰爭爆發，任國民黨港澳總支部委員，淪陷後曾在粵港組織海陸遊擊隊。一九四九年後去臺灣。（《中國近現代人物名號大辭典》六七二頁）

陳策生。

陳策（一八九三～一九四九），字籌碩。文昌（今屬海南）人。海軍中將，海軍廣東艦隊名將。曾協助孫中山在穗對抗陳炯明，抗戰時負傷截斷一腿，有“獨脚將軍”之稱。日軍攻陷香港時，帶領數十名英軍成功突圍，獲英皇頒授帝國騎士司令勳章。抗戰結束後任廣州市長。一九四九年任廣州綏靖公署副主任，八月底卒於穗。（《中國近現代人物名號大辭典》七一七頁）

陳伯莊生。

陳伯莊（一八九三～?），名延壽。番禺人。早年留學美國哥倫比亞大學攻讀化學工程，畢業回國任國立政治大學教授兼總務長、大夏大學教授等。一九二九年後任鐵道部建設司司長、粤漢路完成委員會委員長。一九三一年任國防設計委員會交通組委員。抗戰時期出訪蘇聯。抗戰勝利後奉派爲交通部京滬區特派員，主持接收東南交通事宜，後任京滬區鐵路管理局局長。著有《蘇聯經濟制度》。（《廣東近現代人物詞典》二八三頁）

陳抱一生。

陳抱一（一八九三～一九四五），新會人，生於上海。一九一三年留學日本專攻西畫。一九二一年畢業於東京美術學校，回國後創“抱一繪畫研究所”，指導人體寫生。一九二五年於滬創辦中華藝術大學，與丁衍庸負責西畫科，先後在上海美專等校任教。又與烏始光、汪亞塵等組織東方畫會、晨光美術會，還與徐悲鴻、潘玉良等組織 默社。擅長油畫。著有《油畫法之研究》、《静物畫研究》、《人物畫研究》等。一九四二年發表《洋畫運動過程略記》文章，記録民初上海現代美術運動發展。一九四五年七月病逝於滬。（《中國近現代人物名號大辭典》六九〇頁）

陳兩福生。

陳兩福（一八九三～一九三五），揭陽人。九歲賣身入潮劇老三正順班當童伶，聲音清亮，主演潮劇傳統名劇《大難陳三》及時裝劇《乾坤鏡》，爲該班台柱。成年後聲音變粗，轉而習伴樂，得名師傳授，尋即任該班頭手，通曉多種樂器，伴奏唱腔十分得體，樂音能依字行腔、托腔，有“兩福頭手伴奏，增加三分戲”之稱。隨班所到之處，觀衆均點名演奏。成名後培養了一批潮劇名樂師，如陳淑欽、陳炳泉、陳老炳、陳早來、林陳北等。在童伶聲腔選擇上有獨特鑒别力，由其挑選的演員經訓練培養均能成爲較好演員。潮劇名導演黄玉斗，即爲其徒。多次隨潮劇班到南洋演出，在潮汕、南洋均享盛名。（《廣東近現代人物詞典》二八二頁）

陳漁洲生。

陳漁洲（一八九三～一九七五），名澤梁，號藻潛，以字行。東莞寮步人。出生於儒醫世家，少年從父鍾蓮習醫，後又入穗醫學衛生社學習。一九三一年定居茶山，是年東莞舉行首次中醫考試，獲第二名。縣第四屆中醫考試，被聘爲考試委員。中華人民共和國成立後，被選爲縣第二、三、四届人民代表大會代表。醫學上精益求精，又博採各家之長，治内科雜症，不拘一格，善治温病。著有《白疹秘鑰》、《藻潛醫案》、《藻潛醫話》等。（《東莞市志》一四九〇頁）

陳同昶生。

陳同昶（一八九三～一九七七），號昶曼。高要人。幼年隨父祺謙東渡日本，就讀其父任校長之日本同文學校，其父推薦受業康有爲門下。後回國，考入北平警官高等學堂。民國十一年（一九二二）返粤，任職廣東省軍事廳。次年隨軍回肇，任高要縣公安局局長兼肇慶市政局局長。十七年（一九二八）任廣甯縣縣長。十九年任高要縣縣長，任内主持重修梅庵及開辟庵前馬路，次年五月調任順德縣縣長。二十五年（一九三六）任汕頭市市長，次年奉派赴歐美考察，並受命向華僑募集飛機專款。二十七年取道蘇聯回國，歷任廣東綏靖主任公署秘書處少將處長、第七戰區司令長官司令部少將秘書長。三十五年（一九四六）十一月，當選制憲國民大會代表，次年三月被聘爲憲政實施促進委員會宣傳委員。一九四九年移居香港直至去世。

陳淑英生。

陳淑英（一八九三～一九九〇），香山（今中山）人。孫科夫人。父爲旅居檀香山華僑。十八歲入同盟會。一九一二年與孫科結婚，與科共同生活了六十一年。淑英爲孫中山三叔觀成、三叔母譚氏之外孫女。科婚後赴美留學，淑英相伴而行，翌年在加州柏克萊生下長子，電告孫中山，取名“治平”。一九一四年又生下次子，中山以治國之道，先求平安，再求强盛，取名治强。一九二三年長女生於穗，仍由中山命名，取名穗英。一九二五年又生次女穗華，此時孫中山已赴北京。

梅與天生。

梅與天（一八九三～?），順德人。原習西洋畫，後轉攻國畫，曾加入廣州赤社畫社，並受聘於廣州市立美術學校。一九四九年移居香港。專尚國畫，以西洋畫法移用於國畫。作品用筆簡練，墨暈不多，傅色輕微，别有蕭疏遠逸之意境。署款也近西畫習慣。(《廣東近現代人物詞典》四二九頁)

葉問生。

葉問（一八九三～一九七二），原名繼問。南海人。童年時曾回鄉讀書，尤喜拳術。時佛山詠春拳宗師梁贊首徒陳華順租用桑園葉家宗祠設館授徒，問便習詠春拳，後又隨吴仲素、梁壁（贊子）習武。一九四一年在佛山招收首批門徒。一九四九年赴港定居，此後二十多年致力於詠春拳推廣與普及，先後在港九飯店職工總工會、九龍汝州街、李鄭屋村、大埔道、通菜街等地設館授徒。授徒注重“習武先立品”、“重節而輕利”，再加武功精湛，在武術界及社會上頗有威望。一九六八年成立香港政府承認的首個武術團體詠春體育會，集教授、研究、交流詠春拳術爲一體。一九七二年又帶頭成立葉問國術總會。門下桃李盈門，高徒輩出，李小龍爲其中傑出代表。

葉季壯生。

葉季壯（一八九三～一九六七），原名毓年，字耀周。新興人。一九一二年九月考入廣東省立法政學堂，畢業後曾在江門、新興等地任見習司法官、縣署總務科科長，後受聘任《四邑平報》社長兼總編輯。一九二五年加入中共，次年任中共廣東區委巡視員、江門支部書記。一九二七年任中共廣東四邑地方執行委員會書記兼廣東新會縣委書記，大革命失敗後參加廣州起義。一九二九年至港任中共廣東省委機關報《香港小日報》總經理兼編輯。七月奉命與張云逸赴廣西從事兵運工作，參加百色起義，參與組建紅七軍，任軍政治部調查科科長、右江蘇維埃政府財經委員會主席。一九三〇年任紅七、紅八軍總指揮部經理處處長、紅七軍委員會書記、紅七軍政治部主任、黨務委員會委員。至中央革命根據地後，任紅軍總政治部政務處處長兼組織科科長。一九三二年任紅一方面軍供給部部長、政委、紅軍撫恤委員會主任、紅軍總政治部組織部部長，次年兼廣昌警備區政委、紅軍總供給部部長兼政委。參加長征，任中革軍委總參謀部管理局局長。一九三五年任紅軍總供給部部長、政委、中央軍委後勤部部長兼政委。一九三八年任八路軍總部野戰政治部軍需處處長、中共中央財政經濟部副部長等。一九四四年任陝甘甯邊區貿易公司經理等。一九四六年任東北各省（市）行政聯合辦事處行政委員會財政委員會主任等。一九四八年任東北行政委員會財政部部長兼商業部部長等。一九五二年任對外貿易部部長、黨組書記等。（《中國近現代人物名號大辭典》一五二頁）

黄福生。

黄福（一八九三～一九七五），原名貴福，字文媛。香山斗門（今屬珠海）人。出身於華僑之家，少年時加入同盟會。光緒三十三年（一九〇七）冬，隨孫中山參加鎮南關起義。宣統三年（一九一一）十月武昌起義後，革命軍攻取南京時，被委派爲炸彈隊長，便裝潛入城内，並星夜出城密報軍情，使革命軍及時發動總攻，光復南京。袁世凱篡權後返粤，參加聯義社，參與討袁諸役。六年（一九一七）夏爲孫中山侍從。十一年（一九二二）六月陳炯明叛變，掩護孫中山登永豐艦，後參與討伐炯明。十二年（一九二三）春，被委爲中校特派員。北伐戰爭開始後，留粤任護沙大隊長，後解甲歸田。抗日戰争爆發後在家鄉組織武裝與日寇周旋，曾任中山縣議會副議長。一九四九年十月糾集中山、順德、新會等地殘餘力量對抗新政府，失敗後於一九五一年赴港澳，復去臺灣。在台病卒。著有《論治國之道》。（《廣東近現代人物詞典》四三八頁）

黄毅生。

黄毅（一八九三～一九六八），字開山。清遠潖江區田心村（今屬佛岡）人。一九一三年赴日本早稻田大學留學，留日時曾與人創辦《新潮》雜志，宣傳民主革命。一九一九年返國，創辦《廣州新聞報》，繼任廣東省議會議員、南京國民政府政治訓練所少將副所長等。一九二九年任汕頭市政廳廳長，後疊任新會、連縣縣長。一九三三年改充第八軍少將政務處長、廣東省民政廳秘書等。抗戰時曾任廣東省政府設計效率委員會委員等。一九四二年調任清遠縣縣長。中華人民共和國成立後歷任廣東省參事室參事、省人大代表等。（《廣東近現代人物詞典》四三八頁）

黄植楠生。

黄植楠（一八九三～一九五〇），號少任。歸善（今惠州）人。植楨弟。畢業於保定陸軍軍官學校，歷任國民革命軍第四軍十一師三十一團連、營長、第一集團軍第一軍第二師四團上校團長、第四路軍第二師少將副師長。一九三六年赴德國研習軍事，次年蘆溝橋事變後，回國出任廣東前敵總指揮部參謀長、第六十六軍參謀長，參加上海保衛戰後又投入保衛南京之戰，與所部奮勇抗擊日軍。南京突圍時其他守軍棄城渡江後撤，與所部卻由紫金山北麓冲出正面强敵重圍，殺傷無數日軍後才輾轉返粤。一九三八年至一九四五年因擅長軍事教育，被派任軍政部第二十三補充兵訓練處中將處長，訓練官兵數以萬計，源源補充前方抗日隊伍，同時兼任南雄警備司令部司令，組織群衆清除漢奸，鞏固廣東與江西南潯後方。受其長兄植楨影響，熱心教育救國，在韶關創辦南華小學，在南雄創辦植楨中學及植楨中學農場。抗戰勝利後植楨中學遷廣州，前後辦校八年，培訓失學青年數千人，并爲此辭去軍職任校長，傾盡大半生心血及鉅資扶持學校發展，培育後輩成才。（《廣東近現代人物詞典》四六三頁）

黄麟書生。

黄麟書（一八九三～一九九九），字祥霖，號槐園。龍川人。黄埔軍校政治教官。一九四三年任國民政府廣東省政府委員兼教育廳廳長，後任國民革命軍第一軍風紀巡察團中將委員。去臺灣後先後繼任國民黨立法委員、考試院考試委員。享年百〇七歲。著有《秦皇長城考初稿》。（《中國近現代人物名號大辭典》一一二三頁）

馮公俠生。

馮公俠（一八九三～一九六三），原名季芳。高明人。讀私塾七年，十五歲父卒，赴香港當"批花"學徒，學銀器雕刻，拜徐研農爲師，習繪畫，獨創一套批花工藝，成名香港。後轉習象牙雕刻，產品行銷穗、滬。中華人民共和國成立後任廣州市人民代表、政協委員。（《馮公俠、馮少俠和象牙米》）

梁龍生。

梁龍（一八九三～一九六七），字雲從。梅縣人。畢業於英國劍橋大學，曾任北京政府外交部條約委員會委員等。一九二四年任中山大學法學院院長。一九二八年派署駐德國使館一等秘書。一九三三年調代理駐捷克使館一等秘書，加參事銜。一九三九年任駐羅馬尼亞特命全權公使。一九四二年任國民政府外交部歐洲司司長。一九四五年任駐瑞士特命全權公使，次年任駐捷克特命全權大使。又任臺灣大學校長。著有《蘋盧詩稿》。（《民國人物大辭典》八七三頁）

梁令嫻生。

梁令嫻（一八九三～一九六六），名思順，室名藝蘅館。新會人。啟超長女。曾師事麥孟華。能詞。嫁周國賢，後隨夫駐仰光、菲律賓、加拿大任所。著有《藝衡館詞選》五卷，散著又見

《婦女雜志》等。(《中國近現代人物名號大辭典》一一六四頁)

梁定慧生。

梁定慧（一八九三、一八九二～一九八三），原名國體。香山唐家灣（今屬珠海）人。少入澳門子褒學塾。光緒三十二年（一九〇六）其姐綺川在香港創辦實踐女校，令轉港就讀。該校爲同盟會香港分會之秘密機關，其兄冠三，兩姐綺川、綺德均爲同盟會中堅，黄興、胡漢民等亦常在此秘密議事，从而深受革命薰陶。宣統元年（一九〇九）由父母作主，嫁本鄉僑商子唐鐵魂爲妻。婚後加入同盟會，稍後又動員其夫加入，次年與徐宗漢等一起參加新軍起義後勤與通訊工作。廣州黄花崗起義時，協助宗漢運送軍火及聯絡。武昌首義成功，與唐鐵魂受派參加惠州起義，勝利後又到汕頭協助民軍處理軍務，鐵魂不幸在兵變時犧牲。廣東光復後毅然參加廣東女子北伐隊，隨軍北上，後與國民黨元老鄒魯在香港成婚。三十年代中期創辦了廣東婦女傳習所，收容無業婦女。抗日戰爭時期，組織中大抗日戰地服務團，奔赴港澳各地籌款、宣傳，參與宋慶齡、何香凝組織的抗日救國活動。民國二十七年（一九三八）率中大抗日戰地服務團至八路軍駐武漢辦事處會見周恩來、葉劍英等。二十九年（一九四〇）赴東南亞在華僑中開展抗日募款活動，回國後在韶關創辦陳永軍民醫院，醫治抗日傷患者。廣州解放前夕，赴香港居住。一九五四年其夫鄒魯逝世時到臺灣奔喪。後在台病逝。(《廣東近現代人物詞典》四八七頁)

梁桂華生。

梁桂華（一八九三～一九二七），原名貴華。東安（今雲浮）人。一九二二年加入中共，曾任佛山理髮工會主席、佛山市工會聯合會及佛山工代會委員、中華全國總工會第一屆委員、中共廣東區委監委副書記、中共香港地委書記等職。廣州起義時任工人赤衛隊副總指揮，戰鬥中不幸負重傷，起義失敗後壯烈犧牲。(《廣東近現代人物詞典》四八九頁)

梁墨緣生。

梁墨緣（一八九三～一九七六），原名源。順德人。早年在布店當學徒。一九一五年集資開辦航業聯商公司，任經理。一九一七年退出聯商公司，集資組建粵海輪船公司，曾任廣東內河商船總工會董事、廣東商船公會副會長，又陸續開設公德成、晋德成等十家米行，時人稱爲“十大成”。一九三八年廣州淪陷前夕，親自帶領船員把十多艘船鑿穿沈於江底。後參加西江航業戰時服務社聯營組織，維持戰時後方交通。抗戰勝利後回穗，將沈没江底的船撈起維修，恢復粵海公司。解放前夕，在中共地下黨組織推動下，先後將全部船隻疏散至澳門。中華人民共和國成立後回穗。一九五四年十一月粵海公司實現公私合營，被選爲廣州市政協委員。於穗病逝。（《廣東近現代人物詞典》四九四頁）

張世德生。

張世德（一八九三～一九三〇），字作仁，别號金。吴川人。辛亥革命爆發辭母從戎參加光復廣東。一九一九年春考上陽江軍官教練所，畢業後編入粵軍許崇智第一師，爲團長陳銘樞所賞識，在蔡廷鍇連任中尉排長，隨廷鍇參加孫中山領導的首次北伐、東征陳炯明及南征鄧本殷等，功勳顯赫。攻打肇慶城戰役被擊中，彈從背出，忍痛帶隊首冲入城，師長李濟深親至廣州醫院慰問，並獎賞毫銀百五十元，出院後升機關連連長，次年再升營長。一九二六年出師北伐，在配合友軍葉挺獨立團攻克汀泗橋一役中立奇功。攻打孫傳芳時又三戰三捷，晋升二十九團團長。次年八月一日南昌起義時隨葉挺指揮的十一軍參加起義，負責攻打駐南昌老營房之敵，打得勇猛，取得殲敵勝利，繳獲了大批槍械。起義後脱離起義軍加入蔣光鼐、蔡廷鍇重建的第十一軍，任第二縱隊隊長，下轄兩個團。一九二九年夏任六十一師第九旅旅長，後率部與桂軍同馮（玉祥）閻（錫山）大戰。一九三〇年奉命出師湖南截擊桂軍，大敗敵軍後親帶衛隊巡視戰場時被桂軍收容隊擊中陣亡。追贈陸軍中將。（《廣東近現代人物詞典》二四一

頁）

張光弟生。

張光弟（一八九三～一九四五），字貫寛，號偉生。始興人。一九二一年參加在廣州舉辦的宣講員養成所學習班，次年參加在廣州東園召開的廣東社會主義青年團成立大會。一九二五年與人創辦進步青年組織新興社，出版《始興青年》雜志宣傳民主革命思想，次年參加國民黨始興縣黨部籌備委員會工作並任宣傳部長，領導農民運動。"四一二"政變後流亡他鄉。一九三一年回鄉恢復農會活動。一九三五年春任第二路軍總部秘書處中校秘書，次年春至始興縣清化創辦風度小學，創辦"烏鴉雜志社"，出版《烏鴉》雜志。抗日戰争期間參與創立了以青年骨幹爲核心的始興青年抗日同志會。一九三九年任始興參議會議長、省參議會駐會委員。一九四五年被當局槍殺於始興西郊。（《廣東近現代人物詞典》二四二頁）

張晴暉生。

張晴暉（一八九三～一九八〇），番禺人。宣統三年（一九一一）畢業於廣東官立女子師範學堂，次年以後長期在香港約智女子學校任教。一九四九年參與籌建澳門民主婦女聯合會，歷任澳門民主婦女聯合會第一至十六届主席及第二十、二十一届名譽主席、澳門鏡湖醫院慈善會第三至十二届董事、全國婦聯第三、四届執委。（《廣東近現代人物詞典》二五三頁）

張資平生。

張資平（一八九三～一九五九），原名秉聲。嘉應（今梅縣）人。一九一二年赴日本留學。一九二一年在日本京都與郁達夫、郭沫若、何畏、徐祖正等成立創造社，出版《創造季刊》。一九二八年九月開辦樂群書店，出版《樂群》半月刊，翌年改月刊。一九四〇年主編《中日文化》月刊。抗戰期間，任僞興亞建國運動本部常委委員、汪僞江蘇省政府參議及中日文化出版社主任。一九四七年被捕，後被保釋。一九五八年上海市中級人民法院判處其有期徒刑二十年，次年病逝於安徽勞改農場。著有《地質礦物學》、《普通地質學》、《冲積期化石》、《資平小説選》、《苔莉》等。(《中國近現代人物名號大辭典》六三〇頁)

温文光生。

温文光（一八九三～?），字瀚周。台山人。畢業於私立金陵農科大學，獲農學學士，曾任廣東公立專門學校教授及農場技士。後赴美國留學，入加利福尼亞大學專習果樹園藝及果物冷藏法，又入康乃爾大學爲果物分類學研究生。一九二三年歸國，次年任國立北平大學農科教授。一九二七年任中山大學農科教授兼農場主任等。著有《柑橘芽條變異育種法》等。(《民國人物大辭典》一二九八頁)

游壽生。

游壽（一八九三、一八九四～一九一一），號（又名）壽昌。南海人。安南華僑。遇反對革命者，嚴厲斥責，不惜拔劍相向。光緒三十三年（一九〇七）參加鎮南關（今友誼關）起義，次年又參加欽廉上思之役。廣州起義發動後，隨黄興奮勇攻打兩廣督署，在戰鬥中壯烈犧牲。爲黄花崗七十二烈士之一。(《辛亥革命》)

曾文波生。

曾文波（一八九三～一九五二），原名國桓，字顯秀。文昌人。幼年在家鄉啟蒙。高小畢業後，以理髮爲生。後輾轉入滇，考進雲南講武堂第十二期，一九二〇年畢業後回粤，入粤軍吴鐵城部任職，轉戰粤桂，平定兩廣，後又參加兩次東征、北伐，歷任排、連、營、團長，上海閘北區區長等職。抗戰勝利後任南京國民政府國防部高參。中華人民共和國成立後避居滬。

翟俊千生。

翟俊千（一八九三、一八九一～一九九〇），東莞周溪人。一九一四年東莞中學畢業後，考入北京大學。一九二一年畢業後任勞工教育指導委員會委員兼鐵路勞工師資養成所所長，次年以官費赴法國里昂大學攻讀國際政治與經濟理論，獲法學博士學位。留學期間，與同學籌建中國社會民主黨。一九二四年作爲中國代表團成員參加在布魯塞爾召開的“反帝反殖大同盟國際會議”。一九二七年回國後先後任暨南大學首任副校長兼政治經濟系主任、大夏大學法科教授、國立勞動大學社會科學院教授、上海建設大學校長、香港華僑工商學院院長、北京大學、清華大學、中山大學、上海法政大學、法商學院等校校董、教授等職。一九三二年在中山大學任教時，受省長林雲陔委託，一度出任汕頭市長。卸任後，重返暨南大學任教。一九四一年由港去渝，任中央銀行經濟研究處專門委員。一九四三年與譚平山等在渝秘密成立三民主義同志聯合會。一九四七年冬參加李濟深、蔣光鼐等爲首的中國國民黨革命委員會籌備活動，爲民革章程起草小組成員之一。中華人民共和國成立後在上海市人民銀行任高級經濟計劃員，後任上海人民銀行訓練班政治經濟學教員、蘇州第二中學歷史教員、蘇州市政協委員、民革上海市委委員、上海市黃浦區政協委員。一九八六年被上海市文史館聘爲名譽館員。著有《中國國際地位與不平等條約》。（《東莞市志》一五一四頁）

廖尚果生。

廖尚果（一八九三～一九五九），即青主，曾用筆名黎青主，別署黎青、L. T. 等。惠州人。早年爲廣東黃埔陸軍小學堂學生，武昌起義時曾參加進攻潮州府。民國成立後受廣東政府派遣留學德國，入柏林大學法學系，同時學習鋼琴及作曲理論，一九二〇年獲法學博士學位。一九二二年返國，先後任廣東大元帥府大理院推事、黃埔軍校校長辦公廳秘書、國民革命軍總政治部秘書、廣東法官學校校務委員會副主席、國民革命軍第四軍政治部主任等職。一九二七年十二月廣州起義失敗後被通緝，改名青主，開始了“亡命樂壇”生涯，次年在上海經營書店，出版其作品《大江東去》、《清歌集》等。一九二九年應蕭友梅之邀任上海國立音樂專科學校教授，並任校刊《音》、《樂藝》季刊主編，在

《樂藝》上發表譯著、作品有六十多篇，還編寫出版了音樂美學著作《樂話》、《音樂通論》及與華麗絲合作之歌曲集《音境》等。一九三四年後基本脱離音樂界，以教書終老，曾任教於同濟大學。中華人民共和國成立後在復旦大學及南京大學教授德語，曾譯過梅雅爾、麗莎之音樂論著。（《中國近現代人物名號大辭典》一二九三頁）

黎民偉生。

黎民偉（一八九三～一九五三），新會人，出生於日本。嚴姍姍夫。少時被在日本經商之父送香港聖保羅書院讀書。宣統三年（一九一一）入中國同盟會，並發起組織香港首家文明戲團體清平樂白話劇社，演出《愛河潮》等戲宣傳革命。一九一三年在港組建華美電影公司，旋與亞細亞公司合作拍攝《莊子試妻》，也是首部由香港出品的故事短片。一九二三年創辦香港民新影片公司，攝制《中國競技員赴日本第六届遠東運動會》等新聞紀録片。國共兩黨合作期間，回内地拍攝了《中國國民黨第一次全國代表大會》、《孫大元帥出巡廣東東北江記》、《孫中山北上》等，還把《聊齋志異》中之《胭脂》改編爲同名影片。後將公司遷滬，與人合營導演拍攝了《祖國山河淚》、《蔡公時》等影片。一九二六年"民新"遷滬，成立上海民新公司，又與羅明佑合辦聯華影片公司。次年民新影片公司攝制完成大型紀録片《國民革命軍海陸空大戰記》，爲製作兼攝影師，後公司也拍過武俠、色情影片，翌年還開辦民新影戲專門學校。一九二九年又與羅明佑合作組成聯華影業公司，任第一廠主任，拍出首部影片《故都春夢》。次年"民新"並入聯華，就任聯華一廠廠長。一九三二年"聯華"拍了幾部反映"一·二八"抗日戰爭新聞紀録片，次年二月成立中國電影文化協會，被選爲執行委員。一九三六年"民新"又退出"聯華"，恢復拍片。抗戰爆發後返港，建立啟明製片廠、影劇院。港淪陷後，攜眷入内地，奔走廣州灣、桂林、柳州、八步一帶。抗戰勝利後，回港恢復民新影片公司，並經營仙

樂電影院。（《廣東近現代人物詞典》五五四頁）

黎儀燊生。

黎儀燊（一八九三～?），字焜猷。順德人。早年參加郵政工作。抗戰爆發後任廣東郵政管理局業務科科長，廣州淪陷後撤至廣寧，代行管理局職權，旋遷遂溪，再赴曲江，成立廣東郵政管理局辦事處，任主任。抗戰勝利後被委派爲交通部郵政接收委員、廣東郵政管理局局長，返穗接收郵政，嗣任交通部郵務長。（《廣東近現代人物詞典》五五四頁）

劉沛泉生。

劉沛泉（一八九三～一九四〇），字毅夫。南海人。兩廣方言學堂肄業，日本東京高等工業學校電機科畢業。一九一四年在穗、港報館任編輯、總編輯。一九二〇年在港結識唐繼堯，次年應聘入滇，先後任雲南航空學校校長、第十路航空司令、雲南省航空處處長、滇軍總司令部高級參議兼航空處長，領中將銜。一九二八年任國民革命軍總司令部北伐東路航空司令，旋被解職。一九三〇年任湘桂鐵路局局長，後改任中國航空公司籌備處經理。一九三三年聘爲全國航空建設委員會委員，同年在穗籌辦滇粵桂聯合創辦的西南民用航空公司，任常務委員、臨時主席。一九三八年任第十二集團軍駐香港運輸處主任。一九四〇年六月在港病逝。開發從化温泉，功不可没。（《廣東近現代人物詞典》一一〇頁）

劉寶琛生。

劉寶琛（一八九三～一九七四），新寧（今台山）人。嶺南大學附中畢業考入清華大學。一九一九年因參加學潮被捕入獄，越年赴美入麻省理工學院攻讀造紙化學工程，獲碩士學位。一九二八年返國歷任廣西建設廳技正、實業處處長、廣東建設廳科長等。一九三八年任廣東營製紙廠廠長。一九四七年後重建廣東紙廠，再任廠長。（《廣東近現代人物詞典》一一一頁）

鄧召蔭生。

鄧召蔭（一八九三～?），字小任。香山（今中山）人。早年赴美國留學，回國後於一九二二年兼任文官高等懲戒委員會委員。一九二五年任廣州國民政府財政部秘書，翌年任廣州市財政局局長。一九二七年任粵海關監督。一九三〇年任立法院第二屆立法委員，翌年廣州國民政府成立，任財政部部長。一九四〇年任第二屆國民參政會參政員。一九四二年連任。（《民國人物大辭典》一四九七頁）

鄧定遠生。

鄧定遠（一八九三、一八九五～一九七一、一九七〇），字立予，號笠漁。海康人。早年就讀海康官立高等小學堂、雷陽書院。宣統三年（一九一一）投筆從戎參加粵軍，在鄧仲元麾下服役，提升班長。民國二年（一九一三）仲元爲瓊崖鎮守使，攜定遠赴瓊崖，令其在文昌招募、訓練新兵，尋升排長、連長。八年（一九一九）至保定陸軍軍官學校深造。畢業後奉命回南路雷州，任民團團長，設計除石角三等匪首。孫中山赴桂林策劃北伐，隨行。北伐未成，中山回穗，任憲兵營長、元帥府警衛團少校團長。十五年（一九二六）參加北伐，任第四軍十二師參謀長、參謀處處長，於汀泗橋戰役戰功顯著。後隨張發奎等轉戰湘、鄂、魯、豫、冀諸省，被選爲國民大會代表。抗日戰爭爆發，回雷州任遊擊少將司令兼海康縣長。二十八年（一九三九）調任第四戰區少將高參。三十三年（一九四四）任第七戰區中將參議。抗戰勝利後蔣介石設廣州行轅，爲少將參議。時年僅五十四歲，卻以年事已高爲由請准退役。三十五年赴南京出席國民黨代表大會。從政之餘潛心文藝，在文學、繪畫、書法等方面都有較高造詣。著有《四軍戰史》，曾在廣州、臺北等地舉辦個人書畫展，有《笠翁書畫集》在臺灣出版。（《廣東近現代人物詞典》三九頁）

鄧彥華生。

鄧彥華（一八九三～一九四二），字鑄雄。三水人。廣東黄埔陸軍速成學堂第五期畢業。宣統三年（一九一一）起任廣陽綏靖處軍事委員、廣東民軍福字營教練長、福軍營長。一九二二年任孫中山廣州總統府參軍、參軍處上校副官。一九二四年任大本營衛士隊長、廣州市公安局長，次年任廣州國民政府副官長、國民黨廣州市及廣東省黨部執委、特別委員。一九二七年四月十五日參與李濟深在穗發動的“清黨”四一五事變，後任第八路軍第二師副師長兼第五旅旅長。一九二九年任第五軍代軍長兼十六師師長、第五十八師中將師長、廣東省政府委員兼建設廳長，翌年授陸軍中將。一九三七年任廣東第一區行政督察專員。一九三九年因病辭職。（《廣東近現代人物詞典》四〇頁）

蕭吉珊生。

蕭吉珊（一八九三～一九五六），潮陽人。一九一七年回潮陽縣任勸學所（後稱教育局）所長。一九二四年初黄埔軍校創辦時任軍校秘書，曾隨軍參加東征、北伐部分戰役。一九二七年甯漢分裂時背離武漢國民政府投奔南京蔣介石。父日初、兄眉珊、介珊均在新馬泰經商，介珊亦爲泰國僑領，曾任泰國潮陽同鄉會第一、二、七屆理事長，故吉珊一入南京，便成爲蔣介石海外工作重臣。一九二九年出任國民政府僑務委員，次年當選爲南京特別黨部常委，翌年年底當選候補中央執行委員。一九三五年升任中央執委兼任國民黨中央海外黨務計劃委員會副主任、代主任，次年一度奉派回粤，任省政府委員，主持廣東僑務工作。抗日戰爭爆發後重返國民黨中央。大陸解放至臺灣，常至東南亞、北美等地做國民黨海外黨務及華僑工作。後由泰赴柬埔寨，因車禍受傷不治去世。

鍾介民生。

鍾介民（一八九三～一九六四），原名純穎，字建閎。鎮平（今蕉嶺）人。一九三六年赴新加坡，任《星中日報》、《興濱日報》總編輯。一九五〇年在印尼任《天聲日報》主筆。一九五二年赴新加坡任《南洋商報》主筆。著有《國際關系論》、《近代人物與近代思想》、《歐洲近代文化史》、《國際公法要備》、《首領論》等。（《廣東近現代人物詞典》三八一頁）

繆培坤生。

繆培坤（一八九三～一九二四），字禹澄。五華人。保定軍校六期畢業。民國初年任張我權部營長、團長。北伐後回粵，於英德、清遠擊敗北洋軍，克肇慶。後病逝穗，追贈少將。（《五華縣志》）

嚴鳳儀生。

嚴鳳儀（一八九三～一九三一），樂會（今屬海南瓊海）人。出身貧苦農民家庭。早年就讀雲南陸軍軍官學校。一九二四年調廣州黄埔軍校工作，任第一期學生四隊副隊長，同年加入中國共産黨，曾被選爲黄埔軍校國民黨特别區黨部第一届執委，翌年參加討伐陳炯明的兩次東征。一九二六年任國民革命軍第一軍第二師第五團團長，參加北伐戰争，大革命失敗後，奉中共廣東省委命回瓊工作。一九二八年任中共瓊崖特委委員、瓊崖工農紅軍中路總指揮，同年冬赴南洋進行革命活動，次年返香港。一九三〇年赴東江地區任紅十一軍參謀長，旋回調省委工作，次年春在廣州被捕犧牲。（《廣東近現代人物詞典》一九一頁）

譚天度生。

譚天度（一八九三～一九九九），乳名貞元，書名鴻基，學名夏聲，化名夏釗，筆名谷風。高明人。三譚（平山、天度、植棠）之一。平山族侄。一九二〇年參加革命，爲中共“一大”期間黨員。大革命時期曾同周恩來、陳延年、彭湃、鄧中夏、蘇兆徵等並肩戰鬥參加省港大罷工，曾引導陳鐵軍等大批青年走向革命道路。大革命失敗後，參加八一南昌起義，任政治保衛處秘書，後活動於港、滬等地。抗日戰争時期爲廣東省委機關刊物《新華南》半月刊主編，任省委文化工作委員會書記，先後任中共惠陽前線工委書記、東江軍政委員會委員、惠陽大隊政委、東寶行政督導處主任等職，參與領導並創建了東江抗日民主政權。解放戰争時期在港從事上層統戰工作，與李濟深、何香凝、沈鈞儒等合作，參與護送大批民主人士北上出席新政協。一九四九年五月離港重返東江，任粵贛湘邊區東江人民行政委員會主任。中華人民共和國成立後，在粵先後任西江專員、省民族事務委員會副主任、主任，省委統戰部副部長，省華僑投資公司董事長，省政協文史資料研究委員會副主任、主任，省政協第三、四届副主席、黨組成員等職。（《中國近現代人物名號大辭典》一二九八頁）

譚植棠生。

譚植棠（一八九三、一八九四～一九五二），曾用名昌泰。高明人。一九一七年與譚平山、陳公博考進北京大學，參加五四運動。一九二〇年畢業回穗，與平山等創辦《廣東群報》，次年加入穗共産主義小組。一九二三年以個人名義加入國民黨，從事工農運動，翌年任廣州農民運動講習所教員、班主任。一九二五年六月省港大罷工爆發後，發起成立了廣東各界對外協會，九月任國民黨中央農民部組織幹事，十月與蘇聯顧問鮑羅廷等到東江前線視察潮梅海陸豐地區農民運動，慰問東征將士，次年被任命爲國民黨中央農民部農民運動委員會委員。"四一二"政變後，離穗回高明治病。抗戰爆發，扶病參加抗日救亡運動。一九四四年底病癒離鄉，前往東江抗日根據地，任東寶行政督導處財經科長。一九四六年春奉命至港從事統戰工作。一九五〇年調回穗，後在肇慶任西江行政專署工商科科長兼貿易、糧食、百貨三大公司經理。（《廣東近現代人物詞典》五五〇頁）

羅策群生。

羅策群（一八九三～一九三七），興甯人。保定陸軍軍官學校第六期工科畢業、黄埔軍校潮州分校中校教官，歷任參謀、營長、團長、師參謀長等職。抗戰爆發時任陸軍六十六軍一五九師四七五旅旅長，參加淞滬會戰，九月在劉行與日軍血戰九晝夜，又於楊木橋指揮擊潰日軍勁旅久留米師團，因功升任一五九師副師長。十二月參加南京保衛戰，因師長譚邃有病先期過江，代行師長職，率部在湯山阻擊從京杭公路北上之敵兩晝夜。十二日夜，來自廣東的六十六軍、八十三軍集合部隊出太平門，沿京杭公路向皖南突圍，率一五九師奉命打前鋒，在紫金山北麓岔路口遇敵阻擊，數次冲擊不果，親自率隊向敵冲鋒，不幸中彈殉國。（《廣東近現代人物詞典》三四五頁）

清德宗光緒二十年　甲午　一八九四年

六月，中日甲午戰爭爆發。九月，日軍侵入中國。十月，日軍占領大連旅順。葉衍蘭感此填《菩薩蠻》十首，梁鼎芬和之。

八月十五日，汪兆銓填《水調歌頭》詞，感時憂事。（陳永正《嶺南歷代詞選》二一〇、二七八、二九〇頁）

十六日，左寶貴戰死平壤玄武門，平壤失陷，後黄遵憲賦《悲平壤》七古詩。

九月，清軍敗於鴨绿江大東溝（即太平溝），後黄遵憲賦《東溝行》七古，描述了大東溝戰鬥全過程。（鍾賢培、管林、謝華、汪松濤《黄遵憲詩選》一〇八、一一二頁）

同月，龐培政在高州就義。

龐培政（？～一八九四），别號敬齋，諧音混名癩渣尾。吴川人。光緒二十年（一八九四）發動吴川民衆五千餘人，自立爲大正盛王，樹三面大旗書其起義綱領：一“立大正盛，天下太平”；二“剷除滿清，殺絶奸官”；三“劫富濟貧，救饑餓人”。攻佔梅菉鎮與吴川縣城，欲揮師直上高、化二州，後被鎮壓。九月，因叛徒出賣被俘，在高州就義。（《吴川文史》）

暮秋，張德瀛填《長亭怨慢》詞，述憂念國事之心。（陳永正《嶺南歷代詞選》三〇四頁）

冬，康有爲賦《和臨桂周㪍卿翰林有感》五律，憂國傷時，感情悲憤。

十月，日軍占領旅順，黄遵憲賦《哀旅順》七古詩，簡朝亮賦《甲午歲孟冬後》五律十首。（陳永正《嶺南歷代詩選》五七四、五五五、五六五頁）

十二月二十四小除夕，汪兆銓填《沁園春》詞，對朝廷腐

敗、政治黑暗作了辛辣諷刺。（陳永正《嶺南歷代詞選》二九二頁）

本年黎天佑任省城十全堂醫局醫席。

黎天佑，字庇留。順德人。儒而通醫，專師張仲景。光緒二十年（一八九四）甲午任省城十全堂醫局醫席，民初在廣州流水井設醫寓“崇正草堂”，大廳懸掛“振興醫風，挽回國命”對聯以自勉。臨症均以仲景大經大法爲本，善用經方救治危急重症，以此著名於時。晚年積其所學，著書立説，撰《傷寒論崇正篇》八卷。同時依黎氏傷寒崇正篇體例，隨仲景原文注解發揮者，還有台山伍律甯《傷寒論之研究》三卷二册、南海趙雄駒《傷寒論旁洲》二卷一册、番禺陳慶保《傷寒類編》一册。庇留還有大量醫案手稿，中華人民共和國成立後由蕭熙、許大輝等人整理，以《黎庇留醫案》名出版。黎氏醫術傳子少庇，曾於民國三十五年（一九四六）在廣州流水井醫寓處辦醫學傳授班，有門人湯仙州等二十八人。（《中國近現代人物名號大辭典》一三一四頁）

本年甲午戰争爆發，梁啟超填《水調歌頭》詞，筆力雄健，音節激昂。（陳永正《嶺南歷代詞選》三四五頁）

本年知縣陳志哲續縣志設局，張雋爲編纂，編成義例，頗有所述。

張雋，字少才。博羅人。能詩，工駢文，善音律，尤注意鄉土史。光緒二十五年（一八九九）任東莞訓導。著有《羅浮山房詩集》。（民國《博羅縣志》卷七）

本年譚發結識孫中山。

譚發，字奮初。三水人。曾僑居日本横濱，開設均昌號，經營西服製作。光緒二十年（一八九四）結識孫中山，次年任興中會幹事，旋《民報》在東京出版，遂於東京分設店號，多方接濟受《民報》影響之中國留日學生。民國成立後，閒居於穗。（《廣東近現代人物詞典》五四五頁）

桂坫於本年中進士。（宣統《南海縣志》卷十）

桂坫（一八六七～一九五八），字南屏，室名晋磚宋瓦室。南海人。文燦子。光緒二十年（一八九四）進士，歷任檢討、國史館總纂、浙江嚴州知府。擅長考據學。著有《晋磚宋瓦室類稿》、《誦清宦詩文集》、《重修南海縣志》、《廣東續通志》。晚避亂香港，卒年九十四。余祖明《廣東歷代詩鈔》卷五有傳。

陶邵學於本年中進士。（民國《番禺縣志》卷十六）

陶邵學（一八六四、一八六三～一九〇八），字子政，號頤巢、（一説字）希源。番禺人，祖籍浙江會稽。光緒十五年舉人，二十年（一八九四）甲午恩科進士，任内閣中書。通籍歸，主講肇慶星巖書院及中學堂，生徒信服。體羸，年四十五卒。著有《頤巢詩》二卷、文一卷、《續漢志刊誤》二卷、《補後漢刑法食貨志》二卷、《琴律》、《頤巢類稿》三卷。陳融《讀嶺南人詩絶句》卷十三有傳。女兄餘，字秀菘。劉兆榕室。工詩。少家貧，恒應學海堂季課，得膏火資以養母。詩卷爲學長陳良玉激賞。善設色花卉，間作山水。有《韶州九成臺秋眺圖》，自題詩其上。著有《愛菊廬詩》二卷。汪兆鏞《嶺南畫徵略》卷十二有傳。

范公諤於本年中進士。

范公諤，番禺人。公詒弟。光緒二十年（一八九四）進士，官吏部主事。（吴道鎔《范氏家傳》、《明清進士題名碑録索引》）

張其鎮於本年中舉人。

張其鎮，原名其濬（浚），字華襄，號哲雲。東莞篁村人。孝廉端公第三子，提學其淦同母弟也，十三歲應童子試，父挈往會城海珠營，端午觀競渡，時署廣州副將黄龍淘見之，即與訂婚。補縣學生，旋食廩餼。孝廉公捐館後，秉承兄訓，嚴定課程，常誦讀至漏三下不輟，弟其潤、其深效之。其鎮中光緒二十年（一八九四）甲午舉人，其潤、其深先後補弟子員。長兄其曜、季弟其泩相繼即世，耗費既多，且有債負，其鎮仿龐公社法，竭力經營，得以支持不墜。兄其淦遊三晋，無内顧憂，其鎮之力也。術者言其先考妣墓地不吉，以爲憂，遂悉心研究堪輿學，嘗偕地師往來水簾山谷間，遇風雨不能歸，露宿樹下。篁村分五坊，貧富遞嬗，倡捐貲積儲子母，先期代納，事將成矣，爲富而不仁者阻撓。詩工近體。邑人羅晋工書法，與交，書法近之。卒年三十有三。張其淦《東莞詩録》卷六二有傳。

陳仲夔於本年中舉人。

陳仲夔（？～一九一二），號子淑。東莞鳳涌人。銘珪子。中歲究心堪輿，改葬其五代祖。尤精星命，嘗推虎門提督方耀於年五十八六月死，至期果然。又推兄伯陶年五十七必革官，囑早告歸，而是年辛亥，乃值國變。又自推年三十二鄉薦，年五十死。光緒二十年（一八九四）甲午果中舉人。至壬子三月抱病，或候之，曰："死矣，不死星命不靈也。"人笑之，已而果卒。卒之前二年，或得袁世凱命令推，時世凱方罷歸，曰："必再出，出則貴不可言。"或曰："封王乎?"曰："不止此。""然則爲皇帝乎?"曰："似之而非。"及世凱爲總統，謀即真不成，時仲夔已歿，人嘆其神識。張其淦《東莞詩録》卷六三有傳。

胡錫侯於本年中舉人。

胡錫侯，字叔蕃，號弓園。興寧人。光緒二十年（一八九四）甲午舉人。主本邑墨池書院，訓士考課，士林翕服。宣統二年（一九一〇）粤督袁樹勳保送朝考，以鹽大使分發山東。越年武漢起事，棄官歸里。著有《弓園吟草》。佘祖明《廣東歷代詩鈔》卷五有傳。

李贊辰於本年中舉人。（民國《香山縣志》卷九）

李贊辰，字孝襄，號達盧。香山人。灝子。光緒二十年（一八九四）甲午科舉人。著有《晚翠堂詩文鈔》、《兩漢輯覽》。子翰與蟠均能詩，匯輯爲《喬梓集》。佘祖明《廣東歷代詩鈔》卷五有傳。

黄桂瀛於本年中舉人。

黄桂瀛，字海槎。四會人。光緒二十年（一八九四）甲午科舉人，曾列名"公車上書"。（《中國近現代人物名號大辭典》一

一一三頁）

許炳耀於本年中舉人。

許炳耀，番禺人。應鏘子。優貢生。光緒二十年（一八九四）甲午科舉人，授江西道員。（《番禺縣續志》卷二二）

邱雲鶴於本年中舉人。

邱雲鶴，字郇君。高要人。光緒二十年（一八九五）舉人，任職廣肇羅中等實業學堂，辛亥後充任校長。平生工詩賦書法。其書室名端雅齋、問可樓。（《高要前代名人著述匯鈔》）

顔紹澤於本年中舉人。

顔紹澤，字稚愚、致虞。連平人。光緒二十年（一八九五）舉人，揀選知縣、法部員外郎，即補直隸州知州、直隸蔚縣知縣。（《連平州歷科文武科甲》）

陳慶佑於本年成副榜貢生。

陳慶佑，番禺人。光緒二十年（一八九四）副榜貢生，授雲南候補知府。（《番禺縣續志》卷二十）

王俊生。

王俊（一八九四～一九七六），別名欽寵，字達天，號履明。澄邁（今屬海南）人。早年就讀河北清河陸軍第一預備學校，一九二一年考上日本士官學校中國隊第十四期工科、日本陸軍大學第五期。一九二三年畢業後，歷任廣東西江陸海軍講武學校軍事教官、工兵隊隊長、學生隊隊長。一九二四年任黃埔軍校地形教官、第二期工兵隊隊長、上校總隊長，次年任黃埔軍校教導第一團三營營長、第一團團副。北伐戰爭時歷任國民革命軍第一軍第一旅參謀長、第一師參謀長、副師長、第二十一師少將副師長。一九二六年九月任第一師代理師長、東路軍第一路中將總指揮官及第一縱隊指揮官，翌年調任浙東警備司令。土地革命戰爭時期調任廣東潮梅警備司令。一九三〇年主持籌辦南京中央步兵學校，歷任教育長、校長。一九三四年任軍政部兵工製造研究委員會主任委員，次年授陸軍中將銜。抗日戰爭時期歷任第四路軍總司令部參謀長、第十二集團軍副總司令兼參謀長、第七戰區司令長官部參謀長、軍事委員會第一部次長、國民政府軍令部次長、軍訓部次長、陸軍學校籌建暨留美學員考選委員會主任委員等職。注重鑽研軍事理論、軍事指揮藝術及實效。一九四六年當選國民大會代表、立法院立法委員。一九四九年至臺灣。著有《球形戰術》、《步兵野外紀實》、《師長戰場統帥術》、《廣東之戰》等，編有《步兵操典草案》等。（《廣東近現代人物詞典》一一頁）

王文明生。

王文明（一八九四～一九三〇），字欽甫。樂會（今海南瓊海）人。一九一七年入瓊崖中學學習。一九一九年被選爲學生聯合會主席。一九二一年起任瓊東雙廟高等小學校校長、樂會縣教育局局長。一九二四年入上海大學讀書，旋加入中國共産黨，次年至穗，參與籌辦瓊崖革命同志大同盟，爲負責人之一。受中共廣東區委委派，任國民革命軍第四軍十二師黨代表兼政治部主任，參加南征鄧本殷。一九二六年三月起先後在海口、嘉積等地舉辦黨員訓練班。六月任中共瓊崖地委書記，組織農民協會、農民自衛軍。大革命失敗後，任中共瓊崖特委副書記兼肅反委員會主席，參與組建"討逆革命軍"（後改稱工農革命軍）及領導瓊崖武裝起義。十一月任瓊崖工農革命軍黨代表、中共瓊崖特委書記，領導建立以六連嶺爲中心的樂（會）萬（甯）革命根據地。一九二八年瓊崖工農革命軍改稱瓊崖工農紅軍，任總司令部黨代表，主持建立瓊崖蘇維埃政府，被推選爲主席。十一月底率領特委機關、瓊崖蘇維埃政府及僅存之百三十多名紅軍戰士，轉移至安定縣母瑞山區，建立農村革命根據地，翌年八月中旬在安定縣内洞山抱病主持召開各縣委代表聯席會議，決定成立中共瓊崖特委臨時委員會，任特委委員。一九三〇年於母瑞山區病逝。（《廣東近現代人物詞典》一三頁）

王卓餘生。

王卓餘（一八九四～一九二八），樂會（今屬海南瓊海）人。一九二四年畢業於廣州工程專科學校，次年赴新加坡任育美學校校長，又入共產黨。一九二六年春返瓊任樂會縣農民協會特派員，翌年任中共樂會縣委書記，與陳永芹等領導秋收暴動。後被殺。（《廣東近現代人物詞典》一七頁）

王國興生。

王國興（一八九四～一九七五），白沙（今屬海南瓊中）人。出生世襲黎族峒長、大總管家庭。一九四三年七月舉行全縣總暴動，被推舉爲總指揮，後成立了以黎族起義戰士爲核心的白保樂（白沙、保亭、樂東）人民解放團，任團長，配合瓊崖縱隊開闢了白沙革命根據地。一九四五年白沙縣抗日民主政府成立，任副縣長。抗日戰爭勝利後內戰，四十六軍到海南，配合瓊崖縱隊主力粉碎了敵人圍剿。一九四九年夏，受邀至北平參加政治協商會議，並當選爲全國政協第一屆委員及中央人民政府民族事務委員會委員。海南中華人民共和國成立後歷任海南島黎族苗族自治區主席、自治州州長、全國人大代表等。（《廣東近現代人物詞典》一七頁）

王健海生。

王健海（一八九四～一九六三），字國祥。惠州人。畢業於廣州華强書院。入同盟會，參與辛亥廣東光復之役。後往澳洲等地旅居廿餘載，主持當地國民黨黨務，歷任行政院僑務委員會委員等。一九四七年聘爲憲政實施促進委員會宣傳委員會委員。（《民國人物大辭典》八二頁）

王鼎新生。

王鼎新（一八九四～一九六八），又名心民、慎民。澄海人。曾至日本留學，與郭沫若、杜國庠等爲知交。一九二三年在汕頭創辦《時報》，任總編輯。文革中被迫害致死。遺著有《張黑女》、楷書《毛主席詩詞三十七首》等。（《廣東近現代人物詞典》二〇頁）

王德全生。

王德全（一八九四～一九四九），字星五。電白人。陸軍模范團、廬山及珞伽山軍官訓練團畢業，歷任國民革命軍第八路軍總部警衛團三營中校營長、第一集團軍獨立第三師教導團上校團長、第一五六師四六六旅少將旅長。一九四〇年任第三十五集團軍六十四軍一五五師師長。一九四四年七月任第六十四軍副軍長，翌年授陸軍中將。一九四六年任國民政府軍事委員會中將參議、中央訓練團訓練委員會中將委員，同年底退役，任電白縣長，次年當選國民大會代表。後在電白縣通山嶺作戰時身亡。（《廣東近現代人物詞典》二一頁）

方日英生。

方日英（一八九四～一九六七），字厚明。香山（今中山）人。農民出身，後從軍，任孫中山衛士。一九二二年六月陳炯明叛變時，參加保衛總統府戰鬥，後保送至黄埔軍校第一期學習。畢業後，先後任陸軍排、連、營、團長。一九三七年任第一四〇師四一九旅旅長，翌年授陸軍少將，同年冬升任第四十師師長。一九四二年任第三戰區第八十六軍副軍長，次年二月代理第八十六軍中將軍長，屬第三戰區管轄，駐守湖南。後調第九戰區中將高級參謀，參加第三次長沙大會戰抗擊日軍。一九四五年六月任軍事參議院參議，翌年率軍駐江西南昌，旋調南京，任中央訓練團總隊長。一九四九年調任廣東省保安第二師師長，駐廣東肇慶、四邑。晚年僑居美國。病逝於洛杉磯。（《廣東近現代人物詞典》二九頁）

丘念臺生。

丘念臺（一八九四～一九六七），初名伯琮、國琮。臺灣台中人，祖籍鎮平。一九一三年赴日留學，隨父入同盟會。一九二五年畢業於東京帝國大學研究部，回國後任沈陽兵工廠技師、遼甯西安煤礦公司采礦主任。“九一八”事變後隨馬占山部抗日，後自組義勇軍參加長城抗戰。國民政府與日本簽訂塘沽協定後，回穗任廣東大學、中山大學教授、廣東省政府顧問兼廣東工業專科學校校長。抗戰期間任第四戰區及第七戰區少將參議。一九四三年任國民黨臺灣直屬黨部執行委員。一九四五年任監察委員兼國民黨臺灣省黨部委員。一九四七年任臺灣省政府民政廳長，旋任省黨部主任委員，後任監委。一九四九年後任“總統府資政”及國民黨中常委、中央評議委員等職。病逝於日本東京。著有自傳《嶺海微飆》。(《廣東近現代人物詞典》六七頁)

丘國珍生。

丘國珍（一八九四～一九七九），字聘之。海豐人。海豐縣立第一高等學校、援閩粵軍軍官講習所首期、日本成城軍校、日本千葉步兵學校畢業。早年任教。一九一八年五月入援閩粵軍，歷任警備隊第三營第一連見習、第二營機槍連排長、警備隊司令部副官、粵軍第二路司令部特務連連長。一九二二年秋起任粵軍第十三旅指揮部副官、第十四旅指揮部代理副官長、陳炯明部第二師副官長、團長。一九二五年初與翁照垣離職赴港，後轉南洋任教。一九二八年初赴日本留學。一九三〇年五月回國，任第十九路軍第六十一師第七旅參謀主任、特務營營長、第七十八師第一五六旅參謀主任。一九三二年夏隨軍入閩，任福建綏靖公署參謀、福建團務處少將主任兼幹部訓練所所長。參加福建事變，任福建省會公安局局長，失敗後赴歐洲考察。一九三四年底回桂林，任第四集團軍總司令部參謀處參謀、新編第一師少將參謀長、第四集團軍總部少將高參。一九三六年冬任中央陸軍軍官學校桂林分校軍事政治幹部訓練班軍官大隊大隊長。一九三八年任安徽省政府保安處中將處長。一九四〇年起任安徽省黨政軍總辦公廳主任、鄂豫皖蘇四省邊區戰地黨政分會中將委員兼秘書長。一九四五年初任第十戰區政治部中將主任，先後參加徐州會戰、豫北會戰、隨棗會戰，次年起任第八綏靖區政治部主任，年底退役。後去臺灣，一九四九年秋移居香港。著有《抗日戰爭回憶》、《軍民聯合的遊擊戰術》、《安徽省保安紀實》、《十九路軍興亡史》、《大別山八年抗戰之回憶》、《近代國防觀》、《鋒鏑餘生録》

等。（《廣東近現代人物詞典》六六頁）

朱慈詳生。

朱慈詳（一八九四～?），字仁愷，又字育民。台山人。旅居南洋三十餘年，以建築爲業。宣統三年（一九一一）入同盟會。一九一四年協辦《民國日報》。一九二〇年後任同德書報社評議員等。一九二八年被聘爲國民革命軍陸海空軍總司令部諮議。一九三二年任僑務委員會委員。（《民國人物大辭典》二〇三頁）

李擴生。

李擴（一八九四～一九七一），原名（字）秉釗，嘉應（今梅縣）人。幼年就讀龍岡學校，一九一五年畢業於梅縣東山中學，翌年考入雲南陸軍講武堂，與葉劍英同窗。畢業後在陳濟棠部歷任排、連、營長、團、師參謀長。一九二六年參加北伐戰爭，任中校參謀長，後調任十九路軍七十八師少將參謀長，參加一九三二年一月二十八日淞滬之戰與一九三七年八月至十一月底淞滬會戰。抗戰勝利後調任貴州少將參謀、嶺東兵站分監少將司令等職。一九四九年移居香港。（《廣東近現代人物詞典》一五四頁）

李仲仁生。

李仲仁（一八九四～?），新寧（今台山）人。中學畢業後入日本早稻田大學攻讀經濟。一九二三年畢業歸國追隨李漢魂，歷任廣東東區、瓊崖、西區綏靖委員會處長、江西贛南政務副專員。一九四〇年任曲江縣長，後先後任台山、四會、連縣縣長。抗戰勝利回台山，當選省參議員。（《廣東近現代人物詞典》一六八頁）

李揚敬生。

李揚敬（一八九四～一九八八），字欽甫。東莞莞城縣後坊人。章達族弟。一九一二年入廣東陸軍速成學校步科，與陳濟棠同學。一九一七年入保定軍校第六期輜重科。一九一九年畢業，入北京大學預科就讀。一九二一年任粵軍第一師獨立營副官、工兵營連長，五月任孫中山總統府警衛團連長，次年六月陳炯明叛變時，率部力拒叛軍，護送孫夫人脱險，後歷任粵軍少校參謀、中校營長、處長等職。一九二五年任國民革命軍第四軍第十一師參謀長。一九二七年秋任黄埔軍校教育長兼入伍生部部長，翌年黄埔軍校改稱國民革命軍軍官學校，仍任教育長，兼該校特别黨部籌備委員。一九二九年任討逆軍第八路總指揮部參謀長兼廣東省黨部組織部秘書、國民革命軍陸軍第六十三師師長，參加内戰。一九三一年甯粤分立，任廣州國民政府所轄第一集團軍第三軍軍長兼國民政府軍委會委員，十一月當選爲廣州國民黨四大主席團主席、第四届中央執行委員，翌年任國民黨中央執行委員會西南執行部委員兼廣東東區綏靖委員，參加“剿共”。一九三五年連選爲國民黨第五届中執委，次年晋任陸軍中將，七月任第四路軍副總司令兼第三軍軍長。抗戰爆發，歷任軍委會參議官、武昌珞珈山軍官訓練團教育委員會主任委員、中央訓練團副教育長等職。一九三八年與陳誠、陳立夫籌組三青團，明年後歷任湖南省政府委員兼秘書長、湖南省民政廳長。一九四五年連任國民黨第六届中執委、廣東省政府委員兼民政廳長、廣東省政府秘書長，次年當選制憲國大代表。一九四九年任廣州市長，退守海南島，年底任海南防衛副總司令兼參謀長，明年五月至臺灣。病故於臺北。（《東莞市志》一五一三頁）

李漢魂生。

李漢魂（一八九四～一九八七），字伯豪，號南華。吴川人。一九一九年保定陸軍軍官學校第二期畢業。一九二六年參加北伐戰争。抗日戰争時期歷任軍長、軍團長、集團軍總司令、廣東省政府主席。抗戰勝利後，遊歷考察歐洲、拉丁美洲二十餘國，一九四九年春回臺灣，任“總統府”上將參軍長，後任内政部部長。一九八二年曾回北京、廣東等地探親、訪問。卒後骨灰遷葬韶關南華寺。著有《岳武穆年譜》、《歐洲散記》等。（《廣東近現代人物詞典》一六五頁）

何少霞生。

何少霞（一八九四～一九四二），番禺人。曾在廣州教忠中學讀書，不但精研廣東音樂，且嫻熟琵琶、三弦以及各种樂器的演奏，尤擅十指琵琶彈奏技法，被鄉人譽爲琵琶精。創作有《陌頭春色》、《晚霞織錦》、《桃李争春》等廣東音樂及《遊子悲秋》、《一代藝人》等粤曲唱詞，與何柳堂、何與年合稱“廣東音樂何氏三傑”。（《廣東近現代人物詞典》二一一頁）

宋子文生。

宋子文（一八九四～一九七一），文昌（今屬海南）人。生於上海。嘉樹子。子文畢業於上海聖約翰大學，繼入美國哈佛大學經濟系，博士畢業於美國哥倫比亞大學。一九一七年回國後任漢冶萍公司駐上海總辦事處秘書等職。一九二三年赴穗任孫中山大元帥府英文秘書兼兩廣鹽務稽核所經理，次年任中央銀行行長，後調任廣東省政府商務廳長，升國民政府財政部長兼廣東省財政廳長。一九二六年任中央執行委員會執行委員、中央商務部長等職，前往武昌，次年初先後任武漢國民政府委員、常委等職。支持蔣介石發動“四一二”政變。一九二八年蔣介石再次上臺，子文任國民黨中央常務委員會主席、南京國民政府財政部長、中央銀行總裁，次年當選國民黨第三届中央執行委員。一九三一年任國民政府行政院副院長兼財政部長。一九三二年代理行政院長。西安事變發生，贊成和平解决。任財政部長期間，創建了直屬財政部之税警總團。抗日戰争爆發後，隨國民政府至重慶，任中國銀行董事會主任等職。一九四〇年任蔣介石常駐美國代表，爲蔣争取美援。一九四二年返國任國民政府外交部長。一九四五年與中共代表董必武等聯合組成中國代表團出席聯合國舊金山會議，六月任國民政府行政院長兼外交部長，次年任國民黨最高經濟委員會委員長。一九四七年改任廣東省政府主席兼廣州行營主任等職。一九四九年去香港，後僑居美國紐約。（《廣東近現代人物詞典》二三〇頁）

林蘇生。

林蘇（一八九四～一九三三），名鏗，字鏡清，號得欽。海豐人。早年肄業廈門集美水産學校，返邑後協助彭湃開展農民運動。一九二三年夏任廣東省農會執委、宣傳部長，翌年加入中共，任省農會秘書。一九二五年秋任中共海陸豐地委委員，尋任省農會潮梅海陸豐辦事處秘書。一九二七年參與領導海陸豐武裝起義，任東江特委委員，次年任海豐陸豐惠陽紫金四縣暴動委員會委員，參加領導著名的“五三兵暴”。一九三〇年任紅十軍前委常委，次年任東江特委政治保衛局長。一九三二年冬奉調中央蘇區，途經豐順被捕，越年春在梅縣就義。（《廣東近現代人物詞典》三一二頁）

林鏘雲生。

林鏘雲（一八九四～一九七〇），又名錕池、昌文。新會人。早年至香港當過海員、洋務工人。一九一四年入中華革命黨。一九二五年參加了省港大罷工，擔任罷工委員會宣傳部演講隊第一分隊隊長，結識共産黨員楊匏安、鄧發等，次年入共産黨。後在香港、上海進行地下工作，曾被捕。抗日戰爭爆發後，監獄向西轉移，途中砸開脚鐐獲自由。一九三八年至武漢找到八路軍辦事處，後遵指示回順德，次年組織順德抗日遊擊隊。一九四〇年六月成立了南（海）、番（禺）、中（山）、順（德）中心縣委，任委員，旋所部編入了廣州市區遊擊第二支隊，任中隊長，次年參與西海大戰，後爲廣遊二支隊代司令。一九四三年二月南番中順遊擊區指揮部秘密成立，任指揮員，旋開辟了中山縣五桂山根據地。一九四四年任珠江縱隊司令員。抗戰勝利後，率部分幹部隨東江縱隊北撤山東。解放戰爭時期任兩廣縱隊副政委。中華人民共和國成立後重回粤，歷任華南分局常委、廣東省委常委、省總工會主席、副省長等職。在穗逝世。（《廣東近現代人物詞典》三三〇頁）

胡劍庵生。

胡劍庵（一八九四、一八九一～一九六一），名俊、江培，字剑庵，号石隐，以字行。鹤山人。初從事教育，後潛心書畫。工山水、花鸟，兼擅书法，能篆刻。与高剑父、赵少昂等同为“南社”之友，曾與李壽庵等在穗組織南社書畫社。（《廣東近現代人物詞典》三七四頁）

袁振英生。

袁振英（一八九四～一九七九），曾用名震瀛、震英。東莞温塘人。早年畢業於香港皇仁書院，考入北京大學文學院。一九一九年在菲律賓當教員，並組織全菲律賓華僑工黨，次年回香港，任香港《晨報》兼廣州《新民國報》編輯，又與俞秀松、施存統等八人發起成立上海社會主義青年團。應陳獨秀邀請參與編輯《新青年》，任“俄羅斯研究”專欄主編，還參與共產黨綱領草案討論，並在上海外國語學社教英文。同年底，隨獨秀至穗，任獨秀與吴廷康粵語翻譯。一九二一年任廣東省第一中學（今廣州廣雅中學）校長。穗共產黨早期組織成立後，爲該組織成員之一。《新青年》遷至廣州後，繼續負責該刊“俄羅斯研究”的編輯與撰稿，同年前往法國里昂中法大學學習。一九二四年回國後曾先後在廣州中山大學、武漢中央軍校、暨南大學、山東大學、勷勤大學、香港華南汽車工程學校、江南汽車工程學校、崇煥中學等校任職。著有《易卜生社會哲學》、《性的危機》、《近代婚姻與家庭的改造》等著作。中華人民共和國成立後在廣東省文物保管委員會、廣東省文史館工作。（《中國近現代人物名號大辭典》九七二頁）

莫同榮生。

莫同榮（一八九四～一九二七），原名同標。萬州（今海南萬寧）人。在廣東省立第十三中學（今海南瓊海縣嘉積中學）讀書時，受五四運動影響投身革命運動。一九二三年考入北京大學，次年參加中國共產黨，從事反對北洋軍閥鬥爭。一九二五年夏與何柏森、柯嘉予等瓊籍在京學生支持瓊崖學生反對軍閥鄧本殷，組織瓊島魂社，創辦《瓊島魂》等刊物，向瓊崖人民宣傳革命思想。一九二七年初任中共北京市委員會農民部長，同年四月

六日被張作霖軍警抓捕入獄，二十八日在西郊民巷京師看守所與李大釗等同被殺害。（《廣東近現代人物詞典》四〇一頁）

莊省躬生。

莊省躬（一八九四～一九六七），字思齊，號少白。南海人。出生於書香世家。廣東中醫教員養成分所第一屆畢業。曾拜順德名醫伍瓊石、朱錫昌博士爲師，力求貫通中西醫。精於治療腦膜炎、温病等，被稱爲“萬家生佛”。著述僅存《莊氏中醫知新集》。

徐飛生。

徐飛（一八九四～一九七〇），字天翔，號翔空。和平人。早歲參加同盟會，黄花崗之役負責運送彈藥。一九一六年參加倒袁，被通緝，翌年任大元帥府運輸科長。一九二七年後在穗創設博愛通訊社。一九三七年任廣東省臨時參議員暨廣東省政府參議。一九四七年當選首屆國民大會代表。解放前夕去香港。（《中國近現代人物名號大辭典》一〇一八頁）

陳任之生。

陳任之（一八九四～一九五五），原名官曾。信宜人。南京中央軍校高級教育班畢業。一九一二年組織高雷革命軍，參加光復高雷及討袁驅龍諸役。一九二二年任粤軍第五路營長。一九二五年起任國民革命軍第四軍十師二十八團連長、營長、少校副團長。一九二九年任第六十師一二〇旅二四〇團中校副團長。一九三一年任第十九路軍補充旅第一團上校團長。一九三三年任福建政府人民革命軍第五軍九師副師長。抗戰爆發後，任廣東省民衆抗日自衛團第十一區統率委員會副主任、南路遊擊指揮部副指揮。一九三九年任電白縣長，翌年任廣東第七區少將保安副司令。一九四二年任曲江縣長。一九四四年任廣東西南行署警保處長。一九四六年退役，一九四九年夏移居香港。（《廣東近現代人物詞典》二七八頁）

陳見田生。

陳見田（一八九四～一九四八），譜名龍文，字鳳韶，用名見田。陽山人。先後畢業於陸軍速成學校、保定陸軍軍官學校，曾任見習官、排、連長。一九二五年任第四軍第十一師營長，翌年參加北伐戰爭任團長。一九三六年升陸軍少將，任第六十二軍第一五七師第四七一旅旅長，次年任國民政府兵役部主任參事。一九四〇年升任第六十三軍第一五二師副師長、師長，隸第七戰區。一九四四年任軍政部兵役署副署長、軍事參議院參議。一九四六年晉升中將，後任第六十三軍副軍長，隸廣州行轅。病逝於廣州。（《廣東近現代人物詞典》一六五頁）

陳延炯生。

陳延炯（一八九四～?），號地球。番禺人。畢業於日本東京帝國大學，回國後於一九二七年任國民政府交通部秘書兼南潯鐵路委員，次年任鐵道部總務司司長。一九三一年任津浦鐵路局局長。抗戰爆發調粵漢鐵路局局長。一九四一年兼任中國運輸公司總經理。一九四七年任國民政府主席東北行轅經濟委員會交通特派員。共和國成立前去臺灣。（《民國人物大辭典》一〇二五頁）

陳茹玄生。

陳茹玄（一八九四～一九五五），字逸凡。興甯人。汕頭同文學堂肄業，美國伊利諾大學、哥倫比亞大學畢業，獲碩士學位。一九二一年春回國，歷任上海《政治叢刊》總編輯、北京師范大學、南京東南大學教授、代理校長。一九二八年任上海光華大學法學院長。一九三〇年任國民政府首都建設委員會秘書長。一九三二年當選立法院立法委員兼大夏大學文學院長。一九四一年秋任滇緬鐵路會辦、滇緬鐵路局代局長。一九四三年春任國民政府軍事委員會工程委員會副主任委員、代理主任委員，領陸軍中將銜，曾主持修建昆、成、渝、贛州等二十多處軍用機場。抗戰勝利後任立法委員，當選國民大會代表。一九四九年至臺灣，續任“立法院”立法委員。著有《民國憲法及政治史》、《聯邦政治》、《中國憲法史》等。（《中國近現代人物名號大辭典》七

一二頁）

郭華秀生。

郭華秀（一八九四～一九二四），又名勵之，字干鴻。香山（今中山）人。幼喜果樹園藝。一九一三年入香山師範，翌年轉讀廣東農林講習所農業班。一九一六年畢業後歷任嶺南農科大學園藝助理員、園藝教科員、美國農業部調查員等。致力於果樹園藝研究研究，爲廣東早期著名果樹專家。著有《荔枝傳》、《荔枝與龍眼》等。（《廣東近現代人物詞典》四一三頁）

高劍僧生。

高劍僧（一八九四～一九一六），名劍净，字振威，號秋溪。番禺人。劍父六弟，爲高氏昆仲最幼者，與兄劍父、奇峰合稱“嶺南三高”。自幼得劍父扶持，並親授畫藝。一九一二年未足十八之齡即隨兄赴滬，創辦審美書館，發行《真相畫報》。後留學日本進修工藝美術，於歸國前染疾，年僅廿三病逝客鄉。劍僧早慧，得劍父悉心栽培，十餘歲已顯示繪畫天份，惟天不假年，故傳世作品極稀。擅花卉、鳥獸、山水等。（《廣東近現代人物詞典》四一七頁）

唐海安生。

唐海安（一八九四～?），香山（今中山）人。早年畢業於滬江大學，嗣留學英國倫敦大學。返國後供職於廣州國民政府，曾組織實業廳，後曾任緝私處、煙酒税處處長。一九二六年冬任國民政府印花税處及緝私處處長，旋任漢口第三特別區管理處處長及警務司司長，次年任財政部秘書兼淮安關監督，旋調鎮江關監督。一九三二年任上海江海關監督。（《廣東近現代人物詞典》四二一頁）

容庚生。

容庚（一八九四～一九八三），原名肇庚，字希白，因古“容”“頌”相通而取齋名“頌齋”。東莞莞城人。幼年熟讀《説文解字》與吴大澄《説文古籀補》。一九二二年經羅振玉介紹入北京大學研究所國學門讀研究生，畢業後歷任燕京大學教授、《燕京學報》主編兼北平古物陳列所鑒定委員、嶺南大學中文系教授兼系主任、《嶺南學報》主編、中山大學中文系教授等。成名作爲《金文編》、《商周彝器通考》。《金文編》還是繼吴大澄《説文古籀補》後第一部金文大字典，爲古文字研究者必備工具書之一。《商周彝器通考》爲商周青銅器綜合性專著，分上下兩編。還著有《殷周青銅器通論》。精於鑒定青銅器，經多年積累，編印了不少青銅器圖録，如《寶藴樓彝器圖録》、《秦漢金文録》、《頌齋吉金圖録》、《武英殿彝器圖録》、《海外吉金圖録》、《善齋彝器圖録》、《秦公鐘簋之年代》、《蘭亭集刊十種》等，其中《武英殿彝器圖録》開創了印銅器花紋先例。在書畫碑帖研究方面，著有《伏廬書畫録》、《漢梁武祠畫像録》等多部著作。與郭沫若早期交往甚頻，有《郭沫若書簡——致容庚》。近年《容庚學術著作全集》已由中華書局出版發行。（《廣東近現代人物詞典》四二四頁）

葉少華生。

葉少華（一八九四～一九八六），别名青。東莞道滘水慶坊人。早年留學日本，入中國同盟會，回國後在武昌從事同盟會聯絡工作，參與討袁運動，曾任國民政府東路討賊軍梧州行營軍法官、軍需處中校處長、廣西南甯軍官學校政治教官。一九二四年任東莞明倫堂董事長。一九二七年冬任廣東籌餉總處處長、維持紙幣專員，後改任廣東中央銀行副行長兼整頓金融專員，管轄造幣廠。一九三七年至一九四一年再任東莞明倫堂董事長。抗戰期間，曾任國民政府軍事委員會桂林辦公廳參議、湖南省、廣東省政府顧問、廣東省銀行董事。一九四七年去港參與李濟深、何香凝、蔡廷鍇等人領導的愛國民主活動，次年加入中國國民黨革命委員會。中華人民共和國成立後歷任廣州市紅十字會總幹事、市救濟會理事、市公益事業聯合會副主任、廣州市聾啞盲人福利會委員、廣州留東同學會顧問、廣州市政協第一屆至第六屆委員、常務委員、廣州市第二屆至第六屆人民代表大會代表、廣州市人民政府參事室副主任、民革廣州市第七屆委員會副主席等。（《東莞市志》一五一〇頁）

葉雅名生。

葉雅名（一八九四～一九六七），又名雅谷。番禺人。一九一九年獲美國耶魯大學森林學院碩士後回國。一九二一年起任金陵大學教授、森林系主任、武漢大學生物系教授及工學院、農學院院長。共和國成立後，任湖北農學院教授、森林系主任、湖北省農林廳、林業廳副廳長及林業局局長、中國林學會理事、常務理事。（《廣東近現代人物詞典》五九頁）

黄侃生。

黄侃（一八九四、一八九〇～一九七三、一九六八），字鼎華，筆名異華。順德人。擅長中國畫（現流傳作品中有松鼠、貓等中國畫）。一九一四年創辦尚美圖畫研究所，任教於廣州育才、聖心中學、廣州南武中學、廣州市立第五中學。作品有《善惡同夢》、《降伏心魔》、《烏猿》曾入選第二、三屆全國美展等。（《廣東近現代人物詞典》四三三頁）

黄尊生生。

黄尊生（一八九四～一九九〇），又名涓生、涓聲。番禺人。一九一二年在廣州向許論博學習世界語，次年在香山縣（今中山）開世界語班。一九二一年留學法國，入里昂大學，獲文學博士，次年出席日内瓦國際世界語教育會議。一九二三年春出席在威尼斯舉行的國際世界語商業會議，次年陪蔡元培參加在維也納舉行的第十六屆國際世界語大會，同年當選語言委員會委員、國際世界語中央委員會委員，負責歐洲以外事務。一九二五年代表中國教育部參加在巴黎舉行的國際世界語科學會議。同年八月參加在日内瓦舉行的第十七屆國際世界語大會，被列爲首屆世界語夏令大學講師，次年春回國，受聘於廣東大學（後改名中山大學）教授，同年五月，廣東召開全省教育會議在會上提建議請將世界語列入各級學校必修，獲大會通過。又與伍大光、許論博首創廣州世界語師範講習所，任第一任所長。三十年代同區聲白、伍大光、許論博繼續辦廣州世界語講習所，爲廣東培養世界語人才。一九五五年八月出席在意大利波洛尼亞舉行的 第四十屆世界語大會，後又當選爲世界語學院院士。在香港病逝。著有《中國與世界語問題》、《國際世界語教育概況》等書。（《廣東近現代人物詞典》四六四頁）

許地山生。

許地山（一八九四、一八九三～一九四一），原名贊堃，又名叔丑，筆名落花生。祖籍揭陽（後回大陸落籍福建龍溪），生於臺灣台南。五四運動時參與發起文學研究會。一九二一年獲燕京大學文學士學位，一九二四年獲哥倫比亞大學文學碩士學位。一九二六年在英國留學時獲牛津大學文學碩士學位，次年任燕京大學文學院、宗教學院教授。一九三〇年任中山大學社會學系人類學教授，曾任北平研究院研究員、教育部國語統一籌備委員會委員。一九三五年秋受聘香港大學，任中文系主任。一九四一年病逝於港。著有《空山靈雨》、《綴網勞珠》、《危巢墜簡》等，譯著有《二十夜間》、《太陽底下降》等，編著有《印度文學》、《中國道教史》（上）等。夫人周俟松，教育家，一九九五年去世，前妻林月森，一九二〇年去世。女燕吉，南京市政協委員。（《中國近現代人物名號大辭典》三一二頁）

許志鋭生。

許志鋭（一八九四～一九二八），原名叔龍。曲江人。畢業於廣州黄埔陸軍小學、武昌陸軍中學、保定陸軍軍官學校，先在山西閻錫山部任見習排長，後回粤在張發奎部下任職。在討伐沈鴻英、陳炯明、楊希閔、劉震寰、鄧本般等戰鬥中英勇善戰，由連長、營長、參謀長晋升團長。民國十五年（一九二六）七月，奉命留守瓊崖，兼任瓊崖警備司令，次年升任第十師副師長。奉命率部北上入豫，攻下開封城後班師南下。進駐武漢後，晋升第

二十六師師長，後奉命取道贛皖北上。十七年與桂軍主力激戰馬鞍山，陣亡。（《廣東近現代人物詞典》一二七頁）

馮鏡華生。

馮鏡華（一八九四～一九七七），原名名鑒、智先，號（字）鑒波。順德馬岡人。早年在穗當店員。一九二一年在新加坡學戲。三十年代初在國風劇團與馬師曾、桂名揚、騷韻蘭、林坤山等合演《腸斷蕭郎一紙書》、《天網》、《傻大俠》、《難測婦人心》等劇碼。一九三二年後在大中華、義擎天、碧雲天等戲班任武生。一九四一年底日軍佔香港，隨周豐年劇團回穗演出。一九四五年後廣州粵劇演出一度繁榮，與靚少佳、陳錦棠、陸雲飛、陶醒非等合作演出，經常滿座。曾在龍鳳劇團與馮少俠、秦小梨、梁飛燕、羅家權、白超鴻等拍檔演出《掌上美人》、《肉山藏妲己》、《梨花葬龍沮》、《風流女賊》、《錯著皇帝鞋》等，也十分熱鬧紅火。一九五七年由港回穗，在廣東粵劇團任武生，擔綱演出《平貴回窯》、《醉倒騎驢》、《月下追賢》、《陳宮罵曹》、《伍員過關》等劇碼，做功老到，表演細膩，唱功優美，融佛曲梵音於唱腔之中，韻味醇厚柔和，享有“梵音鑒”之譽。（《廣東近現代人物詞典》八〇頁）

淩達揚生。

淩達揚（一八九四～一九八六），字庭顯。新安（今寶安）人。早年曾就读于上海圣约翰学校及清华学校。一九一五年至一九二〇年留学美国，先后在耶鲁大学、哈佛大学研究欧洲史及文学。一九二〇年回国至清华大学任教。一九二八年八月至东北大学文学院任英文系主任、教授，主讲英语等课程。一九三三年至一九五六年历任《青岛时报》主编、齐鲁大学等校教授。一九五六年任上海外國語學院英語系教授。（《廣東近現代人物詞典》四二二頁）

淩鴻勛生。

淩鴻勛（一八九四～一九八一），字竹銘。原籍江蘇常熟，生於廣州。早年考取上海高等實業學堂（交通大學前身）粵省官費生，一九一五年畢業於土木工程科。畢業後被選送至美國橋樑公司實習，並在哥倫比亞大學選讀。一九一八年回國後在京奉鐵路及交通部考工科工作。一九二〇年在上海高等實業學堂任教並暫代校長職務，次年至一九二二年參加京漢鐵路黄河新橋設計及國有鐵路建築規範制訂。一九二三年又回上海高等實業學堂任教，明年十一月正式奉派接任校長。在二年半校長任期内，建立了工業研究所，首創國内大學附設研究所先例。一九二九年任隴海鐵路工程局長，主持靈寶至西安鐵路工程。一九三二年底兼任粵漢鐵路株韶段工程局長，並任總工程師。一九三六年就任粵漢鐵路管理局長，對全線設備進行了充實整頓，翌年七月中日戰爭全面爆發，海口瞬即全遭堵塞，在其主持下，接通粵漢路與廣九路以利用香港海口，同時搶築武漢兩岸碼頭以民船過駁機車車輛。一九三九年十一月任天成鐵路工程局長，一九四一年兼任西北公路管理局長，主持了天成鐵路勘測與西北公路工務管理，次年任寶天鐵路工程局長，主持修建了寶天鐵路。一九四五年至一九四九年任交通部常務次長。一九五〇年十月應邀在臺灣大學任教，並受聘爲一家石油公司董事長達二十年。一生著譯甚多，主要有《鐵路工程學》、《橋梁學》、《中國鐵路概論》、《中國鐵路志》、《詹天佑先生年譜》、《詹天佑與中國鐵路》（合編）、《臺灣工業概況》、《八十年來之中國鐵路》、《中國鐵路概況》、《七十年來東清、中東、中長鐵路變遷之經過》等，主編《現代工程》等。（《廣東近現代人物詞典》四二三頁）

梁式生。

梁式（一八九四～一九七二），原名康平，又名匡平、君度，筆名尸一、何若。台山人。一九二七年任黄埔軍校教官，廣州《國民新聞》副刊、《國花》及《新時代》編輯。（《中國近現代人物名號大辭典》一一六四頁）

張朝生。

張朝（一八九四～一九一一），順德人。早年學習機械。加入同盟會，參與宣統二年（一九一〇）廣州新軍起義，次年黄花崗之役，組織一軍，推爲隊長，旋赴佛山，遭清軍襲擊，中彈陣亡。（《民國人物大辭典》八九一頁）

張虹生。

張虹（一八九四～一九六五），字穀雛，號申齋。順德龍江人，長期寓居廣州。擅畫花鳥、山水等，著有《元畫綜》、《古玉考釋》等，與黄賓虹等交善，賓虹有《答張穀雛論書畫》。酷愛考究茗壺，曾到北京、杭州等地搜集陽羡名陶，並遍訪藏家研琢。一九三七年與李景康合著《陽羡砂壺圖考》在香港出版。（《廣東近現代人物詞典》二三四頁）

張猛生。

張猛（一八九四～一九八五），原籍新會，生於越南海防。一九二〇年雲南陸軍講武堂畢業後至穗，歷任粤軍第一師副官、廣州總統府警衛團上尉團副官、機關槍連連長、大本營中校副官、長洲要塞司令部參謀長。一九二四年底奉命至滇參加討伐唐繼堯，任雲南縱隊少將指揮官。一九二六年參加北伐，歷任國民革命軍第六軍第十七師營長、代團長、師參謀長、少將兵站支部長等職。一九三二年“一·二八”淞滬抗戰開始，前往上海參加十九路軍對日作戰。抗戰時期，歷任廣東第一專區防空主任、澳門知用中學軍訓團教官、李濟深部少將參議、重慶參議院少將參議等。抗戰勝利後，隨李濟深從事民主運動。新中國時期歷任南京中山陵拱衛組副組長、廣州市人民政府參事室參事等。一九八五年在穗逝世。著有《我的九十年》。（《廣東近現代人物詞典》二三五頁）

張瑞成生。

張瑞成（一八九四～一九二七），又名達權。新會人。早年至廣州織布工廠做工。五四運動後積極從事工人運動。一九二二年加入中國共産黨，次年任中國社會主義青年團廣州地方委員會書記。一九二四年被選爲中國社會主義青年團地方委員會常務委員兼組織部主任，冬往蘇聯莫斯科東方勞動者共產主義大學學習，次年夏回廣州，任中共中華海員工業聯合總會特别支部書記。一九二六年任中華全國總工會省港罷工委員會教育宣傳委員會主任兼廣州土布工會主席，曾籌辦勞動學院、勞動婦女學校、工人宣傳學校、工人子弟學校等。四一五政變中被秘密殺害。（《廣東近現代人物詞典》二五三頁）

舒宗鎏生。

舒宗鎏（一八九四～一九七六），滿洲鑲紅旗人，出生於穗。黄埔海軍學校畢業。參加辛亥革命、護法運動，歷任海軍學校教官、艦長、海軍陸戰隊支隊司令、民生艦長、飛鷹艦長兼艦隊副司令等。一九二九年後任全國軍事編遣委員、海軍華南艦隊司令。一九三一年蔡廷鍇等組織福建人民革命政府，負責華僑事務及籌組海軍等，次年後歷任軍事委員會高級參謀及參議、第四路軍余漢謀部參事、廣東綏靖公署西江行署參謀長、軍事委員會桂林辦公廳第二處處長、軍事參議院參議等職。抗戰勝利後到渝、寧、滬、港等，參與李濟深等組織的"民革"，被選爲民革中央監察委員會常委兼秘書長，籌款創辦《文彙報》。一九五〇年應邀至穗、漢、津、京等地參觀，抵京後擬委職，因年事已高婉辭。一九五四年初再次回國觀光，任國務院參事。

曾舉直生。

曾舉直（一八九四～一九八一），名紀鈸，字天聲。梅縣人。早年畢業於雲南陸軍講武堂。後在粵軍中任職，一九三一年後歷任第一集團軍獨立第一師參謀長、第四戰區高級參謀、陸軍中將、百色警備司令等。一九四九年赴香港，一九五一年往臺灣。後在台病故。（《中國近現代人物名號大辭典》一二四四頁）

楊章甫生。

楊章甫（一八九四～一九七七），原名仁瑞，别字林祥。香山北山（今屬珠海）人。匏安族叔。曾與匏安在前山恭都學堂、廣州廣雅書院同學，相處甚篤。民國五年（一九一六）二人結伴東渡日本遊學，因父病逝返鄉，在澳門設塾以養家計。匏安介紹其在廣州培正中學任教，後又援引至粵漢鐵路廣州分局充任編輯（時匏安任編輯主任）。十一年（一九二二）春加入中國共產黨，與匏安等深入廣三、廣九、粵漢鐵路工人中進行宣傳教育，翌年列席中國共産黨第三次全國代表大會並參加大會工作。十三年（一九二四）國共合作後，任鐵路局編輯主任。十六年廣州四·一五政變後，逃至澳門，設立聯絡站，收容逃亡同志，並負責印刷《紅旗週刊》。廣州起義失敗後，遷居香港堅持地下工作。十八、十九年間，曾化名回中山三鄉橋頭學校及桂山學校執教。十九年回香港，與組織失去聯繫，給富家子弟作家庭教師。病逝香港。（《廣東近現代人物詞典》一四〇頁）

新珠生。

新珠（一八九四～一九六八），原名朱植平，字曉波。南海人。十四歲至穗少年戲館學藝，受教於花鼓江等，歷時五載，畢業後在穗演戲，數月後便去泰國、馬來西亞等地演出而逐漸成名。二十七歲回國，任省港大班正式武生。一九二四至一九二七年間與白駒榮、子吼七、蛇仔秋等到美國三藩市演出。抗戰期間又與李松坡、徐人心、葉弗弱、黃雪梅等人在美國紐約、波士頓、三藩市等地演出，因太平洋戰爭爆發，滯留美國多年，戰後才回國。一九五三年參加廣東粵劇團，一九五八年入廣東粵劇院，同年轉廣東粵劇學校任教。能吸收京劇長處融於粵劇中，創造了獨特風格之關公戲，有“生關公”之稱。除關公戲外，文武老生戲、黑净戲均有深厚功力。首本戲有《關公送嫂》、《月下貂蟬》、《水淹七軍》等。（《廣東近現代人物詞典》五三四頁）

鄧芬生。

鄧芬（一八九四～一九六四），字誦先，號曇殊，別署從心先生。南海人。幼年即聰慧異常，詩文詞過目成誦，書、畫、音樂到手即精。山水、仕女、花卉，不拘一格，隨手即成，天才横溢，别饒佳趣。張大千曾稱爲現代嶺南唯一國畫家，無與敵手。葉觀一所撰後畫中九友歌，將其與齊白石、黄賓虹、夏敬觀、吴湖帆、馮超然、溥心畬、余越園、張大千同列。畫餘，曾撰時曲，付歌者演唱。平生嗜好頗多，而又不爲嗜好所束縛，獨往獨來，自適其適。中年後往來澳、港間，除繪畫作詩，還能在欖核上刻二百漢字，並善刻竹。（《廣東近現代人物詞典》三三頁）

熊鋭生。

熊鋭（一八九四～一九二七），原名新壽，又名維新，號君鋭。嘉應（今梅縣）人。早年在桂里小學教書、汕頭《大風日報》當編輯。後赴日本留學，五四運動爆發後回國。一九二〇年赴法勤工儉學，繼而轉德國。一九二二年六月先後加入旅歐中國少年共産黨、中國共産黨，曾在中共旅歐支部工作，次年至一九二四年，任國民黨旅歐執行部、巴黎通訊處政治委員，明年獲得博士學位後偕德籍妻子奉命回國。一九二六年應聘廣州政治講習班教授，同時在廣東大學專修科學院、廣大附中任教，九月被聘爲婦女運動講習所教授，次年初在黄埔軍校入伍生部之政治部及第三軍之軍官學校工作。廣州四一五政變時慘遭殺害。（《中國近現代人物名號大辭典》一三〇八頁）

歐陽强生。

歐陽强（一八九四～一九四八），字效暖，號翰生、俊湘、加攸（修）。香山（今中山）人。一九一三年爲唐山機車車輛廠學徒。一九一七年至一九二〇年參加第一次世界大戰。一九二三年加入了中國共産黨。一九二五年被派到溝幫子車站建立中共溝幫子支部，任支部書記。一九三〇年初至營口機務段工作，建立營口特支，任書記。一九三二年在唐山被秘密逮捕，經工友集體請願，迫使當局將其釋放。一九四四年回樂昌。一九四七年十月第三次被捕，次年被害。（《廣東近現代人物詞典》三三四頁）

劉侯武生。

劉侯武（一八九四、一八九二～一九七五），潮陽人。早年在廣州秘密入同盟會。宣統三年（一九一一）三月二十九日參加廣州起義，光復後歷任汕頭《晨刊》社社長、福建省政務委員會秘書、東江行政公署秘書、潮安縣縣長、國民政府監察院監察委員等職。一九一三年出走暹羅。一九一八年募款回國，至上海謁孫中山並呈捐款。一九二四年又募款十八萬餘元，贊助建設廣州執信學校新校舍及黄花岡七十二烈士陵墓前蟠龍石柱，次年冬任潮安縣長。一九二七年又至暹羅。"九一八"事變後，盡力向海外募款，支援東北抗日救國軍。一九四二至一九四七年潮汕地區糧荒空前，敦請旅暹潮人賑恤，募得暹幣百餘萬銖、港幣百四十萬餘元購糧。一九四八年後旅居泰國、新加坡等地，倡議在汕頭設立潮汕（一説潮州）大學，曾任新加坡潮州八邑會館名譽理事長。晚年定居香港。（《廣東近現代人物詞典》一一四頁）

黎國昌生。

黎國昌（一八九四～?），字慎圖。東莞人。早年留學法國，獲巴黎大學理科博士學位，回國任中山大學動植物系主任兼教務處副主任、主任。一九二八年後歷任上海暨南大學、勞動大學、復旦大學、大夏大學教授。一九三一年任廣東省教育廳視學。（《中國近現代人物名號大辭典》一三一五頁）

鍾一强生。

鍾一强（一八九四～一九三三），又名應地，又名亞裕。永安（今紫金）人。一九二三年成立南嶺鄉農會，任會長，旋成立紫金縣總農會，被選爲會長，加入中國共産黨，次年先後參加黄埔軍校及廣州農講所學習。一九二五年主持召開縣第一次農民代表大會，被選爲會長，又主持召開縣第二次農民代表大會，作出減租減息決定，並成立縣農軍大隊，次年在縣城主持召開縣第三次農民代表大會，在全縣开展減租運動，指揮農民自衛軍打擊地主武裝。一九二七年參與領導了紫金武裝大暴動，被選爲縣人民政府委員、中共紫金縣委委員、紫金縣蘇維埃政府主席團主席，翌年隨紅二師轉移海陸惠紫邊區，先後參加大小戰鬥五十餘次。

一九三〇年冬調任海陸惠紫蘇維埃政府主席團成員，以陸豐碣石溪、紫金炮子、赤溪爲據點，堅持武裝鬥爭。後在陸豐碣石溪犧牲。（《廣東近現代人物詞典》三八一頁）

關崇潤生。

關崇潤（一八九四～一九六三），原名錕。開平人。少年時期在家鄉隨母種田，念過幾年私塾。一九一二年偕妻子到印尼謀生，初在印尼磨魯埠當苦力，後在機械廠當學徒，學習鉗工等。一九四四年轉行開設小食店。一九四八年底在萬隆郵政西街開設椰城酒家，由於酒家頗具規模，生意穩步發展，後來成爲萬隆市華人餐館中佼佼者。因病在家鄉去世。曾任印尼萬隆市中華總會副主席、廣肇會館理監事、廣華學校董事長、印尼食品總工會領導人。（《廣東近現代人物詞典》一二二頁）

謝瀛洲生。

謝瀛洲（一八九四～一九七二），字仙庭。從化人。耀堂子。早年就讀從化縣立高望小學堂、廣東存古學堂及上海藩谷學校。一九一六年赴法留學巴黎大學，一九二四年獲法學博士學位，同年春回國入國民黨，任大元帥府法制委員、廣東大學教授。一九二五年任國民黨廣州特別市黨部委員兼青年部部長，同時任古應芬開辦的課吏館教務主任、館長。一九二七年任陸軍軍官學校政治總教官、南京中央大學教授、北京大學法學院院長，次年兼國民政府考試院參事。一九三〇年冬後任司法行政部次長兼法官訓練所所長。一九三二年春任廣東省政府委員兼教育廳廳長。一九三四年夏轉任廣東高等法院院長兼廣東法科學院院長、西南政務委員會委員。一九三六年任審計部駐外審計兼廣東審計處處長。一九四七年任國大代表、國民大會主席團成員、臺灣省政府秘書長，次年三任司法行政部次長、最高法院院長。一九四九年十月赴臺灣，曾任司法院副院長、院長，臺灣大學、政治大學、東吴大學等校教授。著有《共產與民主》、《五權憲法大綱》、《中華民國憲法論》等。（《中國近現代人物名號大辭典》一二五七頁）

黄玉堂卒。

黄玉堂（？～一八九四），字仙陪，後字仙裴，室名蓮瑞軒、癡夢齋。順德人。同治十三年（一八七四）進士，歷任編修、陝西學政、順天鄉試同考官。（《中國近現代人物名號大辭典》一〇九六頁）

清德宗光緒二十一年　乙未　一八九五年

正月，威海劉公島陷落，北洋海軍全軍覆没，後黄遵憲賦《哭威海》三言長詩、《降將軍歌》七古。（鍾賢培、管林、謝華、汪松濤《黄遵憲詩選》一一六、一二〇頁）

二三月之間，曾習經賦《乙未二三月之間》五律六首，感時傷事，而以麗語出之，尤有淒婉之致。（陳永正《嶺南歷代詩選》五九八頁）

三月，《馬關條約》簽訂，後黄遵憲賦《馬關紀事》五律五首。割讓臺灣與日本，後賦《臺灣行》七古。（鍾賢培、管林、謝華、汪松濤《黄遵憲詩選》一一八、一二四頁）

五月，黄遵憲至湖北辦理教案，登黄鶴樓，聞臺灣潰棄，興盡而返。旋返江寧（今南京），文廷式南歸，與梁鼎芬等飲於吴船，各填《賀新郎》，並爲《吴船聽雨圖》，易順鼎爲題，遵憲又填《金縷曲》。（陳永正《嶺南歷代詞選》二四一、二四三頁）

閏五月，黄遵憲在江寧府，賦《閏月飲集鍾山送文蕓閣學士假歸兼懷陳伯嚴吏部三立》。（陳永正《嶺南歷代詩選》五五七頁）

八月，黎星橋於大東溝與日軍作戰犧牲。

黎星橋（？～一八九五、一八九四），原名漢。南海人。任職至超勇快船總管。曾就讀福建水師學堂，肄業後派往北洋水師效力。（宣統《南海縣志》卷十八）

本年康有爲在北京發起組織强學會，作《强學會序》。（康有爲《强學會序》）

本年張炳坤之子紹虎官閩台，值乙未之變。

張炳坤，字香圃。官貴州候補知府，歷任永寧、威寧、鎮遠、銅仁等州縣。由黔解組日，繪萬里歸舟圖，同人題詠殆遍。晚號歸耕老人。著有《一柏雙桂軒詩鈔》，其塚嗣紹虎通守嘗攜以自隨，官閩台時值乙未之變，竟付劫灰矣。張煜南、張鴻南《梅水詩傳》卷六有傳。

本年黄詠商經何啟紹介，認識孫中山。

黄詠商，香山（今中山）人。世居澳門。父名勝，任香港議政局議員，與大律師何啟有戚誼。光緒二十一年（一八九五）初黄詠商經何啟介紹，認識孫中山，旋參加興中會。總機關於香港成立，取“乾元奉行天命，其道乃亨”之義，定名“乾亨行”，同年孫中山、楊衢雲策劃廣州起義時，變賣祖產香港蘇杭街洋樓，得款八千元以充軍費。起義失敗後避居澳門，數年後病逝。（《廣東近現代人物詞典》四五二頁）

本年陶邵學在肇慶，賦《水亭夜望》七律，寫嶺南秋夜景物，隱寓對時局憂慮。

本年胡漢民十六歲，在家鄉課徒糊口，賦《紀事》七律。（陳永正《嶺南歷代詩選》五九一、六四三頁）

本年陳廷威加入同盟會。

陳廷威，番禺人。居廣州城，水師將弁。（一九九〇年《番禺縣人物志》）

本年會試姚鉅顯取國史館謄録。

姚鉅顯，字蕴章，號寶珊。番禺人。光緒二十一年（一八九五）會試，取國史館謄録，充八旗官學教習。未幾回鄉，聘主鹿步司事，力辭之。惟思以文風易悍俗，乃倡捐鉅資創立義學。年三十五卒。著有《求恒齋文集》、《求恒齋詩草》。（《番禺縣續志》卷二三）

尹慶舉於本年中進士。（民國《東莞縣志》卷四七）

尹慶舉（一八六二～一九一五），字策廷，號翔墀。東莞人。

光緒二十一年（一八九五）進士，翰林院編修、四川成都遺缺知府。歸里主龍溪、寶安書院，籌辦縣立初級師范、小學。三十一年（一九〇五）入都，充國史館、實録館纂修。參修《東莞縣志》。余祖明《廣東歷代詩鈔》卷五有傳。

傅維森於本年中進士。（民國《番禺縣志》卷十六）

傅維森（一八六四～一九〇二），字君寶，號志丹。番禺人。肄業廣雅書院。光緒二十一年（一八九五）進士，主講端溪書院，前任梁鼎芬、朱一新刻先哲遺著，資罄中輟，節存院款續成之。年三十九病卒。著有《缺齋遺稿》、《端溪書院志》等。余祖明《廣東歷代詩鈔》卷五有傳。父國瑞，官湖南沅陵知縣。（《番禺縣續志》卷二一）

何國澧於本年中進士。（民國《順德縣志》卷八）

何國澧（一八五九～一九三七），字定怡，號蘭愷，一號蘭陔。順德人。光緒二十一年（一八九五）進士，授編修，記名丞參，掌教本邑鳳山書院，民國後以遺老終。著有《易義闡微》、《古鏡妄言》、《澎海老人詩文集》等。余祖明《廣東歷代詩鈔》卷五有傳。

李翰芬於本年中進士。

李翰芬（？～一九二二），字顯宗，號守一。香山（今中山）小欖人。光緒二十一年（一八九五）乙未科百零一名進士，殿試二甲五十一名，授翰林院編修。二十九年（一九〇三）癸卯科充湖北鄉試副考官，賞賜花翎二品銜，廣西提學使。民國二年（一九一三）任廣東教育司司長兼實業司司長。擁護袁世凱，參與籌安會。（《小欖鎮初志》）

丘新民生。

丘新民（一八九五～一九四九），原名萼華。歸善人。廣東公立政法大學畢業。北伐時任鄧演達隨從副官、北伐軍總務處處長，曾護送演達至蘇聯，護送周恩來從武漢到安徽、上海。一九三六年至一九四〇年任江西德安縣長，後調任江西遂川、蓮花縣長、軍事委員會訓練督察總務處辦公室主任秘書。一九四三年任中國遠征軍司令部少將參議、軍事委員會幹事訓練團總務處長。一九四五年秋返粤，歷任廣東省政府建設廳代理廳長、人事處處長。病逝於上海。（《廣東近現代人物詞典》六八頁）

朱潤深生。

朱潤深（一八九五～一九五七），萬州（今屬海南萬寧）人。童年喪母，由祖父守京撫養，入勤寨私塾就讀。天資聰穎，讀書用功，得教會賞識，被送入杭州之江大學就讀，兩年後轉入湖南湘雅醫學院學醫。畢業後與謝志光在美國耶魯大學學習，獲醫學博士學位。一九二五年應聘爲加積福音醫院醫生助理，次年秋應聘爲北平協和醫院醫師。一九二七年接受何位川、周成梅函邀，辭職返瓊，與海口各界人士磋商建院事宜。經商討推舉其與周成梅、何位川、唐品三、吴笏廷、楊文奇、林考良爲海南醫院籌備委員，潤深兼籌建工程規劃委員，因院址問題糾葛暫時應聘滬江大學任教。粤省政府批准院址後即返瓊在海口惠愛醫院一面行醫，一面規劃建院。一九三〇年七月一日舉行海南醫院落成，兼任外科、婦産科主任。一九三七年任救濟總署柳州傷兵醫院院長。抗戰勝利後，任救濟總署廣東分署組長、廣東省政府衛生處長、廣東省衛生人員訓練及高級助産土學校校長。一九四六年積極響應籌建海南大學爲籌建委員會委員兼籌募組組長。海南大學醫學院、醫院成立，兼任兩院院長。一九五〇年移居香港。（《廣東近現代人物詞典》九四頁）

李卓元生。

李卓元（一八九五～一九八五），字叔達。新寧（今台山）人。歷任黄埔軍校燕塘分校教導總隊長、國民革命軍陸軍總司令部中將副參謀長、虎門要塞司令。一九五〇去臺灣，任“國防部”高參。病卒於臺北。（《廣東近現代人物詞典》一七五頁）

李健兒生。

李健兒（一八九五、一九〇一～一九四一），名應偉，又名偉、啟芬，號儉廬主人，筆名黑旋風。三水人。新聞界著名人士。曾任《七十二行商報》特約編寫人。廣州淪陷於日寇，避居香港；香港陷落，日軍强迫任事，大罵敵人，跳樓殉國。著述頗豐，有《劉永福傳》、《廣東現代畫人傳》、《儉廬文集》、《陳子壯年譜》等。（《廣州文史資料》卷二八）

李壽庵生。

李壽庵（一八九五～一九七四），號琴客。番禺人。自幼習畫，世居廣州河南，以教畫爲業，曾參與廣東國畫研究會。晚年雙目失明，仍能授畫法。著有《翰雲樓畫談》、《竹窗隨筆》、《書畫索》，今有《蒲社畫法彙編殘卷》面世。（《廣東近現代人物詞典》一七〇頁）

何石生。

何石（一八九五～一九二九），字玉山。普寧人。一九二三年回鄉參加農會，協助彭湃派出的工作隊開展工作。一九二六年參加中國共産黨，並任中共普寧支部支委，分管軍事。一九二九年十月下旬，爲策應紅四軍南下，帶領四十七團奉命進軍東江西北地區，在豐順、興寧、五華、梅南等地襲擊敵人後方。在進攻坪上守敵時，腹部中彈壯烈犧牲。（《廣東近現代人物詞典》二〇六頁）

何曼叔生。

何曼叔（一八九五～一九五五），原名冀，又名邁叔。東莞莞城人。少年當排字工人。上世紀二十年代初曾在北京大學旁聽，後回粵任廣州《民國日報》記者。一九二五年參加國民黨，追隨廖仲愷。仲愷被暗殺時，在後車得倖免。後轉赴滬，曾在多家報社任職。一九三四年被莫雄任命江西星子縣縣長，次年雄調貴州畢節，曼叔亦隨至畢節任專員公署民政科長。一九三六年蔣介石將雄免職扣押，遂離職返粵，賦閑在家。抗日戰爭爆發後至香港，在《大衆日報》主編副刊《大衆園地》主持《國難詩卷》專欄。一九四〇年應陳樹人之邀轉往重慶，任職於僑務委員會編譯室。抗日戰爭勝利後自重慶返南京，繼續供職於僑務委員會，曾在大學兼任教職。一九四九年初返穗，先後在華僑大學、廣東文理學院、華南師范學院任教授，講授中國文學課程。工詩詞。著有《曼叔詩存》。（《東莞市志》一四六三頁）

吴康生。

吴康（一八九五、一八九七～一九七六），字敬軒，自號錫園主人。平遠人。一九一八年在北京大學讀書時，與傅斯年、毛子水、俞平伯、楊振聲、羅家倫、顧頡剛、張申府、康白情等創辦《新潮》雜志社，一九二〇年畢業。一九二四年任國立廣東大學中國文學系教授兼圖書館主任，代理文科教授會議主任，次年任文學院院長，同年留學法國，於巴黎、里昂等地專門從事文學史及康德哲學研究，獲巴黎大學文學博士學位。一九三一年回國任廣東高等師范學校教授，翌年任中山大學文學院院長兼中山大學研究院文科研究所所長。一九四二年秋在廣東省樂昌縣坪石鎮創辦中華文化學院國文專科學校，任校長。一九五一年春赴台，任臺灣大學、臺灣師范大學教授、臺灣政治大學文學院院長。著有《比較文學緒論》、《周易大綱》、《抗戰史料》、《西洋古代哲學史》、《人文教育哲學概論》、《蘇格拉底哲學思想》、《希臘哲學之唯物思想》、《亞德來個人心理學》等。臺灣出版的《吴康先生全集》超過千萬字。（《中國近現代人物名號大辭典》四九八頁）

吴勤生。

吴勤（一八九五～一九四二），原名勤本。原籍東莞，出生南海。早年參加三合會、同盟會。一九一六年參加討伐龍濟光，任孫中山衛士，後回鄉辦武館。一九二四年參加了廣州農民運動講習所第二屆學習，加入中共，參加了平定商團鬥爭，畢業後以農運特派員身份回佛山開展農民運動。一九二七年任南海農民赤衛軍第二團團長，參加廣州起義，失敗後流亡新加坡。一九三四年回港，投入到抗日救亡運動中去。抗日戰爭全面爆發，任廣州

市區遊擊第二支隊司令等。後被暗害。（《中國近現代人物名號大辭典》五〇二頁）

吴道南生。

吴道南（一八九五～一九七七），原名振禮。萬州（今海南萬寧）人。中學畢業後升入瓊南法政講習所，後考入雲南陸軍講武堂第十二期。一九二〇年畢業後參加東征、北伐戰争，歷任國民革命軍第一獨立師、第十七師中校參謀長、四十六團上校團長、第五獨立旅少將旅長、淞滬警備司令部少將參謀等職。一九三七年在中央陸軍大學深造畢業後，歷任廣東保安處處長、第四路軍司令部少將參謀、廣東省保安第三旅少將旅長兼潮汕陸豐警備司令。一九三九年任廣東省第九區行政督察專員兼保安司令。一九四四年任國民革命軍軍令部委員，次年任國民革命軍事委員會廣州特派公署少將參謀長。一九四六年調任國防部少將部員兼戰史編纂委員。一九四八年當選爲第一届"國民大會"代表，任海南特别行政區長官公署民政處處長。一九四九年任海南警保第一師中將師長。海南解放前夕至臺灣。（《廣東近現代人物詞典》二〇二頁）

冼玉清生。

冼玉清（一八九五～一九六五），别名碧琅玕（館）主人，有"不櫛進士"、"嶺南才女"之稱。南海西樵人。幼居澳門，受業於陳子褒主辦之"灌根學塾"長達七年。後入香港聖士提反女校進修英文，一九一八年轉學嶺南大學附中。由鍾榮光推薦，兼任附中低年級之國文、歷史教員。一九二〇年在附中畢業，考入嶺南大學中文系。一九二四年畢業後以成績優異留任國文系助教，繼升講師、副教授。一九二七年鍾榮光任嶺南大學教務長，又推薦兼嶺大文物館（初稱博物館）館長。嶺南大學並入中山大學後，又任中山大學文學系教授。一九五五年退離教職，次年任廣東省文史研究館副館長。一九六四年一月前往香港探親、治病，十月以病重之身返穗，明年十月病逝於羊城醫院，享年七十二歲。終身未嫁。解放前著有《碧琅玕（館）詩抄》多集。一九四九年出版《流離百詠》。其主要著述是在學術研究及整理廣東文獻方面，學術著作不下三百萬字。已出版的專著有《趙松雪書畫考》、《廣東印譜考》、《招子庸研究》、《更生記》、《廣東鑒藏家考》、《廣東女子藝文考》、《廣東叢貼敘録》及《廣東文獻叢談》等，近年出版《冼玉清文集》上下編。（《廣東近現代人物詞典》三五五頁）

林伯森生。

林伯森（一八九五～?），蕉嶺人。保定軍校第九期工科畢業，後赴日本，入炮工學校工科，畢業回國曾任營長、參謀長、陸軍總司令部參謀長等職。一九四六年當選制憲國民大會代表。（《民國人物大辭典》四六九頁）

林時清生。

林時清（一八九五、一八九六～一九六六），原名秀奇。信宜人。廣東黄埔陸軍小學第四期、廣東陸軍速成學校第三期步科畢業。一九二九年任廣東編遣區第三師第六旅十團上校團長、第三軍副官處長。一九三二年任第一集團軍少將高級參議兼廣州憲兵司令，次年任廣東憲兵司令。一九三四年任廣東軍事政治學校副校長。一九三六年任第四路軍獨立第一師師長，次年授陸軍少將，任廣州警備司令部參謀長。抗日戰争爆發後，任廣東防空委員會委員長、廣東第七區人民自衛隊委員會副主任兼遊擊區司令。一九四一年接任廣東第七區行政督察專員兼保安司令。一九四七年辭職回鄉，次年遷居香港。一九五二年遷居厄瓜多爾。（《廣東近現代人物詞典》三二一頁）

袁良驊生。

袁良驊（一八九五、一八九六～一九八一），字子襄。東莞茶山上元村人。早年畢業於廣東海軍學校，一九一五年入中華革命黨，聲討袁世凱。一九一八年奉孫中山命與同安艦艦長温樹德合力炮擊觀音山，迫使莫榮新服從命令，此年奉孫中山密令，與陳策、李綺庵等襲取粤艦隊之江大、江固兩艘軍艦，後任粤軍挺進隊統領，一九二一年改任飛熊艦艦長，次年春奉孫中山指令，與陳策率隊將北洋艦隊巡洋艦海圻等十一艘軍艦全部擊敗並俘獲。又指揮飛熊艦奪取永豐艦（後改爲中山艦），被委任爲北洋艦隊舞風號艦長。陳炯明叛變，圍攻穗總統府，聯合各艦迎接孫中山登艦，五艦艦長討陳，爲其中之一。一九二三年任前敵艦隊指揮官。一九二五年任軍委會海軍局審計處少將處長、參謀廳廳長。一九三〇年改任實業部漁業管理局局長兼大上海漁市場理事。抗戰軍興，助陳策固守虎門要塞。抗戰勝利後任廣州市臨時參議會參議員、副議長兼代議長。一九四八年當選立法院委員，後任廣東水利工賑委員會顧問、東莞明倫堂董事會常務董事、東莞同鄉會常務理事等職。解放前夕遷居臺灣。著有《中華民國憲法草案之研究》、《冤獄賠償芻議》、《建立陪審制度》、《海軍基本教育》等。（《東莞市志》一四九八頁）

袁松年生。

袁松年（一八九五～一九六六），又名十，字鶴文。番禺人。海派山水畫名家。畢業於聖約翰大學，曾任上海中國畫院畫師、中國美術家協會上海分會會員、上海文史館館員、黄浦區政協委員。初期專攻臨摹學習西洋畫，欲借西畫方法以新國畫面目，後放棄西畫，專事國畫。從臨習李唐、劉松年、馬遠、夏圭作品入手，旁及荆浩、關仝、李成、范寬等，逐漸形成了自己獨特風格。其作以“國畫合理化”爲倡導，既汲取了西洋畫養分，講究透視比例，色彩豐富，層次感强，又吸收了宋畫優點，設色明豔脱俗，風格厚實高古。其山水畫多運用斧劈皴法，運筆堅硬，自成一格。亦善作鋼筆書法，兼能詩文。著有《抒情小唱詩集》、《名勝寫生集》等。傳世作品《太湖一角

圖》、《運菜圖》等。（《中國近現代人物名號大辭典》九六九頁）

郭欽光生。

郭欽光（一八九五～一九一九），原名書鵬，字步程。文昌（今屬海南）人。一九一七年赴京城求學，就讀於北京大學文預科。“五四”運動中抱病參加遊行示威活動，並在五月七日吐血身亡，成爲五四運動中首位、也是唯一犧牲的學生。（《廣東近現代人物詞典》四一四頁）

陳克華生。

陳克華（一八九五～一九八六），原名德源。潮安人。中央軍校第四分校（廣州分校）步兵科長，後任國民政府廣東第五區行政督察專員兼少將保安司令等多職。一九四九年赴香港。著有《中國現代革命史實》等。（《廣東近現代人物詞典》二八一頁）

陳述經生。

陳述經（一八九五、一八九六～一九七八），澄海人。潮屬八邑旅省中學校畢業。一九二四年起任國民黨澄海縣黨部監察委員、國民黨廣東省工聯會執行委員兼潮梅辦事處主任。一九二七年任汕頭市黨部執行委員。一九三一年任陸海空軍總司令部參議兼特別黨部委員。一九三三年任國民政府參軍處少將參軍。後任國民黨中央黨部海員特別黨部設計委員。一九四八年當選廣東省議會副議長。共和國成立前夕去臺灣。（《廣東近現代人物詞典》二八六頁）

陳福田生。

陳福田（一八九五～一九五一），東莞人。出生於夏威夷，哈佛大學教育學碩士、西洋小說史專家。歷任美國檀香山明倫學校教員、美國波士頓中華青年會幹事。一九二三年（一說一九二八）至北京清華大學執教，曾任清華大學外文系主任、西南聯大

外文系主任。一九四八年回夏威夷。（《東莞當代學人》七七九頁）

陳豐仁生。

陳豐仁（一八九五～一九五三），又名恤生。澄海人。曾隨父、叔學醫，於醫治内、兒、婦各科及疑難病癥有獨到之處。行醫數十年，曾編近百萬字之《陳豐仁醫案》。一九五三年被任命爲廣東省中醫院院長，未上任即於七月在穗逝世。（《廣東近現代人物詞典》二七〇頁）

梅哲之生。

梅哲之（一八九五～?），台山人。一九三二年任國民政府實業部總務司長。一九四〇年任汪僞中央儲備銀行理事、汪僞農商銀行總經理等職。（《民國人物大辭典》七九八頁）

梅景周生。

梅景周（一八九五～?），台山人。畢業於嶺南大學，後赴美國留學，入柏林大學，畢業時適值第一次世界大戰，任駐法華工青年會幹事。一九二九年任國民政府外交部條約委員會委員、駐古巴公使館書記官、駐夏灣拿副領事，翌年署夏灣拿領事。一九三一年調署駐檀香山領事。一九三四年派署駐火奴魯魯總領事。一九四六年任駐古巴全權公使。著有《美中貿易史略》（英文）、《中國文化政治經濟論文集》（英文）等。（《廣東近現代人物詞典》四二九頁）

葉家垣生。

葉家垣（一八九五～?），字少藩。南海人。畢業於上海交通大學電機系。後官費留學美國康乃爾大學，一九二一年獲電機工程碩士學位，歷任廣州市公用局、省建設廳技士、廣州電車公司總工程師、粵漢鐵路工務處處長、中山大學教授、廣東工業專門學校教務長。一九三〇年任鐵道部、交通部科長。一九三三年任交通大學唐山工學院教授。抗日戰爭時期，歷任開遠水電廠、岷

江電廠、宜賓電廠廠長。抗戰勝利後回粵，任廣州電廠廠長、廣州市政府公用局局長。（《廣東近現代人物詞典》五八頁）

黄垣生。

黄垣（一八九五～一九二七），號俊生。廣東人。宣統三年（一九一一）參加黄花崗起義，次年赴法國留學，獲電科碩士。一九二〇年回國，請纓討伐莫榮新，參與製造飛機、炸彈，十一月軍政府成立後，爲公用局長。一九二二年奉派往越南籌捐討陳炯明軍餉，次年復任公用局長。孫中山回粵，調任大本營技師，旋接管廣東電話局。一九二五年辭職赴法國學習無線電。（《民國人物大辭典》一〇九六頁）

黄雯生。

黄雯（一八九五～?），字興文。新安（今寶安）人。早年留學英國，先後就讀劍橋大學、英國御醫學院。一九三一年返國，任香港東華醫院院長。一九三三年任上海女子醫學院教授、上海粵民醫院院長。一九三七年返粵後創辦孫逸仙博士醫院，組織萬國紅十字會。廣州淪陷前夕撤至韶關，成立廣州萬國醫務團。一九三八年底任廣東省衛生處處長。抗戰勝利後返穗，任廣州市衛生局局長。譯有《中西醫生書刊》多册，創辦英文雜志《世界論壇》、《中國報》等。（《廣東近現代人物詞典》四三六頁）

黄秉彛生。

黄秉彛（一八九五～一九一四），又名菊生，字文富。新寧（今台山）人。畢業於廣州黄氏家塾高等小學校。二次革命失敗，離校赴香港謀討袁，組織育華學校爲辦事處。入中華鐵血團，任第四分部長。一九一四年受騙與龍濟光偵探乘車赴穗，被捕遇害。（《民國人物大辭典》一一一三頁）

黄振士生。

黄振士（一八九五～一九三一），原名福生。黎族。陵水（今屬海南）人。一九一九年考進廣東高等師範學校，後轉入廣東大學文學院深造。一九二四年春創辦《新瓊崖評論》，次年加入中國共產黨，後以個人身份加入國民黨。一九二六年受中共廣東區委派遣，隨國民革命軍回瓊，被派回陵水縣開展革命活動，改組國民黨縣黨部，任黨部書記，秘密發展一批中共黨員，成立陵水縣第一個黨小組（旋改支部），任黨小組長，九月主持創辦陵水縣農訓所，培訓農運骨幹。“四一二”政變擴展海南時，率領機關工作人員及農訓所學員共百餘人撤離縣城，轉移到西區農村建立革命據點，五月中旬成立陵水縣農民自衛軍，任黨代表，七月任中共陵水縣縣委書記，率領農軍武裝三次攻打、二次佔領縣城，先後建立陵水縣人民政府及陵水縣蘇維埃政府，據城施政半年之久。一九二八年下半年調任特委，以巡視員、特派員身份多次回陵水、崖縣指導工作。一九二八至一九三〇年當選瓊崖特委第二、三、四屆委員，次年夏到瓊東縣（今瓊海縣）大路鄉開展工作時，遭敵襲擊，身中數彈犧牲。（《廣東近現代人物詞典》四五九頁）

黄國恩生。

黄國恩（一八九五～?），字覺因。香山（今中山）人。早年赴美國入威斯康辛大學。歷任上海復旦公學教員、燕京大學教授等。（《民國人物大辭典》一一二〇頁）

張坤儀生。

張坤儀（一八九五～一九六九），字幼華。番禺人。天性聰慧，善交遊。父母早逝，十三歲肄業女子師範學校，後邂逅高奇峰，景仰其人其畫，遂拜其爲師，爲“天風七子”中惟一女書畫家，其畫有丈夫氣，汰去冶豔柔媚之習，風骨峻峭，擅長花鳥畫，兼長書法，尤擅金石書法。也曾隨葉恭綽研習書法。由於高奇峰患有肺病且孤身一人，坤儀便爲其治理家務，並任看護之職，奇峰遂收爲義女。奇峰病逝，以義女之名與葉恭綽一起爲辦理喪事，並曾刺腕血和淚繪成《哀怨塞乾坤圖》，畫中孤鳥倚梅枝，表達其失去至親之痛。一九三九年移居美國。（《廣東近現代人物詞典》二四五頁）

張蘭臣生。

張蘭臣（一八九五～一九六一），潮安人。[①] 十八歲赴暹隨父從商，旋創源聯泰號於曼谷，經營建築業，先後承建政府水利、鐵路及郵政總局、中央警署、朱拉大學校舍等工程。因誠實守約，極受當局器重。一九三九年出任泰國中華總商會主席、華僑報德善堂董事長。病逝於曼谷。（《廣東近現代人物詞典》二四一頁）

彭顯倫生。

彭顯倫（一八九五～一九五八），南雄人。一九二五年參加農民協會，任協會委員，次年加入中國共産黨，任中共南雄縣六區區委書記。一九三〇年參加中國工農紅軍，曾任紅四軍政治部組織科科長、軍需處科長、軍醫處政治委員、紅三軍第九師供給處主任、紅四軍第一師二團供應處主任、紅一軍團供給部出納科科長，參加了中央蘇區第一至第五次反“圍剿”和長征。抗戰時任八路軍第一一五師供給部出納科科長，參加平型關戰鬥。一九三九年初隨第一一五師一部進入山東，任八路軍第一一五師供給部、山東軍區供給部、濱海軍區後勤部政治委員，領導組織所屬部隊籌糧籌款、開荒生産、開辦工廠，保障了部隊供給。解放戰爭時任新四軍兼山東軍區後勤部副部長兼供給部、華東軍區供給部、山東軍區供給部政治委員。一九四七年在國軍重點進攻山東時，帶領部分人員堅持在五蓮山地區活動，保護了軍需物資及工廠設備安全。後任山東軍區後勤部政治委員。一九五五年被授予少將軍銜。後於青島病逝。（《廣東近現代人物詞典》五〇一頁）

曾國鈞生。

曾國鈞（一八九五～一九二八），又名亞才、覺君。高明人。十九歲時考入廣東公立土木工程學校，參加五四運動。一九二三年加入中共。六月，新學生社成立，創辦了《新學生》半月刊，

---

① 一説原籍普寧，生於海陽（今潮安）。

便以亞才、覺君爲筆名，在該刊發表文章，爲該社重要成員。入黨後奉命到泥水建築工人中開展工人運動，與余廣成立了廣州市土木建築工會聯合會，被選爲黨團書記及工會秘書長，同年底建立了印務總工會。一九二五年二次東征攻克惠州後，被派往惠州與蕭雋英配合成立了惠州市總工會，被選爲中共廣東區委工人運動委員會委員，同時奉命以國民黨員身份到國民黨中央黨部辦的中央通訊社當採訪記者，並爲《廣州民國日報》、省港罷工委員會會刊《工人之路》工作。又與藍裕業組織廣州新聞工作者聯合會，被選爲籌備委員，組織籌備委員會。一九二六年十月廣州新聞工作者聯合會正式成立，與藍裕業等九人被選爲執行委員，次年四一五政變後在中共廣州市委領導下，領導建築工會工人轉入地下鬥爭，並在周文雍領導下建立建築工人革命武裝。同時奉命仍在報社工作，以掌握敵人政治方向。十一月中共廣東省委號召全省暴動，奉命將建築工人改編爲工人赤衛隊第四聯隊，鄧蘇任聯隊隊長，以黨團書記兼任第一大隊長。十二月十一日淩晨，廣州起義打響後，帶領建築工人赤衛隊，從石公祠轉向太平路，直插西瓜園，攻佔保安隊及員警訓練所，失敗輾轉至香港。一九二八年一月奉命回穗任中共廣州市東山區區委委員兼宣傳部長，以《國華報》記者爲掩護，恢復黨組織爲叛徒出賣，被捕遇害。（《廣東近現代人物詞典》五一五頁）

温毓慶生。

温毓慶（一八九五～?），台山人。畢業於清華學校。後赴美國哈佛大學留學，獲哲學博士。回國任北京大學物理學教授、國民政府無線電管理局局長等職。一九三六年至一九四一年任交通部電政司司長。（《民國人物大辭典》一三〇一頁）

鄧演達生。

鄧演達（一八九五～一九三一），惠州人。早年入廣東陸軍小學，曾參加辛亥革命，後在廣東陸軍速成學校、武昌陸軍第二預備學校、保定軍官學校學習軍事。一九一九年孫中山命鄧鏗創建粤軍第一師，被任命爲該師參謀兼步兵獨立營營長。一九二二年陳炯明叛變，東下討陳，任前鋒。第一次國共合作時，擁護孫中山三大政策，任黄埔軍校訓練部副主任兼學生總隊長、教育長等。蔣介石製造“中山艦事件”，挺身斥蔣，遭排斥。北伐時任國民革命軍總司令部政治部主任，攻克武昌後兼任湖北省政務委員會主任、總司令部武漢行營主任。一九二七年與徐謙、吴玉章、黄琪翔等組成行動委員會，當選爲國民黨中央執行委員、中央政治委員會委員、中央軍委會主席團成員及中央農民部長，並重新任軍事委員會總政治部主任。與毛澤東在武昌舉辦了中央農民運動講習所。蔣介石發動“四一二”政變，遭通緝。後辭職去蘇聯。一九三一年回滬，正式成立中國國民黨臨時行動委員會（即中國農工民主黨前身），被推選爲總幹事。次年被秘密殺害。

鄭壽山生。

鄭壽山（一八九五～一九六四），原名富南，藝名德仔。吴川人。出身木偶世家。七歲隨兄赴香港、新加坡、馬來亞等地演出，歷時十八年。一九二二年返吴川，先後在“鈞天樂”、“伯劇團”木偶班參加演出直至解放。一九五四年夏秋間，與李梅初、龍興信等人被邀至穗愛群大廈爲捷克來賓演出《六郎斬子》，受贊賞。一九五五年至京參加全國木偶戲彙演，主演《西蓬擊掌》，大受行家贊揚，次年被選廣東省木偶劇團演員。一九五九年入共産黨，次年九月前往羅馬尼亞參加第二届國際木偶、傀儡戲聯歡節，主演《三調芭蕉扇》，榮獲銀質獎章。一九六三年任廣東省木偶劇團副團長兼藝委會副主任等職，被選爲第三届省人民代表大會代表。（《中國近現代人物名號大辭典》八三五頁）

歐陽英生。

歐陽英（一八九五～一九二〇），又名金英。原籍香山（今中山），生於美國加州。從小愛好體育運動。一九一五年高中畢業在美國列活埠學習飛行，旋可單獨駕機飛行。一九一九年參與發動華僑支持五四運動。後因飛機發生故障，機墜人亡。（《廣東

近現代人物詞典》三三三頁）

潘冠英生。

潘冠英（一八九五～一九五九），南海人。早年入法國里昂大學，獲法學博士學位，歷任中央軍事政治學校高級班政治主任教官、國立廣東法科學院教務主任、廣東省政府設計委員會委員等職。（《民國人物大辭典》一四七〇頁）

霍寶樹生。

霍寶樹（一八九五～一九六三），字亞民。新會人，出生於上海。父爲旅美華僑。少即隨家人赴宜昌、沙市、重慶經商。武昌起義後入四川北伐軍，次年入安徽教會中學、上海聖約翰書院學習，旋任職於漢口粵漢鐵路局。一九二三年赴美國留學，獲碩士學位。一九二七年返國，任廣東省建設廳主任秘書、國民政府建設委員會秘書。一九二九年任浙江省建設廳主任秘書，次年任農礦處處長。一九三一年任國民政府建設委員會設計處處長。與宋子文友善，翌年改任中國銀行總管理處業務管理第一室分區稽核。一九三五年任中國銀行副總稽核。一九四三年升任總稽核。一九四六年升中國銀行副總裁，仍兼總稽核、中國銀行官股董事。一九四九年底辭職往美國任中國技術團主任，旋兼任國際貨幣基金會中國候補理事。一九五九年在臺灣任中華開發公司總經理。（《中國近現代人物名號大辭典》一三三五頁）

繆培南生。

繆培南（一八九五～一九七〇），字經成，號育群。五華人。早年考取黄埔陸軍小學，後畢業於保定軍官學校，初任排、連長，後任李濟深第一師獨立團連、營長。民國十五年（一九二六）夏任第四軍十二師三十五團團長，翌年秋任第四軍十二師師長，同年繼黄琪翔任第四軍軍長，領中將銜。二十年（一九三一）春任國民革命軍第八路軍總指揮部參謀長，當選國民黨中央軍委委員、中央委員。陳濟棠主粵時任第一集團軍總司令部參謀長兼教導師師長、第五軍軍長。抗日戰爭期間先後任第六十五軍軍長，第四、七戰區長官司令部參謀長兼東江指揮所主任。抗戰勝利後，代表國民政府接受日軍一〇四師團投降。三十五年（一九四六）任聯合勤務總司令部第三補給區司令，翌年調任國府主席廣州行轅（後改廣東綏靖公署）副主任，後辭職賦閑。三十八年（一九四九）赴香港定居。後在九龍病故。晚年編有《醫學簡要》、《藥性新編》等。（《中國近現代人物名號大辭典》一三一〇頁）

謝熙生。

謝熙（一八九五、一八九六～一九八三），字子祥，别號止園。番禺人。師從蘇若瑚、陳炳昌攻習書法，青年時代已有書名。一九二五年與高劍父、高其峰、陳樹人及張純初等人組織“青遊會”，以書畫自娱。抗戰時開文緣館。一九四八年與穗黄獨峰、黄啟、黄鼎萍、麥漢永、馮緗壁、張韻石、周一峰、趙崇正、黎葛民等於海角紅樓成立丹荔書畫社，並在紅樓、中山圖書館舉辦書畫展覽及出版《丹荔書畫集》。新中國建立後，參與市文聯籌建。一九五一年漫遊北京，謁見齊白石等，歸來創作《十足豐收》，次年旅居香港。著有《市橋謝氏詩存》、《謝熙書畫集》、《廣東書譜》、《止園論書》等。（《廣州西關風華》三）

譚邃生。

譚邃（一八九五～一九三九），字君密，乳名子淳。開平人。幼年體弱多病。七歲喪母，幸得繼母袁氏精心撫養得以成長。因家貧僅能讀書數年，約十五歲便在父賽宏慘澹經營的蒔果店做工。十八歲得堂兄聯甫指引，考進黄埔廣東陸軍小學校，畢業後由學校選送到保定陸軍軍官學校深造。一九三六年陳濟棠下野，蔣介石部隊進駐廣東，余漢謀將粵軍按國民革命軍統一番號改編爲第一五一至一六零師等部，邃被委任爲陸軍第一五九師師長。盧溝橋事變後，漢謀將原十個師，組編爲五個軍，即六十二至六十六軍，一五九師隶第六十六軍。八月十三日日軍在上海開始全面進攻，隨六十六軍北上淞滬參戰。後參加南京保衛戰，十二月十二日下午南京城光華門被攻破，軍心摇動，守城司令唐生智下令突圍，邃因病特准與生智搭電船渡河過浦口，次年升副軍長。一九三九年秋末軍長葉肇調升三十七集團軍總司令，仍轄六十六軍，邃升充軍長。十月在粵北翁源前線病逝。（《廣東近現代人物詞典》五四七頁）

程奎光卒。

程奎光（？～一八九五），字恒敦，號星堂。香山（今中山）人。早年入福州馬江船政學堂學習駕駛技術，畢業後在海軍供職，官至鎮濤艦管帶。光緒二十一年（一八九五）在穗加入興中會，同年興中會聯絡廣東水師，准備參加廣州起義（乙未廣州之役），未發動而洩露。清軍警搜捕，與陸皓東被捕入獄，經友人説情免死，但後於營務處被打六百軍棍而卒。（《中國近現代人物名號大辭典》一二一六頁）

羅汝蘭卒。

羅汝蘭（？～一八九五），字芝園，一字廣文。石城（今廉江）人。光緒年間省内鼠疫流行，受《醫林改錯》啟發，認爲鼠疫乃熱毒成瘀，遂以治血爲主，活人甚衆。光緒十七年（一八九一），得吴存甫《治鼠疫法》一編，細讀贊之，與許經畲討論、搜集整理略加增附予以刊行。十九年又補其侄啟沃塗瘰方等再次刊行。二十一年在原書基礎上續增經驗方及治案等，編成《鼠疫彙編》。後經鄭肖岩增訂，更名《鼠疫約編》。

清德宗光緒二十二年　丙申　一八九六年

三月，江逢辰離京返穗，填《蝶戀花》詞。途中遊鎮江焦山，填《念奴嬌》詞。（陳永正《嶺南歷代詞選》二八二、二八三頁）

黄遵憲憤於强學會停散，擬重整旗鼓，特邀梁啟超至上海辦《時務報》，賦《贈梁任甫同年》七絶六首以贈。（陳永正《嶺南歷代詩選》五五七頁）

本年何章奉康有爲命至滬，任上海强學會機關刊物《强學報》主筆。

何章，字樹齡，又字易一。三水人。早年師從康有爲。光緒二十二年（一八九六）奉有爲命離粵至滬，任上海强學會機關刊物《强學報》主筆，旋被查封。回粵後，翌年爲澳門《知新報》撰述。（《中國近現代人物名號大辭典》五一九頁）

王禄豐生。

王禄豐（一八九六～一九七五、一九五六），海南文昌人。雲南陸軍講武堂第十五期、日本陸軍士官學校第十六期騎科畢業。一九二二年加入粵軍，任東路討逆軍第二旅三團排、連長，黄埔軍校第一期學生隊第一隊區隊長，黨軍第一旅第一團營長。一九二六年任國民革命軍第一軍一師六團上校團長。一九二八年任汕頭市警察局長。一九三五年任第四十九師副師長。一九三六年一月授陸軍少將。抗日戰争爆發後，任整編第四十九師師長、第九集團軍總司令部副參謀長。一九四五年任閩南師管區司令。一九四七年任粵北師管區司令兼"清剿"總指揮。一九四八年授陸軍中將，翌年年初任暫編第二縱隊司令，同年秋任海南防衛總司令部第二十一兵團副司令官。一九五〇年春至臺灣，一九五四年退役，後在臺北病逝。（《廣東近現代人物詞典》二一頁）

古大存生。

古大存（一八九六～一九六六），原名永鑫，號斛咸。長樂（今五華）人。一九一七年入梅縣中學。一九二一年春入廣東法政專門學校。一九二四年春加入中國共産黨。畢業後即參加東征軍，嗣任中共五華特支組織委員、國民黨五華縣黨部委員、縣農民協會副會長兼軍事部長。一九二八年任五華、豐順、梅縣、興甯、大埔五縣暴動委員會主席。梅縣暴動勝利後，任中共七縣（興甯、五華、豐順、梅縣、大埔、揭陽、潮安）聯合委員會書記。一九三〇年東江工農民主政府成立，任副主席，同時正式組成中國工農紅軍第十一軍，任軍長兼代政治委員。一九三三年任東江遊擊總隊政治委員。一九三八年帶病至武漢找到八路軍武漢辦事處。一九四一年底率代表團至延安。一九四五年出席中共七大，被選爲中央候補委員。一九四七年調任東北局委員、組織部副部長。共和國成立後調粤，先後任中共中央華南分局常委、廣東省人民政府副主席、廣東省委書記兼副省長等職。（陳玉堂《中國近現代人物名號大辭典》一三二頁）

朱伯然生。

朱伯然（一八九六～?），字岫人。新寧（今台山）人。國立北京法政專門學校畢業後在北京大學文學院讀研究生。後遊學美國南加州大學，學成留歐考察，任國際聯盟中國代表團團長秘書。一九二七年歸國後任特派兩廣交涉員公署翻譯科科長。一九三四年操業律師。抗戰後期任國立廣西大學法學教授，尋返穗重執律師業。曾在珠海大學、國民大學、廣州大學任法學教授二十年。(《廣東近現代人物詞典》九二頁)

李江生。

李江（一八九六～一九七二），字潤黎。新寧（今台山）人。保定軍校畢業，歷任團、旅長、集團軍高參、一五六師師長、廣州憲兵中將司令、廣東省第十區行政督察專員兼保安司令。後移居香港。(《廣東近現代人物詞典》一五五頁)

李煦寰生。

李煦寰（一八九六～一九八九），字彦和。惠州人。先後畢業於廣東陸軍小學、湖北陸軍學校、天津北洋陸軍軍醫大學，後留學法國里昂大學，獲藥物學博士學位。一九二八年棄醫從政，任北平政治分會機要秘書。後到粤軍余漢謀部任國民八路軍軍醫處上校科長，一九三八年任第四戰區司令部政治主任。一九四〇年任第七戰區司令部政治部中將主任，並任廣東省政府委員。一九四七年被粤桂區推舉爲監察委員，翌年起義未遂，憤然辭職，在香港九龍華仁書院、香港中文大學執教。(《廣東近現代人物詞典》一八七頁)

李滿康生。

李滿康（一八九六～一九七四），字慎齋。三水人。早年赴日本留學，入東京商科大學。返國任職北寧鐵路局，加入中國青年黨。一九四八年當選行憲國民大會代表。

李樸生生。

李樸生（一八九六～一九八六），原名沃齡。廣州人，生於蘇門答臘。宣統二年（一九一〇）回粤，曾任廣東省學生聯合會會長。一九二五年任廣州市教育局童子軍主任，後加入中國國民黨，任廣東省黨部執行委員兼書記長、廣州市政府秘書長。一九四九年赴香港。一九五二年任臺灣僑務委員會副委員長。一九七四年移居美國舊金山。著有《曾國藩的用人方法》、《張居正提高行政效率的方法》等。（《民國人物大辭典》三一九頁）

李翼中生。

李翼中（一八九六、一八九九～一九六九），字朝鎏。嘉應（今梅縣）人。畢業於中山大學，歷任中國國民黨青島市及漢口市黨部整理委員，北平、天津、河北及北甯、平綏鐵路黨部指導委員。一九四三年任國民政府交通部秘書。一九四五年當選中國國民黨第六屆中央執行委員。抗日戰爭勝利後，任臺灣省黨部主任委員。一九四七年任臺灣省政府委員、臺灣省社會處處長，後任合作事業管理處處長。（《廣東近現代人物詞典》一八九頁）

余漢謀生。

余漢謀（一八九六～一九八一），字幄奇。高要人。先後考入黄埔廣東陸軍小學、武昌陸軍第二預備學校、保定陸軍軍官學校。畢業入粤軍，任排、連、副官長。民國十四年（一九二五）任國民革命軍第四軍第十一師第三十一團團長，參加第二次東征，次年兼任高雷警備司令。十六年任第十一師師長。十八年（一九二九）第四軍縮編，任第一旅旅長、北區善後委員，後任第五十九師師長，參加討桂之役。二十年任第一集團軍（粤軍）第一軍軍長。抗戰爆發，被任命爲第四戰區副司令長官、第十二集團軍總司令、第七戰區司令長官。日寇投降，率軍駐汕頭地區，任衢州綏靖公署主任。三十七年（一九四八）任陸軍總司令，次年任廣州綏靖公署主任、華南軍政長官公署主任、海南特區副行政長官。一九五〇年赴臺灣，任“總統府戰略顧問”。一九六五年晋敘陸軍一級上將。（《廣東近現代人物詞典》二二〇頁）

林栢森生。

林栢森（一八九六～一九六〇），鎮平（今蕉嶺）人。早年入讀保定軍官學校，復畢業於日本士官學校炮工科，歷任營長、參謀長、工兵學校教育長、軍訓部工兵監、陸軍總司令部參謀長等。一九四九年春任陸軍中將副司令，九月調戰略顧問委員會委員。後去臺灣病故。（《廣東近現代人物詞典》三二六頁）

林逸民生。

林逸民（一八九六～?），新會人。畢業於廣東嶺南大學、唐山交通專門學校，後入美國普度大學。一九二三年回國，在廣州市政府工作，並任教於嶺南大學。後赴歐美考察都市建設，又入哈佛大學研究。一九二八年回國任國民政府首都建設委員會都設計技術專員辦事處處長。一九二九年任北寧鐵路管理局港務局局長兼總工程師。一九三六年任廣州市工務局局長。（《民國人物大辭典》四七五頁）

林叢鬱生。

林叢鬱（一八九六～一九八六），字培華。陽春人。早年就讀肇慶中學，參加五四運動，任肇慶學生會會長、肇羅陽學生會長。一九二四年畢業於廣東公法大學，加入中國社會主義青年團，翌年轉入中共，嗣任國民革命軍第四軍政治部秘書、國民黨廣東省黨部南路特別委員會委員等。一九二七年任紅十一軍二十五師政治部秘書，隨南昌起義軍進軍潮汕。一九三〇年脱離共産黨。抗戰時期，曾任第一七五師政治部主任、第四十六軍政治部主任、廣西綏靖公署參議等。中華人民共和國成立後任廣東文史

館研究員。（《廣東近現代人物詞典》三一八頁）

周啟剛生。

周啟剛（一八九六～?），新寧（今台山）人。早年入同盟會。一九一五年赴美國留學。一九一九年歸國，任軍政府總務廳科長。北伐時曾任國民革命軍總司令部參議。一九二六年出席國民黨二大，被選爲中央候補執委。一九二八年國民黨二届二中全會當選中央執委兼中央政治會議委員。一九三〇年任立法院立法委員、國民黨中央執委兼組織部長。抗戰爆發後任中央文化運動委員會委員、國民政府僑務委員會副委員長等。（《廣東近現代人物詞典》三五一頁）

柯嘉予生。

柯嘉予（一八九六～一九七六），海口（今屬海南）人。早年畢業於北京朝陽大學。一九二三年加入中國共産黨，次年與在莫同榮等組織瓊島魂社，創辦《瓊島魂》雜志。一九二五年秋大學畢業後，被分配至廣州從事革命活動。一九二六年隨國民革命軍渡瓊，以共産黨員的身份加入國民黨，並任瓊崖行政公署秘書科長、國民黨瓊崖特别黨部海口市黨部常務委員兼秘書長，創辦《瓊崖民國日報》，兼任編輯，六月任中共瓊崖地方委員會委員兼軍事部副部長。一九二七年任瓊崖工農討逆軍第六路軍（瓊山）司令、中共海口市委員會書記，次年任瓊山縣蘇維埃人民政府主席。一九二九年由於敵人通緝追捕，離瓊崖到新加坡、香港、澳門等地。共和國成立後，在南京銀行部門工作直到一九五八年退休。後在上海病逝。（《廣東近現代人物詞典》三七〇頁）

胡經甫生。

胡經甫（一八九六～一九七二），原名宗權，筆名胡烈。祖籍三水，生於上海。早年畢業於東吴大學生物系，留校任助教兼研究生。後獲碩士學位，任上海聖約翰大學生物系講師。一九一九年考取清華學校專科，次年公費留美，專攻昆蟲學，獲博士學位。一九二二年後歷任南京東南大學、蘇州東吴大學、北京燕京大學教授，中國動物學會及北京博物學會會長，中華教育文化基金會委員。一九五三年後任中國人民解放軍軍事醫學科學院研究員、總後勤部、衛生部醫學科技委員會常委。長期任《北京博物雜志》總編輯。編撰巨著《中國昆蟲名録》，專著有《無脊椎動物學講義》、《實驗指導》、《中國積翅目昆蟲志》。（《中國近現代人物名號大辭典》八八八頁）

范小石生。

范小石（一八九六～一九四五），名開銀。梅縣人。上海復旦大學畢業，後赴南洋爪哇廿餘載，先後任《吧報》及《時報》總編輯。（《梅縣文史》叢輯）

范漢傑生。

范漢傑（一八九六～一九七六），名其疊，字漢傑，别字韶賓。大埔人。廣東陸軍測量學校首期畢業，初任廣東陸軍測量局科員、漳州工務局測量員、廣東鹽務緝私江防兵艦長。一九一五年入陳炯明粵軍任排長、連長、少校參謀、援閩粵軍第二支隊營長、援閩粵軍總司令部軍事委員、兵站所長。一九二〇年任桂軍第三路支隊長、司令、粵軍第二軍第六團副團長、第一師代理團長、粵軍第六路少將司令兼三水縣長。一九二四年報考黄埔軍校，入首期，畢業任粵軍第一師一旅中校參謀、營長。一九二六年任國民革命軍第四軍第十師二十九團上校團長，次年任浙江省浙東警備師師長，旋辭軍職赴日本留學，後轉赴德國學習、考察軍事，一九三一年回國，次年任第十九路軍總部參謀處長、副參謀長。一九三六年晋陸軍少將，任第一軍副軍長。一九三八年任軍事委員會政治部第一廳廳長、第二十七軍軍長兼鄭州警備司令。一九四二年任第三十四集團軍副總司令、第三十八集團軍總司令。一九四四年任第一戰區中將副司令長官兼參謀長，先後參加“一・二八”淞滬會戰、上海抗戰、中條山戰役。一九四五年陸軍大學將官班畢業，授陸軍中將，任第一戰區副司令長官兼參謀長，次年任國防部參謀次長、徐州“剿總”副總司令。一九四八年任陸軍副總司令、山東第一兵團司令官、熱河省政府主席、東北“剿總”副總司令兼錦州指揮所主任，同年被俘。一九六〇年特赦獲釋。病逝於北京。著有《抗戰回憶記》、《錦州戰役經過》、《胡宗南部在川北阻截紅軍經過》，譯著《德國步兵動作》等。（《廣東近現代人物詞典》三三一頁）

侯志明生。

侯志明（一八九六～一九八〇），梅縣人。一九二五年入黄埔軍校，參加過東征、北伐，任杭州《民國日報》總編輯。

侯鳳墀生。

侯鳳墀（一八九六？～一九四二），花縣人。一九二四年加入中國共産黨，七月被選送廣州農講所首期學習。結業后任中央農民部北江特派員，返邑組建農會，十月任縣農會執委，次年任廣東省農會委員、省農協北江辦事處主任、中共北江特委委員。一九二六年參與創建北江農軍學校，次年率北江農軍北上武漢，任總指揮兼第一大隊隊長，七月回粤以接應南昌起義軍南下，途經香港，因病留治，嗣離港往新加坡行醫爲生。後病故。（《廣東近現代人物詞典》三三七頁）

韋慤生。

韋慤（一八九六～一九七六），香山（今中山）人。早年入同盟會，參加辛亥革命。一九一四年後留學英、美，獲哲學博士學位。一九二一年回國後任嶺南大學、復旦大學等校教授，孫中山護法軍政府外交部秘書，代理廣東省教育委員會委員長等。一九二八年後任上海市教育局局長、商務印書館審編部主任、《譯報》總經理及《上海周報》總編輯。抗日戰争時期至蘇北解放區工作，任江淮大學校長、蘇皖邊區政府副主席、華東大學校長等。新中國成立後任上海市副市長、國家教育部副部長、中國文字改革委員會副主任等。主要論著有《文字改革和漢字簡化》、《教育是什麽》等。（《廣東近現代人物詞典》二二頁）

陸丹林生。

陸丹林（一八九六～一九七二），别署自在，齋名紅樹室。三水人。早年入同盟會。後至滬入南社，從事報刊編輯。性喜書、畫，尤喜與美術界往還，擅長美術評論，書法亦極老練。曾任上海中國藝專、重慶國立藝專教授，《蜜蜂畫刊》、《國畫月刊》編輯、中國畫會理事等。著作極富，著有《革命史譚》、《革命史話》、《當代人物志》等。夫人蘇燕翩，字鳳宜，一作鳳儀，號鳳子。南社社友。(《榆園畫友録》)

陳士超生。

陳士超（一八九六？～？），香山（今中山）人。公哲胞妹。幼多病，後入精武會習拳始獲健康。一九一九年主持上海精武會女子部，并任廣肇公所女校校長，設立武術班訓練女生，同年廣東精武會成立，赴廣州崇德女校教授武術，并至佛山表演，次年倡設廣東精武女子模範團。一九二一年助廣東精武會成立女子部，又曾先後與其兄公哲赴南洋各地表演武術，組織精武分會。(《廣東近現代人物詞典》二六八頁)

陳汝棠生。

陳汝棠（一八九六、一八九三～一九六一），高明合水鎮人。畢業於廣州中法醫科專門學校，早年曾加入同盟會和中華革命黨。一九二六年參加北伐，任北伐軍醫務院長。後在廣州主辦廣東省地方武裝警衛訓練養成所，並任海軍司令部、第一集團軍軍事政治學校醫務處處長。一九二八年任西北綏靖區西江治安督導專員，曾創辦高明縣立第三小學及進步組織力社。抗日戰爭時期，任第四路軍看護幹部訓練班主任、廣東省救濟委員會主任兼救濟總隊隊長等。解放戰爭時期任香港《華商報》董事、香港達德學院董事、香港人民救國會港九分會主任、民盟南方總支部副主任、中國國民黨革命委員會中央委員兼駐港辦事處主任。中華人民共和國成立後歷任廣東省衛生廳廳長、副省長，民革中央委員兼華南臨時工作委員會主任，第一、二届全國政協委員。(《廣東近現代人物詞典》二八〇頁)

陳炳權生。

陳炳權（一八九六～一九九一），字公達。新寧（今台山）人。年輕時曾發起組織廣東省學生聯合會，開展抵制日貨及平民義學運動。一九一九年赴美國留學，一九二四年五月在美國哥倫比亞大學獲得經濟學碩士學位，回國後歷任財政部、實業部統計處統計長。旋應廣東大學（中山大學前身）校長鄒魯之聘，任該大學教授，主講統計、會計、銀行等課程，翌年升任商學系主任，又先後在廣東課吏館、廣東法官學校、農民講習所兼任統計學及群衆心理學教員。一九二六年籌辦廣東大學專修學院並任院長。時專修學院開設夜班，聘請毛澤東、惲代英、蕭楚女、沈雁冰、高語罕、馬烘煥、麥朝樞、狄克（蘇聯人）等知名人士講課，但僅開辦半年，便被勒令停辦。次年與李濟深、金曾澄、馮祝萬、王志遠、鍾榮光、周植倫、黄隆生、胡春林、馬洪煥等人組成廣州大學董事會，推舉曾澄爲董事長，積極籌辦廣州大學。一九四四年在美國接受羅若拉大學法學博士學位。一九四九年赴港，曾創辦廣僑學院、聯合書院、中文大學，任中文大學商學院及經濟系主任。解放初與譚維漢教務長從香港專程返穗移交校産及公佈賬目，人稱其義。主要著作有《商業迴圈》、《經濟論叢》、《大學教育五十年》，已先後面世。在美國病逝。有挽聯云："負笈當年，愧未能入室升堂，猶蒙面命屢承，白首師徒殷勸勉；乘桴浮海，俄遠聞山頹木壞，縱使心喪彌切，絳帷趨步想音容。"（《廣東近現代人物詞典》二九四頁）

陳勁節生。

陳勁節（一八九六～一九四四），順德人。北伐期間在葉挺部任軍需處處長，擢陸軍少將。抗日戰爭爆發後奉調淞滬前線，任第三兵站總監，駐蘇州。一九三九年兵站遷廣西桂林，改名江南兵站統監部，任統監，晋升中將。後奉調中國遠征軍後勤總司令。在重慶逝世。（《廣東近現代人物詞典》）

郭琳爽生。

郭琳爽（一八九六～一九七四），又名啟棠。香山（今中山）人。民國十年（一九二一）嶺南大學畢業，獲農學士學位，尋往歐美各國考察商情，回國後任香港永安公司署監督，助其父郭泉管理企業。十八年被其伯父香港永安公司總監督郭樂調至上海永安公司任副經理，二十二年升總經理。二十八年（一九三九）樂赴美，琳爽全權主管上海永安公司。抗戰勝利後，任上海市參議員。上海解放時，配合中共地下組織保護企業，將其完整地交給新政權。（《中國近現代人物名號大辭典》一〇六六頁）

郭錫麒生。

郭錫麒（一八九六～一九七六），字清觀。香山（今中山）人。長於風光攝影，潛心研究照相著色技術，被稱爲最擅長設色的攝影家之一。一九二九年參加中華攝影學社，爲華社中健將之一。早年畢業於上海廣肇公學，後在上海伊文思圖書公司、柯達公司、蘇聯蘇維埃義勇艦隊、國民黨航空學校等處任職。業餘鑽研攝影，參加友聲旅行團，從事旅遊攝影。足跡遍全國及印度、緬甸等地。熱愛旅行探勝，作品不同凡響，很受人推崇。一九三〇年第一本作品集《南京影集》由上海别發書店在倫敦用凹版精印，裝幀精緻，以黄綢爲面，線裝成册，國民政府主席林森題詞。一九四七年以上海友聲旅行團名義出版第二本攝影專集《西湖倩影》等。（《廣東近現代人物詞典》四一五頁）

梅友卓生。

梅友卓（一八九六～一九九二），號仰平。台山人。早年旅美經商。抗日戰爭期間曾組織“美中芝城華僑抗日救國後援會”，爲委員長。後任中國國民黨駐美總支部執行委員。一九四八年當選第一屆國民大會華僑代表，並爲主席團成員之一。後去臺灣，仍任“國民大會”代表。

麥朝樞生。

麥朝樞（一八九六～一九七三），字仲衡。台山人。畢業於北京大學。歷任廣東大學秘書等職。一九三二年任上海市政府社

會局局長。（《民國人物大辭典》八一七頁）

葉挺生。

葉挺（一八九六～一九四六），原名洵，字希夷。祖籍興甯，生於惠州。先後畢業於廣東陸軍小學堂、武昌陸軍第二預備學校及保定陸軍軍官學校。一九一九年初在粵軍中任支隊副官，同年入中國國民黨。一九二一年任孫中山陸海軍大元帥府警衛團第二營營長，次年陳炯明叛變時奉命守衛總統府前院，掩護宋慶齡脱險。一九二四年赴蘇聯入莫斯科東方勞動者共産主義大學（東方大學）、紅軍學校中國班學習，同年先後入中國共産主義青年團、中國共産黨，次年回國後任國民革命軍第四軍（粵軍）十二師三十六團團長、獨立團團長，參加湖北汀泗橋、賀勝橋等戰役，獲“北伐名將”美譽，第四軍亦有“鐵軍”之稱。占領武漢後，部隊大規模擴編，升任第十一軍第二十四師師長。南昌起義爆發後，任前敵總指揮兼第十一軍軍長，所屬三個師僅剩滇軍老將朱德率八百人堅持下來。同年潛入穗，參加領導廣州起義，任起義軍工農紅軍總司令，失敗後流亡歐洲，後至澳門隱居。一九三三年參與福建事變，次年在香港加入中華民族革命同盟。抗戰爆發後，任新四軍軍長。一九四一年皖南事變中與國軍交涉時被扣押，一九四六年獲釋，四月八日自重慶飛返延安，途中飛機失事遇難，同機遇難者有其夫人李秀文、女兒揚眉、尚未取名的阿九及王若飛、博古（秦邦憲）、鄧發等，通稱“四八烈士”。

葉少秉生。

葉少秉（一八九六～一九六八），名在宜，字少秉，以字行。番禺人。自幼喜愛繪畫，拜高奇峰爲師。工於寫生，被譽於“玫瑰王”，其作品先後在比利時、德國舉辦的中國畫展中獲金獎。一生致力於教學，在粵、港頗有影響。中華人民共和國成立後，曾任省政協委員、廣東省文史館館員。（《廣東近現代人物詞典》五四頁）

葉啟芳生。

葉啟芳（一八九六～一九七五），三水人。嶺南大學經濟系畢業。後任國民大學教務長、華南聯大文學院院長等職。院系調整後，華南聯大並入中山大學，任中山大學圖書館館長兼外國文學史教授。譯著有《政府論》、《國際關系論》、《社會鬥争史》等。(《廣東近現代人物詞典》五五頁)

黄文田生。

黄文田（一八九六～一九六八)，又名裔森，字力耕。海陽(今潮安）人。出身工商業地主家庭。少年時就讀於孚中村小學及海陽城南第一高等小學。抗日戰争時期任廣東省江防司令部少將司令、廣東航務處處長、桂林行營江防處副處長、第七戰區司令長官部參議、挺進第七縱隊副司令、肇關警備司令部副司令、粤桂江防司令等職。抗戰勝利後解職回汕頭港引水業務所當引水員直至逝世。(《廣東近現代人物詞典》四四三頁)

黄占春生。

黄占春（一八九六～一九六四)，嘉應（今梅縣）人。陸軍小學、保定軍官學校步科、雲南講武堂及中央訓練團兵役研究班畢業，曾任軍事參議院咨議。一九三七年晋升少將，抗日戰争中任第四軍第九十師第二六八旅旅長，後升副師長、師長。一九四九年任四川省川西師管區中將司令。中華人民共和國成立後任廣東省人民政府參事室參事。病逝於穗。(《廣東近現代人物詞典》四四四頁)

黄仲榆生。

黄仲榆（一八九六～一九五五)，字明森（黎)。香山（今中山）人。畢業於加拿大華僑中學，並入當地軍事學校深造。一九一七年回國參軍。一九二〇年任粤軍討賊第一路軍司令，後任香山行營主任、前敵指揮部參謀兼大本營船舶管理所秘書。一九二二年任廣東省海防司令部秘書兼香山縣遊擊大隊長。一九二五年任國民革命軍獨立第一師司令部經理處長、廣東警衛軍司令部軍需長、廣州市公安局員警長、廣州長洲要塞、虎門要塞司令部參謀長、海軍第四艦隊司令部少將參議。後轉文職，歷任東莞沙田局局長、寶安、博羅縣長、國民黨港澳總支部書記長、軍委會廣州特派員公署代表、廣州市政府秘書長、廣州市地政局長、社會局長、國民黨廣州特別市黨部委員及立法院委員等職。（《廣東近現代人物詞典》四四五頁）

黄居素生。

黄居素（一八九六、一八九七～一九八六），香山人。幼年家貧，學無常師，曾從鄭哲園習古籍。並從事報業工作，一度入南京支那學院修習佛典。後追隨孫中山、廖仲愷，曾任農民部長、粤軍總司令部政治主任、廣東省政府委員、南京國民政府首届立法委員，曾於一九二五年任中山縣縣長。三十年代初移居香港，新中國成立後被聘爲中央文史館館員，旋抱病返港。著有《黄居素畫集》、《光絅樓詩》等。（《廣東近現代人物詞典》四五七頁）

黄振興生。

黄振興（一八九六～？），字楪持。順德人。畢業於北京陸軍第五期，歷任國民革命軍總司令部兵站總監部參謀長、上海特别市公安局局長等。一九二八年任國民政府參軍處參軍。一九三一年任平漢鐵路管理委員會委員長。（《民國人物大辭典》一一一八頁）

黄藝博生。

黄藝博（一八九六～一九七〇），原名棟材。花縣新華鎮岐山村人。生於商人之家。青年時代曾就讀日本某大學，主攻法律，曾任滬衛戍司令部長官公署參議、湖南省貿易局專員兼貿易局鹽糧部經理，當選廣州市東山區第一届人大代表等。善詩，酷愛書法。後患鼻咽癌病逝。（《廣東近現代人物詞典》四四一頁）

符羅飛生。

符羅飛（一八九六～一九七一），原名福。文昌（今屬廣東）人。畢業於上海美術專科學校西畫系。一九三〇年考入義大利奈波利皇家美術大學研究院繪畫系，畫藝大進，曾先後在意大利、法國、英國、奥地利舉辦展覽，甚得好評。一九三五年應邀參加威尼斯國際藝術賽會並獲獎，一九三八年回國。運用水墨、粉彩，描繪勞動人民悲慘遭遇，如《小乞與巨賈》、《地獄》、《受訓者》、《花花世界》、《消化》等。新中國成立後，任廣東省軍管會文化組軍代表、廣州市政協委員、華南工學院建築系教授、中國文學藝術工作者代表大會代表。出版有《符羅飛畫集》、《同志的死》、《饑餓的人民》等。（《廣東近現代人物詞典》四七二頁）

許世芳生。

許世芳（一八九六～一九六九），字仲沫，號含真。海陽（今潮安）人。歷任黄埔軍校潮州分校軍醫處醫官、國民革命軍第七戰區兵站總監部衛生處少將處長。抗戰勝利後隱居鄉里。著有《含真詩集》。（《廣東近現代人物詞典》一二五頁）

許甦魂生。

許甦魂（一八九六～一九三一），原名統緒，又名進。潮安人。一九一六年出走南洋創辦華僑工人夜校。一九二三年回國，次年初加入中國共産黨，又參加了改組後的國民黨。一九二四年赴緬甸任國民黨緬甸總支部常務委員兼仰光《國民日報》總編輯。一九二六年回國出席國民黨二大，被選爲國民黨候補中央執行委員、國民黨中央海外部秘書兼中央海外總支部負責人。後組織全國華僑協會，被選爲常務委員。大革命失敗後參加南昌起義，任革命委員會辦公廳秘書、工農運動委員會委員，後隨軍南下潮汕。起義軍失敗後，又赴香港主辦《香港小報》。一九二九年奉命至廣西南甯警備大隊，參加百色起義，任紅七軍政治部宣傳科科長，參與創建右江革命根據地，次年紅七軍整編後，爲第十九師政治部主任，參加北上轉移至湘贛邊各次作戰。一九三一年初任紅七軍政治部秘書長、政治部主任、中共紅七軍前敵委員會委員。紅七軍至江西興國，編入紅三軍團建制，仍任軍政治部主任，參加中央革命根據地第三次反“圍剿”作戰，同年在肅反擴大化中被錯殺。（《中國近現代人物名號大辭典》三二一頁）

馮丙太生。

馮丙太（一八九六～一六七四），又名永康，字湘碧。鶴山人。少時從程景萱學畫山水，並遠追宋、元各家，近法石濤而參已意。所作峰巒泉瀑，縈回萬態，蒼莽豪縱，水墨淋漓，變化多端，渾厚有致。二十二歲即當省、市中學教師，能詩，後受聘爲廣州市文史館員。（《廣東近現代人物詞典》七三頁）

張雲生。

張雲（一八九六～一九五八），字樂鍏，號子春。開平人。一九二〇年至法國里昂大學留學，獲天文學博士學位。一九二八年回國在穗中山大學任教，歷任教授、數學天文系主任、教務長、校長等職。一九二九年創建中山大學天文臺，主要從事食變星、物理變星的測光，造父變星的統計和脈動理論等研究，爲我國變量研究開創者。一九四七年在美國哈佛大學講學期間，曾發現新變星（麒麟座FW）。著有《普通天文學》、《高等天文學》。（《中國近現代人物名號大辭典》五八四頁）

張達生。

張達（一八九六～一九七五），原名長淦，字豫達。東莞博廈人。家境清貧，幼年失學。後在塾師鍾輝處煲茶、掃地，得免費讀書，輝對達極爲器重，以女許之。辛亥革命前達考入廣東陸軍小學，後入保定軍校第六期步兵科深造。畢業後回粤，先參加討袁（世凱）、北伐、東征陳炯明，從排、連長升到營長。一九二八年任三十二團團長，後在香翰屏部任旅長、副師長。一九三一年陳濟棠主粤，將第八路軍改爲第一集團軍，原屬擴編爲三個軍，在第一軍先後任第四師、第五師師長，參與第五次“圍剿”紅軍。“九一八”事變後，率師進駐惠、東、寶三縣，兼任虎門要塞司令。一九三三年升任第二軍副軍長，次年晋升軍長。一九三六年五月陳濟棠發動兩廣事變抗日反蔣，事敗，達亦潛居香港，次年抗戰軍興回軍界，任第六十二軍軍長兼瓊崖守備司令，率部駐守海南。在任期間，曾没收銅制假銀毫棄於大海。一九三八年十月廣州失陷，達回師西江，參加惠廣戰役，次年秋調任第十二集團軍參謀長，率部在五華一帶阻擊北犯日軍。一九四二年七月升任第十二集團軍副總司令，駐守西江戰場。一九四五年八月奉命與徐景唐至汕頭、惠州接受日軍投降，後任廣州行營高級參謀。一九四六年冬申請退役。一九四八年任東莞明倫堂董事長。在任期間，關注東官文教、慈善事業，開辦龍太行車公司，發展東官交通。一九四九年移居香港，在港病故。（《廣東近現代人物詞典》二三四頁）

張子柱生。

張子柱（一八九六～一九八一），字瀾洲，號梅景。新會人。少時曾入蠶業學堂學習，辛亥革命後在縣立中學讀書。畢業後先後當過教員、警官、記者、税務員。後被公費保送去法國留學，入巴黎大學學習經濟學，與胡國偉等創辦《先聲周報》，風行僑界，又參加組織旅法華人救國聯合會。一九二四年與曾琦、李璜等創立中國青年黨，任宣傳主任，次年回國後先後在上海大廈大學、法政大學以及武昌中華大學任教。一九二六年應唐繼堯之邀赴滇，受聘爲省公署高級顧問、民治學院教育長、東陸大學教授、雲南講武堂政治教官，次年去職，應邀往越南海防新會華僑辦的時習學校任教。一九二八年返國赴香港創辦西南中學，又與胡國偉等創辦《香港時報》、《探海燈》三日刊。“九一八”事變後，利用所辦報刊，呼吁國人抗日救亡，先後任東華三院、保良局總理、僑港新會商會主席、鐘聲慈善社社長、孔聖會會長、自衛團團長、華商總理、值理等職。抗日戰爭爆發後，受聘爲國民政府軍事參議院參議。返港後任南京銀行香港分行副行長，次年又與友人創辦中國書局。港爲日軍侵佔，避居澳門。抗戰勝利後，先後任國民參政員、制憲、行憲國大代表、國民政府經濟部、工商部政務次長、代理部長等。（《中國近現代人物名號大辭典》五八二頁）

張發奎生。

張發奎（一八九六～一九八〇），字向華，戲稱張大王。始興人。陸軍二級上將。抗日戰爭期間先後任集團軍總司令、兵團總司令、戰區司令長官、方面軍司令官等職，率部參加淞滬、武漢、昆侖關等戰役。抗戰勝利後任廣州行營（後改行轅）主任，一九四七年改任總統府戰略顧問委員會委員。一九四九年任陸軍總司令，後定居香港。（《中國近現代人物名號大辭典》五九二頁）

彭湃生。

彭湃（一八九六～一九二九），乳名天泉，原名漢育，化名王子安、孟安等。海豐人。出身工商地主家庭。早年在海豐第一高等小學、海豐中學、廣州廣府中學等校讀書。一九一七年夏去日本求學。一九二一年回穗組織社會主義研究社，任海豐縣教育局局長，同年在海豐縣赤山建立中國第一個農會。一九二三年領導成立海豐縣總農會並任會長，同年至一九二五年底在穗舉辦五届農民運動講習所，任第一與第五届農講所主任。參加兩次東征。一九二五年當選廣東省農民協會執行委員會常委、副委員長。中共廣東區委成立後，任區委委員，次年任中共海陸豐地委書記兼潮梅海陸豐辦事處主任。一九二七年至武漢農講所工作，中共五大當選中央委員，在海陸豐地區領導武裝起義後建立海豐、陸豐縣蘇維埃政府。八月一日參加南昌起義，任中共前敵委員會委員。中共“八七”會議上缺席當選臨時中央政治局候補委員。十一月領導海陸豐武裝起義，任海陸豐工農民主政府委員長、中共東江特委書記，次年七月在中共六大上當選中央政治局委員，同年冬任中央農委書記兼江蘇省委軍委書記，被譽爲農民運動大王。後在上海因叛徒出賣被捕，在龍華犧牲。著有《彭湃文集》。（《中國近現代人物名號大辭典》一一七九頁）

雲應霖生。

雲應霖（一八九六～一九七五），文昌（今屬海南）人。早年參加北伐戰爭，歷任連、營長、上校團長。一九三二年任七十八師少將師長，參加“一·二八”淞滬抗日、福建事變。抗日戰爭時期，任抗日遊擊縱隊少將司令，與新四軍合作抗日，被蔣介石逮捕入獄四年餘。保釋出獄後，回廣東繼續搞抗日武裝。抗戰勝利後，先後參加了中國農工民主黨、中國民主同盟。中華人民共和國成立後歷任廣東省第一屆人民代表大會代表、政協廣東省第一屆委員會常務委員、農工民主黨中央委員、廣東省第一屆委員會副主任委員、海南行政公署副主任兼農林處處長、廣東省人民政府監察廳副廳長等職。一九五七年被錯劃爲右派。後平反，在廣州病逝。（《廣東近現代人物詞典》十頁）

傅秉常生。

傅秉常（一八九六～一九六五），原名褧裳。南海人。早年入香港大學學習工程，畢業後於中學任教。一九一八年任廣州軍政府總務廳印鑄科科長，後赴滬任職上海滬杭鐵路局，次年任巴黎和會中國代表處秘書。一九二〇年任廣東軍政府財政部及外交部駐港代表、海南島瓊海關監督。一九二五年任廣州國民政府外交部特派交涉員兼財政部粵海關監督、廣州大本營外交秘書。一九二七年任國民政府財政部關務署署長。一九四九年任外交部部長，未到職，由莫斯科返國，取道香港，定居法國。一九五七年自巴黎去臺北，旋受聘爲“國策顧問”、國民黨中央評議委員，次年任“司法院”副院長。曾編《最新六法全書》，著有《一九四九年日記》等。（《中國近現代人物名號大辭典》一二二二頁）

曾三省生。

曾三省（一八九六、一八九七～一九七六、一九八一），譜名憲祖，字述堯。萬甯（今屬海南）人。高中畢業後負笈羊城考進廣東大學文學系，後轉法學系，入中國國民黨。一九二三年初返鄉籌建陵水中學，一九二六年又籌建陵水縣女子小學，又任陵水縣黨部書記兼縣民團團長，同年於中央黨訓班結業後任甘肅《國民日報》社社長、甘肅黨部常務委員，次年任國民黨中央執行委員會秘書處一等書記官。一九三六年後任國民黨中央黨部總幹事等。抗戰勝利後被選海南大學籌備委員。一九四八年當選首屆國民大會代表，次年往台，後赴美。（《廣東近現代人物詞典》五一三頁）

楊樹興生。

楊樹興（一八九六～一九三一、一九三二），字毓山，萬州（今海南萬寧）人。一九二四年經彭湃介紹加入中國共産黨，參加了廣州農民運動講習所第三期學習，次年作爲中共廣東區委特派員回瓊崖領導成立萬寧縣農會，組織縣鹽民罷工。一九二七年任瓊崖萬寧縣肅反委員會主席、中共瓊崖特委委員，翌年任萬寧蘇維埃政府主席。一九三〇年任萬寧縣高級列寧學校校長，繼續爲革命培養人才。後瓊崖黨内“肅反”，被貫“社會民主黨分子”罪名遭殺害。（《廣東近現代人物詞典》一四七頁）

楊匏安生。

楊匏安（一八九六～一九三一），原名錦濤，筆名匏安。香山（今中山）人。太陽社發起人。早年留學日本。五四運動期間發表大量宣傳馬克思主義文章。一九二一年加入中國共産黨。一九二三年起歷任國民黨中央中國黨團書記、國民黨中央組織部代部長、中央執行委員會常委等職，參與領導省港大罷工，任罷工委員會顧問。一九二七年當選中共第五届中央監察委員。一九二九年在上海中共中央機關工作，參加編輯黨刊、黨報，任農民部副部長。一九三一年被捕，被害於上海龍華。著有《地租論》、《西洋史要》等。（《中國近現代人物名號大辭典》三八二頁）

詹式邦生。

詹式邦（一八九六～一九四六），又名德堃。吴川龍頭區（今屬湛江）人。一九一四年其叔父及堂兄弟三人被土匪慘殺，毅然從戎，先後在陳銘樞部、李濟深部、余漢謀部服役，並被選送進雲南振武學堂、粤軍講武學堂、黄埔軍校、廬山軍官學校培訓，任排、連、團長等職。一九三六年調駐海南島。“七七”盧溝橋事變，請纓北上抗日，冬奉命北調。一九三九年設防於英德琶江口，多次擊潰日軍進犯。又孤軍奮擊日寇於清遠百步梯，鏖戰三晝夜，重創敵軍，其部亦傷亡慘重，尋解甲歸田。一九四三年春任吴川抗日聯防區主任，夏出任吴川縣縣長兼電梅吴廉沿海警備司令，九月被任命四戰區少將參議。一九四五年一月率部與張炎舉行武裝起義，成立“高雷人民抗日軍”，炎任軍長，式邦任副軍長。失敗後帶殘部退回吴川，分散隱蔽，進行遊擊活動，後避居香港，翌年從海防返香港途中，船觸水雷爆炸，身葬碧海。（《廣東近現代人物詞典》五三三頁）

温克剛生。

温克剛（一八九六～九五七），字一如，號煉百。大埔人。畢業於保定軍校第六期，後任黄埔軍校教官。一九四〇年任安徽省保安副司令。一九四三年任國民政府軍事參議院參議。一九四五年抗戰勝利一度代理湖南省主席。一九四九年赴香港。一九五四年去臺灣。（《民國人物大辭典》一二九九頁）

趙一肩生。

趙一肩（一八九六、一八九八～一九四六），原名良勳。梅縣人。早年畢業於東山中學，次年考入雲南陸軍講武堂，習騎科，與葉劍英同學。畢業後回粤，後到電白投奔軍旅。民國十四年（一九二五）任黄埔軍校潮州分校隊長、教官，隨何應欽第一路軍北伐至閩、浙，尋任陳銘樞第十一軍幹校教官、蔣光鼐六十一師參謀長。十一軍改編爲十九路軍後改任參謀處長，二十年（一九三一）九月，隨蔡廷鍇軍駐南京、上海一帶，翌年一月二十八日，日軍陸戰隊突向上海閘北地區進攻，十九路軍將士奮起抗禦，時升參謀長，與總指揮蔣光鼐、蔡廷鍇等親臨前線指揮，激戰三十二天，迫使日軍三易其帥。十九路軍擴編後，任第五軍第七師師長，參加福建人民政府，後被張治中派參謀長祝紹周説降，被解除軍職，赴日、英、德、意、俄等國考察軍事三年。盧溝橋事變後回國，任余漢謀第四路軍參謀長。廣州失守後，第四路軍改編爲第十二集團軍，任六十三軍第一八六師師長，在清遠屢殲日軍。一九四〇年春揮師轉戰粵北，配合友軍取得大捷，次年轉調第七戰區司令部任高參。三十五年（一九四六）春，任軍政部美援物資特派員、國民政府國防部第四廳後勤廳長，雖患喉癌，仍扶病從西南飛往南京赴任。旋病情危重，治療無效，在上海逝世。（《廣東近現代人物詞典》三七七頁）

鄧劍剛生。

鄧劍剛（一八九六～一九六二），號茹芋道人。三水人。與畫家王竹虛、潘至中游，遂至於畫，長於花鳥人物山水，參加廣東首次美術展覽會，創嶺南畫社，出《嶺南名畫集》，與陳樹人等結清遊會等。著有《茹芋室畫法》等。（《廣東現代畫人傳》、《嶺南近代畫人傳略》）

鄧龍光生。

鄧龍光（一八九六～一九七九），號劍泉。茂名人。早年投筆從戎，畢業於廣東黄埔陸軍小學、武昌陸軍第二預備學校、保定陸軍軍官學校，參加東征、北伐。一九二三年起任粵軍第三師六旅十一團中校團副、上校團長，國民革命軍第四軍教導一師副師長、師長，第十二師師長、第一集團軍艦隊司令、獨立第四師、第九師師長。一九三六年晋陸軍中將，任第四軍副軍長兼一五六師師長。抗日戰爭時期任第八十三軍軍長、第二十九軍團副軍團長、第三十五集團軍總司令。一九四五年後任陸軍第二方面軍副司令長官、廣州行營副主任、廣州綏靖公署副主任、總統府戰略顧問。一九四九年至臺灣，任“光復大陸設計研究委員會”委員。參與編著《第四軍紀實》。（《廣東近現代人物詞典》三五頁）

歐陽瑛生。

歐陽瑛（一八九六～一九三二），又名錫瑛。原籍香山（今中山），生於美國加州。早年考入航空學校學飛行，一九二四年畢業，曾駕機由洛杉磯飛抵智利聖地亞哥而名震美國，受到總統接見。後因飛機失事殉難。（《廣東近現代人物詞典》三三四頁）

歐陽駒生。

歐陽駒（一八九六～一九五八），字惜白。香山（今中山）人。早年入同盟會。一九一四年就讀陸軍第二預備學校，畢業後入讀保定陸軍軍官學校，曾任排、連長、高級副官、軍事調察員。一九一七年護法軍政府成立後任高級副官長兼巡緝所長。一九二三年任東路討賊軍第一路司令部參謀長。一九二五年任國民革命軍獨立第一師副師長，後任虎門要塞司令、潮梅警備司令、中山市公安局局長、廣東警官學校校長、淞滬警備司令部少將參謀長等職。一九三七年後歷任廣東省政府委員、秘書長、閩粤贛邊區副司令。抗戰勝利後曾主持潮汕地區日軍受降。一九四六年任中山市長。一九四九年去臺灣。曾任“總統府”國策顧問。（《廣東近現代人物詞典》三三三頁）

劉琴西生。

劉琴西（一八九六～一九三三），原名爾奎，字昌文。紫金人。一九一六年秋考入廣州農林學校讀書。一九二〇年任中壩區長。一九二二年入中國共産黨。一九二四年調穗從事工人運動，次年第一次東征時任海豐縣、汕尾市政局長、陸豐縣縣長、東江各屬巡視員。一九二六年調省港罷工委員會汕頭辦事處主持工作，次年廣東“四一五”事變後撤離汕頭，回紫金縣城組織發動武裝暴動，成立紫金縣人民政府，任縣人民政府主席兼工農革命軍紫金縣總指揮部總指揮，後率部與高潭、海陸豐農軍會合，改編爲海陸惠紫工農討逆軍，任總指揮，參與建立東江革命根據地，後改爲中國工農革命軍第二師（簡稱紅二師），率部改編爲工農革命軍海陸惠紫集團軍，仍任總指揮，尋重占海豐、陸豐，又任中共東江特委委員、東江革命委員會主席，次年以東江特委巡視員身份組建東江遊擊大隊及赤衛隊，建立發展了五興龍、蕉平尋根據地，主持成立閩粤贛邊五興龍蘇維埃政府。一九三〇年調任中共閩粤贛邊西北分委書記。一九三二年至香港治病，被捕押解穗，次年被殺。（《中國近現代人物名號大辭典》二八四頁）

薛嶽生。

薛嶽（一八九六～一九九八），原名仰嶽，字伯陵，乳名孝松，綽號“老虎仔”。樂昌九峰人。保定陸軍軍官學校第六期畢業，回粤後任孫中山警衛團第一營營長，一九二二年陳炯明叛亂曾保護宋慶齡脱險。北伐初期任第一軍第一師師長。一九二七年蔣介石“清黨”，改投李濟深第四軍，指揮鎮壓南昌暴動後南下部隊，後多次參與第四軍反蔣戰争。一九三三年受蔣介石徵召任第五軍軍長，參加對中央蘇區第五次圍剿，次年升第六路軍總指揮。中央紅軍被迫作戰略轉移，奉命指揮第六路軍、第八縱隊跟蹤追擊。紅軍入湘後，被任命爲前敵總指揮，於湘江戰役重創紅軍後尾追第五軍團。紅軍入貴州，以剿共名義兵臨貴陽。一九三五年北調甘陜，胡宗南部歸其指揮。東調湖北參加圍剿賀龍。後重創紅四方面軍，迫其退入藏區。一九三七年任滇黔綏署主任兼貴州省主席。淞滬會戰爆發，奉調至南京，任第十九集團軍總司令，編入左翼軍投入淞滬戰場。後率部撤至浙皖贛邊界，升第三戰區前敵總指揮，先後建立黄山山脈、天目山遊擊根據地，指揮第三戰區各部挺進蘇浙皖敵後，有力配合了徐州會戰。一九三八年任第一戰區第一兵團總司令，指揮蘭封會戰，重創日軍土肥原師團，升第一戰區前敵總指揮。武漢會戰迫在眉睫，調任第九戰區第一兵團總司令，負責鄱陽湖西岸、南潯線防禦，取得萬家嶺大捷，幾乎全殲敵一〇六師團，晋任第九戰區副司令長官代司令長官職，兼湖南省主席，又指揮南昌會戰。後率部進行首次長沙會戰，組織實施第九戰區冬季攻勢，又組織二十個師發起夏季攻勢，指導反掃蕩作戰。指揮上高會戰。進行第二次、第三次長沙會戰，取得長沙大捷。參加浙贛會戰。一九四三年馳援常德。一九四五年率第九戰區主力參加湘粤贛會戰，組織實施贛江追擊戰，在南昌接受日軍投降。又指揮暫二軍、三十七軍等部在贛南、湘南擊敗八路軍南下支隊。内戰爆發，任徐州綏靖公署主任，指揮所屬部隊向蘇北、山東、淮南、淮北、蘇中進攻。進攻淮南，解放軍損失數千人，淮陰戰役獲勝。一九四八年三月任南京政府參軍長，次年轉總統府參軍長、廣東省主席。解放大軍入粵，任海南防衛總司令。一九五〇年命令所部撤退臺灣，任“總統府”一級上將戰略顧問等。（《中國近現代人物名號大辭典》一三三二頁）

薛廣生。

薛廣（一八九六～一九四五），又名錦泉，字顯儒。原籍惠州，生於英德。黄埔軍校第四期畢業後在張發奎部任職，一九二六年參加北伐，任營長。一九三七年北上參加淞滬抗戰，以功升副團長。一九四一年任陸軍第四軍第五十九師第一七五團團長，參加第二次長沙會戰，戰後升第五軍第九十師少將副師長兼政治部主任，十二月參加第三次長沙會戰，旋任第五十九師師長。後病逝於南昌，追贈陸軍中將。（《廣東近現代人物詞典》五六〇頁）

鄺炳舜生。

鄺炳舜（一八九六～一九四七），台山人。一九一八年赴美國斯坦福大學留學，後輟學在銀行界任職，任舊金山華僑商會主席。抗戰爆發後積極投身抗日救國運動，成立國民抗日救國總會，曾組織旅美華僑聯合募捐救國總會。一九三七年任旅美華僑統一義捐救國總會主席。一九四四年該會所籌款項已達五百萬美元，位列全美之首。爲生産飛機及機件支援祖國對日空戰，還至美國各埠募集資金開辦中國飛機製造廠，任總經理。（《廣東近現代人物詞典》八一頁）

鍾漢屏生。

鍾漢屏（一八九六～一九一五），名屏。興寧人。十二歲就外傅，十六歲入興民中學校，入同盟會。一九一二年就學於梅縣東山師范學校，同年赴汕頭投吴祥達，任潮梅督辦公署書記官。未幾辭往南京，任陸軍第十七團第三營第十一連連長，旋升營長，一九一三年二次革命失敗返里。一九一五年袁世凱謀復帝制，急赴滬，被前江西督署參謀長夏之麒委爲贛梅等地組織募兵籌餉事宜。後返汕頭，策動廣東舉事，在興寧被捕遇害。（《民國人物大辭典》一五六一頁）

謝易初生。

謝易初（一八九六～一九八三），原名進乾。澄海人。一九二二年赴泰國打工，後集資創辦正大公司，經營菜籽、飼料，幾經艱苦創業，發展成爲正大國際投資有限公司。一九五〇年偕夫人回國，先後任國營澄海農場技術員、副場長、國營白沙農場副場長、縣人委委員、縣僑聯主席、省政府委員、全國僑聯委員等職。在農場任職期間，將全部工資贈給澄海農場興辦福利事業。大搞農業科研，除引進優良蔬菜品種外，還與幹部職工一起探索試驗，先後培育、選育出澄南水稻、白沙早白玉米、白沙早花椰菜十一號、白沙雜交早蘿蔔、白沙中花椰菜、白沙早椰菜、雞心早大菜等一大批優良品種，其中部分良種遠銷東南亞各國。一九六五年重回泰國。晚年熱心支持家鄉文化福利事業，先後出資參加捐建澄海縣華僑醫院、澄海華僑中學、謝易初中學等。今易初蓮花超市即以其命名。（《廣東近現代人物詞典》五二二頁）

戴恩賽生。

戴恩賽（一八九六～一九五五），原籍長樂（今五華），生於香港。孫中山女婿。早年就讀於上海聖約翰大學、北京清華大學。一九一四年入美國哥倫比亞大學學國際法，獲哲學博士學位。一九一八年回國，任廣東軍政府外交部秘書、政治組組長。一九二一年任梧州市長，與孫中山次女婉於穗結婚。一九二三年任陸海軍大元帥大本營財政部梧州關監督兼外交部特派廣西交涉員。一九二五年孫中山病重時於北京侍疾，爲孫中山遺囑證明人之一，後歷任廣東治河督辦、駐巴西公使等職。一九四六年任翠亨中山紀念中學校長。後定居澳門，兼任國立孫總理紀念中學校長。後病逝。（《廣東近現代人物詞典》五六三頁）

簡又文生。

簡又文（一八九六～一九七八、一九七九），字永真，號馭繁，筆名大華烈士，齋名猛進書屋。新會人。少時就讀嶺南學堂，於一九一〇年受洗爲基督徒。一九一四年入美國奥伯林學院，獲文學士學位。一九一九年入美國芝加哥大學研究院攻宗教學，獲文學碩士學位，一九二一年以父病返國，翌年任中國基督教青年會協會編輯部幹事。一九二四年受聘爲燕京大學宗教學院副教授，結識馮玉祥，旋任玉祥創辦之今是學校校長。一九二六年入中國國民黨，被派往國民革命軍第二集團軍總部工作，曾任山東鹽運使、鐵道部參事、立法委員。一九三六年曾創辦《逸經》。一九三八年在香港與林語堂等創辦《大風》旬刊。抗日戰争勝利，倡辦廣東文獻館。一九四九年去港定居。一九五四年受聘爲香港大學東方文化研究院研究員。一九六四年受聘爲美國耶魯大學客座研究員。致力於研究太平天國，友人稱之爲“太平迷”。著有《太平天國全史》、《太平天國典制通考》，又綜合《全史》和《典制通考》改寫爲《太平天國革命運動史》，另有《洪秀全載記》等。（《中國近現代人物名號大辭典》一二七一頁）

嚴珊珊生。

嚴珊珊（一八九六～一九五二），原名淑姬。南海人。浩波女。辛亥革命時參加廣東北伐軍女子炸彈隊。一九一三年與前夫黎民偉共同創辦香港美華影片公司，並在該公司攝製的短片《莊子試妻》中飾演使女，成爲香港及中國電影史上第一位女演員。此後在上海民新影片公司主演《和平之神》、《五女復仇》、《再世姻緣》等影片，一九二八年息影。（《廣東近現代人物詞典》一九一頁）

譚葆慎生。

譚葆慎（一八九六～?），字敬甫。新會人。早歲赴美國加州大學，獲政治學士學位。一九二四年任武漢大學教授，翌年任北京政府外交部秘書。一九二七年任國民政府外交部秘書。一九二

廣寧縣蘇維埃政府，任主席，八月任中共廣寧縣委書記，十月任中共北江特委秘書，次年三月撤銷北江特委，調省工作，在廣州被捕遇害。（《廣東近現代人物詞典》三四一頁）

清德宗光緒二十三年　丁酉　一八九七年

三月二十日，劉吉六率三點會會衆萬人於石城安鋪舉義。

劉吉六，號芝草。石城（今廉江）人。石城等地三點會（因洪秀全之洪字從三點，故稱）首領。光緒二十三年（一八九七）三月二十日率三點會會衆萬人於石城安鋪舉義。失敗，逃往博白，後爲拯救會員，返途就戮。（《廉江文史資料》一九八四年第一期）

六月，黄遵憲出都，赴湖南長寶鹽法道任，經上海、武昌，過岳州，登岳陽樓，賦《上岳陽樓》七律詩，抒發登樓觀感，擔憂西人侵入内地。（鍾賢培、管林、謝華、汪松濤《黄遵憲詩選》一三七頁）

冬，德國藉巨野教案，派兵强占膠州灣，俄國强占旅順、大連，法國奪廣州灣，丁惠康賦《聞膠州近事有感》五律二首。（陳永正《嶺南歷代詩選》六〇三頁）黄遵憲賦《書憤》五律五首。（鍾賢培、管林、謝華、汪松濤《黄遵憲詩選》一四〇頁）

冬，林奎應聘至日本横濱華僑學校任教。

林奎，字慧儒。新會人。早年師從康有爲，曾協助有爲編著《新學僞經考》、《孔子改制考》等書。光緒二十三年（一八九七）冬應聘至日本横濱華僑學校任教，歸國後任律師。爲康門長興里十大弟子之一。（《廣東近現代人物詞典》三一三頁）

冬至日，簡朝亮爲其師朱次琦之《朱九江先生集》作序。（簡朝亮《朱九江先生集》序）

本年陳繼儼任澳門《知新報》撰述，宣傳維新變法。

陳繼儼，字儀侃。南海人。早年師從康有爲。光緒二十三年（一八九七）任澳門《知新報》撰述，宣傳維新變法。戊戌變法失敗後，隨有爲逃亡海外，在美國、加拿大等地進行保皇會宣傳組織工作。二十六年（一九〇〇）保皇會在檀香山創辦《新中國報》，任主筆。二十九年（一九〇三）在《新中國報》上發表文章攻擊孫中山，後任檀香山明倫學校校長。（《中國近現代人物名號大辭典》七一一頁）

本年葉湘南任湖南長沙時務學堂中文教習。

葉湘南，字覺邁，號仲遠。東莞人。舉人。拜康有爲爲師。光緒二十三年（一八九七）任湖南長沙時務學堂中文教習。戊戌政變後，參加自立軍起事。奉康有爲命赴日本，促梁啟超赴檀香山組建保皇會。（陳漢才《康門弟子述略》）

本年東莞人王炳耀根據中國傳統斷句方法，吸收外國新式標點符號，率先草擬了十種標點符號："，"爲讀號，"。"爲句號，"。"爲節號，"∨"爲段號，"："爲句斷意連號，"—"爲接上續下號，"！"爲慨歎號，"？"爲詰問號、"〈〉"爲釋名號及驚異號。（《廣東近現代人物詞典》一九頁）

蔣子敏於本年中舉人。

蔣子敏（一八五六～一九〇三），原名譽陵，號蘭史。東莞虎門柵人。理祥子。應童子試，馮端本拔冠一軍。光緒十七年（一八九一）辛卯入京，遊侍郎李仲約門，計偕與公車諸公上萬言書。甲午之役陳訪仙督師遼陽，入其幕，卒無所遇，返里授徒自給。二十三年（一八九七）丁酉中舉人，三赴春闈下第，任景山官學教習，豪宕抑塞之氣一發於詩，文酒之會無虚夕，體以羸敝，卒於都門，年四十八。同里陳伯陶歸其喪，張其淦挽以聯。張其淦《東莞詩録》卷六一有傳。

馮顧於本年中舉人。

馮顧（一八六九～一九四三），字侗若，號猥齋。南海人。光緒二十三年（一八九七）丁酉中舉人。約生於同治初年，卒於民國三十二年。在廣雅書局、學務公所、廣東圖書館任職甚久，曾任内閣中書。民國後任中山大學、廣州大學教授兼廣東政治軍事學校教授。著有《猥齋叢鈔》四卷。冼玉清《冼玉清文集》上編有傳。

彭鑫於本年中舉人。

彭鑫，字略臣。澄海人。光緒二十三年（一八九七）丁酉中舉人，參與創設嶺東同文學堂，嗣任澄海勸學所所長，晚回鄉創辦崇德小學，提倡新學。能詩。著有《可園詩鈔》。（《高雄潮汕同鄉會會訊》第七、八期）

俞長慶於本年中舉人。

俞長慶，番禺人。守義子。光緒二十三年（一八九七）舉人，揀選知縣。（桂坫《俞氏家傳》）

林葆瑩於本年成貢生。

林葆瑩（？～一八九七），字季石，一字雅雪。陽江人。廣雅書院高材生。光緒二十三年（一八九七）丁酉拔貢，應朝考。其學以詞章稱著，尤究心於金石碑帖。著有《字林考正》、《韻要備檢》、《稺（雅）雪詩文集》。（楊柳風《陽江詩鈔》）

江紹禧於本年成貢生。

江紹禧，字希逸。河源人。光緒二十三年（一八九七）丁酉拔貢。二十六年（一九〇〇）舉人，主講槎江書院。（《河源縣志》）

張昭芹於本年成貢生。

張昭芹（一八七三～一九五五），字魯恂，晚號卷葹老人。樂昌人。光緒二十三年（一八九七）丁酉拔貢。二十七年（一九〇一）舉人，歷官德陽、大名等縣。民國時曾任廣東高等法院書記官長。父學謙，少孤貧，以歲貢終老。熱心參與家鄉興革，辛亥後協助當局維持鄉里。年八十二卒。著有《薪夢草堂詩》。（《河源縣志》）

張錫麟於本年成貢生。

張錫麟，字務洪。番禺人。光緒二十三年（一八九七）丁酉拔貢，後掌教廣雅書院。善書法，以寫北碑見稱。辛亥後曾居安

福軍①幕。(《岐山張氏族譜》)

陳錦漢於本年成貢生。

陳錦漢，字卓雲。海陽（今潮安）人。光緒二十三年（一八九七）丁酉貢生。能詩。著有《四如堂詩草》。（民國《潮州志·藝文志》）

羅玉麒於本年成貢生。

羅玉麒，字瑞東。陽江人。光緒二十三年（一八九七）丁酉歲貢生。家貧，以授徒爲生，求學者四方而至，至有祖孫三代同門者。主講濂溪書院，每童試發榜，其徒輒占半數。曾任美國教士所設學堂教習、官立兩等學堂校長。(《陽江志》)

王業燾生。

王業燾（一八九七～一九四六），樂會（今屬海南瓊海）人。一九二二年考入上海遠東商業專科學校，一九二四年加入中共，一九二六年畢業回瓊，次年任共青團瓊崖特委組織部部長。一九二八年任陵水縣蘇維埃政府主席兼紅軍獨立團政委，轉入母瑞山堅持遊擊。一九三〇年調樂會縣委書記等。抗戰時期歷任瓊崖抗日獨立總隊黨委書記兼政治部主任等，後在瓊中病逝。(《廣東近現代人物詞典》一四頁)

文朝籍生。

文朝籍（一八九七～一九七九），字薌銘。文昌（今屬海南）人。煥章堂弟。雲南陸軍講武堂第十二期、陸軍大學特別班第二期畢業。一九一九年起任警衛團排長、中尉副官、粵軍第一軍二師連長。一九二六年任國民革命軍第六軍十七師少校副官、中校營長、上校團長。一九三二年十一月任第八十三師少將參謀長，次年任第七十八師中將師長。一九三六年授陸軍少將，任上海特別市公安局長。抗日戰爭爆發後，任第二戰區前敵總司令部副參

---

① 安福系是中國北洋軍閥時期依附於皖系軍閥的官僚政客集團，因其成立及活動地點在北京宣武門内安福胡同，故名。

謀長。一九三九年任第一戰區司令部副參謀長兼第一戰區戰地警備司令、陸軍中將。一九四三年任西安警備司令、鄂陜甘邊區副總司令，翌年任第三十六集團軍副總司令兼第一戰區商南指揮所主任、龍駒寨指揮所主任。一九四六年任軍事委員會聯勤總部廣西供應局局長，次年當選國民大會代表。一九四九年去臺灣，任“國防部”中將高級參謀。一九五九年退役，任臺灣銀行顧問、臺灣省海南同鄉會第八至十二屆理事長。後在臺北榮民總醫院病逝。（《廣東近現代人物詞典》二七頁）

丘元榮生。

丘元榮（一八九七～一九七八），嘉應（今梅縣）人。早年隨師父至印尼經商，後自創榮盛公司等，成爲印尼華僑富商，任印尼中華商會、慈善會主席。抗戰爆發後發動華僑捐款支持抗戰，勝利後組織成立中華總會，任主席，又組織華僑成立商總會。曾在家鄉捐款辦南華學院、建造錦江橋、梅江橋等。病逝雅加達。（《廣東近現代人物詞典》六五頁）

朱慕飛生。

朱慕飛（一八九七～一九三二），又作慕菲。香山（今中山）人。一九一二年父卓文從美國回國，任廣東軍政府航空局長。因與孫中山有親戚關係，慕飛常出入孫宅，深得宋慶齡喜愛，並教授其英語。一九二〇年十一月開始學習航空駕駛。一九二二年初，孫中山在廣州大沙頭創立航空學校，卓文兼任校長，慕飛即爲首屆學員中唯一女性。一九二二年六月，陳炯明在廣州叛變革命，隨其父前往福建參加討逆粵軍，十月慕飛被編入由楊仙逸重組的飛行隊，曾多次參加偵察、作戰任務，並駕機救出遇險之父。一九二三年飛回廣州，繼續在空軍中服役，次年在珠江水面駕駛水上飛機時，不幸失控墜入大海。後被漁民發現救起，送入香港醫院治療。一九二五年其父因涉嫌廖仲愷被刺殺案而遭通緝，避嫌至香港，慕飛由此中斷飛行。後在港病故。（《廣東近現代人物詞典》九四頁）

阮嘯仙生。

阮嘯仙（一八九七～一九三五），原名熙朝，字瑞宗，號晁曦，筆名嘯仙。化名小山、小仙等。河源人。五四運動校學生會主要負責人、中國社會主義青年團廣州地委書記並代粵區執委會書記。一九二六年被任命爲國民黨中央農民運動委員會委員，在中共五大被選爲中央委員。曾任中共廣東省委農委書記，建立仁化縣安崗蘇維埃政府，被選爲主席。出席中共六大，再次當選中央委員，任中共贛南省委書記、贛南軍區政治委員。後所領導的贛南省委機關部隊被敵圍困，在戰鬥中壯烈犧牲。夫人高恬波（一八九八～一九二八）在江西省委從事婦女工作時被捕犧牲。（《中國近現代人物名號大辭典》三二五頁）

李春濤生。

李春濤（一八九七、一八七九～一九二七），潮州人。一九一七年東渡日本，入東京早稻田大學經濟科。一九二〇年組織“赤心社”，次年回國任潮州金山中學教務長，後代理校長。一九二二年至海豐第一高等小學任教，“五一”勞動節期間與彭湃、楊嗣震等組織學生遊行，次年以後協助從事農民運動。第二次東征參加東征軍總政治部工作，後任《嶺東民國日報》社長。蔣介石在滬發動政變後，奉派去汕頭潮梅警備司令部開會時遭捕被殺。（《中國近現代人物名號大辭典》四三五頁）

李敦化生。

李敦化（一八九七、一八九三～一九八五），曾名伴昆，字意吾。興甯人。宣統三年（一九一一）留學日本，入東京帝國大學工學部。一九二〇年畢業後回國任國立廣東大學教授等。一九五二年調入華南理工大學，任籌委會委員。曾多次當選全國人大代表，省政協委員、常委。著有《硫酸製造法》等。（《民國人物大辭典》三〇三頁）

岑維休生。

岑維休（一八九七～一九八五），一名穎相，字穎元，號熙堂。恩平人。早年就讀香港育才書院。一九二五年創辦《華僑日報》，任總經理，後在香港聯營《南中報》、《南强日報》。一九三七年在澳門聯營《華僑報》，在廣州聯營《大中報》、《大華晚報》，形成華南報業集團，歷任香港太平紳士、四邑商工總會理事長、香港保護兒童會會長、香港報業工會主席、中文大學新亞書院校董等。（《中國近現代人物名號大辭典》五〇七頁）

何大傻生。

何大傻（一八九七～一九五七），原名福如，又名澤民。三水人。父逸仙，早年爲生計遠涉重洋，在美國三藩市謀生。光緒三十年（一九〇四）赴港就讀聖保羅學院。酷愛廣東音樂及粤劇曲藝，師從錢廣仁、何柳堂，擅長演奏琵琶、揚琴、古筝、吉他。二十來歲，已隨文成、尹自重等廣東音樂名家巡迴上海演出，並與文成等在上海大中華唱片公司灌制了第一批廣東音樂唱片，後又與張月兒、關影憐、上海妹等藝壇名星搭檔，分别在新月、百代、和聲等唱片公司灌制了一批粤曲唱片，遠銷國内外。代表作有《大傻出城》、《多多福》及《口花花》等。曾與薛覺先等合拍《璿宫豔史》、《大傻出城》、《七十二行》、《大傻偷雞》等粤語諧劇性影片，獲粤語電影諧星之稱。在二十年代末撰創了《孔雀開屏》，又撰創名曲《花間蝶》（又名《柳底鶯》）、《步步嬌》、《美人照鏡》、《鸞鳳和鳴》、《夢裏鴛鴦》、《雄雞》、《慰勞》、《春光好》《醉桃源》、《春效儷影》、《逆水行舟》、《戲水鴛鴦》、《陽關三疊》、《雷峰夕照》、《春滿華堂》、《桃李争春》、《弱柳迎風》等二十多首。與吕文成、錢廣仁、尹自重合稱粤樂“四大天王”。病逝於香港。（《廣東近現代人物詞典》二一一頁）

何輯屏生。

何輯屏（一八九七～一九七五），番禺人。三四十年代先後任廣東省商會聯合會主席、廣州市商會理事長、廣州市參議員、國大代表、國民黨廣州市黨部監察委員等職。廣州解放前夕，受中共華南分局教育，爲維護穗治安做了力所能及工作。一九五一年受到錯誤處理。

何耀全生。

何耀全（一八九七～一九二七），字永輝。出生於小商家庭。原姓楊，因家貧過嗣何家，遷往廣州。父母早喪，從小失學。十六歲當電話接線生。一九二一年去香港當電車公司售票員。在蘇兆征領導的中華海員聯合總會影響下，發動電車工人成立香港電車工業競争會，被選爲委員，帶領工人同資方作鬥争，次年在香港海員大罷工期間，組織電車工人聲援，要求提高工資。一九二五年被選爲全港工會代表，赴廣州參加第二次全國勞動大會，被選爲中華全國總工會第一屆執行委員。上海“五卅”慘案發生後，與蘇兆征、鄧中夏等人領導了震驚中外的省港大罷工，任罷工委員會副委員長，夏由蘇兆征介紹加入中國共産黨，任中共兩廣區委委員，次年在香港總工會第一次代表大會上，當選第一屆香港總工會委員兼交際部長，五月在第三次全國勞動大會上，當選中華全國總工會常務委員。一九二七年四月十五日廣州發生政變，被捕遇害。（《廣東近現代人物詞典》二一七頁）

余天休生。

余天休（一八九七～一九六九），字天庥。台山人。曾留學美國，並獲博士學位。一九二二年發起成立中國社會學會，編輯《社會學雜志》雙月刊爲會刊，自任主編。著有《社會學大綱》等社會學著作約十五種。（《中國近現代人物名號大辭典》五二四頁）

宋美齡生。

宋美齡（一八九七～二〇〇三），出生於上海，文昌（今屬海南）人。與靄齡、慶齡並稱宋氏三姐妹。父爲富商嘉樹。美齡爲蔣介石第四任妻子，憑借孔宋家族强力支援與美國留學背景，活躍於政治、外交等領域，對近代中國歷史與中美關係産生深遠影響。晚年長期定居美國。（《中國近現代人物名號大辭典》五七五頁）

林繼庸生。

林繼庸（一八九七～一九八五），原名繼墉，號仲容、仲庸、荷達。香山（今中山）人。北京大學理工科預科及天津北洋大學采礦系肄業。一九二〇年至美國紐約倫斯勒理工學院化學系攻讀。一九二六年回國任廣東化學工業委員會委員、復旦大學教授、理學院院長兼化學系主任。一九三二年日軍侵犯上海，爆發淞滬抗戰，被十九路軍聘爲技術顧問兼技術組長，參與製造化學武器支持抗日，次年爲避免日軍搜捕，曾前往歐洲遊歷。一九三六年回國任資源委員會專門委員兼工業聯絡組組長。一九四三年任新疆省政府委員兼建設廳廳長。抗戰勝利後，任粵桂閩敵僞産業審議委員會主任委員兼處理局局長。一九四九年去臺灣，曾任"行政院"善後事業保管委員會秘書長、"經濟部工業委員會"委員兼召集人等職。著有《民營廠礦内遷紀略》。（《中國近現代人物名號大辭典》七五九頁）

胡斌生。

胡斌（一八九七～?），一名藻斌，字顯聲，别署静觀樓主。順德人。早年入日本京都市立美術工藝學校學習西洋畫，一九一二年回國。一九一四年與馮磊楸在穗設若愚畫學研究社，復設如是美術學校。一九二八年後赴東南亞及歐美諸國考察，曾任《星洲日報》美術編輯。一九三四年與友人在滬設形象藝術社，并加入南京中國美術會、上海中國畫會。擅畫動物，尤以畫虎聞名江南。作品曾獲巴黎萬國博覽會頭獎，曾作畫義賑。三十年代刊行其畫集，有《威震大千圖》、《長嘯野中圖》等。（《廣東近現代人物詞典》三七一頁）

姚中英生。

姚中英（一八九七、一八九六～一九三七），字若球。平遠人。一九二四年參加孫中山之革命軍，旋考入黄埔軍校第二期。一九二五年參加東征，後回黄埔軍校繼續深造，又考入北平陸軍大學學習，畢業後在陳濟棠部任獨立第一師第二旅第六團中校團副。抗戰爆發後，奉命率部由韶關奔赴上海參加"八一三"淞滬抗戰，屢立戰功，晋升第八十三軍一五六師上校參謀長。一九三七年十二月南京陷落時陣亡，追晋少將。（《廣東近現代人物詞典》三九五頁）

馬天馬生。

馬天馬（一八九七～一九七八），潮陽人。解放前曾任《國民日報》編輯、香港《東亞報》社長、《時事報》編輯主任、新加坡《南洋商報》通訊員等。

徐名鴻生。

徐名鴻（一八九七～一九三四），字羽儀。豐順人。一九一九年畢業於北京高師國文系，參加工學會，積極參加"五四"運動，主辦平民教育社及出版社刊《平民教育》，曾赴菲律賓參加遠東運動會。畢業後，在附中任教並兼師大國文系助教。一九二六年南下參加北伐，任國民革命軍第四軍第十師政治部主任，次年參加"八一"南昌起義，時任第十一軍政治部主任。一九三二年任十九路軍秘書長，參加了"一・二八"淞滬抗戰。後隨蔡廷鍇參加福建事變，任十九路軍政治部主任，曾以全權代表赴瑞金與蘇維埃政府及紅軍簽訂《抗日作戰協定》。後因叛徒出賣被殺。（《廣東近現代人物詞典》四〇六頁）

涂思宗生。

涂思宗（一八九七～一九八一），字負我、南垣。鎮平（今蕉嶺）人。陸軍大學特別班第一期畢業，歷任粵軍營長、國民革命軍獨立第二師第二團團長、第十四師第四十一團團長、第三師第七團團長。一九二六年底任第三師副師長、第一軍第二十二師師長，次年任第九軍第三師師長。一九三五年一月授少將軍銜，後任第六十三軍副軍長、國民政府延安視察團團長、一〇〇軍副軍長、福建汀漳師管區司令、廣東惠潮梅師管區司令、第九集團軍參謀長、軍政部桂林辦事處主任等。一九三七年五月毛澤東等在延安接見以其爲首的國民黨中央考察團一行，商議紅軍改編及國共合作事宜。一九三九年三月晋升中將軍銜。抗戰勝利後，任閩粤邊區“剿匪”總指揮、國防部中將部員。一九四九年去臺灣，次年移居香港。後在香港瑪嘉烈醫院病逝。著有《夢影塵痕詩稿》、《西北行腳》等。（《廣東近現代人物詞典》四二三頁）

容肇祖生。

容肇祖（一八九七～一九九四），字元胎。東莞莞城人。庚弟。著作甚豐，所著《明代思想史》是中國較早明代學術思想史著作，《魏晋的自然主義》對魏晋思想史有獨創見解。（《東莞當代學人》一三一頁）

陳君撰生。

陳君撰（一八九七～?），字兆彬。新會人。畢業於北京大學，入廣東國民政府任職。一九二六年任交通部秘書等。一九二八年任南京《中央日報》總經理，次年兼任鐵道部財務司司長。一九三二年任廣九鐵路管理局局長。（《民國人物大辭典》一〇二八頁）

陳魁亞生。

陳魁亞（一八九七～一九三三），海豐人。大革命時期加入中國共産黨。一九二三年參加革命，在家鄉從事農民運動。一九二七年春任中共普寧縣委書記，四月領導普寧農民暴動，成立惠潮梅工農討逆軍，次年任中共潮梅特委委員，仍兼普寧縣委書記。一九二九年十月朱德率紅四軍主力挺進東江梅縣，成立東江革命委員會，任委員，參與領導建立以八鄉山爲中心的東江革命根據地，次年東江蘇維埃政府成立，被選爲主席，並任中共紅十一軍前委委員，秋任中共東江行動委員會委員，參與領導紅十一軍及東江革命根據地的鬥争。後在潮陽僧帽山戰鬥中犧牲。（《廣東近現代人物詞典》三〇七頁）

陳慶雲生。

陳慶雲（一八九七～一九八一），字天遊。香山南溪鄉（今屬珠海）人。幼年隨父母僑居日本，後於横濱結識孫中山。民國三年（一九一四）赴美國寇提斯空軍學校受訓，六年畢業歸國，任孫中山侍從武官，協助中山創建空軍，開辟穗東郊珠江畔大沙頭爲水陸飛機場。航空局成立，任航空大隊長。七年（一九一八）奉孫中山命至閩組織援閩粤軍飛機隊，復被派赴日本大阪購買飛機，歸國後任援閩粤軍飛機隊長。十三年（一九二四）冬創辦廣東軍事飛行學校，爲總教官。十六年後歷任航空學校教育長、航空處副處長、廣東省航政總局局長、虎門要塞司令兼廣東海軍副司令、廣州市公安局長、中央航空委員會主任等職。抗戰前夕任中央航空學校校長。抗戰爆發後，改任空軍募款委員會主任委員及國民黨海外部部長。三十八年（一九四九）辭職務僑居美國。（《中國近現代人物名號大辭典》六八一頁）

麥逢秋生。

麥逢秋（一八九七～一九八五），别號月樓，乳名承潤。儋州（今屬海南）人。一九二〇年畢業於廣東省立第一中學，以縣半公費生赴法國南錫大學留學，一九三三年獲法學博士學位，曾以法文撰寫《論中日關係與國際公法》論文，次年回國後先後於廣東國立法學院、廣東國民大學、國立廣西大學、廣東省立海事專科學校、廣東省立法商學院、私立廣州法學院、私立海南大學等任教。一九四九年往香港，翌年回海南大學任教授、教務長，後改任省立海南師范學院教授、教務長。一九五一年因歷史問題而被革職勞改，一九六三年回鄉，一九七九年應聘爲儋縣新州中學顧問。（《廣東近現代人物詞典》一三七頁）

葉劍英生。

葉劍英（一八九七～一九八六），字滄白。梅縣人。夫人曾憲植，國藩曾孫女。一九一七年入雲南講武堂學習，畢業後追隨孫中山，曾任黄埔軍校教官。蔣介石發動“四一二”政變後，曾通電反蔣，赴武漢任國民革命軍第四軍參謀長，秘密入中國共産黨，參加南昌起義，又與張太雷、葉挺等領導廣州起義，任副總指揮。一九二八年赴蘇聯學習，兩年後回國。一九三一年入中央革命根據地，任中央革命軍事委員會委員兼總參謀部部長、中國工農紅軍學校校長等職，參與指揮第二、第三、第四次反“圍剿”。一九三四年長征，任中央軍委第一縱隊司令員，次年遵義會議後調任三軍團參謀長，後任紅軍前敵總指揮部參謀長。西安事變發生後，協助周恩來與蔣介石談判，促成和平解決。抗戰爆發後任改編後的國民革命軍第八路軍參謀長。一九四一年任中共中央軍事委員會參謀長。中共七大當選中央委員。抗戰勝利後參加中共代表團，赴重慶進行停戰談判，出席政治協商會議，明年任北平軍調處執行部中共代表，創辦《解放》報，次年返延安後，任中共中央後方委員會書記、軍委副總參謀長、中國人民解放軍參謀長，參與領導解放戰爭。一九四八年十二月任北平市市長兼軍管會主任、北平市軍管會物資接管委員會主任等，參加中共代表團，與南京政府代表團進行和平談判。後任中共中央華南分局第一書記、廣東軍區司令員兼政治委員。共和國成立後，歷任中央人民政府委員、廣東省人民政府主席、中央人民政府革命軍事委員會副主席、中國人民解放軍武裝力量監察部部長等職。一九五五年被授予元帥軍銜。一九六六年任中共中央書記處書記、中央軍委副主席兼秘書長。中共八屆十一中全會上當選爲中央政治局委員。一九七五年任國防部長，次年十月在粉碎江青集團鬥争中起了决定性作用。後又堅决主張請鄧小平、陳雲等任黨和國家領導工作，主張爲“天安門事件”徹底平反。一九七七年在中共第十一届一中全會上當選中共中央副主席、中央軍委副主席，明年當選第五届全國人民代表大會常務委員會委員長。一九八三年因年邁辭委員長職務。一九八六年十月在京逝世。歸葬廣州紅花崗廣州起義烈士陵園。

黄海章生。

黄海章（一八九七～一九八九），字挽波，又名葉。梅縣人。遵憲後人。一九一九年考入廣東高等師范文史部。一九二三年畢業，先後在梅州中學、潮州金山中學任文史教員。一九三六年任中山大學文學院中文系講師、副教授。一九四〇年升教授。中國古典文學著名學者，尤精於《文心雕龍》研究。著有《中國文學批評論文集》、《中國文學批評簡史》、《明末廣東抗清詩人評傳》、《黄葉樓詩》等著作。（《廣東近現代人物詞典》四六一頁）

黄凌霜生。

黄凌霜（一八九七～一九八二），原名文山、如山，學名天俊，筆名兼生。新寧（今台山）人。一九二一年獲北京大學文學士學位，作爲孫中山代表赴蘇聯出席遠東人民大會，翌年留學美國，後獲哥倫比亞大學文學碩士學位。一九二七年回國，歷任上海國立勞動大學教授、教務長、建設大學校長、廣東法商學院院長、中央大學社會學系教授兼系主任、中山文化教育館研究部主任。一九四九年由臺灣赴美，曾任洛杉磯中國文化學院院長、臺灣大學及香港中文大學客座教授。長期致力於建立文化學學科，主張應用人類學、史學、社會學等各學科綜合研究文化現象。著有《社會進化》、《黄文山學術論叢》、《文化學體系》、《當代文化論叢》、《文化學及其在科學體系中的位置》、《中國古代社會史方法論》，其中《文化學體系》是其代表作。譯著有P. A. 索羅金《當代社會學學説》及《今日社會學學説》、哈爾《社會法則》、李約瑟《中國之科學與文明》。（《廣東近現代人物詞典》四六〇頁）

黄國俊生。

黄國俊（一八九七～一九七六），字琪鑫，號嘯谷。嘉應（今梅縣）人。畢業於保定陸軍軍官學校第八期步科、陸軍大學將官班、中央訓練團黨政班第二十一期、兵役班第四期，歷任第四軍團副、營長、參謀長、國民政府委員會西南執行部參謀團少將參議、第四軍司令部參謀長、滇黔綏靖公署中將高參、第四軍第五十九師副師長兼第一七五旅旅長。一九三二年至一九三九年任軍事參議院諮議。抗日戰爭期間曾任第三戰區挺進第二縱隊司令兼東兵團軍右地區隊司令，後任第七戰區東兵團總預備隊及二陽地區守備司令、廣平師管區司令、長沙警備司令部副司令、第九戰區長官部中將參議、中央訓練中將團員。一九四九年任第六“清剿”區司令部副司令、第六“清剿”區第二指揮所指揮官、興華豐梅邊境聯防區主任。解放前夕赴香港。在港病卒。（《廣東近現代人物詞典》四五四頁）

符明經生。

符明經（一八九七～一九四六），又名文光。會同（今屬海南瓊海）人。一九二五年冬加入共青團，次年夏轉爲中共黨員。一九二七年四月瓊崖事變後，急赴瓊東縣，通知黨組織轉移，十一月當選爲中共瓊崖特委委員。一九三〇年四月當選瓊崖特委委員，次年三月當選第三屆瓊崖蘇維埃政府常務委員會委員長（主席）。一九三二年瓊崖第二次反“圍剿”鬥爭失敗後，與馮白駒、王文宇等領導二十多人堅持母瑞山鬥爭。一九三九年曾先後任廣東省瓊崖抗日遊擊隊第三隊副官、第八中隊政治指導員，次年當選瓊東縣抗日民主政府縣長。一九四三年夏調任瓊山縣抗日民主政府縣長。一九四六年四月在突圍戰中渡河時溺水犧牲。（《廣東近現代人物詞典》四七二頁）

許瑞鋆生。

許瑞鋆（一八九七～?），字公遂。廣州人。肄業北京大學。一九一九年任北京政府實業部副秘書。一九二一年任《民報》編輯。一九二四年署新加坡副領事。一九二九年調署駐西貢領事。一九三五年代駐馬尼拉領事。（《民國人物大辭典》八四一頁）

馮鋭生。

馮鋭（一八九七～一九三六），字梯霞。番禺人。早年從嶺南大學附中轉南京金陵大學農科，畢業後考取公費留學美國，獲康奈爾大學農業經濟學博士學位，歸國後任南京東南大學教授。一九二五年後任河北省定縣中華平民教育促進會試驗區主任。一九三一年秋回穗任建設廳農林局局長兼嶺南大學農學院教授、院長、廣東省蔗糖營造場經理、廣東糧食調節委員會委員。利用外資並引進西方技術，促成廣東制糖業飛躍式發展。陳濟棠聯桂系李宗仁、白崇禧倒蔣失敗下野走港避難，余漢謀出任廣州綏靖公署主任，銳被羅織貪汙罪秘密處决。（《廣東近現代人物詞典》七一頁）

梁世驥生。

梁世驥（一八九七～一九七七），字倜凡。嘉應（今梅縣）人。早年畢業於黄埔陸軍小學、湖北陸軍預備學校、保定軍官學校，參加討袁。一九一八年畢業被派到西苑陸軍第十三師炮兵團見習，後調任排長，參加直奉之戰。一九二〇年回粵，經鄧演達介紹至粵軍第一師機槍連任連長，升營長。一九二七年退出軍隊在上海閒居，旋投身蔣光鼎、蔡廷鍇領導的十九路軍任團長、旅長，參加淞滬抗戰。一九三三年十一月二十二日李濟深、陳銘樞、蔡廷鍇等在福建成立中華共和國人民革命政府，在廷鍇部任六十一師師長，失敗後於次年春回穗，任陳濟棠部第一集團軍參謀長。一九三六年陳濟棠下臺後軍隊改編，先後任四十六旅旅長、中將師長、六十一軍副軍長、七戰區幹訓團中將教育長、中將高參等職，曾率軍參加“八一三”淞滬抗戰及粵北大捷等戰役。解放戰爭期間，被余漢謀任命爲國民政府衢州綏靖公署中將高參，未赴任，請假回鄉閒居兩年多。一九四八年十月在香港由李伯球、郭冠傑介紹加入中國農工民主黨，次年廣州行營主任余漢謀請世驥任參謀長，爲中共提供了不少重要軍事情報。第七戰區司令長官余漢謀、第九戰區司令長官薛嶽敗退海南島、再往臺灣時，接受中共華南分局策反任務，終未成功，趁機前往香港。葉劍英任廣東省長後電召來穗，即從港返回，任廣東省人民政府參事室副主任，一度代理主任。一九五七年任農工民主黨中央候補委員。在廣州逝世。（《廣東近現代人物詞典》四七九頁）

張士怡生。

張士怡（一八九七～一九六九），原名悦科，字友仲。東莞莞城人。畢業於廣東高等師范學堂，先後任欽州中學、汕頭金山中學教師、澄海縣教育局督學、代理局長。曾任《潮梅日報》文藝副刊編輯，筆名徒然。一九三五年回莞後一直教書，曾任東莞中學教務主任。中華人民共和國成立後歷任東莞中學校務委員會主任、東莞師范學校校長、東莞縣教育工作者協會主席、縣人民代表、縣人民委員會委員、省政協特邀委員。（《東莞市志》一四八二頁）

張自銘生。

張自銘（一八九七～一九五九），鎮平（今蕉嶺）人。一九二九年赴荷屬爪哇，任巴達維亞（今雅加達）《天聲日報》編輯。一九四九年再赴雅加達任《天聲日報》編輯及副社長。一九五八年去臺灣。著有《客族文獻碎金》、《蕉嶺先達詩話》等。（《廣東近現代人物詞典》二四三頁）

張鑒軒生。

張鑒軒（一八九七～一九七二），海陽（今潮安）人。曾任潮州工藝美術研究所副所長。一九五四年應邀在廣東美術創作室、廣州人民美術社工作，所雕刻圓雕蟹簍於一九五七年世界青年聯歡節上展出引起轟動，榮獲國際獎。北京人民大會堂廣東廳内陳設的兩件大型全漆木雕《花鳥》及《魚蝦》，亦出自其手。（《廣東近現代人物詞典》二五三頁）

鄒洪生。

鄒洪（一八九七～一九四五），原名德寶，改若虛。原籍五華，生於臺灣新竹。曾在日本讀書，後隨長兄薌溪潛赴滬就讀。一九一九年考入保定軍官學校，與陳誠、羅卓英同學。一九二二年畢業，任陸軍第二師排、連長。一九三二年参加江西剿共。一九三九年任新編第二軍軍長，守備西江。一九四五年任粤桂邊區總指揮，同年病卒。（《中國近現代人物名號大辭典》五三四頁）

蔡翹生。

蔡翹（一八九七～一九九〇），字卓夫。揭陽人。早年入潮州金山書院、上海復旦大學附中讀書，曾爲北京大學中文系旁聽生。一九一九年秋留學美國。一九二五年獲博士學位，回國任復旦大學教授，創建生物學科。一九二七年轉任中央大學醫學院教授，創辦生理學科。一九三〇年秋赴英、德國進修。一九三二年回國，繼續在上海中央大學醫學院任教。一九三七年至南京中央大學醫學院任生理學教授兼科主任，再次創建生理學科，與吴襄編著《生理學實驗》一書。一九三八年秋在華西三大學（中央大學醫學院、齊魯大學醫學院、華西大學醫學院）發起成立領導了中國生理學會成都分會。一九四三年夏與費孝通等應邀赴美講學一年。抗日戰争勝利後，中央大學醫學院復院南京，再次領導生理科教學與研究恢復工作，繼續從事小血管受傷止血研究。一九四八年代理中央大學醫學院院長，被選爲中央研究院院士。共和國成立後，中央大學改稱南京大學，任醫學院院長。一九五二年南京大學醫學院改爲第五軍醫大學，任校長。後調入軍事醫學科學院任副院長、一級研究員、院學術委員會主任等，被選爲中國科學院生物學部委員。著有《生理學》、《航空與空間醫學基礎》等。（《廣東近現代人物詞典》五三七頁）

蔡素屏生。

蔡素屏（一八九七～一九二八），原名哲妹。海豐人。一九一二年由父母主婚與彭湃結爲夫妻，生下三子。一九二二年彭湃在海陸豐發起農民運動，日夜奔忙，素屏悉心照料其生活及接待農友，並支持湃燒毁自家田契以取信農民，還跟湃下鄉宣傳。一九二三年一月成立海豐縣總農會，派素屏到赤山鄉開展婦女工作，爲了解决農會活動經費，不惜把隨嫁金銀首飾變賣，次年跟湃到廣州，翌年東征勝利後仍回海豐工作。一九二六年參加中國共産黨，被選爲區婦女主任、縣婦協第一届執委。一九二八年敵軍攻佔縣城，縣委指派素屏負責公平、赤坑、可塘等區武裝鬥争，九月因叛徒告密被捕就義。（《廣東近現代人物詞典》五三九頁）

廖崇真生。

廖崇真（一八九七～一九七〇），祖籍蕉嶺，生於廣州。一九二〇年考入嶺南大學。一九二七年從美國康奈爾大學農學院深造回國，一九三三年就任廣東省蠶丝改良局长，长期驻留顺德，为了培训技术骨干，接管了設在大良的省立第二農業學校（後改名爲順德農業學校），兼任校长，在種桑、制種、育蠶、繅絲、紡織技術的改良及推廣等方面，做了大量工作。一九五〇年至香港，尋赴美寓居。著有《農業推廣之理論與實施》。（《廣東近現代人物詞典》五四四頁）

鄭師許生。

鄭師許（一八九七～一九五二），原名沛霖。東莞人。畢業於南京金陵大學，歷任國立交通大學、暨南大學、大夏大學、中山大學、無錫國學專修學校及省立勷勤大學教授，凡二十餘年。曾兼任史地系主任、訓導主任、總務主任、上海市博物館籌備委員兼藝術考古部主任、壽縣史跡考查團秘書、《廣東年鑒》編纂委員會總編纂、教育部史地教育委員會委員、中華學藝社《復興叢書》編纂委員會委員、廣東文獻委員會委員兼整理組組長、東莞明倫堂教育委員會委員、廣州参議會議員、《西沙群島志》編纂委員會總編纂、廣東文化教育協會常務理事。旅滬十年間，曾與瞿俊千等創辦建設大學。抗戰勝利後回粤，曾在中山大學歷史系任教，開設明清史課，並籌辦東莞旅省中學。時以寫作爲事，已成書稿近百種，發表論文二百餘篇。主要著述有《中國文化史》、《中國金石學概論》、《四部書齋文録》、《銅鼓考略》、《金甲文發凡》、《古文字學通論》、《玄奘傳》、《臺灣與丘逢甲》、《中國通史講義初稿》、《明清史專題研究》、《我國史前文化》等。（《東莞市志》一四五九頁）

盧覺愚生。

盧覺愚（一八九七～?），東莞茶山盧屋村人。一九二六年考入香港東華三院，任内科醫席，一九三八年任首届中醫長，後歷任僑港國醫聯合會醫學部主任、香港中華國醫學會學術部主任、《醫學雜志》編輯主任等。一九二九年於香港刊行醫學月刊。生

平著有《覺盧醫案新解》、《覺盧醫案録存》、《衛生防病精要》等。後卒於香港。(《東莞市志》一五〇九頁)

劉赤選生。

劉赤選（一八九七～一九七九），順德人。一九一二年自學中醫。一九二〇年始執業中醫。一九三〇年起先後在廣東省中醫醫藥專門學校、廣州華南國醫學院、廣州漢興中醫學校任教。五十年代初期任教廣東省中醫進修學校。一九五六年起任廣州中醫學院教授等。著有《温病學》等。

劉振藩生。

劉振藩（一八九七～?），字衛屏。原籍海陽（今潮安），生於馬來西亞古晋。自幼接受中英文教育。一九一六年入砂撈越政府任職，一九二〇年辭職從商。一九二五年歸國，次年創辦汕頭英文專科學校，清寒子弟可免費入學，嗣爲籌經費返砂撈越，出任"發茂"號經理。一九二九年復歸鄉，因時局動盪，學校關閉，乃攜眷及部份學生回砂撈越，嗣受委託改組民德學校，不數年，該校成爲砂撈越一流中英文雙軌制學校。一九三七年爲抗戰籌賑。一九四一年九月，砂撈越慶祝布洛克王朝建國百年，出任慶祝籌備會秘書長，冬日軍入侵，以抗日罪入獄。一九四三年遷居海口三巴臘，躬耕隴畝，日本投降方遷居古晋。戰後與友人合創砂撈越印務公司，出版英文《論壇報》及《中華日報》中文版。任古晋市政局委員、華人諮詢會委員、古晋華校董事、籌建領事館委員、商會董事、戰爭損害賠償委員等職。一九五三年任慶祝英女王加冕大典委員會委員，榮獲加冕章。一九五五年榮膺英女皇頒賜 OBE 勳銜。(《廣東近現代人物詞典》一一五頁)

賴炎光生。

賴炎光（一八九七～一九二七），永安（今紫金）人。一九一八年至廣州甲種工業學校讀書。五四運動爆發後，回邑發動青年參加愛國學生運動，並參與組織成立青年聯合會及學生聯合會，又創辦《救國週刊》、《紫金口小報》，提倡新文化運動。一九二二年加入社會主義青年團、中國共産黨。一九二四年調廣州，次年參加革命軍第二次東征，後留汕頭共青團地委工作，任經濟委員會委員。一九二六年底調至中共汕頭地方委員會從事工人運動，任篷船工會主席及中共潮安縣委工委書記。“四一二”政變發生後被捕就義。（《廣東近現代人物詞典》五二八頁）

薛漢光生。

薛漢光（一八九七～一九七四），曲江人。南京中央軍校高教班主任教官、國民政府廣東第三區行政督察專員兼少將保安司令。一九四九年赴臺灣，曾任“國大”代表、國民黨全國聯誼會常務幹事等。（《廣東近現代人物詞典》五六一頁）

韓漢英生。

韓漢英（一八九五～一九六六），字平夷。文昌（今屬海南）人。一九一七年考入廣東黄埔陸軍小學，畢業後升入武昌陸軍第二預備學校，直接升入保定軍官學校第六期，以成績甲等被選爲連部筆記編輯，畢業被派往山西學兵團（軍士教導隊）任見習排長，次年代理連長，旋因事南下，任廣西講武堂上尉助教，晋升爲少校隊長兼教官。一九二〇年六月粤軍由閩回師廣東，隨返粤，任挺進軍司令部少校參謀，旋該部改組爲第三路軍時調任中校副官長，參加援桂之役。一九二二年撥編警備遊擊第七司令部，任邦統，冬任第三師軍事教導隊主任，旋調該師第九團中校團副，參與粤中平亂諸役。一九二五年任第四軍獨立團中校營長，參加二次東征，次年任十三師三十七團營長，冬調任粤省防軍第二團團長。一九二七年升教導第二師少將副師長兼團長，旋即代理師長，次年被派赴日本陸軍學校深造一年後回國。一九二九年調任第四師少將參謀長，翌年調任第四軍十二師少將團長，旋任副師長兼中央軍校廣西分校教育長。一九三一年請纓北上抗日，調任二七〇旅旅長。一九三四年三月該旅擴編爲五十九師，晋升中將師長，旋奉命入贛，對中央蘇區發動三、四、五次“圍剿”，紅軍長征後又率部追擊至甘肅文縣。一九三七年七月抗日戰争爆發，率部赴上海對日作戰。南京失守後，奉命籌辦珞珈山軍官訓練團，任辦公廳主任，次年七月奉命調任中央陸軍軍官學校第四分校中將主任。一九四四年九月日軍竄擾黔南，第四分校奉令編成作戰機構，又兼任黔桂邊區防守司令及都（匀）、獨（山）警備司令。同年底奉調三十六集團軍任副總司令，次年七月調任第四集團軍副總司令。抗戰勝利後，調任第四軍官總隊長兼第十六軍官總隊長。一九四七年當選國大代表，赴南京參加制憲國民大會，十一月調任廣東省政府委員及第九區（海南）行政督察專員及第九“清剿”區司令長官。一九五〇年一月任海南防衛總部副總司令兼海南補給區司令。海南解放前夕，隨駐島軍隊去臺灣，赴台後任“國防部”中將參議。一九五六年退役，轉任臺灣銀行顧問，八月入榮民總醫院就醫。後在臺北逝世。著有《戚繼光練將要領講解》等。（《廣東近現代人物詞典》四九七頁）

謝樑生。

謝樑（一八九七～一九二二），字柱石。廣東人。清末負笈廣州石室書院，往來省港結交同志。一九二一年赴日本，與旅日同志商榷建國方略。次年陳炯明舉事，即返香江，力諫討陳計劃，挺身請任前鋒，委爲支隊司令。旋返羊石，與陳炯明部下團長張我權等密商運動陳軍四旅投誠，事泄被捕遇害。（《民國人物大辭典》一五六三頁）

羅小彦生。

羅小彦（一八九七～一九三四），東莞橋頭逕貝村人。早年入塘廈教會學校爲基督教徒，後考入北京警監學校、北京大學。一九二四年北大畢業後回南方，翌年於梧州培正中學任國文教員，入中國共産黨，翌年任梧州《民國日報》編輯、南甯《革命之花》雜志社編輯，後建立中共南甯地委，任書記。一九二七年重建廣西特委，任委員，曾被捕。釋放出獄後，先後在張雲逸之南甯教導總隊任政治教官、廣西警備第四大隊第一營任教導員，參加百色起義，任紅七軍政治部宣傳科長、第四縱隊政治部主任、團政治委員，轉戰幾千里。一九三一年抵湘贛邊區，在戰鬥中受傷，留邊區根據地工作，於一九三四年犧牲。（《東莞市志》一四三一頁）

清德宗光緒二十四年　戊戌　一八九八年

十月，李鴻章出督兩廣。（《清史稿》卷四一一《李鴻章傳》）

黄遵憲奉命以三品京堂候補出使日本，八月戊戌政變起，二十六日夜得旨被自上海放歸鄉里，賦《雁》五律詩。（陳永正《嶺南歷代詩選》五五九頁）

變法失敗後，遵憲又賦《支離》五律、《紀事》、《放歸》、《感事》八首（以上七律）。（鍾賢培、管林、謝華、汪松濤《黄遵憲詩選》一四四、一八三、一八五、一八七頁）

本年陳鑒寫《天中佳品》（香港中文大學文物館藏）、《廉石》扇面（香港藝術館藏）、《花卉》扇面兩件（廣州藝術博物院藏）。

陳鑒，字壽泉。幼不好嬉，專嗜繪事，父使之執贄居廉之門。勤奮過人，心無外騖，以是盡得師傳，筆致藴藉，恬静秀潤，凡師之所能無不能之。廉晚年名聲大振，求畫者踵接，常命鑒代勞應酬，再由本人自書款識。黎雄才早年遊其門下。廉歸道山後，鑒東渡日本，以花鳥草蟲深得異邦人士所重，載譽而歸，供職於肇慶中學教席，後爲奸人所害。

本年羅宗鉞序釋石夔之詩集。

釋石夔，號萬松學人。海幢寺僧。爲人簡括沉默，精醫學。詩格高古，調逸而清。性喜酬和，凡以郵筒相寄者，皆從容答之。著有《绿筠堂詩草》。冼玉清《冼玉清文集》下編有傳。

本年陳濯南於新安縣創建私立中醫學校，學制三年，一九四〇年濯南卒，學校停辦。（楊耀林《深圳近代簡史》二一九頁）

本年黄伯耀任新加坡保皇派《天南新報》記者。

本年譚頤年創辦時敏學堂。

譚頤年，字少源。南海人。諸生。光緒二十四年（一八九八）創辦時敏學堂，思以新學救國。（陳景鍇《海珠古詩録》三八四頁）

本年孫中山英倫蒙難後往加拿大，曾寓李進之英昌隆數日。

李進，字勉辰，號崇燮。台山人。與父合創英昌隆於加拿大，經營中加貿易。曾任加拿大域多利華僑公立學校校長等。（《台山文史》第十輯）

楊源於本年中進士。

楊源，字季嶽。梅縣人。光緒二十四年（一八九八）進士。光緒二十八年（一九〇二）與何士果（壽朋）、陳雲秋、温丹銘等於汕頭埠創辦《嶺東日報》。

梁蕓於本年成貢生。

梁蕓，字祝南。德慶人。光緒二十四年（一八九八）歲貢生。一生從事教育，任德慶縣教育會長，與覃喬芬合編《德慶鄉土地理志》、《德慶鄉土歷史志》。（《德慶文史》第九輯）

賴朝侶於本年成貢生。

賴朝侶，永安（今紫金）人。光緒二十四年（一八九八）恩貢生。（《永安三志》）

上海妹生。

上海妹（一八九八～一九五四），原名顔思莊，小名阿三。原籍新會，出生於新加坡。父爲粤班頗有名之小生，藝名太子友（又叫公仔友）。上海妹從三歲起隨戲班生活，其開山師父爲以唱工見長譽滿新加坡的男花旦余秋耀，另一位師父是武旦醒醒群。得馬師曾賞識，一九三一年同赴美國演出，後與馬師曾徒弟半日安回香港結婚。一九三三年，與譚蘭卿在馬師曾太平劇團内同擔正印，演出了《龍城飛虎將》、《國色天香》等名劇。嗣與半日安同到覺先聲劇團，與薛覺先合演《前程萬里》、《燕歸來》、《嫣然一笑》、《玉梨魂》等，尤其名劇《胡不歸》，獨創的“妹腔”逐漸成熟，名聲大噪。至四十年代初被時人評爲“花旦王”，居“四大花旦王”之首位（其他爲譚蘭卿、關影憐、陳豔儂）。抗日戰爭時期，自己撰曲、演唱粵曲《焦土抗戰》，灌成唱片。香港淪陷後，息影舞臺，募捐籌款，支持抗戰。後在港因肺病逝世。（《中國近現代人物名號大辭典》五頁）

方彦儒生。

方彦儒（一八九八～?），開平人。畢業於國立北京大學經濟系。一九二五年加入中國青年黨，後赴美留學，創辦《紐約僑聲報》等。一九三三年回國任廣州市立銀行調查股主任、廣東國民大學教授、“國大”代表等。（《中國近現代人物名號大辭典》三一頁）

王鳳梅生。

王鳳梅（一八九八～一九七六），原名啟俊。瓊山（今屬海南）人。一九一四年從師學藝。一九三五年參加鄭長和等人兄弟班，先後赴越南、泰國、新加坡演出。一九四〇年回國，參加集新瓊劇團，改演老旦。一九五六年參加廣東瓊劇團，次年當選廣東省政協委員。一九五九年廣東瓊劇院成立，任演員。一九六一年赴海南瓊劇學校任教。主演劇目有《西廂記》、《梁祝》等。（《民國人物大辭典》九四頁）

王懷樂生。

王懷樂（一八九八～一九六六），曾用名悦齋、廷維。台山人。畢業於加拿大柯因大學獲醫學博士及外科碩士學位，歸國任上海同仁醫院外科醫生。一九三一年任廣州夏葛醫學院院長兼病理學教授、廣州柔濟醫院外科主任。（《民國人物大辭典》一〇九頁）

吕文成生。

吕文成（一八九八～一九八一），香山（今中山）人。幼年隨父至滬謀生，從小酷愛民間音樂。一九一九年上海成立“中華音樂會”，爲最早會員。一九二五年任該會滬樂科幹事，兼上海精武體育會音樂部教員，還參加了由上海鐵路職工組織的“儉德儲蓄會”粤樂隊，並任指導。一生創作了兩百多首音樂作品，其中不少廣東音樂曲調成爲膾炙人口之佳作。作品題材廣泛，有寫景抒情之《平湖秋月》、《蕉石鳴琴》、《漁歌晚唱》；有輕松活潑向上之《青梅竹馬》、《醒獅》、《步步高》等。（《廣東近現代人物詞典》八七頁）

伍智梅生。

伍智梅（一八九八～一九五六），台山人。早年留學美國，先後進夏葛醫科大學、芝加哥大學醫學院學習，歸國後曾在廣州創立漢持醫院，任廣州市立育嬰院院長、圖强助産職校教授、市政府參事、國民黨廣州特别市黨部候補監察委員兼市黨部婦女部部長、省黨部委員。抗日戰争中被聘爲第一、二、三、四届國民參政會參政員、廣州市立法委員。一九四五年當選中國國民黨第六届候補中央執行委員。一九四八年當選立法院立法委員、立法院衛生委員會委員。後去臺灣。（《廣東近現代人物詞典》一〇〇頁）

朱也赤生。

朱也赤（一八九八～一九二九），又名朝柱，字克哲。茂名人。早年入本村肇南小學讀高小。一九一五年考入茂名中學，畢業考進廣東公立醫藥專科學校。一九二五年加入中國共産黨，改名也赤，同年奉派回茂名改組國民黨，任國民黨茂名縣黨部執委，次年任省農協南路辦事處總幹事、中共茂名縣黨支部書記、茂名縣農協籌備處主任等職。上海“四一二”、廣州“四一五”政變後，離開高州前往廣州灣（今湛江），成立南路農民革命委員會，先後任主任及中共南路特委委員、肅清反革命委員會廣東分會南路支會委員，同年轉入信宜懷鄉山區。失敗後返廣州灣，繼續在南路特委工作。後因叛徒告密被捕就義，臨刑賦《就義詩》。（《廣東近現代人物詞典》八八頁）

杜定友生。

杜定友（一八九八～一九六七），原籍南海，生於上海。一九一八年畢業於上海工業專門學校，同年赴菲律賓大學學習圖書館學。一九二〇年獲文學士學位，翌年畢業，又獲教育學、圖書館學學士學位，同年回國，歷任上海復旦大學圖書館、交通大學圖書館、廣東中山大學圖書館、廣東省圖書館、廣州市圖書館館長或主任。著有《杜定友圖書館學論文選集》。（《中國近現代人物名號大辭典》三五二頁）

李華生。

李華（一八九八～？），原名白華，曾用名木村哲夫，筆名果垂、一枝。興寧人。一九一七年中學畢業赴日本。一九一九年考入東京第一高等學校特預科，一年後轉名古屋第八高等學校，越三年畢業。後入東京大學哲學科，一年後轉印度哲學科，一九三〇年畢業，次年回國任中山大學哲學系主任、副教授。一九三四年任廣東省教育廳督學。一九四一年回中大任教授。一九五二年調北京大學。一九六〇年又回中大。著有《化書宋齊立作論證》等。（《民國人物大辭典》二四五頁）

李廷安生。

李廷安（一八九八～一九四八），字廣文。香山（今中山）人。早年畢業於北京協和醫學院公共衛生系，該學院送往美國哈佛大學攻讀研究生，獲醫學博士學位，並兩次獲金鑰匙獎。一九二九年回國先後任北平衛生事務所所長、協和醫學院教授。一九三二至一九三七年任上海市衛生局長。“八一三”淞滬抗戰爆發後，積極開展救死扶傷工作，同時受聘國際聯盟爲駐中國華南防疫專員，又任内政部衛生署戰時全國醫療防疫總隊總隊長。一九三九年至重慶任中央醫學院教授。一九四二年衛生署委任其創辦中央衛生實驗院，兼任院長，翌年任四川華西大學醫學院教授兼附屬醫院院長。抗戰勝利後回粵接任嶺南大學醫學院院長，兼任該院附屬醫院（博濟醫院）院長，同時取得聯合國善後救濟總署廣東分署援助及中央衛生署撥款，在中山市惠福西路興建廣州中央醫院（中華人民共和國成立後改稱廣東省人民醫院）。著有《中國農村衛生問題》、《國力與健康》、《中外醫學史概論》、《公共衛生學》等。（《廣東近現代人物詞典》一六九頁）

李東英生。

李東英（一八九八～一九六七），電白人。孫中山衛士。早年投粵軍第一師當兵。一九二〇年後被選入孫中山總統府任貼身衛士，出生入死保護孫中山及其夫人宋慶齡。一九二四年任總統府總務局副官，翌年孫中山在北京逝世，被孫夫人調至北京護靈。一九二九年孫中山安葬南京中山陵後，任國民政府總務局專員，負責管理陵園工作。一九三七年南京淪陷後，由宋夫人介紹轉至財政部鹽務署工作。抗戰勝利後回中山陵任管理委員會委員。新中國成立後任陵園管理委員會主任委員，分工負責接待外賓工作。在上海病逝。（《廣東近現代人物詞典》一八四頁）

李研山生。

李研山（一八九八～一九六一），本名耀辰，字居端，號研山。新會人。出身書香門第，自少愛好詩書畫。少時至廣州廣府中學讀書，並拜美術教師潘至中爲師，課餘常到潘家習畫。一九一九 年考入北京大學法律系，畢業後回粵，初在開平縣政府任教育科科長，旋辭職往穗，參加廣州國畫研究會及頤園俱樂部活動。一九二三年又加入潘至中組織的癸亥合作畫社（後改爲國畫研究會），得到更多習藝機會。後曾到汕頭、廣州法院，歷任書記、推事、庭長等職務，工餘仍從事繪畫。一九三一年被聘任爲廣州市立美術專門學校校長，專聘著名畫家趙浩公、黄君壁等到校任教。抗日戰爭爆發後至香港與李鳳廷合設鳳研樓畫室，尋又往協興俱樂部。香港淪陷後，初逃至澳門，設立石齋壺館。一九四三年往湛江，安心讀書、繪畫，抗日戰爭勝利後回鄉荷塘，創作《江山無恙圖》長卷，旋離去，先居廣州，後徙香港。中華人民共和國成立後繼續專致藝術事業，先後參加香港思豪酒店畫廊兩次畫展及庚寅書畫社聯展，與吴子復、張大千等研討畫藝。一九五四年在香港元嶺建石濱溪館隱居，仍設帳授徒，前來造訪或求學者來往不絶。後被聘爲香港中國美術會名譽主席、華僑書院藝術系主任。在港病逝。後人爲出版《李研山畫集》。（《廣東近現代人物詞典》一七八頁）

邱汝濱生。

邱汝濱（一八九八～一九七一），字矚雲。潮州人。壯歲任廣東數縣、鎮電報局長三十餘載。著有《矚雲樓詩存》六種。

余華沐生。

余華沐（一八九八～?），新寧（今台山）人。早年就讀廣州黄埔海軍學校、雲南陸軍講武堂，後赴日本士官學校留學，返國任團長、副師長。抗戰時期，先後任第三戰區、第九戰區、雲南綏靖公署參謀長，兼貴陽中將警備司令、防空司令、第九戰區幹訓團教育長。一九四八年任廣東省建設廳廳長，次年赴美國，後在美病故。（《廣東近現代人物詞典》二二一頁）

林風眠生。

林風眠（一八九八、一九〇〇～一九九一），原名鳳鳴。嘉應（今梅縣）人。自幼喜愛繪畫。早歲赴法勤工儉學，先在法國蒂戎美術學校進修西洋畫，後又轉入巴黎國立高等美術學校深造。一九二五年回國後出任北平藝術專科學校校長兼教授，次年受蔡元培之邀任民國大學院藝術教育委員會主任。一九二七年任國立藝術院（中國美術學院）校長，後隱居上海。中華人民共和國成立後，任上海中國畫院畫師、中國美術家協會顧問、常務理事、理事。七十年代定居香港。一九七九年在巴黎舉辦個人畫展，取得極大成功。作品有《春晴》、《江畔》、《仕女》、《山水》、《静物》等。著有《中國繪畫新論》，出版有《林風眠畫集》等。（《廣東近現代人物詞典》三一六頁）

林賢察生。

林賢察（一八九八～一九六七），字亦明。澄海人。中央軍校高等教育班第五期畢業，參加過北伐、淞滬抗戰、台兒莊戰役、南潯線抗戰、三次長沙會戰。一九四八年任廣東省第五“清剿”區中將副司令。旋辭職去香港。（《廣東近現代人物詞典》三二二頁）

易劍泉生。

易劍泉（一八九八？～一九七一），鶴山人。富有創作才華之作曲家。主要作品有爲《健全樂》創作的《春曲》、《夏曲》、《秋曲》、《冬曲》、《乘長風》、《秋千引》、《月團圓》、《前世如夢》等，其粵樂名作《鳥投林》流行至今，深受群眾喜愛。一九四九年後創作的作品有《大軍啟行》、《萬紫千紅》等粵樂，曾爲配舞而創作有《扇舞》、《長門月》兩曲。此外尚開創了廣東大鼓的曲藝形式，相繼有《登上希夏邦馬峰》、《焦裕禄》、《沙井風光》、《悼念馬口英雄》、《天安門》、《歐陽海》、《踏平南海浪》、《千里救親人》、《歌唱三元里》等數十首，其作品形式多樣，有濃郁的時代氣息。（《廣東近現代人物詞典》三三六頁）

范會國生。

范會國（一八九八、一八九九～一九八三），字秉鈞。文昌（今屬海南）人。早年赴法國巴黎大學，獲博士學位。一九三〇年回國，歷任中山大學、中央大學、北平師大、上海交通大學、復旦大學教授。一九四九年至一九五三年先後任海南大學校長、海南師范學院院長、海南師范專科學校校長，是中國數學會主要創始人之一。參加九三學社。在北京病逝。（《民國人物大辭典》五九一頁）

官其慎生。

官其慎（一八九八、一八九九～一九八六），字師亮。始興人。中央軍校第一分校（南寧分校）上校教官，後任國民政府廣州行轅少將軍法處長。後去臺灣。（《廣東近現代人物詞典》三六八頁）

俞鴻鈞生。

俞鴻鈞（一八九八～一九六〇），新會人。早年畢業於上海民生中學，後考入上海聖約翰大學，一九一九年畢業後留校任教。一九二七年任外交部長陳友仁英文秘書，旋辭職回滬，任上海市政府英文秘書。一九三二年任上海市政府秘書長。一九三六年任上海代市長，次年任市長。一九四一年任財政部政務次長。一九四四年任國民政府財政部部長，次年任中央銀行總裁。共和國成立前夕去臺灣。一九五三年任臺灣省政府主席，次年任“行政院長”。在臺北病卒。（《民國人物大辭典》六一二頁）

韋德生。

韋德（一八九八～一九二五），香山（今中山）人。早年畢業於香港皇仁書院。服役於日本皇后輪，爲聯義會社員，加入中華革命黨。一九二三年與葉盈枝等組織民聲劇團，後轉入太平洋公司輪船，任通車。一九二五年擊斃陳炯明部將洪兆麟，事成引槍自裁。（《民國人物大辭典》六二九頁）

莫任劬生。

莫任劬（一八九八～一九七〇），原名衍鉅。東莞麻涌人。畢業於廣東省高等師范學校，曾在廣州市一中及廣東省一中任高中國文教師，曾任日本神户中學校長。回粤後選編《高中精讀國文課本》六册，經審定出版通用。另著有《語法圖解》。抗戰期間在澳門越華中學、華僑中學任教，後返廣州明嵩中學任教，曾回鄉自辦益智學塾。抗戰勝利後於穗崇煥中學、教忠中學當語文教師。中華人民共和國成立後養病於穗，曾爲莫伯驥五十萬卷藏書樓之叢書編撰效力。著有《杜詩二字構詞類輯》手稿十六卷，約十萬言。（《東莞市志》一四八三頁）

莊兆祥生。

莊兆祥（一八九八、一九〇二～一九八二），南海人。早年赴日本留學，入九州帝國大學醫學部，畢業後任助理醫生。歸國任江蘇南通大學醫學系教授兼醫院院長。一九三六年任中山大學醫學院教授。（《民國人物大辭典》八〇三頁）

陳沛生。

陳沛（一八九八～一九八七），字度侯。茂名人。廣東農業專科學校、黃埔軍校首期步科及中央訓練團將官班畢業。一九二五年起任東征軍教導團排、連、營長，第一軍一師參謀處長、代參謀長。一九二七年任第一師一團上校團長，第九師二十五旅四十九團團長、旅長。一九三二年升第九師副師長。一九三四年任第十師二十八旅少將旅長、第六十師中將師長。一九三八年任第四十八軍副軍長，次年升第三十七軍軍長。一九四〇年授陸軍中將。一九四三年起任第三戰區三十二、四十三集團軍副總司令、浙東前敵總指揮官。一九四六年任中央訓練團第六軍官總隊總隊長、廣東省警保處長兼桂南“剿匪”總指揮。一九四八年任國防部第九訓練處長，翌年任首都衛戍總司令部副總司令兼四十五軍軍長、浙江省綏靖總司令部副總司令。後去臺灣。著有《當機立斷之八戰》等。（《廣東近現代人物詞典》二六一頁）

陳天嘯生。

陳天嘯（一八九八、一九〇三～一九七八），號天嘯外史、又號野鶴、嘯盧。海陽（今潮安）人。畢業於中國人民解放軍軍政大學，解放時入二野軍大，旋隨軍入藏，後轉業至四川瀘州市電業局子弟校任教，主授書法課。生前系中華詩詞學會會員、中國楹聯學會會員、四川省詩詞學會理事、四川省書協會員、瀘州市詩書畫院顧問，曾任瀘州市書協副主席。出版有《陳天嘯畫輯》）（《中國近現代人物名號大辭典》六六六頁）

陳卓凡生。

陳卓凡（一八九八～一九七六），原名萬安。澄海人。早年赴日本留學，就讀於東京早稻田大學政治經濟科，與彭湃等人組織赤心社。一九二四年畢業回國後任海豐中學教導主任，參加彭湃領導的海陸豐農民運動，翌年隨東征軍到汕頭，受周恩來委派，任揭陽縣長。一九二六年冬任漳州各屬政治監察員，積極推行孫中山“三大政策”，開展反封建運動，處決貪官。“四一二”

政變後被通緝，避居香港。同年秋，任國民革命軍第四軍第二十六師政治部主任，參加鄧演達創立的中華革命黨，任組織委員會委員及工農運動委員會委員。一九三三年十一月福建人民政府建立後，任龍溪縣縣長，失敗後率領閩南部分武裝進入山區堅持反蔣。一九三八年初任廣東省第八區民眾抗日自衛團統率委員會副主任時，創辦梅崗自衛團幹部訓練所與普寧洪陽婦女幹部訓練所，十二月任第二集團軍政治特派員、辦公室主任秘書，後被調任湖北前線第十一集團軍司令部政治特派員。抗戰勝利後攜眷回鄉，創辦蘇北中學。又受中共華南分局委託，在潮汕做策反工作，掩護中共遊擊隊，營救共產黨員。一九四八年在港發動潮屬商人認購公債，支持華南分局工作。新中國成立後，歷任廣東省參事室主任、廣東省政協副秘書長等職。遺著有《我所知道的鄧演達》及與楊逸棠合編的《鄧演達先生言論集》等。（《廣東近現代人物詞典》二八七頁）

郭任遠生。

郭任遠（一八九八～一九七〇），潮陽人。早年入上海復旦大學，一九一八年赴美國伯克利加州大學，得著名心理學教授托爾曼賞識。一九二一年發表《取消心理學上的本能説》，震驚美國心理學界。一九二八年出版《郭任遠心理學論叢》。其鳥類胚胎發育及訓練貓不吃老鼠之實驗，也受到國際心理學界重視與好評。主要論著有《人類的行爲》、《行爲學的基礎》、《行爲主義心理學講義》等。（《廣東近現代人物詞典》四一三頁）

高恬波生。

高恬波（一八九八～一九二九），惠州人。十七歲考入廣州婦孺産科學校。一九二三年加入中國社會主義青年團，同年與青年團廣東區委書記阮嘯仙結婚，次年春加入中國共産黨。第一次國共合作期間，按照黨的指示以個人身份加入 國民黨，任國民黨中央婦女部幹事，成爲婦女部長何香凝得力助手。又參加彭湃主持的廣州第一期農民運動講習所，學習結束後任農民運動特派員，奔走於花縣、順德、中山、潮梅等地農村開展農民運動。一九二六年任北伐救護隊隊長，輾轉湘、鄂、贛三省之間，行程萬里，八月在北伐軍進攻汀泗橋的戰鬥中帶隊冒著槍林彈雨，奮不顧身搶救傷患，在中彈負傷的情況下將傷患救下火線，被官兵們稱讚爲救護隊之女將軍。次年廣州起義失敗後，被派到中共江西省委，除做婦女工作外，還兼任秘密交通、會計、庶務等工作，來往於南昌、贛州等地。後由於叛徒出賣被捕就義。（《廣東近現代人物詞典》四一七頁）

容啟兆生。

容啟兆（一八九八～一九七〇），又名道蘭。香山人。一九四八年時任上海光華大學副校長，作爲中國國家足球隊領隊，率隊參加了第十四屆倫敦奧運會。中華人民共和國成立後定居香港。（《廣東近現代人物詞典》四二六頁）

黃妹生。

黃妹（一八九八～一九七五），别名漢光，字影河。新會人。十四歲至廣州學藝，拜周雲生爲師。二十二歲時不但繡工、畫理全面，而且會染色、洗花，並獨創八面旋轉針法，稱爲立體繡，被時人尊爲繡花王的余德也稱贊此法。還把舊式真紋針法改爲旋紋針法，繡出十分逼真的老虎，人稱“老虎妹”，同時擅繡人物。與余德成立廣州市錦繡行綺蘭堂，被推爲理事。一九二五年帶領會員參加聲援上海五卅運動集會、遊行。後成立廣州市刺繡工會，被選爲執行委員。新中國成立後作品頗多。一九五七年被選爲廣州市西區人民代表等，同年加入共産黨。（《廣州西關風華》三）

黃光鋭生。

黃光鋭（一八九八、一八九九～一九八六），新寧（今台山）人。幼年時隨父往美國，早歲學飛行。參加中國同盟會，任同盟會采購軍火委員會技師。一九二二年底攜帶飛機器材回國，任大元帥府航空局航空隊隊長，翌年協助航空局長楊仙逸研製出一架飛機，孫中山命名爲“洛士文號”。當年駕駛戰鷹，轟炸掃射盤踞在東江之陳炯明叛軍。一九二四年任航空局局長。一九二六年任教中央航空學校，後任校長。一九二九年任廣東第八路軍航空處處長。一九三一年任廣東空軍司令部參謀長、司令。一九三六年兩廣事變時任抗日救國軍空軍司令，後率領廣東空軍歸附南京政府，促使陳濟棠下野，任中央航空學校校長、國民政府航空委員會委員、航空委員會常務委員兼第二廳廳長、航空委員會副主任兼技術廳廳長、中央航空研究所所長等。一九四六年晋升空軍中將，當選制憲國民大會代表，旋辭職去美國。（《廣東近現代人物詞典》四四五頁）

黄伯梅生。

黄伯梅（一八九八～一九三一），歸善馬山約禾多布鄉（今屬惠東）人。一九二二年秋在家鄉參加農會，次年被選爲高潭區農會委員。一九二五年春高潭區成立農民自衛軍大隊，任中隊長，翌年初參加中國共産黨。一九二七年率所屬中隊參加由東江特委領導舉行的收復海陸豐的第二次武裝起義，十一月高潭區蘇維埃政府宣佈成立，被任命爲區蘇維埃委員兼區赤衛大隊長，明年率赤衛大隊配合紅二師在惠紫交界阻擊進犯敵軍，爲東江特委機關安全撤出中洞轉移惠來争取了時間。一九二九年十月中共東江特委將海陸惠革命武裝改編爲紅軍第六軍第十九團，任該團第一營營長。次年一月敵軍陸戰隊五百多人進犯高潭，遭到第一營頑强阻擊。同年春東江軍委工作暫由特委主持，東江紅軍設立前敵軍事委員會，任前委委員，並升任紅四十九團副團長。中共東江特委在中洞將紅十一軍改編爲中國工農紅軍廣東東江獨立師，以紅四十九團爲第一團。一九三一年九月東江蘇區全面貫徹王明“左”傾肅反路線，被當作AB團分子殺害。（《廣東近現代人物詞典》四四九頁）

黄君璧生。

黄君璧（一八九八、一八九七～一九九一），本名韞之，别名允瑄，號君翁、君壁，室名白雲堂。南海人。畢業於廣東公學，師從李瑤屏學國畫。一九二二年入楚庭美術院研究西畫。廣東省舉行首屆美術展覽，提供作品參展，獲金牌獎，遂與張大千在穗相識，結爲知己，次年任培正中學教師，在穗舉辦首次個人畫展。與黄般若、羅卓吾等組織癸亥合作畫社（後改國畫研究會）。一九二六年至滬結識黄賓虹，次年任廣州市立美術專科學校教師兼教務主任，與徐悲鴻訂交，旋兼任廣東省立女師及江村師范美術教師。一九三四年被派赴日本考察藝術教育。一九三六年遊華中、華北等地寫生，被南京中山文化館聘爲研究員，翌年任國立中央大學藝術系教授。一九四一年兼任國立藝術專科學校教授及國畫組主任，並被教育部聘爲美術教育委員會委員、全國美術展覽會國畫組審查委員。一九四九年去臺灣，任臺灣師范大學藝術系教授兼系主任、臺北故宫博物院點查委員等。代表作品有《老樹隱水灣》、《風正一帆懸》等。出版有《黄君壁畫集》、《黄君壁作品選》、《黄君壁書畫集》等。（《廣東近現代人物詞典》四五一頁）

黄依儂生。

黄依儂（一八九八～一九三一），陸豐人。早年參加海陸豐農民運動。一九二五年任陸豐縣第一屆農民協會執行委員，同年冬加入中國共産黨，次年春被選爲陸豐支援省港大罷工委員會委員。一九二七年參與領導了陸豐三次武裝起義，歷任陸豐縣委委員、陸豐蘇維埃政府執行委員，次年當選爲東江特委委員、廣東省委委員、海陸惠紫四縣暴動委員會執行委員、海陸惠紫四縣臨時特委宣傳部長等。一九三〇年冬，海陸紫三縣在三縣交界山區組成聯合縣委及蘇維埃政府，爲領導成員之一，具體負責財政工作。次年在肅反擴大化過程中被錯殺。（《廣東近現代人物詞典》四五五頁）

黄琪翔生。

黄琪翔（一八九八～一九七〇），字禦行。梅縣人。畢業於保定陸軍軍官學校第六期炮兵科，曾留學德國。一九二二年回粤追隨孫中山，歷任粤軍團、師、軍長。一九二四年入中國國民黨。一九三〇年參加鄧演達創辦的中國國民黨臨時行動委員會。一九三三年參加“福建事變”，任中華共和國人民革命政府委員、軍委會委員、參謀團主任，失敗後由港移居德國，後回國任中華民族解放行動委員會總書記。抗日戰争時期任第七集團軍副總司令、第八集團軍總司令、國民政府軍委會政治部副部長、第六戰區副司令長官、中國遠征軍副司令長官等職。抗戰勝利後任駐德國軍事代表團團長。一九四八年赴港脱離國民黨，參加愛國民主運動。一九四九年出席政協首届全體會議。新中國建立後，歷任中南軍政委員會委員兼司法部長、國防委員會委員、國家體委副主任、第一、二、三届全國政協常委、中國農工民主黨副主席等職。著有《軍事演講集》。(《中國近現代人物名號大辭典》一一一七頁)

黄鎮球生。

黄鎮球（一八九八～一九七九），字劍霆，號劍靈。梅縣人。湖北第二預備學校、保定軍官學校第六期步兵科畢業。一九二九年赴德國研習防空學。一九三三年回國籌建防空學校，次年任校長暨防空委員會副主席。赴臺灣後，於一九五〇年再任“聯合勤務總司令”。一九五四年後調任“國防部副部長”，次年轉任“總統府參軍長”。一九六二年改任“總統府戰略顧問委員會”副主席，當選國民黨八届中央委員，後爲中央評議委員，“光復大陸設計委員會委員”，陸軍一級上將。晚年兼任香港崇正總會顧問。著有《防空講話》、《防空十二年》等。(《廣東近現代人物詞典》四六七頁)

黄鐵錚生。

黄鐵錚（一八九八～一九八二），字禮賢。新寧（今台山）人。肄業於台山中學，後以優異成績考入國立北京大學法學科。一九二六年北大畢業，先在漢口從政二年，後爲本邑士紳力挽，於一九二八年出任台中校長。在任期間，鋭意樹立良好教風和學風，革新校務，篤行實踐，爲人仁慈，深受師生敬愛。一九三三年九月辭去台中校長職務後，曾在廣東省政府及南京、重慶國民政府等從政多年，皆以清廉著稱。又曾任廣東法學院教務長兼教授。四十年代末遷香港，曾任德明中學教務主任、壽山中學校長、香港華僑導報社長、香港黄氏宗親會副理事長等職務，均有良好業績。晚年移居美國，日以寫作自娱。辭世後，親友、門生敬仰其一生品德高尚、清廉，乃收集整理其存稿，編輯出版《籬下拾遺書稿》一集，又有《黄鐵錚先生全集》問世。（《廣東近現代人物詞典》四六〇頁）

許廣平生。

許廣平（一八九八～一九六八），小名霞，又稱霞姑，筆名景宋、平林。番禺人。魯迅第二任妻子。一九二六年北京女子師范大學畢業，在校期間與魯迅一起發起揭批驅逐北師大校長楊蔭榆運動。廣平在畢業前一年在報紙上公開表達對其師魯迅的感情，一九二七年兩人在廣州同居，旋移居上海。一九六〇年加入中國共産黨。一九六八年因病在京逝世。著有《兩地書》、《魯迅回憶録》等。（《中國近現代人物名號大辭典》三一〇頁）

馮國卿生。

馮國卿（一八九八～一九三二），原名應國。樂會（今屬海南瓊海）人。一九二七年在馬來亞拉咪樹港參加了馬來亞共産黨，後被選任支部書記，次年被驅逐出境回國，參加蘇維埃政權。一九三〇年爲中共瓊崖特委常委。一九三二年任中國工農紅軍第二獨立師政治委員。後遭伏擊犧牲。（《廣東近現代人物詞典》七六頁）

梁鼎銘生。

梁鼎銘（一八九八～一九五九），字協燊。原籍順德，生於南京。幼孤，喜愛繪畫，初學西畫，後改學中國畫。二十年代曾爲上海英美煙草公司繪制月份牌年畫。一九二三年在上海創立天化藝術會。一九二六年受聘於廣州黄埔軍官學校，編輯革命畫報，繪《沙基血跡圖》。一九三一年在南京繪《惠州戰跡圖》，歷任軍校教官、軍事委員會設計委員等職。一九四八年至臺灣主持北投政治作戰幹部學校藝術系。作品有惠州、濟南、廟行、南昌戰跡圖等五大戰役歷史畫等，自署戰畫室主。（《中國近現代人物名號大辭典》一一七〇頁）

張我東生。

張我東（一八九八～一九六五），又名嘯天。東莞虎門龍眼村人。早年畢業於日本東亞高等預備學校，回國後先後於國民黨中央軍事政治學校、國民黨政治學校、廬山暑期訓練班畢業。一九二二年起歷任孫中山大元帥府副官、大元帥大本營憲兵司令部軍務處長、粤軍獨立團長、東莞聯溪區民團團長，曾參與平定商團、粤桂軍閥叛亂，援助省港大罷工。一九二六年後歷任國民革命軍總司令部政務局高級參議、武漢衛戍司令部少將副官、汕頭市公安局長、廣東東區綏靖公署顧問、第一集團軍總司令部少將參議，連山、普甯、豐順、東莞縣縣長、東莞民衆抗日自衛團東、惠、寶統率委員會東莞縣總幹事。一九三八年廣東民衆自衛團第四區統率委員會成立，任主任幹事及東、增、寶民衆統率委員會副司令。東莞淪陷，任東莞戰地縣長，次年任第四戰區第四遊擊縱隊副司令，後轉赴粤北與湘南繼續抗日鬥争。抗戰勝利後復任東莞縣長兼東莞、增城、寶安三縣聯防辦公所主任、東莞專員。一九四八年改任珠江三角洲“反共救國”委員會委員、廣東省參議會議員。解放前夕移居香港。著有《考察日本警政實録》。（《東莞市志》一五〇九頁）

張慧冲生。

張慧冲（一八九八～一九六二），香山（今中山）人。在上海成長。一九二二年始從影，在“商務”、“聯合”、“明星”等公司拍攝了《蓮花落》、《情海風波》、《無名英雄》等，多以英俊瀟灑之武俠英雄形象出現，被譽爲“東方范朋克”。一九二八年分得遺産二十五萬元，自組慧冲影片公司，專拍武俠片。三十年代後拍攝《上海抗日血戰史》、《熱河血淚史》等片。由於不善經營，又有過多嗜好，幾年内就耗盡家財，只得組織魔術武技團至全國及南洋各地巡迴演出。一九四一年曾回滬拍《銀槍盗》等影片。（《中國近現代人物名號大辭典》六四五頁）

曾令福生。

曾令福（一八九八～一九五〇），瓊海人。黄埔軍校第四期畢業，民國時期任合浦軍分區少將司令。

曾祥鶴生。

曾祥鶴（一八九八～一九六〇），字鳳伍。澄邁（今屬海南）人。瓊海中學畢業後負笈羊城，考取廣東省公立法政專門學校。畢業後考入法國里昂大學深造，獲政治學博士學位。歸國任上海暨南大學教授，旋返粤，得宋子文看重，於廣東銀行供職。抗戰期間，歷任廣東省銀行海防支行經理、昆明銀行經理。抗戰勝利後調升廣東省銀行總經理。一九四六年當選制憲國大代表。海南解放前夕赴臺灣。

曾養甫生。

曾養甫（一八九八～一九六九），原名憲浩。平遠人。一九二三年於天津北洋大學礦冶系畢業，赴美留學深造，入匹茲堡大學研究院，獲礦冶工程師學位，回國任國民革命軍總司令部後方總政治部主任、南京國民政府建設委員會副委員長，當選國民黨第三届中央執行委員，任浙江省建設廳廳長等。一九三四年發起興建錢塘江大橋。一九三六年後任廣州特别市市長等。一九三八年後任滇緬鐵路督辦公署督辦、交通部部長兼軍事工程委員會主任委員，曾督辦修築滇緬國際公路，參與創辦梅州南華學院等。一九四九年去香港。後病逝。（《中國近現代人物名號大辭典》一二四五頁）

曾澤寰生。

曾澤寰（一八九八～一九三七），又名慶敏，乳名冬生，字渡生。東莞清溪鎮細布村人。早年入廣州黄埔陸軍小學，後入武漢講武堂、保定陸軍軍官學校，一九二一年畢業。一九二六年任國民革命軍第四軍第十三師團長，一九三一年任第二軍參謀處上校處長，後調任黄埔、韶關教導隊教育長。“七七”盧溝橋事變後，任副旅長之一五九師四五七旅開赴上海前線，十一月下旬率部保衛江陰炮臺要塞，壯烈殉國。追晋陸軍少將。（《東莞市志》一四三二頁）

楊銓生。

楊銓（一八九八～一九六七），原籍鶴山，生於香港。喜鑒藏中國文物，曾收藏六千餘件陶瓷、玉器、銅器、竹雕、古墨、字畫等文物。一九五八年至一九六四年將所藏全部捐廣東民間工藝館等。出版有《楊銓先生捐獻文物圖録》。（《廣東近現代人物詞典》一四一頁）

楊建平生。

楊建平（一八九八～?），大埔人。一九二四年畢業於日本東京立教大學，回國於上海各大學任教，後任陳銘樞秘書、第十一軍後方主任。一九二九年任潮海關監督兼汕頭交涉員，後任廣東中央銀行副行長。一九三三年任福建中華共和國人民革命政府經濟委員會委員。（《民國人物大辭典》一二三一頁）

雷永銓生。

雷永銓（一八九八～一九三二、一九三一），會同（今海南瓊海）人。一九一七年入讀廣東甲種工業專科學校。一九二四年入廣州農民運動講習所學習，次年春加入中國共産黨，六月回瓊東縣（今屬瓊海）任中共黨員羅漢創辦的嘉積農工職業學校校長，秘密發展共産黨組織。一九二六年二月與人在該校建立中共瓊崖東路特别黨支部，當選書記，四月中共瓊崖東路特别黨支部改爲中共瓊崖東路部委，仍任部委書記，又任國民黨瓊東縣黨部執行委員、工人部長、教育局長，指導瓊東縣工人運動及學生運動。大革命失敗後，被瓊崖當局通緝，後至英屬馬來亞（今屬新加坡），回瓊後出任中共瓊東縣肅清反革命委員會主席。一九二八年至一九三〇年歷任瓊東縣蘇維埃政府主席、瓊崖蘇維埃政府委員、清理逆産委員會委員、濟難會副主任等職。後在中共瓊崖黨内肅反中被誣爲 AB 團分子錯殺。（《廣東近現代人物詞典》五三一頁）

詹顯哲生。

詹顯哲（一八九八～一九四六），字天籟。海陽（今潮安）人。一九一二年考進廣州暨南中學，一九一六年考進上海復旦大學，一九一九年赴法國勤工儉學，三年後轉德國法蘭克福大學半工半讀，初攻哲學，後攻政治經濟學，獲碩士學位，一九二九年回國後任南京政府立法院編修。一九三二年到廣州中山大學任政治經濟系主任、教授兼校長辦公室秘書，經留德同學介紹結識李濟深，竟成密契。時值“一·二八”事變，蔣介石令上海市長吴鐵城與日本談判，顯哲拍案而起，與李濟深、陳銘樞、蔣光鼐、蔡廷鍇公開與蔣介石决裂，在福建成立中華共和國人民革命政府，並與紅軍訂立反蔣協定，任革命政府秘書，失敗後隨濟深等轉移香港，又組織民族革命同盟，任同盟組織部長，後隨濟深到廣西梧州。一九三九年到重慶，在李濟深領導的戰地黨政委員會任政務組副組長、設計委員。一九四一年在國家總動員會糧鹽組當秘書。一九四四年起先後任重慶市政府參事、重慶市日用品供銷處總經理、重慶市補給委員會秘書長、重慶市代理財政局長。後在重慶因住房倒塌被壓身亡。（《廣東近現代人物詞典》五三四頁）

温靖生。

温靖（一八九八～?），字卓寰。嘉應（今梅县）人。黄埔军校潮州分校第三期（比照黄埔军校第五期），后任国民政府国防部第十四编练司令部少将高参、陸軍第一九七師師長、第四戰區中將軍法監。抗戰勝利後任粵中師管區司令。（《廣東近現代人物詞典》五〇八頁）

鄧士章生。

鄧士章（一八九八～一九六七），惠州人。黄埔陸軍速成學校第二期、上海同濟大學及德國柏林工業大學畢業。民國十二年（一九二三）任廣東石井兵工廠工程師，次年任黄埔陸軍軍官學校籌備委員、軍校軍械處處長。十四年任廣東石井兵工廠少將廠長。二十一年（一九三二）任國民政府軍政部兵工委員。三十五年（一九四六）退役，任上海中央航空公司營業組副主任、主任。後於香港參加“兩航”起義，與陳卓林飛抵北京。中華人民共和國成立後，任國家民航總局顧問、政協第二、三、四届全國委員會委員。

鄭介民生。

鄭介民（一八九八、一八九七～一九六〇、一九五九），原名庭炳，字耀全，號傑夫。文昌（今屬海南）人。早年考入廣東省立瓊崖中學，秘密參加瓊崖民軍，後逃亡馬來西亞。一九二四年回國考入黄埔陸軍軍官學校第二期，發起組織孫文主義學會。一九二五年入蘇聯莫斯科中山大學。一九二七年回國後入陸軍大學將官班第三期。次年在蔣介石侍從室從事情報工作。一九三〇年後歷任復興社幹事會幹事、參謀本部少將處長。抗戰時期任軍令部中將副廳長、廳長、軍事委員會調查統計局副局長。一九四五年當選國民黨中央第六届中央執行委員。抗戰勝利後任國防部第二廳中將廳長兼保密局局長。一九四七年任國防部常務次長。一九五〇年去臺灣，任“國防部”參謀次長兼“大陸工作處”處長、國民黨中央執行委員會第二組主任，“總統府戰略顧問委員會”委員、“國家安全局”上將局長等，晋任陸軍二級上將。逝世，追晋陸軍一級上將。著有《軍事情報學》等。（《中國近現代人物名號大辭典》八三二頁）

鄭振文生。

鄭振文（一八九八～一九六三），字鐸宣。潮陽人。哲學博士。任中山大學工學院地質學教授、國民參政員、行政院政務委員、青年黨中央委員會執委、國大代表。赴臺灣後賦閑。

劉明合生。

劉明合（一八九八～一九三三），潮陽人。少年輟學在家種田。一九二七年夏参加農民運動，旋加入中國共産黨，同年秋任大南山遊擊隊班長。一九二九年任潮普惠赤衛隊大隊長。一九三一年秋任潮普惠蘇維埃軍務部長。一九三三年夏被捕，同年秋被害於縣城東較場。（《廣東近現代人物詞典》一一〇頁）

劉俊賢生。

劉俊賢（一八九八～一九七一），新會人。一九二一年廣東高等師范學校英語部畢業後赴法國里昂大學深造。一九三〇年獲數學博士學位，同年秋返國後任中山大學教授、數學系主任兼理學院院長。一九三五年當選中國數學會評議、廣州分會籌備會理事等，次年秋出席於挪威召開的第十次國際數學家大會。譯著有《生存競争的數理》。（《廣東近現代人物詞典》一一四頁）

劉國用生。

劉國用（一八九八～一九三七），號劍豪。嘉應（今梅縣）人。黄埔陸軍軍官學校第三期步兵科畢業。一九二五年起任國民革命軍第五軍教導隊教官及第十五師二團排、連長。一九三〇年起歷任第十六師一團少校營長、中央軍校南昌分校中校教官。一九三六年起任第七十四軍五十八師三四四團團副、上校團長，次年任該師一四七旅少將副旅長，十二月参加南京保衛戰殉國。（《廣東近現代人物詞典》一一〇頁）

劉植炎生。

劉植炎（一八九八～一九八八），香山（今中山）人。早年赴美國芝加哥半工半讀。一九二五年入國民黨，同年在美學習飛行，次年冬回國，任廣東航空學校教官。一九二七年春赴蘇聯深造，後歷任廣東航校飛行教官、廣東航空處軍務科長、航校教育長、代理校長、空軍總司令部第五中隊長等。隨張惠長至港，後奉惠長命至閩與蔡廷鍇商議組建福建空軍飛機隊，初名“十九路軍航空隊”，任副隊長。一九三二年改名“福建政府航空大隊”，任大隊長。一九三四年返鄉閑居。一九四九年隨“中航”撤離至港，參加“兩航起義”。回歸祖國後在北京翻譯所工作。一九八二年隨女移居澳洲。（《廣東近現代人物詞典》一一六頁）

禤東淩生。

禤東淩（一八九八～一九七五），清遠人。年輕時隨父於家鄉開茶樓。三十年代初至廣州，在六國飯店當點心師，製作灌湯餃，研製出擘酥椰王角、沙灣原奶撻等美點，被譽爲穗點心師“四大天王”之一（其他爲梁應、歐標、余大蘇）。一九四〇年被高薪聘請至廣州酒家，後至陶芳酒樓任職。又與人合作開設南屏飯店。一九五六年重回廣州酒家，創設星期美點。每逢中央領導南下廣州，均被邀請爲製作美點，曾作爲代表團成員隨市長朱光出訪蘇聯等國。（《廣州西關風華》三）

盧施福生。

盧施福（一八九八～一九八三），又名克希。香山（今珠海）人。早年考入天津英文商業專科學校，後考入上海同德醫學院，畢業後在滬行醫。三十年代起從事攝影創作活動，成立“黑白影社”，加入美國攝影學會，在上海多次舉辦影展。其攝影藝術代表作《頑皮小孩》、《SPEAKING》（説話）、《SMOKING》（吸煙）等，先後參加巴黎、倫敦、菠茨坦、香港、匈牙利、瑞士、加拿大、美國紐約、芝加哥、舊金山等國家和地區國際攝影展覽，得到好評。編有《盧施福黄山影集》。（《中國近現代人物名號大辭典》一四四頁）

盧崇善生。

盧崇善（一八九八～一九七四），字峻修。曲江人。畢業於國立廣東高等師范學校，中央軍校特別班結業，曾任日本華僑中學教員、國民黨廣東省黨部執行委員、理教總會理事長等。行憲後，當選立法院立法委員。（《民國人物大辭典》一五一七頁）

鄺光林生。

鄺光林（一八九八～?），字籍三。台山人。畢業於杭州中學，後赴美國哈佛大學，獲碩士。一九二二年回國，任上海商務印書館兼上海商會英文秘書，後任上海商科大學、光華大學及持志大學英文教授等。一九三〇年派署駐菲律賓總領事。一九三四年回國，同年派署駐美國舊金山總領事。（《民國人物大辭典》一六一七頁）

龍師侯生。

龍師侯（一八九八～一九二八），曾用名李瑞。西寧（今鬱南）人。一九二四年加入中國共産黨，次年夏奉中共廣東省委派回鬱南、封川開展農民運動。一九二六年二月，鬱南六區農民協會成立時，被選爲執行委員，四月鬱南縣農民協會成立時，被選爲執行委員會書記，建立農民自衛軍，次年十一月任中共封川縣委書記。後被捕殺。（《廣東近現代人物詞典》五一頁）

魏育懷生。

魏育懷（一八九八～一九八六），五華人。廣東大學畢業，參加過東征、北伐、淞滬抗戰、“閩變”事件等。閩變失敗後逃亡香港，編輯《大衆日報》。

謝申生。

謝申（一八九八～一九九〇），字崧生。電白人。一九二七年畢業於中山大學農學院，任廣西、廣東省農務局、農業試驗站技士。一九三五年赴美國威斯康星大學深造，獲碩士學位。一九三七年回國歷任中山大學農學院副教授、教授、農化系主任、土壤調查所技正、中山大學研究院土壤學部、中山大學農學院農化系主任、土壤研究所主任、所長、華南農學院教授、土化系、土壤教研室主任。著有《廄肥概説》、《绿肥之研究》、《水稻需要氮磷鉀三要素之研究》等。（《廣東近現代人物詞典》五一八頁）

謝奮程生。

謝奮程（一八九八～一九四一），字英士。嘉應（今梅縣）人。一九一三年隨父僑居新加坡，肄業應新中學。一九一七年考入清華學校。一九二三年赴美國科羅拉多大學，獲學士學位，繼入哈佛大學，獲碩士學位。一九二六年返國，任國民革命軍總司令部政治部秘書，次年任南京國民政府財政部秘書。一九二八年奉派北平，接收前財政部税務事宜，旋任財政部河北煤油特税局局長等。一九三五年任鐵道部總務司司長等。抗戰爆發，奉命赴粤港負責對外接洽，次年改任交通部參事。一九四一年香港淪陷，遭日軍刺殺殉職。著有《最近七年來中國財政之興革》等。（《民國人物大辭典》一五七六頁）

羅瑛生。

羅瑛（一八九八～一九六八），字叔重，號保泰、寒壁、騷霞。南海人。初從師程竹韻學書，後專事書法篆刻。楷隸行書，皆能融會諸家之長，篆刻善以六朝文字入印。著有《羅叔重書畫集》。（《中國近現代人物名號大辭典》七八七頁）

羅志甫生。

羅志甫（一八九八～一九八八），家名元俊，字東傑，别號浮生。興甯人。一九四五年與中共地下黨員組織“中流出版社”，任社長。翌年“中流”遷往穗，出版雜志《世界新潮》半月刊。

羅倬漢生。

羅倬漢（一八九八～一九八五），别名孟瑋、幹青。興寧人。一九一九年考入北京大學哲學系，畢業後曾任教於北京、興寧、廣州諸中學，一度任興寧縣長。一九三三年留學日本東京帝國大學研究院，攻讀歷史、哲學。抗戰爆發後回國，先後任桂林師專、中山大學、南京金陵大學、廣東省立文理學院教授。中華人民共和國成立後任文理學院、華南師範學院教授兼歷史系主任。著有《詩樂論》、《史記十二諸侯年表考證》等。（《廣東近現代人物詞典》三四三頁）

羅教植生。

羅教植（一八九八～一九五九），名寶，又名斌，號維玉。新興人。陸海軍西江講武堂畢業。一九二八年任國民革命軍第七軍第九旅上校團長，次年任第七軍巢湖警備司令部少將參謀長。

一九三〇年任第八軍第二師副師長。一九三四年返粤任第一集團軍新編第一師中將師長。抗日戰争爆發後，任軍事委員會太湖區遊擊司令、浙江省保安司令部參謀長兼第二團團長及第二戰區司令部高級參議。一九四六年退役。

羅清生生。

羅清生（一八九八～一九七四），南海人。早年畢業於北京清華學堂，即赴美留學，入美國堪薩斯州立大學攻讀獸醫學，一九二三年獲獸醫博士學位回國，受聘東南大學（後改中央大學）教授，歷任中央大學畜牧獸醫系主任、農學院院長、教務長、金陵大學農科教授、實業部上海商品檢驗局獸醫技正、廣東省建設廳技正、農林部蘭州獸醫防治處長等職。共和國成立後南京農學院成立，任教授，先後兼任教務長、副院長等。著有《豬氣喘病研究》、《家畜傳染病學》、《禽病學》等。（《廣東近現代人物詞典》三四四頁）

清德宗光緒二十五年　己亥　一八九九年

五月，意大利在各國掀起割地狂潮中捲入競争，向清提出租借三門灣要求，康有爲時已於去年流亡日本，聽到消息，憂憤異常，賦《聞意索三門灣以兵輪三艘迫浙江有感》七絶。

九月二十四日夜，有爲自美洲東歸，途經日本馬關赴香港，賦《九月二十四夜至馬關泊船二日即李相國議和立約遇刺地也有指相國駐節處者傷懷久之》七絶。（陳永正《嶺南歷代詩選》五七六、五七七頁）

本年馮斯欒與鄭貫一（號自立）、馮自由一起創辦《開智録》。

馮斯欒，字欒天，别署自强氏，又號慕民，改名貢世。鶴山人。早年參加興中會，青年時代留學日本東京高等大學，深受孫中山、馮自由等民主革命思想影響。光緒二十五年（一八九九）與鄭貫一（號自立）、馮自由創辦《開智録》，世人稱之爲“三自”，次年因保皇派干涉，被迫停刊。二十七年（一九〇一）春，以報載清廷割讓廣東予法國之説，遂約李自重、王寵惠、馮自由等發起廣東獨立協會。後數年畢業回國，易名貢世。(《中國近現代人物名號大辭典》一九〇頁)

本年黄遵憲閑居多暇，效龔自珍定庵體成組詩《己亥雜詩》八十九首，梁啟超謂其“蓋主人一生歷史之小影也。”（陳永正《嶺南歷代詩選》五六〇頁）又賦《己亥續懷人詩》二十四首，自陳寶箴以下至唐才質，凡二十八人。（鍾賢培、管林、謝華、汪松濤《黄遵憲詩選》四三四頁）

本年孫中山賦《革命歌》七絶。

本年梁啟超流亡日本東京，賦《雷庵行》七古，詩中充滿樂觀主義與使命感。啟超又自日本往遊美洲，賦《太平洋遇雨》七絶。(陳永正《嶺南歷代詩選》五九四、六一一、六一四頁)

本年吴東成、陳武盛爲汕頭存心善堂屋脊、前壁作貼甆雕塑裝飾。

吴東成，潮陽人。貼甆工藝名匠。(《中國民間美術藝人志》)

吴爾康於本年中舉人。

吴爾康，字茀泉。開平人。光緒二十五年（一八九九）舉人，任潮陽縣儒學。卒年七十八。(民國《開平縣志》)

范祖庚於本年中舉人。

范祖庚，字繩齋。南澳人。光緒二十五年（一八九九）進士，歷主南澳學海書院、饒平瑞光書院講席，弟子受其陶鑄，成就殊多。(《南澳縣志》卷九)

王文宇生。

王文宇（一八九九～一九三三），小名繼清，又名文儒、明宇。澄邁（今屬海南）人。一九二五年加入中國共產黨。一九二七年參加瓊崖武裝暴動，後任瓊崖紅軍獨立團副團長、獨立第二師副師長兼第二團團長、獨立師師長兼第一團團長。一九三二年底在樂會被俘，翌年在瓊中就義。(《廣東近現代人物詞典》一三

頁）

王家槐生。

王家槐（一八九九～一九七三），字植三，號署庵。澄邁（今屬海南）人。一九二四年加入國民黨，旋考入黄埔軍校第二期工兵隊，次年畢業，任第一師三團九連連長。北伐後歷任十八師政治部秘書兼代理主任，官至國民黨海南特區特别黨部執行委員，晋升陸軍少將。後去臺灣，退役轉任台糖公司顧問。（《民國人物大辭典》七八頁）

孔憲鏗生。

孔憲鏗（一八九九～?），字琴石。南海人。早年赴法國巴黎大學留學，獲法學碩士學位，後又赴比利時留學，獲經濟學博士學位，回國後接任國立廣州中山大學法科學院學長，後歷任廣東大學、南京中央大學教授、國民政府内政部參事、考試院秘書等。抗戰爆發後隨汪精衛投敵，任南京僞維新政府教育部、僞教育部參事、僞警官學校教授、僞安徽省清鄉事務局局長、僞宣傳部常務次長等職。

文乃武生。

文乃武（一八九九～一九六〇），原名國燕。文昌（今屬海南）人。畢業於雲南陸軍講武堂、日本陸軍步兵學校，歷任寧台温及浙東警備司令部參謀長等職。（《民國人物大辭典》一二二頁）

方汝楫生。

方汝楫（一八九九～一九二九），又名章若。惠來人。出生於貧苦農民家庭。一九二六年加入中國共産黨，次年任中共揭陽縣委書記、中共東江特委特派員兼潮安縣委書記。一九二八年當選爲中共汕頭市委常委，參加了彭湃、徐向前領導的中國工農紅軍及當地革命武裝共約十萬人圍攻惠來縣城戰鬥，翌年任中共東江特委副書記，六月被捕犧牲。（《廣東近現代人物詞典》三〇頁）

方棠棣生。

方棠棣（一八九九～?），海陽（今潮安）人，一九二五年畢業於比利時勞工大學機械科。一九二八年畢業於巴黎工科大學及巴黎市政學院，曾任巴黎道路建築公司工程師等。一九三〇年回國後歷任中山大學工程辦事處主任及石牌新校舍總監等。中華人民共和國成立後任華南工學院教授等。著有《工程力學及結構力學》、《工程構造原理》等。（《廣東近現代人物詞典》三一頁）

方學芬生。

方學芬（一八九九～?），原籍東莞厚街河田石廈村，出生於太平。二十三歲時留學法國里昂大學，專攻化工染料，回國後在穗經營國華染織廠，任副廠長兼染料主任，後任勷勤大學教授、廣東省督學等職。一九三五年隨薛嶽任貴陽第九戰區軍法處處長兼司令長官部中將政治部長。曾旅居新西蘭。（《東莞市志》一四九四頁）

方樹泉生。

方樹泉（一八九九～一九八七），東莞厚街河田鄉人。幼時輟學習商。一九二七年南下香港經營義德芝麻廠。一九四三年開協成行，經營工業原料，後轉營大米，翌年與長子潤華合作，擴充協成行，大辦桂皮出口，並經營地産、建築業，成爲協成行企業集團，並發行股票，兼辦證券公司。參與社團凡三十年，曾先後任筲箕灣商會、香港仔街坊福利會理事長、會長、永遠會長、香港東莞同鄉總會會長、霄箕灣街坊福利會副理事長、香港商業通濟公會名譽會長、香港東莞工商總會榮譽會長以及方氏宗親會、六桂堂，雷、方、鄺溯源堂等社團首長。（《東莞市志》一五一二頁）

方臨川生。

方臨川（一八九九～一九二八），又名書照、亮臣。普寧人。一九一九年爲嶺東學生聯合會領導人之一，翌年就讀廣州鐵路專科學校，參加愛國學生運動。一九二三年底回普寧，與楊石魂、方方等人組織洪陽集益社。一九二四年參加中國共産黨及改組後的國民黨，次年任普寧、揭陽特派員，負責籌建潮汕各縣國民黨縣黨部，三月協助東征軍政治部主任周恩來在洪陽鎮召開商民大會，爲東征軍籌集軍餉，中旬任國民黨普寧縣黨部籌建處主任，後調任潮安縣農民協會特派員，協同中共黨員郭瘦真等人建立中共潮安縣首個支部，負責農運、發展黨組織工作。“四一五”政變後，與賴其泉等人組織百餘人武裝。後轉陸豐縣新田，任惠潮梅農工救黨軍前方特委委員，被派往武漢聯絡。一九二七年十月返潮汕任中共潮安縣委書記，恢復和發展黨組織，成立工農革命軍第二團。後被捕犧牲。（《廣東近現代人物詞典》三一頁）

丘兆琛生。

丘兆琛（一八九九～一九六三），字玉林。惠州人。保定陸軍軍官學校第六期步科、德國陸軍大學參謀班畢業。一九二六年從德國回國後任國民革命軍第四軍第十師參謀，參加北伐，升第十一軍十師參謀長，翌年任第十一軍教導營營長。一九二八年擢第十一軍二十四師七十一團團長。一九三一年升第十九路軍攻城旅旅長，次年任第十九路軍高級參謀，參加淞滬抗戰。一九三三年六月任福州城防司令，十一月參加福建事變，任福建省省會公安局局長、閩東警備司令。福建人民革命政府失敗後，次年隨蔡廷鍇出洋，遊歷歐美、澳洲。一九三七年八月任第三戰區司令長官部中將高參，參加淞滬會戰，次年任鄱陽湖東岸警備指揮官、江南遊擊挺進縱隊總指揮。一九三九年任長沙警備司令兼防空司令，後任浙江省第一區（杭州）行政督察專員兼保安司令、南嶽建設委員會副主任委員。一九四二年辭職返粤，任廣東省政府高級顧問，後辭職在韶關閒居。一九四六年赴穗閒居，並任惠陽馬安堤圍水利委員會董事長。一九四八年返惠陽，次年十月在惠陽迎接解放。後被判刑關押，一九六三年秋在關押中病逝，一九八五年予以平反。（《廣東近現代人物詞典》六五頁）

李晋華生。

李晋華（一八九九～一九三七），字庸莘。嘉應（今梅縣）人。早年就讀北京大學、廣州法官訓練班與中山大學，畢業執教於梅縣東山中學，旋任廣西梧州市府秘書兼省立二中教員，嗣入燕京大學研究所，曾主持《明實録》校勘。一九三七年南下執教浙江南潯嘉業堂，十二月病卒於北平。生平致力於明史研究，著有《明代倭禍考》、《明史纂修考》及《明代敕撰書考》等。（《廣東近現代人物詞典》一八〇頁）

李野屋生。

李野屋（一八九九～一九三八），號塵外、野仙、荒山、鈍根上人。番禺沙灣人。尤善畫花卉草蟲，常習居廉工筆。著有《塵外清潭》，刊行有《李野屋花卉册》。（一九九〇年《番禺縣人物志》第三章）

吕劭堂生。

吕劭堂（一八九九～一九四四），字蓬尊，號漸齋。新會人。曾從事教育工作。三十年代曾對魯迅幾篇譯作詞語持不同意見，因寫信與商討。（《中國近現代人物名號大辭典》二〇三頁）

吴三立生。

吴三立（一八九九～一九八九），曾用名山立，字辛旨。平遠人。畢业於國立北京師範大學研究院國文研究科，歷任北京大學、廣東勷勤大學教育學院、文理學院、中山大學文學院、南華大學、文化學院、广州大學等院校教授。一九五二年秋起，在华南師範学院中文系任副主任、教授。平生專治文字、音韵、詩词、經學。詩作专集有《靡骋集》、《辛旨近詩》、《辛旨詩集》。曾任中國语言學會會员、廣東省語文學会副會长、廣東省文字改革委員會委員、中國书法家協會廣東分会副主席、廣東省第三屆人大代表、廣東省第四届政协委员等。在廣州逝世。著有《文字形義要略》、《中國文字學》、《中國文字學史導論》等。（《廣東近現代人物詞典》一九四頁）

吴子復生。

吴子復（一八九九～一九七九），名鑒光、琬，號伏叟、寧齋。四會人。一九二二年考入廣州市立美術學校西畫系，師從胡根天、馮鋼百習繪畫。一九二六年畢業後參加北伐軍，以圖畫作戰地宣傳。抗日戰爭時期在粵北山區先後任廣東藝術院美術系導師、廣東省立藝術專科美科主任等職。中華人民共和國成立後歷任廣州市文史館館員等。著有《吴子復隸書册》、《吴子復書好大王碑》等。篆刻亦獨樹一幟，出版有《野意樓印賞》。（《中國近現代人物名號大辭典》四七三頁）

吴榮楫生。

吴榮楫（一八九九～一九五七），恩平人。肄業於廣東高等師範學校，曾任國民黨中央黨部幹事、廣東省“清黨”委員會秘書等。抗戰爆發後任國民黨廣東省青年團曲江分團籌備主任、第四路軍總司令部政治部專員等，勝利後任瓊山縣長等。一九四九年去香港從事教育。後赴臺灣，病故於臺北。（《廣東近現代人物詞典》一九九頁）

吴廼憲生。

吴廼憲（一八九九～一九七九），字勁夫，瓊山（今屬海南）人。廣東省立工程專門學校、陸軍大學將官班甲級首期畢業，曾充廣東瓊東縣公安局、工務局長、廣東全省官産清理處科員、廣東省政府財政廳科員等。一九四六年任國防部中將參議。一九四九年至臺灣，任“國防部”中將高參、“光復大陸設計研究委員會”委員。（《廣東近現代人物詞典》一九九頁）

吴敬群生。

吴敬群（一八九九～一九七六），號澄宇。定安（今屬海南）人。一九二五年畢業於黄埔軍校第三期步科，曾任國民革命軍第一軍第十四師排、連長、第三師少校參謀。一九二五年任第四艦隊政訓處中校訓練員等職。一九三五年入陸軍大學第十三期深造。一九三五年調任中央軍校第四分校上校辦公處長。一九四〇年升少將，後於臺灣革命實踐研究院第二十五期畢業。一九四九

年調任海南要塞少將司令。共和國成立前夕去臺灣。著有《戰爭指導之研究》等。(《民國人物大辭典》三六八頁)

吴華胥生。

吴華胥（一八九九～一九九一），又名夢龍。惠來人。一九二五年加入中國共産黨，被周恩來委任改組國民黨惠來縣黨部特派員。一九二八年與伍治之等在泰國參加暹羅反帝大同盟。一九三六年參與李章達等組織港九救國會，編輯黨刊《戰鼓》。一九四一年在韶關創辦《時報》、《新報》等抗日刊物。解放戰爭時期在穗創辦綜合出版社，出版進步刊物。

吴鐵崖生。

吴鐵崖（一八九九～一九七六），普寧人。早年在湖北漢口經商。後入讀雲南陸軍講武堂，畢業後任十九路軍駐京辦事處副主任兼第一科科長。一九三二年參加淞滬抗戰，翌年冬參加福建事變，任中華共和國人民革命政府鹽場場長。一九三七年任第九集團軍副官處科長、代理少將處長等。一九四一年解甲歸鄉。(《廣東近現代人物詞典》二〇一頁)

何毅生。

何毅（一八九九～一九三二），又名君佩、電臣。樂會（今屬海南瓊海）人。一九二四年赴廣州，加入王文明、周士第、葉文龍等組織的瓊崖革命同志大同盟，次年進入第四期廣州農民運動講習所學習，加入中國共産黨。因學習成績優異，被留在第五期當助教，冬以國民黨中央執委會農民部特派員身份赴陽江開展農民運動。一九二六年至海南，歷任中共瓊崖特別支部委員、廣東省農民協會第二届執行委員會候補委員，次年任中共瓊崖特別委員會委員兼農委主任、瓊崖蘇維埃政府委員。一九三一年任瓊崖蘇維埃政府秘書長。後在黨内“肅反”時被錯殺。(《廣東近現代人物詞典》二〇九頁)

何漆園生。

何漆園（一八九九～一九七〇），名家訪，字渭賢。順德人。

一九二〇年入廣州美學館，師從高奇峰習畫。精通文辭、書法、音律，善畫山水、走獸、花鳥、人物，尤擅聯屏巨幅，氣勢雄偉。一九二二年曾代高奇峰任嶺南大學國畫教席，在廣州佛山等地從事藝術教育多年，後與葉少秉在香港設歲寒畫社，作品曾參加中法美展。一九六八年組織香港美學會。（《廣東近現代人物詞典》二一七頁）

宋子良生。

宋子良（一八九九～一九八三），文昌（今屬海南）人。父耀如，慶齡弟。早年留學美國，畢業回國後曾任上海會文局局長。一九三〇年任外交部總務司司長。一九三一年至一九四九年爲中國國貨銀行總經理。後爲中央銀行監事。

林疊生。

林疊（一八九九、一八〇〇～一九七九），號景斐。原籍香山（今中山），生於檀香山。曾赴美國留學，先後入夏威夷大學、哥倫比亞大學、紐約大學，獲紐約大學哲學博士學位。一九二六年任夏威夷大學教授。一九三一年回國。一九三五年當選國民黨第五屆候補中央執行委員。著有《檀香山政治之演進》、《法律大綱》、《行政學大綱》等。（《民國人物大辭典》四六一頁）

林育仁生。

林育仁（一八九九～一九六〇），又名成養。徐聞人。民國九年（一九二〇）爲避山匪之亂，偕侄至新加坡、馬來亞謀生。十四年（一九二五）春，帶三百多株橡膠樹種返回故土育苗試驗，逐漸擴種，爲粵西南路地區首位橡膠培育者。（新編《徐聞縣志・人物編》）

范錡生。

范錡（一八九九～?），字捷雲。大埔人。早歲赴日本東京高等師范學校，畢業入帝國大學研究院。後赴美國，先後入哈佛、哥倫比亞大學，歸國歷任中央政治學校、暨南大學、北京大學教授、中山大學圖書館主任等職。一九三六年任中山大學文學院院

長。一九四〇年任中山大學師范學院院長。著有《哲學概論》等。（《民國人物大辭典》五八六頁）

周一峰生。

周一峰（一八九九～?），名建韜，號懶峰。番禺人。幼時從梁緝明、張澤農習畫。一九二〇年入廣州美學館，爲高奇峰大弟子。後任小學教師。抗戰時期避居韶關，仍以教書爲業。作品花鳥居多，用筆蒼勁，賦色淺淡，曾在香港舉辦個人畫展。（《廣東近現代人物詞典》三四九頁）

侯祥川生。

侯祥川（一八九九～一九八二），揭陽人。一九一七年考入上海聖約翰大學，嗣轉入北京協和醫科大學。一九四二年任《中華醫學雜志》（英文版）總編輯。中華人民共和國成立後歷任解放軍第二軍醫大學教授兼生物化學教研室主任、訓練部副部科研部部長等。編有《食物中毒》、《營養學進展》等專著，並發表近三百篇論文。（《廣東近現代人物詞典》三八七頁）

洪劍雄生。

洪劍雄（一八九九～一九二六），原名善效。澄邁（今屬海南）人。一九二一年考入廣東高等師范學校文科。一九二三年入新學生社，曾任廣州市學聯執委，創辦《新瓊崖評論》半月刊，任編輯主任，次年加入中國共産黨，入黄埔第一期。畢業後，被周恩來留在校政治部工作。一九二五年隨軍第一次東征，在黨部搞宣傳工作，攻克潮梅後被委派爲黨部駐梅州特派員。同年劉、楊叛亂平定後，調任黨軍司令部黨部組織科科長。國民政府在穗成立後，被派至第四軍黨部任秘書，後任留駐肇慶辦事處主任。參加第二次東征，兼任東征軍第二縱隊宣傳隊總隊長，後改任第一軍第十四師黨部主任。一九二六年隨師赴梅縣剿匪時，代行師黨代表職權。北伐時任第四軍黨部宣傳科科長兼總部北伐戰時宣傳隊隊長，隨師抵湖南郴州，患病去世。（《中國近現代人物名號大辭典》九四一頁）

徐光英生。

徐光英（一八九九～一九八四），字樹屏。海陽（今潮安）人。廣東黄埔速成學校第五期、莫斯科東方大學畢業。一九一九年赴法國勤工儉學，次年進入蘇聯莫斯科東方大學讀書，後入西班牙馬德里軍事學校學習。一九二六年春回國，入西北國民軍任軍政學校教官，後返粵加入國民革命軍第四軍，任中校參謀，次年八月葉挺部參加南昌起義，任第二十四師參謀長，失敗後隨起義軍南下潮汕，任汕頭市公安局長。後轉赴廣州，參加廣州起義準備工作，十二月廣州起義後任蘇維埃政府工農紅軍總指揮部參謀長，失敗後到香港。一九二九年赴廣西從事兵運工作，被當局逮捕。抗日戰争爆發後，任國民政府軍事委員會桂林辦公廳高級參議、中央軍校南寧分校少將政治主任教官。一九四一年春起任軍統局機要室秘書、軍統局駐南寧辦事處處長。一九四四年任南寧市中將警備司令、廣西綏署第三别動縱隊指揮官。一九四六年春任軍需署少將軍需監。一九四九年到香港居住。一九八四年春病逝。（《廣東近現代人物詞典》四〇六頁）

孫亢曾生。

孫亢曾（一八九九～?），字侃争。梅縣人。早年就讀廈門大學，嗣轉入大夏大學畢業。一九二七年在校執教五年後赴英國里治大學，獲碩士學位。一九三六年返國在大夏大學執教，次年大夏西遷貴陽，兼教務長。一九四九年春應臺灣省立師范學院聘，任教授、校長等職。一九七一年應聘新加坡大學。（《民國人物大辭典》七七八頁）

陳皋生。

陳皋（一八九九～?），號鶴鳴。廣東人。歷任汪精衛副官、汪僞行政院庶務科科長。一九四一年七月兼任汪僞軍事委員會委員長衛士團團長。一九四四年任汪僞中央憲兵司令部司令，次年任汪僞中央憲兵司令部特别黨部特派員。（《民國人物大辭典》九九八頁）

陳玉蟬生。

陳玉蟬（一八九九～一九二七），原名妚青。瓊山（今屬海南）人。一九二四年在廣東省立工業專業學校讀書，並加入中國共産黨。一九二七年初返瓊工作，由黨組織安排出任瓊山縣國民黨部執行委員兼婦女部長，同年五六月間任瓊山縣婦女解放協會主任。共青團瓊崖地委成立，當選爲團地委委員兼婦女部長。在瓊崖四二二政變中被捕犧牲。（《廣東近現代人物詞典》二七三頁）

陳非儂生。

陳非儂（一八九九～一九八四），原名景廉。新會人。幼醉心戲劇。一九二四年加入甲子優天影，扮演旦角，以《自由女炸彈迫婚》一劇成名，旋赴南洋，入“永壽年”，師從靚元亨、利慶紅、大眼錢、何細杞、蛇仔公及著名女花旦仙花旺等，次年返港，曾與薛覺先、馬師曾、曾三多、靚少鳳、梁醒波、徐柳仙、金枝葉等合作，後自組非儂劇團至泰國、越南、馬來西亞、緬甸、香港、澳門等地演出不少名劇，還拍過電影，灌制了不少唱片。著有《粵劇六十年》、《粵劇的潮流和歷史》等。（《中國近現代人物名號大辭典》六九一頁）

陳受頤生。

陳受頤（一八九九～一九七八），番禺人。澧曾孫。畢業於嶺南大學。一九二五年留學美國芝加哥大學，獲比較文學哲學博士學位，歷任嶺南大學中國文學系、北京大學史學系教授、主任、中央研究院院士、美國夏威夷州立大學教授等。著有《中國文學：歷史導論》、《西洋中古史》、《中國文學史略》等。（《廣東近現代人物詞典》二八九頁）

陳道周生。

陳道周（一八九九～一九二七），又名杜。花縣人。民國十二年（一九二三）參加中國共産黨，隨即以國民黨中央農民部特派員身份回花縣從事農民運動。一九二七年參加廣州起義，掩護

突圍時犧牲。（《廣東近現代人物詞典》三〇五頁）

陳麗峰生。

陳麗峰（一八九九～?），名明，號寬度居士、石灣漁隱。南海石灣鄉（今屬佛山）人。早年畢業於上海藝術專門學校。回粵後設真如畫社於穗，兼授生徒。其畫專尚宋院，易以雄渾之筆，設色厚重，不傷於雅。亦工書法、篆刻。晚年設心靈書畫院，從者甚眾。刊行有《麗峰美術第一集》。（《廣東近現代人物詞典》二六一頁）

陳耀真生。

陳耀真（一八九九～一九八六），新寧（今台山）人，生於福州。一九二七年美國波士頓大學畢業，獲理學士、醫學博士學位。一九二九年任美國約翰斯·霍普金斯大學威爾默眼科研究所研究員。一九三四年回國任齊魯大學醫學院眼科主任。一九三九年任華西大學醫學院存仁眼耳鼻喉科醫院眼科教授兼主任，恢復出版《中華醫學雜志》。一九五三至一九七五年任中山醫科大學眼科教授、中山醫科大學眼科醫院院長。著有《中國眼科史》、《眼科論文集》、《陳耀真教授論文集》等。（《廣東近現代人物詞典》三一〇頁）

唐榴生。

唐榴（一八九九～一九七九），字念慈，族名宗辰。香山唐家村（今屬珠海）人。紹儀長子。畢業於上海復旦大學，留學美國，歷任中國駐美國使館隨員、駐英國使館、北京政府司法部、外交部秘書。民國十五年（一九二六）被派署駐南洋荷屬巴東領事，次年改任駐荷屬泗水、駐日本長崎領事。二十二年調駐印度加爾各答代理領事。二十四年歸國。抗日戰爭爆發後，一度出任駐澳門專員。抗戰勝利後協助恢復岐澳交通。三十六年（一九四七），奉派任駐美國檀香山總領事。（《廣東近現代人物詞典》四一八頁）

黄少强生。

黄少强（一八九九、一九〇一～一九四〇、一九四二），名宜仕，以字行，號止廬。南海人。高奇峰、劍父弟子。曾任廣州市立美術學校國畫系主任。貧病交加而早逝。代表作有《江上琵琶圖》軸、《止廬民間疾苦圖册》、《黄少强畫集》等。（《中國近現代人物名號大辭典》一〇九六頁）

黄昌煒生。

黄昌煒（一八九九～一九二八），字輝如，筆名亦雄。瓊海（今屬海南）人。一九一七年考入廣東省立第十三中學（今海南省瓊海嘉積中學）。一九一九年參加五四運動。一九二一年中學畢業後，被聘任爲瓊東縣（今屬瓊海）美果小學教員，翌年考入上海大學社會系，與王文明、王業熹、葉文龍、許俠夫、陳德華、陳垂斌、羅文淹、郭儒灝等同學，一起組織瓊崖新青年社，出版《瓊崖新青年》（半月刊）雜志，開展革命宣傳活動。一九二四年加入中國共産黨，翌年到英屬馬來亞（今屬新加坡一帶）。一九二六年四月返瓊參加中共瓊崖黨組織籌建，先後任中共瓊崖地方委員會委員、共青團瓊崖特別委員會書記、瓊崖中路巡視員、共青團廣東區委員會秘書長、中共瓊崖特別委員會委員兼青年部部長等職。明年九月楊善集犧牲後，接任中共瓊崖特別委員會、軍事委員會在瓊崖東路的樂會縣（今屬瓊海）、萬寧縣等縣領導工作。在萬寧縣公廟田阻擊戰中中彈溺水犧牲。（《廣東近現代人物詞典》四五二頁）

黄宗霑生。

黄宗霑（一八九九～一九七六），台山人，生於穗。幼隨父移居美國。一九一六年進入好萊塢，歷任攝影助理、攝影師、攝影藝術指導，拍過百二十餘部影片。十六次被提名奥斯卡獎，兩次獲獎。（《中國近現代人物名號大辭典》一一〇二頁）

黄延楨生。

黄延楨（一八九九～一九三九），鎮平（今蕉嶺）人。畢業於保定陸軍軍官學校第九期步科，後參加國民革命軍，歷任營、團、旅長。一九三〇年任第三軍第七師師長。一九三四年十二月任西南政務委員會駐廣東第三軍副軍長兼第七師師長，率部參加對紅軍第五次“圍剿”。一九三六年升少將，同年八月任廣東省第四軍區司令官，九月晋任陸軍中將。一九三八年在第十二集團軍行職，次年任第十二集團軍中將副官長兼副官處長及總司令部部辦公廳主任，同年病逝於粵北前線三華。追贈陸軍上將。（《廣東近現代人物詞典》四四七頁）

符節生。

符節（一八九九～一九二八），文昌（今屬海南）人。一九二五年考入黄埔軍校三期，參加北伐戰争，歷任營、團長，參加南昌起義、廣州起義。一九二八年任瓊崖工農紅軍政治部主任，同年因叛徒出賣被捕遇害。（《中國近現代人物名號大辭典》一一五一頁）

許錫清生。

許錫清（一八九九～一九七八），字澄區。合浦（今屬廣西）人。北京大學經濟系畢業。一九二三年起任廣東員警養成所教練員、省立法政專門學校學監，次年加入國民黨，任廣州市區黨務指導員、粵軍第二師黨代表、國民革命軍總司令部政治訓練處秘書長、少將總務處長等。一九二九年任汕頭市長兼潮海關監督。一九三三年任福建省政府委員兼財政廳長，參加福建事變，任福建政府財政部次長，失敗後隨蔡廷鍇赴歐考察。一九三六年起任廣西省政府顧問、財政廳参議。一九四八年在港參加民革活動。共和國成立後，任廣東省參事室參事、省財政廳監察室顧問及廣州市建設局副局長等。

馮平生。

馮平（一八九九～一九二八），文昌（今屬海南）人。一九二二年加入中共，入莫斯科東方大學、紅軍學校學習，一九二五年回國，歷任國民黨中央農民部特派員、廣東省農民協會瓊崖辦事處主任、中共瓊崖地方委員會委員兼軍事部長、瓊崖農民協會主席。一九二七年瓊崖“四二二”事變後，任中共瓊崖特委委員兼軍事部長、瓊崖討逆革命軍總司令，參加領導全瓊武裝總暴動，創立工農革命武裝，後任中共瓊崖特委軍委主任兼瓊崖工農革命軍司令、瓊崖工農革命軍總西路軍總司令，領導瓊崖西路澄邁、臨高、儋縣三縣開展武裝鬥争，開辟、擴大農村革命根據地，次年在澄邁縣金江鎮英勇就義。（《中國近現代人物名號大辭典》一八一頁）

馮燊生。

馮燊（一八九九～一九七〇），恩平人。參加香港海員大罷工及省港工人大罷工。一九二五年加入中國共産黨。一九二八年創建中共恩平縣工委，任書記。大革命失敗後，轉移外地從事工人運動，於一九三〇年、一九三一年作爲中國工人代表團成員，先後出席在莫斯科召開的第五次赤色國際工人代表大會及在德國漢堡召開的國際海員碼頭工人代表會議。一九三四年任興國師組織科長，參加紅軍長征。抗戰期間歷任中共粤中特委副書記兼恩平縣工委書記、中共西江（今肇慶）特委書記、中共香港市委書記、粤桂邊區黨委委員。一九四八年重回粤中，先後任中共廣南（粤中）分委書記、廣南（粤中）軍分委主席、粤中臨時區黨委書記、粤中縱隊政委等職。中華人民共和國成立後任廣東省人民政府委員、省交通廳廳長、省總工會主席、省政協副主席及黨組副書記等職。（《廣東近現代人物詞典》七一頁）

馮菊坡生。

馮菊坡（一八九九～一九五七），順德人。早年就讀廣州育才英文書院。一九一九年參加“五四”運動，次年奉派與楊殷、王寒燼至蘇聯參觀學習，出席在莫斯科召開的遠東各國共産黨及民族革命團體第一次代表大會，受到列甯接見。一九二三年回國後從事青年、工人運動，歷任廣東社會主義青年團團章審查委員、中國勞動組合書記部廣東分部主任、中共廣東區執委會代理委員長等職，參與創辦愛群通訊社，出版《愛群報》。與阮嘯仙等組織新學生社，出席中共三大，疊任中共廣東區執委會工委書記、工人部部長等。一九二四年國民黨一大後任國民黨中央工人部秘書，次年負責中華全國總工會招待部工作，任省港大罷工委員會宣傳學校校長，參與領導省港大罷工。一九二八年任中華全國鐵路總工會委員長，次年至北方工作。後自行脱離革命，被開除中共黨員黨籍。抗日戰爭時期任教於西南聯合大學，解放戰爭時期任教於重慶南開學校。一九四九年後任教廣東華南聯合大學附中。中華人民共和國成立後曾任廣東省政協副秘書長。（《廣東近現代人物詞典》七八頁）

馮達飛生。

馮達飛（一八九九～一九四二），原名文孝，又名國琛，字洵。連縣人。先後任紅七軍二縱二營營長、五十八團團長、紅八軍代理軍長、新四軍教導總隊副總隊長兼教育長、新二支隊副司令員等職。皖南事變中被俘，翌年被殺。（《中國近現代人物名號大辭典》一八二頁）

梁伯强生。

梁伯强（一八九九～一九六八），梅縣人。一九一六年以全年級第一名中學畢業，考進上海同濟大學醫學院，一九二二年畢業於私立同濟醫工專門學校（今華中科技大學同濟醫學院），次年被學校推薦到德國慕尼克大學研修病理學，一九二四年獲醫學博士學位，次年回國受聘同濟大學病理學副教授。一九三二年受聘爲廣州國立中山大學醫學院教授兼病理學研究所主任，兩度出任醫學院院長。新中國成立後繼續在中山大學醫學院任教授及病理學研究所主任。一九五五年選爲中國科學院生物部學部委員（院士）。著述甚豐，有《鼻咽癌發生學的研究》等三十餘部論著。（《廣東近現代人物詞典》四八三頁）

梁寒操生。

梁寒操（一八九九～一九七五），原名翰藻，號君默、均默。高要人。成都中央軍校中將政治總教官，後任國民黨中央執行委員、中央宣傳部部長。工詩文，擅書法。詩作主要有《公餘服務團歌》、《端城贊歌》、《驢德頌》、《論詩雜碎五首》等，著有《西行亂唱》、《三民主義理論之探討》、《國父學説之研究》等書。（《中國近現代人物名號大辭典》一一七〇頁）

張惠長生。

張惠長（一八九九～一九八〇），字錦威。香山人。空軍中將。幼時隨父僑居美國，一九一四年入紐約寇蒂斯航空學校學飛行，一九一七年畢業，領萬國飛行師合格執照，九月回國任孫中山侍從副官、參軍處副官，次年任大元帥府航空處副處長。一九二〇年任航空局飛機隊第一隊隊長。一九二二年升航空局副局長、代理局長，仍兼第一隊隊長，率隊駐韶關，六月陳炯明叛變，隨孫中山赴滬。一九二七年返穗，任廣州航空學校首任校長，次年初改任第八路軍總指揮部航空處處長。一九二九年四月任中國航空公司理事，八月被任命爲國民政府軍政部航空署署長。繼而率機返南京，在南京籌建航空學校，旋改中央航空學校，遷杭州筧橋，次年率機參加中原大戰，明年五月國民黨中央執監委員非常會議在穗成立國民政府，任空軍總司令，十二月當選爲國民黨第四屆中央執行委員。一九三二年任西南政務委員會常務委員、西南軍事委員會委員，次年被聘爲行政院全國航空建設委員會委員。一九三五年出任駐古巴公使。兩年後回國，任行政院直轄中山模范縣縣長。一九四七年任立法院立法委員，次年任行憲國民大會代表。一九四九年去臺灣，續任“國大代表”。（《中國近現代人物名號大辭典》六三八頁）

張善銘生。

張善銘（一八九九～一九二八），又名善鳴。大埔人。民國七年（一九一九）考入大埔中學，次年進入廣東省立第一甲種工業學校讀書。十年（一九二一）夏秋加入中國共産黨，次年任中國社會主義青年團廣東區委書記。十二年（一九二三）任廣東新學生社主任，次年赴蘇聯東方大學學習軍事。十四年（一九二五）返粤任廣東區團委書記、國民革命軍第四軍政治部主任，率軍南征鄧本殷，次年奉命到海、陸豐協助彭湃領導中共海、陸豐地委工作。十六年（一九二七）“四一五”政變後任中共東江特委書記，前後三次領導海陸豐農民武裝起義，並參與廣州起義，起義失利，省委書記張太雷犧牲後代理省委書記。次年四月，省委派其任東江特派員，前往海陸豐再行組織武裝暴動，在汕尾爲陳濟棠、余漢謀部殺害。（《廣東近現代人物詞典》二五三頁）

張德能生。

張德能（一八九九～一九四四），開平人。一九二〇年高中畢業，遵父命回鄉與長沙冲美坊譚少英结婚，婚后便携眷赴越南謀生。一九二二年毅然携眷返國，入雲南講武學堂第二期就學。一九二四年學成畢業，被分配到陆軍第四軍任排长職。一九三三年升至副師长，次年正式升任五十九師少將師长。一九四一年升第四軍中將軍長兼長沙警備司令，次年被囚禁，後遭秘密杀害。（《廣東近現代人物詞典》二五五頁）

彭粵生生。

彭粵生（一八九九～一九二八），原名月笙，又名月生，化名何祝三。番禺人。出生於工人家庭。早年到香港商店當學徒，出徒後堅持在補習學校半工半讀。後入私立學院專修語文、英語。一九一九年五月在廣州、香港積極投身五四運動。一九二二年三月加入社會主義青年團。一九二四年轉爲中共黨員，先後任社會主義青年團香港特支第四組組長、香港地方執委委員兼秘書、廣東區委候補委員兼工農部部長助理、香港地委書記、中華全國總工會省港罷工委員會臨時宣傳學校教務主任、糾察隊訓育主任、廣州革命青年聯合會委員、中國濟難會廣東省總會委員、東園分會委員、全港工團罷工委員會宣傳學校校長、廣州勞動學院考試員等職，次年配合鄧中夏、楊匏安等深入香港漢文師範等十多所學校及工廠、船塢，發動學生罷課、工人罷工，聲援上海五卅慘案受害工人，旋回穗主辦省港罷工委員會臨時宣傳學校，協助鄧中夏等做省港罷工委員會糾察隊政治教育工作。一九二六年四月在《工人之路》刊物上發表《統一香港工會》一文，號召各工會迅速聯合起來，推動香港總工會組建。次年四月被捕。後被殺害。（《廣東近現代人物詞典》五〇二頁）

曾三多生。

曾三多（一八九九—一九六四），原姓李，名壽生，曾用藝名靚三多。歸善（今惠州）人。九歲在新加坡登臺演出。十六歲回國，受聘於華天樂劇團，任正印武生，組班至滬演出，後到天津演出。又在穗"樂同春"班、"大羅天"劇團、"大少年"班、"鈞天樂"班、"日月星"班演出。"九一八"事變後，與"靚少佳"班到馬來亞一帶演出。一九三六年舉家遷香港，與白玉堂、林超群等組成"興中華"班，演出多本《火燒阿房宫》。一九三七年至一九四二年抵美國演出，曾爲抗日募捐義演。共和國成立後，帶頭演現代戲《九件衣》、新戲《梁山人馬》。一九五二年主持南方粵劇團。一九五六年參加中國共産黨。所演粵劇代表作有《醉倒騎驢》等。（《廣州西關風華》三）

湯澤光生。

湯澤光（一八九九～一九八五），新會人。一九二四年畢業於嶺南大學。一九二九年於北平協和醫院畢業，後獲美國紐約州立大學醫學博士學位。一九三四年在國内首次診斷脊髓腫瘤，獲嶺南醫學院授予神經科顧問、會診醫師職稱。在國内首次發現危害珠江三角洲水鄉農民健康的"鈎端螺旋體病"，揭開黄疸病之謎。帶領病理生理教研組人員，開展對"出血性休克在不具備輸血條件下如何使機體延長存活時間"研究，發現休克時延長可救治時間藥物，對臨床防治出血性休克起到良好作用，搶救了大批中國人民志願軍傷員。（《廣東近現代人物詞典》一二一頁）

趙麗蓮生。

趙麗蓮（一八九九～一九八九），新會人。生於美國。仕北女。一九一七年回國，三赴歐洲，入德國萊比錫音樂學院學習，獲音樂碩士。回國後先後在廣東女子師范學校、北京女子師范學校、國立女子大學、京師大學、北京大學、燕京大學、華北大學等院校教授音樂、英語。抗日戰爭爆發前，與徐悲鴻、熊佛西、趙元任等組“文化沙龍”。“七七”事變日寇占領北平後，將其逮捕，後被釋。一九四八年赴臺灣，先後任臺灣師范學校、臺灣大學外文系教授，並在臺北“中國廣播公司”主持“空中英語教室”節目，又在中華電視臺開辟“鵝媽媽（趙麗蓮）教室”節目，教授兒童學英語，堅持達四十年之久。（《廣東近現代人物詞典》三七八頁）

鄧繼禹生。

鄧繼禹（一八九九～?），字無間。南海人。畢業於廣東法政學校。執律師業，兼廣州各報記者，並任《國華》總編輯。（陳玉堂《中國近現代人物名號大辭典》一二七頁）

歐震生。

歐震（一八九九～一九六九），字雨辰。曲江人。粵軍講武堂畢業。原爲葉挺獨立團營長，南昌起義時任第二十四師七十一團團長，後隨起義隊伍南下，陣前倒戈，使南下潮汕南昌起義部隊遭重創。在第五次圍剿中隨薛嶽追剿紅軍，後任第九十師師長。抗戰爆發後任第四軍軍長、第二十集團軍總司令兼第三十二軍軍長，勝利後任第十集團軍總司令、整編第三十九軍軍長。一九四七年任陸軍總司令部徐州司令部第三兵團司令官，參加孟良崮戰役。一九四九年初任第四編練司令部司令官、廣東綏靖公署副主任兼代理廣東保安司令，後任海南防衛副總司令。去臺灣後，結業於革命實踐研究院，曾任“國家安全委員會”建設計劃委員會委員。逝世，追晋陸軍上將。（《廣東近現代人物詞典》三三二頁）

劉鼎生。

劉鼎（一八九九～一九三九），又名漢柏，字勳銘。蕉嶺人。十八歲赴鄰縣就讀，後考入廣東潮梅軍官學校，畢業後旋擢升連長。後改編爲第十一軍教導隊，又改歸十九路軍，由連、營長而升至團副。一二八淞滬事變發生，調駐淞滬，後任陸軍第六十師參謀處處長、少將副師長。八一三抗戰，所部由粵北轉戰京滬。一九三九年日軍犯穗竄圍增城，受命爲聯絡參謀，遇難殉國。（《民國人物大辭典》一三九八頁）

劉世焱生。

劉世焱（一八九九～一九四一），字耿光。始興人。始興中學畢業後當過小學教師，後考入黄埔軍校第二期，曾參加學生軍東征討伐陳炯明。畢業後參加參加北伐，因戰功擢升排、連、營長。一九三二年淞滬抗戰爆發，率部參戰，戰後升中校團長，後回穗任廣東中等以上學校軍事訓練中校主任。一九三七年任第七十六軍兵站站長。抗戰爆發後，率部投入戰鬥，轉戰各地。一九三九年任暫編第二軍八師十六團參謀主任、參謀處長。一九四一年任暫編第八師十五團上校團長，奉命參加第二次長沙會戰，激戰中英勇犧牲，追贈陸軍少將。（《廣東近現代人物詞典》一〇五頁）

劉秋菊生。

劉秋菊（一八九九～一九四九），瓊山（今屬海南）人。幼年喪雙親，當過長工。大革命時期參加農會。一九二六年從事農民運動，任鄉農民協會委員，翌年參加赤衛隊，旋經林克澤介紹加入中國共産黨。一九三〇年任瓊崖蘇維埃政府委員。一九三三年任中共瓊（山）文（昌）縣文北區委委員，次年任文南區委書記。一九三六年受中共瓊崖特委派遣，任中共瓊崖西南臨委委員，負責陵（水）崖（縣）地區黨組織恢復發展。一九三八年十月瓊崖抗日民族統一戰線建立後，至國民黨瓊崖守備司令部黨政處工作，宣傳團結抗日。一九四〇年任中共瓊崖特委委員兼婦女部部長、婦委書記，次年任瓊崖東北區抗日民主政府委員。一九四五年任中共瓊崖特委民運部副部長。一九四九年任瓊崖婦女聯合會籌委會主任，八月在白沙病逝。（《廣東近現代人物詞典》一

一四頁）

劉爾嵩生。

劉爾嵩（一八九九～一九二七），又名海，字季嶽。紫金人。五四運動時參加領導廣州愛國學生運動。一九二一年參加廣東主義小組，歷任青年團廣東區委書記、中共廣東區委工委書記、中華全國總工會執行委員、廣東省工代會主席、省港罷工委員會顧問，曾出席中共三大，組織領導廣州工團軍參加平定廣州商團叛亂及討伐陳炯明、北伐。在廣州“四一五”大屠殺中被害。（《中國近現代人物名號大辭典》二六〇頁）

劉耀環生。

劉耀環（一八九九～一九九〇），原籍台山。畢業於美國弗吉尼亞軍校炮科，回國後曾任孫中山大元帥府參謀、黃埔軍校炮科教官，參加北伐、抗日戰爭。解放戰爭時期任新六軍第十六師中將師長。一九四九年底在合浦戰敗被俘。一九六四年獲特赦後回穗，歷任廣州文史館館員、廣州市政協委員等，一九七六年偕夫人赴美國三藩市定居並與子女團聚。

潘勝元生。

潘勝元（一八九九～?），南海人。幼年肄業鄉校，鉆研醫學。一九二二年奉父命赴秘魯入國民黨。抗戰爆發任抗日戰爭救國總會常委，認購救國節約儲蓄券十五萬美元，歷任國民黨駐秘魯總支部常委等。一九四三年奉聘爲中國航空救國會秘魯支會會長。一九四七年當選行憲國民大會代表。一九六六年孫中山百年誕辰紀念，任中山紀念堂籌建委員會常委。（《民國人物大辭典》一四七二頁）

賴玉潤生。

賴玉潤（一八九九～一九七五），契名觀立，字振仁，號希如、先聲。大埔人。民國十一年（一九二二）考入廣東高等師範學校，次年經劉爾嵩、阮嘯仙介紹，加入社會主義青年團新學生社，任團支部書記及新學生社主任。十三年（一九二四〉出席在上海舉行的中國社會主義青年團第三屆第二次擴大會議，歷任青年團廣州地委、廣東區委委員、書記、組織部長、宣傳部長、學生委員會書記、秘書等職，旋奉命加入中國國民黨，次年五月加入中國共産黨，任團廣東區委書記、中共汕頭地委書記兼國民黨潮梅特别委員會主任委員、廣東區委秘書長。十六年（一九二七）上海政變後組建汕頭市革命政府，任汕頭市長，十一月底任廣州市委宣傳部長，參加領導廣州起義，主辦《紅旗報》，起草《廣州市蘇維埃政綱》及宣言，失敗後避往香港，接受鄉人資助，與郭瘦真留學法國，入巴黎大學歐美國際學院學習，考察六國，歷時五年，獲法學及文學碩士學位。二十二年（一九三三）回國，受聘於上海法政學院及私立大廈大學，任經濟學教授兼中山文化教育館研究員，著有《中華民族史》、《中華民族血統源流的考證》等論著。抗戰時轉入軍界，再次加入國民黨，歷任第四軍總部及武漢衛戍區司令部中校秘書、湖南省國民政府少將參議兼政訓團教育長。三十年（一九四一）春改任邵陽縣縣長。三十五年（一九四六）南返廣東，任廣東省國民政府參事室參議處長、經濟顧問兼省設計委員會副主任委員。三十七年（一九四八）八月在香港參加《華南民主人士聯合起義宣言》，回歸中共陣營。一九五〇年入南方大學受訓，任廣東省人民政府參事室研究員，後被聘爲聯合大學財政學院教授兼經濟研究所秘書。一九五八年在廣州市華僑補習學校教書時被劃爲“右派分子”，下放三水農場勞動。一九六二年被調回廣東省文史館、參事室任館員、研究員。後病故於穗。（《廣東近現代人物詞典》五二七頁）

韓雲超生。

韓雲超（一八九九～一九四八），原名奉光，别號竟伯。文昌（今屬海南）人。父從農商。廣東省立瓊崖中學、上海暨南學校畢業，曾任文昌恢中小學校主任教員。一九二二年從軍，任東路討賊軍第二旅第四團第二營第八連司務長、營部書記員、第一警備隊第三支隊司令部軍需正。一九二四年任廣東海防陸戰隊第二團第一營第三連代理連長，加入國民黨，投考黄埔軍校，入第一期第二隊學習，畢業後參加東征、北伐，歷任第四軍十三師三十九團排、連、營長、中校指導員。一九二九年任南京中央軍校研究班大隊長。一九三一年任第二十六路軍總部少將政訓處長。抗戰爆發後，歷任第六路軍總部參謀處上校科長、陸軍通訊學校籌備處上校委員、主任教官。一九四〇年起任第七戰區司令部少將參議、軍政部少將參事。一九四八年任樂東縣長，與瓊崖遊擊隊作戰身亡。（《廣東近現代人物詞典》四九七頁）

鍾魯齋生。

鍾魯齋（一八九九～一九五六），梅縣人。上海滬江大學畢業後任梅縣廣益中學教導主任，協助創辦嘉應大學。一九二八年赴美國斯坦福大學專攻教育學，獲教育學博士學位，回國歷任滬江大學教授兼中文系主任、清華大學文學院院長、廈門大學、中山大學教授。一九三八年在梅縣創辦南華學院，同時於香港設立分院。一九五〇年起任香港九龍南華中學校長、香港九龍崇基學院中文系主任兼教授。主要著作有《小學各科新教學法之研究》、《教育之科學研究法》等。（《廣東近現代人物詞典》三八五頁）

鍾蛟蟠生。

鍾蛟蟠（一八九九～一九三九），字子安，曾用名蛟磐。南雄人。一九二三年始從事革命活動。一九二七年加入中國共産黨，任縣農民協會宣傳委員兼秘書，十二月參加廣州起義。一九三〇年參加紅軍，後任贛南紅軍第二十六縱隊政治處宣傳科科長、紅二十二軍政治部秘書、紅十二軍政治部文娱科科長、紅一軍團政治部宣傳科科長，參加了中央蘇區歷次反“圍剿”鬥争及中央紅軍長征。抗日戰争開始後任八路軍第一一五師獨立團政治處宣傳股股長、獨立師政治部宣傳科科長、山西淶源縣、廣靈縣、河北蔚縣縣長、晋察冀軍區政治部、宣傳部副部長，參加平型關戰役。後遭日軍飛機轟炸犧牲。（《廣東近現代人物詞典》三八五頁）

謝志光生。

謝志光（一八九九～一九六七），東莞東坑人。一九二二年畢業於湖南長沙湘雅醫學專門學校，獲美國康涅狄格大學醫學博士學位，次年至北京協和醫學院放射科工作，漸晉升教授。一九二八年任協和醫院放射科主任。一九四八年後先後任廣州嶺南大學醫學院院長兼放射科主任、廣州市第一人民醫院、中山醫學院放射科主任、華南腫瘤醫院院長等職。曾多次出國進修、訪問。撰有《視力與X射線》等論文。（《東莞市志》一四七九頁）

謝佐舜生。

謝佐舜（一八九九～一九八六），又名耐寒、寸鐵。梅縣人。一九二九年畢業於南京東南大學教育系，旋即出任印度尼西亞雅加達華文《新報》總編輯。二戰後重返《新報》，任副刊、畫刊主編。六十年代《新報》被迫停辦後從事教育工作，繼續爲《火炬報》等報紙寫雜文。一九六六年回國，在北京定居直至逝世。

羅瑤生。

羅瑤（一八九九～一九六二），字友蘧。東莞謝崗黎村人。畢業於北京法政專門學校，返粵後任徐景唐部幕僚，歷任十三師政治科長、粵省府軍事廳政治部科長兼代主任、東區善後委員公署秘書、《嶺東民國日報》社社長、國民黨汕頭市黨部執行委員兼組織部長，後任東莞中學校長達八年。抗戰爆發後任廣東建設廳主任秘書、十二集團軍總部秘書、廣東綏靖主任公署少將參議、十二集團軍特别黨部執行委員兼書記長。抗戰勝利後，任廣東省政府民政廳主任秘書，調東莞縣縣長。一九四九年去香港從事教育。後移居臺灣。（《東莞市志》一四七〇頁）

金佐基卒。

金佐基（？～一八九九），號鏡如。番禺人。錫齡子。大挑一等，分發廣西，補授北流知縣。光緒二十五年飢民攻城，堅守，巷戰被執死。（《番禺縣續志》）

清德宗光緒二十六年　庚子　一九〇〇年

秋，八國聯軍攻陷北京，曾習經避亂平谷，賦《平谷雜詩》五律十八首，悲慨蒼涼，表現了詩人對國事深切憂慮及對外敵入侵之憤慨。（陳永正《嶺南歷代詩選》五九九頁）

黄遵憲賦《南漢修慧寺千佛塔歌》歌行敘事詩，通過寫千佛鐵塔建造經過，揭露南漢之腐化，以致佛法也不可使其免於覆亡。（鍾賢培、管林、謝華、汪松濤《黄遵憲詩選》一四九頁）

七月，梁啟超自美洲啟程秘密東歸，賦《東歸感懷》七律，抒發身世之感、家國之悲。（陳永正《嶺南歷代詩選》六一五頁）

八月，黄遵憲賦《七月二十一日外國聯軍入犯京師》七律，遵憲有關庚子之變的詩還有《四用前韻》七律二首、《京師》等。

中秋日，遵憲賦《中秋夜月》七律，借典諷政，筆鋒犀利。（鍾賢培、管林、謝華、汪松濤《黄遵憲詩選》一六一、一六四、一六七、一九五頁）

閏中秋日，曾習經填《桂枝香》，感八國聯軍攻佔北京而賦。（陳永正《嶺南歷代詞選》三一〇頁）

入冬後七日，丘逢甲跋黄遵憲《人境廬詩草》。（丘逢甲《〈人境廬詩草〉跋》）

本年梁喬漢旅食澳門，作《鏡湖雜詠絶句》五十首、《風土雜詠絶句》二十五首及《香港雜事雜感》五七言古近體若干首，刻爲《港澳旅遊草》一卷。

梁喬漢，字斗衡。順德人。茂才。著有《享帚軒文集》駢散體二卷及與兄祝年孝廉同著《昶園詩草》十卷。佘祖明《廣東歷代詩鈔》卷五有傳。

本年陸伯周加入興中會。

陸伯周，號文冲舊侶。番禺人。清末香港報界記者，先後曾任《中國日報》、《中外新報》編輯，並在《中國旬報》撰文，

撰有《論國病》。光緒二十六年（一九〇〇）加入興中會。（《中國近現代人物名號大辭典》六五三頁）

本年洪孝冲加入興中會。

洪孝冲，一名孝充，號龍津小隱、敦煌五郎。番禺人。光緒二十六年（一九〇〇）加入興中會，爲香港報界記者，任職《中國日報》。後任《中外新報》、《大光報》等報編輯有年。（《中國近現代人物名號大辭典》九三九頁）

本年庚子之變發生，梁鼎芬賦《春窗讀書》七絕二首。

本年丁惠康感庚子之亂，賦《感事》七絕，悲憤呼號，字字痛切。（陳永正《嶺南歷代詩選》五八八、六〇五頁）

本年黄遵憲賦《五禽言》五首雜言詩，以禽言寓意，反映圍繞變法帝黨與後黨展開的鬥争。（鍾賢培、管林、謝華、汪松濤《黄遵憲詩選》一九一頁）

本年王吉其發明“打梭”織布法。

王吉其，興寧人。光緒二十六年（一九〇〇）發明以“打梭”代替“拋梭”織布法，後何文龍製成自動打梭機。（一九八九《興寧縣志》）

本年江恭喜奉孫中山命，與鄭士良等組織發動三洲田（今屬深圳寶安）起義。

江恭喜，新安（今深圳）人。早年加入三合會，爲首領之一，後由鄧蔭南介紹加入興中會。光緒二十六年（一九〇〇）奉孫中山命，與鄭士良等組織發動三洲田（今屬深圳寶安）起義，任中路統兵司令，失敗後逃亡香港、暹羅及南洋群島。辛亥革命期間與鄧蔭南等在新安組織起義。一九一三年討袁，失敗後被龍濟光逮捕，至龍離粤，始獲釋。一九一八年參加粤軍援閩，一九二四年參與北伐。後因病解職歸農。（《寶安文史》）

本年黄福在南洋婆羅洲謀生時，受命協助鄭士良等組織發動三洲田（今屬深圳寶安）起義。

黄福，又名盲福。新安（今深圳）① 人。早年加入三合會。光緒二十六年（一九〇〇）在南洋婆羅洲謀生時，受命協助鄭士良等組織發動三洲田（今屬深圳寶安）起義，乃抵香港召各地三合會首領聽候命令。起義時爲軍事指揮之一。失敗後先避香港，再返南洋，繼續從事反清活動。（《寶安文史》）

史澄於本年中進士。

史澄（一八一四～一八九〇），原名淳，字穆堂。番禺人。光緒二十六年（一九〇〇）庚子進士。著有《退思庵詩存》。余祖明《廣東歷代詩鈔》卷五有傳。媳陳蓉裳，石樓鄉人。希獻女。幼稟庭訓，言笑不苟。事親愉色婉容，性儉樸，不事紈綺。兄景伊、景周亟稱之。從兄學爲詩，楚楚有致。適同邑史澄子悠復爲室。孝翁姑，和妯娌，人無閒言。年二十四，罹産難歿。與妹荔裳同撰《繡餘軒唱和集》。蓉裳女弟荔裳，適同邑潘亮功子焕璟。姑早逝，事君舅以孝聞。性慈和，終身不見疾言遽色。焕璟尤重其德性純粹，伉儷甚焉。年二十四，亦以産難卒。冼玉清《廣東女子藝文考》有傳。澄子悠壯，副貢生，候補道員。悠復，授國子監典籍銜。悠泰，副貢生，官信宜訓導。悠晋，廩貢生，官訓導。悠乾，副貢生，授詹事府主簿銜。悠頤，官江西德化縣知縣，授候補道員。（《番禺縣續志》卷二十）

陳雲於本年成貢生。

陳雲，字銘軒。海陽（今潮安）人。光緒二十六年（一九〇〇）庚子恩貢。能詩。著有《睡足樓詩集》。（民國《潮州志·藝文志》）

王力生。

王力（一九〇〇～一九八六），字了一。廣西博白人。中國語言學家、教育家、翻譯家、中國現代語言學奠基人之一，散文家和詩人，北京大學中文系一級教授。曾任中山大學教授，又任

① 一作歸善（今惠州）人。

中國文字改革委員會委員、副主任、國家語言文字工作委員會顧問、中國科學院哲學社會科學部委員、中國語言學會名譽會長、中國邏輯與語言函授大學原名譽校長。主要學術著作有《古代漢語》（主編）、《詩詞格律》、《廣州話淺説》等多種。（《中國近現代人物名號大辭典》三二頁）

王毅生。

王毅（一九〇〇～一九四八、一九四九），澄邁（今屬海南）人。俊胞弟。西江講武堂、黄埔軍校第二期步科、日本陸軍士官學校工兵科及南京陸軍大學將官班第二期畢業。一九三〇年任中央陸軍工兵學校籌備委員、中校教官。一九三二年後任蔣介石侍從副官、洛陽航空學校教務處長、上海保安總隊參謀長。一九三六年授陸軍少將，任廣東綏靖公署參議。抗日戰争時期，任廣東保安第十一團團長、瓊崖保安副司令、廣東保安第五旅旅長、廣東第九區行政督察專員兼保安司令。一九四五年授陸軍中將。一九四七年任軍事委員會華北戰地視察組長、中將監察官，次年冬派赴海南任第六十四軍副軍長，途經舟山群島時遇難。著有《瓊崖抗戰紀》。（《廣東近現代人物詞典》一二頁）

王小亭生。

王小亭（一九〇〇～一九八三），廣東人。出生於美國之華裔知名攝影師。於美學成後，任英美公司新聞短片攝影師。後於一九二五至一九三七年間，歷任萬國新聞通訊社攝影記者、上海申報新聞攝影記者及美國赫斯特新聞社記者。在臺灣病逝。（《廣東近現代人物詞典》一三頁）

甘清池生。

甘清池（一九〇〇～一九五一），信宜人。黄埔軍校第一期步科畢業。曾任黄埔軍校教導團九連連長等。一九二六年起任國民革命軍北伐東路軍第十路指揮部上校參謀主任、浙江省防軍司令部參謀長、温州戒嚴司令。一九三〇年任浙江省平陽縣縣長，翌年赴南京，參與籌辦陸軍步兵專門學校，任教導總隊隊長兼戰爭史教官。一九三五年任第九十二師、六十師參謀長。一九三七年授陸軍少將，翌年任第十二集團軍總司令部高級參謀，兼任軍事總隊隊長，參加粵北第一、二次會戰，後任第十二集團軍總部高參兼教導總隊總隊長、第九十四軍參謀長、第九十九軍副軍長。一九四一年任第九十四軍參謀長，參加鄂西各次會戰，後任第九十九軍副軍長，參加湘贛諸戰役。抗戰勝利後任整編第六十九師副師長，一九四七年接替林時清任廣東第七區行政督察專員兼保安司令、陽江縣長。一九四九年十一月率縣保安隊、自衛隊在信宜宣佈起義，次年被任命爲信宜縣電力廠廠長。後被錯殺。（《廣東近現代人物詞典》四九頁）

丘鑒志生。

丘鑒志（一九〇〇～一九五〇），又名允文。樂昌人。一九一八年畢業於樂昌高小，入廣東省立工校，與阮嘯仙等發動學生運動。一九二四年入廣東省農民運動講習所受訓，任廣東農民協會北江辦事處主任。一九二六年任海軍政治部宣傳科科員，繼任國民黨廣東省黨部民衆運動委員會主辦幹事。一九二七年後以教書爲業。一九五〇年棄教就商，旋病逝。（新編《樂昌縣志》卷二九）

司徒贊生。

司徒贊（一九〇〇～一九七八），字子襄。開平人。早歲入私塾。十四歲赴馬來西亞吉隆坡投叔父，入中華學校讀書，次年畢業回國入上海公學，後入浦東中學。兩年後，考入南京私立暨南學堂師范科，一九一九年畢業，任中爪哇文池蘭中華學校校長。一九二二年應聘任巴達維亞（即雅加達）八帝貫中華學校中學語文教師，同年應聘往蘇門答臘巨港，任華商總會駐會坐辦，旋應巨港廣東同鄉要求，獨立創辦華僑學校。一九二六年任八帝貫中華學校校長，翌年應聘往中爪哇三馬旺，任荷印華僑學務總會視學。一九二八年赴巴達維亞任《工商日報》主編，次年赴巨港任丹戎厄林愛群學校校長。一九三二年八月在新加坡創辦《華僑週報》，十月回巴達維亞，任《時報》主編，次年辭主編職，五月應文池蘭中華學校董事會邀請，回校主持校政。一九三五年七月應巴達維亞廣仁學校董事會邀請任該校校長。一九三七年被選爲巴達維亞華校教師公會主席、廣肇會館文書主任、董事和副主席、廣肇青年會顧問、中華總會文書主任、新民會及養生醫院顧問、巴達維亞華僑捐助祖國慈善事業委員會文書主任。一九四一年任抗敵後援會文書主任，次年遭日軍逮捕入獄，抗戰勝利後被釋，任廣仁學校、華僑公學、臨時聯合中學常委、華僑公立巴城中學校長。一九五二年被選爲雅加達中華僑團總會副主席兼文教部主任。一九五五年後連續兩次被選爲中華僑團總會主席，一九六〇年回國定居，任廣州暨南大學東南亞研究所副所長、暨南大學董事會董事、廣東省第二屆政協委員、廣東省第三屆人大代表、全國僑聯委員、廣東省僑聯常委、廣東省華僑投資公司董事、全國政協委員。逝世於廣州。著有《紀南堂詩詞存稿》等。(《廣東近現代人物詞典》八三頁)

朱叟林生。

朱叟林（一九〇〇～一九七四），又名壁圖、進。澄海人。少隨叔父至泰國，一九一九年返國就讀汕頭職業學校。一九二二年入上海大同大學，加入中共。一九二五年抵汕頭，同年赴澄海建共產黨、共青團組織，先後建立共青團澄海支部、中共澄海支部，任支部書記，翌年任中共潮安縣委書記。大革命失敗避居泰國。抗戰爆發後返國赴延安，轉戰冀中、南。抗戰勝利返泰國。中華人民共和國成立後回國長居北京。(《廣東近現代人物詞典》九三頁)

伍堅生生。

伍堅生（一九〇〇～一九五二），原名連生，字漢存，號尚哲。恩平人。黄埔軍校第二期步兵科、陸軍大學正則班第九期畢業，歷任連、營、團長。一九三二年起任第一集團軍第五旅旅長、第一軍副官處長、第四路軍總部少將高參。一九三六年二月授陸軍少將。抗日戰爭爆發後，任第四戰區司令長官部及第三十

五集團軍高参、暫編第二軍少將代理參謀長。一九四六年退役。（《廣東近現代人物詞典》九七頁）

伍錦霞生。

伍錦霞（一九〇〇～一九七〇），原籍新寧（今台山），生於美國三藩市。早期華語片女導演，曾在好萊塢電影業界發展，當時被稱爲好萊塢唯一華裔女導演。在香港拍了五部粵語片，在美國執導了六部華語片，獲得相當讚譽。平時多留短髮，穿男西裝或獵裝，畢生没有與異性相戀及結婚，香港影壇中人更以“霞哥”相稱。病逝於紐約。（《廣東近現代人物詞典》一〇〇頁）

李振生。

李振（一九〇〇～一九八八），興甯人。早年入粵軍，歷任營、團、旅長等。抗戰時期，任第一八六師師長、第六十五軍副軍長等。抗戰勝利後任第六十五軍軍長、整編第六十五師師長、第十八兵團中將司令等職。一九四九年在成都率部起義，後歷任解放軍川東軍區副司令員、西南軍區高参室副主任、四川省政府参事室主任、全國政協委員、四川省政協常委及副主席、民革中央委員、民革四川省委員會副主任委員等。（《廣東近現代人物詞典》一五六頁）

李駒生。

李駒（一九〇〇～一九八二），字超然。梅縣人。早年留學法國，返國任教廣州中山大學及南京、上海、重慶、成都等地大學。中華人民共和國成立後任北京林學院園林系主任。編有《苗圃學》等。（《中國近現代人物名號大辭典》四三四頁）

李金發生。

李金發（一九〇〇～一九七六），原名淑良。梅縣人。早年就讀香港聖約瑟中學，後至滬入南洋中學留法預備班。一九一九年赴法勤工儉學，後就讀第戎美術專門學校、巴黎帝國美術學校，在法國象徵派詩歌影響下，開始創作格調怪異之詩，被稱爲“詩怪”。一九二五年初應上海美專校長劉海粟邀請，回國執教，加入文學研究會。一九二八年任杭州國立藝術院雕塑系主任，創辦《美育》雜志。後赴穗塑像，並在廣州美術學院工作，一九三六年任校長。後期出任外交官，移居美國紐約，直至去世。著有《微雨》、《雕刻家米西盎則羅》、《李金發詩集》等。（《中國近現代人物名號大辭典》四三〇頁）

李象元生。

李象元（一九〇〇～一九八六），字仰僧。三水人。民國十六年（一九二七）畢業後考取北大生物系研究生，獲碩士學位，受聘於北京市静生生物學研究所兼輔仁大學生物系講師。二十年（一九三一）被邀聘回廣州任廣東省農林局水産主任兼中山大學農學院水産養殖學講師。二十二年（一九三三）兼任廣東政治深造高級學習班農業經濟建設副教授。二十四年受三水縣長廖鶴洲之聘，任縣農業經濟顧問，翌年被廣西省政府聘爲薦任技正兼魚類養殖場場長，先後成功地對鯇魚、鰱魚、鱅魚進行人工授精孵化及育苗飼養，開創了國内淡水魚類人工受精孵化與同種魚類雜交成功先例。二十九年（一九四〇）被任命爲中央農林部簡任技正兼重慶農林部淡水魚類養殖場場長。三十四年（一九四五）調任行政院農業委員會專門委員。三十六年（一九四七）春受聘爲海南大學海洋生物學教授。共和國成立前夕赴港定居。畢生致力於淡水魚類科學養殖事業及魚類胚胎發育程式研究。著有《實用養魚法》、《血的來源》（英文版）、《蓬帆研究》等。其子女有兩人獲博士學位，因有“博士家庭”之譽。（《廣東近現代人物詞典》一八三頁）

吴斌生。

吴斌（一九〇〇～一九九〇），字乘雲。茂名人。黄埔軍校第一期步科、陸軍大學將官班畢業，後出任黄埔軍校教導第一團排長，參加東征戰役，右手中彈骨折，稱“跛手將軍”。一九二六年參加北伐，先後任連、營、團長、第一師政治部主任。一九三二年任第六十一師少將參謀長，參加“一・二八”戰役。抗日戰爭爆發後，歷任一八〇旅旅長、西安行營特務團團長、第一戰區幹部訓練團中將教育長兼警備部司令、洛陽警備司令、第一戰區警衛軍副軍長等，勝利後任濟南防守司令。一九四八年回粵任第九訓練處副處長、第六兵團中將副司令官。一九四九年任廣東第十三區行政督察專員兼保安司令，同年到海南，次年至臺灣，任東南長官司令部高參，“國防部”中將高參等。一九五八年退役，一九六七年退出軍政界，曾任臺灣中國銀行顧問。一九八八年任臺北高雷同鄉會理事長。在臺北病逝。（《廣東近現代人物詞典》一九三頁）

吴慕墀生。

吴慕墀（一九〇〇～一九七九），高要人。生於北京。畢業於廣州聖希理達學院。一九二四年執教於穗。一九三七年在九江組織戰時婦女工作隊。中央軍校遷四川後，在成都創辦護士訓練班及婦女織布工廠、黄埔子弟學校。一九四九年去臺灣續任國大代表。（《民國人物大辭典》三七二頁）

吴濁流生。

吴濁流（一九〇〇～一九七九），本名建田，筆名饒耕。祖籍蕉嶺，生於臺灣新竹。一九四一年赴南京任《新報》記者，一年後返台，先後任臺灣《日日新報》、《臺灣新聞》、《新生報》、《民報》記者，後轉任臺灣機器同業公會專門委員，曾參加詩社。著有《亞細亞的孤兒》、《波茨坦科長》、《狡猿》等。

吴履遜生。

吴履遜（一九〇〇～一九七四），又名鐵生。揭陽人。上海滬江大學畢業後東渡日本，留學日本陸軍士官學校，一九三二年畢業後回國至上海，由翁照垣介紹參加十九路軍，被任命一五六旅炮兵營長，參加“一・二八”淞滬戰爭，在翁照垣旅長指揮下，身先士卒，帶領全營戰士英勇殺敵，共擊退日本陸海空三軍數十次進攻，使敵軍傷亡慘重。一九三三年十一月成立了中華共和國人民革命政府，被任命爲革命政府委員。盧溝橋事變爆發，被調到第十二集團軍余漢謀部任九二二團團長，因殲滅大鵬灣登陸日軍有功，升獨立第九旅副旅長兼潮汕警備司令部副司令（旅長兼司令爲華振中）。日本投降後，隨國民黨軍事委員會北平行轅主任李宗仁在北平接受日軍投降，被宗仁委任爲中將高參。一九四八年辭官回揭陽奔父喪並定居汕頭，遭到喻英奇以莫須有罪名逮捕，後廣東行轅主任余漢謀被迫下令釋放，次年春定居香港。後在港病逝。港九榕江福利會同仁挽聯曰："岐嶺星沉，金甌已著生前績；雙溪月落，青史永垂身後名。"（《廣東近現代人物詞典》二〇三頁）

何涇渭生。

何涇渭（一九〇〇～一九六〇），曾用名其猛、鼎。香山（今中山）人。一九二七年考入廣東航空學校，一九二九年畢業後參加過中原大戰，歷任廣東空軍第二中隊、第一中隊分隊長、第六中隊副隊長、第七中隊分隊長。一九三六年北飛投蔣介石。後參加抗日，曾任南京空軍第二十九中隊隊長、廣東航空總站站長、航務處處長。一九三八年任第三驅逐機大隊大隊長，參加武漢空戰，旋改任航空委員會訓練處處長。一九四〇年去職移居澳門。抗戰勝利後返中山。一九四九年到香港。（《廣東近現代人物詞典》二一四頁）

何焯賢生。

何焯賢（一九〇〇～?），番禺人。廣東法政專門學校畢業後任職商標局，參與商標法修正。一九四二年任農商銀行總經理，歷任番禺縣長、財政部稅務處稽核、實業部商標局局長等。（《廣東近現代人物詞典》二一七頁）

何耀秋生。

何耀秋（一九〇〇～一九六〇），字菊天，家名庚喜。梅縣人。早年僑居英屬殖民地。一九二四年歸國後在廣東從事教育工作。一九三八年底與當時梅縣新時代書店經理林偉民等人集資創辦《華僑公報》。

余子亮生。

余子亮（一九〇〇～一九七四），饒平人。一九一八年到泰國謀生。抗日戰爭時期在泰國倡辦《中國報》、《中原報》，宣傳抗日，並捐款支持國内抗戰。病逝於泰國曼谷。（《廣東近現代人物詞典》二二〇頁）

林英生。

林英（一九〇〇～一九七二），文昌（今屬海南）人。黄埔軍校第一期、日本陸軍士官學校及陸軍大學畢業。歷任軍職。抗戰時期任第九十二師第二七六旅旅長、第九十二師副師長、第十四補充訓練處處長、第二十七軍副軍長等。抗戰勝利後任東北保安司令部高參主任、廣東粤南師管區司令、粤桂邊區挺進縱隊司令、第二十一兵團副司令兼廣東第四縱隊司令等。一九五〇年去臺灣。（《廣東近現代人物詞典》三一三頁）

林克明生。

林克明（一九〇〇～一九九九），東莞石龍人。畢業於法國里昂中法大學建築學院。一九三二年創建了南方高等學校首個建築系即廣東省立勷勤大學工學院建築系（今華南理工大學建築系前身）。代表作有廣州中山紀念堂、廣州市政府合署辦公樓等。（《東莞當代學人》一七八頁）

林亮東生。

林亮東（一九〇〇～一九七四），别名立農。香山（今中山）人。畢業於廣東省農業專科學校（中山大學農學院前身）。一九二三年赴南京東亞大學（中央大學前身）任助教。一九二七年返廣州在中山大學農學院任教。一九三五年由中山大學農學院選派到美國奥列貢大學研究院學習植物病理及真菌學。一九三七年榮獲植物病理學碩士學位，由於成績顯著，又獲美國生物學會授予榮譽會員，並獲美國植物病理學會獎給金質獎章一枚，同年回國後從事植物病理研究和教學工作，歷任中山大學、華南農學院教授、廣東省農林處處長、華南農學院植保系主任、華南農學院湛江分院副院長、廣東植物病理學會理事、廣東省人大代表等職。學識淵博，對植物病理學的研究有較深造詣，且精通英語，通曉俄、日語；對中國古文學亦很有研究，工詩詞。著有《心聲集録》二卷。（《廣東近現代人物詞典》三二五頁）

周士第生。

周士第（一九〇〇～一九七九），樂會（今屬海南）人。黄埔一期畢業生，參加北伐戰争、南昌起義、長征、抗日戰争和解放戰争，功勳卓著。中華人民共和國成立後歷任川西軍區司令員兼成都市市長、西南軍區副司令員、解放軍防空部隊司令員、解放軍訓練總監部副部長兼外軍訓練部部長、總參謀部顧問。一九五五年獲上將軍銜。著有《回憶葉挺將軍》、《周士第回憶録》。（《中國近現代人物名號大辭典》八〇三頁）

馬師曾生。

馬師曾（一九〇〇～一九六四），名伯魯，字景參，藝名師曾、鳳華子，又名關始昌。順德人。紅線女夫。一九一七年入廣州太平春教戲館學藝，曾拜著名小武靚元亨爲師，後一直在港、澳、穗、東南亞一帶演戲及拍電影。一九五五年底回穗參加廣東粵劇團。擅演丑生、小生、小武、花臉、須生等行當，獨創“乞兒喉”，半唱半白，頓挫分明，時揉入方言俗語，活潑滑稽。晚年改唱老生，蒼涼剛勁。

秦咢生生。

秦咢生（一九〇〇～一九九〇），原名壽南，字古循，初名嶽生，嗣改諤生，後以《説文》無諤字，更曰咢生，號路亭。惠州人。早年曾爲學徒，餘暇讀書臨池不輟。後在中山大學及軍政界歷任職員、科員、諮議、視察等職。中華人民共和國成立後歷任廣東文史館副館長、中國書法家協會廣東分會主席。書法初學趙體，後上溯鍾、王、魏晋碑刻、秦漢金石，能書篆、隸、楷、行、草諸體，行書尤爲突出。著有《秦咢生行書册》、《秦咢生自書詩》等。（《中國近現代人物名號大辭典》九六三頁）

袁松生。

袁松（一九〇〇～一九三一），東莞人，幼年居開平。參加香港海員大罷工，一九二四年加入中國共産黨。一九二六年任中共開平支部書記。參加廣州起義，擔任赤衛隊汽車連負責人，起義失敗後到香港從事工人運動。一九三一年被捕遇害。（《東莞市志》一四二九頁）

袁晴暉生。

袁晴暉（一九〇〇～?），字澤森。東莞人。一九二三年畢業於北京國立師范大學，曾任國民政府教育行政委員會秘書長、航空委員會秘書。後去臺灣，仍爲“監察院”監察委員。著有《三民主義憲法》及《中國革命與建國途徑》等。（《東莞市茶山鎮志》）

徐東白生。

徐東白（一九〇〇～一九八九），曾用名守義。東莞人。早年於國立廣東師范學校師范班畢業，從師留日畫家陳丘山學習繪畫基礎及水彩畫。後參加美術團體赤社，在馮鋼百指導下開始油畫創作研究。就讀廣東大學夜班，肄業後在廣東省立中學及中等專業學校擔任美術教員二十餘年。一九五六年至中國美協廣東分會工作，任廣東畫院畫師，擅長油畫。作品有油畫《香港風景》、《蟹爪菊》及《星湖組畫》、《榕蔭》、《香港風景》、《珠江晚眺》等。（《東莞現代人物》四二八頁）

郭瘦真生。

郭瘦真（一九〇〇～一九八〇），又名秋煜、漢鳴等。大埔人。一九二四年加入中國共産黨。一九二七年省港罷工委員會成立後，兼任總工會宣傳部主任、《工人之路》編輯、團廣東區委書記、中共潮梅特委書記。中華人民共和國成立後任廣東省文史館館員。病逝於穗。著有《各國的土地分配》、《安徽省的土地分配與租佃制度》等。（《廣東近現代人物詞典》四一五頁）

容大塊生。

容大塊（一九〇〇～?），原名建勳、沖，又名星哲。新會荷塘鎮東良村人。廣東省立第一甲種工業學校美術科畢業。一九二三年師從高劍父，爲首批加入春睡畫院的成員。工書畫，早年與黎雄才齊名，曾任教上海美術專科學校及廣西省立第二、第三師範學校。二十世紀三十年代初至四十年代中後期遍遊祖國各地，作旅行寫生，先後在華東、華北、香港等地舉辦畫展，作品曾參加柏林、阿姆斯脫達姆、海牙、日内瓦各地之中國畫展覽，山水、走獸、花鳥、蟲魚皆精，亦工書法。中華人民共和國成立後任廣州市文史館館員。(《廣東近現代人物詞典》四二四頁)

陳此生生。

陳此生（一九〇〇～一九六〇），佛山（一作廣西貴縣）人。早年肄業於復旦大學，歷任廣東大學、中山大學、廣西大學、香港達德學院講師、教授、教務主任。(《中國近現代人物名號大辭典》六七七頁)

陳永芹生。

陳永芹（一九〇〇～一九二七），樂會（今屬海南瓊海）人。早年隨父赴新加坡謀生。一九二五年春回廣州，進入建國陸海軍大元帥鐵甲車隊，同年加入中國共産黨，九月被選送到黄埔軍校第三期學習，次年夏受黨組織派遣到瓊崖工作，任樂會縣農民運動訓練所軍事訓育主任。“四一二”政變後，領導樂會縣農民自衛軍及農訓所學員撤到樂會四區，任農民自衛軍大隊長，六月中共瓊崖特委成立，當選特委委員，任瓊崖討逆革命軍副總司令，九月二十三日與中共瓊崖特委書記楊善集率樂會、萬寧討逆革命軍及部分農民武裝攻打嘉積週邊據點椰子寨，彈盡被圍犧牲。(《廣東近現代人物詞典》二七五頁)

陳宗城生。

陳宗城（一九〇〇～?），字伯屏。廣東人。廣東法律專校畢業，一九二〇年留學法國巴黎大學，獲經濟學博士。一九二五年任國際勞工局秘書。一九二七年曾在國内《國聞周報》發表《國

際勞工組織之一瞥》，次年回國，任國際勞工局中國分局局長。著有《勞工論文拾零》。（《中國近現代人物名號大辭典》六九六頁）

陳春圃生。

陳春圃（一九〇〇～一九六六），別名楊煊。新會人。璧君堂侄。青年時曾在廣州聖心書院讀書，因病輟學。後投靠汪精衛夫婦，曾任僞廣東省長兼廣州綏靖主任等職。抗戰勝利後投案自首，初判死刑，後改判無期徒刑，後病卒於上海監獄。（《廣東近現代人物詞典》二九一頁）

陳秋輔生。

陳秋輔（一九〇〇～一九二九），瓊山（今屬海南）人。幼年在村私塾念書，天資聰穎。一九一九年秋考入瓊崖中學讀書，爲品學兼優的高才生。一九二三年秋，靠二位海外做苦工的哥哥支持，考入上海光華大學，與瓊籍同學許俠夫、符向一等人創辦《瓊崖討鄧（本般）月刊》，揭露軍閥罪行。一九二四年一月加入中國共産黨，次年被迫棄學返瓊。當時中共廣東區委派雷永銓任瓊崖加積農工職業學校校長，被派任該校教務主任兼政治教育主任，授課以《中國革命史》、《共産黨宣言》、《唯物史觀》、《資本論》、《帝國主義淺説》等爲主要内容。一九二六年二月，中共瓊崖東路特别支部在加積農工職業學校成立，任宣傳委員，六月調任瓊山中學教務主任，發展進步學生加入黨團組織，次年四月二十二日海口政變，回三江、大致坡一帶活動，五月中共瓊山縣委成立，任宣傳委員，負責領導十二區的革命鬥争，曾與區委書記陳成銘率領農民自衛軍襲擊大致坡民團，伏擊軍車。一九二八年二月在中共瓊崖特委第二次代表大會上當選委員。年底調任中共瓊山縣委書記，翌年七月犧牲。（《廣東近現代人物詞典》二九三頁）

陳輝青生。

陳輝青（一九〇〇～一九七五），大埔人。歷任大埔縣婦女會理事長、中國婦女慰勞總會重慶市分會委員兼籌備組組長、廣東省新生活運動婦女工作委員會主任委員、廣東省婦女會理事長。去臺灣後，遞補爲第一屆國民大會教育團體代表。後多次參加國民大會會議。

陳德華生。

陳德華（一九〇〇～一九三三），又名德鋒、德和。瓊山（今屬海南）人。一九二二年就讀於上海滬江大學，次年加入中國共産黨。一九二四年夏，與葉文龍、羅文淹、王文明、許俠夫、陳垂斌、黃昌煒等人一起組織瓊崖新青年社，出版《瓊崖新青年》雜志。一九二六年回瓊，任中共瓊崖地方委員會第一屆地委委員、組織部部長，次年四月二十二日被逮入府城監獄。一九二八年初獲釋出獄，次年到上海從事地下工作。一九三〇年又返回香港中共廣東省委機關工作。後在家病逝。（《廣東近現代人物詞典》三〇八頁）

陳翰華生。

陳翰華（一九〇〇～一九六五），字個庵。湛江人。畢業於北京大學法律系，歷任遂溪、赤溪等縣縣長、廣東省參議員、勷勤商學院講師、立法院立法委員等職。著有《張浚功罪評論》等。（《民國人物大辭典》一〇六八頁）

區克宣生。

區克宣（約一九〇〇～一九三三），又名國暄。廣東人。曾任暨南大學、上海藝術大學教席。（陳玉堂《中國近現代人物名號大辭典》九四頁）

麥健曾生。

麥健曾（一九〇〇～一九七七），順德人。康有爲外長孫。留學美國獲博士學位，曾任廣州財政局長、北平鐵道管理學院教授、香港中文大學高級講師。

葉文龍生。

葉文龍（一九〇〇～一九二八），又名保治。原籍文昌（今屬海南），生於四川。“五四”運動爆發，與楊善集、王文明組織領導瓊崖學生運動。一九二二年考進上海滬江大學。一九二四年加入中國共産黨。“五卅”運動後返粤，任中華全國總工會幹事、廣東區委委員兼秘書、蘇聯顧問鮑羅廷翻譯，協助中共廣東區委書記陳延年工作。一九二六年夏任廣東農會特派員，被派往北江搞農運，次年廣州“四一五”政變後帶領千餘農軍北上，爲總隊長，“七一五”事變後回上海中央宣傳部工作，爲負責人之一。又被中央委派回廣州參加廣州暴動，回到香港時，爆動已失敗，便留香港工作。一九二八年二月，奉命從港潛回北江，不幸在清遠白廟被捕，解回縣城殺害。（《廣東近現代人物詞典》五五頁）

葉佩高生。

葉佩高（一九〇〇～一九八七），原名用邁。文昌（今屬海南）人。先後入讀雲南講武堂、黄埔軍校、北京陸軍大學。抗日戰争中帶兵參與淞滬大戰、武漢會戰、滇西遠征軍高黎貢、騰冲城浴血之戰，功升五十四軍中將副軍長。解放前夕赴臺灣，後遷居美國。（《廣東近現代人物詞典》五六頁）

黄濤生。

黄濤（一九〇〇～一九七三），字肇堃，號肇坤。鎮平人。雲南講武堂、德國陸軍大學、陸軍大學將官班畢業。一九二六年參加北伐，次年任中校參謀。一九二九年任石井兵工廠副廠長，次年赴德國學習，回國任廣東南區綏靖公署參謀長、石井兵工廠廠長。一九三六年任少將師長。一九三九年任第六十二軍中將軍長，參加冬季攻勢作戰。一九四四年參加長衡會戰、桂柳會戰。抗戰勝利後赴臺灣接受日軍投降。一九四九年在香港起義。後任廣東省政協委員、常委。（《廣東近現代人物詞典》四三五頁）

黄子卿生。

黄子卿（一九〇〇～一九八二），家名蔭棠，字碧帆。梅縣人。一九二二年留學美國，獲康奈爾大學碩士學位、麻省理工學院博士學位，回國任清華大學、北京大學教授。中華人民共和國成立後歷任中國科學院數理化學部委員、九三學社中央委員、常委。病逝於北京。著有《物理化學》等。（《廣東近現代人物詞典》四四一頁）

黄天石生。

黄天石（一九〇〇～一九八三），筆名傑克、黄衫客。番禺人。十八歲開始寫作，後由穗移居港，先後任香港《大光報》、《循環日報》、《華字日報》主筆。著有長篇小説《癡兒》、《名女人別傳》等二十餘種。（《中國近現代人物名號大辭典》一〇九三頁）

黄平民生。

黄平民（一九〇〇～一九二八），又名式民（文），號忠靖。石城（今廉江）人。小學畢業後考上省立高州中學。一九二〇年高中畢業，考上到法國勤工儉學的半公費生。一九二三年在巴黎加入中國共産黨，後中共旅歐支部派其至莫斯科東方勞動者共産主義大學學習。一九二五年初離蘇回國，至中共兩廣區委軍事部，在部長周恩來領導下工作，參加了省港大罷工、北伐戰争。廣州起義時率領赤衛隊攻佔廣州公安局思賢分局，起義軍主力撤出廣州時，率領衛隊英勇阻擊，腿部受傷，傷好後至香港出席廣東省委擴大會議。一九二八年四月，中國共産黨南路特委成立，任委員、特委書記，十一月出席在香港召開的中共廣東省委擴大會議，被補選爲省委常委候補委員，會後隨陳鬱、李鵬到廣州、江門檢查工作，後返湛江主持特委工作，十二月由於叛徒出賣被捕，犧牲於高州城東門。（《廣東近現代人物詞典》四四四頁）

黄艮庸生。

黄艮庸（一九〇〇～一九七七），名慶。番禺人。早年就讀北京大學，曾因學運被捕。畢業返粤，任國民革命軍第四軍第十師秘書，參加北伐。一九二七年任廣東省軍事廳政治部主任，繼任省立第一中學（今廣雅中學）、番禺縣立中學校長。一九三三年赴福建任中華共和國人民革命政府文化委員會委員，失敗後避匿，次年夏在山東協助梁漱溟實踐教育救國及鄉村建設。一九四一年加入中國民主政團同盟。一九四五年當選民盟中央執委。一九四七年受通緝。後任中山大學哲學系教授。中華人民共和國成立後任民盟中央宣傳部盟史辦公室主任。後在京病逝。（《廣東近現代人物詞典》四四七頁）

黄伯韜生。

黄伯韜（一九〇〇～一九四八），又作白韜，原名新，字焕然，號寒玉。祖籍梅縣，生於天津。河北工專中學部畢業後投北洋軍閥李純部。一九二〇年在江蘇省防部隊任職，後投張宗昌，歷任營長、團附、參謀、團長、旅長等職。一九二八年隨張宗昌部第六軍軍長徐源泉加入國民革命軍，任第八師參謀長，十二月任第四十八師第二八四團團副，次年升團長，明年任第一四二旅副旅長。一九三一年任第四十一師第一二三旅旅長。一九三五年擢第四十一師師長，旋入陸軍大學特別班第三期學習，次年任少將。抗日戰爭爆發後，任第六戰區司令長官部參謀處長、冀察戰區司令長官部參謀長、軍事委員會高參、第三戰區司令長官部參謀長等職。一九四三年升中將，同年調第二十五軍軍長。日本投降後，任整編第二十五師師長，在蘇北與解放軍作戰。一九四七年任第一兵團第四縱隊司令，率部進攻山東解放區，次年八月任第七兵團司令官，率部參加淮海戰役，十一月被圍，二十二日全軍覆滅，自殺身亡，次年追贈陸軍上將。（《廣東近現代人物詞典》四四九頁）

黄和春生。

黄和春（一九〇〇～一九八三），嘉應（今梅縣）人。早年入讀梅縣東山中學、廣東講武堂，後肄業日本早稻田大學。一九三六年畢業於陸軍大學將官班。抗戰時期任第十九路軍旅長、軍需處處長、第四戰區中將兵站總監等。中華人民共和國成立後任廣東省人民政府參事室副主任、農工民主黨廣東省委秘書長。病逝於穗。（《廣東近現代人物詞典》四五四頁）

黄珍吾生。

黄珍吾（一九〇〇、一九〇一～一九六九），原名寶循，字静山。文昌（今屬海南）人。早年在馬來亞任馬六甲華文學校校長兼吉隆玻《益群報》社駐馬六甲記者，後回粵参加討伐陳炯明。一九二四年入黄埔陸軍軍官學校首期步科學習，畢業後參加東征。北伐戰争期間歷任步兵團長、憲兵團長、師政治部主任、黄埔陸軍軍官學校第七期政治部主任兼代理教育長，後辭職至南京任黄埔同學會秘書長，轉任憲兵第一團團長，因涉國際間諜案，被判刑十餘年。一九三三年獲假釋，任復興社組訓處處長，繼任總書記。一九三七年赴美考察。抗戰爆發後回國，曾任軍事委員會别動總隊代理副總隊長、福建省保安處處長、警官訓練所所長、閩海守備指揮官、青年軍第二零八師師長等職。日本投降後任青年軍副軍長、廣州行營新聞處處長、政治部副主任、整編第二十三軍軍長等職。一九四九年去臺灣，後任憲兵司令、臺北衛戍司令官、“總統府”中將參軍等。著有《遊美考察記》、《練兵之道》、《閩中剿匪實録》、《華僑與中國革命》、《三民主義青年團與國家教育》。（《中國近現代人物名號大辭典》一一〇九頁）

黄國樑生。

黄國樑（一九〇〇～一九七八），號日如。增城人。早年畢業於雲南講武堂第十二期步科、保定陸軍軍官學校。曾在粤軍中任職，參加兩次東征、北伐戰争，任團長、副師長、第九軍第十四師師長，縮編後任第九軍第二師第四旅旅長、軍事委員會委員。一九三〇年任武漢行營參議。一九三六年晋升少將，次年升第六十七師師長。一九三八年任第三十七軍軍長，晋升中將。一九四八年春任整編第二軍軍長、第七兵團副司令、海南警備副司令。一九五〇年赴臺灣。（《廣東近現代人物詞典》四五四頁）

黄善蕃生。

黄善蕃（一九〇〇～一九三二），澄邁（今屬海南）人。一九二四年考入澄邁中學就讀，次年春考入廣州市省立師範學校，參加學生運動。後到廣州農民運動講習所學習，並加入中國共産黨。一九二六年二月受中共黨組織委派，返鄉開展農民運動，參與組織澄邁縣農民訓練所，任農訓所政治部主任兼政治教官，歷任中共澄邁縣委員會常務委員會委員、瓊崖工農革命軍西路副總指揮、中共瓊崖特別委員會委員、瓊崖高級列寧學校政治教官、中共澄臨縣委員會委員、中國工農紅軍第二獨立師第二團政治委員兼行營指揮部政治委員等職。後在中共瓊崖黨内肅反時被錯殺。（《廣東近現代人物詞典》四六五頁）

黄學增生。

黄學增（一九〇〇～一九二九），原名學曾，一作增。遂溪人。早年考入廣州省立第一甲種工業學校。一九二二年轉爲中國共産黨黨員。一九二四年入首屆廣州農民運動講習所學習，結業後任國民黨中央農民部特派員、工農部助理、中共廣東文東區委農民運動委員會委員。一九二六年出席國民黨二大，被選爲大會提案審查、農民報告審查委員會委員，旋任廣東省農民協會南路辦事處主任，次年任中共廣東南路地方委員會書記兼廣東農民自衛軍南路指揮。後被捕就義。（《廣東近現代人物詞典》四五六頁）

黄蔭普生。

黄蔭普（一九〇〇～一九八六），字雨亭。番禺人。早年畢業於清華大學，後留學英、美等國，一九二七年回國歷任中山大學教授、廣州商務印書館經理、商務駐港辦事處協理、商務西南辦事處主任。一九五一年任商務香港辦理處總編輯等職。富藏書。著有《廣東紙幣史》、《廣州工人家庭研究》、《廣東文獻書目知見録》。（《中國近現代人物名號大辭典》一一〇九頁）

黄嘯俠生。

黄嘯俠（一九〇〇～一九八一），又名鉅添。番禺人。曾任廣州民體會武術教練、國術部主任。中華人民共和國成立後歷任廣東省武協主席、廣州市武協主席、廣州武術隊教練、廣州體育學院教授等職。其創立的黄嘯俠拳法獨樹一幟，自成一家，被國家體委承認爲一個獨立拳種。其武藝精湛，臂力過人，出手迅猛，被武壇譽爲鐵臂鴛鴦手、“南國五虎將”之一。（《廣東近現代人物詞典》四六一頁）

符鳳山生。

符鳳山（一九〇〇～一九八八），文昌（今屬海南）人。一九二九年畢業於上海中華藝術大學油畫系。一九三八年僑居泰國，任《中原日報》編輯、暹華藝術協會委員。一九五三年回國在廣州市文化局從事創作。任廣東省文史研究館館員。

許包野生。

許包野（一九〇〇～一九三五），祖籍澄海，生於泰國。七歲回國。一九二〇年赴法國勤工儉學，先後在法國、德國及奥地利攻讀哲學，獲博士學位。一九二三年經朱德介紹加入中國共産黨。一九二六年被派往蘇聯莫斯科東方大學任教。“九一八”事變後，受共産國際派遣秘密回國至上海向中共臨時中央報告共産國際情況，次年抵廈門，先後到安溪、惠安、泉州、莆田等地巡視工作，十月任中共廈門中心市委書記。一九三四年任江蘇省委書記、河南省委書記，次年由於叛徒出賣而被捕，在南京就義。（《廣東近現代人物詞典》一二五頁）

梁貞生。

梁貞（一九〇〇～?），茂名人。青年時留學法國狄桑大學，獲法學博士學位，歸國後歷任廣州中山大學、勷勤大學商學院教授兼訓導長、廣東法商學院教授及文化大學政治系主任等。著述頗豐，主要有《憲法》、《政治經濟學》、《國際公法》、《國際政治》、《中外政治》、《哲學思想史》等。（《廣東近現代人物詞典》四七六頁）

梁秉剛生。

梁秉剛（一九〇〇～一九三二），海豐人。一九二三年初就讀於海豐陸安師範。一九二五年加入中國共産黨。一九二七年十月當選爲首屆中共海豐縣委委員兼宣傳部長。時彭湃等正在籌畫召開工農兵代表大會，成立海豐縣蘇維埃政府，又被任命爲大會秘書長，次年一月在東江農民代表大會上作《工農聯合問題》報告。一九二九年中共海陸紫特委舉行黨員代表大會，當選爲特委委員兼宣傳部長，一九三二年六月中旬，省委選派至廣西特委任書記，在赴梧州途中爲敵發現被捕，押往梧州坎下用毒箭射殺。（《廣東近現代人物詞典》四八六頁）

梁朝威生。

梁朝威（一九〇〇～一九七五），字蒼公。開平人。中央軍校第四分校（廣州分校）政治特別班教官，陸軍中將。後任立法院立法委員。一九四九年去臺灣。

梁啟雄生。

梁啟雄（一九〇〇～一九六五），字述任。新會人，生於澳門。啟超胞弟。幼於父寶瑛所設私塾讀書，一九二一年入南開大學文科學習。一九二五年兄啟超在清華學校任教時，從之爲助教，得兄教誨，刻苦自學。歷任東北大學講師、營造學社編纂、北平交通大學文學系講師、國立北平圖書館館員、輔仁大學、燕京大學中文系、歷史系、北京大學中文系、哲學系副教授、教授。後調至中國科學院社會科學部任哲學研究所研究員。著有《荀子柬釋》、《二十四史傳目引得》、《韓非子淺解》等。（《中國近現代人物名號大辭典》一一六六頁）

張友權生。

張友權（一九〇〇～一九六一），東莞鳳崗人。二十世紀二十年代移民蘇里南。六十年代先後被選爲全國華僑聯合會常委、全國第三屆政治協商委員會委員。東莞縣華僑中學創始人之一。一九六一年十一月回鄉參加僑中四周年校慶活動，病發逝世。（《東莞市志》一四七〇頁）

張似旭生。

張似旭（一九〇〇～一九四〇），饒平人。早年留學美國，獲賓夕法尼亞州哈佛福德大學歷史學學士學位及哥倫比亞大學新聞學碩士學位。一九二四年回國在天津英文《華北星報》任記者、編輯，後出任東吴大學教授。一九二七年任外交公署駐滬辦事處特派員一等秘書，旋任上海民國新聞社總編輯。一九三〇年任上海美商《大陸報》編輯主任，又任國民政府外交部情報司司長。後從事晚報及保險事業，任美商友邦人壽保險公司營業部主任、美商《大美晚報》中文版發行人、大美出版公司經理，並在大夏大學商學院執教，講授保險學課程。加入宋慶齡組織的“保衛中國同盟”上海分會，以捐款支援新四軍。一九四〇年被日偽特務暗殺。（《廣東近現代人物詞典》二四三頁）

張茲闓生。

張茲闓（一九〇〇～一九八三），字麗門。樂昌人。昭芹子。一九二五年畢業於南開大學，留學美、英國。一九三二年獲美國紐約大學商科碩士學位，次年回國，曾任國民黨政府經濟部工礦調整處副處長等。一九五二年任“經濟部”部長、臺灣銀行董事長等。（《廣東近現代人物詞典》二四九頁）

彭佐熙生。

彭佐熙（一九〇〇～一九八六），字民雍。羅定人。黄埔軍校第二期畢業，歷任軍職。抗戰時期任團、旅長、第九十師副師長及師長，抗戰勝利後任第九十三師師長、第二十六軍副軍長、第二十六軍軍長兼第八兵團副司令官。一九五〇年任留越國軍管訓總處副司令官兼第三管訓處處長。一九五三年去臺灣，任臺灣中部防守區副司令官、國防部戰略設計委員會委員等，升陸軍中將。（《廣東近現代人物詞典》五〇〇頁）

董煜生。

董煜（一九〇〇～一九七六），又名叔明，別字觀壽、載群。化州人。化縣尖岡高等小學及初級中學、黄埔軍校第一期步科、陸軍大學第十期畢業。一九二四年春由大本營少將高參林樹巍保薦投考黄埔軍校，五月至穗入黄埔軍校第一期第二隊學習，畢業後歷任黄埔軍校教導一團排長、國民革命軍獨立第二師連長，參加第一、二次東征和北伐戰争。一九二八年赴蘇聯考察軍事，任少校副官。一九三〇年任“圍剿”軍第一縱隊新編第十師六團營長。一九三四年任南路“追剿”軍第一縱隊獨立第五旅上校團長、副旅長。抗日戰争爆發後任第四軍第六十師師長。一九三八年十月授陸軍少將。一九四一年十二月任第九戰區第三十七軍六十師師長、副軍長。一九四三年任軍事委員會高級參謀。一九四六年任濟南防守副司令兼參謀長，次年至一九四八年四月任廣東省第八區行政督察專員兼保安司令。一九四九年四月任廣東第十四區行政督察專員兼保安司令，同年秋到臺灣，任臺灣省警備總司令部高参。一九五七年退役。（《廣東近現代人物詞典》五〇二頁）

曾友豪生。

曾友豪（一九〇〇～一九七三），字賡元。嘉應（今梅縣）人。畢業於清華學校，後入美國約翰霍普金斯大學獲文學博士學位，又入哥倫比亞大學，獲哲學博士。一九二九年署安徽省高等法院院長。一九三二年署甘肅省高等法院院長。著有《近代中國法政哲學》（英文）、《國際上不平等條約之廢止》、《中國外交史》等。（《民國人物大辭典》一一九二頁）

曾昌鸞生。

曾昌鸞（一九〇〇～一九三三），瓊山（今屬海南）人。早年往新加坡謀生。一九二六年回國投身工人運動，次年加入中國共産黨。一九三〇年當選爲瓊崖第二届蘇維埃政府常務委員等。一九三三年被捕遇害。

曾昭秀生。

曾昭秀（一九〇〇～一九三〇），南雄人。早年考入南雄縣省立第六中學，一九二三年考入廣州省立第一中學，次年秋考入廣東大學預科，參加了新學生社，發起和組織了“南雄留省學生會”，創辦了《雄聲》月刊，撰寫發表了《創刊宣言》等。一九二六年春轉爲共産黨員，同年秋與陳召南、周序龍等一批青年回南雄工作，接任南雄特支負責人兼國民黨南雄縣黨部青年部長。一九二八年二月組織領導全縣武裝大暴動，暴動勝利後，立即召開群衆大會，宣佈成立南雄縣蘇維埃政府，被選爲主席，六月堅持了數月之久的南雄暴動在敵人鎮壓下失敗，奉調任尋鄔、會昌、安遠三縣中心縣委書記。後被誣爲AB團而遭錯殺。（《廣東近現代人物詞典》五一六頁）

賀遵道生。

賀遵道（一九〇〇～一九三一），大埔人。出身於醫生家庭。一九一五年入高陂仰文學校。一九一九年入大埔縣立中學。一九二一年因參與學潮被勒令退學，轉入梅縣省立第五中學就讀，次年到潮安大埔旅潮小學任教。一九二四年入廣州廣東大學，尋參加新學生社，後加入青年團，次年轉爲中共黨員，十月隨國民革命軍東征進入潮汕。一九二六年初受派至梅縣開展工農運動，調任中共汕頭地委秘書，翌年八月到大埔迎接南昌起義軍入粵，指揮東江工農武裝配合起義軍在三河壩與敵激戰。一九二八年一月率領工農軍十五團二營戰士及嶺東瓷業工人等取得高陂暴動勝利，當選中共大埔縣委書記，次年任中共東江特委委員、東江特委常委、中共東江特委常委兼宣傳部長、婦委書記。一九三〇年春調中共廣東省委巡視員，旋任中共順德中心縣委書記，次年因叛徒出賣被捕遇害。（《廣東近現代人物詞典》三九七頁）

楊善集生。

楊善集（一九〇〇～一九二七），又名維善，字藝甫，筆名楊白。會同（今屬海南瓊海）人。一九一六年就讀於瓊崖中學，參加學生運動，一九一九年畢業回鄉任小學教師。一九二一年秋考入廣東公路工程學校。一九二三年加入中國社會主義青年團，曾參與創建瓊崖革命同志會，出版《新瓊崖評論》等刊物。一九二四年被派往蘇聯，先後入莫斯科東方大學及紅軍學校中國班學習，同年轉中國共産黨黨員，次年回國任共青團兩廣區委宣傳部部長、區委執行委員兼廣州地委書記、宣傳部部長、共青團廣東區委書記，發動青年支援東征、南征。大革命失敗後，被派回海南，六月主持召開中共瓊崖地委緊急會議，傳達中共廣東區委指示，決定將地委改爲特委，成立軍委、工農討逆軍司令部，任中共瓊崖特委書記兼軍委主席、工農討逆軍黨代表，與王文明、馮平等組織領導瓊崖武裝起義，在樂會椰子寨（今屬瓊海）戰鬥中犧牲。（《廣東近現代人物詞典》一五〇頁）

蔡勁軍生。

蔡勁軍（一九〇〇～一九八八），别字香泉。萬甯（今屬海南）人。中央警官學校高級班、黄埔軍校第二期工兵科畢業，歷任海軍光華、江固艦黨代表、代理艦長。一九二七年任南昌行營工兵營長、江淮鹽務署政治部主任、國民革命軍總司令部上校秘書，次年任蔣介石侍從副官、軍事委員會委員長侍從室第一組組長。一九三五年任上海市公安局長兼淞滬警備副司令，次年晋升陸軍少將。一九四五年任廣東省政府委員、廣東第九區行政督察專員兼保安司令。一九五〇年至臺灣，任“國防部”高參，授陸軍中將。（《廣東近現代人物詞典》五三八頁）

鄔保良生。

鄔保良（一九〇〇～一九五五），龍川人。一九二二年赴美國留學，就讀列度大學、華盛頓加多里大學，獲化學博士學位。一九二八年回國後任廣州中山大學、安徽大學教授。一九三三年起任武漢大學教授、化學系主任、理科研究所所長、《理科季刊》總編輯及中國化學會《化學》編輯等職，參加中國新民主主義教育協會。一九四八年當選武漢大學教授會幹事。長期從事化學教學和科學研究工作，講授物理化學、無機化學、膠體化學、原子構造等課程，對原子核理論的研究有獨到見解，曾提出“原子能可由重原子分裂或輕原子合成而得出”的理論，並在英國《自然》雜志上發表多篇論文，翌年至一九五二年任武漢大學校務委員會主任委員（即校長），當選武漢市第一屆人大代表，繼續從事原子核的形成和原子核静態模型的研究。病逝於武漢。著有《化學熱力學》、《物理化學》、《原子構造》等。（《廣東近現代人物詞典》一〇二頁）

鄧志才生。

鄧志才（一九〇〇～一九六八），曲江人。雲南陸軍講武堂韶關分校畢業。一九二七年任第四軍第十師中校副官長、第二十九團上校團長。一九二九年任第八路軍第六十師一二〇旅二三九團團長，次年夏任一二〇旅少將旅長。一九三三年冬任福建政府人民革命軍第一軍第二師師長。一九三六年任第一六〇師四七八旅旅長。抗日戰爭爆發後任廣東第二區民衆抗日自衛團統率委員會委員、第六十旅旅長。一九四二年任第七戰區司令部高參。一九四五年任曲江警備司令，翌年退役。（《廣東近現代人物詞典》三八頁）

鄧春華生。

鄧春華（一九〇〇～一九七八），儋州（今屬海南儋州）人。早年廣東法政專門學校、黄埔軍校第一期步科畢業，歷任黄埔軍校教導團排長、黨軍第一旅連長、國民革命軍第一軍第二師營長、上校團長。一九三一年任第五十二軍二師二七七旅旅長、副師長兼二七八旅旅長。一九三八年十月授陸軍少將。一九四〇年任軍政部第五補訓處處長、國防部高參。一九四五年任山東麗雲師管區司令。一九四七年任陸軍總部第九訓練處處長，當選國民大會代表，次年任第一〇九軍副軍長、軍長，同年八月授陸軍中將。一九四九年任海南防衛總司令部第三路副司令官，翌年至臺灣，任“國防部”中將高參。後在臺北逝世。（《廣東近現代人物詞典》四〇頁）

盧子樞生。

盧子樞（一九〇〇～一九七八），原名沛森，又名沛霖，以字行，號顧樓、九石山房、不蠹齋。東莞虎門盧屋村人。善鑒賞兼長書法，精研國畫，尤工山水。山水從四王入手，歷元季四大家，而上追董、巨得其精髓而自有風度。又多見古人真跡，博觀衆取，遊覽山川，得自然之真趣，創意造景，卓然成家。著有《盧子樞書畫集》、《不蠹齋友人書劄》等。（《東莞市志》一四九二頁）

嚴既澄生。

嚴既澄（一九〇〇、一八八九～?），名鍥。四會人。北京大學英文系、哲學系旁聽生。曾任職商務印書館編譯所，後歷任上海大學、杭州鹽務學校、浙江省立一中、北京大學、北平師范大學等校教員、講師、教授。一九二七年曾在杭州編《三五日報》副刊。著有《初日樓詩》，譯有《進化論發現史》、《懷疑論集》等。（《中國近現代人物名號大辭典》四六八頁）

鄭水心生。

鄭水心（一九〇〇～一九七五），原名天健。香山（今中山）人。在香港從事新聞事業。一九二三年起主編香港《大光報》。一九三八年任湖南省政府主任秘書，旋調任湖南《國民日報》社長。一九四九年任中山縣長，同年赴香港，先後出任香江、德明、新亞書院、香港中文大學聯合書院教授。長於詩詞。著有《水心樓詞話》、《水心樓詩話》等。（《中國近現代人物名號大辭典》八三三頁）

鄭壽麟生。

鄭壽麟（一九〇〇～?），潮陽人。早年留學德國，獲博士學位。在大陸期間，歷任四川大學、北京大學、中山大學教授、系主任及同濟大學代校長等職，去台後任臺灣“光復大陸會”委員、中國文化學院教授兼德國文學研究所主任。

鍾彬生。

鍾彬（一九〇〇～一九五〇），字中兵，號熾昌。興甯人。黄埔軍校畢業後歷任軍校入伍生區隊副、排、連、營長，後入陸軍大學深造。一九三一年任團長。一九三三年任第三十六師參謀長，次年起任第三十六師第一零八旅旅長、第三十六師副師長兼安盧師管區司令等。一九三七年升陸軍少將。抗戰爆發後，任第八十八師師長、中央軍校漢中分校主任。一九四二年任第七十一軍軍長。一九四五年任青年軍第九軍軍長。一九四九年任川鄂邊綏靖公署副主任兼第十四兵團司令官，同年被俘，次年病亡。著有《龍陵會戰史》。（《中國近現代人物名號大辭典》九一二頁）

謝鶴年生。

謝鶴年（一九〇〇～一九六〇），字仙庭。高要人。中央軍校高等教育班第五期畢業，後任第七戰區司令長官部少將參議。

劉東騋生。

劉東騋（一九〇〇～一九七六），別名良若。東莞道滘閘口坊人。隨父至穗讀書。一九二〇年於上海同濟大學機電系畢業，回廣東石井兵工廠任審檢員、技士、處長等職。一九二七年至德國留學，獲德國柏林大學機械系工科博士學位，回國後歷任國民政府兵工署科長、航空兵器技術研究處處長、技術司代司長、漢陽兵工廠廠長、兵工署委員、中國駐日代表團成員，獲少將軍銜。中華人民共和國成立後從事教育工作，任東北工學院教授直至病逝。（《東莞市志》一四九一頁）

劉錦漢生。

劉錦漢（一九〇〇～一九八七），海豐人。五四運動期間，參加創辦國民學校、國民女子學校，興辦夜校，組織宣傳隊進行啟蒙教育工作。一九二二年開始在海豐參加彭湃領導的農民運動及抵制日貨活動。一九二九年後先後在東埔寨、澳門、香港、廈門等地任中、小學教員。一九三七年在香港任南洋救亡總會駐香港辦事處、東江華僑回鄉服務團主任，積極從事抗日救亡工作。一九四九年加入中國致公黨，任致公黨香港總支部副主委。共和國成立後回內地，曾任廣東省人民政府交際處招待所所長、廣州市各界人民代表大會代表、致公黨第四屆至第八屆中央委員會委員、中國人民政治協商會議第五屆全國委員會委員。一九五二年以來長期在致公黨中央委員會機關工作，歷任政協第六屆全國委

員會委員、致公黨北京市委員會顧問、北京市歸國華僑聯合會常務委員會委員。（《廣東近現代人物詞典》一一七頁）

關良生。

關良（一九〇〇、一九〇一～一九八六），字良公。番禺人。早年東渡日本，學習素描、油畫，畢業歸國後任教於上海神州女學。一九二四年在上海甯波同鄉會舉辦畫展，聲名鵲起，被郭沫若、郁達夫等主持的“創造社”聘爲美術編輯，後任上海師范學校、上海美術專科學校教授。一九二六年赴穗任教於廣州美術學校、中山大學附中，參加北伐戰争，任國民革命軍總政治部宣傳科藝術股股長。一九三七年至昆明任教於國立藝專。抗戰爆發後辭去公職，去西北諸地考察石窟藝術，沿途賣畫爲生。抗戰勝利後至杭州，歷任中國畫院畫師、浙江美院教授、中國美術家協會理事、美協上海分會副會長。出版有《關良藝事隨談》、《關良回憶録》，畫集有《關良京劇人物水墨畫》、《關良戲劇人物水墨畫册》、《關良油畫集》等。（《中國近現代人物名號大辭典》二九四頁）

譚伯棠生。

譚伯棠（一九〇〇～一九五〇），又名蔭垣。臨高（今屬海南）人。一九一八年參加護法鬥争，任瓊崖國民義勇軍第四支隊司令王貽堃秘書，曾參與驅逐盤踞臨高及府城的桂系軍閥蔡炳寰部戰鬥。一九二四年至穗。一九二六年任國民革命軍總司令部審計處上尉科員、國民革命軍新編第二師少校秘書，在師長葉劍英領導下，參加北伐戰争。大革命失敗後在江西任新淦、永修、峡江縣縣長。一九三〇年返粤任第八路軍總指揮行營政訓處中校股長，次年任第一集團軍總司令部政訓處中校二級股長。一九三三年任第一集團軍總司令部上校咨議，尋被陳濟棠派往日本政法大學深造。抗日戰争爆發後回國，曾任廣東省第二行政督察專員公署薦任科長、三青團廣東團部籌備處薦任組長、第四戰區經濟委員會薦任課長、廣東省合作社物品供銷處經理、財政部廣東税務管理局薦任督察、國民黨軍事委員會政治部中國電影製片廠上校秘書等職，勝利後回瓊。一九四六年代理定安縣長。一九四八年到香港，參加了中國民主同盟，次年任民盟海南特派員兼民政組長，開展秘密策反工作。一九五〇年四月被害於海口五公祠附近。（《廣東近現代人物詞典》五四九頁）

羅明佑生。

羅明佑（一九〇〇～一九六七），番禺人。早年在廣東高等師范學校畢業後，考入北京大學法學院學習，翌年開設真光電影院，任經理。一九二七年建立華北電影公司，任總經理。一九三〇年組成聯華影業製片印刷有限公司，任總經理。“九一八”事變後，東北影院喪失殆盡，在上海閘北的製片基地也毀於“一・二八”的炮火，遂與黎民偉合作主持聯華一廠，被選爲國民黨中國教育電影協會執行委員兼中央攝影場顧問。一九三六年退出“聯華”，次年與朱石麟合作導演影片《慈母曲》。抗戰爆發後去香港，主持中國教育電影協會香港分會，並創辦《真光》半月刊。後退隱息影，晚年皈依基督教成爲牧師。（《廣東近現代人物詞典》三四〇頁）

羅焕榮生。

羅焕榮（一九〇〇～一九二七），博羅縣埔前鄉下村（今屬河源）人。一九二四年入黄埔軍校第一期，加入中國共産黨，次年一月軍校畢業後被派往教導團二團任連隊基層幹部，二月參加了第一次東征，六月參加了討伐楊、劉叛亂之戰，十月參加第二次東征，十三日在攻打惠州城的棉湖戰役中負重傷，傷癒後任黄埔軍校入伍生部教官，兼廣州農民運動講習所、省港罷工委員會工人糾察隊軍事教官。一九二六年受廣東區委軍事部長周恩來派遣，任惠陽平山農民聯防辦事處軍事教官、平山聯防辦事處、平山聯防義勇軍軍事總指揮，參與領導組織兩次平山起義。次年秋被捕就義。（《廣東近現代人物詞典》三四四頁）

黎科卒。

黎科（？～一九〇〇），字澤舒。香山（今中山）人。原爲天津北洋書院學生。光緒二十九年（一八九九）留學日本，入東京帝國大學，同年冬，聞唐才常在武昌起義救國，毅然赴之。後與才常同日就義。（《中國近現代人物名號大辭典》一三一五頁）

清德宗光緒二十七年　辛丑　一九〇一年

秋，《辛丑條約》簽訂，康有爲寄寓馬來半島西部檳榔嶼英國總督署，賦《檳榔嶼督署秋風獨坐雜作》七絶詩。

本年黄遵憲家居著述，仍眷懷國事，賦《夜起》七律詩。

本年梁啟超賦《自勵》七律詩二首，對國家民族前途充滿信心。（陳永正《嶺南歷代詩選》五七八、五六一、六一六頁）

本年白居岐飭查地方先賢。

白居岐，字鳳山。清遠人。通儒學，尤擅治經。光緒二十七年（一九〇一）飭查地方先賢，備受稱讚。著有《尚書古今文匯考》等。（《清遠縣志》卷六）

本年張祖基自神學院畢業後，即在東江、韓江各地傳道。

張祖基，興寧人。光緒二十七年（一九〇一）自神學院畢業後，即在東江、韓江各地傳道。所著《諺語、格言韻編》，對客家民俗頗有研究。（《興寧縣志》）

本年張焕元奉命潛入香港繪製地圖，準備帶兵與英軍作戰。

張焕元，號平山。東莞人。嘉慶諸生。任幕僚，督修東河諸炮臺。光緒二十七年（一九〇一）奉命潛入香港繪製地圖，準備帶兵與英軍作戰。後歸里教書。著有《桑梓保障》、《鶴餘集文稿、詩草》。（《東莞詩録》卷五八）

何銓諷於本年中舉人。

何銓諷，字史華。陽江人。光緒二十六年（一九〇〇）庚子、二十七年辛丑並科舉人，揀選知縣、雲南試用鹽大使。著有《笑庵詩集》。楊柳風《陽江詩鈔》有傳。

方人定生。

方人定（一九〇一～一九七五），原名士欽。香山人。廣州法政專門學校、廣東法官學校高等研究部畢業，後專攻美術。一九二三年入春睡畫院，師從高劍父習畫。一九二九年作品參加比利時萬國博覽會，獲金牌獎，同年留學日本，"九一八"後一度歸國，一九三五年畢業於日本東京美術學校研究部，習西洋人體素描，回國後專習國畫人物。一九三八年赴美遊歷，開畫展，一九四一年與李撫虹等在香港成立"再造社"，並舉行畫展，次年在澳門《華僑日報》發表《中國繪畫之前途》一文，發揮國畫改造論。新中國成立後，歷任華南人民文學藝術學院美術部教授、廣東畫院副院長、中國美術家協會廣東分會常務理事、廣州市政協常委等。刊有《方人定畫集》。（《廣東近現代人物詞典》二九頁）

任畢明生。

任畢明（一九〇一～?），鶴山人。一九二五年於梧州創辦《民國日報》，旋入國民革命軍，參加東征、北伐。一九二七年先後在穗、港、福州辦報。抗戰時，任廣東省政府參議。勝利後返粵，任廣州市立師范學校校長。一九四九年去香港，任《工商時報》、《快報》等主筆。一九六二年與黃震遐創辦《中國評論》雜志，任社長。著有《社會大學》、《新社會大學》、《龍虎集》、《閑花集》等。（《民國人物大辭典》二一八頁）

李青生。

李青（一九〇一～?），字松生。嘉應（今梅縣）人。畢業於上海交通大學。一九二三年赴加拿大實習，翌年赴美國就讀威斯康辛大學研究院，獲碩士學位。一九二六年回國，歷任廣東省立工業專科學校教授、廣東建設廳視察、勷勤大學教授等。抗戰時期任梅縣南華學院教務長等，嗣轉任國立中山大學教授兼電工系主任等。一九四五年任廣東省政府專門委員兼廣東實業公司工程師等，翌年改任中央廣播事業管理處工程師兼廣州廣播電臺臺長。（《廣東近現代人物詞典》一五五頁）

李明生。

李明（一九〇一～一九八九），字聰遠。興寧人。一九二一年畢業於雲南陸軍講武堂。旋追隨孫中山，曾服役於粵軍第一師。一九二七年參加北伐，歷任國民革命軍第一師第三團參謀長、新編第三師中校參謀、第四軍第二十五師第七十五團團長。抗戰時歷任第六十五軍第一八七師第五五〇旅旅長等。一九四六年升第六十五軍第一八七師师长、六十五軍副軍長。一九四九年赴香港。中華人民共和國成立後返回廣州，歷任興梅地區副專員、廣東省水利電力廳副廳長等。病逝於穗。（《廣東近現代人物詞典》一五五頁）

李孝式生。

李孝式（一九〇一～一九八八），原籍信宜，生於香港。一九一二年就讀於嶺南大學附小。一九一四年升入廣州中學，翌年轉入香港皇仁書院讀書，畢業後直接留學英國劍橋大學。一九二三年獲經濟、法律兩科碩士學位，被推舉爲經濟學院董事。次年移居馬來亞經營錫礦。一九三六年當選雪蘭莪州中華總商會會長，次年當選雪蘭莪華僑籌賑祖國難民委員會主席。一九三八年當選森美蘭、雪蘭莪、彭亨礦務會會長。一九四一年任吉隆玻防空總司令。日本侵佔馬來亞時逃亡印度，在盟軍軍官學校受訓六個月後被派往緬甸作戰，任上校參謀。戰後回馬來亞，建議政府成立華人錫礦復興貸款委員會，並組織華人礦務總會，連任會長九年。一九四五年創辦《中國報》。一九四九年參與創立馬來亞華人公會，曾任副會長兼雪蘭莪州分會會長，當選馬來西亞廣東會館聯合會主席、雪蘭莪中華總商會會長。先是一九四八年起任馬來亞聯合邦立法議員兼行政議員。一九五三至一九五五年任海港鐵道部部長，一九五五年任交通部部長。一九五七年馬來亞宣佈獨立後出任首屆內閣財政部長。後棄政從商。一九六六年成立興業銀行，任董事長，後任馬來西亞銀行協會副主席、馬華公會元老參事會主席。英國女王賜封英帝國 K. B. E 爵士，馬來西亞最高元首賜封“敦”勳銜。（《廣東近現代人物詞典》一七一頁）

李海泉生。

李海泉（一九〇一～一九六五），本名滿船。原藉順德。拜小生奕門下。何東同母異父弟甘棠之養女何愛瑜爲其妻。二十世紀二十年代末海泉在新中華班任小生，主要演出劇碼有《錦毛鼠》、《羅通掃北》、《夜渡蘆花》等。三十年代以擅演“爛衫戲”而著稱。多才多藝，武丑、網巾邊、二花面均表演精到，尤以擔綱演出《打劫陰司路》、《煙精掃長堤》而聞名劇壇。四十年代初與廖俠懷、半日安、葉弗弱合稱“粵劇四大名醜”，其表演幽默含蓄，唱腔雄渾質樸，深爲粵劇觀眾所稱道，在海外演出，也廣受華僑觀眾歡迎。一九五八年退出舞臺，病逝於香港。

李愛春生。

李愛春（一九〇一～一九二七），原名愛榮。瓊山（今屬海南）人。一九二〇年秋考進廣東省第六師範學校，與馮白駒等創辦同志互助社。一九二四年秋，考進廣東大學（今中山大學）預科，次年加入中國共産黨。一九二六年受廣東省委指派返瓊，任中共瓊崖特別支部委員，同年春，中共瓊山縣特別支部成立，任特支書記，六月中共瓊崖地方委員會成立，當選委員，同時由組織安排出任國民黨瓊山縣黨部主任委員，其實際秘密身份是瓊山縣特別支部書記，創辦瓊山平民學校，組建瓊山縣婦女解放協會。後被捕就義。（《廣東近現代人物詞典》一八一頁）

吴國光生。

吴國光（一九〇一～一九四四），電白人。加入粵軍在陳炯明部任職。一九二〇年考取留法勤工儉學，入讀法國陸軍軍官學校，三年後入法軍服役，旋又入讀法國軍事學院。一九二八年畢業回國，後歷任黄埔軍校教官、南京陸軍步兵學校教官。抗戰開始後，歷任參謀本部少將國防工事督導、重慶陸軍大學教官、第三戰區顧祝同部中將高級參謀等。一九四四年因病回鄉休養，因不滿劣紳横行鄉里，告發其罪行，反被劣紳暗殺。（《廣東近現代人物詞典》一九八頁）

岑家焯生。

岑家焯（一九〇一～一九四二），文昌（今屬海南）人。黄埔三期畢業，曾任軍校區隊長、虎門炮臺總臺長、軍委會調查統計局股長、行動組長等職。奉令於新加坡展開情報工作，任軍統駐新加坡站少將站長。後被日寇殺害。

何其俊生。

何其俊（一九〇一～一九七三），澄邁（今屬海南）人。畢業於黄埔軍校第二期，歷任排、連、營長、獨立工兵團團長、海南特區警備總部高參辦公廳主任、陸軍少將。一九五〇年赴臺灣。（《民國人物大辭典》三八七頁）

何衍璿生。

何衍璿（一九〇一、一九〇二～一九七一），名剛。高明人。曾留學法國里昂大學數學科深造。一九二五年至廣東（中山）大學算學天文系（原數學系）教授微積分。"一·二八"淞滬抗戰後，曾積極發動師生募捐聲援，並支持學生遊行抗日。中國數學會創立時，被選爲理事，後當選國立中山大學、雲南大學理學院院長。學術著作有《關於矢的理論和運動學》、《富利葉變换》、《解析幾何》等。翻譯作品有《重剛體繞不動點運動方程的積分法》等。（《廣東近現代人物詞典》二一六頁）

何炳賢生。

何炳賢（一九〇一～?），又名儀。南海人。早年留學美國加利福尼亞大學，回國後曾在上海創辦大陸大學，任英文及市政學教授。一九三二年任國民政府實業部國際貿易局局長，次年任全國經濟委員會棉業統制委員會委員。抗日戰爭時期，附汪投敵，任汪僞國民黨中央委員會委員等職。抗日戰爭勝利後，與陳公博等逃往日本，後被引渡回南京，關押在老虎橋監獄。著有《警察記録制度》、《地方自治問題》等。（《中國近現代人物名號大辭典》五一七頁）

沈秉强生。

沈秉强（一九〇一～一九六九），曲江人。兩廣方言學堂、廣東陸軍速成學堂、廣東高等警官學堂畢業。一九二〇年加入粤軍陳銘樞部，歷任連、營、團長、副旅長。一九二八年任五邑（台山、開平、恩平、新會、鶴山）剿匪主任，越年六月任開平縣縣長。一九三〇年十二月，主政廣東的陳銘樞將其調任新會縣長，後任第十九路軍高參。一九三六年任廣州市政府代秘書長兼市設計委員會主任。後因廣州失陷於日寇，一九三八年底調任第四戰區糧食管理處長、中將軍銜，負責戰地後勤統籌，後任曲江縣民眾抗日自衛團統率委員會副主任、第四戰區政治部督察員、高參。一九四六年三月接替馬耐園出任廣東省第二區行政督察專員兼保安司令，曾幫助營救中共地下黨員及進步人士。一九四八年任陸軍總司令部高參，次年在香港參加通電起義。新中國成立後，歷任北江行署副專員、韶關地區副專員、民革廣東省委委員兼韶關市民革負責人、廣東省政協委員、韶關市政協副主席等職。（《廣東近現代人物詞典》二二八頁）

宋韻錚生。

宋韻錚（一九〇一～一九六九），名時芳。嘉應（今梅州）人。一九一九年於廣東省高等師範學校畢業後，旋應聘赴新加坡，出任《新國民日報》主筆兼總編輯。抗日戰争爆發後利用報刊大聲疾呼，號召華僑奮起參加抗日救亡運動。後返國直接參加抗戰。抗日戰争勝利後再度赴海外，歷任棉蘭《新報》、吉隆坡《中國報》等華文報紙總編輯。曾因與吉隆坡《海峽時報》主筆論戰，維護華僑權益而名噪一時。熱心華僑公益事業，曾長期擔任雪蘭莪州嘉應會館董事等職。在吉隆坡病逝。（《廣東近現代人物詞典》二三二頁）

林玉波生。

林玉波（一九〇一～一九六五），原名亞龍。澄海人。擅長二弦。一九二六年在汕頭先後創辦南方樂社、南薰丝竹社，歷任主任兼教導。一九五二年任汕頭市潮樂改進会副主任，潛心搜集整理潮乐，並灌録唱片，出版潮樂曲集。原爲市政协委员，出席全國第三屆文代会。早期曾为上海百代唱片公司灌録潮樂《昭君怨》等曲，传播海内外。病逝於汕頭。（《廣東近現代人物詞典》三一八頁）

林芳伯生。

林芳伯（一九〇一～?），鶴山人。上海聖約翰大學文科、武昌華中大學商科畢業，曾任廣州市政府外交秘書、財政部所屬復興公司香港分公司經理、昆明復興公司及富華公司經理（後改隸行政院）、行政院物資供應局需要處處長。一九四九年去臺灣，任“行政院”物資供應局配售處長、主任秘書。一九六〇年任“中央信託局”美援處、購料處經理、副局長。曾任香港港臺公司及臺港公司總經理、益强公司及駐加拿大遠東公司董事長。

林巽權生。

林巽權（一九〇一～一九七〇），高州人。十五歲開始自學中醫，十八歲拜蕭夢生爲師，業成後在鄉中爲群衆治病。一九三一年被陳濟棠聘至省城爲軍政大員及其家屬治病，名聲大振。一九三九年軍閥混戰，離穗至水東、高州設醫館。中華人民共和國成立後，任分界醫院中醫生、縣中醫院醫生。一九六二年被授以“廣東省名老中醫”稱號。著有《水腫十四方》。

柯麟生。

柯麟（一九〇一～一九九一），曾用名輝萼。海豐人。一九二〇年在海豐中學畢業後，考進廣東公醫大學。一九二四年加入中國社會主義青年團，旋轉爲中共黨員，任該校團支部書記。一九二六年畢業，留該校附屬醫院當醫生。一九二七年赴武汉出席全國共青團代表大會，旋被派往國民革命軍第四軍，先後任二十四師教導隊醫官、軍部醫務處主任，是年九月隨第四軍回廣州，任該軍後方醫院副院長，參加廣州起義，失敗后避难上海，开设达生醫務所作为黨的秘密聯絡點，并参加中央特科工作。一九二九年彭湃在上海牺牲后，柯麟配合党组织懲殺了出賣彭湃的叛徒白鑫。後離滬到福建厦門工作，嗣因該地黨組織遭破壞，遂赴香港開設華南藥房，後因黨組織要其照料葉挺，遂舉家移居澳門。一九三五年至一九五一年在澳門歷任澳門鏡湖醫院慈善會副主席、鏡湖醫院院長、澳門華僑協會主席、澳門南通銀行董事長、中山大學醫學院、華南醫學院、中山醫學院院長、中華醫學會廣東分會會長、廣東省科協主席、衛生部顧問、澳門鏡湖慈善會名譽主席、鏡湖醫院名譽院長、第一至三届全國人大代表、第五、六届全國政協常委。(《廣東近現代人物詞典》三六九頁)

洪靈菲生。

洪靈菲（一九〇一、一九〇二～一九三三），筆名林曼青、林陰南、李鐵郎等。潮安人。早年從事體力勞動，後至廣東高等師范學校讀書。學生時代積極投身革命運動。大革命失敗後，遭通緝，流亡新加坡等國。曾參與出版《我們月刊》。一九三〇年“左聯”成立時，爲七人常委之一。一九三三年被捕殺。主要作品有《流亡》、《前線》等，收入《洪靈菲選集》。(《中國近現代人物名號大辭典》九三九頁)

姚寶猷生。

姚寶猷（一九〇一～一九五一），譜名良珍，字健生。平遠人。早年入廣東高等師范文史系學習，畢業後分赴閩任教，後任嶺東國民日報社社長。東渡日本留學，入東京明治大學研習歷史，回國後任中山大學文學院副教授，後任廣東財政廳參議秘書、浙贛鐵路理事會主任秘書兼鐵路總務處長、交通部總務處長、工程委員會專門委員、廣東省政府委員、教育廳廳長等職。一九四九年任教中山大學，後赴香港，次年回穗，進入南方大學學習。一九五一年在被判死刑。著有《日本神國思想的形成及影響》、《中國絲綢西傳史》、《日本史研究法》、《中國基督教史》、《中國歷史上氣候變遷之另一研究》、《西漢貨幣之研究》等。(《廣東近現代人物詞典》三九六頁)

陳鬱生。

陳鬱（一九〇一～一九七四），新安（今深圳）南頭人。早年至香港做工。一九二二年參加香港海員大罷工，後任香港中華海員工業聯合總會副主席兼太平洋航線分部主席。一九二五年參與領導省港大罷工，加入中共，歷任中華全國海員總工會總工會主席、黨團書記等。一九二七年參與組織廣州起義，次年任中共廣東省委常委、省委組織部部長兼中華全國海員總工會主席。一九三〇年爲中共中央委員，次年爲中央政治局委員、中共駐共産國際代表，同年被送往蘇聯列甯學院學習，兼任中共列甯學院中國部黨支部書記。一九四〇年回延安，入中央黨校學習。一九四三年至西北財經委員會工作，負責領導邊區工業生産。一九四五年參加中共“七大”，當選中央候補委員。解放戰争時期至東北工作，歷任中共遼西省委副書記、合江省依勃樺地區黨委書記、勃利軍分區政委、三五九旅政委。共和國成立後任華北人民政府重工業部部長、燃料工業部部長、中國礦業學院院長、煤炭工業部部長。中共“八大”當選中共中央委員，後任中共廣東省委書記、省長。（《中國近現代人物名號大辭典》六九一頁）

陳子明生。

陳子明（一九〇一～一九七九），名亮，别號勝標。興甯人。一九二五年在國立東南大學畢業後長期從事教育工作，曾任華南師范學院教授、系主任和教務長，負責主編《華南師范學院學報》、《中華教育月刊》。

陳允才生。

陳允才（一九〇一～一九三三），又名亞木。海豐人。早年從事海豐學運。一九二六年加入中共。一九二八年冬任中共紫金縣委書記。後至中共海（豐）陸（豐）惠（陽）紫（金）特委工作。一九三〇年秋任中共惠陽縣委書記。一九三二年調中共兩廣省委工作，九月省委改工委，任組織部部長，十一月因叛徒出賣被捕，次年九月在穗就義。（《廣東近現代人物詞典》二七三頁）

陳同白生。

陳同白（一九〇一～一九八四），香山人。一九二〇年畢業於上海清華學校高等科，留學美國華盛頓大學水産學院及麻省理工學院水産工程學系，專攻水産品加工，獲碩士學位。學成回國，任江蘇省水産學校製造科主任，後主持廣東省水産試驗場，創辦水産講習所，自任所長。一九三五年任浙江省水産試驗場場長，被譽爲“當代中國漁業之父”。一九四六年後任臺灣水産總公司總經理、漁業善後物資管理處臺灣分處處長，主持臺灣漁業部門的領導工作。著有《臺灣水産養殖》、《從事漁業工作五十年》等。（《廣東近現代人物詞典》二七七頁）

陳伯忠生。

陳伯忠（一九〇一～一九二六），廣寧江頭鄉（今屬四會）人。一九二一年入廣州省立一中讀書。一九二三年參加籌組廣東新學生社工作，加入中國共産黨，次年受黨指派參加國民黨，任廣州第七區黨部執行委員，參加廣州第一屆農講所學習，結業後被委任爲中央農民部駐廣寧特派員、廣寧縣農民協會副委員長兼農民自衛軍軍長。一九二五年，以中央農民特派員身份到四會縣開展農民運動，次年在蕉坑被捕遇害。（《廣東近現代人物詞典》二八四頁）

陳祖貽生。

陳祖貽（一九〇一～一九八五），海豐人。長沙雅禮大學畢業。一九二〇年赴法國巴黎大學。一九二五年回國，參加國民黨，次年任汕頭教育局長。一九二七年任國民黨海陸豐清黨特派員。一九二九年任海豐縣長。一九三二年任中國青年黨上海特别市黨部主委。一九四七年任立法委員。共和國成立前去臺灣。（《民國人物大辭典》一〇四三頁）

陳寄雲生。

陳寄雲（一九〇一～一九六〇），原名新銘。興寧人。黄埔軍校第二期炮科畢業，歷任國民革命軍東征軍炮兵中隊副、廣東海軍金馬艦艦長。抗日戰争爆發後任炮兵第十一團營長、副團長、貴州都匀炮兵學校上校教官。一九四二年任中國遠征軍第七十一軍少將炮兵指揮官。一九四六年退役，閒居韶關。在興寧病逝。（《廣東近現代人物詞典》三〇三頁）

陳景川生。

陳景川（一九〇一～一九四一），又名惠星，號雲疇主人。澄海人。早年協助其父在暹羅經商。一九三八年主持成立泰國潮州會館，歷任第一、二届主席，並創辦《中國日報》、《中原日報》。（《廣東近現代人物詞典》三〇三頁）

黄彰生。

黄彰（一九〇一～一九四五），廣西貴縣人，祖籍南海。一九二七年加入中國共産黨，曾任桂東南特支書記、廣西省工委副書記兼組織部長等職。一九四五年春組織了陸川、博白、興業、貴縣等地人民舉行抗日武裝鬥争，後因起義失利被捕殉難。（《中國近現代人物名號大辭典》一一二一頁）

黄秉勳生。

黄秉勳（一九〇一～一九七七），字心堯。開平人。早年畢業於北京内務部高等警官學校、中央訓練團黨政高級班。一九二六年四月任德慶縣長，次年至一九二九年轉任廣東省沙田清理處長及全省土地局長。一九二八年任廣州特别市黨務指導委員會常委、委員，旋赴日本考察地政，著有《考查日本地租改正事業紀要》一書。歸國後任浙江民政廳科長，嗣任廣東財政廳科長。一九三二年至一九三六年任茂名、鶴山、揭陽、河源縣長。在揭陽任内，曾緝獲日人大批走私貨船，並據理與駐汕頭日本領事交涉，獲完滿解决。一九三六年十月任汕頭市長，任内曾因辦理辦户籍的日本領事館職員青山清案與日方發生交涉，日方派軍艦威脅，秉勳根據國際法規鎮定應付不屈不撓，不辱國體，博得好評。一九三八年調任廣東省政府秘書。一九四一年任廣東省南路行署政務處長，次年任廣東田賦管理處副處長。一九四四年調廣東省第一區行政督察專員兼區保安司令，是時台山、開平等縣大旱失收，曾發動節食施粥，救濟饑民，南、番、中、順及四邑受惠民衆十餘萬，並組織從外省購進糧食。一九四九年移居美國。（《廣東近現代人物詞典》四五四頁）

黄般若生。

黄般若（一九〇一～一九六八），名鑒波，字波若，號曼千，别號四無恙齋主。東莞茶山園頭山（一説石龍黄家山）人。幼隨叔父少梅習畫。一九二三年與趙浩公等創設癸亥合作畫社。一九二五年擴展爲國畫研究會。一九四〇年在香港參與籌辦廣東文物展覽會。抗戰勝利後，任職廣東文獻館。一九四七年主持在香港舉辦中國文物展覽會，次年定居香港。（《東莞市志》一四八〇頁）

黄華培生。

黄華培（一九〇一～一九八八），香山大濠涌（今屬珠海）人。早年赴美，在美國舊金山半工半讀。後歷任少年中國晨報司理、中總商會委員、國民黨駐美總支部委員等職。曾應邀兩度回國，參加廣東省紀念辛亥革命七十周年、孫中山先生誕辰一百二十周年活動。病逝於美國三藩市。（《廣東近現代人物詞典》四四六頁）

馮乃超生。

馮乃超（一九〇一～一九八三），又名子韜，筆名李易水、馬公越、仲堪等。原籍南海，生於日本。早年於日本第八高等學校理科畢業後，先後就讀京都帝國大學哲學系、東京帝國大學哲學系社會學科，後改學美學與美術史。一九二五年加入中共。大革命失敗後棄學回國參加革命工作，編輯、主編《文化批判》、《創造月刊》，成爲創造社後期中堅與主將。後與魯迅等籌組中國左翼作家聯盟，起草左聯《理論綱領》，任左聯第一任黨團書記兼宣傳部部長，旋調任中共中央宣傳部文化工作委員會書記、中國左翼文化總同盟黨團書記，並編輯中共中央機關刊物《紅旗週報》。一九五一年至中山大學工作，至一九七五年調離，在中大工作了近四分之一世紀。著有《紅紗燈》、《傀儡美人》、《撫恤》、《馮乃超文集》、《論中國文學革命》、《毛澤東頌》等。

馮康侯生。

馮康侯（一九〇一～一九八三），原名强，以字行，别署志康，號糖齋。番禺人。黄埔軍校校長辦公廳秘書、中華書局編輯、書法篆刻家。善繪事，幼從畫家温其球習畫，又從劉慶崧習篆刻。論者以其篆刻高於書法，書法高於繪畫。善以鍾鼎博古綴以古梅、劍蘭，雅致宜人。著有《馮康侯書畫印集》。（《中國近現代人物名號大辭典》一九〇頁）

梁思成生。

梁思成（一九〇一～一九七二），原籍新會，生於日本東京。啟超長子。一九一五年在北京清華學校學習。一九二四年至美留學，後獲美國賓夕法尼亞大學建築系、賓夕法尼亞大學研究院學士、碩士學位。一九二八年於美國哈佛大學研究院肄業，同年春與才女林徽因①在加拿大温哥華結婚，至歐洲考察半年後回國任職於沈陽東北大學建築系，任主任、教授。一九三一年任中國營造學社法式組主任、中央研究院歷史語言研究所通訊研究員、研究員。一九四四年任教育部戰區文物保存委員會副主任。一九四六年受聘爲美國耶魯大學教授、聯合國大廈設計顧問建築師。一九四八年當選中央研究院院士。共和國成立後直至逝世，一直任清華大學建築系主任。著有《中國建築史》、《中國雕塑史》、《清式營造法式》、《宋營造法式》等。（《廣東近現代人物詞典》四八八頁）

① 林徽因（一九〇四～一九五五），浙江杭州人。三十年代初與夫婿梁思成用現代科學方法研究中國古代建築，成爲此學術領域開拓者。其所創作之文學著作包括散文、詩歌、小説、劇本、譯文和書信等，代表作有《你是人間的四月天》、《蓮燈》、《九十九度中》等。在其感情世界裏有三個男人，一爲梁思成，一爲徐志摩，一爲學界泰斗、爲其終身不娶的金嶽霖。

梁展如生。

梁展如（一九〇一～一九四九），字擎柱，號泰然。曲江人。一九二三年考入省立韶州師範學校，次年冬參加組織農會，一九二五年十二月加入中國共產黨，曾任村、鄉、區、縣農會執行委員、黨支部書記。一九二七年任曲江縣委書記、北江工農軍總指揮部軍需長及南返農軍總指揮，領導北江農軍北上後南返廣東，次年兩次赴曲江重陽支援西水暴動。一九三〇年任中共北江特委宣傳部長。西安事變後與當年的農會會員在曲（江）、英（德）一帶開展抗日宣傳。一九四五年二月任曲江聯鄉抗日自衛委員會副主任兼第三大隊長，轉戰曲南一帶抗擊日寇。一九四七年八月任曲江縣人民解放大隊（又稱曲南大隊）長，翌年五月任中共翁始曲工委委員，同年冬任粵贛湘邊區縱隊北江第一支隊三團副團長。後在翁源不幸被捕犧牲。（《廣東近現代人物詞典》四八九頁）

張汝器生。

張汝器（一九〇一～一九四一），潮州人。十七歲考入上海美專，後去法國馬賽美術學院學習。數年後任《星州日報》副刊主編。一九四一年新加坡淪陷，慘遭日寇殺害。

張忠中生。

張忠中（一九〇一～一九七六），原名照奎，字華壹。樂東（今屬海南）人。黄埔軍校第四期畢業，陸軍中將軍長。一九四八年兵敗被捕。後回鄉居住。（《廣東近現代人物詞典》二四六頁）

張輔邦生。

張輔邦（一九〇一～一九七二），號衛蒼。五華人。上海三育大學肄業，黄埔軍校第三期步科畢業。一九二六年起任國民革命軍第一軍一師一團中尉排長、營指導員、贛南行署專員兼雩都縣長、第三十二軍六十九師團指導員、教導第三師政治部秘書、中央軍校調查科中校秘書。一九三一年後任第八十七師特別黨部書記長、中央軍校調查科上校主任、津浦鐵路警察署長。一九三六年授陸軍少將。抗日戰爭時期，歷任交警第一支隊司令、湘黔桂邊區“剿匪”司令、軍事委員會交通警察總隊總隊長。一九四六年起任廣東省保安處長、粵漢鐵路護路副司令兼警務處長。一九五〇年到臺灣。（《廣東近現代人物詞典》二五一頁）

曾憲文生。

曾憲文（一九〇一～一九四四），陵水人。黃埔軍校第七期畢業，民國時期曾任師長。

曾覺之生。

曾覺之（一九〇一～一九八二），原名展模，字居敬，筆名解人。興甯人。十九歲入北京大學理預科學習，旋赴法國里昂中法大學、里昂大學、巴黎大學文科讀文學、哲學。一九二九年回國，在南京中央大學教授法語，繼任北平中法大學文學系主任兼《中法大學》月刊主編。抗日戰爭爆發轉入漢學研究所，從事《中國思想》翻譯工作。抗日戰爭勝利後，回中法大學任教。一九五二年至北京大學西語系致力於法語教學工作直至退休。著有散文集《歸心》、詩詞集《幻》。譯著有《美術論》、《心戰情變曲》、《海底兩萬里》、《雅克團》等，還有《浪漫主義試論》、《民俗學概説》、《關於茶花女》、《浦路斯第評傳》、《法國劇院史話》及伽利略、牛頓、哥白尼及法國女作家傳記。（《中國近現代人物名號大辭典》一二四五頁）

曾聖提生。

曾聖提（一九〇一～一九八二），原名曼民、筆名大吉、M等。饒平人。早期參加新文藝團體“火焰社”。一九二五年至印度追隨聖雄甘地。一九二七年赴新加坡，曾任《南洋商報》第七任編輯、總編輯。“九一八事件”發生，逗留檳城創辦《電訊新聞》，旋回國，次年再度至印度拜訪甘地。一九三六年重返檳城與洪絲絲創辦《現代日報》。一九七九年應印度甘地基金會邀請前往印度，病逝於印。著有《在甘地先生左右》等。

許元雄生。

許元雄（一九〇一～一九七一），原名雄石。揭陽人。一九二五年前後與人籌辦《汕頭日報》。一九四〇年任中國遠征軍司令部軍法處法官、泰國中華總商會教育協會主席。與黄聲創辦《曼谷商報》，任社長。回國後曾任民革中央候補委員。在曼谷著有《光影在萱園》、《海上風裁》。

許俠夫生。

許俠夫（一九〇一～一九二七），原名聲鵬，字秀南。文昌（今屬海南）人。早年曾往馬來亞謀生，後回國就讀暨南大學社會科學系，參加了瓊崖留滬新青年社，在滬參加“五卅”運動，加入中國共産黨。一九二六年春回瓊崖工作，任中共瓊崖地委委員兼宣傳部長，組織成立中共廣東省立第六師范學校支部，次年瓊崖“四二二”事變後，以地委特派員身份領導文昌工作，在溪西村召開文昌縣第一次黨代會，當選中共文昌縣委書記，任瓊崖討逆革命軍第五路軍（即文昌討逆軍）黨代表，突圍時犧牲。（《中國近現代人物名號大辭典》三一六頁）

許振宏生。

許振宏（一九〇一～一九五六），號國鈞。文昌（今屬海南）人。先後畢業於雲南陸軍講武堂第十八期步科、陸軍步兵學校第三期、實踐研究院第四期，歷任第四軍排、連、營長、上海市保安團上校大隊長、陸軍第六預備師上校團長、福建省軍警聯合訓練所少將教育長、福建省閩南抗日地區保安縱隊參謀長、福清地區抗日指揮官、保安縱隊少將副司令、第九戰區長官司令部少將高級參謀、復員軍官隊少將大隊長等職。一九四七年調回海南，任韓漢英部少將參謀長、海南防衛司令部少將參議、陸軍暫編第七師師長、第四軍中將副軍長，調臺灣陽明山受訓，因海南解放，未及返防，後調任聯勤總司令部高級參謀兼宜羅衛區指揮官，卒於任。（《廣東近現代人物詞典》一二九頁）

楊邨人生。

楊邨人（一九〇一～一九五五），譜名啟源，學名望蘇。海陽（一作潮安）人。一九二二年考入武昌高等師范學校。一九二五年加入中共，次年任廣東省立一中、二中教導主任。四一五政變後逃往武漢，任全國總工會宣傳部幹事，與蔣光慈等籌辦太陽社、《太陽》雜志，後留學日本，回滬與蔣光慈、阿英等辦春野書店。一九五五年肅反運動開始，因歷史問題被列爲重點審查對象，審查期間跳樓自殺。（《中國近現代人物名號大辭典》三六三頁）

楊官宇生。

楊官宇（一九〇一～一九七〇），香山（今中山）人，生於美國檀香山。一九二一年隨楊仙逸等人到美國圖强飛機公司飛行組學習飛行技術，次年冬返穗，其間曾設法將華僑所捐購的十二架飛機轉運回穗。一九二三年協助仙逸研製第一架樂士文國産飛機，後駕機參加討伐陳炯明，每天五次輪番轟炸，協助粵軍追擊逃竄到惠州的叛軍，次年起先後任東江飛機隊長、廣東航空局飛機修理廠廠長兼廣東航空學校教官、廣東航空處第二飛機隊隊長等。一九三〇年任南京第四航空隊長，駐守隴海鐵路之碭山，參加中原大戰，明年春返粵任廣東航空學校校長。一九三二年與劉植炎到福建協助十九路軍組建航空隊，任隊長，尋至南昌任航空站長。一九三八年任空中運輸大隊長。一九四三年任第三飛機製造廠廠長，秋任美國陳納德空軍志願隊中國人員管理處副主任。抗戰勝利後辭去軍職，轉入陳納德空運大隊，任該大隊柳州站長。一九四九年經澳門轉赴檀香山定居。於檀香山病逝。（《廣東近現代人物詞典》一四七頁）

鄒師貞生。

鄒師貞（一九〇一～一九二七），大埔人。生於貧苦農民家庭。一九一八年從大埔中學畢業，先到縣城何家祠小學任教，後考入廣東省立第一甲種工業學校。一九二二年春加入社會主義青年團，次年冬以個人身份加入國民黨。一九二四年考入廣東大學理工學院，同年加入中國共産黨。在廣州讀書期間，與阮嘯仙、張善銘等同學積極學習宣傳馬列主義，投身於反帝、反軍閥的革命鬥争中，曾同周其鑒等人共同起草罷課宣言，揭發校長貪污公款及壓制學生。又與馮菊坡等人創辦愛群通訊社，利用課餘到工廠、農村，發動工農，採訪新聞，串連錦倫堂織造工人，粉碎企圖阻止改組第七區黨部的陰謀。在從事學運、工運中，歷任社會主義青年團廣州地委候補委員、執行委員、國民黨廣州市第七區黨部、第三區分部秘書、共青團廣東區委候補委員、中共廣東區委、油業工會秘書。一九二七年六月間被捕，旋被秘密槍殺於南石頭監獄。（《廣東近現代人物詞典》二二五頁）

蔡詠裳生。

蔡詠裳（一九〇一～一九四〇），字步虛，號竹空，又稱蔡詠霓，筆名蔡永言。南海人。董秋斯妻。一九二六年與鍾敬文、劉謙初、楊成志、董秋斯等在穗發起組織革命文學團體傾蓋社，出版《傾蓋週刊》。一九三〇年與秋斯合譯蘇聯小説《士敏土》。一九三一年期間在澳門從事地下工作。譯有《結婚的幸福》、《蘇俄的婦女》、《黑暗與黎明》。（《中國近現代人物名號大辭典》一二八三頁）

蕭雋英生。

蕭雋英（一九〇一～一九八八），又名鵬魂。大埔人。一九二四年間在國立廣東大學成立“新嶺東社”，出版《新嶺東》雜志。一九二六年任中共廣東區委宣傳委員兼出版部主任，出版《人民週刊》。一九三三年日本留學回國後任中山大學教授等職，曾籌辦《新宇宙月刊》、《群聲報》、《大衆生路》等。

鄧肇堅生。

鄧肇堅（一九〇一～一九八六），祖籍南海，生於香港。早年先後入讀皇仁書院及聖士提反書院。一九一九年助父經營鄧天福銀號，任司理。一九二四年任東華醫院總理。一九二七年當選保良局總理，一九三二年出任保良局主席。一九三四年獲授 MBE

勳銜。一九四九年獲 OBE 勳銜。一九五七年獲 CBE 勳銜。一九六四年英女皇伊利沙伯二世策封爲爵士等。（《廣東近現代人物詞典》四三頁）

鄭志雲生。

鄭志雲（一九〇一～一九二八），幼名譚革。海豐人。早年參加革命。一九二二年加入中國社會主義青年團。一九二四年加入中共，參與領導海豐農運，次年秋代理中共海豐特支書記，尋任中共海陸豐地委幹事、代理書記。一九二七年參與領導三次海陸豐武裝起義，歷任海豐縣臨時人民政府委員、中共海陸豐縣委組織部長、東江特委書記，越年六月東江特委與潮梅特委合併，任特委委員，九月在惠來被捕就義。（《廣東近現代人物詞典》三六二頁）

鄭師玄生。

鄭師玄（一九〇一～一九八二），號慕康，別署桯華館主。潮陽人。早年自學中國畫，後從馮超然學畫，曾任教於上海美術專科學校。中華人民共和國成立後爲上海中國畫院畫師。常用印鑒"鄭、鄭氏、鄭師玄、鄭師玄印、鄭師玄、鄭慕康、鄭慕康印、鄭氏慕康、慕康、慕康書畫、慕康畫記、慕康寫照、慕康七十歲後作、慕康臨本、康叟、桯華館、桯華館主、桯華、老康、老鄭、慕康手臨、潮陽鄭氏、癖於斯、學到老、姹紫嫣紅、家在梅花嶺東、辛丑"。擅長中國畫，其作品形神俱佳、賦色清麗。（《中國近現代人物名號大辭典》八三四頁）

歐照漢生。

歐照漢（一九〇一～一九四三），原名育行，化名陳仲華。萬州（今海南萬寧）人。一九二九年參加馬來西亞共産黨，當年被驅逐回國，繼續參加革命活動。一九三〇年八月當選爲瓊崖特委常委，被派往香港從事聯絡工作，尋被捕關進廣州南石頭監獄。囚禁期間，成立黨支部，組織難友學習政治，唱革命歌曲，鼓舞鬥志，爭取自由。還成立絶食委員會，領導絶食鬥爭，取得勝利。一九三七年獲釋回瓊後，繼續投身於抗日救亡運動，被特委派到香港中央南方工作委員會做港粵瓊聯絡工作，次年秋，出席中央青年工作會議，返瓊後向中央青年部寫了《關於瓊崖青年運動的報告》。一九三九年二月被選爲特委常委兼民運部長、組織部副部長。後病逝，被追認爲烈士。（《廣東近現代人物詞典》三三四頁）

劉樹聲生。

劉樹聲（一九〇一～一九六一），字君任。東莞人。幼喜繪畫，稍長研習中西畫理。後赴美留學，修業於芝加哥大學藝術教育系、華盛頓美術大學，歷時數年學成返港，先後創立萬國美術專科學院、萬國函授美術專科學院、藝花藝術學院、香港華僑美術會、志賢女子中學，均任主要負責人。又與馮師韓、李鳳公、張穀雛、李景康等人合組壬申書畫合作社，任社刊編輯，又被聘爲華僑教育會參議。在香港華僑美術會開幕之日，曾舉辦個人畫展，展出其國畫、西洋畫、書法作品數百幀，當時國民政府要人林森、于右任、孫科、居正、王世傑等均題詞嘉獎，並獲各國名畫家好評。著有《西洋畫法全科教本》、《書法述要》、《國畫法指南》。（《中國近現代人物名號大辭典》二七五頁）

劉耀曾生。

劉耀曾（一九〇一～一九八二），名謙榮。嘉應（今梅縣）人。少年就讀於西廂公學，後進省立五中（今梅州中學）學習，一九二二年秋考入南京國立東南大學教育系，在學期間加入中國共産黨。一九二六年直系軍閥孫傳芳在上海、南京鎮壓工人運動，秘密往上海，找到中共領導人周恩來，次年奉指示回南方進行革命活動，自滬回鄉到梅縣師范學校任教。上海"四一二"政變後，與黨組織失去聯繫（解放初重新入黨），一九二八年秋轉往潮安金山中學任教。一九三一年應邀往爪哇巴城（今雅加達）。一九六五年返國定居。（《廣東近現代人物詞典》一一九頁）

賴松柏生。

賴松柏（一九〇一～一九二八），清遠人。一九二四年參加清遠縣農民運動，次年一月參加第三屆廣州農民運動講習所學習，並加入中國共産黨。一九二七年參加“八一”南昌起義，十月被選爲中共廣東省委委員，任清遠工農革命軍獨立團團長，十二月發起了清遠農軍暴動，次年四月被叛徒出賣被捕就義。（《廣東近現代人物詞典》五二八頁）

盧致德生。

盧致德（一九〇一～一九七九），香山金鼎（今屬珠海）人。早年入讀天津新學書院與北京協和醫學院，獲學士學位。民國十七年（一九二八）獲美國醫學博士學位。二十一年（一九三二）夏歸國後聘爲北平協和醫學院教授、中央軍校軍醫少將處長，兼任國民政府軍事委員會南昌行營軍醫處處長、駐贛綏靖公署軍醫處處長兼軍醫署視察主任、重慶行營軍醫處處長、廬山軍官訓練團及峨眉軍官訓練團衛生處處長等職。二十五年（一九三六）奉派出國考察軍醫教育及軍隊衛生勤務，赴英、法、德、比利時、奥地利、意大利、美國、加拿大諸國，並入英國皇家陸軍醫學院進修。抗日戰争時期任軍事委員會後方勤務部衛生處處長、軍醫署中將署長、軍政部部副兼軍政部戰時衛生人員訓練所主任。抗戰勝利後，被派至南京、上海、北平、天津等主持軍醫部門接收工作。三十八年（一九四九）春，遷往臺灣，任國防醫學院代理院長等職。（《廣東近現代人物詞典》六二頁）

韓盈生。

韓盈（一九〇一～一九二七），筆名寒螢。遂溪人。一九二〇年考入廣州鐵路專科學校，開始接受馬列主義思想教育。一九二二年三月加入社會主義青年團，秘密開展學生運動，翌年發起組織廣東新學生會、雷州留穗同學會，引導青年開展革命活動。一九二五年六月，受中共廣東區委派遣回雷州半島開展革命活動，九月與黄廣淵等人成立共青團雷州特別支部，任支部書記，後出任國民黨廣東南路特別委員會委員、廣東農民協會南路辦事

處書記、中共遂溪縣委書記。“四一二”政變後，因病臥家中被捕就義。（《廣東近現代人物詞典》四九六頁）

鍾惠瀾生。

鍾惠瀾（一九〇一～一九八七），又名良疇。原籍梅縣，生於葡屬東帝汶。一九一七年回國。一九二二年考入北京協和醫學院，畢業後赴美國留學，獲紐約州立大學醫學博士學位。一九三四年訪問美、英、法、比利時、意大利、埃及、印度等國熱帶醫學研究機構，並參加德國漢堡熱帶醫學與衛生學院的研究工作。一九三六年返國，歷任協和醫學院内科教授、北平中央醫院内科主任、北平中央醫院院長、北京大學醫學院附屬醫院内科主任、教授、第二屆全國政協常委、中國科學院生物地學部委員、北京中蘇友誼醫院院長等。著有《熱帶醫學》等。（《中國近現代人物名號大辭典》九一三頁）

謝海若生。

謝海若（一九〇一～一九八〇），揭陽人。十八歲走越南、柬埔寨謀生，自學文化，潛心書畫。一九三一年回國入上海美術專科學校進修，參加一八藝社，次年任教韓山中學，積極開展新木刻運動。抗戰開始，經吴南生介紹，參加“潮汕青年抗敵同志會”，提倡木刻畫爲抗戰宣傳武器。一九四二年全國木刻協會委派爲潮汕地區木刻函授導師。代表作有木刻《魯迅像》。晚年作畫之外尤工書法，四十年代後兼攻國畫，擅長山水、花卉小品，爲世人所重。後病逝於汕頭。（《廣東近現代人物詞典》五二三頁）

蘇熊瑞生。

蘇熊瑞（一九〇一～一九七四），字伯陶。順德人。初入國立廣東高等師范學校附屬師范。一九二〇年畢業，升入該校數理化部。一九二三年與人組織知用學社，出版《知用》刊物，次年留學美國瑞特大學，繼入華盛頓州立大學，一九二九年獲數學碩士學位，明年任中山大學天算系教授，派爲考察歐美教育專員，歸國被勷勤大學聘爲數學教授，兼廣州大學、國民大學教授，又創辦四邑中學。一九三八年至港創辦知用中學，任校董兼校長。一九四一年知用所屬學校停辦，避居澳門。抗戰勝利後遷居香港，經營實業，歷任富安製造廠、三安行總經理等。一九四八年與人組織香港知用學社，任總幹事。一九六二年任新界博愛醫院壬寅年總理。一九六七年任珠海書院副校長兼理工學院院長。著有《新數初階》等。（《民國人物大辭典》一六六〇頁）

羅明生。

羅明（一九〇一～一九八七），原名善培，又名亦平。大埔人。一九二四年冬在廈門出版《星火周報》，宣傳馬列主義，次年加入中國共産黨。一九三四年參加主力紅軍長征。中華人民共和國成立後歷任南方大學副校長、廣東民族學院院長、廣東民委主任、廣東省政協副主席、省人大副主任等。在穗逝世。（《廣東近現代人物詞典》三三七頁）

羅宗煒生。

羅宗煒（一九〇一～?），南海人。國立北京大學物理科畢業，以第一名優異成績奉派日本見習考察，回國後任北京大學物理系講師。一九二五年返穗，任黄埔軍校普通學科主任教官，後任臺灣師范大學教授。（《民國人物大辭典》一六三一頁）

羅倬漢生。

羅倬漢（一九〇一～?），興寧人。翼群侄。父從商販，家境貧苦。本鎮高級小學、興寧縣立興民中學、陸軍大學參謀班第五期畢業。一九二二年春到廣州，先入粤軍服務，充任粤軍司令部委員、中尉副官、廣東憲兵司令部上尉稽查員、汕頭市政廳科員、廣州大本營兵站第二支部上尉經理員、湘軍湘邊宣慰使署上尉副官。一九二四年春由大本營兵站總監羅翼群保薦投考黄埔軍校，同年五月考入黄埔軍校第一期第二隊學習，畢業後加入建國粤軍第一軍第三師任見習排長、副連長，參加討伐廣東南路軍閥鄧本殷的戰鬥。一九二八年任廣東南路常備團副團長、代理團長。抗日戰争爆發後任第六十六軍參議、雲南邊防守備二團團長、第一方面軍後勤務部少將處長、兵站司令。一九四八年三月授陸軍少將，任聯勤總部廣西供應局局長。一九四九年到香港謀生。

韋紹光卒。

韋紹光（約一八一〇～一九〇一），又名進可。南海人。以種菜、看山爲生。道光二十一年（一八四一）英軍往三元里搶掠，與何玉成等聯合百三鄉數千村民，擊斃英軍近五十餘人。事後仍以管墓種菜爲生。（一九九〇《番禺縣人物志》）

清德宗光緒二十八年　壬寅　一九〇二年

春暮，曾習經賦《崇效寺牡丹開後作》七律，表現了對國事憂憤。（陳永正《嶺南歷代詩選》六〇〇頁）

三月，潘飛聲往遊羅浮，作《羅浮紀遊》詩數十章，並爲圖以紀，黄遵憲填《雙雙燕》題其圖。（陳永正《嶺南歷代詞選》二四五頁）

十二月，《新小説》第一年第三號出版，發表黄遵憲所作《幼稚園上學歌》十首。（鍾賢培、管林、謝華、汪松濤《黄遵憲詩選》四三九頁）

本年曾榕設帳毛彩堂明府公寓，因得與何曰愈締交。

曾榕，號魯堂。嘉應（今梅縣）人。徙居蜀之綿竹。善撫琴，工詩。嘗省墓回粤，下三峽，輒登高題詠。光緒二十八年（一九〇二）壬寅，設帳毛彩堂明府公寓，因得與何曰愈締交。著有《南遊草》十餘卷。何曰愈《退庵詩話》卷九有傳。

本年陳景仁與謝錫勳在汕頭創辦《漢潮報》，宣傳維新變法思想，爲潮汕最早一家報紙。

陳景仁，海陽（今潮安）人。光緒舉人。擅隸書，名重一時。（《潮汕書畫史略》）

丁紀徐生。

丁紀徐（一九〇二～一九七九），東莞麻涌漳澎村人。早年赴法學醫，留德專攻航空專業，畢業後留德國工作。一九二六年返粵，在廣東航空學校任少校飛行教官，翌年被送蘇聯學習，返國重回航校爲飛行主任。一九三〇年曾駕機助蔣介石參加中原大戰。後回防南京，晋升空軍上校。甯粵分裂後，回粵在空軍總部任第二隊隊長。一九三二年“一・二八”淞滬抗戰，率機支援十九路軍抗日。一九三七年任空軍驅逐司令，後曾赴雲南、四川等地參加民航部門工作。中華人民共和國成立後歷任廣東空軍校術顧問、廣東省政協委員、廣州參事室研究員、民革廣州市委員會委員等職。（《東莞市志》一四九五頁）

王雄生。

王雄（一九〇二～一九五一），字鏡波，又字惠吾。文昌（今屬海南）人。畢業於黄埔一期。歷任營、團、旅長、參謀長、師政治部主任，參加兩次東征、北伐。後赴日本入陸軍步兵學校，畢業歸國任陸軍步兵學校教官、隊長、班主任及上海員警總隊長、廣東陵水縣長、瓊崖守備副司令、文昌縣長等。

方達史生。

方達史（一九〇二～一九二八），普寧人。一九二〇年考進廣東省立鐵路專門學校。一九二三年加入新學生社、中國社會主義青年團，次年底轉爲中國共産黨員。一九二五年任共青團汕頭支部幹事會書記及共青團汕頭地委經濟鬥争委員會成員、國民黨汕頭市黨部委員、汕頭國民外交後援會常委、秘書、汕頭國民外交後援會黨支部書記，次年任汕頭市國民黨黨部工人部長。一九二七年“四一二”政變後撤到揭陽，參與組建東江工農自衛軍，參加普寧農軍“四二三”武裝暴動，後又組織惠潮梅農工救黨軍北上武漢。一九二八年至穗任中共廣州市委委員兼工人部長，同年八月在石龍火車站被捕遇害。（《廣東近現代人物詞典》二九頁）

包華國生。

包華國（一九〇二～一九六三），祖籍廣東，生於成都。早年入清華大學，後留學美國，歷任國民政府實業部勞工司科長、中國駐國聯辦事處一秘及代表團專員、第三戰區政治部主任秘書、三青團中央宣傳處副處長、國民黨重慶市黨部委員等。一九四九年赴臺灣。

司徒喬生。

司徒喬（一九〇二～一九五八），名喬興。開平人。早年就讀燕京大學神學院。一九二六年在北京舉辦個人首次畫展。一九二八年赴法國留學，師從寫實主義大師比魯。一九三〇年赴美國以繪壁畫爲生，翌年回國任教嶺南大學。一九三四年任《大公報》藝術週刊編輯，後去緬甸仰光養病，一九三九年輾轉新加坡，一九四二年返回重慶，次年赴西北寫生，並於一九四五年在重慶舉辦新疆寫生畫展，次年曾遠涉粵、桂、湘、鄂等地作《義民圖》多幅，先後在南京、上海展出。後赴美國養病，一九五〇回國，任中央美術學院教授。擅長油畫、水彩、粉畫。著有《司徒喬畫集》行世。（《中國近現代人物名號大辭典》一九二頁）

伍東白生。

伍東白（一九〇二～一九六一），梅縣人。畢業於汕頭華英學校、廣州嶺南大學等。僑居泰國，歷任泰國華僑客屬總會理事長等。一九五五年赴美考察。一九六一年參加臺灣陽明山第一次會談。（《民國人物大辭典》二一二頁）

江茂森生。

江茂森（一九〇二、一九〇一～一九八二），茂名人。一九二四年考入廣東大學，一九二六年肄業，被陳濟棠委爲軍部文職，次年轉任國民黨廣東省黨部幹事。一九二九年畢業於中山大學，曾任黄埔軍校燕塘分校少校政治教官，翌年升任第八路軍總指揮部中校秘書。一九三一年任第一集團軍軍需處少將處長、海南特區行政長官公署財政處長、廣東物産經理處副經理等職。一九三六年移居香港，協助陳濟棠創辦德明中學，任校長。一九四〇年創建德明中學分校於高州城東，任董事長。香港淪陷後，將德明中學遷至高州與高州分校合並。日軍投降後，將德明中學復遷香港，仍任校長。一九六一年兼任珠海書院副校長。病逝於香港。編著出版《茂名縣志稿》、《廣東文徵》。（《廣東近現代人物詞典》一一九頁）

李大超生。

李大超（一九〇二～?），長樂（今五華）人。一九二一年考入北京大學。一九二七年參加國民革命軍，次年任煙臺警備司令部政治部主任。一九三三年任中國航空建設協會理事兼總幹事。一九四七年任廣東省選舉指導員。一九六九年後任臺灣瑞士化工廠董事長等職。（《民國人物大辭典》二五四頁）

李先聞生。

李先聞（一九〇二～一九七六），原籍嘉應（今梅縣），生於四川江津。一九二三年於清華預備學校獲學士學位後，赴美國普渡大學攻讀碩士，並以優異成績畢業，一九二六年進入康乃爾大學攻讀博士，一九二九年取得博士學位後，旋即回國，先後在中央大學、東北大學、北平大學、河南大學、武漢大學、臺灣大學等高校任教。一九四八年被聘爲中央研究院首批院士。去臺灣後，潛心甘蔗細胞遺傳學及育種栽培實踐問題研究，培育新品種，將兩年一熟制改爲四年三熟制，使臺灣蔗糖業獲得新生。著有《李先聞自傳》。（《廣東近現代人物詞典》一六八頁）

李厚逢生。

李厚逢（一九〇二～?），新會人。幼年負笈海外。一九一四年返粵受中文教育。一九一八年再往加拿大，入國民黨，任加拿大漢彌頓中華會館主席等職。（《民國人物大辭典》二八四頁）

李振良生。

李振良（一九〇二～?），字樂山。東莞人。畢業於廣東省西江陸軍講武堂。一九三二年後任第二軍第五師師長，率部參加了一九三四年對江西中央紅軍第五次“圍剿”。一九三六年一月二

十九日升少將，同年任兩廣抗日救國軍第一集團軍第二軍師長。（《民國人物大辭典》二八九頁）

李國珍生。

李國珍（一九〇二、一九〇三～一九三一），又名伯珍、穀珍。海豐人。一九二一年夏，參加彭湃社會主義研究社活動，同年留學日本。一九二四年返國，次年參加中國共産黨，任中共海豐地委宣傳部部長、中共海豐縣委書記等職。大革命失敗後，參加南昌起義，失敗後避居日本。一九二八年乘船回國，於廈門任福建省宣傳部部長。由於叛徒告密被捕遇害。（《中國近現代人物名號大辭典》四二七頁）

李善邦生。

李善邦（一九〇二～一九八〇），興寧人。早年東南大學物理系畢業，曾任中央地質調查所技正、地震研究室主任。一九三〇年建起中國自辦首座地震臺北平鷲峰地震臺，並用其觀測資料編輯出版《鷲峰地震月報》、《鷲峰地震專刊》。抗日戰爭時期轉赴水口山、攀枝花地區做物探工作，指導地磁三要素測量，據此製成中國首幅地磁圖。一九四三年製成水準擺鷲峰地震臺式地震儀，建成四川北碚地震台。五十年代其設計製造之儀器裝備了第一批地震臺站，構成地震臺網。參加中國歷史地震資料整理工作，完成了首份地震區域劃分圖，編輯《中國地震目録》，著有《中國地震》，全面論述了中國地震，並兼及全球地震。（《廣東近現代人物詞典》一八五頁）

李撫虹生。

李撫虹（一九〇二～?），原名耀民，號照人。新會人。廣州法政專門學校畢業，後獲日本大學法學士學位。高劍父於廣州創春睡畫院，與之同事，歷任廣州特別市立藝術專科學校暨廣州南中美術院秘書、教授、署理校長、廣州五邑見聞通訊社社長、香港《大晚報》秘書、香港公民協會顧問、香港中國美術會秘書、執行委員會主席、香港書道協會監事長，後任香港書畫學會會長、香港華僑及華廈書院教授、藝術系主任、香港大學校外課程國畫主講、香港教師會、喇沙書院國畫導師及劍門、劍虹畫院院長。舉辦個人書畫展覽凡八次。代表作有《鵪鶉圖》、《柳堤飲馬圖》。著有《撫虹畫集》、《畫問》、《畫論》、《畫綴謝赫六法的探索》等。（《中國近現代人物名號大辭典》四二〇頁）

余兆麒生。

余兆麒（一九〇二～?），新會人。國民黨員。黄埔軍校軍事教官，後任中華民國軍事委員會中將參議、美國密芝根大學法律博士、中國聯合銀行創辦人。一九八三年創立余兆麒醫療基金，對香港醫療服務貢獻良多。

余程萬生。

余程萬（一九〇二～一九五五），號石堅。新寧（今台山）人。畢業於黄埔軍校一期及中山大學政治系。一九三一年就任南京警衛軍少將教官，次年轉入陸軍大學研究院深造。一九四〇年任七十四軍五十七師師長，一九四四年任七十四軍副軍長，一九四八年任二十六軍軍長，次年任雲南綏靖公署主任。雲南盧漢宣佈起義，曾遭扣押，被釋放後，轉道海南，在香港寓居，一九五五年被殺。（《廣東近現代人物詞典》二二二頁）

余紹光生。

余紹光（一九〇二～?），曾用名慶文。台山人。一九二四年清華學校畢業，同年赴美入達謨斯大學，一九二六年畢業，隨即考入哈佛大學研究生院。一九二八年畢業，獲碩士學位，曾在上海、重慶等地做經濟、貿易和教育工作。一九五四年任北京對外貿易學院教授等。（《民國人物大辭典》四〇三頁）

林西屏生。

林西屏（一九〇二～?），號翰芳。新會人。幼讀私塾，後入國民專修學校。十九歲赴加拿大温哥華創設新軒印務局。一九二六年加入國民黨。一九三九年起任加拿大岡州總會館理事長等職。一九六九年出席國民黨十中全會，旋被聘國民黨中央評議委

員。（《民國人物大辭典》四六四頁）

林柏生生。

林柏生（一九〇二～一九四六），號石泉。信宜人。一九一五年考入高州中學。一九二〇年入嶺南大學。一九二三年因罷課被開除，至執信中學任訓育主任。一九二五年任汪精衛秘書，次年任黄埔中學政治教官。一九二七年隨汪精衛赴法國旅行，創辦《留歐通訊》。一九二九年奉汪精衛命至香港創辦南華通訊社。一九三二年在上海創辦《中華日報》。一九三七年前往香港主持《南華日報》，兼任國民黨中央宣傳部特派員，次年隨汪精衛離渝叛國。一九四〇年任僞行政院宣傳部部長。一九四五年任汪僞安徽省省長。抗戰勝利，隨陳公博逃亡日本，後被逮捕解送回國，以漢奸罪處决。（《民國人物大辭典》四六八頁）

林培廬生。

林培廬（一九〇二～一九三八），名植桐，也稱培庵，以字行。揭陽人。曾主辦過多種民俗學報。著有《耒銛集》、《潮州七賢故事集》、《揭陽風土記》、《榕江詩鈔》等。

林樹芹生。

林樹芹（一九〇二～一九三二），瓊海（今屬海南）人。一九二四年秋考入廣東第六師範學校。一九二六年國民革命軍收復瓊崖後，黨組織派一批共産黨員入校執教。六師學生會成立時，當選爲學生會領導人之一，爲《路燈》《掃把》等革命刊物撰寫多篇文章宣傳革命，同年加入中國共産黨。“四一二”政變後，隨中共瓊崖地委書記王文明等撤離海口，到（瓊）東定（安）交界山區活動，出席了中共瓊崖地委緊急會議，被任命爲青年部長兼《紅光報》主編。共青團特委改選，當選團特委書記，受瓊崖特委委派主持召開中共瓊東縣第一次代表會議。一九二八年在瓊崖黨的第三次代表大會上被選爲特委委員。瓊崖蘇維埃政府成立，被選爲政府委員。一九三〇年八月後瓊崖特委遷至瓊東四區，被任命爲瓊崖特委秘書長。後被捕犧牲。（《廣東近現代人物

詞典》三二四頁）

卓慶堅生。

卓慶堅（一九〇二～一九二七），大埔人。一九二四年考入廣東大學法學預科班，次年加入共産主義青年團，後被送入廣東農民運動講習所學習，次年結業時轉爲中國共産黨黨員，受命前往北江開展農民運動，年底任中共北江特委書記。四一五政變後，决定組織農軍支援廣州，後隨阮嘯仙潛入廣州，協助省委安排緊急轉移。又與嘯仙返至清遠，將北江農軍與粤漢鐵路工人糾察隊整編爲北江工農革命軍總隊，任總隊黨組書記兼任第一大隊指導員，奉命北上武漢，途中兼任總隊行軍書記，至湖南郴州時，與朱雲卿所率之農軍學校二期生匯合，於衡陽被許克祥阻擊，折回永興縣。七月中旬，接中共中央指示掛起陳嘉佑補充團番號，經衡陽、長沙至武漢。不日汪精衛公開叛變，决定開赴南昌討伐蔣介石。至九江，接中共中央指示即赴南昌參加起義，編爲工農團，任團長。八一南昌起義勝利後，北江工農團受中華革命委員會前委改編編入二十軍第三師第六團，四日離開南昌，經撫州、宜黄、廣昌、瑞金，到會昌後參加對錢大鈞部戰鬥，在北山攻堅戰中犧牲。（《廣東近現代人物詞典》三三五頁）

周化人生。

周化人（一九〇二、一九〇三～一九七六），又名億孚，號達京。化縣（今化州）人。一九二八年考入北京大學。一九三三年被薦任津浦鐵路局副局長。一九三五年被選送留學英國倫敦大學。一九三八年回國，追隨汪精衛，次年任汪僞國民黨組織部副部長、汪僞中央政治會議秘書處宣傳組組長。汪僞政權成立後，歷任汪僞鐵道部常務次長、社會行動指導委員會委員、汪僞廣東省政府委員兼廣州市市長、汪僞新國民運動促進委員會上海分會委員、汪僞全國經濟委員會委員、上海市第一區行政督察專員。抗戰勝利前夕逃亡吉林，後逃至香港。後在港任中學教員、大學教授。著有《中國文學史稿》等。（《廣東近現代人物詞典》三

三五頁）

陳章生。

陳章（一九〇二～一九四八），字戎光。羅定人。一九二一年考入福建軍官學校炮科。一九三六年後任第一五二師副師長、師長，授陸軍少將軍銜，次年晋升陸軍中將。一九四八年在淮海戰役中兵敗自殺，時任第六十三軍軍長。（《廣東近現代人物詞典》二六五頁）

陳權生。

陳權（一九〇二～一九三〇），原籍新會，生於澳門。十歲時與弟去香港謀生。一九二一年參加中華海員工業聯合總會並成爲骨幹之一，次年帶領全船工友參加香港海員大罷工。一九二五年加入中國共產黨，參與領導省港大罷工，歷任海員代表團團長、省港罷工工人代表大會成員、全國海員總工會執行委員、政治部主任兼調查部主任、香港總工會第一届執行委員。一九二七年初參加在瑞士召開的國際工人會議，十月被任命爲中共廣東省委委員，參加廣州起義準備工作，動員流落在港澳及省内各地的海員返回廣州參加工人赤衛隊，在香港籌集經費、槍械支援廣州起義，次年初奉命到上海恢復海員工會。一九二九年被捕，審訊時始終未暴露身份，被判八年徒刑，次年在獄中病逝。（《廣東近現代人物詞典》二六〇頁）

陳驥生。

陳驥（一九〇二～一九七四），字驤衢。順德人。廣東陸軍小學第三期、南京第四陸軍中學、保定軍校第二期步科、日本陸軍士官學校第六期騎科畢業，歷任粤軍排、連長、西江講武堂教官、營、團長。一九三六年任廣東省保安第四旅旅長，次年葉肇組建了六十六軍，任該軍一五九師師長。一九三九年八月六十六軍第二任軍長譚邃病故，升軍長，次年三月，因昆侖關戰役失利被撤職，六十六軍被取消番號。後任第三十五集團軍高級參謀、第七戰區高級參議。後廣東第四區專員池中寬調職，接任第四區行政督察專員兼保安司令。一九四二年四月卸職，由羅獻祥接任。一九四八年五月任順德縣長，次年秋赴東南亞（一説香港）。（《廣東近現代人物詞典》二六八頁）

陳天犀生。

陳天犀（一九〇二～?），原名聽潮，筆名紫蘇、杜仲、羌公。潮陽人。幼年入私塾。一九一五年入上海飛虹小學。一九一九年入兩江公學。一九二一年從蔣善超習詩文。後從事新聞工作，先後任《福爾摩斯報》編輯、《社會日報》總編等。共和國成立後在上海文化局工作。一九八一年參加民盟，又爲中國曲協、上海作家協會會員等。改編作品有《林冲》等，編著《岳雲》等。（《民國人物大辭典》一〇一〇頁）

陳成恩生。

陳成恩（一九〇二～一九六四），嘉應（今梅縣）人。一九二四年赴上海求學，先後獲東吴大學法學士及復旦大學文學士學位，後進美國斯坦福大學，獲政治學碩士學位，繼入美國西南大學，獲法學博士學位。一九三四年秋回國，在廣東法科學院任教，尋任穗《民國日報》編輯、《中山日報》撰述主任。一九三八年穗淪陷後在重慶任《掃蕩報》副總編，復任中央海外部專門委員及國立中央大學教授。一九四三年任財政部桂林銀行監管辦事處專員及廣西大學教授。抗戰勝利後任廣東省政府編譯室主任兼廣州《中山日報》總主筆。奉命籌設梅縣《中山日報》社，任社長，復主持嘉應大學法學院創建。一九四九年至臺灣，入“中國廣播公司”編輯外語廣播，主編英文《中美月刊》、《今日中國》。在臺北病故。（《廣東近現代人物詞典》二七七頁）

陳亦謀生。

陳亦謀（一九〇二～一九三一），又名燕貽。長寧（今新豐）人。一九二四年入廣東大學預備班，加入中共，次年冬赴莫斯科中山大學學習，深受托洛茨基思想影響。一九二七年回國。一九二九年在上海參與組織中國第一個托派組織我們的話派。一九三一年在滬參與成立托派統一組織中國共産黨—列寧主義者左翼反對派，當選中央常委兼組織部部長，尋被捕入獄，卒於獄中。（《廣東近現代人物詞典》二七九頁）

陳映山生。

陳映山（一九〇二～一九七二），學名友菁，字壽南。海陽（今潮安）人。潮州東鳳衛生院名老中醫。幼從外祖父習醫，二十歲懸壺問世，從醫五十年，經驗豐富，造詣精湛，醫譽卓著。臨床擅長内科雜病，對糖尿病、胃腸病、癲癇、神經官能症的治療尤具獨特療效，業績載於《潮州市志》、《汕頭市志》、《中醫人物辭典》等。生前任潮安縣人民代表、政協委員、潮安縣中醫藥學術研究會委員。（《廣東近現代人物詞典》二九三頁）

陳樂素生。

陳樂素（一九〇二～一九九〇），又名博。新會人。垣長子。早年隨父遊學。一九一八年赴日留學，一九二三年歸國。大革命期間投筆從戎，參加北伐軍任宣傳員。一九二八年赴滬，開始研究歷史，在其主編的《日本研究》雜志上發表研究古代中日交往史的《魏志倭人傳研究》，受到史界好評。“九一八”事變後，改研宋史，發表了《三朝北盟會編考》及《徐夢莘考》。一九三五年被教育部派往日本考察。抗日戰爭爆發後，到香港九龍英華女子中學任教，曾主持《皇明四朝成仁録》彙編與校訂工作。香港淪陷，入貴州遵義，應聘任浙江大學歷史系教授。解放戰爭期間，支持學生愛國民主運動。新中國成立後，參與接管浙江大學，後任浙江師范學院歷史系教授兼圖書館館長、人民教育出版社編審。一九五六年加入中國共産黨，並被聘爲中國社會科學院歷史研究所兼職研究員，後調任廣東暨南大學教授兼宋史研究室主任、古籍研究所名譽所長等。著有《求是集》等。（《廣東近現代人物詞典》二七四頁）

高卓雄生。

高卓雄（一九〇二～一九八七），南海人。一九三一年加入華商總會。一九四八年當選爲首任理事長。後又於一九五〇、一九五三、一九五七、一九五九年出任該會五届會長，並在任内將“華商總會”正式改爲中華總商會，修改了會章，又將理、監事制改爲會董制，當選首任會長。曾在香港九龍創辦新世界大藥行，後成立有限公司，經營實體還有華人企業、蘭香閣茶餐廳、華人食品、平安大酒樓及迴圈報業印刷有限公司，任總監督或董事長。還任該會第十九届副會長、永遠名譽會長、保良局主席、鐘聲慈善社社長、藥行商會主席、京士柏孤兒院院長、中區街坊會理事長、商業通濟公會名譽會長等職。歷任第二、第五、第六届全國政協委員，曾獲 MBE 勳銜。病逝於香港。（《廣東近現代人物詞典》四一七頁）

區壽年生。

區壽年（一九〇二～一九五七），羅定人。早年入粤軍第一師第四團第三營第十一連任文書，後經舅父蔡廷鍇保送入粤軍陽江軍事教習所學習，結業後任十一連司務長、排、連長，歷任第四軍營、團、旅長，參加粤桂戰争及中原大戰，並參加對中央蘇區“圍剿”。一九三一年任第十九路軍第七十八師師長，次年“一·二八”事變，率部奮起抵抗。一九三三年參加福建事變反蔣，任人民革命軍第一方面軍第三軍軍長，閩變失敗後仍任師長。一九三四年赴香港居住，旋赴德國學習軍事。一九三六年回國後仍任七十八師、二十六師、一七六師少將師長。抗戰爆發後爲李宗仁麾下，參加淞滬、徐州與武漢會戰。一九三八年升中將，任第四十八軍副軍長兼一七六師師長，次年升第四十八軍軍長。一九四三年任第二十六集團軍副總司令。抗戰勝利後，任第六綏靖區副司令官，於黄泛區大戰中與解放軍僵持，因黄百韜軍團援助，獲勝。一九四八年兼任整編第七兵團中將司令官，在豫東戰役中被俘。一九五〇年獲釋，次年回穗，任民革華南臨時工作委員會宣傳委員會委員。一九五四年任廣州市政協常委。（《廣東近現代人物詞典》二四頁）

黄文傑生。

黄文傑（一九〇二～一九三九），原名祥慶，乳名觀妹，號絢雲。興寧人。一九二五年參加革命，曾留學蘇聯，回國後長期在國民黨統治區擔任中共領導工作，歷任中共上海臨時中央局代理書記、書記、中共中央長江局秘書長、南方局四人領導成員。（《廣東近現代人物詞典》四四三頁）

黄居仁生。

黄居仁（一九〇二～一九二八），龍川人。幼年喪父，由母親撫育長大。高小畢業後，於民國八年（一九一九）往佛山一布廠當染織學徒工。十一年（一九二二）秋考進廣東省立第一甲種工業學校織染科，在校期間結識了阮嘯仙、劉爾崧等，次年夏加入"新學生社"，同年十一月參加社會主義青年團。十三年（一九二四）春走向社會從事青年運動，同年十月任青年團廣東（兩廣）區委委員、組織部長，翌年春加入中國共産黨，後迭任團廣州地委組織部長、中央廣東（兩廣）區委青年運動委員會、團廣東（兩廣）區委書記等職。四一五事變後，調汕頭特委書記、汕頭市委書記。十六年（一九二七）底參加廣州起義失敗後，任惠陽縣委書記，旋回廣州堅持地下工作，次年春夏間，與妻張雪英在廣州被捕犧牲。（《廣東近現代人物詞典》四五六頁）

黄紀福生。

黄紀福（一九〇二～一九三七），嘉應（今梅縣）人。一九二六年加入國民革命軍，後入第十一教導隊學習，畢業後歷任排、連、營長等職，曾參加北伐戰爭。一九三六年在第六十六軍一五九師任團長，翌年率部在劉行、廣福等地奮勇抗擊日軍，予敵重創，十二月任四七七旅副旅長，參加南京保衛戰，在湯山拒敵。湯山失守後經麒麟門退大水關集結待命，十日隨一五九師調駐明故宫，策應增援光華門之一五六師，十二日，南京失守，隨六十六軍經太平門突圍，戰鬥中壯烈犧牲。追贈少將。（《廣東近現代人物詞典》四四七頁）

黄病佛生。

黄病佛（一九〇二～一九六一），原名義之。澄海人。一九二七年至泰國，曾任《華暹報》、《國民日報》、《華僑日報》、《中國報》、《星暹日報》等報刊編輯、總編輯等職，自行創辦《社會日報》和病佛文化書局。遺著有《泰國府志》、《泰國風光》二書，遺稿《錦繡泰國》在泰出版。

黄詠雩生。

黄詠雩（一九〇二～一九七五），字肇沂，號芋園。南海人。一九三二年任廣東省商會聯合會首届主席。數十年來在詩詞文苑中辛勤耕耘，成果豐碩，以詩詞著稱於嶺南文壇，與黄祝蕖、黄慈博、黄仁恒並稱“四黄”。

黄俊民生。

黄俊民（一九〇二～一九七四），海豐人。少年肄業於廣州南武中學，後考入黄埔軍校步兵科。西南事變後升爲九三四團上校團長，駐紮惠州。抗戰爆發，隨大軍北上，轉戰大江南北，因抗戰有功，提升爲少將旅長。李漢魂主粤時，任南海縣長。新中國成立前夕移居香港，受聘爲聖璐琦書院體育主任，任教十餘年。

符向一生。

符向一（一九〇二～一九二八），原名福山，字向東。瓊山（今屬海南）人。少時在馮官園、大昌小學讀書。一九二〇年考入瓊崖中學。一九二四年秋考進上海東華大學，次年在滬加入中國共産黨，與葉文龍、陳德華主編出版《瓊崖新青年》，同年秋從上海返穗。一九二六年一月，國民革命軍渡瓊討伐軍閥鄧本殷，隨軍回瓊工作，任共青團瓊崖特支書記，三月任瓊崖農運辦事處書記。北伐開始，隨軍北上。北伐軍攻克武漢，協同籌建湖北省農民協會，次年八月中共湖北省委任命其指導鄂南區工作，成立鄂南特委，當選委員，十月省委任命其黄麻（黄安、麻城）特委書記，十一月領導黄麻兩縣二十萬群衆起義，攻克黄安城，建立了黄安縣農民政府及工農革命軍鄂東軍，十二月任新組建的中共湖北省委常委。一九二八年三月因叛徒出賣被捕就義。（《廣東近現代人物詞典》四七一頁）

商承祚生。

商承祚（一九〇二～一九九一），字錫永，號駑剛、蠖公、契齋。番禺人。出身書香仕宦之家。早年從羅振玉選研甲骨文字，後入北京大學國學門當研究生，畢業後曾先後任教於南京東南大學、中山大學、北京女子師范大學、清華大學、北京大學、金陵大學、齊魯大學、東吴大學、滬江大學、四川教育學院、重慶大學、重慶女子師范大學、中山大學等，生前爲中國書法家協會理事。著有《殷契佚存》、《十二家吉金圖録》、《石刻篆文編》、《殷虚文字類編》、《商承祚篆隸册》行世。其二子今仍爲中山大學人類學系教授，世代書香，士林美談。（《廣東近現代人物詞典》四七三頁）

馮文鳳生。

馮文鳳（一九〇二、一九〇六～一九六一），鶴山人。幼從父學書畫。十四歲時在香港即席揮毫，藝驚四座。一九二三年赴廣州舉行書畫展，翌年被上海《新聞報》評爲全國女書法家。一九四六年後遷居美國。書法擅篆隸正草。（《中國近現代人物名號大辭典》一八〇頁）

張炎生。

張炎（一九〇二～一九四五），又名巨炎，字光中。吴川人，出生於越南海防。早年參加粵軍，隨軍南伐鄧本殷，參加東征陳炯明、北伐吴佩孚，升任營、團長。一九二九年參加粵桂戰争，次年參加中原大戰，升旅長。一九三一年任十九路軍旅長兼副師長，代理師長職務，次年參加“一·二八”淞滬抗戰。一九三三年參與福建事變，任第四軍軍長。“七七”事變後歷任爲廣東省民衆抗日自衛團第十一區統率委員會主任委員、廣東省第十一區遊擊司令、廣東省第七區行政督察專員。一九四五年起義成立高

雷人民抗日軍，任軍長，旋被捕遇害。（《中國近現代人物名號大辭典》六一六頁）

張威生。

張威（一九〇二～一九二八），陸豐人。一九二三年畢業於海豐陸安師範，次年加入中共。一九二五年廣東革命政府東征討伐陳炯明，被任命爲四十四組組長、中國共産主義青年團陸豐特別支部書記、陸豐代縣長。一九二七年參加領導海陸豐三次武裝起義，當選爲陸豐縣委書記。後任中共東江特委委員、中共紫金縣委書記。一九二八被任命爲陸豐暴動總指揮，六月赴陸豐東南地區組織夏收暴動。七月不幸被捕，八月被殺害。（《廣東近現代人物詞典》二三四頁）

傅日東生。

傅日東（一九〇二～一九七四），南海人。早年畢業於廣東省立工業專門學校，嗜美術及體育。初研漢畫，繼入春睡畫院師從高劍父。善畫佛，工真草。作品曾參加全國美展、中日聯展、芝加哥萬國博覽展。又擅武術。歷任廣東省立四中、廣州市立一中、執信女中、培英中學等學校主任教員、嶺嶠師範高級圖工樂體班主任、廣東精武體育會常務兼國術部主任、亞東畫社社長。一九三七年抗日戰爭爆發後避難香港、澳門。抗戰勝利後，因家産與書畫均毀於戰火而輟畫做田園隱士。中華人民共和國成立後曾任南海縣政協委員。（《廣東近現代人物詞典》五〇六頁）

曾法生。

曾法（一九〇二～一九四三），譜名慶川。陵水（今屬海南）人。黄埔軍校第七期畢業，民國時期任副師長。

曾浩春生。

曾浩春（一九〇二～一九四六），瓊山（今屬海南）人。解元對顔第五子。少時讀書瓊臺書院，後考上北京大學，畢業後繼胞兄同春後考取官費留學法國里昂大學，獲法學博士學位。學成歸國後，先後出任清華大學、燕京大學教授，後至上海任復旦大學、暨南大學教授，又回穗任《廣州日報》主筆、《民國日報》主編（專寫社論），出版著作頗多。

曾廣方生。

曾廣方（一九〇二～一九七九），香山（今中山）人。早年留學日本東京大學攻讀研究生。一九三一年獲博士學位。中華人民共和國成立後任中國藥學會副會長。長期致力於天然藥物化學研究，是中國從事中藥黄酮類成分研究較早的科學家之一。又從中藥南瓜子中分離出抑制日本吸血蟲童蟲生長的新氨基酸——南氨酸。也是中國藥學會早期刊物《中華藥學雜志》（後改名《藥學學報》）的創刊人之一，長期任主編。（《廣東近現代人物詞典》五一三頁）

湯澄波生。

湯澄波（一九〇二～?），筆名澄波。花縣人。二十年代曾在《小説月報》發表《拜倫的時代及拜倫的作品》，出版《梅脱靈戲曲集》。另翻譯史達林的《列寧主義之理論及實施》。曾任汪偽政務次長。（《中國近現代人物名號大辭典》三〇七頁）

潘兆鑾生。

潘兆鑾（一九〇二～一九三二），又名少庭，字俠夫。原籍順德，生於日本。一九一九年回國後積極投身工人運動。一九二四年被選爲粤漢鐵路總工會執行委員兼總秘書，次年調國民黨中央組織部當幹事，尋調國民黨廣東省黨部任組織部幹事，又被任命爲國民黨廣東省黨部南路特别委員會（籌備）主席，前往南路開展工作。一九二七年先後任中共南方局軍事委員會及肅反委員會秘書，參與廣州起義籌備工作，次年東渡日本，成立中共横濱支部，任支部書記。一九二九年回國，次年被捕，一九三二年在廣州犧牲。（《中國近現代人物名號大辭典》一三二四頁）

楊石魂生。

楊石魂（一九〇二～一九二九），普甯人。一九二三年參加社會主義青年團，次年加入中國共産黨。一九二五年任青年團汕頭特别支部書記、汕頭市總工會籌委會主席，領導青年學生、工人群衆開展革命鬥争。大革命失敗後，組建東江工農自衛軍，先後任副總指揮、黨代表。後被捕犧牲。（《廣東近現代人物詞典》一四三頁）

楊裕芬生。

楊裕芬（一九〇二～?），原籍山西寧武，生於廣州。早年愛好文藝，研習書法，畢業於廣州越華書院，後赴美國哥倫比亞大學研究院。歸國歷任交通大學、暨南大學教授兼秘書長。抗戰期間赴重慶，在公路總管理處任職。一九四二年任考試院法規委員會委員。一九四四年任考試院甄核司司長，並創設中國人事行政學會。一九四九年赴美國考察人事管理，被選爲紐約中華公所主席等職。一九七二年創辦全美華裔文化協進會。一九七五年創立美洲中華書法學會，被選爲理事長。（《民國人物大辭典》一二三七頁）

楊逸堂生。

楊逸堂（一九〇二～一九八二），又名伯愷。嘉應（今梅縣）人。北京法政專門學校肄業，曾參加省港大罷工。一九二六年任北伐軍總政治部編纂股股長，次年参加南昌起義。一九三〇年参與創建中國國民黨臨時行動委員會，任中央幹事。後任廣東南華學院教授、香港達德學院總務主任、農工黨中央執委、民盟中央執委、南方總支部常委。一九四九年出席全國政協首屆全體會議。中華人民共和國成立後任交通部辦公廳副主任、参事室参事、農工黨中央執行局委員、民盟中央常委、第一届全國人大代表、第五届全國政協委員。著有《太平天國之研究》、《鄧演達傳》等。（《廣東近現代人物詞典》一四九頁）

詹安泰生。

詹安泰（一九〇二～一九六七），字祝南，號無庵。饒平人。先後就讀於廣東高等師範、廣東大學中國文學系，一九二六年畢業後任教韓山師範、金山中學達十二載。一九三八年起任廣州中山大學教授二十八年，任中文系主任、古典文學研究室主任。編寫有《中國文學史》（先秦西漢部分）爲大學教材。一生著力研究古典詩詞，主要著作有《花外集箋注》、《碧山詞箋注》、《姜詞箋解》、《宋人題詞集録》、《古典文學論集》、《温詞管窺》、《詞學研究十二論》、《無庵詞》、《鴝鵒巢詩》、《滇南掛瓢集》、《宋詞散論》、《離騷箋疏》、《詹安泰詞學論稿》等。尤其對宋詞研究博大精深，撰寫了《詞學研究》十二論。（《中國近現代人物名號大辭典》一二七三頁）

蔡朝焜生。

蔡朝焜（一九〇二～一九三七），字華熊。西寧（今鬱南）人。民國十六年（一九二七）春，投考國民革命軍教導隊，受訓結業後任第十師特務營中尉排長。十九年（一九三〇）被提昇爲十九路軍七十八師四六四團一連上尉連長。二十一年（一九三二）一月，在上海大楊防守戰中，負重傷，被授予二等軍功勛章，並提昇爲十九路軍七十八師四六四團一營少校營長。二十三年（一九三四）春任桂係獨立團第四營營長。二十五年（一九三六）冬，任桂係一七六師師部中校副官處長，翌年秋，隨師北上徐州。上海八.一三戰役爆發後，負責運輸全師軍需彈藥。尋調昇一七六師一〇五一團上校團長，奉命率部增援江蘇常熟港口鎮謝家橋一帶防綫，多次擊潰來犯日軍。十一月十六日日軍卷土重來，激戰中不幸中彈殉國。（《廣東近現代人物詞典》五三九頁）

鄧錦濤生。

鄧錦濤（一九〇二～一九八七），廣州人。出身武術世家，自幼練武，精俠拳、洪拳、梅花槍等。一九二三年任三水縣武術教師，後在南海授拳。中華人民共和國成立後歷任中國武術協會委員、廣東省、廣州市武協副主席、廣州市南粤武術學校校長。晚年曾組織廣州市俠拳研究會，編有《俠拳》。（《廣東近現代人物詞典》四二頁）

鄧經儒生。

鄧經儒（一九〇二～一九七二），字緯群。電白人。黄埔軍校首期步科、廬山中央軍官訓練團高級班畢業。歷任國民革命軍第五軍十六師連長、少校參謀、中校團長。一九三一年任京滬警備總司令部警備旅代理旅長。抗日戰爭爆發後任新編第十師師長、第九十一軍副軍長。一九四二年授陸軍少將，任國民政府軍事委員會軍政部第二十一補充訓練處處長。一九四五年任第三集團軍總部參謀處長。一九四七年任訓練總監部中將委員。一九四九年至臺灣，當選“國大代表”。（《廣東近現代人物詞典》三九頁）

鄧臺枚生。

鄧臺枚（一九〇二～一九八四），原籍廣東，隨祖輩入越南。對漢學有很深造詣。主要著作有《文學概論》、《魯迅》、《中國現代雜文》、《中國現代文學史》等。歷任越南文化協會會長、越南文聯主席、越南文學院院長等。

廖苾光生。

廖苾光（一九〇二～？），曾用筆名壁光、碧光、觀古、豐等。梅縣人。宣統元年（一九〇九）入當地文光學堂。一九一六年高小畢業後失學。一九二一年到印度尼西亞當學徒，翌年回國。一九二五年考取上海復旦大學。一九三〇年赴日本求學回國後先後在廣西桂林師專、廣東梅縣中學、廣東法商學院任教。一九四九年後轉文理學院。退休前爲教授，主要講授文藝理論課，致力於《聊齋志異》研究，出版專著《聊話聊齋》。（《中國近現代人物名號大辭典》一二九三頁）

廖鳴歐生。

廖鳴歐（一九〇二～一九四九），字伯鵬。興甯人。一九二一年畢業於雲南講武學堂步兵科第十五期，先後在粵軍服役，曾參加討伐陳炯明，北伐時任副團長、團長，後任徐景唐部旅長。一九二九年在粵東參加第五軍反蔣介石，失敗後即往日本、法國、德國考察軍事，取道蘇聯返國，入北平陸軍大學進修。“九一八”事變後任第十九路軍七十八師參議，參與“一·二八”淞滬抗戰，後任第四軍五十九師參謀長。抗戰爆發後，調任薛嶽第一兵團司令部副參謀長，參加上海、贛北戰役。一九三九年調任湖南省軍管區副司令兼耒陽警備司令。抗戰勝利後任廣州日本戰俘管理處處長，後任廣東省第四區行政督察專員兼保安司令。因密謀迎接中國共産黨，爲部下出賣，被薛嶽逮捕。一九四九年被槍殺於惠州。（《廣東近現代人物詞典》五四二頁）

鄭彦棻生。

鄭彦棻（一九〇二～一九九〇），順德人。廣東高等師範學校畢業後，被派赴法國留學。一九三五年回中山大學任教授，並任法學院院長。抗戰爆發後投入抗日工作，先後出任國際反侵略會中國分會秘書、國民黨中央訓練委員會委員、軍事委員會政治部設計委員、國民精神總動員會議設計委員等職。一九四六年出任制憲國民大會代表，參與制定中華民國憲法。一九四九年至臺灣，出任僑務委員會主委、“法務部長”、“總統府”秘書長、“總統府”國策顧問等職。著有《國父遺教闡微》、《憲法論叢》、《懷聖集》等。（《廣東近現代人物詞典》三六四頁）

熊俠生。

熊俠（一九〇二～一九三〇），萬州（今海南萬寧）人。出身貧苦農民家庭。一九二五年在萬寧縣初級中學讀書時，同楊學哲一起領導全縣學生進行擇師運動。一九二七年加入中國共産黨，任萬中黨支部書記，同年瓊崖四二二政變後，離開學校隨黨組織轉入農村堅持鬥争，七月中共萬寧縣委成立，任委員，分管宣傳工作，後任縣委書記。一九二九年革命處於低潮，任中共瓊崖特委委員，並上調特委搞兵運工作。後在雙十節慶祝遊行時散發革命傳單被捕，從容就義。（《廣東近現代人物詞典》五五二頁）

劉其寬生。

劉其寬（一九〇二～一九八一），字保民，號普潤。信宜人。黄埔軍校第四期步科、陸軍大學第五期畢業。一九二四年起任粵軍第二師排長、國民革命軍第七軍炮兵團連指導員、第二十六師七十八團二營營副兼五連連長、第四軍第一補充團三營營長。一九二八年任第八路軍總指揮部少校參謀、中央軍校廣州分校兵學教官。一九三〇年起任第一集團軍總部中校參謀、第一軍二師參謀處長、第三軍九師參謀長。一九三六年任第四路軍總部參謀處長。抗日戰爭爆發後，任第一五四師九一九團上校團長、第一五六師參謀長。一九三九年授陸軍少將，翌年起任第一五五師副師長、第一五六師師長、第三十五集團軍參謀長。一九四五年起任粵桂邊區總部副參謀長、廣東第七區行政督察專員兼“清剿”區指揮官。一九四九年到臺灣。著有《我的一生》。（《廣東近現代人物詞典》一一〇頁）

劉蘅静生。

劉蘅静（一九〇二～?），番禺人。畢業於北京女子師范大學、美國哥倫比亞大學，歷任中國國民黨中央黨部秘書、江西省黨部婦女部長、上海市黨部委員、中學校長、中央黨部婦女運動委員會主任委員，聘爲國民參政會參政員，當選行憲首届立法院立法委員。共和國成立前去臺灣，繼任立法委員。

蕭冀勉生。

蕭冀勉（一九〇二～一九八七），興寧人。一九二四年入黄埔軍校首期，畢業任營長，參加東征、北伐。一九三二年任陸軍第八十八師第二六四旅、第五十八師第一七四旅副旅長。抗戰時期歷任浙江保安處處長、保安第一縱隊少將指揮官、金蘭警備司令、第三十三師師長、温州守備區指揮官、第八十八軍副軍長、第四軍副軍長兼代軍長等。一九四六年調中央訓練團受訓。一九四九年任第四編練司令部中將副司令官。旋去臺灣，任“國防部”中將部員、陸軍總司令部高參室主任。後病故於臺北。（《廣東近現代人物詞典》四三一頁）

謝鴻生。

謝鴻（一九〇二～一九八五），鬱南人。中央軍校第四分校

（廣州分校）數學教官、國大代表。

藍裕業生。

藍裕業（一九〇二～一九二八），原名欽彝。大埔人。一九二一年考入廣東高等師範。一九二三年加入中國共産黨，曾參加創建廣東新學生社，任《新學生》雜志主編。一九二五年任《工人之路》總編輯。一九二八年任中共潮梅特委書記，同年因叛徒出賣而被殺害。（《中國近現代人物名號大辭典》一二五九頁）

羅克明生。

羅克明（一九〇二～一九三二），信宜人。一九一九年秋考入廣東省立第九中學。一九二二年秋中學畢業後，任懷新小學語文教員。一九二五年秋考進廣東國民大學學習，積極投入學生運動，旋參加中國共産黨，同年十二月奉中共廣東省委派遣回信宜建黨，開展農民運動。一九二七年任中共信宜縣委書記，十二月與朱也赤發動領導懷鄉起義，成立懷鄉區蘇維埃政府，次年奉命去港澳工作。一九二九年秋轉赴馬來西亞，創辦並主編《星洲旬刊》（後改《星洲星刊》），宣傳革命。一九三〇年二月回國後先後任桂林大學助教、中山縣泥灣育英小學校長。一九三二年春奉命再至香港工作，秋於九龍病逝。（《廣東近現代人物詞典》三三九頁）

羅秋天生。

羅秋天（一九〇二～一九八七），原名籌添，又名若雪。大埔人。一九二九年赴新加坡。一九三九年後歷任《星中報》、《總彙報》、《星州報》等報社編輯。一九五〇年回穗任職於廣州《聯合報》和《廣州日報》。（《廣東近現代人物詞典》三四二頁）

羅學濂生。

羅學濂（一九〇二～?），順德人。畢業於北京燕京大學，獲文學士學位。一九二五年加入國民黨，歷任中央通訊社編輯、檔案整理處主任。一九三〇年改任國民政府外交部總務司編管科科長。一九三三年任國民黨中央組織部設計委員，次年派赴歐洲考察社教工作，返國任司法院法官訓練所總務處主任。抗戰前夕任國民黨中央宣傳部電影事業處處長兼中央電影攝影場場長。抗戰勝利，派赴南京參加受降典禮，並處理上海等地接收事宜。共和國成立前去臺灣，轉任中國廣播公司副總經理。一九六五年退休，次年任英文《中國日報》發行人等。（《民國人物大辭典》一六三八頁）

釋普浄生。

釋普浄（一九〇二～一九八六），揭陽人。俗姓黄。年二十許赴泰國，從北標府清水寺華僧隆源出家。民國二十三年（一九三四）回國赴江蘇寶華山慧居寺受具足戒，於該地學律三年後復往泰國。後曾再返國參訪，並遠赴西康、西藏，受諾那活佛灌頂，且得律宗千華派十八代祖師妙公上座授記爲弘律傳人。以戒律精嚴，度生有方，故弘化成效頗著，成爲泰國華僧精神領袖，中國佛教界亦咸以“普浄上座”尊稱之。在泰國極受朝野佛徒所重，泰國國王蒲美蓬曾敕封六次，第五、六次被封爲華宗大尊長、仙級大尊長。曾任華宗僧務委員會主席、曼谷普門報恩寺、北碧府洛梗普仁寺、春府是拉差普德寺等開山住持。歷時八年，主持編纂成《漢梵英泰佛學辭典》。

清德宗光緒二十九年　癸卯　一九〇三年

八月十五日後梁爾煦被殺。

梁爾煦（？～一九〇三），號鐵君。南海佛山鎮人。光緒十九年（一八九三）解元。後積極參與維新。二十四年（一八九八）奉康有爲密命，赴北京開設照相館，謀刺殺慈禧。事泄被捕，押解至天津，直隸總督親自提審。二十九年中秋後被害。（《廣東近現代人物詞典》四八〇頁）

十二月，香港《世界公益報》創刊後，李大醒歷任編輯、主筆。

李大醒，字鵬章，筆名閒雲、野鶴等。新會人。早年加入興中會。光緒三十一年（一九〇五）因刊載《龜抬美人圖》進行反美愛國宣傳而被港英當局驅逐出境。此前曾一度任《廣東日報》主筆。辛亥革命後任《粵東日報》等多家報紙撰述。一九二一年後擱筆，旋病逝於穗。(《廣東近現代人物詞典》一五九頁)

本年盧和生加入興中會。

盧和生，字東步。東莞人。幼年長於香港。畢業於英國海軍工程學校，歷任上海各西報記者。光緒二十九年（一九〇三）入興中會，並任《國民日報》發行人，旋停刊。(《中國近現代人物名號大辭典》一四三頁)

本年徐敬吾加入興中會。

徐敬吾，原名鑒。香山人。嘗手撰《野雞花榜》揭載小報，時人遂以野雞大王稱之。早年在滬參加愛國學社。光緒二十九年（一九〇三）加入興中會，專以出售革命書報爲業。是時各種革命書報雖受社會歡迎，但各書局制於官力，咸有戒心，不敢直接出售，有志購讀者，多無從問津，恒挈其女公子寶妣出入於福州路青蓮閣等茶館，叫賣各著名犯禁書報，不下百數十種，行人趨之若鶩，至爲暢銷，《蘇報》案後不知所蹤。(《中國近現代人物名號大辭典》一〇三七頁)

本年梁賚奎赴美留學。

梁賚奎，字惠吾、魁甫。南海佛山人。早年入天津北洋大學堂及新學書院學習。光緒二十九年（一九〇三）赴美留學。宣統二年（一九一〇）回國授農科進士、翰林院編修，曾任北京大學農科試驗場場長。一九一二年任農林部參事，七月任次長，翌年二月去職。(《中國近代人名大辭典》)

本年潘灼文以副將留於廣東外海水師補用。

潘灼文（？～一九一〇），字荆樵。番禺人。行伍出身，薦升新會右營守備，署香山右營都司，升補廣州協右營都司。以緝捕功，總督奏保俟補遊擊，以參將補用。光緒二十九年（一九〇三）以副將留於廣東外海水師補用，賞鋭勇巴圖魯，署兩廣督標

中軍副將，調新會營參將，官至碣石鎮總兵。（《番禺縣續志》卷二三）

陳燻伯於本年中進士。

陳燻伯，字煋庠。南海人。光緒二十九年（一九〇三）癸卯進士，授職河南省縣令。民國後遁跡香江，致力於教育。余祖明《廣東歷代詩鈔》卷五有傳。

商衍瀛於本年中進士。

商衍瀛，字雲亭。廣州駐防正白旗漢軍廷焕①長子。光緒二十九年（一九〇三）癸卯進士。余祖明《廣東歷代詩鈔》卷五有傳。

黎湛枝於本年中進士。

黎湛枝，字露苑。南海人。光緒二十九年（一九〇三）癸卯進士，官學部右丞。余祖明《廣東歷代詩鈔》卷五有傳。

周廷幹於本年中進士。（民國《順德縣志》卷八）

周廷幹，字孟年，號愘叔。順德人。光緒二十九年（一九〇三）癸卯進士，檢討。嘗修《順德縣續志》、《龍山鄉志》。余祖明《廣東歷代詩鈔》卷五有傳。

温肅於本年中進士。（民國《順德縣志》卷八）

温肅（一八七八～一九三九），原名聯瑋（璋），字毅夫，號檗庵，晚年號清臣。順德人。曾爲清末帝溥儀師。光緒二十九年（一九〇二）中舉人，次年舉進士，改翰林院庶吉士，後散館授編修，繼任國史館、實録館協修官。宣統二年（一九一〇）補授湖北道監察御史，任内上疏彈劾權貴達官。民國成立後，遊説各地效忠清室。一九一七年張勳復辟，授都察院副都御史，失敗後歸里。一九二二年後追隨清廢帝溥儀，曾“奉旨”在南書房行

① 商廷焕，字明章。駐防漢軍。東塾弟子。著有《味靈華館詩集（鈔）》、《詩音匯譜》、《詩音易檢》諸稿。子衍瀛、衍鎏均成進士，李思敬序其詩集，以老泉比之。余祖明《廣東歷代詩鈔》卷四有傳。後孫承祚亦爲中山大學名教授，今其曾孫仍爲中大人類學系教授。數代書香不絶，誠爲士林美談。

走。一九二九年受聘在香港大學教授哲學、文詞兩科。晚年因病告假歸鄉。病卒，私謚文節。所著刊行者有《貞觀政要講義》、《温文節公遺集》、《德宗實録》、《陳獨漉年譜》、《龍山鄉志》、《權山文録》、《温氏族譜》等。陳融《讀嶺南人詩絶句》卷十三有傳。

區大原於本年中進士。（宣統《南海縣志》卷十）

區大原，字裕輝，號季海。南海人。光緒二十九年（一九〇三）癸卯進士，編修，檢討，廣東法政學堂監督。余祖明《廣東歷代詩鈔》卷五有傳。

區大典於本年中進士。（宣統《南海縣志》卷十）

區大典（一八七七～?），字慎輝，號徽五，晚號遺史。南海西樵區村人。光緒二十九年（一九〇三）進士，授編修，誥授中憲大夫。辛亥革命後留港任香港大學教授三十年。素性勤劬精密，治學不倦。古文出入韓愈、歐陽修；史學研究兵事地理；經學博宗北宋周敦頤、程頤，純粹精微，不拘於一家學説。誨人莊懇篤切，娓娓忘倦。港内學校争相羅致以爲榮，不辭勞苦，先後掌教數十校。香港開埠百年，提倡國學，教澤廣被，以大典爲第一人。著有《孟子通義》、《老子注》。晚年潛心易學，撰寫《易經講義》，未竟而卒，享年七十二。又著《大學中文經學課本》。（《廣東近現代人物詞典》二四頁）

關文彬於本年中進士。（宣統《南海縣志》卷十）

關文彬，字筠笙。南海人。光緒二十九年（一九〇三）癸卯進士，編修，主事。工篆法。著有《醉榴軒詩草》。余祖明《廣東歷代詩鈔》卷五有傳。

賴際熙於本年中進士。（民國《增城縣志》卷十六）

賴際熙（一八六五～一九三七），字焕文，號荔垞。增城人。曾聯名"公車上書"。光緒二十九年（一九〇三）癸卯進士，編修，國史館纂修，旋晋總纂。民國後任香港大學漢文講師，任中文學院院長，又任崇正總會會長，倡設學海書樓，主修《增城、赤溪縣志》及《崇正同人系譜》、《清史大臣傳》。一九七四年港大教授羅香林刊《荔垞文存》行世。佘祖明《廣東歷代詩鈔》卷五有傳。

陳煜庠於本年中二十八年、二十九年並科進士。

陳煜庠，花縣人。光緒二十八年（一九〇二）、二十九年（一九〇三）並科進士，以知縣即用。（民國《重修花縣志》卷八）

黎樹勳於本年中舉人。

黎樹勳，號俊民。東莞新樓人。遷居省垣。光緒二十九年（一九〇三）癸卯舉人。曾抵星洲，言三年前於香港仁智書樓讀《菽園贅談》，與談中西學，應答如流。因以《天南新報》副稿一席，屈其小就，暇輒邀過客雲廬，講壇竟夕。一日諸友在坐，共嘆冷紅生譯法國《茶花女遺事》，淒然成詠。有《庚子小除夕感懷》詩。張其淦《東莞詩録》卷六三有傳。

陳德鑫於本年中舉人。

陳德鑫（一八六四～一九二五），字文臺，別號愚谷。陽江人。光緒二十九年（一九〇三）癸卯恩科舉人，揀選知縣，改廣東縣丞。著有《愚園詩文鈔》。楊柳風《陽江詩鈔》有傳。

黄文開於本年中舉人。

黄文開，字孝覺。南海人。光緒二十九年（一九〇三）癸卯舉人，官陸軍部郎中、潮循道尹。著有《蜜脾館詩》。佘祖明《廣東歷代詩鈔》卷八有傳。

徐紹桓於本年中舉人。

徐紹桓，番禺人。灝子。光緒二十九年（一九〇三）舉人，授廣西直隸州知州。（《徐氏家傳》）

丁衍鏞生。

丁衍鏞（一九〇三～一九七八），高州人。早年留學日本國立東京美術專門學校西洋畫科，畢業獲美術碩士學位。回國後任上海立達學院美術科西畫部教授兼神州女學藝術科西洋畫教員，在滬與蔡元培等人創辦中華藝術大學，任校董、教務長兼藝術教育系主任。民國十七年（一九二八）任中華藝術大學校長，次年攻習國畫，並被教育部聘爲首屆全國美術展覽會籌備委員兼甄選委員，尋任廣州市立博物館常委兼美術部主任。與陳樹人、高劍父等組織藝術協會，任副會長，後在重慶舉辦獨立畫展。抗戰勝利，其作品被選送法國東方博物館及法國歷史博物館展出。三十五年（一九四六）任廣東省立藝術專科學校校長。三十八年（一九四九）至港，執教於香江、珠海、德明書院、宏道藝術院、新亞書院及中文大學等院校。先後在法、美國、日本、澳大利亞等國舉辦畫展。著有《丁衍鏞畫册》、《丁衍鏞印選》等。（《廣東近現代人物詞典》二頁）

王承烈生。

王承烈（一九〇三～一九六九），原名殿卓，曾用名蔚垣等。花縣人。早年在縣藥堂學中醫。一九二五年參加省港大罷工，旋加入共産黨、國民黨。廣州農講所畢業後，以中央農民部特派員赴英德開展農民運動，建立中共英德支部，任書記。一九二六年調韶關省農民部北江辦事處，翌年四月參與領導英德農民暴動，並組織建立英德蘇維埃政府。一九二八年赴馬來西亞行醫。一九四二年日軍占馬來，投身當地抗日。一九四九年回國後曾任縣歸國華僑聯合會主席等。（《廣東近現代人物詞典》一九頁）

古鴻烈生。

古鴻烈（一九〇三～一九六九），字克懷。長樂（今五華）人。一九二七年畢業於上海同濟大學醫學院，翌年任東莞普濟醫院醫師。一九三二年在石龍鎮原龍溪書院地設克懷醫院，翌年赴德國留學，獲醫學博士後復回石龍操舊業，尋以按揭形式在中山東（海邊街）取得鋪位一間，開辦留産部。一九三八年抗戰軍興，遂轉赴粤北參加第四集團軍爲軍醫，先後任一七九、一八二後方醫院院長。日軍投降後，離職回石龍克懷醫院，曾秘密醫治過中共廣東省委領導人。一九四九年出資出力興辦公壁中學於黄家山歐仙院，以紀念因組織學生赴穗抗日而殉難的龍中校長莫公璧。石龍中華人民共和國成立後，爲石龍支援前線工作的主要領導骨幹之一。後奉召至穗歷任廣州中山醫院院長、廣東省人民醫院院長兼廣州市衛生學校校長、光華醫學院副主任委員、廣東省衛生廳廳長、廣東省參事室參事、民革廣東省副主任委員等職，被選爲廣東省第一、二、三届人民代表大會代表、省人民委員會、省民族委員會、省體育運動委員會委員、省政協第三届常委。病逝於穗。著有《三大慢性病與中國青年》、《泌尿外科學》等。（《廣東近現代人物詞典》四八頁）

朱瑞元生。

朱瑞元（一九〇三～?），字仲甫，號静之。高要人。畢業於國立廣東高等師範數理化部。一九二六年任國民黨廣東省黨部工人部部長等。抗戰時任兩廣數縣縣長。一九四四年任青年遠征軍總政治部少將組長等。一九四六年任廣州市社會局局長。一九四九年去臺灣，從事國民黨海外黨務工作。（《民國人物大辭典》二〇三頁）

朱雲卿生。

朱雲卿（一九〇三、一九〇七～一九三一），嘉應（今梅縣）人。一九二一年隨叔父到印尼打工，一九二四年回廣州，考入黄埔軍校第三期，參加軍校“青年軍人聯合會”，次年參加討伐陳炯明的第二次東征，加入中國共産黨。一九二六年黄埔軍校畢業，留穗從事革命活動，被任命爲中共北江特委委員，並負責主辦北江農軍學校，次年率領農軍學校第二期學員與北江農軍大隊會師湖南，赴武漢，任武漢農政訓練班主任，九月參加秋收起義，隨隊上井岡山。一九二八年任紅四軍三十一團團長，參加攻打龍源口、圍困永新城等戰鬥，八月下旬，取得黄洋界保衛戰勝利。次年率領紅三十一團隨紅四軍主力進軍贛南、閩西，調任紅四軍參謀長，年底參加古田會議。一九三〇年任紅一方面軍參謀長兼紅四軍參謀長、紅一團參謀長，對全殲張輝瓚師，取得第一

次反“圍剿”的勝利起了重要作用。後因患重病住進江西省吉安縣東固醫院治療，被敵殘忍殺害。(《廣東近現代人物詞典》八九頁)

伍仲文生。

伍仲文（一九〇三～一九三一），原名杏仙，别名吴惠英。南海人。曾在縣城女子高等學校求學。民國十三年（一九二四），入何香凝領導之婦女職業學校，次年參加省港大罷工，加入中國共産黨，翌年冬赴蘇聯學習。十七年（一九二八）秋回國，在上海中共法南區委工作，負責指導青年運動。後在吴淞、閘北區委工作，領導絲廠、紗廠女工運動，曾任共青團閘北區委書記。二十年被捕，被槍殺於龍華，爲“龍華廿四烈士”① 之一。(《中國近現代人物名號大辭典》二三二頁)

李洸生。

李洸（一九〇三～一九三二），字履庵，號吹萬。香山小欖人。畢業於中山大學，歷任廣州各高校文史教席，歸里任小欖中學校長。與余心一、熊潤桐、佟紹弼、曾伶韶等被稱爲“南園今五子”。一九四四年春創立甲申學會。著有《吹萬樓詩集》、《欖溪畫人小傳》、《破涕集》等。

李任予生。

---

① 龍華二十四烈士，也有稱“龍華廿四烈士”。一九三一年一月，中國共産黨設在上海東方旅社、中山旅社等處秘密聯絡點被公共租界巡捕及國民政府員警破壞，三十六名共産黨員被捕，後被解送龍華淞滬警備司令部。計有中華全國總工會執行委員會常委兼秘書長、全國蘇維埃中央準備委員會秘書長林育南、中共中央宣傳部幹部李求實、中共江蘇省委委員何孟雄、上海總工會秘書長龍大道、中共南京市委書記惲雨棠、中共機要幹部李文、中共上海滬中區委書記蔡博真、共青團江蘇省委委員兼上海總工會青工部長歐陽立安、共青團上海閘北區委書記伍仲文、上海總工會組織部長阿剛、中國左翼作家聯盟幹部胡也頻、柔石、殷夫、馮鏗，上海總工會滬東辦事處主任費達夫、中國工農紅軍第十四軍幹部湯士倫、湯士佺，中共山東省委組織部部長王青士、上海總工會秘書彭硯耕、中共青島市委書記羅石冰等二十四人，受盡酷刑，忠貞不屈，於同年二月七日晚在龍華英勇就義。

李任予（一九〇三～一九三二），曾用力一、德山、之道、黎亞克等名。新豐人。大革命時期加入中國共産黨，尋被廣州市教導團團長蔣光鼎任命爲政治指導員。一九二七年參加廣州起義。一九二九年被任命爲中央閩西特委軍委主席、紅四軍四縱隊黨代表、紅四軍政治部主任，同年參加古田會議，當選前政委員會委員。後先後任紅二十一軍政治部主任、政委兼軍長、閩西軍事委員會主席等職。一九三二年犧牲。（《中國近現代人物名號大辭典》四一六頁）

李黎明生。

李黎明（一九〇三～一九八四），又名黎明。瓊山（今屬海南）人。一九二六年參加中國共産黨，次年參加中共領導下的武裝鬥争。一九四〇年被選爲中共"七大"候補代表。中華人民共和國成立後歷任遼北省民政廳副廳長、法院院長、中共瀋陽市委委員兼直屬機關黨委書記、中共廣州市委委員、廣州市教育局長、海南軍政委員會委員兼秘書長、海南區黨委委員兼行政公署副主任、中共海南黎族苗族自治州州委書記、海南區黨委常委、副書記。（《廣東近現代人物詞典》一八八頁）

李宏達生。

李宏達（一九〇三～一九五〇），號作述。長樂（今五華）人。中央軍校第六期畢業，任陸軍第六十二軍中將軍長。一九五〇年於海南被捕殺。（《民國人物大辭典》二七五頁）

余丁仁生。

余丁仁（一九〇三～一九三六），又稱登仁。原名登瀛，字太白。饒平人。世代以陶瓷爲業。八歲時就讀於鄉中私塾，後轉讀於饒城琴峰書院。一九一九年考進汕頭華英中學，開始接觸《新青年》等革命書刊。一九二二年考入上海國民大學。一九二五年冬參加中國共産黨，次年畢業後回饒平瑞光中學（今饒平二中）任教，在學校建立共青團支部，發動學生參加全縣驅逐縣長蔡田示威遊行，並先後到黄岡、霞饒等地組織工會及農民協會。

一九二七年“四一二”政變後轉到上饒一帶活動，組織上饒農軍舉行農民暴動，同年五月攻打饒城，七月當選中共饒平縣委委員，八月受縣委派遣赴漳州等地尋找中共福建省委，後被介紹至平和縣委工作，十月中旬上饒農軍改編爲工農革命軍東路第十四團，任參謀長。一九二九年奉命調往中共東江特委，次年底調任潮澄澳縣工委書記。一九三一年被捕，越獄轉移，次年被推選爲赴江西瑞金出席第一次蘇維埃共和國工農兵代表大會代表，明年當選饒和埔詔縣蘇維埃主席。一九三三年夏代理縣委書記，次年當選爲閩粵邊區特委委員。一九三五年敵人集中十幾個師向邊區“進剿”，後僅剩二十六人堅持鬥爭，閩粵邊區特委卻將其開除出黨，押解途中被殺。共和國成立後被追認爲革命烈士。（《廣東近現代人物詞典》二一九頁）

余森文生。

余森文（一九〇三～一九九二），梅縣人。大學畢業在家鄉從事教育工作。一九三〇年後在上海同濟大學等任職，期間曾資助楊騷、歐陽山、張天翼出版《小品》月刊。一九三六年從英國學成回國後再任同濟大學教務長等職，積極支持胡一聲、鄭天保等人創辦“引擎”出版社並任顧問，還出版發行《現世界》半月刊。一九三八年在韶關創辦《北江日報》。

余慕陶生。

余慕陶（一九〇三～?），又名永陶，字景淵。梅縣人。三十年代參加左聯，並在《大衆文藝》、《文藝新聞》、《申報自由談》等處發表文章。曾在中山大學附中、華南大學、上海建設大學等校任教。著有《晚霞》、《出路》、《朝陽集》等。（《中國近現代人物名號大辭典》五三〇頁）

沈青生。

沈青（一九〇三～一九二八），名厚堃。祖籍浙江，出生廣州。一九二〇年參加社會主義青年團。一九二三年被選爲團廣州地委秘書長，次年加入中國共産黨，同年廣東大學法科畢業後即開始職業革命者生涯，十月團粵區委改組後當選爲執行委員兼農工部長。一九二五年夏任廣州市手車夫工會黨支部書記兼秘書長。一九二七年任中共廣州市委委員、市委手槍隊隊長，十月被選爲中共廣東省委候補委員，十一月參加廣州起義。越年二月任中共潮（州）梅（縣）特委書記，五月初前往五房革命根據地途中，由於壞分子告密，遭地主民團包圍，在突圍中身中數彈犧牲。（《廣東近現代人物詞典》二二七頁）

沈家傑生。

沈家傑（一九〇三～一九七三），字叔豪。廣州人。畢業於中山大學法律系，歷任國民政府軍事委員會禁煙督察處、兩廣緝私處主任秘書等職。行憲後當選立法院立法委員。（《民國人物大辭典》四三一頁）

馬耐園生。

馬耐園（一九〇三～一九七六），別號啟明。潮陽人。黄埔軍校第三期畢業生。曾任廣東第二區行政督察專員兼保安司令等職。一九四九年至臺灣，賦居閑職，被選爲臺灣“立法委員”。

侯曜生。

侯曜（一九〇三、一九〇〇～一九四五），番禺人。畢業於南京東南大學教育學系。酷愛文藝，加入文學研究會。一九二四年進長城製造畫片公司任編劇主任兼導演，先後執導《棄婦》、《春閨夢里人》、《僞君子》等影片，後轉入民新影片公司，編導了《和平之神》、《海角詩人》等影片。撰寫《影戲劇本作法》，爲中國最早的有關電影劇作的專著。抗戰爆發後，編導了《血肉長城》、《最後關頭》、《太平洋的風雲》等抗日題材影片，後轉至新加坡協助拍攝影片，新加坡被日軍侵佔後慘遭殺害。（《中國近現代人物名號大辭典》九一八頁）

洪妙生。

洪妙（一九〇三～一九八六），原籍澄海，生於泰國。一九一二年參加潮音正母音圓身紙影班，除演唱外兼司鼓及領奏。一九二六年曾隨老正順紙影班到泰國演出，演出其拿手戲《楊令婆辯十本》及《包公會李后》，深受觀衆歡迎。一九三九年潮汕失陷，紙影班星散，流落到福建東山，靠賣唱度過六年。抗戰勝利後參加潮音永樂班及老一枝香班當演員。中華人民共和國成立後轉到源正潮劇團，一九五六年調廣東潮劇團，次年隨團上京演出，因其成功塑造了楊令婆的舞臺形象而飲譽京華，被譽爲“活令婆”，其《楊令婆辨十本》與《掃窗會》、《鬧釵》三個潮劇傳統錦出戲被譽爲“三塊寶石”。一九五九年《蘇六娘》出臺後攝製成潮劇藝術影片，所飾演之乳娘角色廣獲好評。一九六三年在潮劇藝術影片《劉明珠》中飾演皇太后。一九八四年已届八十高齡被邀扮演潮劇藝術影片《張春郎削髮》乳娘一角。後病逝於汕頭。（《廣東近現代人物詞典》三九〇頁）

洪啟翔生。

洪啟翔（一九〇三～一九八八），别名平健、平田。梅縣人。一九二八年東渡日本求學，“九一八”事變後回國，任南京《國際日報》社總編輯。著有《古代中日關系之研究》、《日本明治維新的性質與内容》等十餘部。

徐日新生。

徐日新（一九〇三～一九六四），字蔚亭。花縣（今花都）新華鎮公益村人。茂均子。十七歲考入國立廣東大學醫學院就讀至畢業。民國十五年（一九二六）入廣東北伐軍醫院工作，隨軍北上蘇州、杭州，次年東渡日本，入東京帝國大學外科學習。十七年（一九二八）得岳父鄺磐石醫生資助，偕未婚妻鄺麗琛赴德國留學，夫妻均獲醫學博士學位。二十六年（一九三七）歸國，在廣州鄺磐石醫院從業兩年，並組織醫學會，後在沙面自辦日新醫務所。抗日戰争開始，組織廣州市防護團，對救護工作全力以赴，次年全家遷往連縣，受任連縣縣立醫院院長，協助政府辦理支前救護、醫務培訓、醫療防疫等工作，出色地撲滅了當時的腦膜炎病。三十二年（一九四三）在曲江縣自建日新醫院，組織醫師公會，任理事長，並被選爲該縣首屆參議員。時中山大學設分教處於曲江，受聘爲該處醫學教授，任外科、五官科課程。時教材缺乏，與同人協力編寫。抗戰勝利後回穗繼續從醫，籌組醫師公會，被選爲理事長。中華人民共和國成立後先後在廣州河南第二紡織廠醫院、中山醫學院附屬醫院工作，後因病退職。一九六一年移居香港。（《廣東近現代人物詞典》四〇五頁）

陳守明生。

陳守明（一九〇三～一九四五），字和卿。饒平隆都（今屬澄海）人。立梅次子。一九二二年遵父命偕三弟守鎮赴泰，習練工商管理諸務。二十歲繼承先業，總理全家族轄下企業。一九三二年將黌利棧匯兑莊改爲黌利棧銀行，並創鑾利保險公司。二十八歲起任泰國中華總商會主席，歷四届八年。一九三六年被國民政府委任爲外交部駐泰國商務專員，聯絡中泰商務事宜。抗戰前期，歷任國民參政會一、二届參議員。一九三八年捐大米萬包支援抗戰，次年到重慶，捐資八十五萬銀元作爲抗日經費。一九四一年冬日軍入侵泰國後被迫出任第十八、十九届中華總商會主席，日軍宣佈無條件投降翌日突遭暗殺身亡。（《廣東近現代人物詞典》二八〇頁）

陳序經生。

陳序經（一九〇三～一九六七），字懷民。文昌（今屬海南）人。曾就讀於復旦大學。宣統元年（一九〇九）隨父去新加坡就讀。一九二五年七月獲復旦大學社會科學學院學士學位，次年獲美國伊利諾斯大學碩士學位，兩年後再獲該校博士學位，回穗嶺南大學社會學系任教。一九三四年十一月在《廣州民國日報》發表《中國文化之出路》一文，在全國引發一場激烈的文化大論戰。一九三八年任昆明西南聯合大學法商學院院長，爲該校最年輕院長。一九四四年八月應美國國務院邀請赴美講學一年，期間曾會晤愛因斯坦。一九四八年八月出任嶺南大學校長。一九五六年任中山大學副校長。一九六二年任廣州暨南大學校長，兩年後調任天津南開大學副校長。一九六七年“文革”中被指控爲“里通外國”的“特務間諜”，二月患心肌梗塞在南開大學逝世。一九七九年南開大學爲其平反。對閩、粤、桂船家疍民及東南亞各國華僑進行過較多調查研究，對東南亞史、華僑史、匈奴史也較有研究。著有《全盤西化言論集》、《中國文化史略》、《疍民的研究》、《文化學概觀》、《南洋與中國》、《社會學的起源》與《東南亞史初論》等。

陳伯奇生。

陳伯奇（一九〇三～一九七三），新寧（今台山）人。畢業於廣州高師附屬師範學校。一九三〇年考入日本東京專門學校，攻讀建築學。一九三三年轉讀德國柏林工科大學建築學系，畢業留校建築設計部工作。一九三九年回國，次年任重慶大學土木系教授，并開辦該校建築系，任系主任。中華人民共和國成立後組建重慶建築工程學院，并任同濟大學、中山大學、華南工學院教授，參與設計北京人民大會堂、廣州文化公園等。譯有《非洲近代建築》。（《廣東近現代人物詞典》二八三頁）

陳君慧生。

陳君慧（一九〇三～?），台山人。早年畢業於私立嶺南大學，後赴美入紐約大學學習，獲博士學位。歸國後任社會調查所研究主任、中央研究院社會研究所專任研究員。抗日戰争時期附汪投敵，曾任歷届汪僞中央政治委員會委員、經濟專門委員會主任委員、行政參事廳廳長、中央銀行籌備委員會委員、中央儲備銀行理事、全國經濟委員會委員、秘書長、糧食部部長等職。抗日戰争勝利後，與陳公博等人逃往日本，十月被引渡回國，關入南京老虎橋監獄。

陳荆鴻生。

陳荆鴻（一九〇三～?），順德人。少時客居上海研習書畫詩文，及長在南京等地舉辦個人書法展，南歸後歷任粤港各大報社總編輯、社長、大專院校教授等職，曾遊歷粤、桂、澳及菲律賓、新加坡、馬來西亞、日本、韓國、加拿大等國，並舉辦個人書畫作品展覽。擅多種書體，尤以行草見長，取法“二王”，並糅以章草筆意，融會一體，勁健古拙，風神灑脱。作品多次入選國内外大型書畫展覽並獲獎，爲博物館、藝術館收藏。著有《獨漉堂詩箋釋》、《藴廬詩草》、《藴廬文稿》等。

陳舜儀生。

陳舜儀（一九〇三～一九三一），海豐人。一九二一年受彭湃影響，開始接觸新思想，積極參加社會活動，被彭湃譽爲“農民運動的橋頭堡”。先後曾任東江蘇維埃政府執行委員、省委常委、組織部長等職務。後被捕就義。（《廣東近現代人物詞典》三〇四頁）

梅文鼎生。

梅文鼎（一九〇三～一九八二），新寧（今台山）人。一九二五年畢業於廣州市立師範學堂，後在穗、台山從事教育多年，三十年代初主辦《汝南之花》。抗戰爆發後在新四軍駐穗辦事處工作，常往返港澳籌募軍需。一九三八年被調返軍部，任副官長、司令部第四科科長。皖南事變後爲營救葉挺奔走，勝利後赴港，任民革中央團結委員。一九五二年任香港《文匯報》有限公司董事長，連任三十年。曾爲廣東省政協委員。（《廣東近現代人物詞典》四二八頁）

葉植南生。

葉植南（一九〇三～一九七一），嘉應（今梅縣）人。早年就讀雲南講武堂，畢業回粵從戎。歷任排、連、營長。一九三三年後任獨立第四旅團長、第一集團軍高參，曾入陸軍大學受訓。抗戰時歷任陸軍第一八六師團長、遊擊司令、陸軍九十三旅副旅長、旅長。勝利後調中央訓練團將官班受訓，結業後升九十三師師長，駐防滇、川。雲南解放時被擊潰，率殘部經緬甸撤臺灣，在台仍任九十三師師長，擢中將。（《廣東近現代人物詞典》五九頁）

葉輔平生。

葉輔平（一九〇三、一九〇二～一九三九），惠州人。一九二六年在葉挺獨立團任軍需主任，參加北伐戰争、南昌起義，大革命失敗後回鄉家居。一九三七年底到武漢参與新四軍組建，任新四軍軍需處處長，兩年中爲籌集新四軍軍需物資四處奔波。一九四〇年赴香港接受華僑、港澳同胞慰勞新四軍物品，返回途中在廣西因翻車犧牲。（《廣東近現代人物詞典》五九頁）

葉浩秀生。

葉浩秀（一九〇三～一九二八），字瀚如。嘉應梅江區（今屬梅州）人。小學畢業後，考進東山中學讀書，連任學生會會長。民國十二年（一九二三）畢業後被保送到廣州高等師范學校英語部就讀，在廣東新學生社創建人藍裕業幫助下，於次年另組新學生社、共青團，被選爲廣東高師新學生社負責人。一九二五年参加中共，任中共廣東大學（後改中山大學）支部委員，参與領導該校進步學生公開揭露戴季陶及其所支持右派學生行徑，党團員由七十多人發展到二百多人，成立中共廣東大學總支部，被選爲書記，後調中共廣東區委工作，任書記陳廷年秘書。一九二七年調任中共廣寧縣委書記，積極發展農會，組織農軍，主辦小學教師養成所。廣州“四一五”後，成立非常委員會，指揮廣寧農軍，配合北江各縣工農軍，準備進攻廣州。後去香港彙報工作，十一月任中共廣東省委潮梅黨務巡視員。一九二八年改任中共東江地區特派員，主持東江特委工作。因叛徒告密被包圍，跳樓犧牲。（《廣東近現代人物詞典》五八頁）

黄魂生。

黄魂（一九〇三～一九四四），原名符權重。瓊山（今屬海南）人。一九二六年加入中國共産黨，歷任中共萬寧縣委、瓊東縣委書記、瓊崖西區工委書記、瓊崖特委宣傳部部長。抗日戰争爆發後任瓊山縣抗日民主政府縣長、瓊崖南區軍政委員會主席、瓊崖獨立總隊政治部主任，後在昌江縣四榮與敵作戰時犧牲。

（《廣東近現代人物詞典》四三七頁）

黄光炎生。

黄光炎（一九〇三～一九四二），字强恕。和平人。雲南陸軍講武堂第十八期步科畢業，後在湘西地方軍隊中任中校團副。一九三一年轉入第十九路軍。淞滬抗日時任作戰工程中校大隊長。福建事變後進中央陸軍軍官學校高級班受訓。一九三六年冬在國民政府主席廣州行轅任職。一九三八年任廣東保安第十四團上校團長。一九四一年任廣東第六區保安副司令，次年任暫編第二軍少將參謀長，十二月於乳源因車禍身亡。（《廣東近現代人物詞典》四四五頁）

黄錦輝生。

黄錦輝（一九〇三～一九二八），廣西桂林人。一九一九年五月在桂林參加五四愛國運動。一九二五年一月國民黨黄埔軍校特別區黨部選舉第二届執行委員會，蔣介石、周逸群等五人當選爲執行委員，與王柏蒼等三人爲候補執行委員，尋經周逸群介紹加入中國共産黨。一九二八年一月爲指揮廣州起義失敗後撤出廣州的教導團和發動北江暴動，行至清遠縣時被民團逮捕殺害。（《廣東近現代人物詞典》四六五頁）

黄藥眠生。

黄藥眠（一九〇二～一九八七），原名訪，又名恍、吉。梅縣人。一九四四年加入中國民主同盟。曾主辦《人民報》、《民主星期刊》、《民主與文化》、《光明報》等刊物。著有《黄藥眠詩集》、《黄藥眠美學論文集》、《黄藥眠自選集》及《動蕩—我所經歷的半個世紀》等。（《中國近現代人物名號大辭典》一一〇九頁）

黄衛青生。

黄衛青（一九〇三～?），台山人。台山縣中學畢業後入中山大學，後赴美國紐約大學，獲政治學碩士，曾任國民黨駐加拿大總支部主任等。抗戰期間，任加拿大多倫多安大略省華僑抗日救

國總會秘書長等職。（《民國人物大辭典》一一三一頁）

張偉民生。

張偉民（一九〇三～一九八二），又名亮宗。嘉應（今梅縣）人。梅縣堯塘高等小學、縣立初級中學、黄埔軍校第一期、中央軍官訓練團高等教育班畢業，曾任廣東第八旅衛隊連代理排長、旅司令部副官。一九二四年春由第八旅旅長張民達、第七旅旅長莫雄保薦報考黄埔軍校，六月入第一期第四隊學習，畢業後歷任廣東警衛軍連、營長、國民革命軍第四軍第十四師四十二團團長。抗日戰争爆發後任薛嶽第一戰區前敵總指揮部警衛旅長、第九戰區司令長官部參謀處少將副處長、湖南省軍管區司令部編練處長。一九四四年任甘肅河西警備司令部少將高參。一九四九年春返廣州，後移居臺灣，在臺北逝世。（《廣東近現代人物詞典》二四三頁）

馮節生。

馮節（一九〇三～?），字介如。順德人。早年入廣東高等師范學校。一九二二年畢業，任廣東市立中學教務主任兼教師，後赴日本明治大學爲研究員。歸國任中山大學教授等。一九三九年任汪僞國民黨廣東省黨部委員兼書記長。一九四三年任汪僞新國民運動促進委員會委員、中央宣傳部副部長等職。著有《近百年國際政治小史》、《公債新論》等。（《民國人物大辭典》一一七二頁）

馮白駒生。

馮白駒（一九〇三～一九七三），別名裕球、繼周。瓊山（今屬海南）人。瓊崖革命武裝及根據地創建人。歷任中國工農紅軍瓊崖獨立二師師長、廣東省人民抗日縱隊瓊崖獨立總隊總隊長、解放軍瓊崖縱隊司令員兼政委、解放軍海南軍區暨四十三軍政治委員、中共海南區委第一書記、海南軍區司令員兼政治委員、海南行署主任、中共廣東省委書記處書記、廣東省、浙江省副省長等職。一九五五年被授予中將軍銜。出版有《馮白駒回憶

録》。(《廣東近現代人物詞典》七四頁)

梁宗岱生。

梁宗岱（一九〇三～一九八三），筆名嶽泰、菩根。新會人。早年就讀廣州培正中學。一九二一年加入文學研究會。一九二三年被保送入嶺南大學，次年赴歐洲遊學。一九三一年受聘爲國際聯盟某機構永久理事。“九一八”事變後回國，任北京大學法學系主任、清華大學講師、南開大學、復旦大學教授。一九五〇年出席廣西人民代表大會。曾被誣入獄。出獄後受聘中山大學、廣州外國語學院教授，翻譯過莎士比亞詩歌及歌德的《浮士德》等名著。著有《梁宗岱選集》、詩集《晚濤》、詞集《蘆笛風》、論文集《詩與真》等。(《中國近現代人物名號大辭典》一一六六頁)

梁若塵生。

梁若塵（一九〇三～一九九〇），原名公溥。豐順人。一九二三年中學畢業後赴汕頭，任《潮商公報》記者。一九二五年在潮梅通訊社當記者，次年加入中國共産黨，並創立汕頭國民通訊社。抗日戰爭爆發回國，此後組織國統區及香港開展進步新聞工作，創辦、協辦了多種報刊，參與香港中國新聞學院復校工作。中華人民共和國成立後歷任《聯合報》管委會副主任兼經理、《廣州日報》經理、廣州市文化局副局長、市文史館副館長、市人大副主任等職。(《廣東近現代人物詞典》四八五頁)

梁幹喬生。

梁幹喬（一九〇三～一九四六），嘉應（今梅縣）人。黄埔一期生。十人團成員之一。早年曾加入中國共産黨，後又投靠蔣介石。一九二八年十二月，與托派區芳、宋逢春、陸一淵等在上海召開第一次代表大會，成立了中國第一個托派小組織，自稱中國布爾什維克列寧主義反對派，選舉了中央機構全國總幹事會，史唐任幹事長，次年四月創辦《我們的話》。馬玉夫因未當上中委，竟告密，致使托派中央機關遭破壞。同時，幹喬與陸一淵等四人也投靠國民黨特務機關，公開發表聲明聲稱共產主義不符合中國國情，被任命爲軍事委員會政訓研究班少將訓育組長。一九三五年出任南京憲兵司令部政訓處處長，曾與戴笠等人結成十人團，成爲軍統最早骨幹，還籌組復興社，爲其十三太保之一，一度任特務處南京總處書記長。抗戰爆發後，任特務處鄭州辦事處主任時，因企圖發展個人勢力，受到戴笠忌恨及箝制，遂到西安投靠胡宗南，任該部政治部主任。一九四〇年十月調任胡宗南在西安成立的國民政府軍事委員會陝西省軍隊組訓民眾動員指揮部參謀處處長，爲胡宗南控制淳化、耀縣地區效力。不料一九四五年六月該部耀縣警備營營長劉文化率部投誠，同時高里鎮碉壘守敵一排士兵將排長捆綁，也向赤水保安大隊投誠。宗南聞訊後，痛訓幹喬，回家後即臥床，尋卒。（《廣東近現代人物詞典》四七七頁）

梁錫祜生。

梁錫祜（一九〇三～一九四一），原名錫富。嘉應（今梅縣）人。參加兩次東征、廣州起義及紅軍二萬五千里長征。後在新四軍任教導總隊負責人，在皖南事變率隊突圍時犧牲。（《廣東近現代人物詞典》四九三頁）

詹寶光生。

詹寶光（一九〇三～一九五三），連州（今連縣）人。黄埔軍校第二期輜重科畢業，歷任第十九路軍第六十師排、連長、福建綏靖公署副官處科長、第—集團軍總部上校參謀。抗日戰争爆發後，任第四戰區曲江防空指揮部少將指揮官兼情報所長。一九四二年任中央訓練團少將中隊副。一九四四年任廣東省幹部訓練團少將大隊長，次年一月兼任樂昌縣長，同年九月授陸軍中將。一九四七年十二月任連山縣長，次年九月免職，一九四八年春返鄉居住。一九五三年在鎮反中被處决。八十年代被確認系屬錯殺，予以平反。（《廣東近現代人物詞典》五三四頁）

蔡馥生生。

蔡馥生（一九〇三～二〇〇三），又名丹華。揭陽人。抗戰爆發後任職軍委會三廳、《新華日報》社，旋赴南洋從事報刊編輯。後任暨南大學經濟學院院長。撰有《我的經濟觀》等二十多篇著作。（《中國近現代人物名號大辭典》一二八七頁）

廖俠懷生。

廖俠懷（一九〇三～一九五二），新會人。父母早喪。早歲即離鄉到廣州濠畔街鞋店當學徒，後又轉賣報紙。酷愛粤劇，没錢買票，常在戲院後臺外面聽戲或在窗縫中偷看。後去新加坡一間工廠當車工，晚上參加當地工人業餘演劇活動。一九二三年粤劇著名小武靚元亨至演出，偶然去觀看，發現俠懷有藝術天份而收爲徒，改藝名“新蛇仔”，從此懷開始了粤劇生涯。其表演藝術獨樹一幟，飲譽省港達二十年之久，爲三十年代粤劇四大名醜之一。代表作有《甘地會西施》、《雙料龜公》、《花王之女》、《大鬧廣昌隆》、《哭崩萬里長城》等。所演角色有慈禧太后、紅娘子、跛子、啞仔、矮仔武大郎、麻瘋病人等，形成當時粤劇五大流派中之一“廖派”，也因此有“粤劇名醜生”之稱。在香港逝世。（《廣東近現代人物詞典》五四二頁）

鄧不奴生。

鄧不奴（一九〇三～?），號大珠。三水人，長居廣州。畢業於廣東大學法律系，歷任廣東省立女中、和平女中、香江中學校長、廣東法學院及黨政訓練團教官，參加廣東女權運動，任國民黨中央婦委科長、廣東省婦女組主任、廣東、廣州婦女運動常務理事、國大代表。

鄧兆祥生。

鄧兆祥（一九〇三～一九九八），高要人。一九一四至一九二三年先後在黄埔、吴淞、煙臺海軍學校及南京魚雷槍炮學校學習。一九二三年至一九二九年在北洋海軍任少尉、中尉、東北海軍第一戰隊中尉副官、少校副艦長。一九三〇年至一九三四年在英國格林威治海軍學校、魚雷航海信號槍炮學校學習，回國後任海軍軍艦少校槍炮長、海軍水魚雷營少校營長、海軍第二艦隊司令部中校參謀、貴州桐梓海軍學校訓育主任、長治艦艦長、重慶號巡洋艦上校艦長。一九四九年率部起義後歷任解放軍重慶號巡洋艦艦長、安東海軍學校、快艇學校校長、東北行政委員會委員、海軍青島基地司令部副參謀長、副司令員、北海艦隊副司令員、海軍副司令員。一九五五年被授予少將軍銜。

鄧拔奇生。

鄧拔奇（一九〇三～一九三一），又名崗。廣西懷集（今屬廣東）人。一九二六年加入中國共産黨，參加廣東工農運動，曾任過黨的基層及地方組織領導工作。一九三一年任中共廣東省委秘書、省委委員，常往來於梧州、貴縣、南寧、百色一帶指導工作，並主持出版《廣西紅旗》週報，次年春到東江特委參加武裝鬥争，在大南山根據地田乾村召開東江特委常委擴大會時被包圍，突圍中壯烈犧牲。（《廣東近現代人物詞典》三八頁）

鄭天保生。

鄭天保（一九〇三～一九七一），原名君度。嘉應（今梅州）人。一九二六年入讀中山大學，加入共青團，次年轉入中共，任中大黨支部代書記。大革命失敗後在九龍嶂建立根據地，任廣東工農革命軍東路第十團團長兼軍委主席。後赴滬從事革命活動，曾二次被捕。一九三六年留學日本，同年秋回滬，參與創辦上海引擎出版社，任社長。抗戰爆發後至馬來亞等地宣傳抗日，籌款支持抗戰。一九三八年回粤，與曾生在東江建立惠（陽）東（莞）寶（安）人民抗日遊擊隊，任副總隊長兼參謀長。後赴馬來西亞從事抗日募捐與華僑工作。中華人民共和國成立後歷任廣東省政府辦公廳副主任兼交際處處長、省文教辦公室副主任、省政協秘書長、全國人大代表、中國致公黨中央常委兼秘書長、致公黨廣東省委主任委員。後在廣州病逝。（《廣東近現代人物詞典》三五八頁）

鄭志聲生。

鄭志聲（一九〇三～一九四一），原名厚湖。中山人。一九二七年改名志聲，赴法國學習音樂，先入里昂音樂戲劇學院，畢業後入巴黎音樂戲劇學院深造，師從B. H. 比塞學作曲，師從P. 戈貝爾學指揮，一九三七年畢業獲金質奬，同年回國，先在雲南中山大學任教，後於一九四〇年至重慶國立實驗劇院任教，次年兼任中華交響樂團指揮。（《廣東近現代人物詞典》三六二頁）

鄭景康生。

鄭景康（一九〇三～一九七八），原名潤鑫。香山（今中山）人。觀應子。上海美術專科學校肄業，一九三〇年在香港開辦景康攝影室，從事人像攝影。一九三八年後任國民政府軍事委員會政治部國際宣傳處攝影室主任。一九四〇年赴延安，任八路軍總政治部宣傳部攝影師。一九四四年爲毛澤東拍攝了第一張標准像，次年在延安機場拍攝毛澤東赴重慶談判時的照片《揮手之間》，加入中國共産黨。後任晋察冀畫報社攝影科副科長、東北畫報社攝影部主任。中華人民共和國成立後歷任新聞總署攝影局研究室主任、新華通訊社攝影部特派記者、研究員、中國攝影家協會第一、二届常務理事。作品有《無家可歸》、《齊白石》、《紅綢舞》等。著有《攝影創作初步》、《景康攝影集》及《攝影講座》。（《中國近現代人物名號大辭典》八四三頁）

薛覺先生。

薛覺先（一九〇三、一九〇四～一九五六），原名作梅，字平愷。順德人。生於香港。早年肄業於聖保羅英文書院。五四運動時曾以“佛岸少年”筆名著文宣傳愛國思想。早歲至“環球樂”班學藝，後入人壽年劇團，拜千里駒爲師。一九二五年至滬組織非非影片公司，拍攝《浪蝶》。一九二七年回穗，先後參加“天外天”班、“新景象”班、“大江東”班演出。一九二九年下半年自組“覺先聲”劇團，任班主。一九三四年移家上海，開辦覺先影片公司（後改南方影片公司），所拍《白金龍》上映數年，賣座空前。抗日戰爭期間在廣西各地巡迴演出，直至勝利後返香港。一九五四年任廣州粤劇團藝術委員會主任，當選爲全國政協

委員、中國戲劇家協會廣東分會副主席。（《中國近現代人物名號大辭典》一三三三頁）

戴平萬生。

戴平萬（一九〇三～一九四五），原名均，小名再嶽，曾用名莊錯、嶽昭等。潮安人。一九二四年加入中國共産黨，次年参加省港大罷工與海陸豐農運。一九二七年至上海，投身左翼文藝運動，爲"太陽社"主要成員，直接籌備成立"左聯"。著有《出路》、《都市之夜》、《陸阿六》、《前夜》及《苦菜》等。（《中國近現代人物名號大辭典》一三三八頁）

鍾天心生。

鍾天心（一九〇三～一九八七），字汝中。五華人。先後畢業於南開中學、北京大學，曾主編《改造月刊》。後赴英國牛津大學、日内瓦國際研究院進行學術研究，回國後任中山大學教授等。抗日戰争時期創辦《再生》、《生力》、《民主世界》、《新戰線》等刊物。一九四九年遷居香港。一九五八年去臺灣，任"考試院"秘書長、"總統府"顧問、國民黨中央黨務顧問等。（《廣東近現代人物詞典》三八一頁）

鍾竹筠生。

鍾竹筠（一九〇三～一九二九），遂溪人。一九二一年秋考入北海貞德女子學校，開始接受馬克思主義新思想。在農講所得到周恩來、彭湃、惲代英、阮嘯仙等的教導和影響，加入了中國共産黨，成爲廣東湛江地區最早女黨員。一九二六年十月受黨組織派遣，來到防城縣組建了縣黨支部任支部書記，次年九月由於叛徒出賣被捕，始終堅貞不屈。後在北海炮臺英勇就義。（《廣東近現代人物詞典》三八二頁）

鍾敬文生。

鍾敬文（一九〇三～二〇〇二），原名譚宗，筆名静聞、静君。海豐人。少年聰穎勤奮。一九二二年畢業於海豐縣陸安師范，至廣州嶺南大學國文系工作並學習。一九二七年秋在中山大學中文系任助教，與顧頡剛等人組織民俗學會，編輯《民間文藝》、《民俗》及民俗學叢書，又寫散文與新詩，出版了散文集、民間文藝論集，次年秋至杭州，先在某高級商校教國文，後轉至浙江大學文理學院任講師。一九三四年留學日本早稻田大學，一九三六年回杭州，從事教育和研究上作。後至桂林，在遷至桂林的無錫教育學院任教，尋赴穗，到粵北戰地考察後寫了《抗日的民間老英雄》等數篇報告文學、散文。一九四〇年任中山大學教授。一九四七年至香港，任達德學院教授。一九四九年至北京師范大學任教。著有《民間文藝蕟話》、散文集《荔枝小品》、《西湖漫拾》、《湖山散記》等。（《中國近現代人物名號大辭典》九一三頁）

謝伯昌生。

謝伯昌（一九〇三～一九八一），英文名羅拔。新寧（今台山）人。曾任前九龍總商會理事長、香港中華廠商聯合會創辦人、臺灣國民黨“立法委員”。病故於香港。（《廣東近現代人物詞典》五二一頁）

顔漢章生。

顔漢章（一九〇三～一九三一），化名阿五。海豐人。一九二五年參加海豐農民運動，同年加入中國共産黨。歷任海豐縣第七區農會宣傳員、中共揭陽縣特别支部書記、海豐縣農民協會執委、中共揭陽縣委常委、中共東江特委委員、常委兼秘書長、紅軍第十一軍政委、東江行動委員會主席、中共東江特委組織部長。一九三一年夏在“肅反”中被誣爲“AB”團而遭暗殺。（《廣東近現代人物詞典》五五六頁）

盧鼎公生。

盧鼎公（一九〇三～一九七九），名鼎，又名燮坤，號一石，又名鄖盧，祖籍東莞。長居香港，對篆刻、詩、詞、書、畫，皆有湛深研究。（《東莞現代人物》四六六頁）

蕭次尹生。

蕭次尹（一九〇三～?），順德人。先後畢業於廣州市立師范學校、廣東大學等。北伐初期任職廣東省政府。廣州國民政府遷武漢後，兼任國民政府秘書處股主任。寧漢合併後奉派接收國民政府秘書處等，任專員。一九二九年任行政院秘書。一九三五年任鐵道部秘書。抗戰期間任立法院簡任秘書等。一九四六年任接收西沙群島專員，次年建議創辦國父紀念館、華僑革命紀念館，任該館總幹事。一九四八年當選行憲國民大會代表。共和國成立前去臺灣。著有《非洲華僑經濟》。（《民國人物大辭典》一五八九頁）

魏崇良生。

魏崇良（一九〇三、一九〇九～一九八二），號雄球。五華人。早年考入中山大學理科，僅讀三月，轉考入黄埔軍校，畢業後考取中央航空學校。於航空部門服務多年後被選派赴英國深造，見習於英國皇家空軍，返國後先後當飛行員、教官、隊長、大隊長、空軍總司令部人事署長、司令、參謀大學校長、總政治作戰部主任等職。一九四三年日寇飛機空襲重慶，時任第一路副司令，親自指揮戰機，擊毀敵轟炸機一架。任輔導委員會副主任時，對妥善安置退役人員貢獻至大。後至臺灣。一九六五年曾任“國防部”常務副部長。一九六七年晋升二級空軍上將軍銜，任“三軍參謀本部副參謀總長”。

羅志淵生。

羅志淵（一九〇三～一九七四），字孟浩。興寧人。早年入讀南京中央政治學校大學部。一九三三年畢業後調江蘇省民政廳，負責編輯《保甲月刊》。一九三六年返粵供職於廣州市政府，旋任中央通訊社貴陽分社編輯，次年入貴州省民政廳任職。一九三八年兼任戰時圖書雜志審查委員會委員，次年任國立政治大學行政系教授。一九四七年改任立法院專門委員。後赴臺灣任政治大學教授、政治系主任、法學院院長。（《廣東近現代人物詞典》三三九页）

羅欣然生。

羅欣然（一九〇三～一九三一），又名玷喜。大埔人。早年在高陂仰文中學讀書。一九二六年冬參加北伐軍，並加入中國共產黨，旋受派遣回大埔開展農民運動。一九二七年九月，爲策應“八一”南昌起義部隊南下粵東，根據上級黨組織指示，中共大埔縣委成立了暴動委員會，任縣暴委委員，率領農軍、學生舉行高陂暴動，成功後，被選爲中共大埔縣委委員、廣東工農革命軍東路第十五團參謀長，次年五月，又率革命武裝東渡韓江，舉行百候暴動。一九二九年十月中國工農紅軍第四軍奉命挺進東江，被中共東江特委任命爲駐紅四軍前委代表，負責向紅四軍前委朱德等領導人詳細介紹東江敵我態勢，並參與制訂紅四軍進軍方案，同年十一月二十八日，以東江特委代表的身份出席了在福建省長汀縣召開的由毛澤東主持的紅四軍軍委擴大會議，次年五月出席東江工農兵代表大會，當選爲東江蘇維埃執行委員、軍委委員、中國工農紅軍第十一軍政治部主任。尋由於“左”傾軍事冒險主義干擾，强令紅十一軍三次出擊潮安，遭受重大損失，轉移梅埔豐邊區堅持遊擊戰爭。後在豐順埔南犧牲。（《廣東近現代人物詞典》三四二頁）

清德宗光緒三十年　甲辰　一九〇四年

冬，黄遵憲賦《病中紀夢述寄梁任父》三首五古長詩寄梁啟超。（鍾賢培、管林、謝華、汪松濤《黄遵憲詩選》一九七頁）

本年陳福往安南（今越南）某機器廠做工。

陳福（？～一九一一），南海人。光緒三十年（一九〇四）往安南某機器廠做工，入同盟會。後返粵從事革命。宣統三年（一九一一）四月參加廣州起義，任選鋒隊（敢死隊）員，轉戰司後街時陣亡。（《革命逸史》）

本年李戒欺參加收回粵漢路權的鬥爭。

李戒欺，學名鑒誠，字海浩。從化人。務滋父。曾赴京試，

後曾在穗創設述善、惠濟善堂、述善醫院、述善、慶善學堂，參與創辦《廣東七十二行商報》。（《廣東近現代人物詞典》一七〇頁）

商衍鎏於本年中探花。

商衍鎏（一八七四～一九六三、一九六二），字又章，號藻亭、冕臣、康樂老人、抽庵、玉蓮園舊主人。番禺水口營（今屬花縣）人。廣州駐防正白旗漢軍廷煥次子，衍瀛弟，承祚父。幼年就讀廣州越華、應元書院，師事葉衍蘭、吴道鎔。光緒十六年（一八九〇）舉人，三十年（一九〇四）甲辰科一甲第三名進士[①]，授編修，官至撰文，被派往日本東京政法大學學習。辛亥後回國，閒居南京、揚州等地，寄情詩畫，尤喜繪竹。一生轉徙流離，棲息無定。中華人民共和國成立後始就其子承祚教授養於廣州中山大學，卒年九十（一作八十八）。著有《前清科舉制度考》、《清代科舉考試述録》、《太平天國科舉考試紀略》及《商衍鎏詩書畫集》。余祖明《廣東歷代詩鈔》卷五有傳。

岑光樾於本年中進士。（民國《順德縣志》卷八）

岑光樾（一八七六～一九六〇），原名孝憲，字敏仲，號鶴禪。順德人。光緒三十年（一九〇四）甲辰進士，編修。民國後僑港創辦成達中學，自任校長，年逾八十，誨人不倦。著有《鶴禪集》等。余祖明《廣東歷代詩鈔》卷五有傳。

陳之鼒於本年中進士。（民國《番禺縣志》卷十六）

陳之鼒，字椿軒。番禺人。光緒三十年（一九〇四）甲辰進士，任度支部主事。余祖明《廣東歷代詩鈔》卷七有傳。

饒鼎華於本年成貢生。

饒鼎華，字愛荃。大埔三河城内人。光緒三十年（一九〇四）甲辰優貢生。精研經史，提倡樸學。初掌教韓山師范，甚負時望。民國三年（一九一四）大埔中學成立，受聘爲文史講席，

---

① 一作光緒二十年探花。

造士頗多。著有《南溪集》，編有《匯山遺雅》四卷、《茶嶺詩存》。

王海萍生。

王海萍（一九〇四～一九三二），原名朝鸞，字翔林。海口（今屬海南）人。一九二二年就讀於上海滬江大學，後轉讀東華大學。一九二五年加入中國共産黨，次年回廣州投奔國民革命軍第四軍並參與北伐，從事政治宣傳工作。一九二七年赴漳州、厦門一帶，任福建臨時省委執行委員兼宣傳部長，翌年當選爲省委常委兼宣傳部長。一九二九年春任福建省委常委、軍事兼農民部長，旋任福建省軍事委員會書記。一九三〇年當選福建省委執行委員會委員、省軍事委員會書記兼省委宣傳部長，參與領導厦門組織武裝劫獄，營救出被捕的四十多位同志，七月任厦門中心市委書記兼軍事部長，後在厦門中山公園被捕，旋慘遭殺害。（《廣東近現代人物詞典》二〇頁）

方方生。

方方（一九〇四～一九七一），原名思瓊、曾用名王大鍾。普甯人。一九二六年加入中國共産黨。一九三〇年後歷任中共汕頭市委書記、《紅旗報》編輯等職。中華人民共和國成立後歷任中共中央華南分局第三書記、廣東省人民政府副主席等。著有《廣東的光明與黑暗》等，後結集出版《方方文集》。（《廣東近現代人物詞典》二八頁）

方文燦生。

方文燦（一九〇四～?），惠來人。早年就讀廣東大學，曾任豐順縣公安局局長、國民黨汕頭市黨部委員兼訓練部部長、軍政部軍需署上校視察員、惠來縣縣長等。（《廣東近現代人物詞典》二〇頁）

丘嶽宋生。

丘嶽宋（一九〇四～一九八七），名敵。澄邁（今屬海南）長安人。黄埔軍校第二期工兵科、南京陸軍輜重學校及炮兵學校畢業。一九二五年起任黨軍第一師工兵連排、連長、寧波警備司令部中校營長。一九二九年升第十七軍第十師上校團長。一九三一年後調南京中央步兵學校學員大隊上校大隊長、上海市公安局警訓所教育長。抗日戰爭爆發後，任廬山軍官訓練團教官、步兵學校教導團少將團長、第十二集團軍總部少將高參兼補訓處長。一九四二年返海南任瓊崖師管區司令、廣東第九區行政督察專員兼保安司令。一九四六年任國防部少將部員。一九四九年任海南特區第三區行政督察專員兼保安司令。一九五九年到臺灣，充任“海南反共救國軍總指揮部”少將參謀長。著有《海南抗戰紀實》等。（《廣東近現代人物詞典》六六頁）

古宜權生。

古宜權（一九〇四～一九三二），字克靈、健愚。五華人。一九二四年入黄埔軍校第二期，同年加入中國共産黨。一九二六年參加北伐，次年初回五華組織農民武裝。大革命失敗後參與創建八鄉山革命根據地。一九二九年後任東江紅軍第四十六團團長、紅十一軍教導團團長、東江紅軍獨立師第二團團長。後在普甯戰鬥中犧牲。（陳玉堂《中國近現代人物名號大辭典》一三三頁）

杜君慧生。

杜君慧（一九〇四～一九八一），筆名盧蘭。廣州人。五四運動中入學廣東大學。一九二七年東渡日本，後受留學生組織派遣返國抵滬，次年加入中國共産黨、左翼作家聯盟，努力寫作、翻譯。“九一八”事變以後，開始研究婦女問題。一九三四年協助沈茲九辦《申報》的《婦女園地》副刊，發表了雜文，次年任婦女界救國會的黨團（即黨組）書記、組織部長、全國各界救國聯合會理事。抗日戰爭爆發離滬至武漢，參加戰時兒童保育會工作，從武漢帶領一批難童到重慶、瀘州創建第七保育院，在重慶又創辦了《職業婦女》月刊，當選中國婦女聯誼會常務理事。抗戰勝利抵滬任育才學校教導主任。一九四九年出席第一次全國婦女代表大會、第一屆中國人民政治協商會議。中華人民共和國成立後，接管北平女二中，任校長。一九五五年調任北京第六中學黨支部書記兼校長，次年出席中共八大。（《廣東近現代人物詞典》一三八頁）

李源生。

李源（一九〇四～一九二八），東莞圓洲李屋村（今屬博羅）人。曾在香港昌興公司輪船當海員，一九二一年加入中華海員工業聯合總會，次年參加香港海員大罷工。一九二五年參加省港大罷工，加入中共，曾任國民政府財政部緝私檢查隊指導員、中共廣東省委委員。一九二七年組織領導廣州工人武裝參加廣州起義，失敗後率領部分工人武裝掩護起義部隊撤退轉移，次年任中共廣東省委常委，被派往瓊崖任中共瓊崖特委書記，代理中共廣東省委書記、書記，於莫斯科召開中共六大上當選中央委員，同年秋末至東江指導工作，抵大埔三河壩被捕就義。（《東莞市志》一四二四頁）

李澤生。

李澤（一九〇四～一九七九），字若陶。香山（今中山）人。受過中等教育。一九三二年赴上海任新新公司副經理，次年升經理，善經營。一九四一年依附日僞，一九四四年任汪僞全國商業統制委員會理事等。一九四六年被捕，判處三年徒刑，刑滿出獄於一九四九年去香港。病死澳洲。（《民國人物大辭典》二五〇頁）

李一之生。

李一之（一九〇四～一九四〇），東莞高埗上江城人。一九二六年東莞中學畢業後考入黄埔軍校，旋參加北伐戰爭。“九一八”事變後，回鄉開展抗日救亡工作。“七七”事變後在廣州防空司令部任中校參謀。一九三八年加入中國共産黨，任第四戰區東江遊擊指揮所參謀處參謀，秘密從事兵運、情報及抗日統戰工作。一九四〇年升任第四戰區東江遊擊指揮所中校作戰課長兼基幹大隊大隊長，爲共産黨及其部隊提供不少重要情報，同年四月因豎碑於共産黨員李燮邦墓前，被東江遊擊指揮所主任香翰屏撤職留所察看，後脱險經香港至寶安縣，在廣東人民抗日遊擊隊第五大隊大隊部工作，年底遭日軍逮捕殺害。（《東莞抗日實録》，中共黨史出版社二〇〇六年版）

李及蘭生。

李及蘭（一九〇四～一九五七），别號自芳，别字治方。陽山人。一九二四年加入國民黨，投考黄埔軍校入第一期第二隊學習，畢業後歷任第一軍三師八團營、團長。一九三〇年任教導第三師二旅少將旅長。一九三六年任第四十九師師長。一九四〇年任第九十四軍軍長。一九四三年任長江上遊江防副總司令。一九四五年起任吴淞要塞司令、淞滬警備總司令、第六綏靖區副司令。一九四七年起任中央訓練團副教育長、總參謀次長。一九四九年授陸軍中將，次年夏任廣州綏靖公署副主任、廣州衛戍總司令，直接指揮炸毁海珠橋。廣州解放前夕至香港，一九五一年去臺灣。臺灣出版有《李及蘭將軍傳略》等。（《廣東近現代人物詞典》一五九頁）

李伯球生。

李伯球（一九〇四～一九八六），又名琳。嘉應（今梅縣）人。一九二七年參加國民革命軍。一九三二年加入國民黨臨時行動委員會，後又將該會改組爲中華民族解放行動委員會。一九三五年初赴日本留學，旋返國。一九四一年曾在《光明日報》工作。一九四六年後在港創辦《人民報》反内戰，次年參與民盟中央改組工作。新中國成立後，歷任廣東省政協主席、北京市人民政府委員、中央財經委員會委員、民盟中央委員、農工民主黨中央常委、全國政協常委等。（《中國近現代人物名號大辭典》四二二頁）

李述禮生。

李述禮（一九〇四～一九八四），化州人。民國十年（一九二一）考取北京正志中學，同年考入北京大學預科，兩年後轉本科。十四年（一九二五）孫中山逝世，參加學生花圈隊扶靈、衛棺，翌年由胡曲園、杜宏遠介紹參加中國共產黨，後被派赴武漢任粤漢鐵路徐家棚工會秘書、當陽、遠安、石首、松滋縣中共縣委書記。九嶺崗起義失敗後，於十七年（一九二八）回北京大學復學，次年秋畢業後翻譯了德·波林著的《戰鬥的唯物論》、瑞典地理學家斯·赫德著的《偉大的旅程》、《長征記》、《亞洲腹地旅行記》等大量德文著作，並參與“左聯”在北京組織的《世界論壇》刊物活動。二十五年（一九三六）抵柏林大學與喬冠華、盛彤笙等一起攻讀，“七七”事變後放棄學業，參加德國及全歐抗日聯合會組織工作，任《聯合抗日報》編輯。二十七年（一九三八）回重慶，參加中蘇文化協會工作，在郭沫若、侯外廬主編的《中蘇文化》雜志社任編輯。一九五〇年任西北大學財經學院教授，後任民族系、教研室主任。最後譯著爲《馬克思夫人燕妮傳》。（《廣東近現代人物詞典》一七四頁）

李耀先生。

李耀先（一九〇四～一九二八），又名文肱。揭陽人。一九二五年加入中共，任鄧中夏秘書。一九二七年參與組織廣州起義，次年任中共廣州市委委員、代理中共廣州市委書記職務，同年夏秋間被捕犧牲。（《廣東近現代人物詞典》一九〇頁）

吴公虎生。

吴公虎（一九〇四～一九七八），又名世彰、雲飛，祖籍儋州，出生於馬來西亞檳城，十五歲返鄉，中學畢業後就讀於廣東省立工業專科學校，後畢業於國立北平大學藝術學院，歷任北平文化大學、東方大學、上海藝專、南京藝專、廣東藝專等校教授以及北平政府參事、中央黨部秘書、中宣部專員、上海市政府專員、財政部蘇北財政處處長、國民革命軍三十七師政治部主任、《中正日報》社長、中國國民黨港澳總支部常務委員、中央經濟委員、東路指揮部總參議、廣東文化運動會委員等職。抗戰勝利後，曾當選儋縣第一屆國民大會代表。幼年即醉心藝術，六歲能作畫，早年曾從師高奇峰、高劍父、陳樹人等，以畫花卉及鳥獸見長，畫虎尤有盛名。傳初學畫虎時一度與虎畫名家張善子交遊，在蘇州網溪園内養一老虎，觀察半年，將猛虎百態神情，盡收筆下。一九三九年回鄉探親時，爲母校那大鎮第三小學揮毫題詞，並繪山水花鳥畫兩幅相贈。晚年寓居香港，四次赴臺灣觀光講學。獲奬作品有《春耕初罷》水牛圖，一九三一年在德國柏林博覽會獲金牌奬《錦繡年華》孔雀圖，一九三三年在法國博物館主辦的中國畫展獲佳作奬；一九四五年在重慶舉辦的聯合國中國美術展覽《威震林莽》老虎圖獲金奬；有《炎威勁節》竹圖被選爲越南立憲紀念郵票發行。（《廣東近現代人物詞典》一九四頁）

吴文蘭生。

吴文蘭（一九〇四～一九七八），原名錦芝。澄海人。一九二五年在澄海中學讀書，次年加入中國共産黨，被推舉爲東江婦女運動協會委員長。一九二八年在廣東省委重建的汕頭市委任市委委員兼組織科長，與市委書記鄧鳳翱假扮夫妻設立地下機關，恢復市區内九個黨支部，親自化裝到國民黨駐汕軍隊中開展兵運工作。由於叛徒告密，中共汕頭市委再次遭到破壞，六月被捕犧牲。（《廣東近現代人物詞典》一九五頁）

吴尚時生。

吴尚時（一九〇四～一九四七），開平人。一九二八年畢業於中山大學英語系，赴法國留學，一九三四年獲碩士學位。精通英、法、德語，發現廣東七星崗古海蝕遺跡，對古海蝕有詳盡論述。著有《廣東南路》、《廣東省之氣候》等七十多部論、譯著。（《廣東近現代人物詞典》一九八頁）

何浚生。

何浚（一九〇四～一九八二），樂會（今屬海南）人。早年曾在馬來亞參加當地紅色工會，從事工人運動。一九三一年回國後參加紅軍，堅持閩南遊擊戰争，中共七大候補代表。新中國成立後曾任中共海南區委第二副書記、廣州市委常委兼監委主任、

廣東省邊防部副部長、省人大常委。(《中國近現代人物名號大辭典》五一八頁)

何佐治生。

何佐治（一九〇四～一九六二），字秉倫。高要人。畢業於復旦大學，又獲東吴大學法學碩士，歷任廣州市商會常務理事、廣州《民族日報》創辦人等。後去臺灣。著有《國際法上租借地之地位》。(《民國人物大辭典》三八六頁)

林先立生。

林先立（一九〇四～?），澄海人。二十歲進黄埔軍校第二期。一九二五年參加第二次東征。一九二七年任饒、澄、澳沿海保安局長，應南澳中共地下黨之邀上島清匪，次年任南澳縣縣長。一九三八年任廣東省第九區民衆統率委員會委員兼軍事組長，與共産黨合作抗日，次年任揭陽縣長，率隊伍參加炮臺區抗擊日軍戰鬥並獲勝。抗日戰争勝利後閑居汕頭。

林道文生。

林道文（一九〇四～一九三一），海豐人。海陸豐蘇維埃政權及東江革命根據地創始人之一，歷任海豐縣臨時革命政府主席團主席、東江工農革命軍總隊長、中共潮梅特委書記、東江特委書記、廣東省委常委兼宣傳部長、南方局宣傳部長。(《廣東近現代人物詞典》二二八頁)

林楚楚生。

林楚楚（一九〇四、一九〇九～一九七九），原名美意。新會人。生於加拿大。一九一九年嫁黎民偉。一九二四年在民新影片公司主演影片《胭脂》，翌年主演影片《玉潔冰清》，一躍爲明星。接著主演《和平之神》、《海角詩人》、《復活的玫瑰》、《木蘭從軍》等影片。一九三〇年促成、協助民偉與羅明佑合作創辦聯華影業公司，並與阮玲玉合作主演《故都春夢》。三十年代陸續主演了《人道》、《小天使》、《天倫》、《慈母曲》等影片。太平洋戰争爆發後，舉家從香港避居廣西桂林等地，抗戰勝利後又

回港，曾參加《静静的嘉陵江》、《義犬救美》等影片的拍攝。一九五三年息影。(《廣東近現代人物詞典》三二九頁)

林德銘生。

林德銘（一九〇四～一九六九），名厚光，號雙溪漁者。東莞人。畢業於香港貫虹醫學校，行醫港穗。曾師從張書旂學畫，擅畫雞。抗戰勝利後歷任廣州中醫師公會常務籌備員、理事、社會服務處醫事顧問及贈診主任、廣東省中央國醫分館董事、全國中醫公會聯合會設計委員等。五十年代漫遊東南亞各國，舉辦畫展，教授學生，馳譽海外。有畫集出版。(《廣東近現代人物詞典》三三〇頁)

周成欽生。

周成欽（一九〇四～一九六九）瓊山（今屬海南）人。早年入瓊崖師範（今瓊臺師範）學校讀書。畢業後，於一九二四年五月負笈羊城，考入廣州黄埔陸軍軍官學校第二期，次年九月畢業。在學期間編入戰鬥序列參加東征，討伐陳炯明叛軍，在著名的淡水、棉湖戰役中，作戰勇敢，衝鋒陷陣，畢業後隨軍北伐，晉升連長，繼而奉調隨軍開赴江西、福建圍剿紅軍，遞升少校營長、上校團長等職。抗日戰爭期間，調任貴州省安興師管區任補充團上校團長，培訓新兵，立功受獎，晉升少將副師長。抗戰勝利後，棄軍從政，返海南出任瓊山縣縣長，後調二十一兵團任少將參事。一九五〇年二月繼楊群之後出任二十一兵團駐海口聯絡處少將主任，負責該兵團海口至香港等地之聯絡收容工作，事畢赴台，屆齡退役，曾任臺北市海南同鄉會名譽理事等職。後在臺北病故，安葬在陽明山第一公墓。(《廣東近現代人物詞典》三五一頁)

柯柏年生。

柯柏年（一九〇四～一九八五），又名伯年，原名李春蕃，筆名馬麗英。潮州人。一九二四年加入中國共産黨，次年被任命爲東征軍總政治部駐澄海特派員，參與主編《嶺東民國日報》並主持該報副刊《革命》的編輯工作。一九二六年夏協助張太雷編輯中共兩廣區委機關刊物《人民週刊》，次年任《嶺東日日新聞》副總編。中華人民共和國成立後任外交部美澳司司長等職。譯著有《哥達綱領批判》、《帝國主義論》、《農業税的意義》、《社會革命論》、《社會問題大綱》、《辯證法的邏輯》等。（《中國近現代人物名號大辭典》九〇〇頁）

胡肇椿生。

胡肇椿（一九〇四～?），廣東人。畢業於燕京大學文學系，後赴日本留學，入京都大學研究院。曾加入廣州黄花考古院等，歷任中山大學副教授等職。譯著有《古物的修復和保存》、《考古發掘方法論》。（《民國人物大辭典》五八〇頁）

侯楓生。

侯楓（一九〇四、一九〇九～一九八一），又名廉生，學名傳稷。澄海人。黄埔軍校潮州分校第二期政治科畢業。一九二六年加入中國共産黨，次年考入上海暨南大學中文系。一九二九年考入暨南大學，次年參加左翼戲劇家聯盟，後參加大道劇社、劇聯，參與創辦聯星影片公司，編輯《中華日報·戲劇新聞》。一九三四年秋東渡日本，在東京帝國大學文學院學習，翌年回滬，主編《東方文藝》、《金代文藝》。抗戰開始後組織戰時演劇隊，主編《戰時演劇》，參加上海戲劇界救亡協會，任演劇隊十一隊隊長，又任軍委三廳抗敵演劇四隊隊長，在重慶主編《戲劇戰線》，組織成都戲劇工作社。四十年代組織中國藝術劇團、藝術劇院，任團長、院長。中華人民共和國成立後歷任中國青年藝術劇院研究員、研究室副主任、導演、廣西戲劇研究室副主任、廣西劇協副主席、廣東省戲劇研究室副主任、廣東劇協副主席、廣東潮劇院副院長及廣西、廣東政協委員等職。著有《犧牲》、《我們的遊擊隊》、《中國的呼聲》等劇本，導演《棠棣之花》、《孔雀膽》、《升官圖》、《白毛女》、《劉三姐》等，又出版有《彭湃的故事》等。（《中國近現代人物名號大辭典》九一六頁）

侯彧華生。

侯彧華（一九〇四、一九〇五～一九九四），鶴山人。畢業於上海滬江大學，後任平漢鐵路秘書，抗戰勝利委爲京滬鐵路接收委員。一九四七年任廣東省實業公司總經理。一九六一年任臺灣中華彩色印刷公司副董事長等職。嗜好書畫收藏。（《民國人物大辭典》五九九頁）

姚碧澄生。

姚碧澄（一九〇四、一九〇五～一九六六），平遠人。畢業於廣東大學，留學法國里昂大學醫學院，獲醫學博士學位，回國歷任中山大學醫學院教授兼附屬醫院院長、雲南醫學院教授、附屬醫院副院長。新中國成立後，歷任廣州市第一人民醫院院長兼内科主任、廣州衛生局局長、廣州醫學院院長、中華醫學會廣東分會副會長等職。二十世紀五十年代初期，開展在國内領先的肝穿刺、膽道造影術及心導管、心血管造影術研究。一九六二年採用人工腎等新技術。（《廣東近現代人物詞典》三九六頁）

徐琛生。

徐琛（一九〇四～一九二七），汕頭人。出生於貧苦魚販家庭。十五歲在汕頭市第二小學教書。在國共合作時期成爲汕頭市教師聯合會骨幹。一九二五年三月參加共産主義青年團，負責第二小學團支部工作，十二月加入中國共産黨，次年六七月間在汕頭發動群眾支援省港大罷工，十月北伐東路軍從潮汕出發，向福建挺進，隨軍征戰，十二月初進占福州，任福建省民運委員會主席。一九二七年三月任中共福州地委書記，四月被捕，六月與妻同被殺於福州刑場。（《廣東近現代人物詞典》四〇四頁）

陳垂斌生。

陳垂斌（一九〇四～一九三〇），崖州第四區樂羅鎮（今屬海南樂東）人。就讀府城華美中學時爲學生領袖。一九二四年進入上海大學社會學係，次年加入了中國共産黨，參與發起成立瓊崖旅滬青年社，出版《瓊崖青年》，後改爲《革命青年》月刊。

一九二六年國民革命軍第二師討伐鄧本殷，隨軍南下，歷任中國共產黨瓊崖地方委員會委員兼組織部長等。後犧牲。（《廣東近現代人物詞典》二八九頁）

陳振韜生。

陳振韜（一九〇四～一九二八），原名道琪。海豐人。一九二三年加入縣新學生社、中國社會主義青年團。一九二五年加入中共，尋奉派至汕頭任中共汕頭地委委員，次年當選汕頭總工會副委員長兼秘書長。一九二七年任汕頭革委會委員，參與接應南昌起義軍南下，同年底任中共汕頭市委書記，次年在汕頭被捕犧牲。（《廣東近現代人物詞典》二九七頁）

陳紹賢生。

陳紹賢（一九〇四～一九八五），字造新。惠來人。民國二十年（一九三一）畢業於美國華盛頓大學，獲政治學士學位，明年獲哥倫比亞大學政治學碩士學位，回國後任廣州《國民新聞日報》總主筆、廣州大學、同濟大學教授、國民黨廣州特別市黨部特派常務委員、國民黨第六屆中央候補監察委員、中央立法委員。三十八年（一九四九）定居臺灣，任東吴大學教授、英國倫敦政治經濟研究院研究員及《問題與研究》月刊主筆。著有《中日問題之研究》、《日本在華北的鐵路政策》（英文版）、《中國政治制度》、《英美政黨制度及其比較》等。

陳鐵軍生。

陳鐵軍（一九〇四～一九二八），原名燮君。原籍新寧（今台山），出生於南海佛山鎮。一九二四年考入廣東大學預科，次年參加省港大罷工。一九二六年加入中國共產黨，歷任廣東婦女解放協會秘書長、常委、副主任，次年任中共兩廣區委婦女委員，八月與周文雍假扮夫妻，十二月參加廣州起義。一九二八年一月被捕，二月與周文雍在紅花崗刑場舉行婚禮後就義。（《廣東近現代人物詞典》二九七頁）

郭永鑣生。

郭永鑣（一九〇四～一九五二），德慶人。國民革命軍第四軍軍官教導隊、南京陸軍大學正則班第十期畢業，陸軍大學將官訓練班第二期結業。一九三六年任廣東第五軍區司令部作戰科長、廣東保安第二旅四團上校團長。抗日戰爭爆發後．任第十二集團軍遊擊挺進縱隊副司令、高雷指揮所指揮官、第六十六軍上校參謀處長。一九四三年起任閩粵贛邊區總司令部參謀長兼韶關警備副司令、第一六零師副師長。一九四五年起任第六十五軍一五四師師長，一九四七年初入陸軍大學將官訓練班學習，年底當選國民大會代表，同年任整編第六十三師副師長，次年春任第七兵團第六十三軍副軍長，九月授陸軍少將，十二月所部在碾莊被全殲，被解放軍俘虜。後在廣州看守所病逝。著有《步兵與炮兵協同之研究》等。（《廣東近現代人物詞典》四一二頁）

郭棣活生。

郭棣活（一九〇四～一九八六），香山（今中山）人，出生於澳大利亞。早年返國就讀嶺南大學。民國十二年（一九二三）赴美國麻省紐畢德佛學院攻讀紡織工程。十六年回國，歷任永安紡織二廠參事、永安紡織三廠工程師、上海永安紡織公司副經理，幫助繆雲臺在昆明辦起雲南省首家紗廠。上海中華人民共和國成立後，被推爲上海市工商業聯合會常務委員，當選上海市工商業聯合會監察委員會委員及上海市棉紡織工業同業公會主任委員等。（《廣東近現代人物詞典》四一四頁）

高信生。

高信（一九〇四～一九九三），字人言。新會人。任南京中央軍校特別班地政系主任、僑務委員會委員長。

唐震生。

唐震（一九〇四～一九二八），興寧人。父從商。震於附城高等小學及縣立初級中學畢業。一九二〇年春赴佛山、廣州等地紗廠做工。一九二三年經革命黨人介紹，任孫中山大元帥大本營兵站總監站員，次年春由姚雨平、黄煉百保薦投考黄埔軍校，入第一期第二隊學習，同年秋加入中國共産黨，參加黄埔軍校中國青年軍人聯合會活動，畢業後編入第二教導團，任少尉排長。一九二五年參加第一次東征，在攻克淡水、惠州、海豐、河婆、五華城、興寧城戰鬥中，作戰勇敢，升任連長、校本部上尉參謀，六月回師廣州參加討伐楊希閔、劉震寰叛亂，七月國民政府在廣州成立，黄埔軍校教導團改編爲國民革命第一軍，被委任爲第一軍一、二師政治部中校秘書，十月參加第二次東征，次年調任海軍江鞏艦黨代表，三月中山艦事件後，被迫離開第一軍，七月國民革命軍北伐，調任六軍二十一政治部主任，隨部從粤北入贛。“四一二”政變後，化裝商人乘船赴武漢參加倒蔣鬥争。先在葉挺部二十四師，後於七月二十七日率部趕赴江西參加八一南昌起義，八月三日撤離南昌向廣東進發，轉戰江西會昌、廣東潮州、汕頭，進入流沙與彭湃部隊會師。後奉命赴香港從事秘書工作，十二月十一日參加廣州起義，失敗後，由於叛徒告密，被薛嶽扣留，羈押廣州公安局，後送南石頭監獄，次年六月被殺於廣州紅花崗。（《廣東近現代人物詞典》四一九頁）

葉公超生。

葉公超（一九〇四、一九〇一～一九八一），原名崇智。番禺人，生於江西九江。早年入天津南開中學，後赴美、英、法國留學。一九二六年歸國，任教於北京大學、暨南大學、清華大學等，曾創辦新月書店、《新月》雜志，爲新月派骨幹。抗日戰争爆發，隨校南遷，任西南聯合大學外國文學系主任，後從政，歷任國民政府外交部參事兼歐洲司司長、外交部常務次長、外交部部長。後去臺灣，任“行政院”政務委員兼外交部部長、“駐美國全權大使”等。著有《介紹中國》、《中國古代文化生活》、《英國文學中之社會原動力》、《葉公超散文集》等。（《中國近現代人物名號大辭典》一四八頁）

黄昌儒生。

黄昌儒（一九〇四～一九八〇），字石震。樂昌人。樂昌師範學校、廣東陸軍測量學校、中央軍校高等教育班第一期、陸軍大學特別班第二期畢業，後任團長、旅長、師長、參謀長、國民政府國防部中將高參等。病故於臺北。（《廣東近現代人物詞典》四五三頁）

黃梅興生。

黃梅興（一九〇四、一八九六～一九三七），字敬中。平遠人。一九二四年考入黃埔軍校第一期，次年參加第一次東征，任見習排長、連長，又參加第二次東征，任第十四師第四十團第三營營長。一九二六年率部參加北伐，翌年任學兵大隊長，調任第四軍暫編第二師副官長。一九二八年春任東蘇屬緝私内河遊巡隊長，旋調充第四軍教導第一師政治部主任，隨軍北伐。甫抵山東省境，又奉令調任總司令部徵募處第二區主任、中央軍事政治學校第七期學生中隊長。一九三〇年升陸軍第四十五師二六六團團長，次年任陸軍八十八師二六四旅五二八團團長。一九三二年擢陸軍八十八師二六四旅旅長。一九三七年在對敵奮戰中身中炸彈犧牲，爲淞滬戰役中首位爲國捐軀將領。追贈陸軍中將。（《廣東近現代人物詞典》四六一頁）

黃毓全生。

黃毓全（一九〇四～一九三二），祖籍台山，出生於美國加州。曾就讀於勝疊中學，畢業後進鐵士航空學校學習。民國十三年（一九二四）赴芝加哥入其兄毓沛創辦的三民飛機練習所任機械教師。十五年隨兄回國，任廣東航空處中校飛行員，次年受命赴蘇聯研究軍事航空，入陸軍第二航空學校學習。十七年（一九二八）回國，歷任廣東航空學校檢驗股股長、廣東航空第一中隊分隊長、中央航空第六中隊分隊長等職。二十一年（一九三二）初自廣州返南京，途經上海時，值“一·二八”淞滬戰爭爆發，目擊侵華日軍罪行，義憤填膺，請命參戰殲敵，獲准。二月五日（農曆除夕）中國空軍首次投入對日作戰，上午十時日機九架來真如投彈，十九路軍地面火力猛烈還擊，率機兩隊七架，搶佔制高點，以機槍俯衝射擊，日機上下受夾，狼狽而遁，次日在激戰中不幸犧牲，爲中國空軍抵抗外侮捐軀第一人。（《廣東近現代人物詞典》四六七頁）

梁思永生。

梁思永（一九〇四～一九五四），原籍新會，生於上海。啟超次子。早年在哈佛大學研究院學習考古學、人類學，回國後在中央研究院歷史語言研究所工作。先後負責發掘黑龍江昂昂溪細石器文化遺址、河南安陽小屯殷墟、侯家莊西北岡殷王陵、高樓莊後岡小屯、龍山與仰韶三疊層、山東歷城龍山鎮城子崖龍山文化遺址等，考定了仰韶、龍山及商文化相對年代關系。共和國成立後任中國科學院考古研究所副所長，著作已彙編成《梁思永考古論文集》。（《廣東近現代人物詞典》四八八頁）

梁俊青生。

梁俊青（一九〇四～?），與其妻吴曼青共號雙青樓主。梅縣人。幼從德國人習西畫。後離家赴滬學醫。先入同德，後入同濟大學。畢業後，偕妻吴曼青共赴德國入漢堡大學深造，回滬後懸壺濟世。抗戰期間，研習國畫，尤長花鳥。曾任上海申報醫學副刊主編。早年曾從事小説創作。（《中國近現代人物名號大辭典》一一六八頁）

梁錫佑生。

梁錫佑（一九〇四～一九九〇），梅縣人。曾就讀廣州嶺南大學。一九三三年被舉爲巴達維亞（雅加達）中華商會董事、華僑書報社執行委員會副主席、《天聲日報》副社長等，第二次世界大戰結束後曾協助《天聲日報》復刊。創辦《自由報》，任副董事長。

張公讓生。

張公讓（一九〇四～一九八一），原名其升。梅縣人。畢業於廣州中山大學醫學院。一九四九年遷居香港後曾主編雜志《中國新醫藥》及《醫學文摘》。

張開泰生。

張開泰（一九〇四～一九七八），崖州（今海南三亞）人。一九二六年加入中國共產黨，藤橋起義組織者、指揮者之一、仲田嶺革命根據地的創建者、陵崖縣委主要負責人、海南獄中鬥爭領導人、海南抗日獨立縱隊第三支隊長、政委、崖保樂邊區辦事處主任，在二十多年槍林彈雨中，身中十一槍。文化大革命中這位忘我爲黨工作幾十年、出生入死、滿身彈痕而倖存的共產黨員也被誣爲叛徒、走資派掛板遊街，一九七八年九月十七日在海口市紅軍院與世長辭。（《廣東近現代人物詞典》二三八頁）

彭桂生。

彭桂（一九〇四、一九〇六～一九三三），海豐人。一九二三年參加彭湃領導的海豐縣總農會、農民自衛軍。一九二五年配合東征軍作戰，次年轉爲中國共產黨黨員。一九二七年參加東江第三次大暴動。一九二九年任紅軍第六軍第十七師四十九團團長，次年成立工農紅軍第十一軍，任副軍長兼四十九團團長。一九三一年紅十一軍改編爲中國工農紅軍東江獨立師，任師長兼第一團團長，率部駐守海（豐）、陸（豐）、惠（來）、紫（金）根據地，次年率部冲出包圍圈，欲北上江西與中央紅軍會師未果。一九三三年五月被叛徒殺害。（《中國近現代人物名號大辭典》一一七八頁）

楊耐梅生。

楊耐梅（一九〇四～一九六〇），別名麗珠。南海人，生於上海。少入上海務本女中讀書，喜演文明戲，結識鄭正秋。一九二四年入影壇，先後與明星影片公司、大中華百合影片公司合作拍片。一九二八年籌資開辦耐梅影片公司。擅演香豔浪漫女性。後退出影壇，流落香港，病逝臺北。（《中國近現代人物名號大辭典》三七六頁）

温迎春生。

温迎春（一九〇四～一九八一），大埔人。早年就讀潮州金山中學，參加愛國學生運動。一九二六年加入中共。大革命失敗後歷任埔東革命委員會主席等，在閩粵邊界開展遊擊戰。一九三〇年任紅十一軍第四十八團政委等，次年春率全團轉入閩西，編入閩西紅十二軍，調任閩西蘇維埃政府秘書長。一九三二年任福建省蘇維埃政府秘書長。一九三四年長征後，留在閩西，任閩西南軍政委員會秘書長。抗戰爆發後任新四軍第二支隊秘書長、中共中央東南分局秘書長等。解放戰爭時歷任華東局黨校副校長、南下幹部總隊政委等。中華人民共和國成立後任華東紡織工學院院長、上海市政協委員等。（《廣東近現代人物詞典》五一〇頁）

廖其清生。

廖其清（一九〇四～一九二六），大埔人。一九二五年加入中國共產黨，由中共廣東區委書記陳延年帶領到汕頭開展創建黨、團地方組織，成立第一個共青團汕頭支部，歷任團支部、特支、團地委書記，汕頭國民外交後援會執委。其間發動汕頭地區工人、青年、文化運動，掀起革命高潮並發展黨、團組織。一九二五年九月陳炯明餘部重占汕頭，被毆成重傷，仍堅持鬥爭。後一直抱病堅持地下工作，直至因傷重在汕頭逝世。（《廣東近現代人物詞典》五四二頁）

廖夢醒生。

廖夢醒（一九〇四～一九八八），歸善（今惠州）人。廖仲愷、何香凝長女，承志胞姊。民國十三年（一九二四）加入中國國民黨。十九年與中共黨員李少石結婚後，在香港建立秘密交通站，任中央蘇區與中共中央所在地上海之間聯絡任務，次年入中國共產黨。抗戰爆發後在何香凝主持的中國婦女抗敵後援會工作。二十七年（一九三八）參加宋慶齡領導的保衛中國同盟籌建工作，任保盟、宋慶齡秘書。抗戰勝利後，保盟改稱中國福利基金會，隨慶齡來滬，繼續任秘書，開展募集藥品、醫療器材及各種救濟物資，繼續支援國際和平醫院、醫學院校與制藥廠及解放區兒童工作。三十七年（一九四八）北平解放前夕離滬。共和國成立後參加中華全國婦女聯合會籌建工作，任該會國際聯絡部副部長。參加全國政協首屆全體會議，爲第一、二、三屆全國人大代表，第五、六屆全國政協委員，第一、二、三屆全國婦聯執委，宋慶齡基金會理事等。（《廣東近現代人物詞典》五四四頁）

鄧悦寧生。

鄧悦寧（一九〇四～一九七七），又名榮勳。開平赤坎鎮人。早年赴美謀生求學，後爲美國亞利桑那州首位華裔衆議員。（《廣東近現代人物詞典》四一頁）

鄭庭鋒生。

鄭庭鋒（一九〇四～一九六〇），又名輝臺。文昌（今屬海南）人。一九二六年畢業於黄埔軍校四期。一九三〇年赴日本陸軍步兵學校留學。一九三二年畢業回國歷任營長、團副、團長。一九三八年任第五十師第一五〇旅少將旅長、第五十四軍第五十師少將副師長，翌年入陸軍大學將官班一期學習。一九四一年任第五十四軍第一九八師長，曾至印度蘭姆加中美戰術學校二期受訓。一九四三年任貴州安興師管區司令。一九四五年調第五十四軍中將副軍長。一九四七年任九十四軍副軍長、軍長，次年升第四兵團中將副司令兼九十四軍軍長。一九四九年任第二十一兵團中將副司令，同年去臺灣，歷任第五十軍軍長、澎湖防衛副司令、司令等。（《廣東近現代人物詞典》三六五頁）

鄭振芬生。

鄭振芬（一九〇四～一九三五），海豐人。一九一六年入民生布廠當紡紗童工。一九二三年參加布廠工會。一九二五年秋參加中國共産黨，次年當選海豐縣婦女解放協會第二屆執行委員，被任命爲梅隴區婦女主任，一九二八年當選海豐縣蘇維埃主席團成員。一九三〇年當選東江蘇維埃政府執行委員，冬受委派深入大南山進一步鞏固和發展革命根據地。一九三二年中共東江特委召開擴大會議，當選常委兼組織部長。一九三四年以東江地區代表出席在瑞金召開的中華蘇維埃共和國第二次代表會議，當選中

華蘇維埃共和國中央執行委員，次年下肢癱瘓，在石洞裏治療時被敵發現，不幸犧牲。（吴福欽 供稿）

鄭國材生。

鄭國材（一九〇四～一九三一），字楚生。揭陽人。幼年從父讀書，十六歲入榕江中學，一九二三年中學畢業，受聘汕頭若瑟中學，翌年赴穗考入廣東高等師范學校，任學生會主席，加入國民黨。一九二八年被派爲國民黨廣州市黨部整理委員會委員，翌年調國民黨中央組織部總幹事，旋奉派視察兩廣黨務，同年派爲河北省黨部整理委員會委員兼組織部部長。（《民國人物大辭典》一四八七頁）

劉光夏生。

劉光夏（一九〇四～一九三〇），興寧人。出身於農民家庭，後在廈門大學就讀。一九二六年考入黄埔軍校第六期，並加入中國共産黨，翌年八一南昌起義前夕奉派回興寧發動組織農民開展武裝鬥争，九月領導發動武裝暴動並取得勝利，成立廣東工農革命軍第十二團，任團長，創建水口革命根據地。一九二八年與古大存領導的第七團隊部匯合，夏又與鄭天保部匯合，成立五（華）、興（寧）、豐（順）、梅（縣）、大（埔）五縣暴動委員會，任委員，次年冬所部改編爲中國工農紅軍第十一軍五十團，任團長。後率部在攻打敵據點滘江圩戰鬥中犧牲。（《廣東近現代人物詞典》一〇六頁）

劉孟純生。

劉孟純（一九〇四～一九八二），名豫通，字孟純，以字行，號粹文。惠州人。中將。曾任南京中央軍校政治教官、國民政府西北軍政長官公署少將秘書長。長期任張治中助手，爲第二至四届全國政協委員、第五届全國政協常委、民革第五届中央常委兼秘書長。著有《回憶新疆和平解放》等。（《廣東近現代人物詞典》一一二頁）

劉思慕生。

劉思慕（一九〇四～一九八五），原名燧元，筆名劉穆、尹穆、劉君木、居山、小默，化名劉希哲。新會人。一九二三年嶺南大學肄業，供職附中，與人組織廣州文學研究會，創辦《文學旬刊》。一九二五年加入國民黨，參加學校職工罷工及“六二三”沙基慘案示威遊行，次年離開嶺南大學，先後任海軍政治部宣傳科科員、中國國民黨廣東省黨部宣傳部秘書，旋前往蘇聯入莫斯科中山大學學習。大革命失敗後離蘇回國，脱離國民黨，先後在北京北新書局、上海遠東圖書公司任編輯，並執教於北平今是中學、上海大陸大學、華南大學。一九三二年赴歐就讀法蘭克福社會科學院、奥地利維也納大學經濟系，次年回國，在上海、武漢、南京打入國民政府機關搜集情報。一九三六年流亡日本，“七七”事變後回國，先後任職香港國際新聞社、印度尼西亞《天聲日報》、衡陽《力報》、《廣西日報》主筆、昆明美國新聞處心理作戰部編輯。抗戰勝利後，先在廣州美國新聞處工作，後任香港《華商報》總編輯兼中國新聞學院院長。新中國成立後，先後任上海《新聞日報》總編輯（後兼副社長）、上海市文化局副局長、日内瓦會議中國記者代表團團務委員、北京國際關系研究所副所長兼世界知識出版社社長、總編輯。一生著述頗豐，主要有《日本的財閥、軍隊與政黨》、《戰争途中的日本》、《世界政治地理》、《歌德自傳》（譯作）等。（《中國近現代人物名號大辭典》二七六頁）

潘士華生。

潘士華（一九〇四～?），原籍寶安，生於香山（今中山）。早年入中山大學，畢業獲醫學學士，旋赴日本九州帝國大學，畢業獲醫學博士學位，回國歷任中山大學醫學院第一附屬醫院住院醫師等。一九四二年起任廣西省立醫學院主任教授。共和國成立後，歷任醫學院教授等。著有《衛生學概論》等。（《民國人物大辭典》一四六五頁）

賴紹宏生。

賴紹宏（一九〇四～一九八六），長樂（今五華）人。一九二五年參加農民運動，加入中國共產主義青年團，翌年轉爲中國共產黨黨員。一九三二年參加中國工農紅軍，歷任排長、副連長、副科長。一九三四年參加長征。一九四二年任太嶽區野戰醫院中共總支部書記、邢臺榮軍學校校長。解放戰爭時期任冀南軍官教導團政委、政治處主任。共和國成立後，先後任華南墾殖局廣州辦事處、檢察室主任、廣東省土地利用局副局長、廣東省政協委員。後在穗病逝。（《廣東近現代人物詞典》五二九頁）

鍾盛麟生。

鍾盛麟（一九〇四～一九八四），又名季蔚。嘉應（今梅縣）人。上海政治大學畢業，入讀日本明治大學政治係，黄埔軍校第五期少校政治教官，後任國民革命軍第三軍政治部少將主任、國民政府救濟總署汕頭物資配售處處長等。一九四九年舉家遷香港。著有《政治學概論講義》。（《廣東近現代人物詞典》三八四頁）

謝吟生。

謝吟（一九〇四～一九八三），潮州人。早年旅居暹羅，從事潮劇編劇，先後在老正順、中正順、三正順班任專職編劇，來往於潮汕與泰國間。所編劇本，除文明戲外，有古裝劇《秦鳳蘭》、《趙少卿》、《二度梅》、《韓廷美》等。抗戰勝利後，兼任三正順、老源正及老正順等戲班專職編劇，編寫劇目有《三休樊梨花》、《狸貓換太子》、《孟姜女》等。一九五〇年後任粵東戲曲改革委員會（後改戲曲研究會）副主任等職，繼續從事潮劇改革，整理傳統劇目《陳三五娘》、《蘇六娘》及新編歷史劇《汕頭老虎廖鶴洲》、《許阿梅鐵山起義》、《火燒馬院橋》等。六十年代後編寫或與人合作編寫的劇目有《江姐》、《佘娓娘》、《梅亭雪》、《續荔鏡記》等。至八十年代編寫的各類劇目近百。（《廣東近現代人物詞典》五一八頁）

顏澤滋生。

顏澤滋（一九〇四～?），連平人。畢業於國立北平大學工學院，獲工學士學位，後赴比利時留學，入國立崗城大學，獲工程師學位，曾任廣東遂溪縣立鄉村師范學校校長、廣東惠陽縣龍崗平岡中學教務長、廣東省公路處處長、國民政府交通部正工程師、公路工程督察區主任、第二、第三工程管理局局長。一九四七年權理公路總局監理處處長、主任秘書、顧問、廣東省海南特區長官公署顧問。共和國成立前去臺灣。任“光復大陸設計研究委員會”交通組負責人。

譚其鏡生。

譚其鏡（一九〇四～一九二七），號豁明。羅定人。生於農民家庭。一九二四年春考入黄埔軍校第一期，畢業後留校在周恩來領導的政治部工作，期間加入中國共産黨、國民黨，歷任指導員、教導團連黨代表及組織科員、中央軍事政治學校入伍生部政治部主任、國民黨中央軍人部臨時駐粤委員會委員、中央兵工試驗廠國民黨黨代表、軍校國民黨特别黨部監察委員，從事地下革命鬥争，與廖仲愷、周恩來、何香凝等常有書信來往。曾在入伍生部辦的《民衆的武力》週刊上撰文，又擔負過東莞、寶安兩縣農軍訓練工作。四一五政變發生後被捕遇害。(《廣東近現代人物詞典》五四九頁)

伍小魏卒。

伍小魏（？～一九〇四），名嘉傑。南海人。留學日本，先後參加軍國民會及興中會，入革命軍事學校。光緒三十年（一九〇四）回粤病卒。(《中國近現代人物名號大辭典》二三一頁)

清德宗光緒三十一年　乙巳　一九〇五年

二月二十三日，黄遵憲以疾卒於家。後梁啟超爲作《嘉應黄先生墓誌銘》。(梁啟超《嘉應黄先生墓誌銘》)

本年蘇曼殊泛舟西湖，寄懷陳獨秀，賦《住西湖白雲禪院作此》七絶，意境深沉渾穆。（陳永正《嶺南歷代詩選》六五一

頁）

本年許之漢、顧迪光加入同盟會。

許之漢，番禺人。粤交通司路政課稽查。（一九九〇年《番禺縣人物志》）

顧迪光，番禺人。曾任縣民政長，光緒三十一年（一九〇五）加入同盟會。（一九九〇年《番禺縣人物志》）

本年孫建笎以疾退休。

孫建笎，字花農。順德人。以直隸通判辦天津招商局輪船事務，兼辦電政，升道員銜，調天津海關道。曾避義和團密運關儲數十萬，又赴上海善擬各國商約，再受命祭告南嶽炎帝陵，終官江寧布政使。著有《電學新編》等。（《順德縣續志》）

本年蕭竹漪回國。

蕭竹漪（一八八三～一九一二），字弈華。海陽（今潮州）人。陳蕓生内弟。新加坡華僑。與張永福等友善。光緒三十一年（一九〇五）回國，曾隨黄乃裳遊閩粤間鼓吹革命，翌年入同盟會，盡售其田産爲革命經費。黄岡起義爆發，助陳湧波、余既成等組織軍政府，失敗，亡命新加坡。辛亥廣東光復，回汕頭養病，翌年卒。（《革命逸史》第三集）

本年陳耿夫在越南發動僑胞回應國内的反美愛國運動。

陳耿夫（？～一九一八），原名友亭。南海人。少年在家鄉私塾讀書。稍長，赴越南海防謀生，在其親戚商號記賬。光緒三十一年（一九〇五）國内各地紛紛組織拒約會，開展抵制美貨運動，聞訊遂發動僑胞回應。三十三年（一九〇七）孫中山由日本到越南河内等地，在越南各地發起組織同盟會，被推爲海防同盟會分會書記，後革命黨人在欽州、鎮南關、河口等地發動反清起義，積極參加海防同盟會購械運餉支持起義。宣統元年（一九〇九）秋至香港任《中國日報》記者，次年親至廣州城西洞神坊創辦《人權報》鼓吹革命，尋任《民誼》雜志編輯。一九一三年二次革命失敗後逃亡日本，未幾返港，創辦《現象報》，鼓動討袁救國，因措辭過激，遭港英當局干涉，遂偕同志周遊南洋英屬各地。後加入中華革命黨，反對袁世凱接受日本提出的“二十一”條，擬在吉隆坡組織報館，旋因討袁護國戰爭爆發，回港、粤等地策應。一九一六年六月世凱暴死，在穗創辦《民主報》，次年孫中山南下穗建立護法軍政府，聯絡報界擁護。一九一八年夏政學系首領楊永泰與莫榮新等合謀改軍政府大元帥爲總裁，中山受排擠離粤，在報上頻頻發表激烈文章駁斥總裁制爲非法，遭忌恨，旋榮新封禁《民主報》，將其逮捕槍斃。（《廣東近現代人物詞典》二九六頁）

刁沼芬生。

刁沼芬（一九〇五～一九八六），原名伴梅。興寧人。早年經商，曾爲廣州大達行經理。復在香港開設齊昌行，常接待經港前往解放區的青年學生及進步人士，至一九四九年九月接待有數百人。一九四九年參加新民主主義經濟工作者協會，次年被選爲廣州市工商聯常委兼辦公室主任。一九五一年應邀列席全國政協一届三次會議，歷任民建中央委員、民建廣東省委副主任委員兼秘書長、全國工商聯執委、廣東省工商聯副主任委員、廣東省第四、五届政協副主席、第三至五届全國政協委員。在廣州逝世。長子應桓，《東江報》、《羊城晚報》編輯。次子應如，畢業於江西師院，中學高級教師、興寧業餘中專副校長。三子應服，畢業於復旦大學，高級工程師，任職於廣州輕工設計院。（《廣東近現代人物詞典》三頁）

王伯倫生。

王伯倫（一九〇五～一九四六），原名育才。瓊山（今屬海南）人。少年時即赴泰國當船工。一九二五年返鄉加入農民協會。一九二七年年初加入中國共産黨，四一五廣州政變後，參加瓊崖工農討逆軍，同年冬參加瓊崖武裝起義。一九二八年起在紅軍瓊崖獨立師先後任班長、小隊長，中隊長、政治指導員。一九三〇年被選爲中共瓊崖特委委員，派往主持中共陵崖縣委工作。

一九三二年被派到中共樂安縣委指導工作。一九三六年協助馮白駒領導瓊崖地區革命鬥爭，旋瓊崖紅軍遊擊司令部成立，任政治委員。抗日戰爭爆發後任中共瓊崖特委代理書記、中共瓊崖特委組織部部長，參與組織領導瓊崖地區的抗日遊擊戰爭。一九四四年起兼任瓊崖抗日獨立總隊政治部主任，抗戰勝利後調任中共瓊崖西路臨委書記兼第四支隊政治委員。後因肝炎惡化在白沙縣阜龍鄉病逝。（《廣東近現代人物詞典》一六頁）

王遠勃生。

王遠勃（一九〇五～一九五七），澄海人。青年時代留學法國學習油畫，回國後任上海美專代理校長。後棄文從商，於一九四六年前往天津主理興行生意，全家定居天津。五十年代初周恩來向教育部提名安排任天津師范學院藝術系主任兼教授，繼續從事美術事業。在天津病逝。（《廣東近現代人物詞典》一五頁）

丘正歐生。

丘正歐（一九〇五～?），字漢興。梅縣人。肄業北京大學教育系，後畢業於法國巴黎社會學院，獲巴黎大學文學博士，期間任中國國民黨駐法總支部常務委員。歷任廣州中山大學教授、《廣州日報》及《華南日報》社社長、廣州文法學院新聞系主任。一九四九年去香港，後轉赴印度尼西亞。在印尼期間曾任該地《天聲日報》總編輯兼總主筆、珈瑪烈大學文學院院長、印尼華僑記者公會、雅加達華僑教師聯合會理事長。後去臺灣，結業於國防研究院。著有《中國新生活運動》、《巴黎春夢》（小說）、《華僑問題研究》、《華僑社會問題》等。

丘式如生。

丘式如（一九〇五～一九八一），別號崙山、金增。鎮平（今蕉嶺）人。曾任中國國民黨中央黨部總幹事、中央海外部專門委員、廣東省參議員及廣東五華、豐順等縣縣長。先後在廣東國民大學、上海輔仁大學任教授。去臺灣後，曾任“光復大陸設計研究委員會”委員。（《廣東近現代人物詞典》六五頁）

伍治之生。

伍治之（一九〇五～二〇〇〇），普甯人。一九二四年由彭湃、楊石魂介紹至廣州農民運動講習所第二屆講習班學習，並加入廣東新學生社。一九三九年後至滬任南屏女子中學教員、曼谷《中原日報》駐上海特約記者。著有《汕頭黨史資料》、《汕頭青運史資料》、《廣東青運史資料》等。

杜式哲生。

杜式哲（一九〇五～一九三〇），祖籍澄海，出生於泰國曼谷華僑工人家庭，十一歲時回澄海讀書，在大革命中投身學生運動，一九二六年加入中國共産黨，曾任中共饒平縣委書記、東江特委委員、東江特委副書記。一九三〇年任廣州市委書記，旋被捕犧牲。（《廣東近現代人物詞典》一三八頁）

杜梅和生。

杜梅和（一九〇五～一九八七），字冠卉。三水人。一九二二年畢業於北京通才商業專門學校。一九二六年入廣東中央銀行，任會計科科長、總稽核、總秘書兼信託部主任等。一九三八年穗淪陷前夕，押運省行所保管大量黄金、白銀解交中央。抗戰時期積極籌劃在港澳間搶運作戰物資及民生物品，主持粵、湘、桂鹽、糧互濟。一九四三年任財政部中茶公司協理、中國農民銀行重慶分行經理。一九四五年調任農行總管理處主任秘書。抗戰勝利後任廣東省府委員兼財政廳廳長、廣東省銀行總經理，解放前夕寓居香港，後遷居臺灣。（《廣東近現代人物詞典》一四〇頁）

宋中銓生。

宋中銓（一九〇五～一九六二），梅縣人。早歲入蘇州東吴大學，後去南洋任《新報》編輯。一九二八年夏被《新報》聘約爲駐南京特約通訊員，直至一九六〇年《新報》被封閉，後轉任八華校長。

李幹輝生。

李幹輝（一九〇五～一九七四），原名清。惠州人。一九二三年在香港參加工人運動，加入海員工會。一九二五年六月參加省港大罷工，同年加入中國共產黨，後任香港海員總工會中共總支書記。一九二七年十二月參加廣州起義，後在香港、廣州等地從事秘密革命工作。一九二九年參加百色起義，任紅軍第七軍三縱隊三營黨代表，參加創建右江革命根據地，次年隨紅七軍主力轉戰桂黔湘粵贛邊，後到中央革命根據地，在紅七軍任團政委。一九三二年任紅三軍團三師政委，次年秋任紅一方面軍工人師（即中央警衛師）政委。一九三四年所部改編爲第二十三師，繼任師政委，參加了第三至五次反"圍剿"與長征，翌年任紅三軍團十三團、紅三十二軍政委。一九三六年任紅二方面軍三十二軍政治部主任，後任紅二方面軍紅軍大學政治部主任，同年底入抗日紅軍大學學習，後任第十四隊隊長。抗戰爆發後任抗日軍政大學第二大隊政治處主任。一九四〇年調華中新四軍工作，歷任抗大第四分校政治部主任、崇（明）啟（東）海（門）常備旅副政委、第一師三旅九團、七團政委等。抗戰勝利後，歷任蘇中軍區獨立旅政委、華中野戰軍第六師政治部主任、華東野戰軍第十一縱隊兼蘇中軍區政治部主任、蘇北兵團第十二縱隊、第三野戰軍三十軍政委等，參加了濟南、淮海、渡江、上海等戰役。共和國成立後，任華東軍區、蘇南軍區副政委、中共中央華東局監察委員會副主任、中共上海市委組織部副部長兼市人委監察局局長、市委副秘書長兼市檔案局局長、市監委副書記、中共中央監察委員會候補委員。在上海病逝。（《廣東近現代人物詞典》一五八頁）

李本立生。

李本立（一九〇五～一九三三），東莞洪梅黎洲角人。少時隨父遷居莞城。一九二三年進東莞中學讀書。次年底成爲社會主義青年團東莞特別支部成員，後加入中國共產黨，建立新學生社。一九二六年共青團東莞地方執行委員會成立，任書記。尋縣各界人民團體辦理地方公益委員會成立，任主席。後中共東莞特別支部改爲中共東莞地方執行委員會，任書記。（《東莞市志》一四三〇頁）

李育培生。

李育培（一九〇五～?），字慈元。歸善（今惠州）人。煦寰侄。北京燕京大學畢業，曾在廣東省立第一、二、三中任教。一九二七年任黄埔軍校辦公廳中校秘書。一九二九年任廣東軍事政治學校政訓處訓育科長、教官，翌年任第一軍政治部秘書。一九三二年任第一集團軍政治部上校秘書，次年任獨立第二旅政訓處主任。一九三六年任第一五七師政訓處長。抗日戰争爆發後先後創辦《南新報》和《閩南新報》，任第六十二軍一五四師政治部主任和第六十二軍政治部主任，帶領政工隊員，活躍在前線、後方，指導當地軍政人員及組訓民衆參加抗戰工作，屢受上級讚譽。一九四二年任第七戰區政治部少將督察官兼《建國日報》社長。一九四六年退役，任《建國日報》總經理、廣東省参議會議員；《建國日報》也從曲江遷廣州，銷路日廣，成爲廣州頗有影響的報紙。一九四七年當選國民大會代表。一九四九年移居香港，利用美援辦《中南日報》，因經濟後援不繼，不久即停辦。一九六三年移居美國，經營中國古玩店二十年。（《廣東近現代人物詞典》一七七頁）

李炳祥生。

李炳祥（一九〇五～一九五九），又名永孝，原籍香山（今中山），生於菲律賓。一九二二年回國念書。一九二四年入上海大學夏令講習所，同年加入中國共産黨，次年暫在蘇聯駐華大使館及馮玉祥部工作。一九二六年參加北伐，旋受中央委派到漢口，任蘇聯顧問鮑羅廷英語翻譯，翌年秋返菲律賓從事革命活動。一九三二年“一·二八”事變後在馬尼拉創辦了一份英文日報，宣傳抗日。抗日戰争爆發後，發動華僑募捐支援八路軍和新四軍，又創辦《建國週報》。日軍佔領馬尼拉，成立菲律賓華僑抗日遊擊隊至勝利。一九四六年底由於身份暴露，從菲律賓轉移至香港，在華南分局領導下繼續從事海外華僑工作，後從香港轉往解放區，曾在北京協助籌備亞澳工會代表大會及亞澳婦女代表大會。一九五〇年後在中央機關工作。一九五七年秋因風濕性心臟病發作而癱瘓，至一九五九年病逝。（《廣東近現代人物詞典》一七九頁）

李惠堂生。

李惠堂（一九〇五～一九七九），字光梁，號（别署）魯衛，原籍長樂（今五華），生於香港。浩如子。四歲隨母回鄉居住。少年時被選入香港南華足球隊甲組。一九二五年離港赴滬。一九二七年被上海復旦大學聘爲體育系主任、足球隊教練，組建樂華、華東足球隊。一九三一年秋返港，加盟南華足球隊，多次隨隊遠征，有"球王"之稱。抗戰期間多次義演籌款支持抗日，抗戰末期任青年軍體育總教練，領少將銜。一九四七年退伍，次年獲國際裁判證書，歷任亞洲足球協會、世界足球協會副會長等。（《中國近現代人物名號大辭典》四五一頁）

李樂天生。

李樂天（一九〇五～一九三七），原名清操，字勵冰。南雄人。一九二七年加入共産黨，次年領導了全縣武裝大暴動，失敗後聚集油山成立遊擊隊，任遊擊大隊負責人。一九二九年一月下旬，毛澤東、朱德、陳毅率領紅四軍進入南雄，帶領遊擊隊積極配合打擊敵人。一九三二年春任中共南雄縣委書記。一九三四年中共贛粤邊特委、贛粤邊軍分區成立，任特委書記、軍分區司令員兼政委。後與敵遭遇，突圍時犧牲。（《中國近現代人物名號大辭典》四一一頁）

李國俊生。

李國俊（一九〇五～?），五華人。十八歲考入廣東大學預科。一九二五年入黄埔軍校四期。國民革命軍入南京，進軍官研究班員警科受訓，畢業後，任職首都員警廳，嗣赴日本員警大學，畢業回員警廳任局員。一九三〇年派赴歐美考察黨政，歸國升首都員警廳員警訓練所所長。一九三六年返粵任省員警訓練所所長兼廣州市警察局副局長。一九三八年廣州淪陷，赴韶關編組廣東省員警總隊，任總隊長兼韶關警備副司令。抗戰勝利任廣州市警察局局長兼廣州警備副司令。一九四七年任汕頭市市長。一九四九年去臺灣。（《民國人物大辭典》二九五頁）

李楚瀛生。

李楚瀛（一九〇五～一九五〇），名就，字自勖。連縣人。黃埔軍校第一期、陸軍大學將官班甲級第二期畢業，曾任第九師二十五旅五十團團長，一九三三年任第八十三師二四七旅少將旅長，參加長城抗戰。一九三七年任第二十三師副師長，抗戰爆發後在津浦路阻擊日軍，次年參加武漢會戰，戰後升任第八十五軍二十三師師長。一九四一年任第八十五軍軍長。一九四三年任第十五集團軍中將副總司令，改任第三十一集團軍副總司令，先後參加隨棗、豫南、豫中會戰。一九四六年任整編第二十六軍副軍長，次年任整編第三師師長。一九四八年任淞滬警備司令部副司令，次年任廣東省第二區行政督察專員兼保安司令、新編第九軍軍長，年底在連縣被俘。一九五〇年底於韶關被處决。

李霧仙生。

李霧仙（一九〇五～一九六二），又名淩莎。原籍嘉應（今梅縣），生於印尼巴達維亞（今雅加達）。民國九年（一九二〇）考入梅縣女子初級師範學校。十四年（一九二五）加入國民黨，任新學生社梅縣分社委員、梅縣婦女解放協會主任委員，次年入廣州婦女運動講習所工作，加入中國共產黨。十六年（一九二七）被派往莫斯科東方大學學習，兩年後返國在中共中央機關工作，又被任命爲中共滿洲省委候補委員兼婦女部長，一度被捕，後被保釋出獄。二十三年（一九三四）任中共滿洲省委委員兼秘書長，次年春再次赴莫斯科東方民族殖民地研究院學習。二十八年（一九三九）畢業後回國在延安先後任中共黨校班主任、政治經濟室研究員、延安女子大學副教務主任、延安保育院院長等職，工作成績卓著，被選爲陝甘寧邊區勞動模範。日本投降後，受命去東北參加籌建冀察熱遼邊區建國學院，兼任院長，後調任黑龍江省教育廳廳長。解放戰爭期間轉赴華北，參加和平解放北平。中華人民共和國成立後任北京市教育局副局長，旋又隨軍南下，任中共武漢市委委員、文教黨委書記兼武漢市教育局局長，在任期間創辦中南財經學院。一九五五年初調回北京任北京師範學院院長。一九五八年調中共中央聯絡部，受命駐捷克參加《和平與社會主義》雜志編輯工作。一九六二年因病由捷克返國，診斷爲肝癌，醫治無效逝世。(《廣東近現代人物詞典》一八七頁)

吴景祥生。

吴景祥（一九〇五～?），香山人。一九二九年畢業於清華大學土木系。一九三三年畢業於巴黎建築專門學院。一九三九年後任中國海關總署建築師十載。一九五〇年任三江大學教授。一九八一年起任上海建築學會理事長。著有《中國的教育與建築》等。(《民國人物大辭典》三六五頁)

吴達元生。

吴達元（一九〇五～一九七六），原籍香山（今中山），生於上海。早年就讀清華大學外語系。一九三〇年赴法國留學，一九三四年回國後在清華大學、西南聯大任教。一九五二年任北京大學西語系教授兼系副主任。著有《法國文學史》、《法語語法》，譯有《博馬舍戲劇二種》，參加主編《歐洲文學史》等。傳略編入《廣東省當代名人録》。(《廣東近現代人物詞典》一九五頁)

吕逸卿生。

吕逸卿（一九〇五～一九八二），鶴山人，生於越南河内。一九二五年先在嶺南大學讀書，後在中山大學讀中文，兼修地理，結業後在地理系留任。一九三二年任講師，講授氣候學。一九三四年受中山大學派遣到菲律賓馬尼拉中央氣象臺進修氣象觀測及颱風預報，隨即晉升副教授。一九三九年八月在越南河内遠東學院從事研究，並在中華中學任教，出版了《佛教在越南》及《越南山水人物》等論著。一九四一年至桂林廣西教育研究所文史地教研班講授地理幷兼任教導主任，同年底入粤北坪石任中山大學師范學院史地系副教授。一九四三年出任廣西大學教授。一九四五年回中山大學，任地理系教授、系主任。一九五〇年再任地理系主任、中山大學副教務長。一九五四年加人中國共産黨，被選爲廣州市第一届人大代表。著有《民族問題鳥瞰》、《對地理學發展的—些設想》、《地理學如何實現現代化》、《對海南區經濟建設的初步認識》、《迎接地理學春天》、《吕逸卿詩文選》等。(《廣東近現代人物詞典》八七頁)

利銘澤生。

利銘澤（一九〇五～一九八三），新會人。幼年在香港陳子褒學塾就讀，後入皇仁書院習英文。一九一七年赴英國求學，十年後畢業於牛津大學工程系，獲碩士學位。留英學習時，被推選爲中國留英學生總會會長。一九二八年回港，在何倫工程行實習三年，後任中國工程師學會香港分會副會長、香港註册工務局畫則師等職。抗日戰争前，曾任廣州市政府秘書、自來水管理委員會、城市設計委員會委員、廣東省建設廳技正等職。抗戰爆發後隱居重慶，勝利後回港，先後任港府穀米糧食統制處處長、税務委員會委員、市政局員、立法局、行政局議員、公務人員利用委員會主任委員、民衆安全服務處處長、反貪汙委員會主席、香港中文大學校董會副主席、香港大學校董及校務委員會委員、南華體育會會長、永遠名譽會長、四邑工商總會永遠名譽理事長、中華總商會名譽理事、僑港新會商會永遠會董、香港業主聯合會主席、聯合國亞洲及遠東經濟委員會香港代表等。曾獲得英廷授予“O. B. E 勳銜”、“C. B. E 勳銜”及“太平紳士”榮銜，香港大學、香港中文大學授予榮譽博士銜。(《廣東近現代人物詞典》二〇五頁)

邱秉經生。

邱秉經（一九〇五～一九九〇），又名伯鈞、白匀。普甯人。一九五〇年後曾任中國電影出版社社長等職。

林燦生。

林燦（一九〇五～一九四二），澄海人。一九二五年在澄海中學讀書時參加反帝愛國運動，被選爲校、縣學聯主席，次年加入中共，任農會常委、中共澄海縣支部書記、縣特别支部書記、中共澄海縣委書記。一九二九年避居香港、泰國。一九三七年回國參加抗戰，任新四軍某師參謀。後在作戰中犧牲。（《廣東近現代人物詞典》三一二頁）

周文雍生。

周文雍（一九〇五～一九二八），乳名光宏。開平人。一九二三年加入共青團，次年任團廣東區委委員。一九二五年加入中共，參與發動省港大罷工，次年任中共兩廣區委委員等職。一九二七年任廣州工人代表大會主席等，參與領導廣州起義，次年與陳鐵軍同時被捕，刑場上舉行婚禮後就義。（《廣東近現代人物詞典》三五〇頁）

冼星海生。

冼星海（一九〇五～一九四五），番禺人，生於澳門。曾入嶺南大學附中學小提琴，一九二六年入北京大學音樂傳習所學習。一九二八年進入上海國立音專學小提琴、鋼琴，次年去巴黎勤工儉學。一九三一年考入巴黎音樂院，留法期間，創作了《風》、《遊子吟》等。一九三五年回國後參加抗日救亡運動，創作了大量戰鬥性群衆歌曲。抗戰開始後參加上海救亡演劇二隊，後去武漢與張曙負責開展救亡歌詠運動。一九三八年任延安魯迅藝術學院音樂系主任，並在“女大”兼課，教學之餘，創作了不朽名作《黄河大合唱》、《生産大合唱》等作品。一九四〇年去蘇聯學習、工作，一九四五年十月卒於莫斯科。（《中國近現代人物名號大辭典》八四六頁）

官天民生。

官天民（一九〇五～一九二九），萬州（今海南萬寧）人。早年考入省立第十三中學，與同鄉學友謝育才、陳克邱等創辦進步刊物，開展革命宣傳，畢業後回後安小學任教，同時積極協助共産黨人楊樹興、符光東、林詩謙等從事革命活動，受黨組織委託與官惠民、劉興漢等人在和樂、後安一帶組建農民協會，舉辦平民學校。一九二六年加入中國共産黨，次年初任和（樂）後（安）黨支部宣傳委員，後任市東（後安）黨支部書記，其間引導文德才（李啟新）、何文漢等一批進步青年走上革命道路。一九二八年初任共青團萬寧縣委書記，四月當選爲共青團瓊崖特委委員，同年秋調往共青團瓊崖特委工作，旋當選共青團廣東省委委員、共青團瓊崖特委書記，年底奉中共廣東省委命與黄學增一起帶領黨、團特委遷往瓊山縣，負責在海口籌建南區特委，但遭破壞受挫，次年任瓊崖特委書記，七月特委機關再次被破壞，在福音醫院被包圍追捕，當場壯烈犧牲。（《廣東近現代人物詞典》三六七頁）

胡一聲生。

胡一聲（一九〇五～一九九〇），原名水廷，化名蔡若愚、何冷、高松、何家烈、胡春華、陳一新、春花等。梅縣人。一九二六年加入中國共産黨，後至新加坡，又抵印尼，任爪哇泗水市南華學校教務主任，創辦《爪哇小報》。一九三四年留學日本，回國後主編並在上海出版《國際教育月刊》，參與創辦上海引擎出版社，任社長，出版發行《現世界》刊物。一九四〇年回香港，負責籌辦“香港中國通訊社”，任總編輯及主持人，出版發行《華南新聞》、《海内外航訊》、《每日電訊》。一九四三年奉派任國民黨第七戰區編纂委員會主編，出版《新建設月刊》、《陣中文彙》、《學園》等報刊。中華人民共和國成立後歷任北京師範大學副教授、民盟中央委員兼文教委副主任、廣東教育廳副廳長等。在廣州病逝。（《廣東近現代人物詞典》三七一頁）

胡慶育生。

胡慶育（一九〇五～一九七〇），三水人，生於北京。一九三〇年畢業於燕京大學，在外交部任國際司科長。一九四一年任駐澳大利亞使館秘書。一九四六年任外交部條約司司長。一九四九去臺灣，任“外交部”常務次長，次年升任政務次長。一九五二年台日談判中以副代表身份協助首席代表葉公超與日方代表河田烈等開展台日“復交”談判，簽訂“中日和平條約”，次年十二月後歷任駐阿根廷“大使”、烏拉圭“公使”、清華、交大教授、“外交部”顧問、海牙常設公斷法院公斷員。著有《法學通論》、《慶育吟草》等。（《廣東近現代人物詞典》三七三頁）

柳北岸生。

柳北岸（一九〇五～一九九五），原名蔡文玄，又名蔡石門。祖籍潮安。曾任新加坡文藝協會、新加坡作家協會會務顧問。五十年代至七十年代其詩作產量最多，也寫了相當多馬來電影劇本，已出版的單行本詩集有《十二城之旅》、《夢土》、《旅心》，長篇敘事詩《無色的虹》等。（《中國近現代人物名號大辭典》九〇三頁）

姚伯龍生。

姚伯龍（一九〇五～?），字飄雲。平遠人。宇陶次子。自幼好學，南京大學經濟系畢業後赴美國留學，先後在俄亥俄州立大學及哥倫比亞大學深造，獲地方自治與經濟學碩士學位，歸國後任國民政府交通部廣州航政局局長、廣東銀行新加坡分行經理等職。

姚定塵生。

姚定塵（一九〇五～一九六五），原名鑒明。平遠人。一九二七年肄業於南京國立東南大學，任國民黨中央組織部助理幹事，調任南京《市民日報》總編輯，次年調國民黨中央宣傳部總幹事。一九二九年派赴法國留學，入巴黎大學及格陵諾斯普大學，獲法學博士學位。一九三四年回國，任江蘇省政府秘書兼僑務委員會委員等。一九四〇年調代駐維也納總領事館領事等。一九四四年調升駐大溪地總領事達十三年。病逝於臺北。著有《中國之中央政府與地方政府》、《英國與其殖民地》等。(《廣東近現代人物詞典》三九六頁)

高健伯生。

高健伯（一九〇五～一九七七），字鎏華。南海人。出身中醫世家。一九二七年隨父植生學醫，三十年代初於廣州市龍津中路自設診所開業行醫，在兒科方面有較深造詣。

陳槃生。

陳槃（一九〇五～?），字槃庵，號澗莊。五華人。畢業於中山大學文學院國文系，旋入中央研究院立石語言研究所任助理員。一九四六年升研究員。中華人民共和國成立前去臺灣，一九五六年至一九五九年任臺灣大學文學院教授。一九六三年當選中央研究院院士。著有《左氏春秋義例辨》、《陳槃著作集》，編有《五華詩苑》。(《中國近現代人物名號大辭典》七二二頁)

陳丹青生。

陳丹青（一九〇五～一九八六），又名國楨。陽山人。黄埔軍校第四期畢業後，入第四軍張發奎部。一九二七年參加北伐。後入陳濟棠部，歷任陳漢光警衛團連長、張瑞貴獨立第二師營長。抗戰時期歷任陸軍第一五三師團長、副師長，參加粤北抗戰，勝利後任陸軍第六十七師少將師長、廣東第七區行政督察專員。解放前夕去臺灣，任少將高參，退役後定居屏東。後病故。(《廣東近現代人物詞典》二七三頁)

陳開芹生。

陳開芹（一九〇五～一九三三），潮陽大長隴村（今屬普甯）人。一九二四年入汕頭商業學校，次年參加共産主義青年團。一九二六年加入中國共産黨，次年回鄉隱蔽，深入到大南山東部的一些鄉村發動群眾，組織農會和農民自衛軍。一九二八年初被選爲中共潮陽縣委常委，同彭湃一起在金溪、潘岱一帶活動，次年初任中共潮陽縣委書記，建立黨支部二十一個，七月任潮普農民武裝改編的中國工農紅軍第六軍第四十七團政委。一九三〇年敵軍進犯，指揮部隊從大南山林招右側兩面夾攻，斃敵百餘人，繳獲大批槍支及軍用物資，十一月任中共潮普惠縣委組織部長，創辦了《潮普惠紅旗》，並撰創刊詞，後任東江紅軍獨立師紅二團、紅一團政委。一九三三年任中共東江特委軍委委員，帶領紅一團第三營留在激石溪保護海陸紫縣委機關，後掩護機關轉移戰鬥中中彈犧牲。(《廣東近現代人物詞典》二七〇頁)

陳運彰生。

陳運彰（一九〇五～一九五六），字君謨，又字蒙安、蒙庵、蒙父，號華西，齋名爲證常庵、華西閣。原籍潮陽，生於上海。早年從廣西臨桂況蕙風（周頤）研究詞學，歷任上海通志館特約採訪、潮州修志局委員、之江文理學院、太炎文學院及聖約翰大學教授。工詩詞，擅書畫，精篆刻，又是書畫金石收藏家。精研書藝，極喜《蘭亭》，居室名“五百蘭亭室。”漢、魏、唐、宋碑帖收藏極多，考訂題跋頗爲精詳。書法由宋四家上窺褚遂良，平淡爽快，瀟灑中見天趣，秀逸可愛，尤善小楷。(《中國近現代人物名號大辭典》六八三頁)

陳府洲生。

陳府洲（一九〇五～一九三四），曾化名黄旭，筆名輕舟、奇跡、短蛇等。澄海人。一九三二年春任中共潮澄澳縣委宣傳部長，並負責縣委刊《紅旗》的編輯出版工作，主持出版《南海潮》、《工人文化》、《鐵拳》等刊物，次年底因叛徒出賣被捕，一九三四年犧牲。(《廣東近現代人物詞典》二九〇頁)

麥忠禹生。

麥忠禹（一九〇五～一九八九），香山（今中山）人。黄埔軍校第四期畢業，歷任軍職。抗戰時期任營、團、旅長等。一九四七年任整編第一三五旅少將副旅長，率部進犯延安地區，在羊馬河戰役中被俘，後在王震部任職，並加入中國共産黨。新中國時期隨王震入新疆，曾任新疆軍區生産建設兵團石河子雲母礦礦長等。

區金浦生。

區金浦（一九〇五～一九八八），字明遠。三水人。一九三一年畢業於廣東省中醫專門學校，畢業後在帶河路朱存德熟藥店當駐店贈醫醫生，三年後在龍津中路開業。一九七八年獲廣東省革命委員會授予“廣東省名老中醫”稱號。擅長中醫内科，運用脾胃學説治療消化系統及肝膽疾患有獨到之處。

黄克生。

黄克（一九〇五～一九二八），字新發，别號新强。龍川人。民國十年（一九二一）在鶴山坳背高小讀書，受到進步教師楊復生的影響，次年春離家往廣州投奔革命，經堂兄黄覺群介紹，以畫像照相作掩護，從事青年運動。十三年（一九二四）春加入社會主義青年團，尋參加中國共産黨，被選送到廣州農民運動講習所參加第二期學習，畢業後任中央農民部特派員，先後被派往東江、北江從事工農運動。十六年（一九二七）“四一二”“四一五”事變後參與組織芳村及花縣農軍投入廣州起義的戰鬥，失敗後受命回家鄉任中共龍川特支書記、龍川縣革命委員會主席、東江工農革命軍進軍鶴市總指揮，次年在轉移途中被捕，旋在龍川縣城就義。（《廣東近現代人物詞典》四三三頁）

黄勖吾生。

黄勖吾（一九〇五、一九〇六～一九八〇），又名（字）劍秋。澄海人。父爲旅泰僑商。一九三一年畢業於中央大學，受聘爲南京歷史博物館指導員，次年得其父出資回鄉興學，在汕頭創辦海濱師範學校，曾編輯出版《海濱學術》等多種刊物。一九三六年海濱師範學校改組爲海濱中學，任校長。一九三九年六月汕頭淪陷，該校先後遷至潮安、揭陽、普寧，後受聘爲中山大學文學系副教授。抗戰勝利後回汕頭，受聘爲南華學院中文系教授兼教務主任，仍兼海濱中學校長。五十年代初寓居香港，被新加坡南洋大學聘爲中文系教授、研究院高級院士。治學謹嚴，擅文藝理論，工書法。主要著作有《藝術與人生》、《中國文學史略》、《詩詞叢談》及《白雲紅樹館文鈔》等。（《廣東近現代人物詞典》四六二頁）

孫成達生。

孫成達（一九〇五～一九三〇），定安（今屬海南）人。一九二四年進黃埔軍校，同年加入中國共産黨，次年參加省港大罷工，任糾察隊模范隊長。一九二六年任中共廣東省委特派員，回海南指導農民運動，翌年四一五政變時，將省委緊急指示帶交瓊崖地委，七月受中共瓊崖地委委派到定安縣組織和領導武裝暴動，率部攻打長嶺民團，任瓊崖工農紅軍第一營長、瓊崖特委候補委員。一九二八年爲特委委員，揮軍南下作戰，佔領陵水等五個圩鎮。後在激戰中犧牲。（《廣東近現代人物詞典》一三五頁）

符確堅生。

符確堅（一九〇五～一九七二），原名敦秀。文昌人。一九二七年加入中國共産黨，曾任中共文昌縣委書記。一九三四年參加中國工農紅軍，任中華蘇維埃政府財政部國庫局局長兼統收局局長，同年隨中央紅軍參加長征。後任新四軍一師政治部組織部部長、蘇中軍區四軍分區副政委兼政治部主任、華東野戰軍四縱隊十師政委、第二野戰軍二十三軍政治部副主任。中華人民共和國成立後任南京軍區後勤部政委、南京軍區政治部副主任。一九五五年授予少將軍銜。後在南京病逝。（《廣東近現代人物詞典》四七三頁）

許卓生。

許卓（一九〇五～一九三四），又名崇乾、倬。番禺人。世居廣州高第街許地。應鏘孫。早年至日本士官學校就讀，畢業後返國投身革命。一九二四年參加中國共産黨，至法國勤工儉學。一九二六年返國參加北伐，次年參加廣州起義。一九二九年六月被派任南寧教導總隊政治教官，參加百色起義，任紅七軍教導隊隊長。一九三〇年任紅七軍團政委、軍政治部主任，次年被選爲紅七軍前委書記兼政委，參與領導湘贛邊區反圍剿，七月率軍至

中央革命根據地。一九三四年在福建武平戰鬥中犧牲。（《廣東近現代人物詞典》一二三頁）

許小士生。

許小士（一九〇五～一九七五），潮州人。一九三四年主編《潮安醫藥旬刊》。一九三六年任潮安國醫支館副館長，主編《潮安國醫公報》及《潮安草藥學》等刊物。一九四六年被聘爲《新中醫》、《華西醫藥雜志》特約撰述。擅兒科，精於中醫藥學理論。（《廣東近現代人物詞典》一二五頁）

馮愛媛生。

馮愛媛（一九〇五～一九二七），文昌（今屬海南）人。一九二四年考入廣東省立第六師范學校。一九二六年加入中國共産黨，同年當選爲瓊崖婦女解放協會委員，被派往樂會、瓊東負責婦女工作，先後組建加積東路婦女聯合會及朝陽、樂會、中原、陽江等區分會，次年秋奉命回府城彙報工作，途經文昌縣蛟塘墟時被捕，壯烈就義。（《廣東近現代人物詞典》七八頁）

梁仲江生。

梁仲江（一九〇五～?），茂名人。黄埔軍校第三期炮科、南京陸軍大學第六期畢業。一九三六年起任國民革命軍第二十二師三一九旅三團上校團長、少將旅長。抗日戰爭爆發後，任第四軍六十師師長。一九三九年九月該師配屬第三十七軍，仍任師長，次年五月任第十五集團軍第三十七軍副軍長、第九戰區司令部高參。一九四四年秋第三十七軍配屬第四戰區，再任副軍長，翌年任第二方面軍總指揮部副參謀長。一九四六年任陸軍總司令部交通處長。一九四八年二月授陸軍中將，任川南師管區司令，同年六月退役，任湛江市長。後辭職於年底移居臺灣，任教並研究佛學。（《廣東近現代人物詞典》四八一頁）

梁得所生。

梁得所（一九〇五～一九三八），連縣人。早年在山東齊魯大學攻讀醫科。多才多藝，長於報刊編輯出版業務，兼長美術及音樂。一九二六年應上海《良友》畫報月刊聘爲第三任主編，將該刊内容辦得包羅萬象。一九三二年率領《良友》全國攝影團，走遍全國攝取歷史及現狀的各類照片萬餘張，返滬後編輯《中華景象》、《中國建築美》、《中國雕刻美》、《中國風景美》等影集，由上海良友圖書公司出版。在主編《良友》第十三至七九期後辭職。一九三三年在上海創辦大衆出版社，主編刊行《大衆畫報》、《小説》半月刊及《文化》月刊等。其著譯出版内容廣泛，除編譯《西洋美術大綱》外，尚著有隨筆集《若草》等三本，中篇小説二本，編有《音樂辭曲》一本，翻譯外國散文集、外國民間故事各一本，以及數以百計的外國古曲、流行歌曲，大都由良友圖書公司出版。後在連縣老家於安睡中長眠不醒。兄得允爲畫家，早年留學美國，後定居美國三藩市。弟莉靈爲音樂家，曾任中國音樂家協會廣東分會主席。（《廣東近現代人物詞典》四九〇頁）

張恨秋生。

張恨秋（一九〇五～一九三五），曾用名高同、痕秋。大埔人。一九二七 年加入中國共産黨。一九二九年七月被派到閩西工作，後任中共閩西特委秘書長、中共紅四軍前委委員、秘書長、紅四軍政治部主任、第二縱隊黨代表兼縱委書記。參加了閩西蘇區第一、第二次反“會剿”及紅四軍進軍東江的戰鬥。在中共紅四軍第八次代表大會上要求毛澤東回部隊主持工作。一九三〇年春奉命至贛西南蘇維埃政府工作，旋被中共中央調到上海任區委書記。後被捕犧牲。（《廣東近現代人物詞典》二四八頁）

張蔭麟生。

張蔭麟（一九〇五～一九四二），字（號）素癡。東莞石龍人。一九二九年畢業於清華大學，後獲公費至美國斯坦福大學攻讀西洋哲學史、社會學，獲哲學博士學位，提前返國。一九三四年回國執教於清華大學，歷任講師、教授。抗戰爆發後任教於浙江大學、西南聯大。一九四一年參與發起刊行《時代與思想》月刊，次年病逝於遵義。著有《張蔭麟文集》、《中國史綱》等。

（《東莞市志》一四三八頁）

彭輝銘生。

彭輝銘（一九〇五～一九三五），又名輝盟。廣東東江人。一九二七年加入中國共産黨，次年參加東江工農革命軍，後赴蘇聯學習，回國後在湘贛紅軍任營、團長。一九三二年秋任湘贛軍區南路指揮部指揮兼政委，次年後任紅八軍二十三師、湘贛軍區獨立第一師政委、紅第十八師五十二團團長。一九三四年任湘贛軍區第四軍分區司令員兼政委、紅十八師副師長、湘贛軍區司令員，次年二月在江西萍鄉五里山戰鬥中犧牲。（《廣東近現代人物詞典》五〇二頁）

雲廣英生。

雲廣英（一九〇五～一九九〇），原名昌旭，字亮初。文昌（今屬海南）人。曾任廣東省人民政府秘書長、中共廣東省委常委、廣東省人民檢察院檢察長、中共廣東省委統戰部副部長、廣東省第四届政協副主席及第五届人大常委會副主任。曾爲中共七大代表、第五、六届全國政協委員。（《廣東近現代人物詞典》十頁）

曾照富生。

曾照富（一九〇五～一九四四），瓊山（今屬海南）人。一九四三年參加瓊崖抗日獨立總隊，爲獨立總隊第一支隊戰士，次年犧牲。

曾潛英生。

曾潛英（一九〇五～一九七六），别名繁通，字特生。鎮平（今蕉嶺）人。廬山軍官訓練團將校第六期、陸軍大學正則班第十期畢業。父從商。潛英於本縣新鋪國民學校高級班畢業、縣立初級中學肄業。一九二三年至穗入粤軍總司令部學兵練習所肄業，次年春由粤軍總司令部保薦投考黄埔軍校，五月入第一期第四隊學習，畢業後任教導一團排長、東征軍連長。一九二七年入黄埔軍校高級班學習，畢業後歷任國民革命軍第四軍少校參謀、特務營長、參謀處上校參謀。一九三五年起任第一集團軍第二軍四師少將參謀長。抗日戰爭爆發後，任第一八六師五四八旅旅長、第三十四集團軍高參、第三集團軍總部少將參謀長、軍事委員會西北遊擊幹訓所總隊長、辦公廳主任、第三十八集團軍總部中將參謀長。一九四五年起任中央訓練團第二十四軍官總隊長、第一兵團副參謀長、熱河省保安副司令、第六十七軍副軍長兼二八五師師長、第十軍副軍長。一九四九年任海南防衛總司令部第二路副司令兼參謀長，次年春赴臺灣，任國防部高參、聯勤總部軍眷管理處長、高參。後病逝。（《廣東近現代人物詞典》五一七頁）

楊望生。

楊望（一九〇五～一九二八），海豐人。一九二五年入海豐農民運動講習所，畢業任海豐縣農民協會執委等，翌年加入中共，秋入東江工農運動人員養成所學習，旋調國民黨中央農民部特派員。廣州四一五政變後回海豐，參與領導海陸豐三次武裝起義。一九二八年主持東江大暴動宣傳隊訓練，九月在截擊戰鬥中犧牲。（《廣東近現代人物詞典》一四二頁）

楊霽明生。

楊霽明（一九〇五～？），大埔人。早年遷居上海，畢業於上海藝術大學西畫系，曾加入田漢創辦的南國社，畢業後，開設卡爾登照相館。一九三二年初淞滬戰爭爆發，上前線拍攝了十九路軍抗戰之英雄事蹟，期間於民治新聞學校、復旦大學文學院新聞系講授照相學。一九三五年從影，後在明星影片公司任攝影師兼攝制科副科長，至無錫在江蘇省立教育學院電教專修科任教。抗日戰爭爆發後先後在中國電影製片廠、西北影業公司拍攝影片。一九四六年應金山之邀去長春電影製片廠拍攝了《松花江上》，受到廣泛贊譽。一九四八年回滬在清華影片公司拍攝了故事片《群魔》。新中國成立後，在北京電影製片廠拍攝了《礦燈》、《汾水長流》及《楊乃武與小白菜》。

雷潔瓊生。

雷潔瓊（一九〇五～二〇一一），台山人。北京大學教授。著名的社會學家、法學家、教育家、傑出的社會活動家，中國民主促進會創始人之一。曾任全國政協第六屆全國委員會副主席，第七屆、八屆人大常委會副委員長，中國民主促進會第七屆、八屆、九屆中央委員會主席，第十屆、十一屆名譽主席。一生崇尚教育事業，以身爲教師而自豪。自二十世紀三十年代初學成歸國始，以社會學與社會工作爲專業，在中國教育領域辛勤耕耘長達七十年，碩果累累。曾任上海東吴大學教授，兼任滬江大學、聖約翰大學、華東大學、震旦女子文理學院教授。一九四六年後任北平燕京大學社會學系教授。著有《雷潔瓊文集》等。

魏岸覺生。

魏岸覺（一九〇五～一九五二），家名亞標。五華人。北平國立藝術學院國畫系畢業，拜吴昌碩爲師，與徐悲鴻、黄賓虹、馬萬里等交往甚密。抗戰爆發後，從南甯回五華任夏阜中心學校校長，創辦《阜聲》雜志宣傳抗日。

趙鳳生。

趙鳳（一九〇五～一九七〇），號力村。潮陽人。一九四六年赴香港，任《星島日報》美術編輯。曾在泰、越南、新加坡等地舉辦國畫展，擅畫雉雞、虎等。在港病逝。（《廣東近現代人物詞典》三七五頁）

趙少昂生。

趙少昂（一九〇五～一九九八），名垣，字叔儀。番禺人。年幼家貧，以做工謀生，業余自學繪畫。一九二一年入高奇峰所辦美學館學畫。一九二五年在廣州創辦嶺南製版所，從事廣告設計、印刷製版。一九三〇年設嶺南藝苑教授繪畫，後任廣州市立美術學校中國畫系主任。一九四八年任廣州大學美術科教授，移居香港。擅花鳥、走獸，主張革新中國畫。其畫能融彙古今，並汲取外國繪畫表現形式，又注重師法造化。作品筆墨簡練生動，形神兼備。出版有《少昂近作集》、《少昂畫集》、《趙少昂畫集》，著有《實用繪畫學》。（《中國近現代人物名號大辭典》八五八頁）

鄭庭笈生。

鄭庭笈（一九〇五～一九九六），文昌（今屬海南）人。黃埔軍校第五期畢業，歷任軍職。抗戰時期任第五軍榮譽第一師第三團團長、第四十八師師長。抗戰勝利後任第八十九師師長、第四十九軍中將軍長。一九四八年在錦州戰役中戰敗被俘。新中國時期在撫順戰犯管理所接受改造，一九五七年獲特赦。歷任全國政協文史委員會專員、全國政協委員、民革中央監察委員等。

鄭開修生。

鄭開修（一九〇五～一九六〇），筆名鐵馬、鐵園。澄海人。任泰國《國民日報》、《中國日報》、《中國週刊》、《中原報》副刊編輯、主筆。著有《梅子雜感集》、《玫瑰廳》、《鐵園遺詩》等。（《廣東近現代人物詞典》三五九頁）

鄭澂濤生。

鄭澂濤（一九〇五～一九七四），字儷山。高要人。畢業於廣州法政專門學校法律本科，歷任高要、四會縣長等。行憲後當選立法院立法委員。（《民國人物大辭典》一五〇三頁）

劉裔昌生。

劉裔昌（一九〇五～?），原籍香山，生於美國舊金山。一九三〇年畢業於斯坦福大學。一九三二年獲哈佛大學工商管理研究所碩士學位，曾任斯坦福大學社會學副研究員等。二戰期間在印度新德里、重慶與上海之美國總部任職，爲史迪威、魏德邁參謀。二戰結束後留滬，任史屈靈公司中國部經理。一九四九年後返美，嗣入加州大學柏克萊分校，一九五五年獲該校中蘇研究哲學博士學位。一九五九年任美國駐臺灣大使館文化參贊。（《民國人物大辭典》一四四八頁）

劉端生生。

劉端生（一九〇五～一九三二），又名瑞生。大埔人。一九二一年考入廈門集美學校師范部。一九二五年在集美加入共青團，翌年加入中國共産黨。一九二七年任中共閩南特委委員兼組織部長、中共廈門市委書記，次年當選省委委員。一九三〇年中共廈門市委組織兩千多名群衆在公園舉行反帝集會，任大會指揮，集會遭鎮壓被捕，後經省委組織破獄營救，調任中共閩西特委委員、中共汀連縣委書記。一九三二年在"肅社黨"事件中被錯殺，中華人民共和國成立後被追認爲革命烈士。（《廣東近現代人物詞典》一一七頁）

劉錫三生。

劉錫三（一九〇五～一九三三），原名何丹成，曾用名劉勝。海豐人。民國十四年（一九二五）以海豐農運骨幹被選送廣州第三届農講所學習，同年加入中國共産黨，結業後被派回海豐工作，翌年調任澄海農會特派員，組織農民武裝，開展農民暴動。十六年當選爲中共澄海縣委執委。十九年（一九三〇）轉任饒和埔詔縣委書記，次年組建工農紅軍饒和埔詔第三連。二十一年（一九三二）重新成立饒和埔詔蘇維埃政府，幾年間領導饒和埔詔邊區人民建立六十九個鄉蘇維埃政府，又在詔安秀篆興建醫院、彈藥庫，在官陂馬坑建立消費合作社。後因積勞成疾，被縣委轉移到大埔高坡、饒平浮山等地治療。二十二年其行蹤被敵發現，後在突圍中負重傷而被捕犧牲。（《廣東近現代人物詞典》一一七頁）

賴少魂生。

賴少魂（一九〇五～一九七一），大埔人。曾任廣東省中醫公會理事長、廣州中醫師公會理事。一九四八年當選國民大會中醫師公會代表。去臺灣後仍爲國民大會代表。著有《針灸學歌訣》、《賴氏醫案》、《中國醫藥診斷與治療》等。

賴轂良生。

賴轂良（一九〇五～一九三一），又名左民。紫金人。一九二二年秋考入中山大學。一九二四年加入中國共産黨，後調任中共廣東區委組織部秘書長。一九二六年初奉命至四會縣從事學運、農運和組建農軍等工作，成績斐然，次年“四一二”政變後，與四會十多名黨員被迫撤到九腩村江家祠隱蔽，後轉移香港，尋省委派其重返四會，組建中共四會縣委，並任縣委書記。一九二八年十二月中共廣東省委召開擴大會議，被選爲省委候補委員，兼任汕頭市委書記。後在汕頭被捕就義。（《廣東近現代人物詞典》五二八頁）

韓憲元生。

韓憲元（一九〇五～一九三七），文昌（今屬海南）人。一九二五年入黄埔陸軍軍官學校第三期步兵科。一九三七年時任第八十八師二六二旅五二四團上校團長，參加淞滬會戰，英勇拒敵，堅守四行倉庫掩護撤退的謝晋元，即爲其部團副，十二月參加南京保衛戰，防守雨花臺陣地，激戰累日，十二日在雨花臺與旅長朱赤等壯烈殉國。後追贈少將。（《廣東近現代人物詞典》四九八頁）

謝幼偉生。

謝幼偉（一九〇五、一九〇四～一九七六），字佐禹。嘉應（今梅縣）人。早年畢業於東吴大學，旋赴美入哈佛大學，獲哲學碩士學位。返國後曾任教於中央軍校第四分校（黄埔軍校廣州分校）、陸軍大學、步兵學校，並任廣州民國日報、華南日報主筆、浙江大學教授兼哲學系主任。一九四九年前往印尼任雅加達八華中學校長、《天聲日報》特約撰述、《自由日報》總編輯。一九五三年赴台出任《中央日報》總主筆、國民黨中央黨部設計考核委員、國民黨中央執行委員會僑務委員會顧問等職。後任臺灣政治大學、臺灣師范大學、輔仁大學等校教授、中國文化學院哲學研究所所長，並曾應聘香港中文大學任哲學研究所主任。著有《倫理學大綱》、《西洋哲學史》、《現代哲學名著述評》等二十餘種。（《廣東近現代人物詞典》五二〇頁）

謝晉元生。

謝晉元（一九〇五～一九四一），字中民。鎮平（今蕉嶺）人。早年入黄埔四期，畢業參加北伐。一九三四年任第八十八師補充團營長、團副等。一九三七年八·一三上海抗戰，率部堅守閘北火車站兩月，十月率四百餘人堅守四行倉庫，血戰四晝夜，晉升團長。一九四一年被叛兵殺害。追贈陸軍少將。（《中國近現代人物名號大辭典》一二五四頁）

龍鐵志生。

龍鐵志（一九〇五～?），字定瀾，别字鳳城，號梅林隱鶴，亦署梅林。順德人。少承家學，工詩詞。赴德留學，獲工學博士。後居臺灣。曾發動復興詩教運動，開梅林詩派，創立詩學八原則。亦精治史。著作有《龍鐵志詩詞》六卷、《梅林隱鶴詩集》、《十九調正聲》、《史事正捐暉》、《二十六史實》、《梅林拾遺》五十卷、《韻學考釋》、《汲塚周書考》、《龍鐵士心經史》、《龍鐵志詩法》、《詩史》、《鶴梅詞譜》等。（《中國近現代人物名號大辭典》一四一頁）

羅清楨生。

羅清楨（一九〇五～一九四二），興甯人。一九三〇年畢業於上海新華藝專，在魯迅教導下走上木刻藝術創作道路，成爲我國新興木刻運動先驅。一九四〇年春曾主編《華光日報》副刊《戰地真容》半月畫刊，以木刻畫報導抗戰情況，教育軍民。出版有《羅清楨木刻作品選集》。（《廣東近現代人物詞典》三四五頁）

羅明燏生。

羅明燏（一九〇五～一九八七），番禺人。一級教授。無黨派人士。一九二六年畢業於唐山交通大學。一九三二年至一九三四年在美國麻省理工大學航空、土木兩專業攻讀碩士，先後在廣州工務局、省國民政府、廣東勷勤大學及國内幾所大學任職。一九五二年調入華工任校籌委會主任，繼而被任命爲院長。參加過中山紀念堂的建造、設計，審查了大量建築、橋樑，幾十年間共計參與勘察、設計、審查過的工程有兩百多項。曾多次當選全國及省人大代表、政協委員。被譽爲“海陸空專家”，梅花村、海珠橋等知名建築均出自其手。（《廣東近現代人物詞典》三四〇頁）

羅登賢生。

羅登賢（一九〇五～一九三三），原名光，化名光生。南海人。一九二五年參加中國共産黨，參與領導省港大罷工，次年任中共香港市委常委。一九二七年“四一五事變”後任中共廣州市委委員、中共廣東省委委員，參與領導廣州起義，後任中共江蘇省委書記，參加共産黨六大，選爲中央委員、政治局候補委員。一九二九年任中共南方局委員，次年任廣東省委書記，後至滬任中華全國總工會黨團書記，回香港任中共廣東省委書記。一九三一年任中華全國總工會委員長。一九三三年被捕遇害。（《中國近現代人物名號大辭典》七八八頁）

羅揚才生。

羅揚才（一九〇五～一九二七），大埔人。一九二一年到集美學校師範部學習，一九二四年畢業後考入廈門大學預科班，次年升入教育系，並參加學生會的領導工作。一九二六年加入中共，後任中共閩南特委委員兼中共廈門市委組織部長、廈門農民協會會長。後被捕犧牲。（《廣東近現代人物詞典》三三九頁）

黄璟卒。

黄璟（？～一九〇五），字小宋，號蜀泉、鐵石道人、二樵樵者，室名四百三十二峰草堂。南海（一作番禺）人。歷官河南浚縣知縣、陝州知州。工山水、擅刻印。足跡所歷每以詩畫紀事，錢塘吴士鑒有贈詩。有自繪壯遊圖記，刻有《浚縣衔齋二十四詠印章》、《陝州衔齋二十四詠印章》各一册。曾用印：小宋、小宋詩畫、小宋之章、宋園主人、梅華村人、躬耕南陽、不使人間造孽錢。（《息塵合龍隨筆》、《含嘉堂詩集》、《清畫家詩史》）

清德宗光緒三十二年　丙午　一九〇六年

九月初九日，黄節同諸宗元、鄧實登上海龍華塔，賦《九日登龍華塔同諸貞壯鄧秋枚》七律。

十二月三十一日，劉道一因組織會黨起義失敗，被殺於長沙瀏陽門外，後孫中山賦《挽劉道一》七律。（陳永正《嶺南歷代詩選》六二一、五九六頁）

本年許國豐入廣州燕塘陸軍訓練營受訓。

許國豐（？～一九一九），電白人。光緒三十二年（一九〇六）入廣州燕塘陸軍訓練營受訓，入同盟會。辛亥年（一九一一）春，受派返電白秘密組織同盟會發展民軍，十一月與謝維屏等率民軍光復邑城，任電白縣軍政長。後深入農村組織民軍，討袁（世凱）伐龍（濟光）。民國八年（一九一九）被桂系誘殺。（一九九二年（《電白縣志稿》）

本年余通由許雪秋介紹加入同盟會。

余通（？～一九一〇），字子明。饒平人。小商販。光緒三十二年（一九〇六）由許雪秋介紹加入同盟會，以其泰興號雜貨店爲黄岡革命機關，翌年四月與余既成、陳湧波等發動黄岡起義，任義軍財政。失敗，力主堅守死戰，嗣從衆議解散。南渡新加坡從事墾殖，後病逝。（《革命逸史》）

本年曾伯諤赴日本留學，加入同盟會。

曾伯諤，號積雪。梅縣人。光緒三十二年（一九〇六）赴日留學，加入同盟會，常捐款支持革命。宣統三年（一九一一）春，孫中山派黄興、趙聲在香港設立統籌部，策劃廣州起義，並派出大批幹部赴海外募集軍餉，聞訊即向統籌部捐資五萬元，並出資在廣州創辦瓷器公司作爲革命機關，其在香港住家，也成爲革命黨人秘密聚會據點之一，同年十月武昌舉義後曾專程回梅與鍾動、古直等“冷圃”詩社成員策劃光復嘉應州。（《客籍志士與辛亥革命》）

本年霍聲在深夜開講太平天國革命故事，既而宣傳孫中山打倒滿清、恢復中華革命主張。

霍聲，又稱朦聲。南海佛山人。以説書爲生，多以八角錢講一通宵。（《辛亥革命與廣東》）

李聰彝於本年成貢生。

李聰彝，原名鴻儀、翰賓。博羅人。光緒三十二年（一九〇六）歲貢。弱冠補廩生，屢試不第，居家授徒，以孝慈母。遍遊吴越，購書數十種以歸。廢科舉後，倡辦福田小學。三登羅浮山頂，補《羅浮志》，未成。（民國《博羅縣志》卷七）

黄慎基於本年成貢生。

黄慎基，字敬庵。陽江人。光緒三十二年（一九〇六）歲貢。（《陽江志》卷三〇、《陽江文史》）

丘宗海生。

丘宗海（一九〇六～一九三一），亦名孟深。大埔人。一九二三年入大埔中學，參加進步學生運動。一九二五年赴吉隆玻等地辦學，次年回國，加入中國共産黨，曾組織大埔農民協會開展農民運動。一九二七年大革命失敗後任中共大浦縣委書記，創建工農革命軍第十五團，開展遊擊戰争。一九二九年所部改編爲工農紅軍第十一軍第十八團，翌年任饒浦縣委書記，同年當選閩粤贛蘇維埃政府籌備委員。一九三一年遭襲犧牲。（《廣東近現代人物詞典》六七頁）

半日安生。

半日安（一九〇六～一九七〇），原名李鴻安。南海人。少時拜名藝人馬師曾學藝，擔當醜角。三十年代開始加入“覺先聲”粤劇班，與薛覺先、唐雪卿、上海妹演出，曾遠至南洋，深受觀衆好評。抗日戰争爆發後轉回廣東内地，與吕玉郎、上海妹組成“三王班”劇團，相繼在肇慶、羅定、梧州、柳州、南甯、桂林等地演出。抗戰勝利後返香港，在高升戲院定期演出，間中參與拍攝電影。（《廣東近現代人物詞典》八二頁）

任錫五生。

任錫五（一九〇六～二〇〇〇），東莞常平金美村人。新中國成立前在大朗鎮大有園開辦農場，參加東江縱隊遊擊隊，從人力、物力上積極支持東江縱隊抗日遊擊戰爭。後移居香港，在香港開辦紡織廠、制衣廠、任錫五汽車出租公司。改革開放初期，積極支持家鄉經濟建設。（《東莞現代人物》五一二頁）

李少石生。

李少石（一九〇六～一九四五），原名國俊，又名振，字默農。新會人。廖承志姐夫。出生於香港，少時在皇仁書院讀書，後隨家人遷居穗，入嶺南大學，與廖夢醒同學。一九二五年加入共産主義青年團，次年參加中國共産黨。大革命失敗後，被調至香港工作。一九二九年曾調往滬，次年與廖夢醒在港結婚。一九三三年與夢醒奉調至滬，在中共江蘇省委宣傳部工作，並任中國工人通訊社英文翻譯，次年被捕入獄，“七七”事變後被釋。上海淪陷，與夢醒南下香港。港淪陷，與家人避居澳門。一九四三年春奉調重慶，爲《新華日報》記者兼編輯、周恩來英文秘書。一九四五年被誤傷而死。（《中國近現代人物名號大辭典》四〇七頁）

李先五生。

李先五（一九〇六？～？），南海人。畢業於北京大學，曾任北平體育研究社指導員及體育學校國技教員。一九二八年在南京參加第一届武術國考，獲優等獎，次年參與組織成立兩廣國術館，任教務長。後被廣東精武會聘爲教務主任，兼廣東體育學校教員。後去香港授徒。擅長太極、八卦、武當、形意拳等。（《廣東近現代人物詞典》一六七頁）

李雨田生。

李雨田（一九〇六～一九六八），字紀瑶。番禺人。畢業於中山大學經濟系，任職農林部及國民黨廣東省黨部。一九四八年當選爲立法院立法委員。（《民國人物大辭典》二七六頁）

李繼淵生。

李繼淵（一九〇六～?），梅縣人。一九一七年入省立梅縣中學。一九二一年保送廣東省公路局工程講習所，次年回梅縣工務局。一九二四年考入國立暨南大學。一九二七年參加北伐。一九三一年奉派爲國民黨南北美洲黨務視察。一九三八年國民黨中央海外部成立，任部長室總幹事。一九四七年當選立法委員。一九四九年赴臺灣。一九六九年任國民黨中央黨務顧問。（《民國人物大辭典》三二六頁）

李明光生。

李明光（一九〇六～一九三三），大埔人。出生於貧農家庭。一九二五年春被選送入農民運動講習所汕頭分所學習，秘密加入中國共産黨。一九二六年參加北伐，次年秋參加大埔縣委領導工作。一九二八年領導大埔縣農民暴動，任工農革命軍獨立十五團團長，建立粤東根據地，後任紅四十七團團長等職。一九三一年春任閩粤贛邊區特委宣傳部長等，次年春改任爲省委宣傳部長兼省軍區政治部主任等。後在突圍戰中犧牲。（《中國近現代人物名號大辭典》四二八頁）

李曼魂生。

李曼魂（一九〇六～一九七五），筆名雨初。台山人。畢業於燕京大學中文系。留學美國，獲密歇根大學英文碩士學位，先後赴哥倫比亞大學、耶魯大學攻讀戲劇。一九四〇年回國，先後執教於金陵女子文理學院、國立劇專等校，任三青團常務監察、國民黨中央常務監察委員等。去臺灣後，任教於臺灣師范大學、輔仁大學、臺灣大學等校，並任文化學院戲劇系主任。先後籌組三一劇藝研究社、話劇欣賞會等。二十年代著有《慷慨》、《花瓶》等，五十年代後有《玄武與學兩部曲》、《漢宫秋》（中英文）等。被臺灣文化界尊爲“中國戲劇導師。”（《中國近現代人物名號大辭典》四四七頁）

何幹之生。

何幹之（一九〇六～一九六九），原名譚毓均（鬱君），學名譚秀峰。台山人。一九二九年東渡日本，入早稻田大學、明治大學經濟科。“九一八”事變爆發後回國，次年至穗，受聘爲國民大學教授兼經濟系主任。一九三三年至滬，次年參加上海社會科學家聯盟、中國共産黨。“七七”事變後調至延安陝北公學任理論教員，先後在陝北公學、華北聯合大學、延安大學及華北大學從事教育工作，並任重要領導職務。出版了《近代中國啟蒙運動史》、《中國社會經濟結構》、《三民主義研究》、《魯迅思想研究》等專著。一九五〇年中國人民大學成立，先後任研究部副部長、歷史系主任、一級教授，被聘爲中國科學院專門委員、國務院科學規劃委員會歷史組委員。著有《中國現代革命史》、《毛澤東論中國革命和建設的幾個問題》、《中國民主革命時期的資産階級》等著作。（《中國近現代人物名號大辭典》五〇八頁）

邱是膺生。

邱是膺（一九〇六～一九七三），又名士發。陽山人。一九二三年任孫中山衛士，次年入黄埔軍校第一期學習，參加東征、北伐，任排、連長。一九三二年參加淞滬抗戰，任副團長。一九三四年任第一軍第一師參謀主任。一九三六年任第一軍副官處處長。抗戰時期，任中央抗奮團主任、中央訓練團辦公廳主任。抗戰勝利後，在國防部任職。一九四九年任粤漢、廣九、廣三鐵路護路司令部廣州指揮所主任。解放前夕，舉家遷往臺灣，爲“國防部”高參。（《廣東近現代人物詞典》二一八頁）

林超群生。

林超群（一九〇六～一九五五），原名元挺。南海人。幼隨藝人金山學習粤劇，主演旦角。以扮相俏麗，嗓音潤美，行腔圓婉，做工細膩見稱。三十年代蜚聲省港澳及海外，録製一批唱片。晚年在穗授徒，名伶芳豔芬、林小群皆出其門下。（《廣東近現代人物詞典》三二八頁）

范偉生。

范偉（一九〇六～一九八六），東莞茶山圩人。早年赴香港謀生。一九二四年赴新加坡當橡膠工人。一九三二年返鄉，隨父代人挑貨，次年參加十九路軍。一九三四年春隨原十九路軍部分將士加入中國工農紅軍，參加長征，次年加入中國共産黨，後歷任陝北紅軍第一兵站醫院警衛排長、第十八集團軍司令部朱德總司令警衛連排長、抗日軍政大學晋東南一分校四營營長、冀魯豫軍區政治部直屬大隊長兼科長、新四旅後勤部軍需科科長。中華人民共和國成立後曾任齊齊哈爾鐵路局經理處處長、松江省被服廠廠長、湖北省漢口鹽務處軍事代表、衡陽鐵路局總務處處長、廣州鐵路局工程處處長、中共廣州鐵路局委員會副書記、中共廣州鐵路局監委會副書記、書記、鐵道部駐廣州鐵路局視察專員等。（《東莞市志》一五一〇頁）

胡金昌生。

胡金昌（一九〇六～一九七六），順德人。國立廣東高等師範學校數理部畢業。一九二八年至一九三二年在美國加利福尼亞大學攻讀數學，獲學士、碩士、博士學位，獲金鑰匙獎，其博士論文《投射變換群》於一九三三年在美國加州大學《數學叢刊》第二卷第一期發表，回國後被國立中山大學聘爲理工學院數學天文系教授，並從此一直在數學天文系、數學系、數學力學系任教終身，前後共四十四年半。新中國成立後，被廣州市軍管會任命爲中山大學臨時校務委員會委員、理學院院長，旋正式成立校務委員會，仍爲委員兼理學院院長。一九五二年十月，院、系調整後取消學院，被任命爲數學系主任。數學系改稱數學力學系後，任微分方程教研組（室）主任直至“文革”開始時。曾先後兼任中華全國科學技術普及協會廣東分會常務委員兼業務部副部長、中華全國自然科學專門聯合會廣州分會委員、中國數學會廣州分會理事長、全國科協廣東分會常委。一九六三年當選廣東省第三届人大代表。（《廣東近現代人物詞典》三七三頁）

連貫生。

連貫（一九〇六～一九九一），家名學史。大埔人。一九二七年加入中國共産黨。在港期間，協助廖承志做華僑、統戰工作，創辦《華僑通訊》，協辦《大衆日報》，主持復辦《華商報》等報刊。歷任中共中央統戰部秘書長、北京市僑聯主席、國務院僑辦副主任、中華全國華僑聯合會副主席等職。

容有略生。

容有略（一九〇六～一九八二），别號建雄，字天碩。香山（今中山）人。一九二四年入黄埔軍校第一期第四隊學習，畢業後任黄埔軍校教導第二團二連連副、連長，參加東征、北伐。一九二七年起任國民革命軍第一軍第一師二團中校營長、國民政府警衛師團長。一九三三年晋陸軍少將銜，被譽爲“少年將軍”。抗戰爆發後任陸軍大學將官班學員隊長。一九四〇年任軍事委員會參議、第九戰區幹訓團大隊長。一九四四年任第十軍第一九〇師師長，參加衡陽保衛戰，與軍長方先覺等堅守衡陽城四十餘天，重創日軍精鋭第十一軍。一九四六年任上海保衛總團長。一九四八年授陸軍中將，任徐州剿總軍務處長、第四軍副軍長，次年任第六十四軍軍長、海南警備副司令、海南防衛總司令部第三路司令官。一九五〇年到臺灣，任“國防部”中將參議、“粤中反共救國軍”副總指揮、“粤北反共救國軍”總指揮。著有《往事憶舊》、《容天碩文存》等。（《廣東近現代人物詞典》四二五頁）

容啟榮生。

容啟榮（一九〇六～一九八一），香山南屏鄉（今屬珠海）人。燕京大學、協和醫學院畢業。抗日戰争期間留學美國，獲博士學位。後以國際聯盟衛生代表身份回國，任國民黨貴陽戰時醫藥服務職業訓練學校防務系主任。一九四八年任國民政府衛生部醫學總監，次年加入世界衛生組織，出席在日内瓦召開的第一次世界衛生會議，後出任世界衛生組織駐新加坡、馬來西亞、汶萊代表。一九六一年退休。（《廣東近現代人物詞典》四二六頁）

陳武生。

陳武（一九〇六～一九八三），字翊中。瓊山（今屬海南）人。黄埔軍校一期畢業，歷任軍職。一九二八年冬赴日本留學，入陸軍步兵學校、自動車學校，返國後於一九三三年參加古北口長城抗戰。一九三八年率陸軍第八十三師參加太行山、中條山會戰後升第九十七軍軍長、第五兵團副司令官兼第九十軍軍長，授陸軍中將。一九四七年曾率部進攻延安。一九四九年去臺灣，歷任"國防部"參議、高級參謀等職。（《廣東近現代人物詞典》二六一頁）

陳志仁生。

陳志仁（一九〇六～一九二八），乳名安仔。東莞園洲馬嘶鄉（今屬博羅）人。一九二三年考入廣東省立第一中學，被選爲學生自治會領導成員。一九二五年上海"五卅"慘案發生後帶領同學聲討帝國主義暴行。六月二十三日廣州發生"沙基慘案"，帶領學校宣傳隊上街頭演講，散發傳單，貼標語，參加中國共産黨，同年投筆從戎，至國民革命軍第四軍政治部組織股任職，隨軍南征，追殲鄧本殷殘部於海南島，次年隨軍北伐，被任命爲第四軍前方救護傷兵委員會主任，參加汀泗橋戰役。"四一二"政變後，迅速撤離部隊，回家鄉在母校辦起平民夜校，發動農民組織"同盟協會"，建立農民武裝。一九二八年至港找到黨組織，被選爲中共石龍市委常委，分工負責宣傳科兼士兵運動委員會主席。後中敵圈套被捕就義。（《東莞市志》一四二四頁）

陳宗周生。

陳宗周（一九〇六～一九六五），字肇浩。澄海人。畢業於上海大學政治系，歷任國民黨廣東省黨部監委等職。一九四六年當選制憲國民大會代表。一九四八年當選行憲國民大會代表。（《民國人物大辭典》一〇三五頁）

陳振亞生。

陳振亞（一九〇六～一九三二），樂會（今海南瓊海）人。

父以行醫爲業。少年就讀於珍寨高等小學校。一九二四年考入廣東省立第十三中學。次年上海“五卅”慘案發生後，與進步同學走上街頭並深入鄉村開展宣傳活動。一九二六年三月加入共産主義青年團，九月積極參與領導瓊東縣各界群衆遊行示威，併發動各界人士捐助支援省港大罷工鬥爭，次年“四一二”政變後投奔樂會四區找到中共瓊崖地委，參加武裝鬥爭，加入中國共産黨，當選爲共青團樂會縣委書記。一九二八年二月被任命爲中共樂會縣委宣傳委員，參與樂會縣蘇維埃政府籌建工作，次年被任命爲中共樂會縣委書記。一九三〇年積極配合瓊崖特委常務委員馮國卿開展兵運工作，促使南平民團起義，被中共瓊崖特委任命爲中國工農紅軍第二獨立師政治委員，使獨立師發展至二千人，次年五月還創建了赤色女子軍特務連。後在瓊崖黨内“肅反”運動中被錯殺。新中國成立後被追認爲革命烈士。（《廣東近現代人物詞典》二九六頁）

陳國龍生。

陳國龍（一九〇六～一九四六），又名滿春、景雲等。普寧人。一九二四年就讀於上海大學，加入共青團。一九二六年入廣州農講所，尋加入中共，派赴嶺東開展農民運動，次年參加發動普寧農民總暴動。一九二八年赴南洋做工。一九三三年入倫敦劍橋大學。一九三六年回國參加抗日。一九三八年赴閩參加新四軍，歷任司令部無線電總隊機務員、組長、機務主任。一九四一年皖南事變中被捕，尋出獄。一九四五年潮汕人民抗日遊擊隊成立，任軍事參謀、第三大隊大隊長等。後在執行任務時遇害。（《廣東近現代人物詞典》二八六頁）

陳質平生。

陳質平（一九〇六～一九八四），文昌（今屬海南）人。早年畢業於南京東南大學，加入中國國民黨。一九三〇年任河南大學教授。一九三四年任國民政府軍事委員會參事。抗戰爆發後任軍事委員會西南運輸處處長，主持滇緬公路運輸事宜，直至抗戰勝利。一九四五年至一九四九年任駐印度加爾各答總領事、菲律賓公使、駐菲律賓全權大使。後去臺灣，仍任駐菲律賓、伊拉克、約旦“全權大使”、駐阿聯酋、約旦、利比亞、墨西哥“大使”。一九七二年後歷任“總統府”國策顧問、國民黨中央評議委員、“外交部”顧問。著有《阿拉伯古今史略》。（《廣東近現代人物詞典》二八九頁）

陳錦棠生。

陳錦棠（一九〇六～一九八一），南海人。三十年代加入粵劇界，後爲著名文武生。初拜在小生新北門下，與粵劇名伶關德興（以演黄飛鴻著名）爲同門師兄弟，後爲薛覺先義子及徒弟。擅長演武劇，有武狀元稱號，藝壇人多稱爲“一哥”。演出名劇衆多，包括《三盗九龍杯》等等。以名編劇家南海十三郎名作《女兒香》一劇成名，在劇中擔演男主角魏昭仁，而師父薛覺先則反串女主角梅暗香。後於四十年代自組錦添花劇團，其著名弟子爲蘇少棠。一九六七年退出舞臺。在香港病逝。（《廣東近現代人物詞典》三〇七頁）

陳錦華生。

陳錦華（一九〇六～一九三五），又名濟民，字侃。興寧人。一九二五年中學畢業後進入廣東農民講習所學習，尋在國民革命軍政治部工作，並加入中國共産黨，十月隨國民革命軍第二次東征回到興寧，留在當地開展農民運動。一九二九年先後任中共龍川縣委書記、五興龍縣委書記、安遠縣委書記。一九三四年調瑞金中央軍區政治部工作，以巡視員身份經常到各縣指導工作，次年回興寧一帶從事白區秘密工作，受傷被俘犧牲。（《廣東近現代人物詞典》三〇六頁）

陳漢標生。

陳漢標（一九〇六～一九八二），興寧人。一九二六年考入廈門大學理學院，次年轉入清華大學心理學係。一九三一年畢業於清華大學心理係並留校任教。一九三七年執教於昆明西南聯大。一九四〇年留學美國衣阿華大學先後獲心理學碩士、博士學位。一九四六年回國，在廣州嶺南大學任教授、文學院院務主任、副教授、心理學教研組主任。中華人民共和國成立後院係調整時至華南師院任心理學教研室主任，主講教育心理學及實驗心理學。又先後任中國心理學會理事、《心理學報》編委、廣東省心理學會理事長、副理事長、全國第四届政協委員、廣東省第三届人民代表、廣東省第四届政協常委等職。幾十年來從事教學和研究工作。撰有《中文橫直讀研究的總檢討》等論文二十餘篇。(《廣東近現代人物詞典》二七四頁)

陳鏗然生。

陳鏗然（一九〇六～一九五八），海陽（今潮安）人。畢業於上海滬江大學。民國十四年（一九二五）創辦友聯影片公司，邀徐琴芳、蝴蝶、林雪懷等出演《秋扇怨》。五卅慘案發生時，與徐琴芳、攝影師劉亮禪等冒險驅車前往出事地點，秘密搶拍現場，後輯成三本一部新聞紀録片《五卅滬潮》。主持友聯七載，拍攝影片四十餘部，其中有中國最早用蠟盤配音的有聲片《虞美人》。徐琴芳主演的《荒江女俠》，盛况空前，連拍十四集。二十一年（一九三〇）友聯毀於日軍炮火，入明星影片公司。抗戰爆發，任救亡演劇隊第十三隊隊長，赴前線慰問，後加盟藝華影片公司。二十九年（一九三八）遷港，次年至渝，入中國電影製片廠。三十二年（一九四一）被除名。在周恩來關心下，赴成都加入中華劇藝社。抗戰勝利後返滬仍執導。中華人民共和國成立後，入上海聯合電影製片廠，先執導，後從事創作，任中國農工民主黨上影支部負責人。在導演了紀録片《郝建秀工作法》及戲曲片《拾玉鐲》後，被癌症奪去了生命。(《廣東近現代人物詞典》三〇四頁)

陳鐵耕生。

陳鐵耕（一九〇六、一九〇八～一九七〇、一九六九），原名耀唐，筆名克白、又村。興甯人。一九二七年入杭州國立藝術院學習。一九三〇年至上海，次年在滬加入一八藝社研究所及中國左翼美術家聯盟，同年參加魯迅舉辦的木刻講習會。“九一八”事變爆發，曾與江豐等油印抗日畫報、木刻組畫傳單張貼街頭宣傳抗日。一九三八年赴延安，在魯迅藝術文學院任教。一九四〇年在太行山根據地創辦“魯藝”分校並任校長。抗戰勝利後在沈陽魯迅美術學院執教。一九五九年後任教於廣州美術學院。代表作有木刻連環畫《法網》、《母與子》等。（《中國近現代人物名號大辭典》七〇七頁）

麥静銘生。

麥静銘（一九〇六～?），廣東人。畢業於廣東嶺南大學，後赴加拿大留學，回國後曾任中國國民黨中央政治委員會經濟專門委員會專任委員、全國經濟委員會設計處幫辦及駐滬辦事處主任。抗日戰争爆發後，附汪投敵，歷任汪僞清鄉委員、建設部都市建設司司長、郵政儲金彙業局局長、實業部上海商品檢查局局長、汪僞全國經濟委員會委員。

區夏民生。

區夏民（一九〇六～一九二八），南海佛山人。一九二二年考入廣州市立女子職業學校學習，九月至廣州市電話局當接線生，半工半讀。一九二四年加入新學生社，參與廣州市電話女司機聯合會籌備，十月於成立大會上當選女司聯委員，同時加入社會主義青年團，任市女職及電話局聯合支部書記，次年參與籌備省港女工代表大會並考入中山大學中文系。一九二七年出席在武漢舉行的共青團第四次全國代表大會，選爲主席團成員，尋加入中國共産黨。“八七”會議後，到海陸豐參加第三次武裝起義，抵達海陸豐後，負責領導武裝少年先鋒隊，並組織一支三百多人的女子武裝少先隊，命名爲“盧森堡隊”，協助紅二師開展群衆工作。一九二八年突圍時中彈負傷被俘，就義於惠州西湖。（《廣東近現代人物詞典》二五頁）

黄不滅生。

黄不滅（一九〇六～一九七六），原名國雄。東莞人。自幼酷愛音樂，因家貧無錢求師，常到茶樓曲藝歌壇及辦紅白喜事的八音班旁聽學藝。十八歲加入民間樂隊，旋進歌壇樂隊爲名伶伴唱粵曲，以操二弦（主奏樂器）任頭架（樂隊首席）。一九三五年開始從事粵劇伴奏，曾加入由千里駒、白駒榮、曾三多、馬師曾、白玉棠等組班的“棚面”任伴奏。除領奏二弦外，還以吹奏喉管見長，擅於托腔保調。名旦千里駒風靡一時的名曲《燕子樓》，便是不滅依據旦腔特點及其歌唱條件共同創造的。五十年代開始主要從事唱腔音樂設計，與粵劇演員馬師曾、紅線女多年合作。《搜書院》、《關漢卿》、《思凡》等粵劇代表劇碼之唱腔音樂，都傾注其心血。設計唱腔音樂注重革新創造，講求深入角色，抒發内心感情，旋律優美順暢，層次分明。（《廣東近現代人物詞典》四四一頁）

黄志大生。

黄志大（一九〇六～一九五二），字世康，號爍均。新寧（今台山）人。早年畢業於中山大學，後去緬甸，旋隨父回國，歷任國民黨黨史編纂委員會及海外部秘書等。一九三七年奉命赴緬甸視察黨務。抗戰爆發留緬從事文教工作，任《覺民日報》副總編輯等。一九四一年緬甸淪陷，回重慶任國民黨海外部專門委員。抗戰勝利至南京，當選制憲國民大會代表、戡亂建國委員等。一九四六年又去緬致力於僑胞教育文化事業。一九五二年去臺灣參加僑務會議，後赴泰國，病逝。（《民國人物大辭典》一一〇九頁）

許宜陶生。

許宜陶（一九〇六～一九八七），又名潛、行，字貫之。揭陽人。早年就讀於廈門集美中學，後考入上海大夏大學教育行政系，畢業後受聘於福建省立福州鄉村師范學校教職。一九三一年赴泰國曼谷與友人創辦崇實中學，任校務委員會主任（校長）。一九三四年返鄉任普寧縣興文中學校長。一九三八年先後在揭陽、潮陽辦了西山公學、南僑中學。一九四〇年南僑被解散，遠度重洋，至荷屬東印度西婆羅洲（今印尼西加里曼丹）。太平洋戰爭爆發前，組織抗日賑災活動；日本佔領時期，發起組織西婆羅洲抗日同盟會，後又倡議成立了西婆羅洲中華總公會，兼任坤甸中華公會教育委員會主任，推動組織中華公學，任總校長，又與友人創辦《黎明報》，被判入獄四個月，後被釋放到泰國，又回家鄉，在潮梅解放區任教育處副處長。廣東全省解放，奉命隨軍入廣州，參加文教接管工作，先後任廣東省文教廳、教育廳副處長、處長、辦公室主任等職，創辦廣東省教育學會，先後任副會長、常務副會長。（《廣東近現代人物詞典》一二九頁）

許道齡生。

許道齡（一九〇六～?），字壽棠。東莞人。畢業於北京大學國文系，曾任北平研究院史學研究所編輯。抗戰期間在北平任中國大學教授，精北京掌故。著有《北平廟宇通檢》、《北平廟宇碑刻目録》（與張江裁合作）、《南洋地名考異》等。（《中國近現代人物名號大辭典》三二二頁）

許滌新生。

許滌新（一九〇六～一九八八），原名聲聞，筆名方治平、渤若。揭陽人。一九三二年在滬與馬純古等創辦《社會現象》週刊，任主編，次年加入中國共産黨。一九三七年在武漢籌辦《新華日報》、《群衆》週刊，任黨總支書記、副主編。一九四六年奉派去香港，主編《群衆》週刊及《華商報》，並與趙元浩等創辦《經濟導報》。著有《現代中國經濟教程》、《廣義政治經濟學》、《中國過渡時期國民經濟的分析》、《百年心聲》、《永懷集》自傳、《風狂霜峭録》等。主編《政治經濟學詞典》、《中國大百科全書·經濟卷》、《中國資本主義發展史》等。（《中國近現代人物名號大辭典》三一九頁）

梁又銘生。

梁又銘（一九〇六～?），順德人。臺灣著名漫畫家。黄埔軍校革命畫報主編，後任國民政府國防部新聞局專員。

梁金生生。

梁金生（一九〇六～一九四六），原籍新安布吉（今屬深圳），生於安南。早年入私塾讀書，後到香港求學。一九一九年考入南京暨南學校。一九二四年在校加入中國共産主義青年團。畢業後返粤參加革命，次年在家鄉創辦培峰小學，在布吉草埔村及笱崗田心村組織農民協會。一九二七年加入中國共産黨。大革命失敗後潛回安南從醫，加入安南共産黨。一九三二年回鄉，先後在本村小學及東莞公立端風學校任教，次年到廣西，先後任廣西省立第一初級中學教員、廣西國民基礎教育研究院指導員、百色地區教育督導專員等，積極開展地下工作。一九三六年爲搜集情報，打入國民黨廣西省黨部工作，後因身份暴露而返粤，次年先後任《星粤日報》發行課主任、抗戰教育社新啟蒙班班務委員會總幹事、港報報社營業部主任等職，並在家鄉創辦民族中學，任校長。一九三八年任寶安中學校長，同年底赴延安抗大學習，次年被分配到中共中央職工運動委員會工作，開辦延安光華制藥廠並任廠長，開設門診。一九四一年當選爲陝甘寧邊區第二屆參議會議員，次年任邊區保育小學校長兼黨委書記，參加延安文藝座談會，在會上提出“不能忽視中醫，中西醫應該結合”觀點，得到毛澤東贊許。抗戰勝利後，赴越南開展統戰工作。後在代表越南臨時政府與中國國民黨談判時遭特務酒毒而犧牲。（《廣東近現代人物詞典》四八七頁）

張良修生。

張良修（一九〇六～一九六五），别名筱民。歸善（今惠州）人。畢業於廣州政法專門學校、上海法政大學。一九三二年留學法國帝雄大學，獲法學博士學位。一九三六年返國，先後任教於中山大學、中央軍校廣州分校、地方行政幹部訓練團。一九四三年任戰區失學失業青年招訓會委員兼秘書，並在曲江成立青年訓導所，主編《民族月刊》。一九四六年任廣東省立法商學院院長。新中國成立後歷任國民大學、華南聯合大學、中山大學外語系教

授。(《廣東近現代人物詞典》二四五頁)

萬民一生。

萬民一（一九〇六～一九四四），原名蔚周，字秉文。儋州（今屬海南）人。仲文胞兄。一九二五年畢業於廣東省立第六師范學校，後就讀中山大學文科肄業。一九二七年因嫌疑而在穗被捕入獄兩年，出獄後赴滬就讀，後任上海文化學院國文講師。一九三一年於海康縣立師范任教，次年任香港《華南日報》、《華南評論》編輯，五月桂系李宗仁聯合粵系陳濟棠反蔣，桂系改編爲第四集團軍。一九三四年應邀赴南寧，任第四集團軍總司令部参議。一九三六年調任廣西民團幹部學校政訓處主任，七月桂蔣合作，桂系軍隊被蔣介石改編爲第五路軍，一九三八年調任第五路軍總司令部政治部少將主任，翌年改任廣西綏靖公署少將政訓處處長兼國民黨廣西省黨部書記長。一九四〇年卸職改任綏署参議，次年因病辭職，撰寫《民生哲學之新認識》、《社會理學研究大綱》等論文及詩作。一九四三年任廣西桂林文化供應社經理，翌年病故於廣西昭平。(《廣東近現代人物詞典》四頁)

曾一貫生。

曾一貫（一九〇六～一九三三），文昌（今屬海南）人。一九二四年進入廣東省立師範學校讀書。一九二七年就讀於上海大夏大學，同年加入中國共産黨，次年任中共福建省委秘書處及組織處幹事。一九三〇年三月任中共福州市特委書記，八月任福州市行動委員會書記，翌年負責滬西工運工作。一九三二年赴江西中央蘇區参加紅軍，越年在贛南地區戰鬥中犧牲。(《廣東近現代人物詞典》五一二頁)

詹天錫生。

詹天錫（一九〇六～一九二八），饒平人。中學時積極参加愛國學生運動。一九二四年夏組織同志學社宣傳革命。一九二六年加入中共，曾任饒平縣隆都區視學員及農會特派員，次年四月参加領導圍攻澄海縣城武裝暴動，八月任中共澄海縣部委書記，九月又領導第二次暴動，攻克澄海城，成立廣東工農革命軍東路第四獨立團，任黨代表，旋至蓮花山堅持遊擊鬥爭，十一月任中共澄海縣委書記。後因叛徒出賣在汕頭被捕就義。（《廣東近現代人物詞典》五三三頁）

鄧白生。

鄧白（一九〇六～二〇〇三），號白叟，别字曙光。東莞莞城人。一九二六年入廣州市立美術學校學習，師承名畫家陳之佛，兩年後轉學上海藝專。一九二九年在中央大學藝術系學習。一九三三年畢業後回東莞中學任教。一九三八年後任教於貴州安順師范學校。一九四〇年任重慶中央大學建築系助教。一九四二年後任重慶國立藝專圖案系講師、副教授。中華人民共和國成立後任中央美術學院華東分院工藝美術系副教授。一九六二年協助浙江省輕工業廳恢復龍泉青瓷生産，於自建小窯中成功燒制仿南宋官窯青瓷，創作的龍泉窯“雙環牡丹瓶”獲金獎。曾參與修復杭州靈隱寺大雄寶殿釋迦牟尼造像、北京人民大會堂浙江廳設計工作。代表作品有《四時春》、《和平春色》、《紫荆圖》、《羅崗香雪》、《雪梅圖》等，著有《浙江民間工藝選集》、《略談古代陶瓷裝飾藝術》、《龍泉青瓷藝術成就》、《中國陶瓷美術史綱》、《論中國古代陶瓷藝術成就》、《中國畫論初探》、《潘天壽評傳》、《居巢居廉選集》、《鄧白美術文集》、《鄧白畫選》等。近年東莞市政府爲其斥資結集出版了《鄧白畫集》與《鄧白全集》。（《東莞市莞城志》）

鄧發生。

鄧發（一九〇六～一九四六），乳名八仔，書名元釗，化名易林。東安（今雲浮）人。一九二二年參加香港海員大罷工。一九二五年參加省港大罷工，任罷工委員會工人糾察隊隊長，加入中國共産黨。後參加北伐、廣州起義，任第五區副指揮。失敗赴香港，任中共太古船塢支部書記、香港市委組織部部長、廣東省委委員兼全國總工會南方代表、香港工人代表會議主席、香港市委書記、廣東省委職委書記。一九三〇年春任廣東省委組織部部長。一九三四年任中共中央政治局候補委員，參加長征，次年任中央軍委縱隊政委等。一九三六年受中共中央委託赴莫斯科向共産國際彙報工作。一九三九年秋回延安，翌年初任中央黨校校長兼《中國工人》月刊編輯委員、延安各界憲政促進會理事、工人憲政促進會籌備委員。一九四三年兼中央民運工作委員會書記。一九四五任中國解放區職工聯合會籌備委員會主任，至英國參加英國共産黨代表大會，次年回國。四月八日因飛機失事與葉挺等同時遇難。（《廣東近現代人物詞典》三二頁）

甄庸甫生。

甄庸甫（一九〇六～?），字光琇。祖籍台山，生於加拿大温哥華。一九一六年在加拿大加入國民黨。一九二〇年畢業於廣州培英中學。一九二六年畢業於加拿大皇仁學院。歷任滿地可中華會館主席。抗戰期間曾任全加華僑救國委員會主任委員。創辦《廣智月刊》，並任監察委員、全加中華會館理事、加拿大中文《醒華日報》、《新民日報》董事。（《民國人物大辭典》一二五〇頁）

鄒志奮生。

鄒志奮（一九〇六～一九七八），嘉應（梅縣）人。國民黨中央政治學校畢業，歷任廣東梅縣國民參政會參政員、廣州衛戍司令部顧問、陸軍少將、廣州市立法委員、國民黨中央黨部秘書處專門委員、中央常務委員會委員兼主任秘書、國民黨候補中央執行委員等。一九四九年赴臺灣，歷任“立法院”立法委員、僑務委員會委員等。後病卒於臺北。（《廣東近現代人物詞典》二二四頁）

蔡日新生。

蔡日新（一九〇六～一九二七），又名錫盤。東莞霄邊人。小學畢業至穗考上廣府中學。一九二四年投奔革命，協助彭湃等進行工作，被委任爲中央農民部特派員，後加入中國共産黨，同年返鄉開展農民運動，建立東莞縣團組織，次年東莞縣農民協會籌委會成立，被選爲執行委員。國民黨虎門市黨部成立，兼任農工部長。“四一二”政變後被捕就義。（《東莞市志》一四二二頁）

蔡楚生生。

蔡楚生（一九〇六～一九六八），筆名小雲。原籍潮陽，生於上海。一九二七年任臨時演員及劇務等。一九二九年入明星影片公司，任副導演，一九三一年加入聯華影業公司，任編劇、導演。先後創作了《南國之春》、《粉紅色的夢》。一九三三年參加了中國電影文化協會，選爲執行委員，次年編導影片《漁光曲》，在莫斯科電影節上獲榮譽獎。一九三五年導演了《新女性》、《迷途的羔羊》及《王老五》等影片。抗日戰爭爆發後，由滬到港，積極籌劃拍攝抗戰影片，連續編寫了《血濺寶山城》、《遊擊進行曲》兩部粵語影片劇本。抗戰勝利後回滬。一九四七年與鄭君里合作編導《一江春水向東流》。一九四九年至北平，出席中國文學藝術工作者代表大會、全國政協會議。共和國成立後，先後任中央人民政府文化部電影局藝術委員會主任、電影局副局長、中國電影工作者聯誼會及中國電影工作者協會主席、中國文聯副主席等。一九五六年參加中國共産黨。一九五八年在珠江電影製片廠編導了影片《南海潮》。著有《論電影劇本創作特徵》。（《中國近現代人物名號大辭典》一二八六頁）

黎慶霖生。

黎慶霖（一九〇六～?），廣州人。一九二〇年入廣州聖約翰英文書院。一九二五年畢業於廣東法科大學預科。一九二九年畢業於中山大學，翌年赴法國留學，入雨果中學。一九三一年入里昂大學法學院法律系碩士班，次年回國，任廣東廣州法學院講師，並執律師業。一九四〇年任廣東臨時省會曲江律師公會會長兼廣州大學教授。一九八〇年任廣東律師協會顧問。譯著有《利維坦》、《太陽城》等。（《民國人物大辭典》一三八九頁）

劉大剛生。

劉大剛（一九〇六～一九三二），潮陽人。一九二六年參加中國共産黨，次年就讀於廣東省政法學院，被派往黄埔軍校學習，幾個月後被派回開展革命活動。一九三〇年當選潮普惠縣蘇維埃政府副主席。一九三二年冬因叛徒出賣而被捕就義。（《廣東近現代人物詞典》一〇四頁）

劉向東生。

劉向東（一九〇六～一九八四），乳名盛草，學名漢榮，曾用名潛迅、海浦、何向東等。揭西人。一九三四年赴日本留學。一九三六年任新加坡《星中日報》副刊《星火》編輯及《國際論壇》編輯。抗日戰争爆發後，以《星中日報》記者身份到延安，向海外報道抗日局勢，加入中共，後奉派回粵，任珠江抗日縱隊政治部主任。抗戰勝利後，任閩粵贛邊縱隊副司令員、解放軍珠江軍分區政委、珠江地委書記等。中華人民共和國成立後任廣東省農林廳廳長、水利部計劃司司長等。著有《回憶珠江縱隊》。（《廣東近現代人物詞典》一〇七頁）

潘允中生。

潘允中（一九〇六～?），興甯人。畢業於興民師范講習所，又肄業於廈門大學，曾在北京中央社會主義學院第六期學習，任中山大學中文系教授、中國書法家協會會員。書學顔、柳及“二王”，於康有爲法帖用功甚勤。著有《學點修辭》等。（《中國近現代人物名號大辭典》一三二二頁）

龍冠海生。

龍冠海（一九〇六～一九八三），又名程芙。瓊山（今屬海南）人。幼年赴馬來西亞，肄業於華僑小學，後轉至新加坡中學，畢業後考入清華學堂留美預備班，受業六年後赴美國留學，先入斯坦福大學本科，後入南加州大學研究院，獲社會學博士學位，回國後任教於南京金陵私立女子大學。一九四九年移居臺灣，先後任教於國立臺灣大學、省立法商學院。一九六〇年創建臺灣大學社會學系，任系主任兼教授，又任臺灣“中國社會學社”理事長多年。著有《社會學》、《社會思想史》、《社會學與社會問題論叢》、《社會學與社會意識》、《都市社會學的理論與應用》、《社會思想家小傳》等。（《中國近現代人物名號大辭典》一四一頁）

韓文華生。

韓文華（一九〇六～一九六九），字矩翼。文昌（今屬海南）人。一九二四年赴曼谷，入華僑所辦瓊劇戲班學藝。一九三四年返瓊，先後在各大班領小生銜。一九五二年起歷任新星劇團、廣東瓊劇團、瓊劇團二團副團長、團長並掌小生正印。唱做兼俱，尤善扮演文士書生。唱工精妙細膩，行腔婉轉自如，發音清晰純美，節奏抑揚頓挫，其板腔演唱風格被人譽爲“文華板”。（《廣東近現代人物詞典》四九七頁）

謝文川生。

謝文川（一九〇六～一九三二），原名門海。萬州（今海南萬寧）人。幼年隨父遷居陵水縣城，曾在陵水師範讀書。一九二五年返回萬寧，在第四區龍山小學任教，次年典西鄉農民協會成立，任主席，又任萬四區農民協會執行委員。一九二七年加入中國共産黨，四月二十二日瓊崖政變，就地領導農民堅持鬥争，並任典西鄉黨支部書記及萬四區委書記。一九三〇年七月任萬寧縣委書記，尋調紅三團政治委員、瓊山縣委書記。一九三二年在內部“肅反”中被錯殺。（《廣東近現代人物詞典》五一九頁）

謝振凱生。

謝振凱（一九〇六～一九八七），原名煜堃。開平人。一九二〇年去印度謀生，次年轉至菲律賓，尋參加工運，發動組織工會。一九二七年任菲律賓南甘馬仁省工人協會主席。一九二九年加入中共。一九三〇年當選菲律賓共産黨中央政治局委員。抗戰爆發後發動華僑捐資支援國内抗戰，歷任菲律賓華僑各勞工團體聯合會執委等。一九四二年任菲律賓人民抗日軍經濟部（後勤部）副部長，旋組建菲律賓華僑抗日支隊，任華支民運部長、華支廣東隊委員等。一九四五年授大校軍銜，後至菲律賓國家移民局工作。一九四八年回香港，任航空公司代理，次年底返大陸，在華南財委、中共中央華南分局工作，曾任建華貿易公司經理，後在省僑聯工作。卒於穗。（《廣東近現代人物詞典》五二三頁）

關有詒生。

關有詒（一九〇六～?），字堅章。南海人。一九二二年赴中美洲洪都拉斯受職於新全公司。一九三二年升任副經理。抗戰期間任洪都拉斯古西加爾巴市華僑救國會捐款委員，後任中國僑務委員會委員等。（《民國人物大辭典》一六五二頁）

蘇子生。

蘇子（一九〇六～一九七二），字錫麟。龍門人。畢業於廣東勷勤大學。抗戰爆發，組織中國青年救護團，嗣赴越南，任中國國民黨海外部越南辦事處僑務專員，組織華僑總會。後任國民政府主席駐廣東行轅秘書，當選行憲國民大會代表。（《民國人物大辭典》一六五五頁）

藍勝青生。

藍勝青（一九〇六～一九二八），原名少輝，字晶。興寧人。一九二五年參與領導梅縣廣益中學學潮，成立“反基督教學生同盟”，被開除學籍。轉東山中學就讀，又在該校組織梅縣革命青年團，同年加入中國共產黨，回興寧與縣立中學學生黃集發等聯合在興城、葉塘等地演出白話劇，創辦《寧聲週報》，參加羅明主辦的東江工農運動人員養成所學習，在興寧大信、刁坊、大坪、葉塘、永和等地建立許多行業工會、農民協會及基層黨組織，先後任中共興寧小組組長、特支、縣委書記及五興龍縣臨委委員。四一五政變後被懸銀千元通緝，返興寧，組織發動學、工、農運，建立廣東工農討逆軍第十二團及水口別動隊、北部山區遊擊隊，開闢興龍山區根據地，在水口創辦中共興寧縣委機關報《紅旗報》，親自撰寫文章。與劉光夏、盧鶯濤等領導了第二次攻打興寧縣城農民暴動，並取得成功又率隊轉戰興寧、梅縣、豐順、五華、龍川等五縣。後在梅子坑參加五縣聯席會議，突遭包圍，激戰中壯烈犧牲。（《廣東近現代人物詞典》五二九頁）

藍璇均生。

藍璇均（一九〇六～一九二九），又名允堂、璿坤，化名林先榮。河源人。一九二四年在廣州加入中國共産黨，爲兩次東征、省港大罷工及支援北伐戰争做了大量工作。一九二七年以中共中央特派員身份從香港返回惠陽，八月任中共惠紫河博地委書記兼軍事部長。一九二九年奉命調任中共海口市委書記，尋被捕，被押解到廣州就義。（《廣東近現代人物詞典》五二九頁）

鍾定天生。

鍾定天（一九〇六～一九六三），名鑫盛，字人可。長樂（今五華）人。黄埔軍校第五期步科畢業，抗戰期間曾任第六十二軍一五七師四七一旅九四一團團長。一九四〇年五月任第六十三軍一八六師五五六團團長。一九四五年一月任第十二集團軍獨立第九旅副旅長。抗戰勝利後任第七戰區榮譽軍人管理處少將處長。一九四六年任廣東綏靖公署第二處處長。一九四八年二月任龍門縣縣長，十一月任第六十五軍一八七師師長，次年十二月二十五日在成都通電起義，後任解放軍第三十一師副師長，參加抗美援朝，回國後曾任解放軍西南軍區第二步兵學校軍事研究室主任、重慶市人民政府參事。病逝於重慶。（《廣東近現代人物詞典》三八三頁）

謝白生。

謝白（一九〇六～？），字少白。澄海人。早年畢業於暨南大學。著有《少白畫稿並詩》。（《中國近現代人物名號大辭典》一二四九頁）

謝永存生。

謝永存（一九〇六～一九四七），嘉應（今梅縣）人。畢業於國民黨中央黨校。一九三一年任蕪湖《民國日報》社社長。一九三五年任膠濟鐵路特别黨部委員兼《膠濟日報》社社長。一九四六年任新疆省黨部書記長。遇空難卒。著有《中國國民黨之前途》等。(《廣東近現代人物詞典》五二〇頁)

謝頌雅生。

謝頌雅（一九〇六～一九八六），又名五華。南海人，五華籍。民國十三年（一九二四）參加中國共産黨。十五年到廣州農講所學習，被派去番禺當農運特派員。四一五事變後奉調回南海縣松崗鎮，與陳道周、周俠生創建了中共南海縣委員會，任宣傳委員，參加廣州起義，率農軍攻打大瀝。後爲避免敵人追捕，改名謝五華，奉指示至香港活動。抗日勝利後回粤在東江縱隊、珠江縱隊工作。中華人民共和國成立後任廣東省文史館館員。

譚明昭生。

譚明昭（一九〇六～一九六六），羅定人。一九二四年加入國民黨，次年就讀中山大學預科，繼而轉本科，一九三一年畢業，嗣赴滬參加第十九路軍，參加淞滬抗戰，後隨軍入閩，任補充師少校軍需。一九三五年任教於中山大學附中，又在南海師範任教。一九三八年任蔡廷鍇隨從秘書。一九四二年任羅定師範學校校長。一九四六年參加中國國民黨民主促進會，次年參加籌組中國國民黨革命委員會。一九四八年參與組建民革港九總分會，任常委。中華人民共和國成立後歷任民革候補中央委員、廣東省委委員兼宣傳處長、廣東省人大代表、廣州市政協委員兼秘書長等。在穗病逝。(《廣東近現代人物詞典》五四九頁)

羅香林生。

羅香林（一九〇六～一九七八），字元一，號乙堂。興甯人。一九二四年畢業於興民中學。一九三〇年獲清華大學文學士學位，次年入燕京大學歷史研究所。一九三六年任廣州中山圖書館館長兼中山大學教授。一九四一年發起成立中國史學會，與中山大學黄現璠教授探討民族研究問題。一九四七年任廣州國民大學特約教授。一九四九年在香港廣大書院、新亞書院及香港大學任教。一九五六年任香港大學中文系教授。一九六九年任香港珠海書院文學院院長及中國文史研究所所長。著有《客家研究導論》、《客家源流考》、《國父家世源流考》、《香港前代史》、《香港與中西文化之交流》、《民族生存論》等。（《廣東近現代人物詞典》三四二頁）

羅嵩翰生。

羅嵩翰（一九〇六～一九九〇），原名裕祥。東莞莞城人。一九三〇年畢業於北京大學醫學院，任東莞醫院院長兼西醫部主任醫師、東莞縣衛生專員。一九三四年留學日本，在東京帝國大學醫學部讀研究生。一九三六年回國，任廣州陸軍總醫院内科中校軍醫、教育部醫學教育委員會編輯。抗戰爆發後，先後任福建省立醫院内科主治醫師、福建、雲南等鐵路、公路工程局醫師、國立西康技藝專科學校醫科教授。一九四八年任東莞公立醫院院長、東莞縣醫師公會理事長。中華人民共和國成立後任東莞縣衛生院副院長、東莞人民醫院院長。一九五六年起被選爲東莞縣政協第一、二、三、四屆委員，第一、二、三屆副主席。著有《日本醫學教育的沿革》、《斑疹傷寒及其預防》、《休克型肺炎》、《鈎端螺旋體病》、《東莞醫院史略》等。（《東莞市志》一五一五頁）

羅榮勳生。

羅榮勳（一九〇六～一九六六），東莞莞城人。一九二八年上海同濟醫學院畢業後即在中山大學醫學院任助教兼附屬醫院婦産科醫師。一九三三年獲醫學博士學位。一九三五年任光華醫學院教務長、婦産科教授兼附屬醫院婦産科主任醫師、中山大學醫學院教授、婦産科主任、附屬助産學校主任等職。一九五一年後任廣州方便醫院、廣州市第一人民醫院婦産科副主任、主任醫師等職。治學嚴謹，對婦産科造詣殊深。（《東莞市志》一四七五頁）

清德宗光緒三十三年　丁未　一九〇七年

五月，梁啟超歸國，旋東渡日本，行前填《金縷曲》寄滬上諸子。

六月，潘博東遊日本，訪梁啟超於兵庫縣須磨村，參與梁啟超、蔣智由、陳景仁等籌組政聞社事，旋回國，填《解連環》。（陳永正《嶺南歷代詞選》三五二、三六六頁）

十二月，孫中山、黄明堂等發動鎮南關起義，潘貫能參與謀事。

潘貫能（？～一九四六），字淦祥。南海人。青年承襲家業，工機杼。清末離家赴越南經營商業，後隨孫中山奔走革命，參與鎮南關、河口諸役謀事，清帝退位，息影家園。後病逝越南。（《民國人物大辭典》一四七二頁）

劉道一殉難周年，何天炯賦《吊劉烈士道一》七絶二首。

除夕日，麥孟華索朱孝臧、潘博同填《六丑》詞，自感絶望悲哀。（陳永正《嶺南歷代詞選》三七〇頁）

本年羅慧卿自序其《文壽閣詩鈔》。

羅慧卿，字春生。南海人。十三學爲詩。光緒間隨父宦遊西湖，南歸後詩廏琴棋，家園多樂。又曾參加蓮社嘉遊，有澳門紀遊詩多首。冼玉清《廣東女子藝文考》有傳。

本年謝愛瓊於廣州創辦婦孺醫院。

謝愛瓊，早年任職博濟醫院。光緒三十三年（一九〇七）辭去博濟醫席，獨資創辦婦孺醫院（留産院），並增設産科講習所，後改産科醫學校。一九一二年擴大婦孺醫院，建三層樓新院，附設産院。一九三〇年將産院醫校改爲助産學校。一九三二年將新院改爲正院，原舊院改分院，凡醫師四人，病床近九十張，每月平均接生二百五十餘人。對貧困者，接生膳藥諸費全免。一九三二年淞滬抗戰時捐資組織救護隊至蘇州服務於後方醫院。

本年楊棣棠參加同盟會。

楊棣棠（？～一九六五），别號弘道居士。香山（今中山）人。信仰佛教。祖輩世居檀香山。棣棠與鐵肩昆季，自幼出生於檀島。十歲父死，隨祖返國學習華文。及長，師事林紓，爲桐城派入室弟子。青年時遊滬，與南社柳亞子友善。光緒三十三年（一九〇七）加入同盟會。宣統元年（一九〇九）十月，南社在蘇州虎丘開社員大會，宣告南社成立。棣棠經亞子介紹，應邀參加南社。一九二四年又加入傅熊湘在長沙組成的南社湘集。著有《養晦庵書》及詩。(《中國近現代人物名號大辭典》三八五頁)

本年刁奕純自籌經費辦蠶業學校。

刁奕純，興寧人。光緒三十三年（一九〇七）自籌經費辦蠶業學校。(一九八九年《興寧縣志》)

本年余焜和回國，再次向清政府進言，力陳飛艇之要。

余焜和，字植卿。開平人。早年旅美三十年，醉心於機械製造。甲午戰爭中國敗於日本，立志研製飛艇以抵禦外侮。光緒三十一年（一九〇五）奉旨出洋考察的端方、載澤等清廷大臣抵美國，向其宣傳飛艇重要意義。三十三年回國再次向清政府進言，力陳飛艇之要義，不予理睬。無奈返美，自籌資金開始研製飛艇。宣統二年（一九一〇）製作完成並成功試飛了一艘小型飛艇，爲中國人製成的第一艘飛艇。(《廣東近現代人物詞典》二二二頁)

本年梁龍騰任新加坡《中興日報》撰述員、編輯。

梁龍騰，香山（今中山）人。青年時赴南洋謀生。光緒三十三年（一九〇七）任新加坡《中興日報》撰述員、編輯，與保皇黨人主持之《總匯報》展開論戰。後奉孫中山命赴荷蘭所屬各埠組織華僑參加同盟會，襄助成立同盟會機關，次年再返新加坡任《《中興日報》編輯，又執筆迎戰保皇黨人，旋應孫中山敦促，赴暹羅任《華暹新報》編輯，以對付保皇黨人徐勤主辦之《啟南日報》。武昌起義之際，發動暹羅華僑捐款支援。一九一二年被委任大總統府秘書，因中山讓位而未就，次年至海口任《瓊島日報》編輯，因討袁論調過激，被龍濟光查禁，逃亡海外。一九一九年返國，後病卒。(《廣東近現代人物詞典》四八〇頁)

林鍾英於本年成貢生。

林鍾英（一八六九～一九三五），字少瓊，號拙庵。陽江人。光緒三十三年（一九〇七）丁未選貢生，倡辦學堂，歷任陽江第一高等小學校長、縣立中學堂、師范學校國文教員。從教二十餘載。著有《拙庵詩文稿》十四卷、《拙庵隨筆》四卷。楊柳風《陽江詩鈔》有傳。

王嶽生。

王嶽（一九〇七～?），字嶽彬。梅縣人。一九二〇年入汕頭中學。一九二四年入黄埔軍校第四期炮科。一九四八年任第十軍副軍長，次年被俘。一九五一年任中國人民解放軍軍事學院研究員、教員。一九五三年任南京第三十中學教師。一九七八年後退休。一九八二年參加民革，被聘文史委員。

李樺生。

李樺（一九〇七～一九九五），曾用名浪沙、小泉、俊英。番禺人。一九二七年畢業於廣州市立美術學校。一九三〇年留學日本，一九三二年回國任教於母校。一九三四年在穗組織現代版畫會，從事新興木刻運動。一九三八年任中華全國木刻界抗敵協會理事。抗戰勝利後至滬主持中華全國木刻協會工作，當選理事長，組織抗戰八年木刻展。一九四七年受聘爲國立北平藝術專科學校教授。一九五〇年後歷任中央美術學院教授、版畫系主任、中國文聯委員、中國美術家協會顧問、中國版畫家協會主席。著有《西屋閑話》、《美術創作規律二十講》、《李樺木刻選集》、《美術新論》、《木刻的理論與實踐》、《木刻版畫技法研究》等畫册及著作。（《中國近現代人物名號大辭典》四四二頁）

李友莊生。

李友莊（一九〇七～一九八九），羅定人。一九三六年起任國民黨駐汕一五七師九四〇團團長。一九三八年兼任汕頭市軍警督察處主任，指揮收復南澳縣城，廣東軍民振奮，後任副師長、代師長。一九四八年在淮海戰役中被俘。一九七五年獲特赦。曾任廣州市政協文史研究員。（《廣東近現代人物詞典》一六〇頁）

李仁溥生。

李仁溥（一九〇七～一九八〇），字有德，又名錦文。番禺人，生於韶關。父兄均業醫。早年從師學醫，並隨兄臨診，學成後自行懸壺執業。曾任韶關中醫師公會副理事長、曲江國醫館館長。新中國成立後，歷任韶關市聯合診所主任、市中醫院院長等。一九六四年編有《韶關市中醫秘方驗方及經驗專輯》。（《中國近現代人物名號大辭典》四〇四頁）

李秀文生。

李秀文（一九〇七～一九四六），東莞長安鎮烏沙村人，出生於澳門。葉挺夫人。一九二四年結識時任孫中山大總統府警衛團第二營營長葉挺，翌年婚後伴葉挺經歷了從北伐至抗戰勝利。一九四六年四月八日，葉挺夫婦由重慶至延安途中，因飛機失事遇難於山西黑茶山。

李炳瑞生。

李炳瑞（一九〇七～一九五六），台山人。早年赴加拿大麥基路大學，獲碩士，後又赴美國華盛頓大學研究院研究，歷任北平英文《導報》總編輯、中山大學教授等。一九四七年當選國民黨中央監察委員。著有《中國關稅自主》、《兩年來中日不宣而戰》、《新廣州市》。（《民國人物大辭典》二八六頁）

李悦義生。

李悦義（一九〇七～?），字君達。河源人。畢業於廣東法政學堂、中山大學，後赴歐洲留學，獲法國帝雄大學法學博士學位。一九二五年當選爲中國國民黨廣州特別市執行委員兼青年部部長。一九二七年任中山大學教授。一九四七年當選行憲國民大會代表。共和國成立前夕去臺灣。著有《審計學》等。（《民國人物大辭典》二九〇頁）

吴大猷生。

吴大猷（一九〇七～二〇〇〇），高要人。畢業於南開大學。留學美國加利福尼亞大學，獲密歇根大學碩士、博士學位，回國後在北京大學、西南聯大任教。後赴密西根大學任客座教授，又至哥倫比亞大學工作兩年。一九五六年應胡適之邀赴臺灣任教，在臺灣大學與清華大學聯合主辦的研究生班講授古典力學、量子力學，兼及流體力學與核子間交互作用問題。一九八三年出任臺灣中央研究院院長。著有《科學和教育》、《科學與科學發展》、《吴大猷科學哲學文集》、《物理學的歷史和哲學》等。妻阮冠世。（《中國近現代人物名號大辭典》四七二頁）

何世禮生。

何世禮（一九〇七、一九〇六～一九九八），英文名 Robbie Ho，原籍新安（今寶安），生於香港歐亞混血家庭。東第三子。皇仁書院畢業，後赴英國胡烈芝皇家軍事學院、勒希爾炮兵學校及法國方丁布魯炮兵專門學校留學。學成歸供職於東北軍，歷任連、營長、高參，奉派至美國考察軍事，返國被委任爲軍部高參。抗戰期間任薛嶽部炮兵團長、第四戰區兵站總監、陸軍總司令部兵站司令部中將司令等職。抗戰勝利後進駐穗，旋奉調東北，任秦葫港口司令、冀熱遼邊區副總司令等。一九四九年赴臺灣，歷任臺灣東南補給司令兼基隆港口司令、“國防部”常務次長。一九五二年後任駐聯合國軍事代表團團長等職。一九五六年其父東去世，繼承了巨額遺産。一九五九年晋升陸軍二級上將。（《廣東近現代人物詞典》二一一頁）

邱泮林生。

邱泮林（一九〇七～一九三八），又名煥名（民）、林清華。大埔人。一九二一年就讀於福建廈門集美學校。一九二四年加入國民黨，明年與羅揚才等七人加入中國共産主義青年團。一九二六年轉爲中共黨員，翌年中共閩南特委成立，被選爲閩南特委委員兼秘書。一九二八年任中共廈門區委書記。大革命失敗後，歷任中共福建省臨時省委秘書長、宣傳部部長等職。一九三〇年任福建省委特派員，八月調任江西省委書記，次年列席中共六届四中全會，因反對王明左傾機會主義路線，被撤銷黨内職務，派往上海從事工運工作，與羅明一起組織學生抗日。一九三三年在上海被捕入獄，同年被營救出獄後回家鄉中學任教。（《廣東近現代人物詞典》二一八頁）

余哲貞生。

余哲貞（一九〇七～一九二七），澄海人。出身手工業者家庭。一九二三年在汕頭女子師範讀書時接受革命思想。一九二五年加入共産主義青年團，六月與教師徐琛結婚，八月共青團汕頭地委正式成立，被任命爲團地委婦女運動委員會書記，十二月與徐琛一道加入中國共産黨，次年汕頭地委改選，當選候補書記。七月間到汕頭國民外交後援會工作，十月隨國民革命軍第一軍離汕頭進軍福建，至福州後奉命協助中共福州特委工作。一九二七年初特委改組，任閩北特委書記、婦女部長，四月形勢驟變，與徐琛奉命返粤，船抵廈門被捕，夫妻同時從容就義。（《廣東近現代人物詞典》二二二頁）

沈英名生。

沈英名（一九〇七～?），字孟玉，號玉廬。饒平人。大學畢業任汕頭《僑聲日報》總編輯，去臺灣後從事華僑教育及著述。一九七二年起任臺灣中國文化學院教授，並從事中國文學研究，尤精於倚聲。著有《中國文學史話》等。（《中國近現代人物名號大辭典》五五八頁）

沈哲臣生。

沈哲臣（一九〇七、一九〇六～一九八五），號一民。潮安人。歷任國民抗日救國軍華北軍區主任、國民黨調查統計局華北區總督導。一九四〇年任中統局京滬區區長。曾在滬被汪僞逮捕，獲釋後任中統局港、澳區長、中統局廣東調查處處長。一九四九年赴臺灣。

宋大仁生。

宋大仁（一九〇七～一九八五），曾名澤，別號醫林怪傑、海煦。原籍香山，生於澳門。出身貧寒，在繈褓時父病故，靠母爲人縫衣謀生。在澳門完成中學學業，十五歲拜澳門中醫師鄭昭然爲師習醫，後從師畫家吴松壽學國畫。（《中國近現代人物名號大辭典》五七〇頁）

林乃幹生。

林乃幹（一九〇七～一九九二），别名泮橋。蕉嶺人。擅長中國畫、油畫。一九二九年畢業於上海藝術大學，後留學日本東京美術學校攻讀研究生，歷任國立北平藝專、京華美術學院教授、京僑美專校長、中央工藝美術學院副教授、中國美術家協會會員。作品有《桂林山水》、《漢封將軍柏》、《寒梅》等。（《中國近現代人物名號大辭典》七四六頁）

林昌鵬生。

林昌鵬（一九〇七～一九七三），乳名文翼。清遠人。早年在意大利學習海軍，回國後獻身於中國海軍。在抗日戰争中，曾與日軍艦隊對抗，終因寡不敵衆而失敗，後前往陪都重慶任海軍參謀。抗戰勝利後，回南京任海軍少將參謀。中華人民共和國成立後從香港回大陸，從事教育事業，又任水電站工程師。（《廣東近現代人物詞典》三二二頁）

周楠生。

周楠（一九〇七～一九八〇），又名洪飆。香山（今中山）人。十三歲到朝鮮姐夫處生活，在漢城華僑小學讀書，後當學徒。一九二七年回香港當工人。一九二九年參加中國共産黨。一九三五年後再到香港組織香港救國會，爲全國各界抗日救國會候補委員。抗戰時期任中共中山市委常委、市職工運動委員會書記、粤中特委副書記兼組織部長、高雷工作委員會、南路特委、中共粤桂邊區工作委員會書記、高雷人民抗日解放軍司令員兼政委等。抗日戰争勝利後任中共廣東區委駐越南勞動黨中央聯絡員、中共粤桂滇邊區工作委員會書記。一九四八年夏率部向雲南挺進，開闢滇東南革命根據地。中華人民共和國成立後先後任中國人民解放軍滇桂黔邊區縱隊政治委員、中共中央華南分局組織部副部長、廣東省人民檢察署檢察長、省人民法院院長、政法委員會副主任、中共廣東省政法部副部長、韶關專員公署副專員、廣東省交通廳副廳長、廣東省第四屆政協副主席等職。（《廣東近現代人物詞典》三四八頁）

官惠民生。

官惠民（一九〇七～一九三七），字劍豪。曲江人。黄埔陸軍軍官學校第四期步科畢業。一九二六年隨第四軍北伐，先後參加進軍長沙、汀泗橋、賀勝橋及圍攻武昌等戰役，以功升連、營長、中校團副等。一九三〇年赴日本治病，入成城學校學習。“九一八”事變後返國，次年初入陸軍大學第十期學習。一九三五年畢業後任第四軍上校科長，冬調任第四軍第九十師第五四〇團上校團長。抗戰爆發由黔調滬參戰，因功升第九十師二七〇旅少將旅長，十月二十八日在嘉定陣亡。（《廣東近現代人物詞典》三六八頁）

祝秀俠生。

祝秀俠（一九〇七～一九八六），原名庚明，筆名秀俠、佛朗等。番禺人。復旦大學畢業，歷任復旦大學、中山大學、廣西大學、桂林師院教授。三十年代與魯迅、郁達夫等過從甚密。抗戰爆發後回粤，任省政府秘書、恩平縣長。一九三八年赴渝任中央出版委員會委員。一九四〇年奉派南洋，於印尼任《天聲日報》總主筆。復至印度加爾各答，任《印度日報》總編輯兼總主筆，後回國任國民黨中央黨部秘書處處長，兼任已遷北碚之復旦大學教授及國民黨中央監察委員。抗戰勝利後任廣州市政府秘書長、教育局長兼廣州文化大學教授。一九四九年至澳門，創辦粤海學院，任院長。一九五一年去臺灣任“教育部”特別編纂、“行政院僑委會”主任秘書、顧問等。著有《三國人物新論》、《諸葛亮傳》、《中國詩歌史》等。（《中國近現代人物名號大辭典》九四四頁）

容漱石生。

容漱石（一九〇七～?），名碩。香山（今中山）人。畢業於廣東省立工業專門學校。後入美學館，師從高奇峰學畫，擅花鳥、人物、山水，尤其善畫荔枝，作品曾參加英、美、法、日、德、比利時、泰、菲律賓等國藝術展覽會。著有《漱石畫集》、《廣東名勝速寫》、《珂羅版學》、《荔枝香集》、《繪瓷研究》等。（《廣東近現代人物詞典》四二六頁）

陳復生。

陳復（一九〇七～一九三二），又名志復，化名志文。番禺人。樹人子。一九一五年隨父東渡日本，一九一九年回國，先後於廣州南武中學、上海復旦中學攻讀。一九二五年赴莫斯科中山大學深造，加入中國共産黨，一九二九年畢業回國，任香港《工人日報》副社長，次年春至天津，任中共順直省委宣傳部長，旋被捕入獄，秋獲釋返穗，任中共廣州市委宣傳部部長。一九三二年八月在穗被捕犧牲。（《中國近現代人物名號大辭典》七〇一頁）

陳乃石生。

陳乃石（一九〇七～一九八三），原名昌球，曾用名卓然、友梅、欽文。瓊山（今屬海南）人。一九三〇年加入共産主義青年團。一九三七年轉爲中國共産黨黨員，歷任共青團上海國立暨南大學高中部書記、共青團江蘇省委、共青團兩廣工委秘書、中共海口市工委書記、瓊崖縱隊第一支隊政委、中共萬寧縣委書記、中共瓊崖特委委員兼民運部長、東區地委書記、中共海南區委秘書長、組織部長兼黨校校長、財貿部部長、統戰部部長、海南區公署副主任、區黨委常委等職。當選爲廣東省第二、第三、第四屆政協委員、廣東省第三屆人大代表。在海口病逝。（《廣東近現代人物詞典》二六八頁）

陳永梁生。

陳永梁（一九〇七～?），字衍材。番禺人。畢業於廣東中醫藥專校，後留校任教，並編寫教材。一九三七年赴香港，任東華

醫院内科醫生。抗戰勝利後任職廣東中醫藥專門學校。著有《中國醫學史綱要》等。（《中國近現代人物名號大辭典》六七七頁）

陳麗梅生。

陳麗梅（一九〇七～一九八〇），原名大章。瓊山（今屬海南）人。早年入麗字科班館學藝。一九二七年與雪梨生合辦兄弟戲班，首次以主角登臺，次年與雪梨生在海口公演瓊劇《梁山伯與祝英台》，始躋身名旦行列。先後與鄭長和、三升半、韓文華等合辦兄弟戲班，曾在瓊漢年、南昌子、新國民、共和樂、新梨園等戲班當臺柱。中華人民共和國成立後先後在集新瓊劇團、新群星瓊劇團、廣東瓊劇院工作，爲中國戲劇家協會廣東分會會員。曾主演《秦香蓮》、《昭君出塞》、《孟麗君封相》、《七星梅》等上百劇目。（《廣東近現代人物詞典》二八一頁）

許冰生。

許冰（一九〇七～一九三三），揭陽人。又名王磐。彭湃夫人。一九二五年加入共青團，次年轉中共黨員，任揭陽縣婦女解放協會主席。大革命失敗後隨彭湃在陸海豐地區從事革命鬥争。一九二八年隨彭湃至滬中共中央機關工作。一九三〇年回粤，任中共東江特委委員兼婦委主席。後因叛徒出賣被捕，就義於汕頭。（《中國近現代人物名號大辭典》三一三頁）

許澤藻生。

許澤藻（一九〇七～一九四〇），曾用名依華、俠夫。澄海人。包野胞弟。生於泰國。民國十五年（一九二六）在海陸豐與澎湃組織工會、農會，考入上海大學，參加中國共産黨，翌年被派回汕頭搞工農運動。南昌起義軍南下潮汕，被派回澄海，澄海縣工農革命政府建立，任副縣長，南昌起義軍退出潮汕後，因身份暴露被通緝，前往新加坡。十八年到福建，先後在泉州、廈門開展革命活動，翌年任中共泉州中心縣委書記、中共永春縣委書記。二十年（一九三一）春任中共廈門市委宣傳部長、中共廈門市委書記、中共廈門中心市委宣傳部長，編輯出版《戰鬥報》、

《群眾週報》、《烈火週刊》、《畫報》等黨内刊物及公開報刊，經常撰寫文章在刊物上發表，次年任中共廈門中心市委書記。在廈門被捕，獲保釋後往新加坡從事教育工作。盧溝橋事變後在新加坡參加抗日活動，當局令其自行離境，翌年隨華僑回國抗日服務團回粤，參加東江抗日遊擊隊。二十九年在黨内“肅反”運動中被錯殺。（《廣東近現代人物詞典》一二八頁）

梁中銘生。

梁中銘（一九〇七～一九八二），順德人。黄埔軍校黄埔畫刊主編，後任國民政府國防部新聞局政工處少將專員。

梁祖詒生。

梁祖詒（一九〇七～一九二九），又名祖誼，字孝質。高要肇慶鎮人。一九二二年入省立第一中學（今廣雅中學），次年在校加入中共。一九二四年參加廣州海員工會，任秘書長兼中共海員工會支部宣傳委員，曾參加省港罷工委員會工作。一九二七年任中共海員工會支部書記，參加廣州起義，任工人赤衛隊指導員，次年底任中共廣東省委委員兼中路、西路巡視員。一九二九年初任西江巡視員，二月於佛山開會時因叛徒出賣被捕犧牲。（《廣東近現代人物詞典》四八九頁）

張月兒生。

張月兒（一九〇七～一九八一），原名幗雄。順德人。十一歲跟從樂師徐桂福學習，十三歲始在香港登臺演唱，代表作有《歌姬同樂宴瓊林》。適逢唱片業崛起，上海及香港各唱片公司爲録製唱片，包括《蝶迷》、《花月留痕》、《口花花》、《狗肉父老》、《遊子悲秋》、《愛花情果》、《鶯鶯酬柬》、《拜金花》、《難兄難弟》、《字花廠尋妻》等唱片。後請音樂撰曲家何少霞寫成《一代藝人》，名震一時，風頭一時無兩。病逝於香港。（《廣東近現代人物詞典》二三九頁）

張光瓊生。

張光瓊（一九〇七～一九七五），文昌（今屬海南）人。雲南陸軍講武堂第十八期炮科、陸軍大學將校訓練班畢業。一九二七年任黄埔軍校潮州分校教官。一九二九年起任第一軍一師連副、第十一師炮兵營連長、第五十九師二三三團營長。一九三二年起任第一集團軍第一軍一師二團中校營長、徵兵二團上校團長。一九三六年任第六十四軍第一五五師四六五旅九二六團上校團長、副旅長、第一八七旅旅長。一九三九年任第六十五軍一八七師副師長，翌年春任師長，兼任惠淡守備司令。一九四六年起任整編第六十五師副師長、衢州綏靖公署高參。一九四八年九月廣東第四區專員黄錚卸職，光瓊任行政督察專員兼"清剿"區司令，秋，廖鳴歐接任，光瓊於次年二月被任命爲第六十二軍中將軍長，七月離職出走香港。一九五〇年二月在港通電起義，後移居巴西。後因腦溢血病逝。（《廣東近現代人物詞典》二四二頁）

曾伯瑶生。

曾伯瑶（一九〇七～?），號冠英。長樂（今五華）人。黄埔軍校第四期畢業。先後在陸軍第二十師、新一軍第三師、第七十八師、第八十師服役，歷任連、營、團長、參謀長、處長等，後任第四戰區司令長官部參議。抗戰勝利後入中央訓練團受訓。一九四七年奉派海南島團管區少將司令。（《廣東近現代人物詞典》五一四頁）

温濤生。

温濤（一九〇七～一九五〇），梅縣人。一九二九年進上海人文藝及上海藝大圖音系學習。一九三六年在武漢參加《大光報》副刊編輯工作。抗戰時期在湖南衡陽湘江書店主編《新階段》雜志，又在湖南茶陵縣《開明日報》任副刊編輯；在廣西桂林加入胡愈之等主辦的文化供應社，任編輯，與曹伯韓、林山共同編輯《新道理》。

邱亦山生。

邱亦山（一九〇七～一九九七），號石頭翁。澄海人。一九二八年赴泰國執教。一九五三年起在香港《經濟導報》任主任、經理等職。一九八一年在《經濟導報》社工作。著有詩集《隨唱集》。

唐陶華生。

唐陶華（一九〇七～一九七九），興甯人。一九三四年春大學畢業。一九四五年進入美國威士康辛大學研究所留學，一九四八年回國。一九五〇年至穗進入南方大學學習，次年春在廣東省文理學院任教授。

馮鏗生。

馮鏗（一九〇七～一九三一），又名嶺梅。潮州人。一九三〇年加入“左聯”，次年初與柔石、胡也頻、李求實、白莽等人同時被捕，死於龍華獄中。著作集爲《重新起來》。（《中國近現代人物名號大辭典》一九〇頁）

馮志芬生。

馮志芬（一九〇七？～一九六一），廣東人。出身書香之家。入粵劇界前任廣州思思中學教師，先當編劇梁夢、南海十三郎副手，後任覺先聲、錦添花、非凡響、永光明劇團編劇。傳世之作有《胡不歸》、《情僧偷到瀟湘館》等。（《廣東近現代人物詞典》七五頁）

陸青山生。

陸青山（一九〇七～?），原名光表，曾用名壽齡、德。香山（今中山）人，生於越南。早年在西貢市銀行、洋行任職員。一九三八年加入中共，後任《現實日報》總經理。一九四六年在金邊開設緑野攝影院，被聘爲柬埔寨王國宮廷攝影師，次年回國，歷任廣州人民美術社副社長、廣東省僑聯常委、廣東省聯副主席、中國攝影家協會第二屆理事、第三屆常委理事、廣東分會主席。作品有《老木匠》、《不可摧毀的力量》、《從化温泉》等。（《中國近現代人物名號大辭典》六五四頁）

梁祖誼生。

梁祖誼（一九〇七～一九二九），字孝質。高要肇慶鎮（今肇慶）人。一九二二年入省立第一中學（今廣雅中學），次年成爲中共黨員。一九二五年參加廣州海員工會，任秘書長等。一九二七年參加廣州起義，翌年當選爲省委委員兼中、西路巡視員。一九二九年在佛山開會時爲叛徒出賣，被捕遇害。

黄淑生。

黄淑（一九〇七～一九八三），五華人。黄埔軍校第三期畢業，歷任軍職。抗戰時期，任第一六六師第四九八團團長、第一六六師參謀長、第一六六師副師長。抗戰勝利後任第一六六師師長、整編第八師第一六六旅旅長、整編第八軍第一師副師長、第九軍軍長，陸軍中將銜。一九四九年淮海戰役中被俘，在撫順戰犯管理所接受改造，一九六一年獲特赦。後歷任全國政協文史專員等。病逝於穗。（《廣東近現代人物詞典》四三六頁）

黄震遐生。

黄震遐（一九〇七～一九七四），筆名東方赫。南海人。曾任上海《大晚報》記者。民國十九年（一九三〇）與潘公展等提倡民族主義文學。抗日戰爭期間奔走於陜、甘、新疆等地，曾任《新疆日報》社社長。一九四九年往香港，先後任《香港時報》主筆、《中國評論》社副社長。一九七三年任美國蘭德公司顧問，次年在香港九龍病逝。著有《隴海線上》、《黄人之血》與《大上海的毁滅》、《中共軍人志》、《中共高級將領》等。（《南海名人數據庫·南海歷史名人》）

麥華三生。

麥華三（一九〇七～一九八六），番禺人。十七歲起從事教育工作，一九三八年任廣州大學助教。一九四四年任講師。一九四八年任副教授。一九五〇年任廣州茂生紀念學校校長。一九六一年執教於廣州美術學院。生前爲廣州美術學院副教授、廣東省文史研究館館員。著有《古今書法匯通》、《書法源流》及《藝舟書影》等。（《廣東近現代人物詞典》一三六頁）

程一鳴生。

程一鳴（一九〇七～一九八六），香山（今中山）人。一九二六年參加上海工人起義並加入中國共産黨。一九三一年脱黨。一九三八年起歷任國民黨軍統局特訓班上校總教官、軍統局西北區少將區長、廣州衛戍總司令部保防處處長、保密局澳門派遣組組長、情報局澳門站站長。一九六四年起義回穗，任廣東省參事室主任、全國政協委員。（《廣東近現代人物詞典》五〇四頁）

楊甫生。

楊甫（一九〇七～一九九〇），瓊海（今屬海南）人。一九二七年加入中共，歷任瓊海縣共青團區委常委、宣傳部部長等。一九二九年疏散至南洋，任馬來亞共産黨洋務工人支部書記等。抗戰時曾任中共粵桂邊區工委常委、組織部長等。一九四八年考入中共中央馬列學院，後參加《劉少奇文集》等的編纂。文革期間受迫害。一九八〇年平反後任中國社科院近代史研究所顧問。後逝世於北京。（《廣東近現代人物詞典》一四〇頁）

楊少民生。

楊少民（一九〇七～一九七二），原名漢英，又名江亭。萬州（今屬海南萬寧）人。幼年隨父讀書，父卒後輟學。後至南洋，次年返家種田。一九二七年參加農民協會，翌年加入中國共産黨，任黨支部宣傳委員、支部書記。經黨組織批准到馬來亞，投身工人運動。一九三五年當選馬共中央委員。一九三八年當選馬共中央常委兼檳城市委書記。抗戰開始後，發動愛國華僑捐錢捐物交由瓊崖華僑服務團帶回國内。一九四〇年初因叛徒告密在星洲坡被捕，後獲釋被驅逐出境，途經香港找到廖承志，經中央南方局同意，返回瓊崖工作。一九四二年至一九四六年，任中共瓊崖特委組織部副部長兼特委黨校校長、瓊山縣委書記、澄臨縣委書記兼瓊崖總隊挺進支隊政委、西區地委書記、海南區黨委常委兼組織部長。海南中華人民共和國成立後，歷任海南區黨委常委、海南軍政委員會委員、工委書記兼廣東省總工會海南辦事處主任、海南行政公署勞動局長、海南區黨委副書記等職。一九六

四年離休。“文化大革命”期間被迫害致死。（《廣東近現代人物詞典》一四二頁）

温盛剛生。

温盛剛（一九〇七～一九三四），嘉應（今梅縣）人。一九二四年考進北京師范大學。一九二六年在校參加中共，次年受通緝東渡日本。一九二九年初進東京明治大學政治經濟系。“九一八”事變後任中華學生留日同學會秘書。一九三二年春返國，與何幹之、譚國標等創辦《世界情勢》等，次年組成“中國文化總同盟廣州分盟”，任宣傳部長。一九三四年一月被捕，八月遇害。（《廣東近現代人物詞典》五一一頁）

趙承信生。

趙承信（一九〇七～一九五九），新會人。一九三〇年以優異成績畢業於燕京大學社會系，獲學士學位。自費赴美深造，入芝加哥大學社會學系，次年隨導師轉密執安大學，僅以三年獲博士學位。一九三三年回國，先後任燕京大學社會系教授、系主任、法學院院長等職。一九三七年北平淪陷後，常應燕京大學中共地下黨週邊組織和進步學生組織邀請，參加讀書會或報告會。一九四一年太平洋戰爭爆發，燕京大學停辦，與十餘名教師、學生被日僞投入監獄，歷時半載獲釋。出獄後在家蟄居，仍受監視。一九四八年赴美考察教育。一九五三至一九五九年曾任中國人民大學統計系教授、北京市第一届人民代表、中國民主促進會北京市委員會負責人之一。著有《社會調查與社區研究》等文。（《廣東近現代人物詞典》三七八頁）

靚少佳生。

靚少佳（一九〇七～一九八二），原名譚少佳，字春田。南海人。少時讀書學藝。十九歲入人壽年班爲正印小武，漸露頭角，人稱小武魁首。一九三六年應邀赴美國演出宣傳抗日，一九四一年返香港，旋至越南演出六年。中華人民共和國成立後返國，參與組建廣東粵劇院，歷任二團團長、廣東省第四届政協常務委員、中國民主同盟廣州市委員會委員、廣東省文聯副主席、廣州市粵劇院藝術顧問等職。首本戲有《三氣周瑜》、《夜戰馬超》、《攔江截鬥》等。(《廣東近現代人物詞典》四九六頁)

劉煒生。

劉煒（一九〇七～一九六九），原名偉，字偉吾。大埔人。一九二五年考入黄埔軍校第四期，次年畢業，分發第一軍任排長。一九二七年升連長，擢少校。一九三一年入國民政府軍政部憲兵軍官講習班受訓，結業調升憲兵第五團第一營中校營長。一九三五年任憲兵教導團中校團副，次年升上校團長。一九三九年冬升憲兵學校少將研究委員。一九四五年任憲兵東南區司令部區司令。共和國成立前去臺灣，一九五〇年任憲兵副司令。一九五二年晋升陸軍中將。一九五五年任憲兵司令。（《民國人物大辭典》一四〇〇頁）

劉蘇華生。

劉蘇華（一九〇七～一九四〇），原名起亞，改名子超，筆名夢非、王夫、辛民、漆雕華。興寧人。一九二六年入縣立初級中學，入中國共産黨。一九二八年逃亡上海，更名蘇華，入上海藝術大學學習，翌年到華南大學工作，先後任中共滬西區委宣傳部長、閘北區委書記，發表了《胡適中國哲學史大綱的批判》、《唯物辯證法與嚴靈峰》等文章。一九三三年在上海再次被捕，次年期滿出獄。一九三六年去太原講學。抗日戰爭爆發後至第一戰區政訓處工作，恢復黨組織關係，任華北軍政幹部訓練所黨組成員兼所長、華北軍政幹部學校校長。一九三八年任抗日新軍太行南區遊擊司令，次年改任晋冀豫軍區第五軍分區副司令、山東第一縱隊政治部宣傳部長等。一九四〇年當選山東省憲政促進會常務委員、山東省戰工會委員等。後隨部隊反“掃蕩”，在沂南縣上高湖附近犧牲。(《廣東近現代人物詞典》一〇九頁)

賴成基生。

賴成基（一九〇七～一九二九），東莞萬江賴屋人。早年參加工人運動。一九二六年加入中共，任縣總工會執行委員，次年欲響應廣州起義，未果。一九二八年當選東莞縣委書記、廣東省委委員，次年春被任命爲廣州市委委員，由港乘船返穗時被截捕，被殺害於廣州紅花崗。（《東莞市志》一四二七頁）

蕭遥天生。

蕭遥天（一九〇七～?），原名公畏。潮陽人。上海藝術大學畢業。一九二六年應饒宗頤之邀，爲《潮州志》撰寫《潮州戲劇音樂志》。一九四六年移居檳城。一九五三年受聘爲鍾靈中學教員，主編《教與學》月刊達十三年。著有《冬蟲夏草》、《夜奏曲》、《春雷》、《讀藝録》、《東西讀》、《食風樓隨筆》、《民間戲劇叢考》、《中國姓氏研究》、《中國人名研究》與《潮州話研究》。

蕭焕輝生。

蕭焕輝（一九〇七～一九八六），瓊海（今屬海南）人。一九二七年加入中國共産黨，曾任中共萬寧縣委書記、瓊崖特委常委、瓊文臨委書記、瓊崖北區、南區地委書記兼瓊崖縱隊五總隊政委。中華人民共和國成立後歷任中共海南區委秘書長、第三書記、海南行署主任、廣東省第三、四屆政協副主席及第五屆人大常委會副主任、中共廣東省顧委副主任、第五、六屆全國政協委員。（《廣東近現代人物詞典》一九三頁）

韓漢藩生。

韓漢藩（一九〇七、一九〇九～?），文昌（今屬海南）人。成都中央軍校駐渝辦事處上校主任，後任立法委員。

謝莽生。

謝莽（一九〇七～一九八八），原名法惠。開平塘口人。廣東航空學校第三期甲班、臺灣空軍參謀學院畢業。一九二九年起任空軍第一隊少校飛行員、空軍第二分隊隊長。一九三一年任廣東空軍第二中隊中隊長，次年參加淞滬戰役，任空軍第四中隊中隊長。一九三六年任中央空軍第八大隊副大隊長、上校大隊長。

抗日戰爭爆發後，任空軍第二路少將司令。一九四〇年任成都空軍轟炸機總隊副總隊長、總隊長。一九四二年再任空軍第二路司令。一九四六年二月任空軍總司令部空軍訓練司令，八月授空軍少將。一九四九年至臺灣，任“空軍總司令部”督察室中將主任、航空委員會委員。一九六八年退役移居美國，被選爲“國民大會”代表，“總統府”戰略顧問。一九八二年選任美國黄埔陸軍軍官學校校友會會長。在美國病逝。（《廣東近現代人物詞典》五一九頁）

蘇文賢生。

蘇文賢（一九〇七～一九七一），海陽（今潮安）人。少師從王澤如習筝藝。一九二六至一九三八年旅居泰國時，常参加旅泰華僑音樂組織的演出活動，表演潮樂合奏及筝獨奏。一九三八年回國後，参加當地“民間樂館”（業餘音樂組織）的表演及教學活動。一九四九年参加潮州民間音樂團。一九五六年在全國音樂周上参加潮州音樂合奏《柳青娘》、《粉蝶彩花》等曲目演出。一九六〇年在廣州音樂專科學校任教。所傳筝曲，經後人整理爲《潮州筝曲》。（《廣東近現代人物詞典》一五二頁）

釋本焕生。

釋本焕（一九〇七～二〇一二），法名心虔，法號本幻，亦名本焕，俗姓張，名志山。湖北武漢新洲區李集西張灣村人。七歲就讀本村私塾、學堂，勤奮好學。因父逝，輟學至武昌等地爲學徒，漸萌出家之念。一九三〇年一月在新洲報恩寺出家，四月至武昌寶通寺受戒，七月在揚州高旻寺参訪，精進禪修，七年不出寺門。一九三七年赴山西五臺山文殊菩薩道場参學，三步一拜，行程三百餘華里，翌年血書佛經，多年寒暑不綴，抄出經書十九卷、二十餘萬字。後曾任南華寺、光孝寺、四祖寺、别傳寺、弘法寺、蓮開寺、大雄寺、報恩寺等多座寺院方丈，當選廣東省政協委員、深圳市政協二屆委員、廣東省仁化縣政協副主席、中國佛教協會咨議委員會主席、湖北省佛教協會名譽會長、深圳市佛教協會會長、韶關市佛教協會名譽會長等職，爲當代著名高僧、佛門泰斗及禪門宗宿、南禪臨濟宗第四十四代傳人。隨出家受戒與接法弟子上千人，皈依居士不少於二百七十餘萬。(深圳弘法網)

羅克典生。

羅克典（一九〇七～?），豐順人。大學畢業入國民政府行政院任書記官。一九三三年任上海民智書局編輯。一九三五年赴日本東京帝國大學農學部大學院。抗戰爆發後返國。一九三八年任豐順縣縣長，次年往重慶。一九四〇年執教中央政治學校。一九四二年任職國民黨中央宣傳部。一九四五年赴滬，主持日僑、日俘工作。一九四八年去臺灣，任臺灣新生報社社長等。(《民國人物大辭典》一六二八頁)

羅屏漢生。

羅屏漢（一九〇七～一九三五），原名慶良，别名志鴻。興甯人。一九二九年前後創建興（甯）、五（華）、龍（川）根據地。一九三二年任江西會昌縣委書記，次年任中共會昌（亦稱會、尋、安）中心縣委書記。一九三四年被調至中共贛南省委工作，翌年粵贛邊軍政委員會成立，任主席，六月在興甯突圍戰中犧牲。(《中國近現代人物名號大辭典》七八四頁)

陳詩仲卒。

陳詩仲（？～一九〇七），番禺人。光緒二十八年（一九〇二）任香港《中國日報》記者，加入興中會，次年廣州起義失敗後，以《中國日報》爲陣地展開論戰。三十年春新加坡《圖南日報》創刊，被聘爲主筆。回國，旋病卒。(《廣東近現代人物詞典》二九一頁)

馮廷釗卒。

馮廷釗（？～一九〇七），號西林。高要人。咸豐十一年（一八六一）舉人，大挑拔知縣。光緒初至西寧（今鬱南）甘棠書院執教，五年（一八七九）任訓導，倡建雲龍、興賢書院，年

七十尚創辦縣立高等小學堂，自任監督。（《西寧縣志》）

劉思裕卒。

劉思裕（？～一九〇七），欽州（今屬廣西）人。光緒三十三年（一九〇七）奉孫中山命，在欽州那彭圩組織同盟會分會，旋召集同志數千，於同年九月在三那（那彭、那麗、那思）地區起義，反對清政府增收糖捐，曾攻入欽州城（一説防城縣），曾派梁建葵等向孫中山求援，中山派王和順聯絡，但和順坐失良機，指望清軍郭人漳反正，遭拒絶，起義軍攻靈山不克，思裕犧牲，防城卻被人漳奪去，起義遂告失敗。（《民國人物大辭典》一四三〇頁）

清德宗光緒三十四年　戊申　一九〇八年

二月十二日，黃節過番禺新汀訪屈大均故里，賦《二月十二日過新汀屈翁山先生故里望泣墓亭吊馬頭嶺鑄兵殘竈屈氏子孫出示先生遺像謹題二首》七律。（陳永正《嶺南歷代詩選》六二七頁）

夏至，康有爲作《人境廬詩草》序。（康有爲《人境廬詩草》序）

六月，黃世仲爲其《洪秀全演義》作序。（黃世仲《洪秀全演義》自序）

秋，黃節重赴江南，遊覽西湖，賦《岳墳》七律、《南屏謁張蒼水墓》、《題孤山放鶴亭》、《登六和塔》等詩，均借歌頌民族英雄岳飛或氣節高尚之士張煌言以寄寓詩人强烈的民族意識。

冬，蘇曼殊前往日本東京，侍母親和合氏，自海上經平户，瞻仰鄭成功誕生處，賦《過平户延平誕生處》七絶。（陳永正《嶺南歷代詩選》六二九、六五三頁）

本年龍令憲之《五山草堂初編》二卷梓行。

龍令憲，順德人。余祖明《廣東歷代詩鈔》卷五有傳。第四姊吟薌，卒於光緒三十年（一九〇四）。著有《蕉雨軒稿》。歸道山後，令憲爲刊是編，並謂其詞多雋逸。冼玉清《廣東女子藝文考》有傳。

本年譚貞林加入中國同盟會。

譚貞林（？～一九六三），開平人。童年就讀國内，後赴美國舊金山，歷任聯昌行等零售店、大觀等旅社總經理。光緒三十四年（一九〇八）加入同盟會，後任舊金山《少年中國晨報》董事兼總經理。一九一八年任國民黨三藩市支部評議部長。一九二七年兼任國民黨駐美國總支部清黨委員。抗戰期間任國民黨中央海外黨務計劃委員會委員等。抗戰末期組織鹽務運輸行，搶運粵鹽濟湘。抗戰勝利後任國民政府僑務委員會委員、常務委員。共和國成立前夕去臺灣。逝世於舊金山。(《民國人物大辭典》一六四五頁)

本年我國第一臺無線電報機由胡否熾、否珊製成。

胡否熾、否珊，順德人。世居廣州。在家中用國産材料研製無線電報機，經三年多研究試驗，於光緒三十四年（一九〇八）製成中國國内第一部無線電報機。

本年鄧子彭任《廣州國民日報》編輯、撰述。

鄧子彭（？～一九二九），號悲觀。南海人。同盟會會員、南社社友。光緒三十四年（一九〇八）任《廣州國民日報》編輯、撰述。辛亥前夜創辦人盧諤生被通緝潛逃，該報由李少庭等接辦，子彭仍爲主筆之一，鼓吹革命益烈。一九一三年二次革命失敗後逃往香港，應《真報》之聘。(陳玉堂《中國近現代人物名號大辭典》一二〇頁)

本年張廷鋆撰有《中國實業思想論》、《家政用財學》，分載於《半星期報》、《實業報》。

張廷鋆，字石朋，筆名頑石。廣東人。原爲康有爲派，後參加革命黨。(《中國近現代人物名號大辭典》五九五頁)

本年黄恩煦在香港與區鳳墀等組織新小説叢社。

黄恩煦，字玉垣。新會人。光緒三十四年（一九〇八）在香

港與區鳳墀等組織新小説叢社，出版《新小説叢》，並譯著小説發表。（《中國近現代人物名號大辭典》一一一三頁）

本年丘逢甲歸粤十四年，賦《十五疊韻》七律。（羅可群《廣東客家文學史》二五五頁）

本年陳高第畢業於日本法政大學，累官吏部主事。

陳高第，字肖山，又字逸慧，號霞騫。東莞人。師從康有爲、梁啟超。光緒三十四年（一九〇八）畢業於日本法政大學，累官吏部主事。不仕袁世凱，辭職教書，卒於京師。著有《中外刑律異同考》。（《茶山鄉志》卷四）

本年蔡召華之長篇小説中奇書《笏山記》六十九回由上海廣智書局活版部出版。

蔡召華，字守白，號吾廬居士、冷道人。東莞鳴珂巷人。清末附貢生。除小説《笏山記》、《駐雲亭》外，尚有《愛吾廬詩鈔》、《細字吟》、《草草草堂草》等詩文。（宣統《東莞縣志》卷七一）

方紀生生。

方紀生（一九〇八～一九八三），字念慈。普寧人，生於日本。宗鰲子。曾在日本明治大學留學，主攻經濟，但主要興趣則在民俗方面，一度爲顧頡剛助手，編輯《民風週刊》、《民俗週刊》、《謡俗週刊》等，曾任華北大學民俗學教授。一九三七年起編輯《北平晨報》副刊《風雨談》，後爲華北淪陷區大型文學刊物《朔風》主編，同時任職僞政府機關。出版著作有《文學家的故事》、《民俗學概論》、《婦人與家族制度》，譯著有《性風俗夜話》等多種。

朱慶堂生。

朱慶堂（一九〇八～?），番禺人。畢業於廣東國民大學經濟系，歷任廣東國民大學教授兼會計系主任、第七戰區政治部少將設計委員、廣州國税局局長等。後去臺灣。著有《中國文學要覽》、《改良商業簿記》、《統計學概要》。（《民國人物大辭典》二

〇六頁）

伍榮林生。

伍榮林（一九〇八～?），新寧（今台山）人。一九三六年主持建造了國内第一座1.2米回路式低速風洞。抗戰期間，主持建成了2.1米×1.5米低速風洞。共和國成立後負責設計、建造或以顧問參與了國内多個風洞建設。六十年代後致力研究空氣動力學在工業領域内的應用。七十年代末作爲顧問和主要設計者，建成我國第一座大氣邊界層風洞。

任國榮生。

任國榮（一九〇八～?），惠州人。畢業於中山大學，獲理學學士。後赴法國留學，獲巴黎大學科學博士，歷任中山大學生物系教授、主任。一九四五年任中大理學院院長，後任訓導長等。一九四九年赴香港，任私立珠海大學教授及教務長。一九六〇年在香港中文大學新亞書院主持生物學系及理學院。一九七一年退休再回珠海大學，任理工學院院長及教務長。（《民國人物大辭典》二一八頁）

余仲嘉生。

余仲嘉（一九〇八～一九四一），原名衍猷，以字行，號默尊者。南海人。名士楚凡幼子。生而耳聾，然聰慧好學，其父授以許氏《説文》，雖不能誦，唯默識不忘，用心專一，遂通文字。於二篆八分，俱感興趣，臨摹染翰，悉中法度。齠齡嬉戲，即喜捉刀鐫印。父執見而悦之，皆樂爲指授，而文字、書法、治印，實得於鄧爾雅諄諄啟迪爲多也，偶亦涉筆爲畫。稍長遊藝滬濱，嘗晋謁吴缶翁請益。適遇嘉興刻竹名手張氏昆仲，張氏愛其穎悟，且具根底，又憫其病啞，遂細意指點，授以要竅。褚德彝又貽以西崖刻竹影本，並以深刻之法爲告，是以所詣益精。鄧爾雅稱其“最精刻竹、秘閣、筆筒，凡竹之屬，人手輒和，瑩潤如玉，款識釿鍔，得衷合度，留青花卉，尤美絶倫。聚頭摺疊，摺扇子柄，其細緻者，費時半月，乃至一月，始成一事，潤金百鏹。”並以“遂入神品，故能直追明清前輩”譽之。褚德彝《竹人續録（續）》亦記其藝事。近世粤人刻竹之馳譽南北者，仲嘉其佼佼者矣。一度懸例鬻藝於海上，求者踵接。後卒於香港。（《廣東近現代人物詞典》二二一頁）

李天馬生。

李天馬（一九○八～一九九○），别署匏廬，號東南墨客。番禺人。六歲從父學書，壯年漫遊，向書法界前輩虚心請教，書藝益進，兼工楷、行、章草、大草、周金文、甲骨文等書體，作品多次入選全國書法作品展覽，又在日本舉辦書法展覽。著有《楷書、行書的技法》、《張氏法帖辨僞》、《佘氏書録辨僞》。筆硯之餘兼以書法授徒，從學者衆。歷任廣州市文史研究館館員、廣州美術學院教師、上海市文史研究館館員、中國書法家協會會員、上海書法家協會理事等。（《中國近現代人物名號大辭典》四○二頁）

李友梅生。

李友梅（一九○八～一九三七），號竹三。長樂（今五華）人。畢業於黄埔軍校第四期，參加了東征和北伐。一九三七年抗日戰争爆發時，任國民革命軍陸軍第一軍一師四團團長，八月率部由駐地徐州開赴上海，參加淞滬會戰，九月十八日晚在羅店與日軍再次展開争奪戰，激戰中不幸中彈犧牲。追授陸軍少將軍銜。（《廣東近現代人物詞典》一六○頁）

李守純生。

李守純（一九○八～一九四四），原名宋耀宏。花縣人。參加了省港大罷工，並加入中國共産黨。在廣西、西江協助中共南方臨時工作委員會和北方局，爲恢復黨組織做了大量工作。一九四○年按照組織决定撤退到粤北，五月又被調回到省委任政治交通員，七月省委决定將北江特委分爲前北特委和後北特委，負責後北特委組織部工作，次年秋任後北特委書記、特派員，帶領北江黨組織和進步學生利用國民黨“挺二”戰時工作的名義到翁源、英德一帶迎接東江縱隊北上韶關。一九四四年因叛徒出賣被捕，因染上瘧疾犧牲在南雄獄中。（《廣東近現代人物詞典》一六九頁）

李其雄生。

李其雄（一九〇八～一九八四），潮陽人。一九三一年赴泰國。抗日戰爭爆發在曼谷創辦《中國日報》，任社長、總編輯，次年被查封，復辦《中原報》繼續宣傳抗日。上世紀七十年代創辦《新中原報》，任社長。卒於泰國。（《廣東近現代人物詞典》一七四頁）

李浴日生。

李浴日（一九〇八～一九五五），海康人。於上海暨南大學畢業後，即赴東瀛求學，畢業於日本中央大學政治系，曾任國防部政治廳宣傳研究會副主任、國防部新聞局第二處副處長、廣東省編譯室主任、世界兵學社社長、第三十五集團軍少將參議、廣東省參議員、黃埔軍校知名教官、陸軍大學教授、臺灣金門防衛高參等職。一九五〇年春赴臺灣。譯著兵書十二種，凡百六十餘萬言。

李煥燊生。

李煥燊（一九〇八～?），陽江人。畢業光華醫學院、德國漢堡大學，回國歷任兩陽（陽春、陽江）《新報》總編輯、光華醫學院教授、代院長。共和國成立前夕去香港，後去臺灣，歷任國防醫學院教授等職。著有《李氏療學》等。（《民國人物大辭典》三〇八頁）

何賢生。

何賢（一九〇八～一九八三），番禺人。早年在順德縣陳村經營糧油店，後赴穗開設彙隆銀號，任司理。一九三八年赴香港經商。一九四一年赴澳門，任大豐銀號司理、大豐銀行董事長兼總經理、澳門鏡湖醫院值理、副主席、主席。一九四七年後任澳門中華總商會副主席、副理事長、理事長、會長。一九五〇年後任澳門政府政務委員會、立法委員會華人代表、澳門東亞大學校董會主席、全國工商聯常委。熱心公益事業，支持家鄉建設。爲第四、五屆全國人大代表、第六屆全國人大常委、第二至四屆全國政協委員、第五屆全國政協常委。澳門首任特首厚鏵爲其第五子。（《廣東近現代人物詞典》二〇七頁）

何適生。

何適（一九〇八～?），字宇恒。恩平人。北平大學畢業，赴法國留學，入南錫大學，獲法學博士，曾任廣東法科學院及廣州大學教授。一九四八年當選立法院立法委員。共和國成立前夕去臺灣。著有《政治學概論》、《國際私法》等。（《民國人物大辭典》三八二頁）

阮欽生。

阮欽（一九〇八～?），字麗生。河源人。廣東法科學院及中央政治學校法官班畢業，歷任福建南靖等縣政府承審員。抗戰期間曾轉任潮汕警備司令部軍法官，勝利後先後任廣州、中山等地方法院推事。一九四九年去臺灣執律師業。（《民國人物大辭典》四五〇頁）

阮樂化生。

阮樂化（一九〇八～?），字瑞昌。防城（今屬廣西）人。中學畢業考入合浦北海市聖德教會學校，畢業保送南洋檳榔嶼宗座大學攻讀哲學。畢業歸國，旋赴法國巴黎大學。歐戰前夕回國，執教香港仔工藝學校，三年後晋升天主教司鐸。日軍占領廣州灣，組織抗戰救國團，後改編爲特務隊。後轉任遂溪縣政府人事室主任。共和國成立前夕去越南，嗣轉往高棉，八年後赴越南金甌角開荒墾殖。一九六三年後赴西貢（今胡志明市）辦報。一九七三年去臺灣。（《民國人物大辭典》四五一頁）

林作民生。

林作民（一九〇八～一九六二），揭陽人。畢業於日本明治大學。中央軍校第四分校（廣州分校）少將政治總教官，後任國

民政府廣州特別市黨部副主任委員。著有《華僑與中國革命》。（《民國人物大辭典》四六六頁）

林伯堅生。

林伯堅（一九〇八～?），蕉嶺人。畢業於日本九州帝國大學。抗戰期間任大學專科學校教授、技正等。一九四九年任臺灣台南工學院教授。著有《結構學》等。（《民國人物大辭典》四六六頁）

林君選生。

林君選（一九〇八～?），別名昆邕，別號圭峰山人、庇顏樓主，室名庇顏樓。新會人。擅長書法，爲中國書協會員、佛山市書協名譽主席、文聯副主席。作品曾被選送日本展覽。著有《林君選書法藝術集》。（陳玉堂《中國近現代人物名號大辭典》七五二頁）

胡蝶生。

胡蝶（一九〇八、一九〇七～一九八九），原名瑞華，乳名寶娟。原籍鶴山，生於上海。一九二五年結業於上海中華電影學校後參加無聲片《戰功》拍攝，後相繼在友聯、天一、明星等影片公司主演《秋扇怨》、《梁祝痛史》、《鐵扇公主》等二十餘部古裝片。"九一八"事變後主演《劫後桃花》等抗日救亡影片，獲電影皇后稱號。一九三五年參加中國電影代表團出席莫斯科國際電影展覽會，並隨團赴德、法、英、意等國電影界考察。八一三事變後去香港，主演《胭脂淚》、《絶代佳人》等影片，後至重慶居住，抗戰勝利後復去港，一度經商，並曾主演《青春夢》、《明月幾時圓》等影片。一九六六年息影居臺灣，一九七五年定居加拿大。病逝於温哥華。（《中國近現代人物名號大辭典》八九七頁）

姚子青生。

姚子青（一九〇八～一九三七），原名若振，號中琪。平遠人。生於清貧人家。一九二六年考進黃埔陸軍軍官學校第六期入伍生總隊，參加北伐，復於中央陸軍軍官學校及陸軍軍官訓練團畢業。一九三七年任第十八軍第九十八師中校營長，駐防漢口。抗戰爆發奉令參加淞滬抗戰，守衛寶山，九月七日與全營六百官兵皆陣亡，追贈陸軍少將。（《中國近現代人物名號大辭典》九五〇頁）

姚永芳生。

姚永芳（一九〇八～一九七七），大埔人。二十四歲時在汕頭任銀行代辦。赴新加坡，先學海外營銷業務，後轉居鑾市自營布匹。第二次世界大戰後創辦南源布莊有限公司，任主席，後爲馬來西亞南部經營布匹巨賈。二十世紀六十年代倡議創建居鑾市大埔同鄉會，被推爲主席，又任居鑾市客屬公會會長、新加坡南洋客總名譽董事、新加坡姚氏公會名譽會長、中華商會董事等職。今中山大學歷史系大樓由其子捐建，命名爲“永芳堂”，饒宗頤題匾。

馬國亮生。

馬國亮（一九〇八～二〇〇二），一作國良，字希白，筆名國亮等。順德人。民盟成員。歷任上海良友圖書公司編輯、《今代婦女》主編、香港《大地畫報》總編輯、《廣西日報》副刊編輯、新大地出版社總編輯、上海《前線日報》副刊、香港《新生晚報》編輯、香港長城電影公司編導室主任、總管理處秘書長、上海美術電影製片廠編劇。一九二九年開始發表作品。著有中篇小説《露露》，電影文學劇本《綺羅春夢》、《南來雁》、《神·鬼·人》，散文《昨夜之歌》、《給女人們》等，回憶録《良友憶舊》。（陳玉堂《中國近現代人物名號大辭典》二五頁）

唐雪卿生。

唐雪卿（一九〇八？～一九五五），祖籍珠海唐家村，生於上海。幼好粤曲，曾在廣東著名音樂家鄧叔宜指導下學唱粤曲與演奏揚琴，成績斐然。啟秀女中畢業後，與同鄉阮玲玉過從甚密，並結識電影界名人張文達，由其推薦入晨鐘影片公司，任《悔不當初》影片中女主角，顯示其演劇才華。粤劇著名小生薛覺先由穗至滬，與張文達合資組建非非電影公司，在文達敦促下，雪卿由晨鐘轉入非非，任女主角，與覺先合作拍制《狂蜂浪蝶》，並經常與之同台演出粵劇，感情增進，喜成良緣，建立覺先聲班，夫妻倆以演出《白金龍》一劇而名噪一時。雪卿復在《姑緣嫂劫》及《胡不歸》中飾女主角，後因病失音而退出舞臺生涯，主持覺先聲班劇務、財經。抗戰爆發後，覺先聲班曾赴澳門演出，復加入第四戰區戰地工作團，在粵桂等地宣傳抗戰、籌款賑濟難民，抗戰勝利後重返廣州。後在廣州病逝。（《廣東近現代人物詞典》四二一頁）

容啟東生。

容啟東（一九〇八～一九八七），香山南坪鄉（今屬珠海）人。一九二九年畢業於清華大學，留校任教。一九三五年留學美國芝加哥大學，研究植物形態學。一九三七年獲博士學位，回國歷任西北大學、嶺南大學教授、生物系主任、教務長、理學院代院長。一九四四年赴美講學。一九五一年任香港大學植物系高級講師、系主任。一九六〇年任香港崇基學院院長。一九六三年任香港中文大學第一副校長，次年任香港政府議員、太平紳士。一九六六年獲英女王頒授 O. B. E 勳銜。後在港逝世。（《廣東近現代人物詞典》四二六頁）

陳之邁生。

陳之邁（一九〇八～一九七八），番禺人。澧曾孫。一九二八年畢業於清華大學，旋留學美國俄亥俄州立大學，獲哥倫比亞大學哲學博士，回國先後任教於清華大學、北京大學、南開大學、西南聯大及中央政治大學。一九三八年任行政院參事。一九四四年任駐美大使館參事。解放前夕赴台，歷任駐美、菲律賓、澳大利亞兼新西蘭、日本、羅馬教廷、馬耳他“大使”。一九七八年退職，受聘“外交部”，同年病逝。著有《中國繪畫》、《天主教流傳中國史》等。（《中國近現代人物名號大辭典》六七〇頁）

陳克文生。

陳克文（一九〇八～一九七三），文昌（今屬海南）人。一九二七年加入中國共産主義青年團。一九二九年轉爲中國共産黨黨員。一九三五年任中共瓊定縣委委員，翌年春任中共瓊文縣委書記。一九三八年任中共儋縣縣委書記，次年任中共瓊崖西南臨委書記。一九四〇年五月任中共昌感縣委書記。一九四三年十月任中共昌感崖縣縣委書記，同年冬兼任瓊崖西南區軍政委員會委員。一九四七年六月任中共瓊崖南區地委副書記。一九四九年三月任中共瓊崖少數民族自治區工委書記兼自治區行政委員會主任。一九五一年二月後歷任海南行政公署橡膠墾殖處處長、華南墾殖局海南分局副局長、海南黎族苗族自治區地委第一副書記、自治區政府副主席、海南區黨委委員、統戰部長、海南行政公署副主任、海南老區辦副主任、海南民族事務委員會副主任、主任等職。（《廣東近現代人物詞典》二八一頁）

陳卓瑩生。

陳卓瑩（一九〇八～一九八〇），南海人。早年赴香港謀生。一九二五年入周康年粵劇班爲徒，後曾赴滬，在儉德儲蓄會粵樂團任教。一九三二年回台山縣立師范學校任音樂教員。抗日戰爭開始一直在港、澳從事粵劇音樂伴奏，抗戰勝利後，至穗任廣州音樂工會主席。中華人民共和國成立後歷任華南文藝學院講師、廣東民間音樂團副團長等職。主創粵劇《九件衣》、《血淚仇》等，粵曲《羅崗香雪》、《瀟湘聽雨》等，著有《粵曲寫唱常識》等。（《中國近現代人物名號大辭典》六九二頁）

陳逸雲生。

陳逸雲（一九〇八～一九六九），字山椒。東莞茶山陳屋村人。自幼喜男裝。初中畢業後，僅讀一年師范，即越級考上廣東大學。一九二六年畢業於中山大學法科系，任國民黨廣州黨部幹事兼《國民日報》記者，曾參與組織女權運動大同盟，隨北伐軍抵武漢，任國民革命軍前敵總指揮部政治部黨務科長。一九二八年辭軍職，任上海市婦運會主席、國民黨南京市黨部執行委員會委員兼婦女部長，次年任國民政府司法院秘書。一九三二年留學美國密西根大學，一九三六年取得市政管理碩士學位，歸國任鐵道部專員，主編《鐵道月刊》，同年日軍犯綏遠，傅作義率部抗擊，被推爲婦女代表，隨慰問團至塞外勞軍。一九四〇年連任第二、三、四屆國民參政會參政員。一九四四年秋報名參加女青年軍，次年受命爲女青年軍總隊長，領少將銜。一九四六年任中央文化運動委員會委員兼廣州市文化特派委員。一九四八年被選爲立法院立法委員。去臺灣後任“聯合中國同志會婦女委員會”主任委員。一九五七年後移居美國西雅圖，經營飲食業。一九六九年被暴徒劫財害命。能詩詞繪畫，其夫李欽若將其遺作整理成《逸雲詩詞遺稿》。（《東莞市志》一四八二頁）

陳夢渭生。

陳夢渭（一九〇八～？），字公望。澄海人。早年畢業於上海持志大學。一九二四年在廣州加入中國國民黨。一九四九年去香港，一九七八年遞補爲“國民大會代表”。

陳慕貞生。

陳慕貞（一九〇八～一九七七），號國軍。順德人。先後入廣州女校、廣州職業學校學習。一九二四年加入中國國民黨，尋任廣州市黨部婦女運動委員會委員。一九二七年廣州清黨，指揮員警、憲兵，逮捕共産黨、革命群衆數十人。一九三六年畢業於國立中山大學，任廣州軍人家屬學校校長，參與廣東省黨部改組工作。抗戰爆發後組織婦女服務團，開展戰地服務。抗戰勝利後當選廣州臨時參議會參議員，兼駐會委員。一九四八年始五次出席國民大會，兩次出席臨時大會。去臺灣後，先後被聘爲“光復大陸設計研究委員會”、“憲政研討委員會”委員。（《廣東近現代人物詞典》三〇八頁）

陳鐵兒生。

陳鐵兒（一九〇八～一九三二），原名燮元。原籍新寧（今台山），生於南海佛山。鐵軍妹。一九二五年考入廣東大學預科，積極參加學生運動，次年加入中國共産黨。廣州起義時任交通員，失敗後撤至香港。一九三二年在香港被捕，次年在廣州紅花崗被殺害。（陳玉堂《中國近現代人物名號大辭典》七〇七頁）

梅林生。

梅林（一九〇八～一九八六），原名張芝田，筆名微靈、穆林、文林等。大埔人。抗日戰争時參加發起中華全國文藝界抗敵協會，任秘書及會刊《抗戰文藝》、《中國作家》編委。著有小説《嬰》、《青島童話》等。（《中國近現代人物名號大辭典》六〇二頁）

區乾生。

區乾（一九〇八～一九五八），新會古井鄉人。十四歲隨父至石灣陶瓷鋪做小工，抽空隨父學陶塑。父大曾隨名陶塑藝人黄炳之徒廖榮學陶塑，乾承家傳，並吸收其他藝人優良技藝，經幾十年不懈努力，創作了不少優秀作品，如《畫眉》、《雙喜雀》、《子母雞》等，在一九五五年陶瓷藝術展覽上獲好評，被選爲甲級作品。其陶塑藝術品在國外也享有盛譽。（《廣東近現代人物詞典》二四頁）

黄桀生。

黄桀（一九〇八—一九七六），原名耀桀，字廣廈，號少癡。三水人。少從三水縣立中學轉廣州南海中學讀書，二十五歲畢業於廣東國民大學中文系，與父祝蕖開辦祝蕖補習學校，任校長。廣州淪陷，回鄉繼續辦學。蘆苞失守後，遷入曾洲茶園村，被推爲三水中學校長。抗戰勝利後先後任廣州知用、培英、興化等中學教師及中華高級會計學校教員。幼承家學，得父所引，結交文人學者、畫家，潛心刻苦自學。青少年時專志山水，並工花鳥蟲魚，常臨摹明清名家佳作。青年時常參加廣州清遊會等社團雅集，深得詩文精粹，擅寫詩填詞，時與趙少昂、張韶石、張作齋、劉無逸等交往。一九四八年與方人定、趙崇正、黄獨峰、謝熙等組丹荔書畫社。一九五六年在廣州文化公園舉辦個人畫展，麥華三爲題詞。一九八五年被收入《廣東畫人録》。得意門生爲陳懿泉。著有《詩鏡》、《詞犀》、《詩詞鴻爪》、《少癡詞稿》等。（《廣州西關風華》三）

黄甦生。

黄甦（一九〇八—一九三五），南海佛山人。一九二五年參加省港大罷工，加入中國共産黨。一九三〇年十二月奉命到閩西蘇區，歷任中國工農紅軍閩西新十二軍、第三十四師、第一軍團一師政治委員，參加了中央蘇區反“圍剿”。一九三五年一月復任第一軍團一師政委，與師長李聚奎率部參加强渡烏江、攻佔遵義、四渡赤水、强渡大渡河和策應第二師四團奪占瀘定橋等戰役、戰鬥，同年十一月直羅鎮戰役前夕，中央軍委決定其至陝南紅七十三師任政委，接到調令後主動要求打完仗再赴任。戰鬥中親率一個團任主攻，二十一日發起總攻時英勇犧牲。（《廣東近現代人物詞典》四三六頁）

黄天鵬生。

黄天鵬（一九〇八～一九八二），名鵬，别署天廬，又號逍遥居士。普甯人。早年畢業於普甯三都書院，參加東征、北伐，後參與創辦北京新聞學會。一九二七年司《申報》筆政，繼爲《時事新報》主編，次年入日本早稻田大學學習新聞。一九三〇年回國，任復旦大學新聞系教授。一九三九年負責出版《中央日報》、《時事新報》、《掃蕩報》、《新蜀報》、《商務日報》、《大公報》、《新華日報》、《國民公報》、《新民報》、《西南日報》等十大報聯合版。一九四一年籌辦中央出版事業管理處。抗戰勝利後任中央印務局總管理處處長。一九四七年當選國民大會代表。一九四九年去臺灣，繼續從事新聞學教學、研究與出版工作。著有《新聞學概要》、《中國政治制度史》等。（《廣東近現代人物詞典》四四一頁）

黄文袞生。

黄文衮（一九〇八～?），開平人。一九二八年入美國積彩（底特律）科技大學，一九三三年獲科學管理碩士學位，旋返國任教於廣州大學，兼任會計學系主任。一九三七年廣州淪陷，遷香港，繼續執教，兼任會計長，同年創辦平正高級會計專科職業學校，聘爲校長。一九四一年升教授。香港淪陷，遷曲江、梧州。一九四三年被美國積彩（底特律）科技大學聘爲客座教授。一九四六年返國。一九五四年任平正高級會計專科學校校長。一九六二年任香港聯合書院夜校監督兼校長。著有《記賬方法》、《會計學》等。（《民國人物大辭典》一一〇四頁）

黄谷柳生。

黄谷柳（一九〇八～一九七七），原名顯襄、襄，筆名冬青。原籍防城（今屬廣西），生於越南海防。早年入讀雲南省立第一師范。一九二七年加入中國共産主義青年團。一九三一年在陳濟棠部任職。一九四一年結識夏衍。抗日戰争時參加淞滬會戰及南京戰役，後在重慶參加文協，從事小説、戲劇創作，任《南方日報》記者。一九四九年加入中國共産黨，返粤任解放軍粤桂邊縱隊司令部秘書。中華人民共和國成立後歷任廣東省文藝創作室專業作家、《南路人民報》編輯、《南方日報》記者、中國作協第二届理事、作協廣東分會常務理事、廣東省政協委員。著有長篇小説《蝦球傳》、中篇小説《楊梅山下》、《和平哨兵》、《漁港新事》、話劇劇本《牆》，散文集《戰友的愛》，童話《大象的經歷》等。（《中國近現代人物名號大辭典》一一〇三頁）

黄佩蘭生。

黄佩蘭（一九〇八～一九六二），番禺人。畢業於北平中國大學。歷任廣東省參議員。一九四三年、一九四六年選爲三民主義青年團首届、第二届中央監察會候補監察。一九四七年聘爲憲政實施促進委員會常務委員等。（《民國人物大辭典》一一一四頁）

黄春英生。

黃春英（一九〇八～一九五二），又名履巽。梅縣人。上世紀三十年代初畢業於上海暨南大學。抗戰期間曾利用《民國日報》副刊出版《梅縣婦女》週刊。

馮伊湄生。

馮伊湄（一九〇八～一九七六），筆名伊湄。惠州人。青年時在南京美術專科學校習國畫，擅長花鳥。後畢業於上海大學文學系，赴法國留學。一九三〇年回國，在中山大學任教。抗戰期間，在仰光、檳榔嶼、新加坡等地任華僑中學校長等職。太平洋戰爭爆發後回國在重慶任教。一九四五年與司徒喬赴粵、桂、湘、鄂、豫作畫，並從事寫作。一九四六年隨司徒喬赴美國。一九五〇年回國，任人民出版社編輯，後在中央美術研究所編寫《中國美術史》。國畫作品有《眉蘭姑娘》、《未完成的畫》、《盧山消夏記》等。(《民國人物大辭典》一一七六頁)

馮漢樹生。

馮漢樹（一九〇八～?），番禺人。畢業於中山大學，曾任澳門越海文商學院、香港德明書院教授，精書畫，受教於徐悲鴻、黃君璧，以山水畫見長。著有《漢樹書畫輯》等。

馮憲章生。

馮憲章（一九〇八、一九一〇～一九三一），別名斌、張蔓蔓。興甯人。一九二六年主編共青團梅縣委員會出版的《少年旗幟》半月刊，次年加入共產黨，参加廣州起義。一九二八年秋曾東渡日本留學。一九三〇年参加左聯。後被捕，病歿獄中。(《中國近現代人物名號大辭典》一八七頁)

梁方仲生。

梁方仲（一九〇八～一九七〇），原名嘉官，筆名方翁、方仲、畏人。番禺人。一九二六年考入清華大學農學系。一九三〇年入清華大學研究院深造，一九三三年獲經濟學碩士學位，任職中央研究院社會科學研究所經濟史組，研究明代田賦史，次年與吴晗等成立史學研究會。一九三七年赴日本考察。一九三九年赴川、陝、甘調查。一九四二年晋升研究員。一九四四年赴美、英國考察，曾任哈佛大學研究員。一九四七年回國任中央研究院社會研究所研究員，次年任代理所長。一九四九年任嶺南大學經濟系教授兼系主任。一九五二年嶺南大學撤銷後，被聘爲中山大學歷史系二級教授（另一位爲陳寅恪）。著有《明代兩税税目》、《明代糧長制度》等。（《中國近現代人物名號大辭典》一一六四頁）

梁式文生。

梁式文（一九〇八～一九八五），台山人。曾任中山大學財政系主任、中南財經學院財政信貸系主任、中國科學院廣州分院哲學社會科學研究所教授。（《中國近現代人物名號大辭典》一一六四頁）

張中生。

張中（一九〇八～一九九〇），原名佛湘。興寧人。早年投身革命，民國十六年（一九二七）春在梅州嘉應大學時加入共産主義青年團，次年加入中國共産黨，任中共永和區委書記。大革命失敗後，取道香港去上海，後從事地下工作多年。抗日戰爭開始奔赴陝甘寧根據地，先後任中共陝西省委秘書長、中共西北局秘書處副處長、咸陽地委書記等職。共和國成立後，歷任國家檔案局局長、黨組書記，當選中共中央紀律檢查委員會委員、第四、五届全國政協委員。中共十一届三中全會後向五届人大提出制訂《中華人民共和國檔案法》提案，被採納後又積極組織檔案法起草工作。一九八〇年曾率中國檔案工作代表團赴倫敦出席第九届國際檔案大會。病逝於北京。（《廣東近現代人物詞典》二三三頁）

張琛生。

張琛（一九〇八～？），字翼銘。興寧人。一九二四年中學畢業後赴穗，考入陸軍測量學校，畢業後入第四軍軍官教導隊受訓。一九三一年春赴日本留學，“九一八”事變後回國。後考入陸軍大學受訓，一九三五年畢業，奉派入國民政府參謀本部等處實習，旋派第一軍第一師任上校參謀處處長。抗戰爆發，歷任師、軍參謀長等職。一九四八年任第六十五軍副軍長，翌年任代軍長。一九五〇年去臺灣，晚年習國畫。（《民國人物大辭典》八九〇頁）

張如心生。

張如心（一九〇八～一九七六），曾用名恕心、恕安。興甯人。早年於穗參加革命。一九二六年赴蘇聯莫斯科中山大學學習。一九二九年回滬，參與中國社會科學家聯盟籌備工作。一九三一年編著《哲學概論》，介紹馬列主義哲學基本原理，加入中共，參加紅軍，任中央革命軍事委員會總政治部《紅星》報主編、總政治部團政治委員訓練班主任、軍委後方政治部宣傳部部長。一九三四年參加長征，到陝北後歷任中國工農紅軍學校主任政治教員、軍委後方政治部宣傳部部長、紅軍大學主任政治教員、中國人民抗日軍事政治大學政治教育科科長、軍政學院教育長、中央研究院中國政治研究室主任、中共中央黨校三部副主任、延安大學副校長等職。解放戰爭期間任華北聯合大學教務長等。中華人民共和國成立後任東北大學黨委書記、副校長、校長兼黨組書記、東北師范大學校長、中共中央高級黨校黨委委員、中共黨史教研室主任等。（《中國近現代人物名號大辭典》六〇〇頁）

張振武生。

張振武（一九〇八～?），開平人。一九二七年留學日本東京騎兵軍官學校。一九三〇年歸國，歷任十九路軍補充旅少校參謀、第七十一軍騎兵團中校副團長、團長。一九四一年入中央軍校高等教育班受訓。一九四三年去雲南任卡瓦山邊區遊擊縱隊少將司令兼行政公署主任，抗戰勝利後任國民革命軍甘肅新編騎兵師少將師長等。後去臺灣，退役經商。（《廣東近現代人物詞典》二四九頁）

張義恭生。

張義恭（一九〇八～一九三七），又名敏，原名義恭，字章邑。澄海人。念完小學五年輟學回家務農。一九二三年彭湃領導的海豐農民運動席捲潮汕平原，積極投身農民運動。一九二六年春被推選爲下蓬區農會負責人，加入中國共産黨。汕頭市郊農會成立，任領導職務。一九二八年三月受命出任中共汕頭市委常委兼民運執委，翌年調中共東江特委工作。一九三四年任潮（州）澄（海）饒（平）縣委書記等。一九三六年初任中共閩粵邊區特委常委兼雲（霄）（平）和詔（安）縣委書記，翌年代理中共閩粵邊區特委書記，七月在月港事件中被捕，旋被殺害。（《廣東近現代人物詞典》二三六頁）

曾令楠生。

曾令楠（一九〇八～一九六七），瓊山人。黄埔軍校第四期畢業，參加北伐、抗日，立過戰功，授予少將軍銜。一九四九年後往臺灣。退役後病逝於香港。

曾祥俊生。

曾祥俊（一九〇八～一九二九），瓊山人。大革命時期參加中國共産黨，一九二九年被殺害。

曾昭貽生。

曾昭貽（一九〇八～一九八〇），字仲謀。連縣人。國立中山大學法律系畢業，歷任順德縣法庭承審、廣東省立連州中學校長、第十二集團軍政治部中校指導員、上校組長。一九四四年任第九十四軍上校軍法處長，次年任長江上游江防總司令部上校軍法處長。一九四六年任淞滬警備總司令部少將軍法處長。一九四九年一月任國防部軍法司少將專員、國防部軍法局第一處少將處長，同年秋到臺灣，任“國防部”少將部員。（《廣東近現代人物詞典》五一六頁）

楊蘭史生。

楊蘭史（一九〇八～一九三八），大埔人。一九二六年加入共青團，後轉爲中國共産黨黨員。一九二八年在上海復旦大學讀書，參加學生運動。一九三一年在江西蘇區中央局電臺工作，次年任紅軍通信學校校長。一九三五年長征到陝北，後參與籌辦抗日軍政大學，任教育科長。一九三八年病故後，中共中央爲追悼出版了《楊蘭史專刊》。（《廣東近現代人物詞典》一四四頁）

温健公生。

温健公（一九〇八～一九三八），原名文淦。梅縣人。一九二二年入廣州南武中學，後入中山大學讀書。一九二八年夏在滬加入中國共産主義青年團，後轉入中國共産黨。一九三〇年初赴日本留學。"九一八"事變後回國，在滬成立留日學生救亡會，同年被捕，一九三三年出獄，次年在山西講學時被閻錫山聘爲顧問。一九三五年夏任天津法商學院政治經濟學教授。"一二·九"運動爆發後，與楊秀峰等領導天津學生南下擴大宣傳，翌年任晋綏軍軍官教導團政治總教官。"七七"事變後，受中共派遣至冀做統戰工作，任河北民軍總部秘書長兼政治部主任。一九三八年再赴晋抗日前線，被敵機炸死。編著《現代哲學概論》、《現代哲學講話》等。（《廣東近現代人物詞典》五一一頁）

蔡亞萍生。

蔡亞萍（一九〇八～一九八九），梅縣人。一九三五年畢業於廣東法科學院。一九四三年創辦《嘉應日報》。

廖承志生。

廖承志（一九〇八～一九八三），曾用名何承志、何柳華，小名肥仔，化名何禮華、何魯華。原籍歸善（今惠州），生於日本東京。仲愷、何香凝子。一九二八年加入中國共産黨。曾多次被捕入獄，卻每次都奇跡般生還。曾因"海外關系"被批判，卻憑此關系在外交戰線上獨樹一幟。晚年被尊爲"廖公"，任至全國人大副委員長。病逝於北京。著有《收穫和教訓》。（《中國近現代人物名號大辭典》一二九四頁）

劉伯驥生。

劉伯驥（一九〇八～一九八三），字孔芹，號石濤。台山人。

一九三七年畢業於中山大學教育學系，曾任廣州市立第一中學教務主任、《廣州日報》主任。抗戰期間赴美國留學，一九四四年獲美國史丹福大學教育學碩士，在校專攻歷史五年，歷任美國三藩市《國民日報》總編輯、美國自由亞洲協會專家等。著有《廣東書院制度沿革》、《美國華僑史》、《六藝通論》等。（《民國人物大辭典》一四二二頁）

劉震球生。

劉震球（一九〇八～一九八三），又名智明。香山（今中山）人。一九二一年隨父到美國經商。一九三五年回國，在家鄉開辦合水口小學，自任校長。抗日戰爭爆發後，熱心抗日救亡工作，參加中共地下工作。一九四〇年底成立了劉震球民兵集結中隊，任中隊長。爲取得合法地位，領有"國民兵團特務大隊第三中隊"番號，實受中共地下組織領導，多次配合中山人民抗日遊擊隊、義勇大隊在南萠、崖口痛擊敵僞軍，取得了粉碎日僞十路圍攻五桂山戰鬥勝利。一九四四年在五桂山民主區政府代表大會上被選爲區長，九月廣東人民抗日遊擊隊珠江縱隊第一支隊成立被編入。日軍投降後，奉命撤到香港，開雅麗理髮店作爲聯絡站，並解決一部分撤港遊擊隊員生活。中華人民共和國成立後，任中山縣人民政府交通科、民政科副科長、中山縣副縣長、政協副主席等職。（《廣東近現代人物詞典》一一七頁）

鄭林莊生。

鄭林莊（一九〇八～一九八五），原名紹偉，後以字行。香山（今中山）人，出生於南朝鮮漢城。一九五三年至一九八五年曾先後在中國人民大學合作社系、貿易經濟系、農業經濟系、外國經濟管理研究所任教授，兼任中國社會科學院美國研究所研究員、中國農業經濟學會、外國農業經濟研究會理事、中華人民共和國農業百科全書顧問等職。著有《農村經濟合作》等。（《中國近現代人物名號大辭典》八三六頁）

鄧文釗生。

鄧文釗（一九〇八～一九七一），長樂（今五華）人。一九四一年在香港協助廖承志創辦《華商報》社，出任報社副總經理，太平洋戰爭爆發後《華商報》停刊。抗戰勝利後協助饒彰風進行復刊籌備工作，出任報社董事長兼督印人。中華人民共和國成立後歷任廣東省商業廳副廳長、副省長等。（《廣東近現代人物詞典》三五頁）

鄧金鎏生。

鄧金鎏（一九〇八～一九七三），開平人。一九三七年畢業於北京協和醫學院，獲美國紐約州立大學醫學博士學位。一九五二至一九五五年任北京第二兒童醫院副院長。一九六六年開始編纂中國首部有關兒科體液療法專著《體液平衡與輸液》，用時六年編成。（《廣東近現代人物詞典》三八頁）

鄧金鑫生。

鄧金鑫（一九〇八～一九七三），開平人。一九二八年畢業於燕京大學，歷任醫師、醫助、北京兒童醫院副院長、北京大學副教授、北京醫學院研究室主任、一級教授、中華醫學會兒科學會常委、《兒科》雜志副主編。著有《兒科學》、《新生兒破傷風》、《實用兒科學》等多部。

鄧鳳翱生。

鄧鳳翱（一九〇八～一九三一），原名黎芳，化名鳳文。大埔人。一九二五年先後就讀潮州金山、汕頭震東中學，加入共青團，次年參加中共，歷任汕頭市學生聯合會主席、共青團汕頭市委書記等。大革命後曾任汕頭市委書記等。後在香港被捕，犧牲於穗。（《廣東近現代人物詞典》三五頁）

蕭桂昌生。

蕭桂昌（一九〇八～一九七二），香山（今中山）人。一九二七年加入中國共産黨，曾任中共中央交通員、巡視員、中共江蘇省委組織部部長、遼吉省委秘書長、瀋陽市委秘書長兼組織部部長。中華人民共和國成立後歷任中共廣州市委副書記、輕工業

部煙酒局、橡膠局局長、化學工業部副部長。（《廣東近現代人物詞典》四三一頁）

盧幹東生。

盧幹東（一九〇八～一九九二），新會人。曾在國立中山大學法律系學習，後留學法國，於一九三四年獲法學博士學位後回國。一九三七年於中山大學晋升教授，後執教於湖北大學、武漢大學。著有《羅馬法綱要》、《勞工法論》等。

戴裔煊生。

戴裔煊（一九〇八～一九八八），陽江人。一九三四年畢業中山大學歷史系，在中學任教數年。一九三七年再度入中山大學深造。一九四二年在重慶北碚中山文化教育館研究部民族組任研究員。一九四九年後一直在中山大學任歷史系教授。翻譯了詹姆士《人類學導論》，專著已出版的有《西方民族學史》、《干蘭——西南中國原始住宅的研究》、《宋代鈔鹽制度研究》、《明代嘉隆間的倭寇海盗與中國資本主義的萌芽》等。（《廣東近現代人物詞典》五六三頁）

魏中天生。

魏中天（一九〇八～?），五華人。一九二六年畢業於中央軍校武漢分校第六期，後回鄉參加農民運動，任赤衛隊小隊長。後就讀上海藝術大學，參加"閩變"，曾赴日本留學，當過大學教授，去新疆從事新文學運動。抗戰期間曾任少將辦公廳主任，後於香港創辦中國文化館，任館長，主編《我的母親》叢刊。中華人民共和國成立後曾任廣東省文史研究館副館長、廣東黄埔同學會理事、省政協委員、中美文化協會顧問。（《中國近現代人物名號大辭典》一三四四頁）

鍾應梅生。

鍾應梅（一九〇八～一九八五），號蘂園。梅縣人。一九二三年畢業於梅縣東山中學，後居家讀書。一九三〇年畢業於廈門大學，次年應中山大學之聘，任預科國文教員，後歷任勷勤大學講師、中山大學副教授、教授。一九四九年移居香港。一九五三年應聘爲香港崇基學院教授，後兼系主任。一九八一年任香港能仁書院中國文字研究所所長，翌年兼任能仁書院院長。著有《文論》、《老子新銓》等。(《中國近現代人物名號大辭典》九一〇頁)

謝又生生。

謝又生（一九〇八～?），字實秋。乳源人。畢業於國民大學，任中學教員，後在“剿匪軍”第二路總指揮部任職。一九三七年入第四軍軍官隊第二期受訓。抗戰爆發任滇黔綏靖副主任公署及貴州省政府秘書。一九三九年調任第九戰區司令長官司令部秘書等。一九四二年任湖南地方行政幹部訓練團訓導處處長兼代教育長。一九四四年任第九戰區學生教導總隊副總隊長。一九四六年任第九戰區長官部參事等。一九四九年任廣東省政府參事等，旋去臺灣。一九五四年遞補國民大會代表等。(《民國人物大辭典》一五六四頁)

謝兆吉生。

謝兆吉（一九〇八～一九九九），東莞人。一九三一年畢業於廣東法官學校。一九三三、一九三四年法官初、再試及格，奉派茂名地方法院書記官兼候補推事。一九三五年調充廉江分院推事，次年至一九四六年派署廉江、三水、平遠、河源、興寧、汕頭、中山地方法院院長。一九四八年轉任最高法院推事，次年去臺灣。一九五四年聘爲高等考試襄試委員。著有《刑法總則》、《刑法分則》、《實用比較刑法》。(《民國人物大辭典》一五六八頁)

關澤恩生。

關澤恩（一九〇八～一九三九），字少權，號關鍵。廉江人。父維敬，郵政爲業。澤恩在廉江讀書期間，結識了曾參加東征的吴紹珍，開始閱讀馬列著作，一九二六年春加入中國共産黨，尋任廉江縣學生聯合會負責人。後考上執信中學，成爲學校地下黨小組主要成員，與廖承志結成莫逆，後來介紹承志加入中共。

四·一二政變後遭懸賞通緝，與承志到日本留學，參加中華留日青年會，翌年夏與廖承志回上海，旋被捕入獄，經何香凝等人多方營救，始獲釋放。一九二八年冬去蘇聯學習，初在國際共産主義大學與葉劍英學習。一九三一年轉到列寧學院與董必武、陳鬱同學，尋調莫斯科中文學院任教師，參加組建列寧學院中共支部工作，任支部主要負責人，次年承志到莫斯科與其相處數月。一九三三年其他人員回國，仍在蘇聯工作，後在蘇犧牲。（《廣東近現代人物詞典》一二二頁）

清溥儀宣統元年　己酉　一九〇九年

春朝，石德芬于役川邊，填《秋波媚》詞。（陳永正《嶺南歷代詞選》二九五頁）

秋，汪兆銘（精衛）等入北京，擬行刺清攝政王，朱執信手書《擬古決絶詞》及《代答》古詩於箋，以爲訣別者。（陳永正《嶺南歷代詩選》六五八、六六〇頁）

本年粤督張人駿臚陳陳樹鏞學行，奏請宣付史館立傳。

陳樹鏞，字慶笙。新會人。諸生，東塾弟子。性至孝。狂狷異材，爲粤士之冠。家貧，耿介有所不取。博學通經史百家，旁考歷代職官制度。年三十遽卒。宣統元年（一九〇九）粤督張人駿臚陳學行，奏請宣付史館立傳。著有《周易集注義疏》、《通鑑輯要》、《文獻通考正誤》、《漢官答問》、《陳茂才文集》四卷。

本年區克明隨出使美國、日本、秘魯大臣張蔭棠赴美國留學。

區克明，鶴山人。肄業廣州嶺南學校，宣統元年（一九〇九）隨出使美、日、秘魯大臣張蔭棠赴美國留學，一九一八年畢業，旋入陸軍大學，未及一年，因母病歸國，歷任廣州總商會會董等職。一九二一年後任商團副團長。（《民國人物大辭典》八二一頁）

本年康有爲往遊錫蘭（今斯里蘭卡），賦《那鳌利在錫蘭山巔六千尺開大原有湖多花不暑風景佳絶當爲南洋諸島最勝處》七絶。

本年蘇曼殊寓居日本東京，結識藝妓百助，感情甚深，曾作《本事詩》十首以贈。（陳永正《嶺南歷代詩選》五七九、六五四頁）

本年李中柱、彭瑞海、黄施初、趙仲棟在化州城高級小學堂就讀。

李中柱（？～一九一一），化州人。宣統元年（一九〇九）於化州城高級小學堂就讀，參加拜蘭團，又與徐昌等組織化州同盟會，參加廣東新軍，翌年二月參加廣州起義，攻打大東門，失敗後轉回化州，與彭瑞海等組織化州縣光復軍，任督隊長。三年十一月發動化州駐防巡防營起義，占縣城，成立臨時政府，十二月在圍剿清軍餘孽時中伏犧牲。（陳士富《化州人物志》）

彭瑞海（？～一九一二），化州人。宣統元年（一九〇九）於化州城高級小學堂就讀，參加拜蘭團，次年二月與李中柱等組織化州光復軍，任參謀。三年十一月發動化州駐防巡防營起義，光復縣城。一九一二年三月率隊北伐清軍，後被暗殺，葬黄花崗。（陳士富《化州人物志》）

黄施初（？～一九一三），號石峰。化州人。宣統元年（一九〇九）與李中柱等就讀化州高級小學堂，參加拜蘭團，後參加同盟會，翌年參加光復軍。民國二年乘船往汕頭，船沉殉難。爲化州五烈士之一。（《化州人物志》）

趙仲棟（？～一九一〇），化州人。宣統元年（一九〇九）就讀於化州城高級小學堂，參加由同盟會員、學堂教師黄伯群領導的革命組織拜蘭團，伯群被撤職後，又與從穗派來的徐昌等人秘密組織化州同盟會，在小學堂發展會員六十餘人，後參加廣東新軍，翌年二月參加廣州起義，在攻打廣州大東門時，不幸中彈殉難。一九一三年三月國民黨中央追認爲化州五烈士之一。一九三一年秋，州民募捐建亭於化州城中山公園，名曰“五烈士亭”。

（《陳士富《化州人物志》）

本年羅景泉加入同盟會。

羅景泉（？～一九三八），本名承恩，字心曜，簡稱景。順德人。年少時曾在繅絲廠做工，後在大良城内開設“綸經”綢緞布匹商號，往來港澳時結識孫眉，遂爲好友。宣統元年（一九〇九）參加同盟會，爲革命捐所有家財。三年（一九一一）十一月十日率義軍從羅氏大宗祠出發，高舉“景”字旗，經拱北門直驅縣衙，收繳清軍軍械，接管縣府及協臺、守備、都司各衙門，次日被推舉爲大良民軍總部長，成立“景”字營，以羅氏八世宗祠爲營部。一九一三年參加二次革命，失敗後被扣押年餘獲釋，從此不問政事，在羅氏大宗祠開辦私塾。（《廣東辛亥革命史料》）

江起鵬於本年獎給工科舉人。

江起鵬（一八六四～一九五三），字傑臣。花縣人。美國鉢崙電學學校畢業，曾在廣州將弁學堂、黄埔陸軍小學堂任教。民國後任教粤軍第一軍第一師軍官教育班、黄埔軍校。一九四六年任花縣臨時參議會參議長，曾參與建辦廣雅中學、廣州發電廠、廣花公路。譯著有《電學磁學全書》。（民國《重修花縣志》卷八）

陳景鋆於本年成貢生。

陳景鋆，字品生。海康人。宣統元年（一九〇九）拔貢，曾入廣雅書院攻讀。民國二年（一九一三）任海康縣自治會副議長。九年縣設修志局，任分纂。著有《選舉志》、《藝文志》等，均收入《海康縣續志》。（宋鋭《舊人新志續》）

黄桂榮於本年成貢生。

黄桂榮（？～一九一六），字林一。和平人。與陳炯明同科友好。宣統元年（一九〇九）拔貢，本省候補府經歷。曾逐廖容，被公推爲和平臨時縣長，並任省議會議員。一九一六年反對袁世凱稱帝，隨護國軍討伐龍濟光。後被和平縣長陳贊夏殺害。（《和平縣志》）

顏壽澤於本年成貢生。

顏壽澤，字菊泉。連平人。宣統元年（一九〇九）拔貢，驗放江西，候選直隸州州判。民國時曾三次連任連平縣長。（《連平州歷科文武甲科》）

王威生。

王威（一九〇九～一九八六），花縣人。出生中醫世家。父照擅長中醫治瘰瘡瘍、外科雜症，號草果二。威自幼隨父上山採藥、學醫。一九三四年於穗開診所。撰有《掌心毒驗方》、《手足癬驗方》等論文。一九七九年被廣州市革命委員會授予“廣州市名老中醫”稱號。

王瑞獻生。

王瑞獻（一九〇九～?），平遠人。一九二六年畢業於廣東省立第五中學，同年考入中山大學工學院，次年又考入同濟大學醫學院，一九三五年畢業。一九三七年爲廣東陸軍軍醫學校助教、內科少校軍醫兼德國顧問翻譯。太平洋戰爭爆發後，任雲南省昆明軍醫學校分校藥理學上校主任（即教授），後任第六軍暫編第五十五師少將軍醫處處長兼野戰醫院院長。抗戰勝利，歷任國防醫學院藥理學教授兼代主任等。著有《藥理學讀本》、《處方學》等。（《民國人物大辭典》八九頁）

任鈞生。

任鈞（一九〇九～二〇〇三），原名盧嘉文，筆名有盧森堡、孫博等。梅縣人。九三學社成員。一九二六年開始詩歌創作。一九二八年後歷任太陽社、左翼作家聯盟、中國詩歌會、中華全國文藝界抗敵協會成員、大夏大學、四川省立戲劇學校、上海戲劇學院、上海師范大學、上海音樂學院教授。著有詩集《冷熱集》、《戰歌》、《任鈞詩選》、《爲勝利而歌》，詩論集《新詩話》，譯著長篇小說《鄉下姑娘》、《愛的奴隸》，專著《俄國文學思潮》、《藝術方法論》、《托爾斯泰最後日記》等。（《中國近現代人物名號大辭典》二三六頁）

任泊生生。

任泊生（一九〇九～一九〇〇），原名康林。東莞常平金美村人，出生於越南。後回國就讀廣州知用中學，省港大罷工時遠赴南洋進行反帝宣傳。一九二七年在武漢加入葉劍英之軍事教導團，翌年加入中國共産主義青年團，後參加左翼文化團體。一九三七年赴延安，加入中國共産黨。先後在中共中央宣傳部、西安八路軍辦事處、漢口十八集團軍辦事處、武漢國民黨軍委政治部第三廳、新四軍等處工作。一九四五年任中共華中分局聯絡部副部長兼華中軍區政治部聯絡部部長，次年後在上海、昆明從事地下工作。一九四八年於昆明被捕，經營救出獄。解放初曾任廣州民航分局局長兼黨委書記、民航總局飛行處正師級處長。一九七九年任廣東省科委副主任，廣東省政協第三、四、五届常委。（《東莞市志》一五一五頁）

李漢冲生。

李漢冲（一九〇九～一九七二），嘉應（今梅縣）人。一九二七年八月入南京中央軍校第七期，後任國民政府福建省第七區行政督察專員兼少將保安司令。（《廣東近現代人物詞典》一六五頁）

杜超生。

杜超（一九〇九～?），筆名貝達、貝達棣。揭陽人。一九三〇年中山大學畢業留校任地理系助教。一九三四年留學英國，入利物浦大學地理學系，一九三八年獲博士學位後回國，歷任中山大學地理系教授、系主任、理學院代院長、西南聯大地理系教授等。一九五〇年任清華大學地理系教授。一九五二年調北京大學地理系教授，任中國地理學會理事等。著有《秦嶺與大巴山對於四川與西北交通上之影響》、《中國的高原》等。（《中國近現代人物名號大辭典》三五三頁）

吴其敏生。

吴其敏（一九〇九～—九九九），筆名眉庵、向宸、望翠、梁柏青等。澄海人。一九三七年遷居香港，曾任《星報》編輯。一九五五年創辦香港新地、嚶鳴出版社，嗣任《鄉土》、《新語》、《海洋文藝》主編。（《中國近現代人物名號大辭典》四八三頁）

吴輝生生。

吴輝生（一九〇九～一九八五），惠來人。一九二六年考入黄埔軍校第六期。一九三二年起被培養爲憲兵骨幹。一九三九年十一月所部參加桂南會戰。一九四四年晋升少將。一九四八年再度出任憲兵十五團團長，駐防江西、浙江，第二年兼任贛州警備司令，旋至臺灣，歷任憲兵司令部副參謀長、參謀長、中將副司令、司令等。（《廣東近現代人物詞典》二〇一頁）

何如生。

何如（一九〇九～?），别名亮，號亮亭。梅縣人。一九二七年留學法國巴黎大學文學院。一九三六年回國，曾任陸軍大學教官，政治學校、政治大學、東方語言專科學校、中央大學教授。中華人民共和國成立後歷任南京大學教授、國務院學位委員會首届學科評議組成員、中國法語教學研究會首届會長、中國民主同盟盟員。擅長文學翻譯，尤長於舊詩法譯。譯有《屈原賦選》、《杜甫詩選》、郭沫若《女神》、《先澤江詩詞》。（《中國近現代人物名號大辭典》五一一頁）

何多源生。

何多源（一九〇九～一九六九），又名觀澤。番禺人。一九二六年畢業於廣州宏英英文專門學校，曾任嶺南大學圖書館中文部主任、代理館長，廣州大學副教授、圖書館主任。中華人民共和國成立後歷任華南聯合大學副教授、圖書館主任，中山大學副教授、圖書館副館長，廣東省中心圖書館委員會副主任，廣東省圖書館學會第一届副會長，中國民主同盟盟員。擅於圖書採編和書目參考諮詢工作。一九三八年與嚴文鬱建議教育部將《目録學》及《參考書使用法》等科目列爲大學一年級必修課程。有感於洪有豐《清代藏書家考》收録廣東藏書家甚少，乃仿其體例，以傳略、藏書、著書和刻書四類編著《廣東藏書家考》，發表於《廣州大學圖書館季刊》上，收録廣東明代藏書家一人、清代二八人、近代十一人。著有《中文參考書指南》、《工具書雜談》、《圖書編目法》等。（《廣東近現代人物詞典》二一三頁）

何鐵華生。

何鐵華（一九〇九～一九八三），字樹柏。番禺人。幼喜攝影、繪畫。畢業於上海中華藝術大學，留學日本帝國大學，曾任穗嶺南、興華等校教員。早期居住於穗十八甫黄吉祥金鋪附近，上世紀三十年代後期移居香港。在港開設照相館，舉辦個人影展、義賣籌款勞軍，出入戰區攝影，編輯出版了《淪陷區名勝攝影集》、《鐵華抗戰彩色影集》。著有《鐵華遊日攝影集》、《鐵華北遊攝影集》、《藝術鑒賞論》、《新興藝術論》、《美術攝影學》等。（《中國近現代人物名號大辭典》五一八頁）

林美南生。

林美南（一九〇九～一九五五），又名子明、吴瑞麟，筆名繆南。揭陽東園鎮東橋園村（今屬揭西）人。一九三四年四月參加中共。一九三八年起任中共揭陽縣一區區委書記、縣委書記、潮普惠揭、潮揭豐中心縣委書記、潮梅特派員等職。一九四四至一九四六年任中共潮梅組織負責人、潮汕特派員、潮汕特委書記、廣東人民抗日遊擊隊韓江縱隊司令員兼政委。一九四六年調香港。一九四八年八月任中共閩粵贛邊區黨委副書記，次年任中國人民解放軍閩粵贛邊縱隊政治部主任，十二月首任中共汕頭市委書記、汕頭市軍事管制委員會主任。一九五〇年十二月以後任潮汕地委書記、潮汕軍分區政委，次年六月後任粵東區黨委常委兼秘書長、粵東辦事處副主任、主任、粵東區黨委副書記、第二書記兼粵東行政公署主任等職。一九五三年六月調任廣東省農林廳副廳長兼珠江水利總局局長，次年十月調任廣東省計劃委員會第二副主任。後在廣州病逝。（《廣東近現代人物詞典》三二六頁）

林桂圃生。

林桂圃（一九〇九～一九八四），字馥芳。揭陽人。一九二九年《中央日報》連載所著兩萬餘字的《孫中山先生的利他倫理觀》長篇論文。一九三九年畢業於南京國立中央大學，在南京專門研究孫中山遺著《三民主義》，宣傳孫中山政治學説。抗日戰爭初期在南京創辦"現實評論社"並任社長。國民政府遷往重慶時，在國民黨三青團主辦的中國青年月刊社任總編輯。先後著有《孫中山的國家本體論》、《孫中山的人生哲學》、《三民主義的理論體系》、《論馬克思主義及其他》等。

林紹文生。

林紹文（一九〇九～?），别名杜又開、杜都、杜超（紹）彬。澄海人。一九三一年畢業於復旦大學，赴鎮江任《蘇報》記者，並主編副刊《甘露》。一九三三年任杭州《民國日報》國際新聞版編輯、資料室主任。一九三六年任《東南日報》主筆。一九四一年歷任《湖南國民日報》總編輯、社長。一九四六年任上海《前線日報》主筆等，後任復旦大學新聞系教授至一九五一年。又任《文彙報》記者、編委辦公室主任等職，一九八〇年退休。著有《新聞政策》、《中國報人之路》等。（《中國近現代人物名號大辭典》七五五頁）

周春雷生。

周春雷（一九〇九～一九四三），瓊山（今屬海南）人。一九二七年參加革命並加入中國共産黨。一九三六年被捕，押入瓊山縣府城監獄，任監獄秘密黨支部書記。後經黨組織多方營救於次年獲釋出獄，任海口市工委委員。一九三八年任瓊山縣委委員、縣委書記，次年任定安縣委書記。一九四二年初任東定縣委委員兼組織部長，同年秋在梅種村指導工作時，因内奸向日軍告密，不及突圍而中彈犧牲。（《廣東近現代人物詞典》三五二頁）

周萬邦生。

周萬邦（一九〇九～一九八七），電白人。一九二七年八月南京中央軍校第七期步科畢業。一九三〇年起任南京國民政府警衛軍排、連長，第二軍第九師二十五團二營中校營長。抗日戰爭爆發後，任第二集團軍三十七軍輜重營中校營長，第八師十七旅教導團上校團長、少將旅長。一九四六年任新編第十師副師長兼政治部主任，次年十一月授陸軍少將。一九四八年任廣東第七"清剿"區副司令兼兩陽守備區指揮官。一九四九年六月任徐聞縣長，次年春到臺灣。後病逝於臺北。（《廣東近現代人物詞典》三四九頁）

胡木蘭生。

胡木蘭（一九〇九～?），番禺人。漢民女。幼年隨父母遊學粵港，曾赴蘇聯莫斯科中山大學。一九二八年隨父赴歐亞諸國。一九三五年復侍父赴歐洲，次年歸國。抗戰爆發於香港組織香港婦女慰勞會等組織，港陷赴重慶，參加戰時慰勞救濟工作。一九四三年當選第三屆國民參政會參政員。一九四七年被推爲國民黨中央執行委員，次年當選行憲國民大會代表。新中國成立前夕去臺灣。（《民國人物大辭典》五六五頁）

胡展光生。

胡展光（一九〇九～一九四〇），歸善（今惠州）人。早年赴香港謀生。一九二九年回穗考入黄埔軍校燕塘分校第七期，後任第四戰區黄田牌遊擊幹部訓練班副大隊長。一九三八年率部駐防海陸豐，旋投身惠（陽）寶（安）人民抗日遊擊隊組建，同年冬任博羅縣政府軍事科長。後在惠州被捕犧牲。（《廣東近現代人物詞典》三七五頁）

侯桐生。

侯桐（一九〇九～一九八三），原名雨民，曾用名栽萄，幼名宏昌。梅縣人。一九三二年到英國倫敦留學，翌年春參加中文宣傳刊物《解放》的寫印編輯工作。一九三七年在鄭州開始籌辦《大剛報》，任主筆，宣傳抗戰主張。中華人民共和國成立後先後任華東軍管會聯絡局專員、倫敦中國銀行副經理、中國人民對外友好協

會副會長等。在京病逝。（《廣東近現代人物詞典》三八六頁）

桂名揚生。

桂名揚（一九〇九～一九五九），原名銘揚。祖籍浙江寧波，番禺人，生於南海，遷居廣州已五代。早年就讀於廣州鐵路專門學校，先學音樂，後學表演，喜愛粵劇，曾從“優天影志士班”的男花旦學藝，後又加入“大羅天”、國風劇團，與馬師曾同台演出。在大羅天班，虛心接受名演員指導幫助，奠定了其後來在小武行中獨樹一幟的基礎。對馬師曾、薛覺先的表演藝術均有所借鑒並融會貫通，自成一家，人稱馬形薛腔，曾參加藝術演出比賽，獲得金牌獎，時有“金牌小武”之名。代表作有《火燒阿房宮》、《冰山火線》、《皇姑嫁何人》等。（《廣東近現代人物詞典》三九九頁）

徐傍興生。

徐傍興（一九〇九～一九八四），祖籍蕉嶺，生於臺灣屏東。知名醫師、教育家、臺灣學生棒球推行者。其影響力橫跨醫界、體壇，所創立的徐外科與美和棒球隊，至今仍爲臺灣知名私立醫院與棒球明星學校。

陳祖榮生。

陳祖榮（一九〇九～一九九〇），又名燕茂。信宜人。一九三一年五月南京中央軍校第九期畢業，後任國民革命軍第七兵團第六十三軍少將參謀長。中華人民共和國成立後任廣東省政協委員、政協文史資料研究委員會委員、廣州黄埔同學會會員等。病逝於穗。（《廣東近現代人物詞典》二九六頁）

陳慧清生。

陳慧清（一九〇九～一九八三），番禺人。鄧發妻。一九二五年參加省港大罷工，曾任省港織造工會常委，翌年加入中國共産黨，後任中共廣東省委交通員，與鄧發結婚，參加廣州起義。一九三〇年後任中共閩粵贛省委婦委書記，參加長征。到陝北後，任陝甘寧邊區政府糧食部倉庫主任、糧食調劑局主任。一九四八年出席第六次全國勞動大會。中華人民共和國成立後任廣東省民政廳副廳長、省總工會副主席、廣東省婦聯、廣東省政協、廣東省人大常委。（《廣東近現代人物詞典》三〇八頁）

黄康生。

黄康（一九〇九～一九九五），萬甯（今屬海南）人。一九二三年至馬來西亞謀生。一九二七年加入中國共産主義青年團。一九二九年在新加坡轉爲共産黨黨員。一九三二年回滬，被派到蘇聯莫斯科國際列甯學院學習。一九三五年回國，先後在上海、閩西南遊擊區、閩粤贛邊省委、閩粤邊特委工作。一九四六年奉命回瓊工作，任中共瓊崖特委常委、區委副書記兼宣傳部部長、解放軍瓊崖縱隊副政治委員兼政治部主任、黨委副書記。一九五〇年參與指揮解放海南島，後任中共海南區委副書記兼宣傳部部長、海南軍區副政治委員、黨委副書記、海南軍政委員會委員，次年調離海南，歷任華南軍區政治部秘書長、中共粤西委書記兼行署主任、中共廣東省委組織部副部長兼黨校校長等職。一九五七年調回海南任中共海南行政區委書記兼行署主任。一九六二年任廣東省農墾廳副廳長。一九七九年任中共廣東省委統戰部副部長兼省民委主任、省政協副主席。

黄會聰生。

黄會聰（一九〇九～一九三九），萬州（今海南萬寧）人。閩粤邊三年遊擊戰争主要組織者和領導者。一九二五年加入馬來西亞共産黨。一九三〇年回國在中共廈門中心市委工作，一九三三年七月以巡視員身份到漳州中心縣委指導工作，次年奉命組建中共閩粤邊特委，帶領特委獨立領導艱苦卓絶的遊擊戰争，後因病逝世。（《廣東近現代人物詞典》四四七頁）

淩霞生。

淩霞（一九〇九～一九四六），揭陽人。一九二七年至南澳創辦隆江女子小學，次年赴滬入新華藝術大學音樂系。一九三〇年考入廣州音樂學校，兼在廣州女子體育專科學校、女子職業學校任教。一九三四年底被追捕，赴滬參加抗日救亡。一九三八年至延安，入陝北公學、抗大學習，翌年夏加入中共。一九四〇年任教華北聯大戲劇系兼舞蹈研究室主任。創作《兒童放哨歌》，獲魯迅文學創作獎。一九四六年初赴東北，創作《進步讚》、《從黑暗到光明》等歌曲，三月因車禍殉難。（《廣東近現代人物詞典》四二二頁）

淩開先生。

淩開先（一九〇九～?），號梅春。和平人。宣統元年（一九〇九）拔貢，湖南試用府經歷。民國元年（一九一二）任縣督學局長，一九一九年任縣立師范講習所長，是年奉命續修縣志章則。著有《鶴守樓集》。（《和平縣志》）

梁廣生。

梁廣（一九〇九～一九九〇），新興人。一九二五年參加省港大罷工。一九二七年加入中國共産黨，曾任香港工人代表會主席、全國總工會蘇區執行局主任、全國總工會組織部部長。中華人民共和國成立後，歷任中共廣州市委副書記、副市長、廣東省第二、四届政協副主席、廣東省總工會主席、廣東省第五、六届人大常委會副主任、全國總工會第九届執委、常委、第二、三、五、六届全國人大代表、第五届全國政協委員。（《廣東近現代人物詞典》四七五頁）

張慧生。

張慧（一九〇九～一九九〇），字小青。興甯人。一九三〇年考入上海藝術大學，畢業後返鄉，於興甯縣立中學、梅縣松口中學等校任校。一九三二年起從事木刻創作，一九四〇年與羅清楨編輯《木刻陣地》進行抗日宣傳。後轉經濟工作。出版有《張慧木刻畫》三集。（《中國近現代人物名號大辭典》六四五頁）

張世聰生。

張世聰（一九〇九～一九四五），乳名雲生，字學明，排行第二。合浦（今屬廣西）人。父早死，由母撫養成人。一九二八年秋考入廣東省立第十一中學。一九三五年考入中山大學，次年爲“荔灣慘案”參加者，十一月，參加中國共産主義青年同盟。一九三八年加入中國共産黨，回合浦，參與建立黨支部，次年爲統戰委員，被選爲白石水鄉鄉長。一九四一年調到老馬小學當教員，次年日寇在雷州半島登陸，領導農民組織鋤奸小組、聯防隊，與敵僞軍、漢奸開展鬥争。一九四三年日寇占領海康縣，組織抗日遊擊隊消滅漢奸周之犀部。一九四五年春合浦各地發動武裝起義，南路特委任命世聰爲南路人民抗日遊擊縱隊第三支隊長兼政委，隨同第二支隊回到白石水地區，未及整編，即與保安團開戰，率少數部隊轉戰合、靈邊界，在掩護撤退時中彈犧牲。

張次溪生。

張次溪（一九〇九～一九六八），名涵鋭、仲鋭，字次溪，號江裁，别署肇演、燕歸來主人、張大都、張四都。東莞篁村水圍坊人。伯楨子。幼隨父母在北京生活。一九二三年考入世界語專門學校，旋入孔教大學，獲文學士學位，先後應聘爲《丙寅雜志》編輯、北京《民國日報》副刊編輯。一九二八年冬赴天津，任職河北高等法院兼《民報》編輯，次年章太炎等組織國學會，被舉爲理事。一九三〇年應國立北平研究院歷史學會聘任，調查北平風土，專事纂修《北平志》。著有《北平志》稿、《北平歲時志》、《北平天橋志》、《北平廟宇碑刻目録》、《陶然亭小記》、《燕都梨園史料》等三十八種。抗日戰争爆發後，先後任職天津、南京、張家口等地，編纂《京津風土叢書》、《江蘇通志》、《清代學人年鑒》等書刊。解放初入華北革命大學短期學習後任輔仁大學歷史系資料員。一九五二年將其父修建之北京龍潭湖袁督師廟捐贈國家。全國大專院校調整後，在北京師范大學歷史系分擔《辛亥革命》歷史資料叢刊收集、整理、編輯工作。一九五七年因腦溢血致半身不遂，養屙在家，翌年將其父在京所建私宅“張園”十三間半房屋（今北京龍潭植物園内）捐獻國家。卧病時，撰寫了《齊白石自述》、《莞鄉煙水録》。一九六八年九月病逝於

北京東莞會館。畢生著述二四〇種。（《東莞市志》一四八一頁）

張祥凝生。

張祥凝（一九〇九～一九六〇），號作齋居士。曾藏漢永建三年（一二八）之“項伯庶鐘”，此爲南海金石重器，因顔所居曰項鐘廬。番禺人。其家本小康，爲側室所出，七歲喪父，遂中落，其母節衣縮食供其就學，作齋亦曲順母意，人稱孝子。少嗜藝術，曾入廣州市立美術學校習國畫，未卒業，轉廣州大學中文系攻讀。時劉體智、吕化松、童鼎等，以攝影雄霸羊城，作齋見獵心喜，用國畫手法處理風景構圖，别出途轍，衆皆稱善，與劉、吕、童等諸氏，同譽爲影壇高手。其於畫專事山水，喜黄公望、董香光、王石谷諸家法，尤醉心王孟端，心迫手摹，筆蒼意淡。曾入廣州國畫研究會，時得盧子樞濡染啟迪，畫益空靈超脱，即書法亦同師董氏也。嘗與李研山、鄧芬合組天池畫社，吾粤以山水名家者，作齋蓋其佼佼者之一。其治印蓋出偶然。與趙少昂友善，少昂以革新國畫爲務，作齋則一意尊古，三十年代廣東畫壇正開展新舊畫派理論之争，然兩人互相尊重，交情至篤。作齋爲趙府常客，見譜具皆備，遂率爾試爲奏刀，竟得彷佛。旋獲劉留庵從侄玉林之介晋謁鄧爾雅，往請益，遍搜黄牧甫印蜕以供取法，習之逾年，盡得牧甫印作鈷鋭挺勁、光潔妍美之趣，即邊款亦迫肖之。又於少昂處得見高劍父、奇峰畫作用印悉出徐星州手，愛其古茂渾樸，試師其法，亦神采奕然。（《廣東近現代人物詞典》二五一頁）

曾李氏生。

曾李氏（一九〇九～一九二八），瓊山人。大革命時期參加中國共産黨，一九二八年被鄉團捕殺。

曾獻倫生。

曾獻倫（一九〇九～一九四三），瓊山人。少年時赴馬來西亞謀生，參加中國共産黨。一九三八年返瓊參加瓊崖工農紅軍遊擊隊，後爲獨立總隊第一支隊戰士。一九四三年犧牲。

雷礪瓊生。

雷礪瓊（一九〇九～?），字麗瓊。台山人。一九三二年畢業於嶺南大學教育系，任廣東女界聯合會理事兼秘書長。一九三七年參加廬山婦女國事會議，受命回粵組織中國婦女自衛抗戰慰勞將士會及兒童保育會。廣州淪陷後去貴陽，從事難童救濟工作。抗戰勝利，分區舉辦托兒所。一九四八年當選廣州市參議員。共和國成立前去香港從事教育工作。(《民國人物大辭典》一二八四頁）

趙如琳生。

趙如琳（一九〇九～一九八三），字榕。番禺人。畢業於中山大學，初任廣東民教館秘書，復創辦廣東省立戰時藝術館，後改廣東藝術專科學校，任校長，兼廣東文化會委員。一九四一年赴美國考察藝術教育，次年任廣東戲劇協會常務理事。抗戰勝利後往港，轉赴新加坡，後遷居法國。病逝於巴黎。譯著有《蘇俄新劇場》、《當代獨幕劇》等。(《廣東近現代人物詞典》三七七頁）

廖子東生。

廖子東（一九〇九～?），興甯人。中共黨員、民盟成員。畢業於梅縣師范。曾任小學教員、《梅縣民報》編輯。一九三五年赴日本東京大學學習，回國後在穗、港、湘等地從事編輯、文學創作。一九五二年後任華南師范學院副教授、教授、中文系主任。一九二八年開始發表作品。著有長篇小説《流霞盞》，中篇小説《戀的峰》、《天際的雲》，散文《八千里路》等。(《中國近現代人物名號大辭典》一二九一頁）

廖兆瓊生。

廖兆瓊（一九〇九～一九三七），台山人。世居廣州。早年就讀培正中學，高中畢業自費赴日本明治大學，旋轉入東京飛行學校，學成歸國，任國民黨空軍某部中尉分隊長。一九三七年抗日戰爭爆發後多次參加空戰，兩次立功，同年十月二十一日與日軍飛機激戰於太原上空，受重傷陣亡。

鄭豊生。

鄭豊（一九〇九、一九〇一～一九八九），字瑞夫。茂名人。畢業於中山大學法律系。一九三七年任廣東省省營物産經理處總經理。一九三九年任廣東省參議會秘書長，次年任廣東省政府委員。一九四一年任廣東省政府委員兼建設廳廳長。一九四七年任國民政府經濟部廣州市商品檢驗局局長。一九四九年任財政部兩廣鹽務管理局局長。共和國成立前去臺灣。一九七三年任臺灣機械公司董事長。在臺北病故。著有《憲法草案評議》等。（《廣東近現代人物詞典》三五六頁）

鄭坤廉生。

鄭坤廉（一九〇九～一九五一），香山（今中山）人。一九三二年畢業於中山大學法院經濟系。抗日戰争時期開辦廣東第四、第五保育院，任院長。曾在廣東南路組織婦女服務隊，任總隊長。一九四五年加入中國民主同盟，任南方總支部常委，爲港九婦女聯合會負責人之一。一九四八年加入中國國民黨革命委員會，任中央執行委員，翌年出席全國政協首届全體會議，歷任政務院參事、民革第二届、民盟第一届中央委員。（《廣東近現代人物詞典》三六二頁）

劉平生。

劉平（一九〇九～?），字公量。陽山人。畢業於中央大學法律系，經司法官考試及格，任廣東興寧地方法院檢察官。一九三五年隨胡漢民赴歐洲考察，任隨行秘書，次年回國任新會、廣州地方法院推事。一九三九年改任廣東省臨時參議會參議員。一九四四年創辦《北江日報》。抗戰勝利，被選爲廣東省參議會參議員。一九四七年當選立法院立法委員。共和國成立前去臺灣，繼任立法委員。一九七七年被選爲廣東同鄉會理事長。（《民國人物大辭典》一三九四頁）

劉賢年生。

劉賢年（一九〇九～?），廣州人。畢業於廣東公立法官學校、國民政府司法行政部法官訓練所第一屆，分發廣東地方法院，任候補推事，旋調行政院辦事。一九三一年返粤，歷任廣州地方法院、廣東高等法院推事。一九三八年受命赴恩平縣成立臨時法庭，旋升庭長。抗戰勝利，以廣東高等法院庭長兼國民政府主席廣州行轅審判戰犯軍事法庭庭長身份，審判華南戰區兼辦越南、泰國日本戰犯。審判結束，回任廣東高等法院庭長。共和國成立前去臺灣，任臺灣高等法院庭長，旋調最高法院推事。一九六三年臺灣高等法院台中分院成立，調任首任院長。一九七八年調最高法院檢察署檢察官，在法務部辦事。曾兼任勷勤大學、東吴大學等校教授。又成立中華聖道會，研習孔子天人合一思想。（《民國人物大辭典》一四五三頁）

潘子復生。

潘子復（一九〇九～一九七九），又名子康，原名幹庭，曾用名比德、乃常、皮凡等。合浦（今屬廣西）人。早年參加左聯。曾爲上海政協副主席。（《中國近現代人物名號大辭典》一三二〇頁）

錢興生。

錢興（一九〇九～一九四八），懷集（原屬廣西）人。一九三三年入讀中山大學法學院，加入中國青年抗日同盟（簡稱“中青”）。一九三五年參與組織廣州地區一二九運動。一九四八年在中共粤桂湘邊區工委副書記兼邊區部隊副政委任上犧牲。（《中國近現代人物名號大辭典》一〇〇六頁）

謝其彦生。

謝其彦（一九〇九～一九七八），東莞東坑人。幼時隨父景丸學醫，一九三六年正式行醫。一九五五年入東莞人民醫院任中醫師，次年當選爲東莞縣第二屆人民代表，後任東莞縣政協第一、二屆委員、第三屆常務委員。一九六二年晋升爲中醫主治醫師，一九六五年調東莞縣中醫院。（《東莞市志》一四九三頁）

譚愷予生。

譚愷予（一九〇九～一九八二），號光華。台山人。廣東省名中醫。精研醫學及書法。新中國成立後在台山行醫，並與名醫李枝任等開辦台山中醫學校。一九六〇年後任職於台山中醫研究會、台山人民醫院，創製蕩石湯治療尿石癥有良效。（《中國近現代人物名號大辭典》一三〇一頁）

譚蘭卿生。

譚蘭卿（一九〇九 ～一九八一），原名瑞芬。順德（一作新會）人。一九二一年加入粵劇界，行當爲花旦及女醜生，戲行中人尊稱“六姑”。幼年隨姊姊仙花旺、桂花棠學戲，並以桂花鹹爲藝名四出登臺演出。十六歲時便升任梨園影全女班正印花旦，後與任劍輝等組織梅花影劇團。一九二七年十二月爲美國詠霓裳男女班在美國三藩市永同福戲院演出粵劇《盲妹雪恨》。一九三三年在香港與上海妹同時加入馬師曾太平劇團，成爲男女同台後第一批女花旦，上海妹離開太平劇團後，繼續擔任正印花旦，主演名劇有《刁蠻公主戇駙馬》、《鍾無豔》、《鬥氣姑爺》等。擅唱小曲，有“小曲花旦王”之稱。一九四一年香港淪陷，轉至澳門與任劍輝、梁醒波合作。抗戰勝利後長住香港，後因身體發胖，改演女醜，曾參演多部電影，擅演潑辣家姑。一九七五年退出藝壇，後因高血壓昏倒去世。（《廣東近現代人物詞典》五四七頁）

羅永年生。

羅永年（一九〇九～一九四八），南海人。黄埔軍校第六期炮科畢業。一九四〇年任第五軍二〇〇師政治部副主任。一九四三年任新編第一軍新編二十二師政治部主任，次年任軍政部第二十九補訓處上校督導員。一九四五年任軍政部第二十九補訓處政治部主任。一九四七年任第五十二軍二師少將副師長兼政治部主任，同年底任撫順市市長，後任鞍山市市長，翌年在鞍山戰役中被擊斃。

潘兆俊卒。

潘兆俊（？～一九〇九），字灼文，號荆樵。番禺人。行伍出身，薦升新會右營守備，升補廣州協右營都司，官至總兵。（《番禺河南小志》卷八）

清溥儀宣統二年　庚戌　一九一〇年

本年底梁壁聯已發展同盟會員近三千。

梁壁聯，字曜屏。順德人。生於商人世家。稍長，隨父赴港謀生，結識同盟會員潘國權，加入同盟會。後奉命回鄉開設雨記茶樓作據點，又與族弟考肅等建立振興中社，至宣統二年（一九一〇）底，發展了會員近三千名，次年四月爲支持廣州起義而進攻佛山鎮。武昌起義爆發，奉命串連本縣各路潛伏民軍舉義，在東烏寧、桂洲江面、高贊、馬寧、麥村激戰，清軍損失慘重。廣州光復後往穗謁見都督胡漢民，被委任爲順德民團總長。一九一二年一月奉調往新會沙涌鄉調停族姓械鬥，繼而轉西江押運軍糧，二月赴東莞縣萬頃沙調停地主民軍武裝衝突，六月與全省大多數民軍奉命遣散回鄉，返港經商終老。（《辛亥革命資料類編》）

本年李綺青在寧安知府任上填《憶舊遊》詞。（陳永正《嶺南歷代詞選》二八七頁）

伍毓華於本年成貢生。

伍毓華，字肖坡。清遠人。宣統二年（一九一〇）貢生。精天文算學，熱心教育，與邑人創立明新高小學堂，充監學，後任清遠勸學所長等。民國元年（一九一二）任縣臨時議會議長。著有《算學淺釋》等。（《清遠縣志》卷六）

石辟瀾生。

石辟瀾（一九一〇～一九四七），乳名海清，又名鳴球、爾平，筆名石不爛，化名余清。潮州人。一九三三年在穗加入左翼文化總同盟廣州分會。一九三五年底參加並領導香港抗日救國會，次年任全國抗日救國會總幹事。一九三七年返粵任“文抗會”理事。一九三九年創辦《新華南》。一九四三年至延安中共中央黨校學習。一九四六年到冀魯豫解放區任南樂縣縣委書記，次年犧牲。（《中國近現代人物名號大辭典》一三八頁）

丘及生。

丘及（一九一〇～一九八四），原名英傑，字仲推，號南離子。揭陽人。一九二六年加入中國共産黨。一九三〇年先後在上海昌明藝專、上海美專就讀。一九三二年畢業，次年回揭陽在中學任教，同年加入左聯。一九三六年赴暹羅，曾任暹羅孔敬府華僑學校校長、曼谷中華中學教員、真話報社社長、泰國華僑各界抗日救國聯合會常委兼宣傳部部長。一九四九年回國，歷任中共中央統戰部、中共中央聯絡部華僑組組長、國家僑委司長、全國僑聯第一、二屆常委、中華全國世界語協會首届常務理事、北京語言學院副院長、顧問。著有《紅塵集》。（《中國近現代人物名號大辭典》一七二頁）

丘東平生。

丘東平（一九一〇～一九四一），又名山子，譜名譚月，號席珍，筆名東平。海豐人。早年就讀於海豐中學，加入中國共産主義青年團，曾主辦《海豐青年》。一九二七年參加海豐三次武裝起義，加入中國共産黨，任彭湃秘書，大革命失敗後流亡香港。一九三四年在日本東京“左聯”從事組織、出版工作。一九三六年返港，協助創辦半島書店、《民族戰線》。抗日戰爭時期著有《通訊員》、《給予者》、《沈鬱的梅冷城》、《一個連長的戰鬥遭遇》、《茅山下》等。遺作由後人編集成《東平小説集》、《東平選集》等。（《中國近現代人物名號大辭典》一七二頁）

丘國富生。

丘國富（一九一〇～?），蕉嶺人，生於印尼。一九一七年回原籍就學。一九二六年回印尼經商，先後任《誠報》社社長、坤甸中華商會及中華公會理事、中國國民黨駐坤甸直屬支部執行委員、常務委員。第二次世界大戰後移居雅加達經營貿易公司。一九五三年任中國國民黨駐雅加達直屬支部執行委員兼常務委員。一九七六年當選華僑救國聯合總會理事兼印尼地區常務理事、中印尼文化經濟協會顧問、中國國民黨第十一次代表大會代表。

司徒慧敏生。

司徒慧敏（一九一〇～一九八七），開平人。一九二七年轉爲中共黨員，參加廣州起義，次年赴日本，入東京上野美術學校學習，同時從事電影、無線電研究。一九三〇年回國参加上海藝術劇社。一九三二年起從事電影工作，拍攝了《桃李劫》、《自由神》、《都市風光》和《風雲兒女》等影片。抗日戰争爆發至香港開展抗戰電影工作，組織並親自拍攝了《孤島天堂》、《白雲故鄉》、《遊擊進行曲》和《血濺寶山城》等影片。一九四一年参加組織旅港劇人協會。一九四三年在重慶任中國藝術劇社領導工作。一九四六年到美國學習電影技術、電影管理，同時從事華僑工作，導演和攝制的紀録片《中國民族舞蹈》，曾獲英國愛丁堡紀録影片電影節優秀獎。一九五二年回國。（《中國近現代人物名號大辭典》一九二頁）

伍佩榮生。

伍佩榮（一九一〇～一九七九），番禺人。世居廣州河南溪峽。居古泉弟子，高劍父師父、師兄伍懿莊從孫女。父希吕曾遊學美洲，藏書甚豐。佩榮天資穎慧，潛心藝術。畢業於女子師范院校及希理達英文學校，後入春睡畫院，師從高劍父。注重寫生，用筆賦色，以天然爲尚，其花卉、山水畫自然氣息甚濃，有專於時。其山水、花鳥、人物俱有造詣，而山水畫功力甚深，尤其是描繪漁村風貌的雨後溪聲、漁村夕照、遠浦斜暉、豐林遠岫、秋山野寺、青洲晚泊、海鏡帆影，都富有詩意。精英文，譯有《近代西洋畫家立體主義領袖畢加索自傳》等。（《廣東近現代人物詞典》九八頁）

李棪生。

李棪（一九一〇～？），字幼庵、勁葊，號棪齋。順德人。文田孫。輔仁大學、北京大學研究院畢業，曾任香港中文大學校長。著有《東林黨籍考》等。（《中國近現代人物名號大辭典》四五二頁）

吴昌麟生。

吴昌麟（一九一〇～?），字國楨。豐順人。一九三一年畢業於廣州法政專門學校，入司法行政部法官訓練所受訓。一九三六年任曲江地方法院始興分院檢察長。一九四五年升廣東高等法院推事。一九四九年兼代廳長，同年去香港。一九五一年去臺灣。（《民國人物大辭典》三五三頁）

吴敏墀生。

吴敏墀（一九一〇～?），高要人。上海啟秀中西學校畢業，創辦梅芳中學，任監督兼校長六十餘年，又曾任香港南華體育會女子部正、副主任、女青年會少女團主席、港九私立中文學校聯合會理事、香港華僑教育會創辦人兼執行委員、香港女青年及鐘聲慈善社永遠名譽社長、東區婦女會副會長兼執行委員會顧問、港九中英文私立學校協進會會長、港九教師會中文部委員、香港至德總會創辦人之一兼首任委員會主席、永遠榮譽會長、世界至德總會委員顧問及香港國際婦女委員等。

吴新民生。

吴新民（一九一〇～一九七八），始興人。早年在韶關北江農軍學校學習，隨軍北伐。民國二十六年（一九三七）至風度學校任總務主任。二十九年參加中國共産黨。三十四年（一九四五）五月始興人民抗日風度大隊成立，選爲大隊長，在貞江、墨江兩岸開展抗日遊擊戰争。抗戰末期東縱一部北上始興，風度大隊納入編制，翌年東縱北撤山東，隨軍北撤在山東解放區任東縱幹部隊班長、華東軍政大學幹部隊區長、河北省滄縣人民政府副縣長、渤海軍區一分區部支前指揮部秘書、華東軍區兩廣縱隊政工隊長。新中國成立前夕，奉派化裝入粵，曾任中共南雄縣工委書記、縣長。新中國成立後曾任始興、乳源、連山、連縣等縣委書記、縣長。一九五三年起調穗先後任西區黨委書記、人民委員會副區長、荔灣區副書記、人委區長、廣州市園林局局長、黨委書記等職。

吴澤光生。

吴澤光（一九一〇～一九四六），有“書迷”之稱。潮陽人。青年時期到上海就讀，學習刻苦，廢寢忘食，具有不少特長。一九二七年春加入中國共産主義青年團。大革命失敗後，曾到藥店當店員，後到電信局當報務員，精通無線電技術。一九三五年參加紅軍，曾到紅軍大學短期學習，歷任報務員、無線電隊隊長、總臺報務主任。一九三六年加入中國共産黨，在延安創辦了無線電通訊學校，既當校長，又當教員，抗日戰争勝利時學校共培養了十六期學員。一九四五年秋調任晋冀魯豫軍區通訊分局局長，次年病卒。（《廣東近現代人物詞典》一九八頁）

何鳴生。

何鳴（一九一〇～一九三九），萬州（今海南萬寧）人。一九二七年參加海南島農民暴動，加入中共，次年出走南洋，在新加坡從事工人運動。一九三一年奉命赴閩南。一九三六年任中共閩粤邊特委代理書記、中國工農紅軍閩南獨立第三團團長兼政治委員，次年七月由於對國民黨借談判消滅閩粤邊區紅軍的陰謀毫無察覺，致使所率獨立第三團近千人被包圍繳械。後被新四軍軍法處槍决。（《廣東近現代人物詞典》二〇七頁）

何任清生。

何任清（一九一〇～?），字伯澄。興甯人。早年就讀上海復旦大學、東吴大學，後留學法國，入都魯士大學學習法學理論，獲博士學位。一九三九年起任重慶復旦大學教授，講授刑法、國際公法、法學通論等課程。一九四九年去臺灣，先後任臺灣嘉義地方法院推事、庭長、臺灣高等法院推事，兼任東吴大學、軍法學校、政治大學法律學系、輔仁大學、東吴大學羅馬法教授。著有《刑法概要》、《國際公法綱要》、《法學通論》等。

余伯泉生。

余伯泉（一九一〇～一九八二），台山人。一九三〇年考入南京中央軍校第八期，後獲英國劍橋大學法律系碩士，留英期間曾獲燕拿法院大律師資格，回國後投身軍界，歷任陸軍軍職，累升至軍長。一九四九年去臺灣，歷任“國防大學”教育長、“國防部”副參謀總長、“總統府”參軍長、“三軍聯合參謀大學校長”等職，上將軍銜。一九七五年退役轉入官辦外貿企業界，任港台貿易公司與台港貿易公司董事長。對軍事戰略素有研究，著有《美聯合參謀戰略計劃作爲之研究》等。（《廣東近現代人物詞典》二二一頁）

阮玲玉生。

阮玲玉（一九一〇～一九三五），原名鳳根，學名玉英。香山（今中山）人，生於上海。一九二六年考入上海明星影片公司，主演處女作《掛名夫妻》。一九二八年轉入大中華百合影片公司，主演《情欲寶鑒》等六部電影。一九三〇年轉入黎民偉、羅明佑創辦的聯華影業公司，主演《野草閑花》（飾演賣花女）一舉成名。一生共主演二十九部電影，塑造了社會各階層不同的女性形象。後自殺身亡。（《中國近現代人物名號大辭典》三二五頁）

林山生。

林山（一九一〇～一九八四），澄海人。一九三七年去延安，任陝甘甯邊區文協秘書長，與劉白羽等編輯《文藝突擊》。著有《新的土地》等。（《廣東近現代人物詞典》三一一頁）

林之原生。

林之原（一九一〇～一九六九），原名祖蔭，別名野寂、疏林。澄海下篷（今屬汕頭）人。“潮青抗”骨幹、密林文藝研究社的創辦者之一、中共廣州地下黨領導人。一九三二年在汕頭同濟中學教國文。一九三七年加入中國共産黨。一九四一參加東江縱隊，先後任指導員、《前進報》編輯。一九五八年任中聯部亞非拉美處處長。一九六〇年隨中國代表團出席在莫斯科召開的八十一國共產黨、工人党會議。一九六五年六月任中聯部六處處長兼拉美所第一副所長。一九六九年在“文化大革命”中被迫害致死。夫人陳曙光（一九一〇～?），曾任國家廣電部科影部政治部主任。（《廣東近現代人物詞典》三一五頁）

林妹殊生。

林妹殊（一九一〇～?），名冠明，字阿明，號清溪癡人。香山（今中山）人。一九三二年畢業於廣東省立女子師范藝術科，師從黄君璧習國畫，在女師畢業考試期間舉辦個人首次國畫作品展。一九三八年於香港創辦同德、華南書苑、林妹殊畫院，一九四三年在滬創辦上海女子藝術學院，均自任院長。一九五六年調入北京，參加中國畫院籌建，曾爲中國美術家協會、中國畫研究會會員。（《中國近現代人物名號大辭典》七五五頁）

金養浩生。

金養浩（一九一〇～?），原籍香山（今中山），後定居内蒙哲里木盟科爾沁。一九三二年加入國民黨。一九三五年畢業於北平大學法商學院，曾任蒙古地方自治政務委員會科長等職。一九四八年任立法院立法委員。新中國成立前夕去臺灣。（《民國人物大辭典》五〇一頁）

周行生。

周行（一九一〇～一九四六），又名吴玷、吴海甯，字子璠。東莞人。一九三〇年入厦門大學文學系。一九三二年與袁文殊等合辦《萬人週刊》，爲廣州文化大同盟（後亦名中國左翼文化總同盟廣州分盟）領導人之一。一九三四年被捕，一九三六年出獄，從事文學評論、研究和翻譯工作。一九四六年與何芝、鄭思等主編不定期文藝刊物《草莽》，六月病逝。譯作有《賄賂》、《來福槍》、《馬丁·伊登》、《耶莫羅夫上校的獨生子》等。（《東莞市志》一四四七頁）

馬特生。

馬特（一九一〇～一九六八），原名梁篤文，曾用名梁勁夫、梁嘉。梅縣人。一九二九至一九三五年先後在復旦大學、東亞同文書院、廣州學海書院學習。一九四三至一九四六年在廣西大學、大夏大學任副教授。一九四六至一九四九年在重慶鄉村建設學院、香港達德學院任教授。一九四九至一九六八年任北京師范大學教授，曾任政治教育系邏輯教研室主任。學術專長於形式邏輯和辯證邏輯。主要著作有《論邏輯思維的初步規律》、《形式邏輯中唯物主義的鬥争》、《馬克思主義和邏輯問題》、《形式邏輯問題論辯集》、《論邏輯規律》等。

袁文殊生。

袁文殊（一九一〇～一九九三），别名文樞，筆名舒非。興甯人。一九三二年組織成立廣州前衛戲劇作者同盟，被推選爲常務幹事，開始從事戲劇活動，創辦《詩與劇》刊物。一九三六年秋參加了上海業餘劇人協會、上海業餘實驗劇團，參與章泯、葛一虹主編的刊物《新話劇》創辦活動。(《中國近現代人物名號大辭典》九六六頁)

徐俊鳴生。

徐俊鳴（一九一〇～一九八九），嘉應（今梅縣）人。一九三五年中山大學地理系畢業，一直在中山大學地理系任教，歷任助教、講師、副教授、教授，兼任《歷史地理》雜志編委。爲我國當代著名歷史地理學家。著有《軍事地理學》（與孫宕越合作)、《國防地理導論》、《中國歷代統一之地理觀》、《兩廣地理》、《廣州史話》等。(《廣東近現代人物詞典》四〇八頁)

徐瘦秋生。

徐瘦秋（一九一〇～一九六八），字廉邨。潮陽（一説汕頭）人。歷任三青團首屆中央幹事會候補幹事、第二屆幹事會幹事、國民政府僑務委員會委員。赴臺灣後曾任國民黨中央委員會執委。(《民國廣東將領志》)

陳庶生。

陳庶（一九一〇～一九八五），曾用名庶發，筆名子恒。原籍順德，生於香港。一九三三年畢業於香港大學。抗日戰爭爆發後赴延安，曾任八路軍軍醫學校英文教員、八路軍總衛生部秘書。一九四一年調新華社工作，負責編發英文月刊《中國報道》。一九四四年參加創辦新華社英文廣播，曾與沈建圖合作翻譯《評蔣介石在雙十節的演説》、《論聯合政府》等大批重要文檔，爲新華社對外宣傳工作創始人之一。中華人民共和國成立後，長期任中國翻譯工作者協會副會長，當選第三屆全國人大代表。（《中國近現代人物名號大辭典》七一二頁）

陳亦毅生。

陳亦毅（一九一〇～一九七一），名尹燾。南海人。畢業於廣東中醫藥專門學校，曾任三水縣蘆苞博愛留醫院醫務主任。一九三二年任東埔寨金邊中華醫院院長兼醫師。一九三四年任廣東中醫院主任醫師。後執教於廣東中醫藥專門學校，亦私人開業行醫。中華人民共和國成立後任三水縣人民醫院中醫師及縣中醫班專職教師。擅治温病，尤精於温濕病治療，於婦科、兒科亦獨有研究。著有《温病學綱要》、《兒科證治集要》、《增補婦科驗方選輯》、《生草藥概要》等。（《廣東近現代人物詞典》二七九頁）

陳弼臣生。

陳弼臣（一九一〇～一九八八），泰文名乃臣·梭篷帕匿。原籍潮陽，生於泰國曼谷。曾回原籍讀中學，一九二七年返泰，靠打工糊口。三十年代中期在朋友幫助下開設五金木業行，後又創辦亞洲貿易公司等企業。一九四三年聯合中泰商賈，集資二十萬美元，在曼谷叻察旺路開設盤谷銀行，經營業務迅速發展，幾乎掌握全泰經濟。一九五〇年創辦英文《盤谷商報》。一九五七年任泰中友好協會顧問。美國《時代》週刊稱其爲泰國頭號大亨，國王和政府曾多次頒賜其各種勳章。曾任泰國社會福利基金會主席、泰國中華總商會永久名譽主席等職。（《廣東近現代人物詞典》三〇五頁）

陳逢亮生。

陳逢亮（一九一〇～一九八四），高要人。早年在肇慶培正中學、高要縣立第一中學讀書。民國十八年（一九二九）考進上海東南醫學院。畢業後，在西安市衛生署第一防疫醫院、陝西省立傳染病院、西安市立醫院任醫師、主治醫師、內科主任。三十八年（一九四九）返高要，任醫師、副主任醫師。專長傳染病科。

陳波兒生。

陳波兒（一九一〇～一九五一），原名舜華、佐芬。汕頭人。一九二九年在上海藝術大學讀書，參加了保障人權自由大同盟、上海藝術劇社，後被迫避居香港。一九三四年返滬，入上海明星、電通影片公司，主演了《青春線》、《桃李劫》等。一九三七年後積極投入抗日救亡活動，加入中國共産黨，參加過《保衛盧溝橋》的首演，曾組織上海婦女兒童慰問團赴綏遠前線進行抗日宣傳，演出街頭劇《放下你的鞭子》等。一九三八年到延安，從事戲劇、電影創作和組織工作。一九四六年受派前往參加東北電影製片廠創建工作，任“東影”中共總支書記兼藝術處處長。中華人民共和國成立後歷任中央電影局藝術委員會副主任委員兼藝術處處長、表演藝術研究所所長等職。拍成了《趙一曼》、《鋼鐵戰士》、《翠崗紅旗》等二十六部故事片與一批新聞紀録片。① 一九五〇年倡議建立電影藝術幹部學校。（《中國近現代人物名號大辭典》六九五頁）

陳景雲生。

陳景雲（一九一〇～一九七九），揭陽人。一九三二年畢業於東吴大學。一九三七年畢業於協和醫學院，獲博士學位，曾任北平協和醫院助教、副教授。一九四八年入英國皇家骨科醫學院

---

① 時有“朝鮮電影，哭哭笑笑；羅馬尼亞電影，摟摟抱抱；越南電影，飛機大炮；中國電影，新聞簡報”之説。

學習，一九五〇年回國，歷任北京醫學院教授、北京抗美援朝志願手術隊隊長、東北軍區衛生部外科總顧問、解放軍總醫院骨科主任、外科副主任與中華醫學會理事、第一至五屆全國政協委員。五十年代先後改進並成功地施行了半側骨盆切除術、髖關節叉成形術及跟腱固定術等。六十年代初創用關節成形術代替關節融合術治療關節結核。著有《創（戰）傷外科學》，編有《外科學》、《骨科手術學》。（《廣東近現代人物詞典》三〇三頁）

黃倫生。

黃倫（一九一〇～一九七四），字士華。南澳人。早年赴日本早稻田大學法律系留學，畢業回國任四川大學教授等。一九四二年派爲行政院國家總動員會議秘書。一九四八年當選行憲國民大會代表。（《民國人物大辭典》一〇九七頁）

黃友謀生。

黃友謀（一九一〇～一九八八），原籍嘉應（今梅縣），生於平遠。一九二七年到日本留學，一九三七年畢業於日本京都帝國大學物理系，後進研究院，回國後在廣州勷勤大學任教。一九三九年冬任廣東文理學院理化系教授兼系主任。一九四七年任臺灣氣象局局長，次年回廣東文理學院任教。共和國成立後，歷任廣東省立文理學院臨時院務委員會、院務委員會主任、華南師範學院籌委會副主任、華南師範學院副院長、教務長、代院長、中國科學院廣州分院副院長、廣東省第二屆政協副主席、暨南大學副校長。文化大革命中受迫害。一九七八年後任中山大學副校長、中國物理學會理事、廣東分會理事長、九三學社中央常委、廣東省委主任委員、省人大常委會副主任、第五、六屆全國人大代表、第四屆全國政協委員。後在廣州逝世。（《廣東近現代人物詞典》四四三頁）

黃文寬生。

黃文寬（一九一〇～一九八九），別名黃岩、黃玄、黃言，號隕石道人、隕道人、山石老人、乞巧生，書齋號萍盧、剛齋、瓦存室、書藏樓、反拙樓。新寧（今台山）人。出身貧寒。一九三二年畢業於廣州法學院，執律師業。抗戰初期投筆從戎，後脱離軍界轉任文職。抗戰勝利後返穗復執律師業，曾爲廣州律師公會三常務理事之一，歷任廣州法學院、華南聯合大學、中山大學等院校法律系副教授、教授、系主任。一九五三年起歷任廣東省文物保管委員會委員、廣東省文物管理委員會委員兼秘書主任。一九五八年蒙冤，至一九七九年平反。後歷任廣東省文史研究館館員副館長、廣東省政協委員、省政協常委、省政協法律小組成員、省人大法制委員會委員、省律師協會常務理事。長期從事法律工作，又涉獵考古碑版文史、詩詞、哲學、文字學、金石學、書法、篆刻，均有所成。編著有《鬼谷子本義》、《澳門史鈎沉》、《蘭亭斷訟》、《嶺南小雅集》、《廣州藩坊考》等多種著述。（《廣東近現代人物詞典》四四三頁）

黄桐華生。

黄桐華（一九一〇～一九八四），嘉應（今梅縣）人。民國十九年（一九三〇）在第一集團軍總司令部政訓處總務科任少尉科員。二十一年（一九三二）經李伯球介紹參加了第三黨。二十五年（一九三六）後在廣州燕塘軍校和廬山訓練團學習，其間積極參加一二九運動。二十七年（一九三八）廣州淪陷，任六十五軍前敵指揮部别動總隊副總隊長，次年初在第四戰區司令部任少校副官，同年冬，任第四戰區遊幹班第二中隊長。二十九年（一九四〇）調去北江挺進隊幹訓所任中校組員，支持革命活動，安排一些共産黨員和進步人士在該所任職，次年加入中國共産黨。三十二年（一九四三）任“挺二”政治部主任。三十四年任“挺二”副司令。三十六年（一九四七）調任粤贛先遣支隊支隊長，翌年任北江第一支隊副司令。中華人民共和國成立後歷任曲江縣長、中共曲江縣委書記兼縣長、廣東省工商聯、省政協副秘書長、省參事室副主任等。（《廣東近現代人物詞典》四五九頁）

馮光武生。

馮光武（一九一〇～?），開平人。一九二六年入廣州法學院，一九三五年畢業。一九三三年在中山大學學習，獲文學學士學位。一九三七年至一九四四年任廣東女子中學、香港香江中學等校教員，後任廣州大學、嶺南大學等校教授兼經濟系主任。一九四九年任中山大學經濟地理教授。一九五七年任湖南師范學院教授兼系主任等職。一九七八年調任廣州師范學院地理系教授。著有《國際經濟地理》等。（《民國人物大辭典》一一七五頁）

梁昌東生。

梁昌東（一九一〇～一九八七），茂名人。一九三四年考取廣州國立法科學院（後併入中山大學）。一九三八年返回茂名縣城創辦高文學校，尋加入中共，歷任廣東省十一區遊擊司令部干訓隊政治教員等。一九四四年下半年領導茂名部份地區抗日武裝起義。抗戰勝利後歷任中共南路黨組織香港特別支部書記、陽江獨立大隊副政委等。中華人民共和國成立後歷任中共茂名縣委副書記、縣長等。晚年在省文史館工作。病逝於穗。（《廣東近現代人物詞典》四八五頁）

梁嘉彬生。

梁嘉彬（一九一〇～一九九五），字文鍾。番禺人。廣東十三行天寶行第六代經國傳人，廣照第三子。自幼好學不倦，師從陳知儉、鄔慶時。一九二八年秋由南開中學考入清華大學史學系，專心從事十三行研究。一九三四年赴日留學，次年考入東京帝國大學（今東京大學）。一九三七年出版《廣東十三行考》。一九三一年撰寫《葡人在華最初殖民地 Lampaeaao 考》。去臺灣後任東海大學、政治大學、輔仁大學、文化大學教授。一九六五年出版《琉球及東南諸海島與中國》，又撰有《梁肇煌傳》。一九七一年東京大學補授文學博士學位。（《中國近現代人物名號大辭典》一一七一頁）

張大經生。

張大經（一九一〇～一九九〇），東莞人，世居廣州西關。

早年畢業於廣州長城中學，後隨畫家程竹筠學書畫，並鉆研金石篆刻，最欽佩黄牧甫、鄧石如。金石、書畫俱能，金石篆刻最爲時人稱頌，一時登門求印者甚衆。名家如謝稚柳、潘天壽、朱庸齋①、李曲齋等，均曾爲之治印。粤劇名演員羅家寶，曾請刻過多枚印章。收了不少篆刻弟子，入室者有梁曉莊、古樹安、方博仁、鍾志銘等。五十歲以後居家鉆研篆刻書畫。後由廣州市政協主席梅日新推薦，入廣州文史館爲館員，直至辭世。（《廣州西關風華》三）

張孤梅生。

張孤梅（一九一〇～一九六九），嘉應（今梅縣）人。一九三三年加入共青團。一九三八年參加新四軍，次年加入中國共産黨。畢業於北平中國大學經濟系，歷任新四軍教導總隊教員兼隊長、一支隊特務營教導員、新四軍聯合抗日義勇軍政治部主任、一師一旅三團、一旅教導隊政委、蘇中軍區泰興獨立團副政委兼政治處主任、政委、泰州縣委書記兼縣獨立團、縣警衛團、蘇浙軍區第四縱隊十一支隊、華東第一縱隊一旅二團政委、一旅政治部副主任、一師政治部主任、副政委、七兵團政治部宣傳部、杭州市軍管會文教部部長、解放軍二十三軍六十九師政委兼代師長、二十三軍政治部副主任、代主任。一九五二年參加志願軍入朝作戰，任二十三軍政治部代主任、主任，參加了朝鮮東海岸反登陸防禦及一九五三年夏季進攻戰役，榮獲朝鮮民主主義人民共和國二級自由獨立勳章。回國後任解放軍政治學院訓練部副部

---

① 朱庸齋（一九二〇～一九八三），原名奂，字涣之。新會人，世居西關。出身書香世家，晚清秀才恩溥子。幼時研讀古典文學，尤酷愛詞章，隨陳洵學詞，十三歲能吟詩，深得師喜愛。青年時以詞知名，長期系統研究詞學，提出填詞以“重、拙、大”作標準，後又加“深”字。除詞學外，偶作明人小品畫亦楚楚可人，書法習鍾繇，雍容雅秀，尤工於小劄與題跋。一九八三年腎病復發，病逝於廣州西關之分春館。著有《分春館詞》，先後印行三版（包括香港版），身後其門人輯録其遺著，編就《分春館詞話》，由廣東人民出版社出版，又有《朱庸齋書法集》。

長、福州大學黨委書記。一九五五年授銜大校。夫人楊立平。（《廣東近現代人物詞典》二四七頁）

曾生生。

曾生（一九一〇～一九九五），原名振聲。惠陽（今深圳坪山）人。出生華僑家庭。一九一六年至一九二三年在龍崗、香港、坪山讀小學，一九二八年畢業於澳大利亞悉尼商業學院。一九三三年畢業於中山大學附中，次年參加中國青年同盟。一九三六年加入中國共産黨，任香港海員工委組織部長，次年畢業於中山大學。一九三八年奉命從香港帶領百餘人回坪山組建抗日武裝，並組建中共惠寶工委，任書記，十二月組建惠寶人民抗日遊擊總隊，任總隊長。一九四二年至次年任廣東人民抗日遊擊總隊副總隊長、總隊長、東江軍政委員會委員。一九四三年至一九四六年任廣東人民抗日遊擊隊東江縱隊司令員、中共廣東區黨委委員。中華人民共和國成立後先後任廣東軍區副司令員、華南軍區第一副參謀長等職。一九五五年被授予少將軍銜。（《中國近現代人物名號大辭典》一二四一頁）

曾國華生。

曾國華（一九一〇～一九七八），長樂（今五華）人。一九二四年參加北伐戰争。一九三一年參加紅軍，次年加入中國共産黨，任紅一軍團五團排、連長，參加長征，升紅五團副團長，東征回師後升任紅五團團長。抗日戰争爆發後任八路軍一一五師三四三旅六八五團二營營長，參加平型關戰役。一九四六年一月東北民主聯軍第三縱隊成立，任旅長。一九四九年調任第四野戰軍第十三兵團參謀長。中華人民共和國成立後任第十五兵團參謀長、廣西軍區副司令員、四十九軍軍長、東北軍區空軍副司令、沈陽軍區空軍副司令員。一九五五年被授予空軍中將軍銜。一九六八年任空軍副司令員。在中共九大上被選爲中央委員。（《廣東近現代人物詞典》五一五頁）

楊輝圖生。

楊輝圖（一九一〇～一九八七），大埔人。一九三二年參加中國工農紅軍。一九三三年加入中國共産黨。土地革命戰争時期，任紅一軍團第十師政治部宣傳員、紅軍大學步兵學校第三連文書、慶陽教導師政治部組織幹事。參加長征。抗日戰争時期任八路軍總部直屬政治處總支書記兼組織股股長、太嶽軍區第三軍分區政治部組織科科長、太嶽軍區基幹第一團政治委員。解放戰争時期任晋冀魯豫野戰軍第四縱隊後勤部供給部政治委員、豫西軍區第一軍分區副政治委員兼政治部主任、軍分區副政治委員。共和國成立後，任華南軍區人民武裝部第一副部長、粵西軍區副政治委員、廣東軍區政治部副主任、廣東省軍區副政治委員。一九六一年晋升少將軍銜。（《廣東近現代人物詞典》一五〇頁）

趙崇正生。

趙崇正（一九一〇～一九六八），番禺人。擅長中國畫，自幼好習畫。一九三一年畢業於廣州春睡畫院，曾在廣州烈風美術學校學西畫，後於一九三七年在廣州春睡畫院拜高劍父爲師學習國畫。中華人民共和國成立後任教於廣州美術學院。作品有《雞群》、《水牛》等，在國内外展出得好評。又任美協廣東分會理事、全國美協會員。刊有《趙崇正畫存》。（《廣東近現代人物詞典》三七九頁）

蔡俊生。

蔡俊（一九一〇～一九三二），名朔，號毓源。海豐人。一九二三年參加海豐農運。一九二五年加入共青團，旋奉命在陸豐開展工作。一九二七年任團陸豐縣特支書記、縣委書記。一九三〇年冬任團東江特委書記，翌年初受派任團香港市委書記，後因叛徒告密於香港被捕，旋在穗就義。（《廣東近現代人物詞典》五三六頁）

蔡楚吟生。

蔡楚吟（一九一〇～一九六九），小名玩娟。澄海人。十四歲考入縣立第一女子學校附屬師範講習所。一九二五年在澄海中學讀書時加入共青團，翌年一月加入中共。東征軍克汕頭，鄧穎超從汕頭來澄海，在其家指導婦運工作，四月當選爲共青團汕頭地委候補委員，七月作爲嶺東代表，出席廣東省學生聯合會代表大會，九月與丈夫伍治之調往中共海陸豐地委工作，任共青團地委婦委書記。一九二七年楚吟夫婦被迫避難泰國。一九三一年五月回國後到上海，任中共中央軍委秘密交通員。盧溝橋事變後，參加上海婦女抗日運動，先後在重慶中共中央南方局華僑組香港中僑委工作。新中國成立後，歷任廣東省僑委副主任、中國駐越南大使館領事部副主任、中僑委國内司副司長、中國駐印尼大使館選籍辦公室主任、福建泉州華僑大學黨委副書記等職。（《廣東近現代人物詞典》五四〇頁）

鄭寶南生。

鄭寶南（一九一〇～?），號南生。番禺人。生於南京。一九二五年至一九三二年在英、美國留學，回國入國民政府外交部任職。一九三六年派代駐紐約總領事館副領事。一九四〇年回國曾任美國醫藥助華會駐重慶代表等。一九四五年派任駐聯合國救濟總署代表。共和國成立前去臺灣。一九六九年任出席聯合國大會代表等。一九七二年起任“行政院”新聞局駐英國倫敦辦事處主任。（《民國人物大辭典》一四九一頁）

黎雄才生。

黎雄才（一九一〇～二〇〇一），肇慶人。自幼酷愛繪畫。一九二六年拜高劍父爲師，翌年入劍父之春睡畫院學習，一度在廣州烈風美術學校兼習素描。一九三二年得劍父資助赴日本留學，入東京美術學校習日本畫。一九三五年畢業歸國，任教於廣州市立美術專科學校。一九四三年受聘於重慶國立藝術專科學校，任副教授。一九四八年任廣州市立藝術專科學校教授。共和國建立後先後任華南文藝學院、中南美術專科學校、廣州美術學院教授、副院長兼中國畫系主任、中國美術家協會廣東分會副主席。三十年代初作品《瀟湘夜雨》獲比利時國際博覽會金獎，《寒江夜泊》、《珠江帆影》入選芝加哥“當前進步博覽會”及德國柏林“中國美術展覽會”。

劉天一生。

劉天一（一九一〇～一九九〇），新寧（今台山）人。學生時代通曉二弦、提琴、月琴等。後轉學高胡，潛心鑽研，成爲轟動港、澳“玩家”，有“香港吕文成，廣東劉天一”之説。一九五四年從港回穗，任職廣東省戲改會之廣東音樂研究組。一九五六年調廣東民間樂團。一九五八年又任職廣東音樂曲藝團，至廣州市恢復民間樂團，負責籌備工作。曾任廣東省政協常委、中國文聯第四届委員、中國音樂家協會第三届理事、廣東省曲協副主席、廣東音樂曲藝團副團長、廣東民間音樂團團長、廣東省文聯第二届副主席、第三届名譽委員、中國音樂家協會廣東分會第二、三届副主席、第四届顧問、廣州市文聯副主席。擅長高胡、古箏，其主奏之高胡曲《飛鳥投林》、《春到田間》、《平湖秋月》及古箏曲《蕉窗夜雨》等均膾炙人口。（《廣東近現代人物詞典》一〇五頁）

劉均量生。

劉均量（一九一〇、一九一一～?），號虚白齋主人。潮安人。幼居海外，其父篤好文玩，遂繼承家學。早年求學於暨南大學時，課餘專志繪事，初從黄賓虹學山水，後從謝公展習花卉，又遊易大厂之門，凡遇古人名跡，潛心研習。幾十年悉心收藏，所藏甚豐。後於香港創虚白齋。《中國近現代人物名號大辭典》二六六頁）

劉希齡生。

劉希齡（一九一〇～一九七九），梅縣人。一九四一年加入中國共産黨。抗日戰争、解放戰争時期，曾任《太嶽日報》副編輯、《人民日報》編輯部大組組長、《北平解放報》編輯主任。中華人民共和國成立後歷任《雲南日報》副社長、總編輯、《雲南日報》黨委書記、革委會主任、雲南省科委主任、黨組書記等職。（《廣東近現代人物詞典》一一〇頁）

謝海燕生。

謝海燕（一九一〇～二〇〇一），原名益先，又名海硯。揭陽人。一九二九年在上海中華藝術大學西洋畫科畢業後，留學日本東京帝國美術學校。一九三一年回國，歷任上海漢文正楷印書局編輯部主任、《國畫月刊》主編、上海美專教授兼教務長、代校長及副校長。中華人民共和國成立後歷任華東藝術專科學校教授兼美術系主任、南京藝術學院教授、系主任、副院長、中國美術家協會理事、中國美術家協會江蘇分會副主席等。著有《西洋美術史》、《名畫家評傳》、《西洋古典名雕解說》等。擅長國畫，主要作品有《金魚睡蓮》、《夜鷹圖》、《蕉花群兔》等。（《中國近現代人物名號大辭典》一二五四頁）

盧惠卿生。

盧惠卿（一九一〇～一九八四），東莞虎門村頭人。禮屏孫女。小學及中學在廣州白鶴洞真光女子中學受教，爲體壇健將，球技精湛，曾獲省運會個人冠軍。一九二八年（雁社）高中畢業，留校任體育教師。一九三〇年北上入燕京大學，課餘仍活於體壇，在華北及遠東區各比賽中，屢建奇功。大學畢業後赴美深造，獲衛斯理大學碩士學位。一九三七年返國回真光母校服務兩年。一九三九年受燕大聘爲女生部主任兼體育主任。一九四二年在金陵女子大學兼體育講師。抗戰勝利後再度赴美進修，一九五〇年獲哥倫比亞大學體育博士，爲中國女子得此榮銜者第一人。回港後，在香港真光中學任中學部主任，旋適值大坑道護校運動，受校董會命前往美加聯絡校友籌款，負責組織美國真光基金會等工作，歷時幾載，收穫頗豐。一九五八年移民美國，從事地產及保險業務，又設立太極拳班，在西方人士中提倡中國國術，用英文著寫《太極拳手册》以供學員參考。一九六七年香港中文大學崇基學院聘任學生輔導主任，在任期間協助清貧學生赴美深造。一九七四年退休，定居美國三藩市。（《廣東近現代人物詞典》六三頁）

盧鴻基生。

盧鴻基（一九一〇～一九八五），又名盧隱、卜奄，字聖時。瓊海（今屬海南）人。早年入國立杭州藝術專科學校學習，參加“一八藝社”，後從劉開渠學雕塑。一九三八年入郭沫若主持的政治部第三廳，主編《戰鬥美術》，參與發起中國全國木刻界抗戰協會，任常務理事，從事木刻創作、文藝批評及詩文寫作。一九四九年後曾任浙江美術學院雕塑系主任、教授，翌年起任中央美術學院華東分院雕塑系教授、代系主任、院刊主編。兼工粉畫，一九七九年起爲藝術理論碩士研究生導師。曾主持大連蘇軍烈士紀念碑雕塑設計，所作主像蘇軍戰士銅像，造型謹嚴，氣度凝重。作品還有《瓊崖遊擊隊員》等。（《中國近現代人物名號大辭典》一四五頁）

蕭光生生。

蕭光生（一九一〇～一九四四），原名良應，又名光星。大埔人。早年到馬來亞謀生。“九一八”事變後積極支援國人抗日救亡活動。一九三三年加入馬來亞共產黨，從事工會活動。抗日戰爭爆發後任馬來亞黄梨業總會委員及柔佛區分會副主席。一九三九年因抗日被逐回國，同年加入中共。歷任抗日遊擊隊副中隊長、增城獨立第二大隊大隊長、東江縱隊第四支隊參謀。後犧牲。（《廣東近現代人物詞典》四三〇頁）

蕭向榮生。

蕭向榮（一九一〇～一九七六），原名木元。嘉應（今梅縣）人。早年入東山中學就讀。一九二五年春加入中國國民黨，次年加入中國共産主義青年團，明年轉爲中國共産黨黨員。一九二九年調任共青團東江地委秘書長。一九三四年參加長征。抗日戰爭初期任八路軍一一五師政治部宣傳部部長，創辦八路軍《軍政雜志》，任主編。一九四三年改任陝甘寧晋綏聯防軍政治部宣傳部部長，被選爲中共七大代表並出席大會。解放戰爭初期率聯防軍直屬隊大部分人員至哈爾濱，任東北民主聯軍總政治部宣傳部部長等職，參與組織解放東北、進軍中南作戰。共和國成立後，歷任解放軍第十五兵團兼廣東軍區政治部主任、中共中央華南分局宣傳部部長、第十五兵團政委、華南軍區政治部主任、中南軍區政治部第一副主任、中央軍委辦公廳主任兼軍委直屬黨委書記、國防部辦公廳主任、中共中央軍委副秘書長、國防科委副主任兼政治部主任等職。一九五五年被授予中將軍銜。著有《關於部隊教育工作》，詩歌《訪問印度尼西亞》、《旅途抒懷》等。（《廣東近現代人物詞典》四三一頁）

薛子江生。

薛子江（一九一〇～一九六二），順德人。九歲赴香港謀生。一九三九年連續兩年獲國際攝影比賽冠軍。一九四一年與蔡俊三合辦國際攝影服務社。一九四五年參加發起成立廣東攝影學會，任常務理事，次年在廣州參與創辦光林攝影店，曾被英國皇家攝影學會吸收爲高級會員。中華人民共和國成立後歷任中國新聞社攝影記者、中國攝影家協會第一、二届常務理事。代表作品有《衡山初曉》、《千里江陵一日還》、《日出而作》、《起跑》等。著有《怎樣拍攝風景》，出版有《薛子江攝影作品集》。（《廣東近現代人物詞典》五六〇頁）

魏挺群生。

魏挺群（一九一〇～一九三五），原名其英。長樂（今五華）人。一九二六年加入中國共産黨，曾在汕頭農民運動講習所學習，并參加海陸豐農民運動。一九三一年任少共閩西特委宣傳部部長，主辦特委團幹部訓練班，次年後歷任共青團中央宣傳部副部長、《青年實話》主編、團中央秘書長。一九三四年中央紅軍主力長征後留在根據地堅持遊擊戰爭。後在戰鬥中犧牲。（《廣東近現代人物詞典》五六四頁）

鍾挺秀生。

鍾挺秀（一九一〇～?），梅縣人。二十歲畢業於復旦大學，旋任廣東嘉屬學藝中學校長三年，辭職後復考入南京中央政治學校計政學院學習會計審計學。一九三一年畢業後先後任廣東陽春縣財政局局長、青島市政府會計主任等。共和國成立前去臺灣，任臺灣大學及政治大學教授兼會計主任等。著有《主計概論與實務》等。(《民國人物大辭典》一五五九頁)

鍾慶發生。

鍾慶發（一九一〇～一九八六），又名謝生。祖籍鎮平（今蕉嶺），生於印尼。曾在印尼打工、讀書。一九二九年隻身回國，在上海暨南大學附屬中學讀書，參加學生運動，並任暨南大學初中部學生會主席。“九一八”事變後，加入上海社會科學研究會及上海反帝大同盟。一二八淞滬戰役中參加上海紅十字會救護隊，救護第十九路軍傷病員，同年在上海加入中國共產主義青年團。一九三三年被捕入獄。一九三六年轉爲中國共產黨黨員，抗日戰爭爆發後被無條件釋放。抗戰初期先後在南京、武漢八路軍辦事處工作。一九三八年調延安，曾在中國抗日軍政大學洛川分校、抗大總校、馬列學院、中央研究院、海外工作研究班學習、工作。一九四二年參加延安整風運動。一九四四年秋任延安外賓招待所副官主任，次年旁聽中共七大。解放戰爭時期任中共中央統戰部青年訓練班副主任。一九四九年九月調中央華僑事務委員會任秘書處副處長，次年至一九五七年任駐印尼大使館政務參贊、臨時代辦，回國任國務院華僑事務委員會委員、辦公廳主任、黨組副書記、黨組、小組成員、中華全國歸國華僑聯合會第二屆副主席兼秘書長、黨組書記、國務院僑辦黨組紀檢組成員、中國紅十字總會理事、中國印尼友好協會副會長等職務、第二、第三屆全國人大代表、第五屆全國政協委員。後因病在北京逝世。(《廣東近現代人物詞典》三八二頁)

蘇君謙生。

蘇君謙（一九一〇～一九七五），名益仁。澄海人。十八歲赴泰國求學，後助父經商。一九三八年泰國潮州會館成立，任執委及第五、六、第十二至十九届主席，領導僑胞推銷救國公債。

一九四五年成立暹羅華僑救濟祖國糧荒委員會，次年任救濟新僑委員會主任。曾主持復辦培英學校，創辦彌博中學。曾獲泰王御賜皇冠勳章。（《廣東近現代人物詞典》一五三頁）

譚甫仁生。

譚甫仁（一九一〇～一九七〇），仁化人。一九二八年參加工農革命軍，同年加入中國共産黨，曾任紅十二軍第六八七團政委、軍委總政治部組織部組織科科長。參加長征。後任紅十五軍團第七十八師政治部主任，參加東征、西征戰役。抗日戰争爆發後，任八路軍第一一五師第三四四旅政治部副主任、政委、八路軍第二總隊新編第三旅政委、冀魯豫軍區副司令員。抗戰勝利後赴東北，任東北民主聯軍吉林軍區舒蘭分區政委、東北野戰軍第七縱隊副政委，參加了遼瀋、平津、廣東等戰役。一九五〇年起任第四野戰軍四十四軍政委、廣西軍區、武漢軍區副政委、解放軍工程兵、昆明軍區政委。一九五五年被授予中將軍銜。一九七〇年十二月在昆明被槍殺。（《廣東近現代人物詞典》五四八頁）

譚國標生。

譚國標（一九一〇～一九三四），筆名衛蘇。開平人。早年就讀廣州市廣雅中學、中山大學附中。一九二九年春與何幹之到日本留學，考進東京明治大學社會系。"九一八"事變後，致力於抗日救國宣傳，同年底被迫經由滬、港返穗。先後在女子師范、省立一中任教。與何幹之等創辦《世界情勢》、《一般文化》雜志。一九三三年任中國文化總同盟廣州分盟組織部長。一九三四年一月被捕，八月遇害。（《中國近現代人物名號大辭典》一三〇〇頁）

譚應元生。

譚應元（一九一〇～?），字小春，號梅先。仁化人。國民革命軍成都中央軍校教導總隊營長，後任國民政府徐州綏靖公署少將高參。一九四九年去臺灣。（《中國近現代人物名號大辭典》一三〇〇頁）

清溥儀宣統三年　辛亥　一九一一年

三月二十九日（公曆四月二十七日），黃興率百二十餘名敢死隊員直撲兩廣總督署，發動了同盟會第十次武裝起義——廣州起義。其中七十二人遺骸由潘達微等出面收葬於廣州東郊紅花崗，達微將紅花改名黃花，因而亦稱“黃花崗起義”。十月十日，武昌起義。十二月戊午，袁世凱奏與南方代表伍廷芳議，贊成共和，並進優待條件十九條，皇太后命世凱以全權立臨時共和政府，遂承太后懿旨，宣示中外，清帝溥儀遂遜位，清亡。（《清史稿·宣統皇帝本紀》卷二五）

春，陳選南加入同盟會。

陳選南，原名增福。梅縣人。少時得同學助赴南洋，任巴達維亞中華總商會坐辦。宣統三年（一九一一）春，孫中山籌畫廣州起義，派多人赴海外籌募軍餉，加入同盟會，在謝良牧、李篤彬、吴偉康、梁密庵等動員下，聯絡僑胞支持革命。又精於醫術，一九一七年孫中山在廣州組織護法軍政府，回國被聘爲北伐軍軍醫部長，翌年再赴南洋任中華總商會施診所中醫主任。（《客籍志士與辛亥革命》）

二月，梁啟超偕湯覺頓及女公子令嫻離日本赴臺灣遊歷，遊台南延平郡王祠，填《暗香》詞。（陳永正《嶺南歷代詞選》三五〇頁）

三月十日，清將孚琦出席觀看飛機表演，回程時經大東門直上，至紅花崗腳附近，温生才誤以爲是李准，即向其連投三枚炸彈，護衛騎兵被炸死二十多人，孚琦未死，生才即冲向前繼續開槍，將其擊斃。孚琦衛兵及附近巡邏兵向生才擲炸彈。是時革命黨人林德中前來接應，不幸被清兵擊中而犧牲。生才則由黃花崗後邊戰邊退，一直退至蟾蜍崗，投出兩枚炸彈，炸傷兩名清兵，但清兵未退，生才左冲右突不能逃脱，終因彈盡援絶，不幸被俘。雖受嚴刑拷打，仍堅貞不屈，慷慨就義。時年四十二歲。

二十九日，李思轅參加攻打兩廣督署之戰。

李思轅，字濟章。五華人。幼隨父漢四居香港，就讀皇仁書院。父卒承理家業。光緒末年爲籌措革命經費拍賣太平山家産，奔走港穗開展秘密工作。辛亥三月二十九日，參加攻打兩廣督署之戰。失敗返港，加入同盟會，任機關報《中國日報》主筆。武昌起義後與堂兄盛中策動東莞、新安光復。一九一五年龍濟光督粤，大捕革命者，赴新加坡辦報，鼓動二次革命。一九一九年回國，歷任廣州市財政局局長、粤漢鐵路總務處長等。（《五華縣志》卷八）

同日，劉芷芬參與廣州起義，失敗後赴南洋任爪哇同盟會支部長。

劉芷芬，梅縣人。光緒末年加入同盟會。宣統三年（一九一一）三月，參與廣州起義，失敗後，赴南洋任爪哇同盟會支部長。武昌起義後與黄興、宋教仁赴武昌，任民軍參謀。一九一二年南京臨時政府成立後任總統府秘書，次年當選北京參議院議員，同年七月任討袁軍總司令部秘書。國會解散，赴日本、南洋、香港。一九一六年第一次恢復國會，仍任參議員，次年任護法國會參議員。（《民國人物大辭典》一四二三頁）

九月，黄遵憲五弟遵楷作《〈人境廬詩草〉跋》。（黄遵楷《〈人境廬詩草〉跋》）

本月至十二月，汪俊芝任番禺縣縣長。（一九九〇年《番禺縣人物志·民國時期歷任縣長更迭表》）

十九日，李蘇率民軍百餘，配合各路民軍分兩路進攻佛山，殲滅清軍百餘人。

李蘇，綽號掃把蘇。南海人。父於佛山經營李祥茂掃把鋪，蘇亦以紮掃把爲生。曾拜鴻勝武館黄寬爲師，學得小易筋絶技，後至樂從經營掃把鋪並開設武館。黄花崗之役爲後援，率衆三十餘人，攻擊佛山分府衙門，擊斃清軍管帶馬致中及七名清軍。廣東光復，仍操舊業。一九四四年卒於四會。（《廣東與辛亥革命》）

月底《新漢報》創刊，主筆爲盧博郎、李孟哲。

盧博郎，一作博浪，原名祖燊，字百朋。新會人。南社社友。博郎等原在穗創辦《天民報》，因宣傳反清革命，遭封禁。後避逃到香港，以《天民報》原班人馬創辦《新漢報》，以“反滿興漢”爲號召。南北和議告成，清帝退位，該報宣告結束。（《中國近現代人物名號大辭典》一四五頁）

李孟哲，字少廷，筆名哲郎。廣東人。同盟會員。光緒三十二年（一九〇六）任廣州《國民報》撰述，次年接辦該報。三十四年參與創辦《南粤報》，繼續宣傳民主革命。宣統二年（一九一〇）廣州《平民日報》創刊，任主筆之一，次年三月任廣州《人權報》主筆之一，七月與盧諤生等在穗創辦《天民報》，出版兩天即被查封，遂逃港，另外創辦《新漢日報》，至武昌起義後停刊。（《廣東近現代人物詞典》一七七頁）

冬，汪兆銓填《買陂塘　落花辛亥冬作》詞，寫清朝覆亡。（陳永正《嶺南歷代詞選》二九四頁）

十月十日，武昌起義，馬楨榆避走京師。

馬楨榆，字季立。順德人。清季舉人，歷充兩湖書院分校、存古學堂教習。辛亥武昌起義，避走京師，任京師大學堂教習，後返鄂，治經通《尚書》、《左傳》。（陳玉堂《中國近現代人物名號大辭典》二七頁）

十一月，廣東宣佈獨立後《中國日報》遷至廣州出版，潘惠疇任編輯。

潘惠疇，一名蕙疇，字秋士，號戇公。南海人。南社社友。辛亥革命後在穗編輯《中國日報》，撰社論。《中國日報》原爲同盟會南方支部機關報，宣統三年（一九一一）十一月廣東宣佈獨立後遷至穗出版，盧信主持，李民瞻任總編輯，編輯尚有陳春生等。（陳玉堂《中國近現代人物名號大辭典》一三二九頁）

同月廣東光復後黃士龍任軍政府參督。

黃士龍，廣東人。原任清新軍標統、協統，駐防高州，大量捕殺革命黨人，曾在高州鎮壓林雲陔起義。宣統三年（一九一一）廣東光復後任軍政府參督，旋又力阻民軍北伐，挑撥胡漢民、陳炯明關係，次年胡漢民宣佈其罪狀通緝。一九一三年八月被袁世凱任爲廣東護軍使，辭不就。一九一六年曾運動龍濟光獨立，抵制討袁。（《廣東近現代人物詞典》四三九頁）

十一日，梅州光復，曾勇父爲主要領導人之一。

曾勇父，一作勇甫。梅縣人。同盟會員。梅州光復前爲梅城“冷圃詩社”社員，積極開展同盟會活動，爲宣統三年（一九一一）十一月十一日光復梅州的主要領導人之一。光復後任梅州司令部總指揮。後出外經商。（《客籍志士與辛亥革命》）

本年徐慕蘭經辦廣州起義準備工作。

徐慕蘭（？～一九二二），原名佩蘭。香山人。潤侄女，宗漢（黃興夫人）胞姐。出生富商家庭。慕蘭、宗漢由父母作主與人爲妻。同盟會創建不久，慕蘭與小妹宗漢及二妹佩瑶均先後加入。宣統三年（一九一一）春廣州起義前准備工作，多與其子經辦，並培養了許多革命骨幹。黃花崗起義失敗後，慕蘭蒙嫌仍爲革命黨人傳遞消息。廣東光復，軍政府組織廣東北伐軍，任廣東女子北伐隊隊長，北上，至徐州參加對張勳作戰，協同友軍大破之。一九一二年奉命率隊回穗，旋解散，後被邀請任女子教育院院長。

本年陳贊臣參加黃花崗起義。

陳贊臣，潮陽人。早年經商香港，曾加入同盟會。宣統三年（一九一一）參加黃花崗起義，失敗後赴汕頭，與馬玉麟等組織兵力謀再攻廣州，又敗，十一月助光復潮州。南京光復，所部整編，任籌募財政。南北和議後歸里。（《民國人物大辭典》一〇七四頁）

本年郭德庵參與黃岡起義。

郭德庵，大埔人。清末任廣東方言學校教務長。民元（一九一二）後隱於鄉，育才甚眾。著有《竹林詩文集》。余祖明《廣東歷代詩鈔》卷六有傳。

本年國變後簡朝亮年逾八十，杜門著述，足跡罕入城市。（吴道鎔《廣東文徵作者考》卷十二《簡朝亮傳》）

本年潘定祥所著《绿野草堂詩鈔》印行，蘇維樑序之。

潘定祥，字褧裳。南海人。諸生，旋在法校畢業，獎副貢，出爲廣西觀察使。余祖明《廣東歷代詩鈔》卷十一有傳。

本年梁啟超往遊臺灣，賦《臺灣竹枝詞》十首。（陳永正《嶺南歷代詩選》六一八頁）

本年梅州光復，鄧華甫爲主要領導之一。

鄧華甫，梅縣人。同盟會員。宣統三年（一九一一）光復梅州主要領導者之一，爲“五甫鬧梅州”之一“甫”，掌握商團武裝。（賴紹祥等《客籍志士與辛亥革命》）

本年李墀倡議續修縣志，出其父燮遺稿。

李燮，字贊卿。始興人。父森以明經聞於時。燮由拔貢任儋州、化州學正，感恩、信宜教諭。晚年擬修縣志，撰稿未竟而卒。（民國《始興縣志》卷十二）

本年武昌舉義後林守篤與邑人何子英擁部光復揭陽縣。

林守篤（？～一九一五），揭陽人。同盟會會員，驍勇過人，人稱“林刀牌”。辛亥武昌舉義後，與邑人何子英擁部光復揭陽縣。民國四年（一九一五）奉孫中山命回鄉舉事反袁，率衆攻縣城，敗，被捕死於獄。（《揭陽鄉土録》）

本年黄少東參加廣州起義。

黄少東，吴川人。同盟會員。參加廣州起義，失敗後假姓梁逃亡香山。三十年代初曾任海軍艦長。（《吴川文史》）

本年黄昆山參加廣州起義被捕，巧計得脱。

黄昆山，吴川人。同盟會員。宣統三年（一九一一）參加廣州起義被捕，巧計得脱。武昌起義後發動數十人以假炸彈趕走清吴川知縣，自代縣長職務月餘。一生潦倒，三十年代卒於廣州。（《吴川文史》）

本年陳拔廷與何渭文創辦位於廣州芳村大冲口的協同和碾米機器廠。

陳拔廷，南海人。早年在廣州均和安機器廠做工，於宣統三年（一九一一）創辦位於廣州芳村大冲口的協同和機器廠。一九一五年親自主持研究並仿製成功我國第一臺柴油機。一九二五年任協同和機器廠經理，十年後協同和機器廠成爲廣東最大的機器製造廠，主營柴油機生産，産品遠銷國内外。一九四八年任協同和機器廠股份有限公司董事長。（《廣東近現代人物詞典》二八六頁）

石福籛於本年中舉人。

石福籛，番禺人。衡孫。宣統三年（一九一一）舉人。（《石氏家譜》）

小明星生。

小明星（一九一一～一九四二），原名鄧小蓮、鄧惠蓮，曾用藝名鄧曼薇。三水人。幼年學藝賣唱，十一歲即以“童星”享名，被譽爲“小明星”。初習大喉，早年曾得音樂家梁以忠、蔡保羅、獻盛三及盲藝人盲德指導，後結識撰曲家王心帆，爲撰曲多首，所撰粤曲曲詞秀麗，唱來惻婉動人，其獨特的“星腔”深受歌迷愛戴。其主要特點是咬字清晰、運腔灑脱、跌宕有度、韻味濃郁，沁人腑肺。三十年代前後與徐柳仙、張惠芳、張月兒合稱“粤曲平喉四大名家”，獨創星腔流派。抗戰時期曾在澳門演唱，並居留多年。擅演《秋墳》、《夜半歌聲》、《弄花影》等傷情劇碼。後在穗貧病而卒。（《廣東近現代人物詞典》六頁）

毛松年生。

毛松年（一九一一～?），番禺人。中央軍校第四分校（廣州分校）政治教官，任行政院政務委員兼僑務委員會委員長。

朱卓平生。

朱卓平（一九一一～一九四八），又名運澤。瓊山（今屬海南）人。一九二六年參加農民自衛軍，加入中共，次年入瓊崖討逆軍第六路軍。一九三一年任瓊崖工農紅軍獨立師連長。一九三三年當選中共瓊崖特委委員。一九三六年任瓊崖紅軍遊擊隊司令兼第一支隊長。抗戰爆發後歷任中共瓊山縣委書記、廣東省民衆抗日自衛團第一小隊長、中隊長、特務大隊長。一九四〇年率特務大隊至美合，爲創建根據地做出貢獻。美合事變後，歷任稽徵處主任、財政科科長。後犧牲。（《廣東近現代人物詞典》九三頁）

李育中生。

李育中（一九一一～?），祖籍新會，出生於香港。從青年時代起活躍於港、粵及西南各省文學、新聞界。主編《抗戰大學》、《文藝新地》等雜志，任《中國詩壇》編委、主編。在夏衍主編的《救亡日報》任社評委員，以《大剛報》戰地記者身份隨軍採訪中國赴緬甸遠征軍，兼任杜聿明軍長英文秘書。中華人民共和國成立後至華南師范大學任教，被譽爲“華師一寶”。二〇〇七年入選“當代嶺南文化名人”。著有詩集《凱旋的拱門》，報告文學集《緬甸遠征記》，專著《嶺南現代文學史》（合作），譯著長篇小説《訣別武器》、《拿破侖之死》，劇本《伴父生涯》等。（《中國近現代人物名號大辭典》四三〇頁）

李林風生。

李林風（一九一一～一九八八），筆名侶倫、貝茜等。原籍揭陽，生於香港。一九三一年任香港《南華日報》文藝副刊《勁草》編輯。一九三五年參與創刊《時代風景》，出版散文集《紅茶》。一九三七年冬任香港合衆影片公司編劇，編寫《時代先鋒》劇本，次年任南洋影片公司編劇。一九四一年秋出版小説集《黑麗拉》。香港淪陷後抵粵從教。一九四五年冬返港後任《華僑日報》副刊《文藝週刊》主編。著有《無盡的愛》、《侶倫隨筆》、《侶倫小説散文集》、《向水屋筆語》等。（《中國近現代人物名號大辭典》四二六頁）

吴渤生。

吴渤（一九一一～?），興甯人。大學畢業。一九二九年入上海市東亞同文書院學習，參加中國革命人道互濟會及左聯新木刻活動，後任蘭州《戰號》旬刊主編、重慶育才學校教導主任。一九四九年後在上海文學工作者協會從事專業創作。一九五二年加入中國作家協會。（《中國近現代人物名號大辭典》五〇二頁）

吴克之生。

吴克之（一九一一～一九八五），瓊山（今屬海南）人。一九三一年入廣東燕塘軍校學習。一九三七年加入中國共産黨，歷任瓊崖抗日獨立隊第三中隊長、瓊崖抗日獨立總隊（後縱隊）第二大隊長、第一支隊長兼瓊山縣抗日民主政府縣長。解放戰争時期先後任瓊崖獨立縱隊第一支隊支隊長兼政委、中共瓊崖區委委員、瓊崖縱隊副司令員兼第三總隊長兼政委、第一副司令員、縱隊黨委副書記。共和國成立後，任海南軍區第一副司令員、軍區黨委副書記、海南軍政委員會委員。一九五二年到南京軍事學院學習，後歷任學院研究部、訓練部副部長、防化學兵科學技術研究院院長、江西生産建設兵團副司令員、總參謀部防化部副部長等職。一九五五年被授於大校軍銜，一九六一年晋升爲少將。（《廣東近現代人物詞典》一九六頁）

吴壯達生。

吴壯達（一九一一～一九八五），原籍東莞，出生於澳門。一九三六年畢業於中山大學社會學系、地理學系，曾任湖南省立農業專科學校講師、廣東省立文理學院史地系、中山大學法學院副教授、吉林長白師范學院史地系、臺灣省立農學院地理學、廣西南甯師范學院史地系教授。中華人民共和國成立後，任廣東文理學院（後改華南師范學院）地理系教授兼系主任、地理研究所所長。著有《臺灣》、《臺灣地理》、《臺灣的開發》、《臺灣省農業地理》等書。（《東莞市志》一五〇三頁）

吴敬業生。

吴敬業（一九一一～一九四八），又名天賜、吴壯、陳光。

饒平人。從小僑居南洋。一九二八年出版《春雷》刊物，創辦播種書店。一九三〇年初加入中國共産黨，旋任《霹靂星期報》主編。一九三四年任中共香港工委宣傳委員，後在南洋一帶致力抗日救亡運動，曾參加發起成立暹羅華僑各界抗日救國聯合會，任越南南圻華僑救國總會總幹事長、《全民日報》總編輯等。後在越南被捕殺。（《廣東近現代人物詞典》二〇一頁）

岑家梧生。

岑家梧（一九一一～一九六六），澄邁（今屬海南）人。一九三一年秋考入廣州中山大學社會系讀書。一九三四年夏赴日留學，先後在東京立教大學及帝國大學研究人類學與考古學。抗戰期間曾在雲南昆明南開大學經濟研究所從事西南民族社會研究，還在貴州大學、貴陽大夏大學、四川社會教育學院等校社會系任教授，並到西南民族地區做民族調查研究工作。一九四六年起先後在中山大學、嶺南大學、中南民族學院任教授、副院長等職。平生對原始社會史與文化史研究有濃烈興趣，早在日本學習期間就撰寫了《史前史概論》、《圖騰藝術史》、《史前藝術史》三部著作。抗戰期間在西南進行深入調查與研究，撰寫了《西南種族研究之回顧與前瞻》、《盤瓠傳説與瑶佘的圖騰崇拜》、《中國圖騰制及研究史略》、《西南宗教及其文化》、《中國民俗藝術概説》、《海南島土戲之研究》等一系列民族學、民俗學論文。一九四九年後出版了《西南民族文化論叢》、《中國藝術論集》等專著。一九八四年其遺著《中國原始社會史稿》，由其親屬增補未完成章節後出版。（《廣東近現代人物詞典》二〇五頁）

余受益生。

余受益（一九一一～一九七七），字謙。饒平人。生於破落書香門第，在房親資助下外出遊學，一九二九年畢業於福建省立龍溪高等師範學校，任教於汕頭市立第四小學。“七七”事變爆發，攜家眷歸梓，初在敦本堂辦國文補習班，繼之任黄岡鎮中心小學校長。一九四四年開始編寫潮劇，次年將《范蠡薦西施》、

《花木蘭》、《梁紅玉》、《梅娘》在黄岡大衙戲園義演，爲抗日籌款。一九四五年偕摯友陳廣深旅居泰國，在曼谷從事教育、醫務、新聞出版事業，後又致力於潮劇劇本創作，爲當地潮劇團編寫了五百多部潮劇劇本，除“三朵花”（《西施》、《花木蘭》、《梁紅玉》）外，首推一五六集長連戲《西遊記》及單集《桃花扇》。又著有《冰海樓詩稿》。（《廣東近現代人物詞典》二二一頁）

林青生。

林青（一九一一～一九八七），原名鴻合，文昌（今屬海南）人。一九二八年考入國民革命軍第十一軍教導隊，畢業後經張雲逸介紹任廣西省奉議縣警備隊隊長，翌年參加百色起義。一九三〇年加入中國共産黨。參加紅軍第二、三、四、五次反“圍剿”及長征，歷任紅七軍軍部經理處股長、科長、紅七軍共青團組織部長、紅三軍團、紅四方面軍總部無線電臺報務主任、電臺隊長、政委、紅三軍團政治保衛局電臺特派員。抗戰時期任紅軍西安聯絡處電臺臺長。解放戰爭時期在敵佔區從事黨的地下電臺工作。共和國成立後，任廣州電信局軍事代表、廣東省郵電管理局局長、黨組書記、廣東省人民政府黨組成員、中共中央華南分局直屬機關黨委委員、郵電部技術處處長、市内電話總局局長、電信總局第一副局長、第四機械工業部黨委委員、辦公廳主任、教育局局長、國家電腦工業總局、第四機械工業部顧問、廣東省第一屆人大代表、第五、六屆全國政協委員。（《廣東近現代人物詞典》三一三頁）

林躍生。

林躍（一九一一～一九四四），字昭宇。原籍鶴山，生於澳門。早年畢業於香港華仁醫院。一九三四年入讀廣東航空學校，復轉入杭州中央航空學校。一九三八年畢業後分配在重慶志航大隊，在重慶、長沙等地與日軍作戰，屢殲敵機，因功升中隊長。一九四四年在湘江上空殲擊敵船時犧牲。（《廣東近現代人物詞

典》三一四頁）

林文英生。

林文英（一九一一～一九四二），原籍鎮平（今蕉嶺），生於印尼雅加達。少時回國，十八歲考入國立暨南大學，翌年赴南京轉入國立中央大學地質係。一九三三年畢業後，在國民政府全國經濟委員會公路處工程地質部門工作，先後調查過甘新公路、京（南京）滇公路、滇緬公路、川陝公路、叙昆鐵路、黔桂鐵路、中印公路等沿綫的地質礦産。一九四二年任寶天鐵路工程局專員，赴陝甘間寶鷄、天水一帶研究隧道之地質，行經徽縣時不幸車翻身亡。論著有《全國12個自然區域之劃分》、《河流襲奪與氣候變遷之記載與討論》以及《岩石與土壤之物理性研究》等。（《廣東近現代人物詞典》三一七頁）

林建同生。

林建同（一九一一、一九一二～一九九四），號梅花書屋主人。新會人。兼擅國畫、書法、圖案設計、雕刻及西畫，尤好畫梅。一九三五年畢業於廣州市立美術學校，後赴日本留學。一九四九年移居香港，曾與趙少昂、李研山等創立香港中國美術會。一九六九年任該會主席。一九五七至一九六〇年間曾任香港藝術節籌備委員。一九七六年任香港中文大學校外課程部教授。著有《書道》、《畫梅之研究》、《當代中國畫人名録》等。（《民國人物大辭典》四六九頁）

林蔭根生。

林蔭根（一九一一～一九五〇），鎮平（今蕉嶺）人。黄埔軍校第三期炮科、廬山軍官訓練團高等教育班、美軍駐印度軍官戰術學校畢業，歷任第十一師連長、第十八軍特務營營長、中校副團長、福建福鼎縣縣長、第十一師師部中校參謀。抗戰爆發後，任第十九集團軍野戰補訓團上校團長、武漢警備司令部參謀處處長、軍事委員會委員長侍從室第一室少將主任。一九四三年任中國遠征軍第一路司令部副官長、預備第七師副師長，翌年任青年軍總監部第二處處長。一九四六年至次年四月任廣東省第八區行政督察專員兼保安司令。一九五〇年五月由海南島赴臺灣途中病亡。(《廣東近現代人物詞典》三二四頁)

周金海生。

周金海（一九一一～一九八九），又名力達。海陽（今潮安）人。早年赴新加坡，一九三一年初回國，次年參與發起和組織M·K木刻研究會。一九三六年回潮汕，繼續從事木刻藝術活動。一九三八年赴新加坡後任吉隆坡《民聲報》、《民身週刊》編輯。一九四八年返香港。木刻代表作品有《掙扎》、《偶像》等。(《廣東近現代人物詞典》三五二頁)

容兆明生。

容兆明（一九一一～一九三七），原籍香山斗門（今屬珠海），生於美國。一九二八年入美國波音飛機公司攻讀航空機械，又習飛行技術。一九三〇年畢業回國，任廣東航校高級飛行、機械與跳傘教官。一九三四年任廣東空軍司令部機械科科長，參與設計復光號、羊城號輕型轟炸機。一九三六年兩廣事變後脱離陳濟棠，隨黄光鋭投奔蔣介石，次年在執行飛行任務時失事遇難。(《廣東近現代人物詞典》四二五頁)

陳坦生。

陳坦（一九一一～一九八九），興寧人。一九二七年加入中國共産主義青年團。一九二九年任興寧縣中心區團委書記，同年轉爲中國共産黨黨員。一九三〇年到上海從事地下工作，曾在上海總工會做秘密交通工作，尋調中央特科舉辦的無線電訓練班學習，十二月被捕。一九三七年八月因國共兩黨實現第二次合作被釋放出獄，即奔赴延安，次年被派到新疆迪化（今烏魯木齊）新兵營工作。一九四〇年調回延安，先後任中共中央組織部幹部科幹事、股長、秘書處副處長、部務委員會成員。一九四二年調延安《解放日報》任編委會成員、秘書長、黨總支書記，出席中共七大。一九四五年後任中共延邊地委常務委員、吉東分省委常委、秘書長、中共吉遼省委員會吉東分省委組織部部長、中共琿春、中共延吉縣委書記。一九四八年任東北鐵路總局政治部主任、黨委副書記，翌年起任東北鐵路總局副局長、局長。中華人民共和國成立後曾任中長鐵路監事會主席、中共中央東北局紀律檢查委員會委員、中共東北鐵路總局紀律檢查委員會書記。一九五三年初調至北京，先後任鐵道部建築公司經理、黨委書記、鐵道部辦公廳主任、政治部副主任、外交部亞非司副司長、駐敘利亞、赤道幾內亞大使、鐵道部顧問組組長、鐵道部黨校第一副校長、黨委第一副書記、鐵路運輸高級法院院長、黨組書記、中央紀律檢查委員會委員。離休後任中國鐵路老戰士協會理事、全國鐵路系統黨史研究會名譽會長。在北京逝世。（《廣東近現代人物詞典》二六一頁）

陳健生。

陳健（一九一一～一九八四），東莞人。一九二六年加入中青團。一九三五年初東渡日本留學，並積極參加“左聯”，十一月加入中國共產黨，任中共東京支部組織委員。抗日戰爭爆發後返穗，成立“留東同學抗敵後援會”，次年任八路軍廣東駐韶關辦事處秘書兼黨支部書記，後赴海南任中共瓊崖特委宣傳部部長兼黨校校長。抗戰勝利後至香港任新華南通訊社總編輯、中共中央香港分局機關報《正報》社社長、中共中央華南分局軍事組組長。解放初先後任中共廣州市委組織部長、秘書長、中共中央中南局宣傳部辦公室主任、宣傳部學校教育處處長、中共中央第五中級黨校（武漢）副校長、中共湖北省委黨校黨委書記兼副校長、中共廣東省委黨校校長、黨委書記等職。（《東莞市志》一五〇五頁）

陳琴生。

陳琴（一九一一～一九四〇），又名繼猷。文昌（今屬海南）人。一九二八年到新加坡做工。抗日戰爭爆發後在新加坡組織成立星洲洋務工人抗敵後援會、星洲洋務工人籌賑分會、互助會及星華商工友愛社等華僑抗日團體，籌集捐款及物資送回廣東援助抗戰，旋又組織發動海南島籍華僑建立星洲瓊僑回鄉服務團，當選團長。一九三九年與梁文墀攜帶捐款及藥物離新加坡，躲過在瓊州海峽巡邏的日本軍艦，夜渡瓊海，將物資獻給海南島抗日將士，並參加瓊崖總隊，同年加入中國共産黨，先後任支部書記、總支書記。後又聯絡新加坡、香港、越南等地抗日團體，組建瓊僑服務團總團，任副團長，後編入瓊崖總隊。一九四〇年八月由海南島再赴新加坡向瓊僑救濟總會彙報情況，途中爲日軍軍艦發現遇害。（《廣東近現代人物詞典》二六五頁）

陳成龍生。

陳成龍（一九一一～一九八七），字伯誠。平遠人。一九二八年考入暨南大學政治經濟系，畢業任教惠陽平岡中學。一九三五年入廣東軍校高級政治深造班第二期。抗戰爆發後歷任抗日救國軍第五軍第十五師政訓處科長、第六十二軍政治部上校科長等。一九四四年夏參加衡陽戰役，升少將處長。隨六十二軍赴越南河内及臺灣接受日軍投降，後回天津。一九四九年至臺灣任中學教師。一九八〇年定居美國舊金山。（《廣東近現代人物詞典》二七六頁）

陳伯驥生。

陳伯驥（一九一一、一九一二～一九七八），廣寧人。出身富裕家庭。自幼喪父，由祖父德三撫育成人。民國十五年（一九二六）畢業於縣城文治學堂，後考入廣雅中學就讀。十八年（一九二九）高中畢業，考入上海復旦大學。二十四年轉入暨南大學，同年畢業後留學英國倫敦大學，獲博士學位。三十年（一九四一）歸國，在家鄉建“博士樓”，藏書萬册，次年至重慶供職於中央三民主義編纂委員會，兼任軍事學院政治教官。三十五年（一九四六）任上海商業學院教授兼上海圖書館館長，次年十月返廣甯參加競選，被選爲國大代表。三十七年（一九四八）任中山大學教授，次年定居澳洲。著有《中國之政治》、《論三民主義》、《民主政治的原理》等書。

陳克强生。

陳克强（一九一一～一九八一），合浦（今屬廣西）人。一九二七年八月入南京中央軍校第七期，後任國民政府國防部聯勤總部第三補給區司令部少將參謀長。

陳普之生。

陳普之（一九一一～一九五〇），原名建通，又名蘭伽。澄海人。一九三〇年考入上海美術專科學校，後參加中國左翼美術家聯盟。一九三二年底與張望、陳葆真、金逢孫等發起組織“M·K木刻研究會”，由版畫家陳煙橋送作品請魯迅指導，魯迅將其《船夫》、《黄包車夫》兩件選入我國第一部木刻選集《木刻紀程》。一九三四年四月M·K木刻研究會被迫解散，返惠來縣中學執教，尋赴新加坡、馬來西亞，並在《椰風月刊》、《晨星》、《文藝週刊》發表文藝評論和木刻作品。抗日戰争勝利後在新加坡任《新民主日報》編輯。現存於日本和北京魯迅博物館作品僅十多幅。（《廣東近現代人物詞典》三〇五頁）

陳銘炎生。

陳銘炎（一九一一～一九四五），合浦（今屬廣西）人。一九三六年畢業於中山大學，同年加入中國共産黨。抗日戰争爆發後任惠陽坪山小學校長，建立黨支部，任支部書記。一九三八年冬中共惠寶工作委員會成立，任工委委員兼坪山區委書記，翌年改任中共惠陽縣委宣傳部長。一九四〇年任中共東莞縣委書記。一九四四年調任東江前線特委組織部長，次年不幸中彈犧牲。（《東莞市志》一四四四頁）

陳煙橋生。

陳煙橋（一九一一、一九一二～一九七〇），原名希榮，筆名李霧城、郭墨等。東莞人。擅長木刻。一九二八年入廣州市立美術專科學校西畫科。一九三一年入上海新華藝術專科學校西洋畫系，旋從事版畫創作，加入中國左翼美術家聯盟。一九三八年被推選爲全國木刻界抗敵協會理事，次年應陶行知之邀任育才學校繪畫組組長。一九四〇年任重慶《新華日報》美術科主任，從事有關抗日的木刻、漫畫創作，先後出版《煙橋木刻集》、《魯迅與木刻》兩書。抗日戰爭勝利後在滬爲中國共産黨刊物《群衆》及進步刊物《文革》刻制木刻作品、漫畫。中華人民共和國成立後任華東軍政委員會文化部美術科科長、上海大衆美術出版社主編、廣西藝術學院副院長、中國美術家協會上海分會秘書長、中國美術家協會理事。一九五八年調任廣西藝術學院副院長、中國美術家協會廣西分會主席、廣西壯族自治區人民委員會委員。版畫以黑白木刻爲主，多表現普通勞動者生活、勞動，手法寫實，畫風質樸。另著有《新中國木刻》、《上海美術運動》等。（《東莞市志》一四八三頁）

陳凝丹生。

陳凝丹（一九一一～一九八五），原名士炯，號勁草，自稱丹翁。南海佛山鎮人。一九二七年入佛山美術院，師從高劍父、黄少强，後入民間畫館專修人物畫。一九三四年在廣州舉行首次個人畫展，被文藝界譽爲畫壇後起之秀。抗日戰爭時期，創作了《到民間去》、《難民圖》、《雪滿關山耀武威》等反映抗日救亡題材作品。晚年以畫山水爲主，代表作有《西陵峽之秋》、《山峽圖》、《山水清音》等。除作畫外，還寫了不少感情激越、清新自然、富有時代氣息的詩篇。所著《勁草廬詩抄》收入詩詞逾百首。中華人民共和國成立後曾任佛山市民間藝術研究社主任、佛山國畫會會長、市文聯副主席、中國美術家協會會員、市政協第一、二、三、四届副主席、五届常務委員及省政協委員、中國民主同盟佛山市委員會第二至七届副主任委員。在佛山病逝。（《廣東近現代人物詞典》三〇九頁）

黄潔生。

黄潔（一九一一～一九六六），新寧（今台山）人。早年僑居新加坡、印尼等地，任印尼巨港中華總商會副主席，曾團結海外僑胞支援抗日戰爭和解放戰爭。一九五一年回國後，歷任廣東公私合營華僑工業建設公司董事長、廣東省華僑投資公司第一副董事長、廣東省第一、二屆政協副主席、中央僑委委員、廣東省副省長、全國工商聯執委、廣東省工商聯副主任委員、第二、三屆全國人大代表。（《廣東近現代人物詞典》四三五頁）

黄炳坤生。

黄炳坤（一九一一～?），台山人。留美碩士，中國國民黨革命委員會黨員、湖北省政協委員。一九六二年被聘任爲湖北省人民政府文史研究館館員。

符振中生。

符振中（一九一一～一九八九），原名福南。文昌（今屬海南）人。一九二七年八月參加共産黨領導的文昌縣農軍。一九三九年二月參加瓊崖抗日獨立總隊，歷任瓊崖抗日獨立總隊副、東路指揮部指揮員、第二支隊副支隊長、支隊長、瓊崖公學副校長、瓊山縣抗日民主政府縣長、瓊崖獨立縱隊前進支隊隊長、中國人民解放軍瓊崖縱隊參謀處長、副參謀長、參謀長。中華人民共和國成立後任海南軍區副參謀長。一九五二年調粤北軍區，任參謀長兼韶關市警備司令員。一九五四年二月任粤北軍區副司令員。一九五六年二月任韶關軍分區司令員。一九五九年六月轉業到廣東省林業廳任副廳長。一九八四年離職休養，後因病逝世。（《廣東近現代人物詞典》四七二頁）

馮劍南生。

馮劍南（一九一一～一九六一），筆名甦南。豐順人。出生於國外。抗戰勝利後在泰國創辦《民主新聞》週刊和《曼谷商報》。喜愛詩歌，出版有《紅痣》詩集。翻譯俄國詩人普希金長詩《歐根·奥涅金》並出版發行。

梁大鵬生。

梁大鵬（一九一一～?），樂會人。成都中央軍校政治教官、美國舊金山大學教授。

張直心生。

張直心（一九一一～一九八九），原名華林。興寧人。一九三三年入中山大學。一九三六年加入中共，嗣在中共廣州市委、廣東省委從事發展地方黨組織工作。一九三九年任中共東江特委執委，次年秋任中共龍川中心縣委書記。一九四一年改任東江後東特委組織部部長，次年回鄉，以教書身份從事地下活動，一度被捕入獄。中華人民共和國成立後歷任興寧一中、廣東省華僑中學校長等。病逝於穗。（《廣東近現代人物詞典》二四五頁）

楊簡生。

楊簡（一九一一～一九八一），梅縣人。一九三四年畢業於中山大學醫學院，留校任教。一九四二年破格晋升爲教授。一九四六年由中山大學派送赴美國賓州大學醫學院病理系、癌症研究所進修病理學、腫瘤學。回國任中山大學醫學院副院長、代院長。新中國成立後歷任中國科學院學部委員等。主要論著有《病理解剖學》、《實用腫瘤學》、《二百零三例屍體解剖的死亡原因及其與氣候的關系》、《廣州氣候對於死亡原因的影響》等。（《中國近現代人物名號大辭典》三八八頁）

萬仲文生。

萬仲文（一九一一～一九八八），原名蔚程，曾用名黄漢興、萬劍峰，别號雲庵。儋縣（今海南儋州）人。大革命時期就讀中山大學附屬中學。一九三五年秋由廣西官派赴日本留學，考取東京帝國大學法科研究院，專攻中日政治外交史。抗戰歸國歷任廣西大學、中山大學、臺灣大學政治系教授、系主任。中華人民共和國成立後歷任廣西大學校務委員、教工會主席、廣西師院（今廣西師范大學）總務長等職。（《廣東近現代人物詞典》四頁）

蒲風生。

蒲風（一九一一～一九四二），原名黄日華，又名黄飄霞、黄蒲芳，筆名蒲風、黄風。梅縣人。早年曾就讀上海中國公學。一九二七年開始詩歌創作。後參加左聯，與楊騷等組織中國詩歌會，出版《新詩歌》。一九三四年去日本，與雷石榆等創辦《詩歌生活》。抗戰開始後，在穗主編《中國詩壇》，任廣州文化界抗協後援會理事。一九三八年加入中國共產黨。一九四〇年至皖南，隨新四軍轉戰華東各地。病逝於皖南天長縣。著有《現代中國詩壇》、《抗戰詩歌講話》、《茫茫夜》、《生活》、《黑陋的角落里》、《抗戰三部曲》等論著、詩集。（《中國近現代人物名號大辭典》一二六〇頁）

熊飛影生。

熊飛影（一九一一～一九六九），原名梓卿。原籍江西大庾，生於穗。十二歲師從扁鼻玉，旋從梁坤臣學藝。十四歲登歌壇一鳴驚人。一九二三年與潘賢達等合作演出，聲名懿彰。一九二五年至穗參加慰勞東征軍義演比賽，獲第一名。擅長大嗓，善於表現英雄人物。代表曲目有《水淹七軍》、《夜戰馬超》、《岳武穆班師》等。（《廣州西關風華》三）

鄭君里生。

鄭君里（一九一一～一九六九），曾用名鄭重、千里。香山（今中山）人，生於上海。早年考入南國藝術學院戲劇科學習。一九二九年夏在南國社參加《莎東美》、《卡門》等劇演出，與陳白塵等創辦《摩登》戲劇半月刊。一九三一年參加左翼戲劇家聯盟，起草《最近行動綱領—現階段對於白色區域戲劇運動的領導綱領》。又加入摩登劇社、大道劇社，演出《乞丐與國王》、《血衣》、《亂鐘》等劇，次年加入聯華影業公司爲基本演員，先後在《火山情血》、《奮鬥》、《大路》、《新女性》、《迷途的羔羊》等影片中擔任主要、重要角色。抗戰爆發後任上海救亡演劇三隊隊長。一九四三年參加中國藝術劇社，導演了《戲劇春秋》等話劇。抗戰勝利後回滬，任昆侖影業公司編導委員會委員。一九四七年與蔡楚生合作編導《一江春水向東流》，翌年參加了電影劇本《烏鴉與麻雀》的集體創作，單獨執導該片。五十年代後執導《林則徐》、《聶耳》、《枯木逢春》等經典電影。長期以來還致力

於電影、戲劇的翻譯與著述。著有《畫外音》、《角色的誕生》等。（《中國近現代人物名號大辭典》八三六頁）

劉崇齡生。

劉崇齡（一九一一～?），字禹疇。香山人。四歲入私塾啟蒙，十一歲入縣立第二小學。一九二六年考入廣州執信學校高中部，畢業先後就學廣州國民大學及上海大夏大學。一九三一年畢業於大夏大學，歷任中山縣縣政府教育科科長等，嗣赴重慶，任國民政府社會部專員等。一九四六年奉派爲華南區商運督導專員。共和國成立前去臺灣，續任“立法院”立法委員。一九六三年任臺北市中山同鄉會理事長。一九七〇年籌組世界中山同鄉總會，任主席。著有《中華民國建國史》等。（《民國人物大辭典》一四三九頁）

賴可可生。

賴可可（一九一一～一九八七），又名羽鴻、夢凡。大埔人。一九二五年在大埔縣高陂鎮仰文學校讀書，次年考入廈門市集美學校農林部，後任農林部學生會主席。一九二八年加入中國共產主義青年團，次年春轉爲中共黨員，八月奉中共漳州市委派遣深入龍海縣開展農民運動。一九三〇年春赴上海群治大學文學系就讀，加入反帝大同盟，任中共上海市閘北區委書記，八月參加了中共中央在上海市法國租界醫院舉辦的學習班，結業後被派往江西瑞金蘇區，同年冬隨葉劍英等到香港，又密赴汕頭，十一月抵達閩西，任中共閩粵贛特委文教部幹事，後歷任工農紅軍第十二軍第三十四師政治部組織幹事、宣傳幹事、宣傳科長、永定獨立團政委、第十二軍第三十六師政治部宣傳科科長。一九三三年遭誣陷被開除黨籍，次年任紅軍第一軍團第一師參謀處文書，隨軍參加長征，次年冬恢復黨籍。一九三六年隨軍東渡黄河，任第一師政治部宣傳科科長。後西征，迎接紅軍第二、四方面軍北上。抗日戰爭時期歷任第一軍團直屬隊政治處俱樂部主任、政治部宣傳科科長、八路軍第一一五師宣傳部副部長、山東省軍區政治部宣傳部長等職。解放戰爭時歷任山東濱海軍區、膠東軍區政治部主任、中共膠東區委副書記兼膠東軍區副政委、中共膠東區委書記兼膠東軍區政委、青島市軍事管制委員會副主任、青島市市長、中共青島市委書記。中華人民共和國成立後歷任中共中央山東分局副書記兼組織部長、青島海軍基地政委、山東省政府工業交通部部長、中共浙江省委常委、秘書長、中共浙江省委書記處書記、省委書記、浙江省革命委員會副主任、中共浙江省委副書記、書記等職，後在杭州病逝。（《廣東近現代人物詞典》五二七頁）

盧騰生。

盧騰（一九一一～?），樂會（今屬海南瓊海）人。一九二九年加入共青團。一九三二年加入共產黨，次年參加紅軍，曾任閩南紅三團班、排長、副連長、連指導員、獨立營營、團長兼政委。參加南方三年遊擊戰爭。抗戰時期任新四軍團長、蘇中軍區第四軍分區司令員等。一九四六年後任華中野戰軍第七縱隊政治部主任、第四縱隊副司令員等。一九四九年任第三野戰軍二十三軍政委。共和國成立後任志願軍第九兵團第二十三軍政委。一九五五年授中將軍銜。一九五八年任福建軍區政委。一九六〇年起任福州軍區副政委。一九七五年任福州軍區顧問。一九八三年離職休養。（《民國人物大辭典》一五一二頁）

鍾秉良生。

鍾秉良（一九一一～一九八七），字子彝。曲江人。先後畢業於廣東國民大學法學院、中央訓練團第一期，歷任廣東第二十四區遊擊司令部中校軍法官、潮汕警備司令部軍法主任等。抗戰勝利後任第四編練司令部少將參事兼軍法組組長。一九四九年去臺灣。後從事律師工作。（《廣東近現代人物詞典》三八三頁）

李祖恩卒。

李祖恩（一八九一～一九一一），翁源人。娶妻龍氏，生一子翰芬。祖恩於光緒三十二年（一九〇六）從軍，退役後參加同盟會，三年（一九一一）參加廣州起義殉難，爲廣州黃花崗七十

二烈士之一。（《廣東近現代人物詞典》一八〇頁）

何灼猷卒。

何灼猷（？～一九一一），字子獻。順德人。光緒時任廣西糧捕廳同知，分派百色，兼護右江鎮。凡禁煙治盜，政要興革，莫不努力推行。以興學育才爲己任，創設泗邑中學於鵝城。（《順德縣續志》）

馬侶卒。

馬侶（？～一九一一），番禺人。曾隨部隊駐軍安南（今越南）海防，加入中國同盟會。光緒三十三年（一九〇七）參加廣西鎮南關（今友誼關）起義，翌年參加欽廉上思起義。黄花崗之役中隨黄興攻入督署，轉攻督練公所。在小石街巷戰中，冲殺在前，不幸中彈犧牲。葬於廣州黄花崗，爲七十二烈士之一。

陳文友卒。

陳文友（？～一九一一），字甫仁。興寧人。早年加入洪門，屢謀起事未成。後隨叔父去南洋經商，在新加坡加入同盟會，旋歸香港，參加黄興組織的革命統籌部，負責運輸軍火。宣統三年（一九一一）三月初奉命運槍械至廣州接應黄花崗起義，因事機不密，在惠州大亞灣澳頭登岸時被清巡防營逮捕。被捕後，向清軍官兵宣傳革命。廣州起義發生後次日在兩廣總督署門前被殺害。葬廣州黄花崗。後經審定增立一碑，爲黄花崗七十二烈士之一。（《廣東近現代人物詞典》二七三頁）

陳蕓生卒。

陳蕓生（？～一九一一），潮州人。早年加入同盟會。光緒三十一年（一九〇五）參與發動潮州黄岡起義。事敗，逃往南洋。宣統三年潮州光復，因事被殺（一説民國元年被吴祥達襲殺）。（《民國人物大辭典》一〇二九頁）

郭公接卒。

郭公接（？～一九一一、一九〇八），字守毅。大埔人。光緒三十一年（一九〇五）赴日本留學，次年加入同盟會，在潮汕

助許雪秋革命，並到南洋籌款籌辦《中興日報》，遇車禍死。（《中國近現代人物名號大辭典》一〇六〇頁）

黄鶴鳴卒。

黄鶴鳴（？～一九一一），又名觚。南海人。家境貧寒。早年學習機器製造，藝成後服務於增步製造局，旋赴香港、新加坡，自設小機器廠。光緒三十四年（一九〇八）入同盟會。宣紡二年（一九一〇）年秋孫中山召集革命黨人在檳榔嶼召開大會，圖謀再舉。計劃制訂後，黄興、趙聲、胡漢民等人先後返抵香港策劃起義。次年二月十三日鶴鳴由新加坡乘船返粤，負責製造炸彈及秘密運輸等事。四月二十七日起義發動後，隨黄興進攻督署，遭署中伏兵狙擊，中彈犧牲。爲黄花崗七十二烈士之一。（《中國近現代人物名號大辭典》一一二二頁）

楊得西卒。

楊得西（？～一九一一），化州人。宣統元年（一九〇九）参加拜蘭團，後又入同盟會，留邑準備起事。二年（一九一〇）二月與李中桂等密謀組織化州光復軍，中桂任督隊長，得西任隊官，翌年十一月發動化州巡防營武裝暴動，光復化州，十二月與中桂等十人圍剿清軍餘孽時中伏犧牲。（陳士富《化州人物志》）

鄔啟祚卒。

鄔啟祚（一八三〇、一八三一～一九一一），字繼蕃，號吉人，室名耕雲别墅。番禺南村人。事父母孝，事兄恭且摯，復能親睦族眾。著有《耕雲别墅詩集》、《詩話》、《詩學要言》三卷。宣統三年年八十二卒。鄔慶時《南村草堂筆記》有傳。

人名索引

①本《人名索引》收録九千七百餘人，絶大部分於正文中均有小傳。

②人名大致按漢語拼音字母表爲序排列。

③人名後數字爲其所在頁碼，一般正文出現者儘量標示索引頁碼。

C

D

F

G

H

J

K

L

M

N

O

P

Q

R

S

T

W

Y

Z

參考文獻

[1] (明) 張邦翼:《嶺南文獻》，明萬曆四十三年至四十四年(1615～1616) 刊本。

[2] (明) 郭棐:《粵大記》三十二卷，明萬曆刊本。

[3] (明) 陳子壯:《陳太史昭代經濟言》十六卷，明天啟六年(1626) 刊本。

[4] (明) 區懷年:《玄超堂藏稿》不分卷，明崇禎刊本。

[5] (明) 楊瞿崍:《嶺南文獻軌范補遺》，明刊本。

[6] (清) 梁清標:《蕉林詩集》，清康熙十七年 (1678) 梁允植刊本。

[7] (清) 錢謙益:《牧齋有學集》，清康熙二十四年 (1685) 金匱山房刊本。

[8] (清) 劉世重:《東溪詩選》，清康熙二十四年 (1685) 刊本。

[9] (清) 陳上善:《道餘堂前後集》十六卷，清康熙二十八年(1689) 刊本。

[10] (清) 曹燁:《曹司馬詩集》三卷，清康熙三十二年(1693) 刊本。

[11] (清) 丘象昇:《南齋詩集》，清康熙三十五年 (1696) 丘迴刊本。

[12] (清) 王煐:《憶雪樓詩集》，清康熙三十五年 (1696) 王氏貞久堂刊本。

[13] (清) 李因篤:《受祺堂詩集》，清康熙三十八年 (1699)

田少華刻本。
[14]（清）吴震方：《晚樹樓詩稿》四卷，清康熙四十四年（1705）刊本。
[15]（清）王士禛：《帶經堂集》，清康熙五十一年（1712）七略書堂寫刻初印本。
[16]（清）王士禛：《南海集》，清康熙五十一年（1712）七略書堂寫刻初印本。
[17]（清）朱昆田：《笛漁小稿》，清康熙五十三年（1714）刊本。
[18]（清）梁無技：《南樵二集》，清康熙五十七年（1718）芸秀堂刊本。
[19]（清）周大樽：《乳峰堂集》，清康熙六十一年（1722）周氏裔孫編刊本。
[20]（清）查嗣瑮：《查浦詩鈔》十二卷，清康熙六十一年（1722）刊本。
[21]（清）張云章：《樸村詩文集》，清康熙華西閔等刊本。
[22]（清）鄭梁：《寒村詩文集》，清康熙紫蟾山房刊本。
[23]（清）鄭梁：《鄭彦村詩集》，清康熙紫蟾山房刊本。
[24]（清）葉燮：《己畦集》，清康熙葉氏二棄草堂刊本。
[25]（清）顔光敏：《樂圃集》，清康熙十子詩略本。
[26]（明）歐大任：《百越先賢志》四卷，清康熙刊本。
[27]（清）陳恭尹、黎延祖：《番禺黎氏存詩彙選》，清康熙刊本。
[28]（清）納蘭性德：《通志堂集》，清康熙刊本。
[29]（清）錢陸燦：《調運齋詩文》，清康熙刊本。
[30]（清）吴世傑：《甓湖草堂詩文集》，清康熙刊本。
[31]（清）高士奇：《城北集》，清康熙刊本。
[32]（清）高士奇：《苑西集》，清康熙刊本。
[33]（清）高士奇：《獨旦集》，清康熙刊本。

[34]（清）朱載震:《東浦詩鈔》，清康熙刊本。
[35]（清）汪森:《裘抒樓詩稿》，清康熙刻本。
[36]（清）釋函昰:《瞎堂詩集》二十卷，清康熙刊本。
[37]（清）吴興祚:《留村詩鈔》，清康熙刊本。
[38]（清）田登:《埋照集》，清康熙刊本。
[39]（清）張錫璜:《半舫齋詩集》四卷，清康熙刊本。
[40]（清）陶煊:《石溪詩鈔》，清康熙刊本。
[41]（清）史申義:《過江集》，清康熙刊本。
[42]（清）吴之振:《黄葉村莊詩集》，清康熙刊本。
[43]（清）邵遠平:《戒山文存、詩存》，清康熙刊本。
[44]（清）郭金臺:《石村詩文集》，清康熙刊本。
[45]（清）吴盛藻:《天門集》，清康熙刊本。
[46]（清）費錫璜:《掣鯨堂詩集》，清康熙刊本。
[47]（清）宋至:《緯蕭草堂詩》，清康熙刊本。
[48]（清）宋犖:《綿津山人詩集》，清康熙刊本。
[49]（清）潘耒:《遂初堂集》，清康熙刻增修本。
[50]（明）黄錦:《筆耕堂集》一卷，清雍正四年丙午（1726）刊本。
[51]（清）馮廷櫆:《馮舍人遺詩》，清雍正十一年（1733）刊本。
[52]（清）錢良擇:《撫云集》十卷，清雍正刊本。
[53]（清）徐倬:《道貴堂類稿》，清乾隆四年（1739）徐志莘刊本。
[54]（清）梁善長:《廣東詩粹》十二卷、《補編》一卷，清乾隆十二年（1747）寫刻本。
[55]（明）鄧云霄:《洓玉齋文集》四卷，清乾隆十八年癸酉（1753）鄧明鏡等刊本。
[56]（清）徐釚:《本事詩》，清乾隆二十二年（1757）半松書屋刊本。

[57]（清）沈德潛：《國朝詩别裁集》，清乾隆二十五年（1760）教忠堂刊本。

[58]（明）張喬：《蓮香集》四卷，清乾隆三十年乙酉（1765）重刻本。

[59]（清）陳蘭芝：《嶺南風雅》，清乾隆五十年（1785）自刊本。

[60]（明）李云龍：《嘯樓詩集》四集（初集、後集、别集、遺稿），清乾隆五十三年（1788）孫騰輝手抄本，廣東省立中山圖書館藏。

[61]（清）李良年：《秋錦山房集》，清康熙刻、乾隆續刻李氏家集四種本。

[62]（清）李符：《香草居集》，清康熙刻、乾隆續刻李氏家集四種本。

[63]（清）羅元焕：《粤臺徵雅録》，清乾隆刊本。

[64]（明）陳邦彦撰，（清）温汝能輯：《陳岩野先生全集》四卷，清嘉慶十年（1805）聽松閣刊本。

[65]（清）黄培芳：《香石詩話》，清嘉慶十四年（1809）題詞、十五年（1810）刊本。

[66]（清）温汝能：《粤東文海》，清嘉慶十八年（1813）刊本。

[67]（清）劉彬華：《嶺南群雅》初集二卷、二集三卷、初補二卷，清嘉慶十八年（1813）刊本。

[68]（清）劉彬華：《嶺南四家集》，清嘉慶十八年（1813）刊本。

[69]（清）羅良會：《列郡名賢録》，清嘉慶十九年（1814）刊本。

[70]（清）羅學鵬：《廣東文獻》，清嘉慶甲戌（1814）刊本。

[71]（清）歐主遇：《自耕軒集》，（清）羅學鵬編輯：《廣東文獻》四集，清嘉慶十九年（1814）順德春暈暉堂刊本。

[72]（清）黄任：《秋江集》，清嘉慶甲戌（1814）永陽刊本。

[73]（清）黄任:《銷夏録》，清嘉慶甲戌（1814）永陽刊本。
[74]（清）黄任:《香草齋詩注》，清嘉慶甲戌（1814）永陽刊本。
[75]（清）宋湘:《史傳事略》，清嘉慶二十年（1815）刊本。
[76]（明）韓上桂:《韓節湣公遺稿》（朵云山房輯本，故又稱《朵云山房遺集》），清嘉慶丙子（1816）刊本。
[77]（明）何吾騶:《元氣堂詩集》三卷，清嘉慶刊本。
[78]（清）温賢超等:《柳壙詩鈔》前集四卷、後集二十六卷，清嘉慶刊本。
[79]（清）盛大士:《粵東七子詩》，清道光二年（1822）刊本。
[80]（清）程可則:《海日堂集》七卷，清道光五年乙酉（1825）重刊本。
[81]（清）淩揚藻:《國朝嶺海詩鈔》，清道光六年（1826）刊本。
[82]（清）周篔:《采山堂集》，清道光十年（1830）信芳閣木活字印清初十家集詩抄本。
[83]（清）鄧淳:《粵東名儒言行録》，清道光十一年（1831）刊本。
[84]（明）黄佐:《廣州人物傳》，清道光十一年（1831）刊。
[85]（清）何天衢:《欖溪何氏詩徵》九卷，清道光十一年（1831）刊本。
[86]（明）鄧云霄:《鄧氏詩選》一卷，清道光十一年辛卯（1831）刊本。
[87]（清）陳在謙:《國朝嶺南文鈔》，清道光十二年（1832）刊本。
[88]（清）黄芝:《粵小記》四卷附《粵諧》一卷，清道光十六年（1836）刊本。
[89]（清）倪志遠等:《同門詩鈔》四種四卷，清道光十六年（1836）刊本。

［90］（清）陳士規等:《蓮山家言》七種七卷，清道光十九年（1839）刊本。

［91］（清）陳衍虞:《蓮山集》十九卷，鳳城世聲堂藏板，道光己亥年（1839）刊本。

［92］（清）易弘:《云華閣詩》，粤十三家集本，清道光二十年（1840）南海伍氏詩雪軒刻本。

［93］（清）方殿元:《九谷集》，粤十三家集本，清道光二十年（1840）南海伍氏詩雪軒刻本。

［94］（清）張維屏:《國朝詩人徵略》六十卷、二編六十四卷，清道光二十年（1840）刊本。

［95］（清）梁九圖:《嶺表詩傳》十卷，清道光庚子（1840）刊本。

［96］（清）陳遇夫:《涉需堂文集》，清道光二十二年（1842）刊本。

［97］（清）言良鈺:《續岡州遺稿》八卷，清道光癸卯（1843）松溪精舍刊本。

［98］（清）顧嗣協:《岡州遺稿》六卷，清道光二十三年（1843）刊本。

［99］（清）陳勵:《陳東軒集》，清道光二十三年（1843）刊本。

［100］（清）伍崇曜:《楚庭耆舊遺詩》，清道光二十三至三十年（1843～1850）南海伍氏刊本。

［101］（清）黄登瀛:《端溪詩述》，清道光二十四年（1844）刊本。

［102］（清）魏際瑞:《魏伯子文集》，清道光二十五年（1845）易堂重刻《寧都三魏全集》本。

［103］（清）魏禧:《魏叔子文集》，清道光二十五年（1845）易堂重刻《寧都三魏全集》本。

［104］（清）魏禮:《魏季子文集》，清道光二十五年（1845）易堂重刻《寧都三魏全集》本。

[105] （清）魏世傚：《魏昭士文集》，清道光二十五年（1845）易堂重刻《寧都三魏全集》本。
[106] （清）陳鈺：《古瀛詩苑》五卷，清道光丁未年（1847）鳳城鐵庵世馨堂刊本。
[107] （清）樊封撰：《南海百詠續編》，清道光二十九年（1849）刊本。
[108] （清）許玉彬、沈世良輯一編，楊永衍二編，潘正聲三編：《粵東詞鈔》，清道光二十九年至光緒十九年（1849—1893）刊本。
[109] （清）黄子高：《粵詩蒐逸》，清道光三十年（1850）刊本。
[110] （清）温承恭、温飏：《温氏家集》十二卷、首一卷，清咸豐元年（1851）刊本。
[111] （清）彭士望：《恥躬堂詩鈔文鈔》，清咸豐二年（1852）刊本。
[112] （清）黄登瀛：《端溪文述》，清咸豐三年（1853）刊本。
[113] （清）朱次琦、宗琦：《朱氏傳芳集》，清咸豐十一年（1861）刊本。
[114] （清）張維屏：《談藝録》二卷，清咸豐刊本。
[115] （清）潘楳元、譚瑩：《廣州鄉賢傳》四卷首一卷（續二卷），清道光十九年（1839）重修本，清同治元年（1862）刊本（此段有譚瑩續卷）。
[116] （清）李長榮：《柳堂師友詩録》初編二百一十七種、二百一十七卷，清同治二年（1863）刊本。
[117] （清）胡方：《鴻桷堂詩文集》，清同治三年（1864）刊本。
[118] （清）彭泰來：《端人集》四卷，清同治六年（1867）刊本。
[119] （明）黎景義：《二丸居集》四卷，清光緒元年乙亥

(1875）重刊黎氏家藏本。

［120］（清）馮詢:《馮氏清芬集》三卷，清光緒二年（1876）重刊本。

［121］（清）陶元淳:《陶子師先生集》，清光緒七年（1881）刻本。（清）陶元淳:《南崖集》四卷，清詒清堂刊本。

［122］（清）何曰愈:《退庵詩話》十二卷，清光緒九年（1883）刊本。

［123］（清）胡曦:《梅水彙靈集》八卷，清光緒十二年（1886）刊本。

［124］（清）許汝韶:《高涼耆舊文鈔》二十二卷，《高涼耆舊遺集》四種三十七卷，清光緒十八年（1892）刊本。

［125］（清）潘儀增:《番禺番氏詩略》，清光緒二十年（1894）刊本。

［126］（清）林時益:《朱中尉集》，（清）陶福履編:《豫章叢書》，清光緒二十一年（1895）刊本。

［127］（清）黄映奎:《香山黄氏詩略》十二卷，清光緒二十九年（1903）抄本。

［128］（清）彭定求:《南畇詩文稿》十三册，清光緒刊本。

［129］（清）黄任恒:《粵閨詩彙》六種六卷，清光緒刊本。

［130］（清）無名氏:《學海堂叢刊》十三種廿九卷，清光緒刊本。

［131］（清）黄培芳:《粵岳草堂詩話》，《繡詩樓叢書》，清宣統二年（1910）刊本。

［132］（清）夏力恕:《蔡根精舍詩草》十二卷續集四卷，清澴農遺書本。

［133］（明）李孫宸:《建霞樓詩集二十二卷文集七卷》，清刻本，廣東省立中山圖書館藏。

［134］（清）顧貞觀:《徵緯堂詩集》，清抄本。

［135］（清）王抃:《巢松集》，清抄本。

[136] （清）屈泰士等：《番禺屈氏詩鈔》十三卷，清抄本。

[137] （清）方中通：《陪詩》，清刻本，廣東省立中山圖書館藏。

[138] （明）區慶云：《定香樓全集》四卷，民國四年（1915）鉛印本。

[139] 朱慶瀾、梁鼎芬：《廣東通志稿》，民國五年（1916）刊本。

[140] （民國）王國憲：《瓊臺耆舊集》三十六卷（無明人詩），民國七年（1918）刊本。

[141] （清）陳阿平：《陳獻孟遺詩》，民國八年（1919）陳伯陶《聚德堂叢書》本。

[142] 蘇澤東撰：《明蘇爵輔事略》（述蘇觀生事跡），民國八年（1919）刊本。

[143] 鄔慶時：《南村草堂筆記》，民國九年（1920）鉛印本。

[144] （清）查繼佐：《東山遺集》二卷，民國十一年（1922）上海古書流通處影印古書叢刊本（丁集）。

[145] （清）梁慶桂：《番禺梁氏兩世傳狀》，民國十三年（1924）鉛印本。

[146] （清）張其淦：《東莞詩録》六十五卷，民國十三年（1924）刊本。

[147] （清）何藻翔：《嶺南詩存》，民國十四年（1925）鉛印本。

[148] （清）温廷敬：《茶陽三家文鈔》十八卷，民國十四年（1925）鉛印本。

[149] 祁正：《三朝東莞遺民詠》，民國十九年（1930）鉛印本。

[150] 古直：《客人三先生詩選》三卷，民國十九年（1930）鉛印本。

[151] （明）陳是集：《陳中秘稿》，《海南叢書》第五集中，海口：海南書局，民國二十年（1931）。

[152] 臧勵龢等編：《中國古今地名大詞典》，香港：商務印書館香港分館，民國二十年（1931）。

[153] 黄梓林：《廣東文獻輯覽》，民國二十一年（1932）鉛印本。

[154] 翁耀東：《潮州文概》四卷，民國二十一年（1932）鉛印本。

[155] 温廷敬纂：《明季潮州忠逸傳》六卷，民國二十二年（1933）刊本。

[156] （清）范元：《松山叢集》上集文五卷、下集詩九卷、聯語一卷，民國二十二年（1933）鉛印本。

[157] 倫明輯：《東莞袁崇焕督道餞别詩》，民國二十四年乙亥（1935）刊本。

[158] 鄒魯、温廷敬：《廣東通志稿》，民國二十四年（1935）稿本。

[159] （清）黄蠡、徐作霖編：《海云禪藻集》，民國二十四年（1935）《逸社叢書》本。

[160] 《海南叢書》九集二十一種四十七卷，海口：海南書局，民國二十四年（1935）鉛印本。

[161] （明）陳田輯：《明詩紀事》，王雲五主編：《萬有文庫》第二集七百種，上海：商務印書館，民國二十五年（1936）。

[162] 楊柳風：《陽江詩鈔》，民國二十五年（1936）鉛印本。

[163] 黄文寬：《嶺南小雅集》，民國二十五年（1936）鉛印本。

[164] 蔡冠洛：《清代七百名人傳》，上海：世界書局，1937年。

[165] （清）黄韶昌等：《香山詩略》十二卷，民國二十六年（1937）鉛印本。

[166] 冼玉清：《廣東女子藝文考》，上海：商務印書館，民國二十七年（1938）。

[167] （明）梁朝鐘：《喻園集》四卷，康熙刻本，《廣東叢書》第一輯，民國二十九年（1940）影刻本。

[168] (明) 黎遂球:《蓮鬚閣文鈔》十八卷,《廣東叢書》第一輯,民國二十九年 (1940) 影刻本。

[169] (清) 薛始亨:《蒯緱館十一草》不分卷,南華社 1937 年重印本,《廣東叢書》二集,民國二十九年 (1940) 刊本。

[170] 廣東文物展覽會編印:《廣東文物》,中國文化協進會刊行,民國三十年 (1941) 刊本。

[171] (清) 張煜南、張鴻南:《梅水詩傳》十卷,民國三十二年 (1943) 梅縣縣立圖書館刊本。

[172] 饒鼎華:《彙山遺雅》,民國十二年 (1923) 自序,三十三年 (1944) 跋,鉛印本。

[173] (清) 温汝能纂:《龍山鄉志》,民國刊本,廣東省立中山圖書館藏。

[174] (清) 汪兆鏞:《嶺南畫徵略》十二卷、補遺一卷,民國鉛印本。

[175] (清) 張穆著:《鐵橋山人遺稿》一卷,民国容氏手抄本,中山大學圖書館藏。

[176] 陳伯陶撰:《明季蘇張列公傳》,民國東莞修志局鉛印本。

[177] 謝國楨:《南明史略》,上海:上海人民出版社,1957 年。

[178]《明實録·崇禎實録》十七卷,"中央研究院"歷史語言研究所校印,1962 年。

[179]《明實録·崇禎長編》六十六卷,"中央研究院"歷史語言研究所校印,1962 年。

[180] 沈云龍選輯:《明清史料彙編》八集第 75 册,臺北:文海出版社,1973 年。

[181] (清) 何絳:《不去廬集》十四卷,香港《何氏至樂樓叢書》,1973 年。

[182] (清) 張廷玉等:《明史》,北京:中華書局,1974 年。

[183] (清) 薛始亨:《南枝堂稿》不分卷,香港《何氏至樂樓

叢書》，1974 年。
[184] （清）張穆：《鐵橋集（附補遺、投贈集）》四卷，香港《何氏至樂樓叢書》，1974 年。
[185] 趙爾巽等：《清史稿》，北京：中華書局，1976 年。
[186] 廣東文徵編印委員會會編印：《廣東文徵》，香港：香港中文大學出版社，1978 年。
[187] （明）屈士煌：《屈泰士遺詩》，香港《何氏至樂樓叢書》第一八種，1978 年。
[188] （清）岑徵：《選選樓遺詩》，香港《何氏至樂樓叢書》第一九種，1978 年。
[189] （清）馮奉初選輯：《潮州耆舊集》三十七卷，《潮州文獻叢刊》之一，香港潮州會館董事會印行，1979 年。
[190] 余祖明：《廣東歷代詩鈔》，鉛印本，1979 年。
[191] 朱保炯、謝沛霖編：《明清進士題名碑録索引》，上海：上海古籍出版社，1979 年。
[192] 臧勵龢等編：《中國人名大辭典》，上海：上海書店，1980 年。
[193] （清）王攄：《蘆中集》，上海：上海古籍出版社，1981 年。
[194] 謝國楨編著：《增訂晚明史籍考》，上海：上海古籍出版社，1981 年。
[195] 任道斌：《方以智年譜》，合肥：安徽教育出版社，1983 年。
[196] （清）傅恒等奉敕撰：《歷代通鑑輯覽》，景印文淵閣《四庫全書》第三三九册，臺北：臺灣商務印書館，1983 年。
[197] 《勝朝殉節諸臣録》，景印文淵閣《四庫全書》第四五六册，臺北：臺灣商務印書館，1983 年。
[198] （清）吴綺：《林蕙堂詩集》，文淵閣《四庫全書》第一三一四册，臺北：臺灣商務印書館，1983 年。
[199] （清）朱彝尊：《曝書亭集》八十卷，景印文淵閣《四庫

全書》第一三一七册，臺北：臺灣商務印書館，1983 年。
[200] （清）彭孫遹：《松桂堂詩集》，文淵閣《四庫全書》第一三一七册，臺北：臺灣商務印書館，1983 年。
[201] （清）查慎行：《敬業堂詩集》，影印文淵閣《四庫全書》本，臺北：臺灣商務印書館，1983 年。
[202] （清）趙執信：《因園集》，影印文淵《四庫全書》本，臺北：臺灣商務印書館，1983 年。
[203] （清）湯右曾：《懷清堂集》，影印文淵閣《四庫全書》，臺北：臺灣商務印書館，1983 年。
[204] （清）方苞：《望溪集》，影印文淵閣《四庫全書》本，臺北：臺灣商務印書館，1983 年。
[205] （清）吴雯：《蓮洋詩鈔》，景印文淵閣《四庫全書》，臺北：臺灣商務印書館，1983 年。
[206] 來新夏：《近三百年人物年譜知見録》，上海：上海人民出版社，1983 年。
[207] （清）計六奇撰，任道斌、魏得良點校：《明季南略》八卷，北京：中華書局，1984 年。
[208] 鄧之誠：《清詩紀事初編》，上海：上海古籍出版社，1984 年。
[209] 陳伯陶撰：《勝朝粤東遺民録》，臺北：明文書局，1985 年。
[210] 汪宗衍：《明末剩人和尚年譜》，王雲五主編：《新編中國名人年譜集成叢書》第十二輯，臺北：臺灣商務印書館，1986 年。
[211] 張慧劍編著：《明清江蘇文人年表》，上海：上海古籍出版社，1986 年。
[212] （清）李天根：《爝火録》，杭州：浙江古籍出版社，1986 年。
[213] 羅竹風主編，漢語大詞典編輯委員會、漢語大詞典編纂處

編纂：《漢語大詞典》，漢語大詞典出版社，1986～1993年。

［214］温肅：《陳獨漉先生年譜》，（清）陳恭尹著，郭培忠校點：《獨漉堂集》卷末附録，廣州：中山大學出版社，1987年。

［215］張習孔、田珏主編：《中國歷史大事編年》，北京：北京出版社，1987年。

［216］王鍾翰點校：《清史列傳》八十卷，北京：中華書局，1987年。

［217］黄海章：《明末廣東抗清詩人評傳》，廣州：廣東人民出版社，1987年。

［218］譚其驤主編：《中國歷史地圖集·清時期》，北京：中國地圖出版社，1987年。

［219］吴天任：《澹歸禪師年譜》，香港：香港志蓮圖書館，1988年。

［220］汪兆鏞編纂，汪宗衍增補，周錫點校：《嶺南畫徵略（附續録、嶺南畫人疑年録）》，廣州：廣東人民出版社，1988年。

［221］《辭源》，北京：商務印書館，1988年。

［222］（清）阮元修，陳昌齊、劉彬華等纂：（道光）《廣東通志》三百三十四卷，上海：上海古籍出版社，1990年。

［223］（明）鄺露撰，黄灼耀校點，楊明親注釋：《嶠雅》，廣州：廣東高等教育出版社，1990年。

［224］汪宗衍、黄莎莉：《張穆年譜》，香港中文大學出版社，1991年。

［225］吴天任：《鄺中秘湛若年譜》，香港《何氏至樂樓叢書》，1991年。

［226］（清）梁佩蘭著，吕永光校點補輯：《六瑩堂集》，廣州：中山大學出版社，1992年。

[227] 吕永光:《梁佩蘭年譜簡編》,(清)梁佩蘭撰,吕永光校點補輯:《六瑩堂集》末,廣州:中山大學出版社,1992年。
[228] (清)郭爾戺、胡云客修,冼國幹纂:(康熙)《南海縣志》十七卷,中國科學院圖書館選編:《稀見中國地方志彙刊》第四五册,北京:中國書店,1992年。
[229] (清)賈雒英修,蘇楫汝等纂:(康熙)《新會縣志》十八卷,中國科學院圖書館選編:《稀見中國地方志彙刊》第四六册,北京:中國書店,1992年。
[230] [美]司徒琳著,李榮慶等譯,嚴壽澂校:《南明史(1644—1662)》,王元化主編:《海外漢學叢書》,上海:上海古籍出版社,1992年。
[231] 南炳文:《南明史》,天津:南開大學出版社,1992年。
[232] 漢語大字典編輯委員會:《漢語大字典》,成都:四川辭書出版社、武漢:湖北辭書出版社,1992年。
[233] (清)仇巨川纂,陳憲猷校注:《羊城古鈔》,廣州:廣東人民出版社,1993年。
[234] (清)郭文炳編:(康熙)《東莞縣志》,東莞市人民政府據日本内閣文庫藏本影印,1993年。
[235] 陳永正主編:《嶺南文學史》,廣州:廣東高等教育出版社,1993年。
[236] 陳永正選注:《嶺南歷代詩選》,廣州:廣東人民出版社,1993年。
[237] 吴汝煜主編,吴汝煜、胡可光等編著:《唐五代人交往詩索引》,上海:上海古籍出版社,1993年。
[238] (明)張二果、曾起莘編,楊寶霖點校:(崇禎)《東莞縣志》,東莞市人民政府印,1994年。
[239] 黄佛頤編纂,仇江、鄭力民、遲以武點註:《廣州城坊志》,廣州:廣東人民出版社,1994年。

[240] （明）黄公輔：《北燕岩集》四卷，《叢書集成續編》第一一九册，上海：上海書店，1994 年。

[241] （明）陳子壯：《禮部存稿》十卷，《叢書集成續編》第一二〇册，上海：上海書店出版社，1994 年。

[242] （明）萬時華：《溉園詩集》五卷，《叢書集成續編》第一七七册，上海：上海書店，1994 年。

[243] （明）張家玉：《張文烈遺集六卷附録一卷附寒木居詩鈔》，張伯楨輯《滄海叢書》，《叢書集成續編》第一二一册，上海：上海書店，1994 年。

[244] 袁行雲：《清人詩集敘録》，北京：文化藝術出版，1994 年。

[245] 《廣東省》編纂委員會編，劉南威主編：《中華人民共和國地名詞典·廣東省》，北京：商務印書館，1994 年。

[246] 冼玉清著，黄炳炎、賴適觀主編：《冼玉清文集》，廣州：中山大學出版社，1995 年。

[247] 饒宗頤：《郭之奇年譜》，載黄挺編：《饒宗頤潮汕地方史論集》，汕頭：汕頭大學出版社，1996 年。

[248] （清）屈大均：《廣東新語》，歐初、王貴忱主編：《屈大均全集》，北京：人民文學出版社，1996 年。

[249] （清）屈大均：《翁山詩外》，歐初、王貴忱主編：《屈大均全集》，北京：人民文學出版社，1996 年。

[250] （清）屈大均：《翁山文外》，歐初、王貴忱主編：《屈大均全集》，北京：人民文學出版社，1996 年。

[251] （清）屈大均：《翁山文鈔》，歐初、王貴忱主編：《屈大均全集》，北京：人民文學出版社，1996 年。

[252] （清）屈大均：《翁山佚文》，歐初、王貴忱主編：《屈大均全集》，北京：人民文學出版社，1996 年。

[253] 汪宗衍：《屈翁山年譜》，歐初、王貴忱主編：《屈大均全集》第八册附録，北京：人民文學出版社，1996 年。

［254］（明）黎遂球：《周易爻物當名》二卷，明崇禎刻本，四庫全書存目叢書編纂委員會：《四庫全書存目叢書・經部》第二三册，山東：齊魯書社，1997 年。

［255］（明）陳子壯：《新鐫陳太史子史經濟言》十二卷，明天啟刊本，四庫全書存目叢書編纂委員會：《四庫全書存目叢書・子部》第二〇五册，山東：齊魯書社，1997 年。

［256］（清）曹溶：《静惕堂詩集》四十四卷，清雍正三年（1725）李維鈞刻本，四庫全書存目叢書編纂委員會：《四庫全書存目叢書・集部》第一九八册，濟南：齊魯書社，1997 年。

［257］（清）李繩遠：《尋壑外言》五卷，清乾隆金氏刻本，《四庫全書存目叢書・集部》第二三七册，濟南：齊魯書社，1997 年。

［258］（清）屈大均撰：《皇明四朝成仁録》十二卷，四庫禁燬書叢刊編纂委員會：《四庫禁燬書叢刊・史部》第五〇册，北京：北京出版社，1997 年。

［259］（明）釋函可：《千山剩人和尚語録》六卷，清康熙釋今廬等刻本，四庫禁燬書叢刊編纂委員會：《四庫禁燬書叢刊・子部》第三五册，北京：北京出版社，1997 年。

［260］（清）林時益輯：《甯都三魏全集》八十四卷，清道光二十五年（1845）甯都謝庭綬園書塾重刻本，四庫禁燬書叢刊編纂委員會：《四庫禁燬書叢刊・集部》第四、五、六册，北京：北京出版社，1997 年。

［261］（明）鄺露：《嶠雅》二卷，清初海雪堂刻本，四庫禁燬書叢刊編纂委員會：《四庫禁燬書叢刊・集部》第十册，北京：北京出版社，1997 年。

［262］（清）吴苑：《北黔山人詩》，清康熙刊本，《四庫全書禁燬書叢刊・集部》第四六册，北京：北京出版社，1997 年。

［263］（明）顧夢遊：《顧與治詩》八卷，清初書林毛恒刻本，四庫禁燬書叢刊編纂委員會：《四庫禁燬書叢刊・集部》

第五一册，北京：北京出版社，1997 年。

[264] （清）邢昉：《石臼前集九卷後集七卷》，清康熙刻本，四庫禁燬書叢刊編纂委員會：《四庫禁燬書叢刊・集部》第五一册，北京：北京出版社，1997 年。

[265] （明）韓上桂：《蘧廬稿選》十三卷，天啟刻本。四庫禁燬書叢刊編纂委員會：《四庫禁燬書叢刊・集部》第七八册，北京：北京出版社，1997 年。

[266] （明）張采：《知畏堂文存十二卷詩存四卷》，清康熙刻本，四庫禁燬書叢刊編纂委員會：《四庫禁燬書叢刊・集部》第八一册，北京：北京出版社，1997 年。

[267] （清）王邦畿：《耳鳴集》一四卷，清初古厚堂刻本，四庫禁燬書叢刊編纂委員會：《四庫禁燬書叢刊・集部》第八七册，北京：北京出版社，1997 年。

[268] （明）程邃《蕭然吟》，四庫禁燬書叢刊編纂委員會：《四庫禁燬書叢刊・集部》第一一六册，北京：北京出版社，1997 年。

[269] （清）龔鼎孳：《定山堂詩集四十三卷詩餘四卷》，清康熙十五年（1676）吴興祚刻本，四庫禁燬書叢刊編纂委員會：《四庫禁燬書叢刊・集部》第一一七册，北京：北京出版社，1997 年。

[270] （清）龔鼎孳：《過嶺集》一卷，清初三十二芙蓉齋刻本，四庫禁燬書叢刊編纂委員會：《四庫禁燬書叢刊・集部》第一一七册，北京：北京出版社，1997 年。

[271] （明）徐世溥：《榆溪詩鈔》二卷，清康熙三十年（1691）宋犖刻本，四庫禁燬書叢刊編纂委員會：《四庫禁燬書叢刊・集部》第一一九册，北京：北京出版社，1997 年。

[272] （清）釋澹歸：《徧行堂集》四十九卷，清乾隆五年（1740）刻本，四庫禁燬書叢刊編纂委員會：《四庫禁燬書叢刊・集部》第一二七、一二八册，北京：北京出版社，1997 年。

[273] （清）釋澹歸：《徧行堂續集》十六卷，清乾隆五年（1740）刻本，四庫禁燬書叢刊編纂委員會：《四庫禁燬書叢刊・集部》第一二八册，北京：北京出版社，1997 年。

[274]（清）嚴繩孫：《秋水集》，清康熙雨青草堂刻本，四庫全書禁燬書叢刊編纂委員會：《四庫禁燬書叢刊・集部》第一三三册，北京：北京出版社，1997 年。

[275]（清）屈大均輯：《廣東文選》四十卷，四庫禁燬書叢刊編纂委員會：《四庫禁燬書叢刊・集部》第一三六、一三七册，北京：北京出版社，1997 年。

[276]（明）釋函可：《千山詩集》二十卷，清刻本，四庫禁燬書叢刊編纂委員會：《四庫禁燬書叢刊・集部》第一四四册，北京：北京出版社，1997 年。

[277]（明）萬時華：《溉園初集二卷二集三卷》，明末刻本，四庫禁燬書叢刊編纂委員會：《四庫禁燬書叢刊・集部》第一四四册，北京：北京出版社，1997 年。

[278]（清）錢澄之：《田間文集三十卷詩集二十八卷》，清康熙二十九年（1690）斟雉堂刻本，四庫禁燬書叢刊編纂委員會：《四庫禁燬書叢刊・集部》第一四四、一四五册，北京：北京出版社，1997 年。

[279]（清）釋成鷲：《咸鷺堂詩集一七卷文集二十五卷》，清道光二十年（1840）刻本，四庫禁燬書叢刊編纂委員會：《四庫禁燬書叢刊・集部》第一四九册，北京：北京出版社，1997 年。

[280]（清）王隼：《大樗堂初集》十二卷，清道光二十年（1840）南海伍氏詩雪軒刻粵一三家集本，四庫禁燬書叢刊編纂委員會：《四庫禁燬書叢刊・集部》第一六六册，北京：北京出版社，1997 年。

[281]（明）黎遂球：《蓮鬚閣集》二十二卷，清康熙黎延祖刻本，四庫禁燬書叢刊編纂委員會：《四庫禁燬書叢刊・集

部》第一八三册，北京：北京出版社，1997 年。

［282］（清）釋今無：《阿字無禪師光宣臺集》二十五卷，清刻本，四庫禁燬書叢刊編纂委員會：《四庫禁燬書叢刊・集部》第一八六册，北京：北京出版社，1997 年。

［283］（清）釋大汕：《離六堂集》十二卷，清康熙懷古樓刻本，四庫禁燬書叢刊編纂委員會：《四庫禁燬書叢刊・集部》第一八六册，北京：北京出版社，1997 年。

［284］（清）釋大汕：《離六堂二集三卷潮行近草三卷》，清康熙刻本，四庫禁燬書叢刊編纂委員會：《四庫禁燬書叢刊・集部》第一八六册，北京：北京出版社，1997 年。

［285］（清）徐嘉炎：《抱經齋詩集、文集》，清康熙三十八年（1699）刻本，《四庫全書存目叢書・集部》第二五〇册，山東：齊魯出版社，1997 年。

［286］（清）黄登編：《嶺南五朝詩選》三十七卷，四庫全書存目叢書編纂委員會：《四庫全書存目叢書・集部》第四〇九册，山東：齊魯書社，1997 年。

［287］蔡鴻生：《清初嶺南佛門事略》，廣州：廣東高等教育出版社，1997 年。

［288］顧誠：《南明史》，北京：中國青年出版社，1997 年。

［289］汪宗衍：《天然和尚年譜》，北京圖書館編：《北京圖書館藏珍本年譜叢刊》第 69 册，北京：北京圖書館出版社，1999 年。

［290］（清）沈起著，張濤、查谷注：《查東山先生年譜》，民國間刻本，北京圖書館編：《北京圖書館藏珍本年譜叢刊》第 67 册，北京：北京圖書館出版社，1999 年。

［291］（清）釋澹歸：《元功垂范》（平南王尚可喜家譜），北京圖書館編：《北京圖書館藏珍本年譜叢刊》第 68 册，北京：北京圖書館出版社，1999 年。

［292］（清）楊謙：《朱竹垞年譜》，清刻本，北京圖書館編：

《北京圖書館藏珍本年譜叢刊》第79册，北京：北京圖書館出版社，1999年。

[293]（清）温汝能纂輯，吕永光等整理，李曲齋、陳永正審定：《粤東詩海》一百零六卷，廣州：中山大學出版社，1999年。

[294]姜伯勤：《石濂大汕與澳門禪史——清初嶺南禪學史研究初編》，北京：學林出版社，1999年。

[295]《辭海》，上海辭書出版社，1999年。

[296]史洪權：《嶺南三大家年譜》，中山大學中文系2000年碩士畢業論文，未刊稿。

[297]（明）郭之奇：《宛在堂文集》三十四卷，明崇禎刊本，《四庫未收書輯刊》第六輯第二十七册，北京：北京出版社，2000年。

[298]（清）曾燦：《六松堂集》十四卷，清鈔本，《四庫未收書輯刊》第六輯第二十七册，北京：北京出版社，2000年。

[299]（清）陳大章：《玉照亭詩鈔》，《四庫未收書輯刊》第八輯一十八册，北京：北京出版社，2000年。

[300]駱偉主編：《廣東文獻綜録》，廣州：中山大學出版社，2000年。

[301]無明氏：《清代粤人傳》，中華全國圖書館文獻縮微復印中心，2001年。

[302]管林主編：《廣東歷史人物辭典》，廣州：廣東高等教育出版社，2001年。

[303]（清）錢保塘編：《歷代名人生卒録》，北京：北京圖書館出版社，2002年。

[304]（清）徐鼒撰：《小腆紀傳》六十五卷，《續修四庫全書》編纂委員會編：《續修四庫全書》第三三二册，上海：上海古籍出版社，2003年。

[305]（清）温睿臨撰：《南疆逸史》五十六卷，《續修四庫全

書》編纂委員會編：《續修四庫全書》第三三二册，上海：上海古籍出版社，2003 年。

[306]（清）邵廷采撰：《東南紀事》十二卷，《續修四庫全書》編纂委員會編：《續修四庫全書》第三三二册，上海：上海古籍出版社，2003 年。

[307]（清）邵廷采撰：《西南紀事》十二卷，《續修四庫全書》編纂委員會編：《續修四庫全書》第三三二册，上海：上海古籍出版社，2003 年。

[308]（清）黄宗羲撰：《弘光實録》四卷附《弘光大臣月表》一卷，《續修四庫全書》編纂委員會編：《續修四庫全書》第三六七册，上海：上海古籍出版社。2003 年。

[309]（清）蔣良騏撰：《東華録》三十二卷，《續修四庫全書》編纂委員會編：《續修四庫全書》第三六八册，上海：上海古籍出版社，2003 年。

[310]（清）徐鼒撰：《小腆紀年》附考二十卷，《續修四庫全書》編纂委員會編：《續修四庫全書》第三六八、三六九册，上海：上海古籍出版社，2003 年。

[311]（清）計六奇撰：《明季北略》二十四卷，《續修四庫全書》編纂委員會編：《續修四庫全書》

[312] 第四四〇册，上海：上海古籍出版社，2003 年。

[313]（清）錢士馨撰：《甲中傳信録》十卷，《續修四庫全書》編纂委員會編：《續修四庫全書》第四四〇册，上海：上海古籍出版社，2003 年。

[314]（清）黄宗羲撰：《行朝録》一二卷，《續修四庫全書》編纂委員會編：《續修四庫全書》第四四二册，上海：上海古籍出版社。2003 年。

[315]（明）劉湘客撰：《行在陽秋》二卷，《續修四庫全書》編纂委員會編：《續修四庫全書》第四四四册，上海：上海古籍出版社，2003 年。

[316] (清) 錢澄之撰:《所知録》六卷,《續修四庫全書》編纂委員會編:《續修四庫全書》第四四四册,上海:上海古籍出版社,2003年。

[317] (明) 陳燕翼撰:《思文大紀》八卷,《續修四庫全書》編纂委員會編:《續修四庫全書》第四四四册,上海:上海古籍出版社。2003年。

[318] (清) 王夫之撰:《永曆實録》二十六卷,《續修四庫全書》編纂委員會編:《續修四庫全書》第四四四册,上海:上海古籍出版社。2003年。

[319] (清) 宋廣業撰:《羅浮山志會編》二十二卷,《續修四庫全書》編纂委員會編:《續修四庫全書》第七二五册,上海:上海古籍出版社,2003年。

[320] (明) 張溥:《七録齋詩文合集》一六卷,明崇禎九年(1636)刻本,《續修四庫全書》編纂委員會編:《續修四庫全書》第一三八七册,上海:上海古籍出版社,2003年。

[321] (明) 冒襄:《巢民詩集》,《續修四庫全書》第一三九九册,上海:上海古籍出版社,2003年。

[322] (清) 錢澄之:《藏山閣詩存》,《續修四庫全書》編纂委員會編:《續修四庫全書》一四〇〇至一四〇一册,上海:上海古籍出版社。2003年。

[323] (清) 龔鼎孳:《定山堂古文小品》二卷,清康熙五十三年(1714)龔志説刻本,《續修四庫全書》第一四〇三册,上海:上海古籍出版社,2003年。

[324] 錢仲聯:《清詩紀事》,南京:江蘇古籍出版社,2003年。

[325] 惠州市惠城區地方誌編纂委員會編:《惠州志·藝文卷》,北京:中華書局,2004年。

[326] 鄧碧泉整理:《陳璸詩文集》,北京:人民日報出版社,2004年。

[327] 劉世南:《清詩流派史》, 北京: 人民文學出版社, 2004 年。

[328] (清) 劉坊:《劉鼇石先生詩文集》, 四部禁毀補編。《四庫禁毀書叢刊》編纂委員會編:《四庫禁毀書叢刊補編》, 北京: 北京出版社, 2005 年。

[329] 朱彭壽編著, 朱鰲、宋苓珠整理:《清代人物大事紀年》, 北京: 北京圖書館出版社, 2005 年。

[330] 趙貞信:《廖柴州先生年譜》, (清) 廖燕著, 林子雄點校:《廖燕全集》卷末, 上海: 上海古籍出版社, 2005 年。

[331] 韋盛年:《明清之際廣東抗清文人年譜六種》, 中山大學中文系 2006 年博士畢業論文, 未刊稿。

[332] 曾楚楠:《蓮山詩集點注》, 中華詩詞出版社, 2006 年。

[333] (清) 魏畊:《雪翁詩集》, 張壽鏞編纂:《四明叢書》, 杭州: 廣陵書社, 2006 年。

[334] 中山大學中國古文獻研究所編:《全粵詩》, 廣州: 嶺南美術出版社, 2008 ~ 2017 年。

[335] 陳永正:《嶺南詩歌研究》, 廣州: 中山大學出版社, 2008 年。

[336] 中山大學中國古文獻研究所編:《粵詩人彙傳》, 廣州: 嶺南美術出版社, 2009 年。

[337] (清) 戴肇辰、蘇佩訓修, 史澄、李光廷纂: (光緒)《廣州府志》一百六十二卷,《中國地方志集成 · 廣東府縣志輯》, 上海: 上海書店出版社, 2013 年。

[338] (清) 劉溎年、張聯桂修, 鄧掄斌、陳新銓纂: (光緒)《惠州府志》四十五卷,《中國地方志集成 · 廣東府縣志輯》, 上海: 上海書店出版社, 2013 年。

[339] (清) 屠英等修, 江藩等纂: (道光)《肇慶府志》二十二卷,《中國地方志集成 · 廣東府縣志輯》, 上海: 上海書店出版社, 2013 年。

[340] (清) 額哲克等修, 單興詩纂: (同治)《韶州府志》四十

卷，《中國地方志集成・廣東府縣志輯》，上海：上海書店出版社，2013 年。

[341] （清）周碩勳纂修：（乾隆）《潮州府志》四十二卷，《中國地方志集成・廣東府縣志輯》，上海：上海書店出版社，2013 年。

[342] （清）李福泰修，史澄、何若瑤纂：（同治）《番禺縣志》五十四卷，《中國地方志集成・廣東府縣志輯》，上海：上海書店出版社，2013 年。

[343] （清）梁鼎芬修，丁仁長、吳道鎔等纂：（宣統）《番禺縣續志》四十四卷，《中國地方志集成・廣東府縣志輯》，上海：上海書店出版社，2013 年。

[344] （清）黄培彜修，嚴而舒纂：（康熙）《順德縣志》十三卷，《中國地方志集成・廣東府縣志輯》，上海：上海書店出版社，2013 年。

[345] （民國）周之貞、馮葆熙修，周朝槐纂：（民國）《順德縣志》二十四卷，《中國地方志集成・廣東府縣志輯》，上海：上海書店出版社，2013 年。

[346] 陳伯陶等修纂：（民國）《東莞縣志》一百零二卷，《中國地方志集成・廣東府縣志輯》，上海：上海書店出版社，2013 年。

[347] （清）林星章修，黄培芳、曾釗纂：（道光）《新會縣志》十四卷，《中國地方志集成・廣東府縣志輯》，上海：上海書店出版社，2013 年。

[348] （清）田明曜修，（清）陳澧纂：（光緒）《香山縣志》二十二卷，《中國地方志集成・廣東府縣志輯》，上海：上海書店出版社，2013 年。

[349] （清）陳裔虞纂修：（乾隆）《博羅縣志》十四卷，《中國地方志集成・廣東府縣志輯》，上海：上海書店出版社，2013 年。

[350]（清）余保純等修，黃其勤纂，戴錫綸續纂修：（道光）《直隸南雄州志》三十四卷，《中國地方志集成·廣東府縣志輯》，上海：上海書店出版社，2013 年。

[351]（民國）吴鳳聲、余棨謀修，朱汝珍纂：（民國）《清遠縣志》二十一卷，《中國地方志集成·廣東府縣志輯》，上海：上海書店出版社，2013 年。

跋

愚編斯編有年矣。早在前編《明末清初廣東文人年表》出版難産八月之際，愚已有編《明清廣東文人年表》之念。入職東莞展覽館後，秉承弘一大師緩事急做之意，始投諸斯役。因《全粵詩》暫編至明末清初，故先補自洪武，訖於康熙。雍正以降，只好暫付闕如。待《全粵詩》功成，再續編至道光。至於何時出版，只可静待因緣際合之日矣。

陝右中部李君明淵謀氏於東莞展覽館斗室

己丑冬月念七日

再　跋

愚舊編《明末清初廣東文人年表》，本師沚齋陳永正先生言其“有用”、“可傳”，心竊喜之。

歲次壬辰，正月十三，余訪羊城花都華嚴寺，有緣面見方丈釋印覺大和尚，蒙面諭，欲再版吾舊編《明末清初廣東文人年表》，事出意外，令某大喜。又至中大拜見本師沚齋陳先生，相談甚歡。言及此事，師亦大悦，當即慨然應允，將再爲題寫繁體書名《廣東文人年表》，並欲觀其電子文檔，次日回莞即呈覽。明日，沚公回意見有二：“民國人物傳記太詳；不必引詩太多。”恭奉師命，當即删改，至仲春念七，始從首至尾删改一通，得百六十餘萬言，再發沚公“細謹”、“細讀”（均爲沚公語）審閱，其間師回信曰“年表較前精煉”。自己亦另補録了不少遺漏資料，合百七十餘萬字。五月十二日，與廣東人民出版社責任編輯張賢明等再見沚公，見其雖形容清臒而談鋒益鋭，親爲晚輩泡茶，再次確定書名爲《廣東文人年表》，並再次答應爲題書名，又建議將引文定爲小五號字、書出三册小版，又當眾稱讚此書“有用”、“可傳”。六月二日，至沚公家取其所惠賜書名墨寶，又與張賢明再訪印覺大和尚於花都，終於商定出版事宜。印覺大和尚當即慨然應允賜序。八月上旬定稿，十一日又與張賢明訪大和尚於華嚴寺。十六日簽訂出版合同。十月十九日，最後電子文檔定稿告成，凡三百萬字。當即告發責任編輯張賢明及本師沚齋公，沚齋公次日回電子文檔曰：“收到了，待細讀。”十二月二十五日上午輸完了文稿的最後一字。

此書編撰期間，曾就教於中山大學沁廬楊衡之　權教授、仇江先生，謹致謝意。

廣東人民出版社責任編輯張賢明先生，曾多次專程與我前往華嚴寺拜訪，爲本編出版傾注了大量心力；同事楊青峰先生自告奮勇，義務録入部分有關資料。在孟穗東館長及技術部支持下，專門派許兆康先生以兩周時間輸入大量資料，一併表示深深謝意。

内人南芳霞替吾操持家務，教養女兒，又爲我録入部分資料，甚感虧欠良多，容後徐報。

某盛年讀先漢太史公《史記》，見史公欲以其書究天人之際，通古今之變，以某魯鈍，豈敢有所冀望耶？後又見人言西漢張騫使西域爲“鑿通”，意欲鉛刀一試。至於成敗利鈍，非某所能逆覩也。

壬辰正月十九日李君明謹識